ERICH
SCHMIDT
VERLAG

Erbschein – Erbscheinsverfahren – Europäisches Nachlasszeugnis

Von

Prof. Dr. Dr. h. c. Walter Zimmermann
Honorarprofessor an der Universität Regensburg, Vizepräsident des Landgerichts a. D.

5., neu bearbeitete Auflage

ERICH SCHMIDT VERLAG

Bibliografische Information der Deutschen Nationalbibliothek
Die Deutsche Nationalbibliothek verzeichnet diese Publikation in der Deutschen Nationalbibliografie; detaillierte bibliografische Daten sind im Internet über http://dnb.dnb.de abrufbar.

Weitere Informationen zu diesem Titel finden Sie im Internet unter
https://ESV.info/978-3-503-24245-0

Zitiervorschlag:
Zimmermann, Erbschein – Erbscheinsverfahren – Europäisches Nachlasszeugnis, 5. Auflage 2026

1. Auflage 2004
2. Auflage 2008
3. Auflage 2016
4. Auflage 2022
5. Auflage 2026

Hinweise zum Add-on
Mit dem Erwerb des Buches erhalten Sie Zugriff auf die Anhänge in editierbarer Form.
Informationen zum Zugang finden Sie auf Seite 497 in diesem Buch.

ISBN 978-3-503-24245-0 (gedrucktes Werk)
ISBN 978-3-503-24246-7 (eBook)
DOI https://doi.org/10.37307/b.978-3-503-24246-7

Genthiner Straße 30 G, 10785 Berlin
info@ESVmedien.de, www.ESV.info

Druck: docupoint, Barleben

Vorwort

I.

Fast jeder hat mindestens einmal im Leben mit dem Nachlassgericht zu tun; meist geht es um den Erbschein nach einem verstorbenen Angehörigen. Jährlich gibt es in der Bundesrepublik Deutschland bei einer Bevölkerung von rund 83 Millionen Einwohnern etwa 1 Million Sterbefälle. Das führt zu mehreren hunderttausend Verfahren jährlich bei den Nachlassgerichten, meist sind es Erbscheinsverfahren.

Im vorliegenden Buch sind das materielle Erbscheinsrecht (BGB) und das Verfahrensrecht (FamFG) und das Kostenrecht (GNotKG, geändert ab 1.6.2025), praxisnah dargestellt; Streitfragen, die seit vielen Jahren durch die Rechtsprechung geklärt sind, sind daher nicht mehr vertieft worden. Besonderes Gewicht habe ich auf Kostenfragen gelegt, weil der Erbscheinsantragsteller hier manchmal sparen kann. Nachgewiesen wird vorwiegend die Rechtsprechung.

Bei einem Ausländeranteil von etwa 15 % wird der Bezug zum ausländischen Erbrecht immer häufiger, Erbscheinsfragen nach dem Tod eines Ausländers sind daher ebenfalls ausführlich einbezogen; hierbei ist die EuErbVO bedeutsam.

II.

Für Erbfälle ab dem 17.8.2015 hat sich das Erbrecht bezüglich des anwendbaren Rechts und der Zuständigkeit geändert. Es kann ein Europäisches Nachlasszeugnis beantragt und erteilt werden; das ist in Kapitel Q dargestellt. Für solche Erbfälle gilt das IntErbRVG; in Zusammenhang damit wurden 20 Gesetze, vor allem Bestimmungen aus dem BGB, geändert und ins FamFG verschoben.

Passau, im Dezember 2025 — Walter Zimmermann

Inhaltsverzeichnis

Abkürzungsverzeichnis

a. A.	andere Ansicht
Abs.	Absatz
AcP	Archiv für die zivilistische Praxis
a. F.	alte Fassung
AG	Amtsgericht
AGBGB	Ausführungsgesetz zum BGB
Alt.	Alternative
a. M.	andere Meinung
AO	Abgabenordnung
Art.	Artikel
BayObLG	Bayerisches Oberstes Landesgericht
BB	Der Betriebsberater
beA	Besonderes elektronisches Anwaltspostfach
BeckOGK	Online Grokommentar (C.H.Beck) Internet
BeckOK	Online Kommentar (C.H.Beck) Internet
BeckRS	Beck-Rechtssammlung (Internet)
BEG	Bundesentschädigungsgesetz
betr.	betreffend
BeurkG	Beurkundungsgesetz
BewG	Bewertungsgesetz
BFH	Bundesfinanzhof
BGB	Bürgerliches Gesetzbuch
BGBl.	Bundesgesetzblatt
BGH	Bundesgerichtshof; Entscheidungssammlung BGHZ
BNotO	Bundesnotarordnung
BStBl.	Bundessteuerblatt
BTDrucks.	Bundestags-Drucksache
BtG	Betreuungsgesetz
BVerfG	Bundesverfassungsgericht
BWNotZ	Zeitschrift für das Notariat in Baden-Württemberg
bzw.	beziehungsweise
DB	Der Betrieb (Zeitschrift)
DFG	Deutsche Freiwillige Gerichtsbarkeit (Zeitschrift)
d. h.	das heißt
DJ	Die Justiz (Zeitschrift)
DNotZ	Deutsche Notarzeitschrift
DtZ	Deutsch-Deutsche Rechtszeitschrift

EGBGB	Einführungsgesetz zum BGB
ENZ	Europäisches Nachlasszeugnis
ErbR	Erbrecht (Zeitschrift)
ErbStG	Erbschaftsteuergesetz
EStG	Einkommensteuergesetz
evtl.	eventuell
EuErbVO	Verordnung (EU) Nr. 650/2012 vom 4. 7. 2012
f.	folgende
FamFG	Gesetz über das Verfahren in Familiensachen und in den Angelegenheiten der freiwilligen Gerichtsbarkeit (ab 1. 9. 2013)
FamRZ	Zeitschrift für das gesamte Familienrecht
ff.	fortfolgende
FGG	Gesetz über die Angelegenheiten der Freiwilligen Gerichtsbarkeit (aufgehoben)
FGPrax	Praxis der Freiwilligen Gerichtsbarkeit (Zeitschrift)
G.	Gesetz
GBA	Grundbuchamt
GBO	Grundbuchordnung
GG	Grundgesetz
ggf.	gegebenenfalls
GKG	Gerichtskostengesetz 2025
GNotKG	Gerichts- und Notarkostengesetz (ab 1. 8. 2013, geändert 2025)
grds.	grundsätzlich
Grüneberg	BGB-Kommentar, vormals (bis 2021) „Palandt"
GVG	Gerichtsverfassungsgesetz
hg.	herausgegeben
HintG	Hinterlegungsgesetz der Länder
HintO	Hinterlegungsordnung (bis 1. 12. 2010)
h. M.	herrschende Meinung
HöfeO	Höfeordnung von 1976, in der Fassung v. 4. 12. 2024
HöfeVfO	Verfahrensordnung für Höfesachen von 1976
Hrsg.	Herausgeber
i. d. R.	in der Regel
InsO	Insolvenzordnung
IntErbRVG	Internationales Erbrechtsverfahrensgesetz (2015)
IPRax	Praxis des Internationalen Privat- und Verfahrensrechts (Zeitschrift)
JFG	Jahrbuch für Entscheidungen der Freiwilligen Gerichtsbarkeit
JR	Juristische Rundschau (Zeitschrift)
JurBüro	Juristisches Büro (Zeitschrift)
JuS	Juristische Schulung (Zeitschrift)

JVEG	Justizvergütungs- und -entschädigungsgesetz
JW	Juristische Wochenschrift (Zeitschrift) 1878 bis 1939
JZ	Juristenzeitung (Zeitschrift)
KG	Kammergericht
KGJ	Jahrbuch der Entscheidungen des Kammergerichts
KostBRÄG	Kostenänderungsgesetz, geltend ab 1.6.2025
KostO	Kostenordnung (bis 31.7.2013)
LFGG	Landesgesetz über die Freiwillige Gerichtsbarkeit (Baden-Württemberg)
LG	Landgericht
LM	Lindenmaier/Möhring (Nachschlagewerk des BGH)
LZ	Leipziger Zeitschrift
MDR	Monatsschrift für Deutsches Recht
MittBayNot	Mitteilungen des Bayerischen Notarvereins
MittRhNotK	Mitteilungen der Rheinischen Notarkammer
MiZi	Anordnung über Mitteilungen in Zivilsachen
MünchKomm	Münchener Kommentar zum BGB
NdsRpfl	Niedersächsische Rechtspflege (Zeitschrift)
n.F.	neue Fassung
NJ	Neue Justiz (Zeitschrift)
NJW	Neue Juristische Wochenschrift (Zeitschrift)
NJWE-FER	NJW – Entscheidungsdienst Familien- und Erbrecht (Zeitschrift)
NJW-RR	Rechtsprechungsreport der NJW (Zeitschrift)
NotBZ	Zeitschrift für die notarielle Beratungs-u. Beurkundungspraxis
o.Ä.	oder Ähnliches
OLG	Oberlandesgericht
Palandt	BGB-Kommentar, siehe Grüneberg
PStG	Personenstandsgesetz
RAG	Rechtsanwendungsgesetz (DDR)
RG	Reichsgericht; Entscheidungssammlung RGZ
RGRK	Reichsgerichtsräte-Kommentar zum BGB (urspr.)
RJA	Reichsjustizamt (Entscheidungen in FGG-Sachen)
RNotZ	Rheinische Notarzeitschrift
RPflG	Rechtspflegergesetz
Rpfleger	Der Rechtspfleger (Zeitschrift)
Rspr.	Rechtsprechung
RuStAG	Reichs- und Staatsangehörigkeitsgesetz
RVG	Rechtsanwaltsvergütungsgesetz (ab 1.8.2013; geändert 2025)
RVG VV	Vergütungsverzeichnis zum Rechtsanwaltsvergütungsgesetz

Rz.	Randziffer
SchlHA	Schleswig-Holsteinische Anzeigen (Amtsblatt)
SGB	Sozialgesetzbuch
Soergel	BGB-Kommentar
StAG	Staatsangehörigkeitsgesetz
Staudinger	BGB-Kommentar
StAZ	Das Standesamt (Zeitschrift)
StGB	Strafgesetzbuch
StPO	Strafprozessordnung
str.	streitig
usw.	und so weiter
VBVG	Vormünder- und Betreuervergütungsgesetz (2025)
VerschG	Verschollenheitsgesetz
VersR	Versicherungsrecht (Zeitschrift)
vgl.	vergleiche
VKH	Verfahrenskostenhilfe
Warn	Warneyer (Rechtsprechung des Reichsgerichts)
WM	Wertpapiermitteilungen (Zeitschrift)
z. B.	zum Beispiel
ZErb	Zeitschrift für Erbrecht
ZEV	Zeitschrift für Erbrecht und Vermögensnachfolge
ZGB	Zivilgesetzbuch (DDR)
ZHR	Zeitschrift für das gesamte Handels- und Wirtschaftsrecht
ZIP	Zeitschrift für Wirtschaftsrecht
ZPO	Zivilprozessordnung
ZZP	Zeitschrift für Zivilprozess

A. Wesen und Zweck des Erbscheins

1. Der Erbschein

1.1 Der Erbschein als Bescheinigung

Der Erbschein ist ein von einem Nachlassgericht einem Erben ausgestelltes *Zeugnis* über das Erbrecht des Erben und die Frage, ob sein Verfügungsrecht durch Testamentsvollstreckung oder Nacherbfolge beschränkt ist (vgl. § 2353 BGB). Das Gesetz kennt als Entscheidungsform der Gerichte Urteile und Beschlüsse; Zeugnisse erteilen Lehrer und Arbeitgeber; das sind „Bescheinigungen". Nach dem Tod eines Menschen befasst sich das Nachlassgericht auf Antrag mit der Frage, wer Erbe ist; das Ergebnis ist dann kein Urteil mit Rechtskraftwirkung, sondern nur eine Art gutachterliche **Bescheinigung**, auf die in anderen Regelungen (§ 35 GBO; §§ 2365 ff. BGB) verwiesen wird. Der Erbschein ist kein „Beschluss" im Sinn von §§ 58 ff. FamFG, weil der *erteilte* Erbschein nicht anfechtbar ist. Der Erbschein erwächst nicht in materielle Rechtskraft. Er ändert die wahre Erblage nicht, wenn er unrichtig ist; er bescheinigt die wahre Erblage, wenn er richtig ist. Der Erbschein garantiert also dem darin als Erben Genannten kein Erbrecht; er kann jederzeit als unrichtig eingezogen werden (§ 2361 BGB). 1

Wenn der Erbschein einen Nacherbenvermerk enthält (§ 352b I FamFG), dann wird damit nicht dem Nacherben sein Anwartschaftsrecht bezeugt, sondern nur die Beschränktheit des Erbrechts des Vorerben bescheinigt.[1] Ebenso verhält es sich mit dem Testamentsvollstreckervermerk in einem Erbschein (§ 352b II FamFG).

1.2 Der Erbschein als Urkunde

Der Erbschein ist eine Urkunde im Sinne von § 271 StGB.[2] Die Frage, ob der Erbschein eine „öffentliche Urkunde" im Sinne von § 415 ZPO ist, wird unterschiedlich beantwortet.[3] Zwar ist er eine öffentliche Urkunde, weil er von einer öffentlichen Behörde (Nachlassgericht) innerhalb der Grenzen ihrer Amtsbefugnisse (§ 2353 BGB) in der vorgeschriebenen Form aufgenommen ist; aber was sollte er beweisen? Er beweist nicht wie eine Geburtsurkunde die Geburt, sondern allenfalls, dass das Nachlassgericht diesen Erbschein erteilt hat und sonst nichts, insbesondere beweist er nicht, dass die im Erbschein angegebene Erbfolge zutrifft. So gesehen ist der Erbschein nicht vergleichbar mit anderen öffentlichen Urkunden, wie der Heiratsurkunde oder dem gerichtlichen Protokoll. Im Zivilprozess bindet er das Gericht daher nicht; es kann durchaus zum Ergebnis kommen, dass die wirkliche Erbfolge ein andere ist als die im Erb- 2

1 MünchKomm/Grziwotz § 2353 Rz. 26.
2 BGH NJW 1964, 558; OLG Köln ErbR 2024, 545.
3 Bejahend MünchKomm/Grziwotz § 2353 Rz. 6 mit Nachweisen zur a. A.

schein ausgewiesene (vgl. § 2362 BGB). Andererseits ist er insoweit öffentliche Urkunde, als er zwecks Nachweis der Rechtsnachfolge zur Umschreibung eines Vollstreckungstitels (§ 727 I ZPO) verwendbar ist.

3 Die **Restitutionsklage** findet statt, wenn die Partei eine andere Urkunde auffindet, die eine ihr günstigere Entscheidung herbeigeführt haben würde (§ 580 Nr. 7b ZPO). Soweit es um das Erbrecht geht, zählt der Erbschein nicht als eine solche Urkunde.[4] Ist die Klage des K, mit der er eine geerbte Forderung einklagte, mangels Erbrecht rechtskräftig abgewiesen worden, kann er seine Restitutionsklage also nicht darauf stützen, dass er später einen nachträglich erteilten Erbschein zu seinen Gunsten gefunden hat.

1.3 Zweck des Erbscheins

4 Der Erbschein bezweckt, die Erbfolge, die ja nicht (wie z. B. der Besitz) äußerlich erkennbar ist, nachweisbar zu machen; in erster Linie soll der Erbe sein Recht (z. B. gegenüber Banken, Grundbuchamt) beweisen können, aber auch Dritten soll der Nachweis der Passivlegitimation in bestimmten Fällen (§§ 727, 792 ZPO) erleichtert werden, damit sie wissen, wen sie verklagen und bei wem sie vollstrecken können. Sobald ein Erbschein erteilt ist, werden Dritte in ihrem Vertrauen auf die Erbfolge geschützt (§§ 2365, 2366 BGB). Der Erbschein bezweckt nicht, Aufschluss über den Umfang oder den Wert des Nachlasses, über den gegenwärtigen Inhaber des Nachlasses oder über Rechtsgeschäfte des Erben betreffend den Nachlass zu geben.

In den Fällen, in denen entweder **ausländisches Erbrecht** zum Zuge kommt (§ 352c FamFG) oder **DDR – Erbrecht** (ZGB), vertritt der BGH[5] die Auffassung, ein solcher Erbschein bezeuge, gegenständlich beschränkt, die Geltung eines vom allgemeinen Erbstatut abweichenden Sachrechts; die Rechtsstellung des ausgewiesenen Erben werde nicht nur dadurch gekennzeichnet, dass er z. B. Alleinerbe geworden ist; auch in anderer Hinsicht (z. B. Pflichtteilsrecht und Erbenhaftung) werde die Stellung des Erben durch das jeweilige Sachrecht bestimmt. Deshalb sei in solchen Fällen das angewandte Erbrecht (etwa „DDR-ZGB"; „polnisches Erbrecht") anzugeben.

Hier wird meines Erachtens die Funktion des Erbscheins unrichtig gesehen; er soll nicht den Erben oder Nichterben Hinweise zur Verfolgung ihrer Rechte geben, sondern nur ein Erbrecht des Erben bezeugen; weitere Wirkungen kann er angesichts §§ 2365, 2366 BGB ohnehin nicht haben; bei einer Pflichtteilsklage des Nichterben wäre das Zivilgericht nicht gehindert, z. B. polnisches Pflichtteilsrecht anzuwenden, obwohl im Erbschein ungarisches Erbrecht zugrunde gelegt wurde.

---

4 BVerwG NJW 1965, 1292; OLG Schleswig SchlHA 1952, 95.
5 BGHZ 131, 22 = FamRZ 1995, 1567.

2. Geschichtliche Entwicklung

Ob in einer Rechtsordnung ein Bedürfnis für einen Erbschein besteht, hängt davon ob, inwieweit Eigentum besteht und wie die Erbfolge konstruiert ist: ob die Erbschaft dem Erben automatisch mit dem Tod anfällt oder ob sie an eine Art Treuhänder fällt und vom Erben angetreten werden muss. Nach dem Bayerischen Landrecht durfte ohne vorherige gerichtliche Einantwortung kein Erbe den Nachlass in Besitz nehmen. Wenn der Verstorbene nach einfachen Regeln von seinen Hausgenossen beerbt wird, kein Grundbuch existiert und der Nachlass in einem Stück Land, Einrichtung, Kleidung und Vieh besteht, erübrigen sich Erbbescheinigungen, weil die Familie und die Dorfgenossen wissen, wer der Erbe ist und man ihn nicht hindert, den Nachlass in Besitz zu nehmen. Wenn dagegen das Vermögen in „unsichtbaren Werten" wie Forderungen, Wertpapieren und Versicherungen angelegt ist, die Großfamilien sich trennen und die Bürger häufig umziehen, fehlt dieses Bewusstsein. Nachdem öffentliche Bücher und Register eingerichtet wurden, ergab es sich, dass die Behörden, die diese Bücher führten, in Todesfällen Auskünfte der Nachlassbehörden erholten. In der Preußischen Hypothekenordnung vom 20.12.1783 wurde erstmals geregelt, dass der gesetzliche Erbe ein gerichtliches Attest über seine Erbberechtigung vorzulegen hatte, wenn er im Hypothekenbuch eingetragen werden sollte. Das **Preußische Gesetz** betreffend die Ausstellung gerichtlicher Erbbescheinigungen v. 12.3.1869 regelte, dass jedem gesetzlichen Erben auf Antrag eine Erbbescheinigung erteilt wurde, wenn er sein Erbrecht nachwies; der testamentarische Erbe konnte eine ergänzende Bescheinigung erhalten. 5

Zu den sonstigen deutschen **Partikularrechten** vgl. Motive V, 557. Vorarbeiten zum BGB: Entwurf I § 2068; Motive V, 558; Protokolle V 670. Die Regelungen im BGB, in Kraft ab 1.1.1900, beruhen auf den Gedanken des Preußischen Rechts. 6

Seit 1900 waren die Vorschriften (§§ 2353–2369 BGB) fast unverändert,[6] das IntErbRVG hat (als Folge der EuErbVO) ab 17.8.2015 dann grundlegende Veränderungen gebracht.

In der **Deutschen Demokratischen Republik** (DDR) galten bis 31.12.1975 die §§ 2353 ff. BGB fort, ab 1.1.1976 bis zur Wiedervereinigung (3.10.1990) stattdessen die §§ 413 ff. DDR-ZGB. Zuständig für die Erbscheinserteilung waren in der DDR seit dem 15.10.1952 die staatlichen Notariate.

Ein Erbschein nach §§ 2353 ff. BGB kann nur erteilt werden, wenn der Erbfall nach dem 31.12.1899 eingetreten ist;[7] andernfalls ist der Antrag unzulässig (es würde altes Recht gelten).

6 Über Reformideen im Dritten Reich vgl. Cieplik, Der Erbschein nach geltendem und künftigem Recht, 1941.

7 Art. 231 S. 1 EGBGB; BayObLG FamRZ 1990, 101 = Rpfleger 1990, 166.

B. Wann ist ein Erbschein erforderlich bzw. entbehrlich?

1. Nachweis der Erbfolge durch Erbschein

In der Regel wird die Erbfolge durch einen Erbschein nachgewiesen; ein **eingezogener Erbschein** (bzw. die Kopie des Einziehungsbeschlusses) ist gegenüber dem Grundbuchamt kein Nachweis.[8] Der Erbschein ist aber nicht die einzige Nachweisform.[9] Das Prozessgericht kann seine Überzeugung z. B. aus einem notariellen Testament schöpfen, wenn nichts für einen Widerruf spricht.[10] Es gibt keine Regelung, die den **Nachlassschuldner** berechtigt, seine Leistung (ohne entsprechende vertragliche Vereinbarung) grundsätzlich von der Vorlage eines Erbscheins abhängig zu machen.[11] Ein Schuldner (z. B. eine Bank) kann also nicht verlangen, dass ein Gläubiger (z. B. ein Bankkunde), der sich rühmt, eine Forderung geerbt zu haben, die Gesamtrechtsnachfolge *durch Erbschein* nachweist, *wenn* dies nicht vereinbart ist;[12] auch § 94 ZPO beschränkt die Nachweismöglichkeiten nicht auf den Erbschein. Zahlt der Schuldner nicht, mit der Begründung, das Erbrecht des Gläubigers sei nicht nachgewiesen und klagt dann der Gläubiger, trägt jede Partei das Risiko, ob das Gericht den anderweitigen Nachweis (Behauptung gesetzlicher Erbfolge, Vorlage eines Testaments) für ausreichend erachtet oder nicht. 7

Der Schuldner (z. B. die **Bank**, die ein Guthabenskonto des Verstorbenen führt) hat nach dem Tod seines bisherigen Gläubigers (d. h. des Bankkunden) allerdings ein berechtigtes Interesse daran, in den Genuss der Rechtswirkungen der §§ 2366, 2367 BGB zu kommen; denn wenn er an denjenigen zahlt, für den ein Erbschein erteilt ist, wird er geschützt und muss nicht nochmals zahlen, wenn er an einen Nichterben zahlte, weil z. B. ein neues Testament auftaucht. Ein notarielles Testament entfaltet keinen Schutz der §§ 2366, 2367 BGB. Allerdings folgt aus dieser Wirkung noch nicht, dass der Schuldner (z. B. eine Bank/Sparkasse) uneingeschränkt die Vorlegung eines Erbscheins verlangen kann.

In Zweifelsfällen kann die Forderung nach Vorlage eines Erbscheins berechtigt sein,[13] vor allem beim **Grundbuchamt,** weil das GBA anders als das Nachlassgericht keine Beweiserhebung durchführt. Solche Zweifelsfälle sind z. B. unklare (auslegungsbedürftige) privatschriftliche oder notarielle Testamente, z. B. wenn „die Kinder" als Erben bezeichnet werden (es fehlen Namen und Zahl sowie

---

8 BGH NJW 2021, 858; OLG Düsseldorf ZEV 2020, 429.
9 RGZ 89, 344; Kroiß/Horn NJW 2013, 516.
10 OLG Düsseldorf ErbR 2022, 256.
11 BGH NJW 2013, 3716.
12 BGH NJW 2013, 3716 (Bank als Schuldnerin; dazu Rz. 20); BGH NJW-RR 2005, 599; BGH NJW 2005, 2779; RGZ 54, 343.
13 BGH NJW 2013, 3716.

Abstammung);[14] wenn unklar ist, ob mit „Abkömmlinge“ auch Adoptivkinder gemeint sind;[15] Zweifel an der Testierfähigkeit des Erblassers beim notariellen/privatschriftlichen Testament; ferner wenn ein Beteiligter die Echtheit des privatschriftlichen Testaments bestreitet; oder wenn bei einem gemeinschaftlichen Testament und einem folgenden Einzeltestament die Bindungswirkung unklar ist; bei negativen Tatsachen; bei (unklaren) Pflichtteilsstrafklauseln[16] oder Verwirkungsklauseln;[17] wenn unklar ist, ob deutsches oder ausländisches Recht zur Anwendung kommt.[18]

Wenn die Bank einen Erbschein verlangt, obwohl sie nicht durfte, dann kann der Kunde als Schaden den Ersatz der Notar-/Gerichtskosten für den Erbschein sowie den Verzögerungsschaden verlangen.

Im Übrigen kann die Bank in umstrittenen unklaren Fällen (als letzten Ausweg) das Guthaben **hinterlegen** (§ 372 S. 2, 378 BGB) oder mit dem „Erben“ vereinbaren, dass er sie von eventuellen Ansprüchen des wahren Erben freistellt.[19]

Die zeitliche Verzögerung bis zur Erbscheinserteilung entfällt und die Kosten des Erbscheins (Rz. 635 ff.) können aber gespart werden, wenn Rechtshandlungen bezüglich des Nachlasses auf andere Weise möglich sind (etwa durch einen Nachlasspfleger) oder Erbnachweise vom Geschäftspartner oder der öffentlichen Stelle (Behörde, Gericht) nicht gefordert werden (Rz. 9).

Ähnliche Zeugnisse: die früheren **Schuldbuchzeugnisse** des Nachlassgerichts nach § 16 BundesschuldbuchG[20] und einigen Landesgesetzen; das sind keine Erbscheine. Text: „Bescheinigung: E ist von A, B und C zu je ⅓ beerbt worden. Die Erben sind befugt, gemeinschaftlich über die im Staatsschuldbuch unter Nr. ... zugunsten des Erblassers E eingetragene Forderung in Höhe von ... zu verfügen.“ **Heimstätten:** Die Erbfolge in eine „Heimstätte“ richtete sich bis 1. 10. 1993 nach dem ReichsheimstättenG, aufgehoben durch G. v. 17. 6. 1993.[21] **Folgezeugnisse nach Fideikommissrecht**[22] bezeugen eine Gesamtrechtsnachfolge, weshalb Erbscheinsrecht darauf anzuwenden ist; die Familienfideikommisse sind zum 1. 1. 1939 erloschen. Das Nachlassgericht hat dem überlebenden

14 KG ZEV 2024, 763 (lässt notarielle eV nicht genügen; aA KG NJW-RR 2012, 847.

15 OLG Frankfurt ErbR 2024, 873 bejaht das.

16 Die Klausel lautet: „Sollte einer meiner Erben nach dem Tod des Erstversterbenden den Pflichtteil verlangen, so soll er auch nach dem Tod des zuletzt Versterbenden nur den Pflichtteil erhalten“. Das Problem ist, was „verlangen“ heisst? Genügt eine beiläufige Bemerkung? Das GBA wird einen Erbschein verlangen. Vgl OLG Frankfurt ZEV 2025, 38 (lässt zum Beweis für das Nichtverlangen die eV vor einem Notar genügen); aA OLG Schleswig ZEV 2024, 764 verlangt einen Erbschein. Dazu Schön ZErb 2024, 326.

17 OLG Schleswig NotBZ 2023, 475.

18 Dazu Bonefeld ZErb 2014, 157.

19 Werkmüller ZEV 2014, 41 (Anm. zu BGH); Keim ZEV 2014, 277.

20 BGBl I 1950, 1, zum 1. 1. 2002 aufgehoben, aber fortgeltend, soweit Landesrecht darauf verweist.

21 BGBl I 1993, 912.

22 Dazu Eckert, Der Kampf um die Familienfideikommisse in Deutschland, 1992.

Ehegatten auf Antrag ein Zeugnis über die **Fortsetzung der Gütergemeinschaft** zu erteilen; die Vorschriften über den Erbschein finden entsprechende Anwendung (§ 1507 BGB). Dieses Zeugnis ist unabhängig vom Erbschein, steht daneben.[23] Weitere Nachweise sind auch geregelt in § 41 I 2 Schiffsregisterordnung, § 17 III ZVG, § 12 I 3 HGB. Der frühere § 13 I Hinterlegungsordnung (des Bundes) ist aufgehoben und durch **Hinterlegungsgesetze** der Länder ersetzt.

2. Nachweis der Erbfolge durch Feststellungsurteil

Ein Erbe kann gegen denjenigen, der dieses Erbrecht bestreitet, Klage auf Fest- 8
stellung (§ 256 ZPO) erheben.[24] Dieser Zivilprozess darf nicht deswegen ausgesetzt werden (§ 148 ZPO), weil ein laufendes Erbscheinsverfahren abgewartet werden soll.[25] Unabhängig vom entgegenstehenden Inhalt eines Erbscheins kann der wirkliche Erbe jederzeit vor dem Prozessgericht gegen den Erbscheinserben Klage auf Feststellung seines Erbrechts erheben, wobei das Prozessgericht nicht gehindert ist, von den Feststellungen des Nachlassgerichts abzuweichen.[26] Deshalb ist im Erbscheinsverfahren keine **Verfassungsbeschwerde** zulässig, weil der Beteiligte zuvor die Erbenfeststellungsklage erheben muss (Subsidiarität, Rz 634a).[27]

Nacherbschaft: Ist umstritten, ob eine Nacherbeneinsetzung vorliegt, wird die Frage im Erbscheinsverfahren geklärt: der Erbe beantragt beim Nachlassgericht einen Erbschein ohne Nacherbenvermerk (§ 352b I FamFG). Wird ein solcher Erbschein erteilt und hält der potentielle Nacherbe diesen Erbschein wegen des fehlenden Nacherbenvermerks für unrichtig, kann er die Einziehung des Erbscheins anregen (§ 2361 BGB) und mit Beschwerde verfolgen. Denkbar wäre aber auch, dass der Erbe gegen diese andere Person vor dem Prozessgericht klagt auf Feststellung, dass der Beklagte nicht Nacherbe ist.[28] Zum **Streitwert** einer solchen Feststellungsklage: Wenn drei Kläger auf Feststellung klagen, dass sie zu je 1/4 Miterben geworden seien, dann ist Streitwert der Anteil der drei Kläger am Nachlass (also 75 %), mit Abzug von 20 %, weil nur ein Feststellungsantrag vorliegt.[29]

In der Praxis kommen solche Klagen sehr selten vor, nämlich allenfalls als letzter Versuch, wenn das Erbscheinsverfahren zuvor in allen Instanzen (AG, OLG, u. U. BGH) scheiterte.[30] Wird sogleich (also ohne vorangegangenes Erbscheinsverfahren) eine Klage erhoben, stellt sich die Frage nach dem Rechtsschutzbedürfnis, das aber für die Klage nicht wegen eines möglichen Erb-

23 Vgl. Dörner DNotZ 1980, 662 (Auslandsbezug).
24 Einzelheiten Zimmermann ZEV 2010, 457; Adam ZEV 2016, 233.
25 OLG Rostock ErbR 2023, 644.
26 BVerfG ZEV 2020, 489; BGH ZEV 2010, 468.
27 BVerG ZEV 2024, 695.
28 BGH NJW 1960, 1899; MünchKomm/Becker-Eberhard ZPO § 256 Rz. 12.
29 BGH ZEV 2011, 656; a. A. Giehring ZEV 2014, 282.
30 Zum erheblichen Kostenrisiko vgl. OLG Karlsruhe ZEV 2021, 256.

scheinsverfahren verneint werden kann. Im Übrigen sind die wesentlichen Unterschiede[31] zwischen beiden Verfahren folgende:

Zivilprozess: Nachteile: Verhandlungsgrundsatz gilt, keine Amtsermittlung; Kostenvorschusspflicht, höhere Kostenlast (RVG; GKG); u.U. Anwaltszwang (§ 78 ZPO); Beschränkung des Instanzenzugs, weil die Berufung ohne weiteres verworfen werden kann (§ 522 ZPO) und evtl. keine Revision möglich ist (immerhin gibt es eine Nichtzulassungsbeschwerde, § 544 ZPO). Vorteile: Urteil erwächst in Rechtskraft, aber nur zwischen den Parteien (§§ 322 ff. ZPO), Wiederaufnahmeverfahren bleibt möglich (§§ 578 ff. ZPO). Keine Bindung des Prozessgerichts an die Entscheidung des Nachlassgerichts.

Nachlassverfahren: Vorteile: Amtsermittlung (§ 26 FamFG); in der Regel keine Pflicht zu einem Kostenvorschuss; billigeres Verfahren (AG, OLG; Gebühren nach GNotKG; RVG). Nachteil: Dritte Instanz (BGH) steht nur bei Zulassung zur Verfügung (§ 70 FamFG); der Erbschein entfaltet keine Rechtskraft, eine Einziehung ist zeitlich unbegrenzt möglich (§ 2361 BGB); keine Bindungswirkung für das Prozessgericht.

3. Andere Nachweisformen

3.1 Verfügung von Todes wegen in öffentlicher Form

3.1.1 Grundbuchverfahren

9 Mit dem Tode geht das Vermögen des Erblassers auf den Erben über (§ 1922 BGB), ohne „Einweisung" durch ein Gericht (wie teils im Ausland) oder Erteilung eines Erbscheins. Das Grundbuch, das noch den Verstorbenen als Rechtsinhaber ausweist, ist also unrichtig geworden. Die Unrichtigkeit wird gegenüber dem Grundbuchamt durch einen (deutschen[32]) Erbschein oder (bei Erbfällen ab 17.8.2015) durch ein Europäisches Nachlasszeugnis nachgewiesen (§ 35 I 1 GBO), so dass das Grundbuch berichtigt werden kann. Ein *privatschriftliches* Testament genügt gegenüber dem Grundbuchamt nicht zum Nachweis.[33] Das notarielle Testament genügt nicht, sondern ein Erbschein ist notwendig, wenn im Testament bestimmte **Klauseln** enthalten sind (z. B.: „die Erbeinsetzung meiner Frau ist nichtig, wenn sie zur Zeit meines Todes ein Scheidungsverfahren beantragt hat"; Verwirkungsklauseln[34]), die eine Beweisaufnahme erforderlich machen.[35]

Ein Erbschein kann seit 1.8.2013 nicht mehr „nur für Grundbuchzwecke" beantragt und erteilt werden, weil das GNotKG zwecks Steigerung des Gebührenauf-

31 Vgl. Kroiß ErbR 2017, 368.
32 KG FamRZ 1998, 308 = FGPrax 1997, 132. Streitig, vgl. Rz. 736.
33 OLG Schleswig FGPrax 2021, 254.
34 OLG Schleswig-Holstein ErbR 2023, 313.
35 OLG Naumburg ErbR 2019, 440.

kommens diese Erbscheinsform abgeschafft hat (vgl. § 40 GNotKG).[36] Zum Prüfungsrecht des Grundbuchamts vgl. Rz. 747.

Vom Zwang, dem Grundbuchamt einen Erbschein vorzulegen, gibt es **Ausnahmen:**

a) Beruht die Erbfolge auf einer Verfügung von Todes wegen, die in einer öffentlichen Urkunde enthalten ist **(notarielles Testament, Erbvertrag)**, so genügt gegenüber dem Grundbuchamt die Vorlage dieser Urkunde und der Eröffnungsniederschrift des Nachlassgerichts (§ 35 I 2 GBO). Bei den öffentlichen Urkunden kann es sich um inländische oder ausländische handeln,[37] z. B. um Testamente ausländischer Notare. Sie können dem Grundbuchamt im Original oder in beglaubigter Abschrift vorgelegt werden. Ausländische öffentliche Urkunden sind unter Umständen mit einer Apostille (Rz. 105) zu versehen.[38] Die Eröffnungsniederschrift muss § 348 I 2 FamFG entsprechen; der Stempel „eröffnet" auf dem Testament genügt nicht.[39] Kennt das ausländische Recht kein gerichtliches oder behördliches Eröffnungsverfahren, hat das Grundbuchamt einen Erbschein oder ein Europäisches Nachlasszeugnis zu verlangen.[40] 10

Wenn das **Grundbuchamt** die Erbfolge durch diese Urkunden nicht für nachgewiesen erachtet, so kann es die Vorlegung eines Erbscheins oder ein Europäisches Nachlasszeugnis verlangen (§ 35 I 2 Halbs. 2 GBO).[41]

Beispiele:

(1) Im notariellen Testament hat der Erblasser „seine Enkel" als Erben eingesetzt, ohne sie namentlich zu bezeichnen; hier ist i. d. R. ein Erbschein erforderlich. Doch kann es genügen, wenn die **Enkel** Personenstandsurkunden vorlegen und ferner eidesstattlich versichern, die einzigen Enkel zu sein,[42] weil ein solcher Nachweis auch im Erbscheinsverfahren ausreichen würde.

(2) Die notarielle Erbeinsetzung erfolgte unter der Bedingung, dass kein **Scheidungsantrag** gestellt wurde. Weil eine Scheidung nicht nur eine entfernte abstrakte Möglichkeit ist, ist ein Erbschein vorzulegen.[43]

(3) Ist durch notarielle Urkunde eine **unselbständige Stiftung** (die nicht rechtsfähig und daher nicht erbfähig ist) als Erbin eingesetzt, kann u. U. der Rechtsträger der Stiftung (z. B. eine Sparkasse) als Erbe im Grundbuch eingetragen werden,[44] ein Erbschein soll nicht notwendig sein.

---

36 OLG Hamm ZErb 2014, 89; Abschaffung verfassungsrechtlich unbedenklich, OLG München ZEV 2020, 585.

37 H.M., Demharter GBO § 35 Rz. 32; Böhringer ZEV 2001, 387.

38 Riering MittBayBNot 1999, 519/528.

39 V. Rechberg Rpfleger 1980, 458/9; zweifelhaft.

40 KGJ 36, 164; Meikel/Roth GBO § 35 Rz. 106; Böhringer ZEV 2001, 387.

41 Vgl. OLG Saarbrücken ZEV 2020, 382 (LS) = BeckRS 2019, 32080; OLG Naumburg 26. 8. 2019 – 12 Wx 31/19; LG München I ZEV 2007, 434; Böhringer ZEV 2001, 387.

42 Vgl. OLG Frankfurt Rpfleger 1980, 434.

43 OLG München ZEV 2016, 401; OLG Naumburg FamRZ 2019, 1656; a. A. KG ZErb 2021, 73.

44 OLG Düsseldorf ZEV 2020, 111.

(4) Wenn das GBA nicht aufklären kann, ob das Testament eine **Erbeinsetzung oder ein Vermächtnis** anordnet, kann es einen Erbschein verlangen.[45]

Die eidesstattliche Versicherung reicht zum Nachweis nur aus, wenn keine Anhaltspunkte dafür sprechen, dass das Nachlassgericht weitere Ermittlungen anstellen und zu einer abweichenden Beurteilung der Erbfolge gelangen könnte.[46]

11 Das Grundbuchamt (Rechtspfleger) darf nach h.M. öffentliche **Testamente** selbst **auslegen** (ein befremdlicher Widerspruch, weil beim Nachlassgericht der Rechtspfleger zur Testamentsauslegung nicht befugt ist, sondern der Richter: vgl. § 16 I Nr. 6 RPflG); nur wenn die Klärung der Rechtsfragen weitere *tatsächliche* Ermittlungen über den Willen des Erblassers und seines Ehegatten erforderlich macht, z. B. die Vernehmung von Zeugen, ist das Grundbuchamt berechtigt und verpflichtet, zum Nachweis der Erbfolge einen Erbschein zu verlangen.[47] Wenn ein notarielles Testament vorliegt, kann das Grundbuchamt nicht ohne weiteres einen Erbschein verlangen, da die Testierfähigkeit zweifelhaft sei, wenn gegensätzliche Gutachten vorliegen.[48]
Die **Nacherbfolge** bedarf des Nachweises durch Erbschein auch dann, wenn das Recht des Nacherben gem. § 51 GBO im Grundbuch eingetragen ist und eine Sterbeurkunde des Vorerben vorgelegt wird.[49]
Das Grundbuchamt ist an die in einem Erbschein bezeugte Erbfolge gebunden (vgl. § 35 GBO); zu einer eigenen abweichenden Auslegung der Verfügungen von Todes wegen des Erblassers ist es dann weder verpflichtet noch berechtigt.[50] Einzelheiten vgl. Rz. 747.

12 b) Bei **geringwertigen Grundstücken** kann sich das Grundbuchamt mit anderen Beweismitteln (z. B. privatschriftlichem Testament, eidesstattlicher Versicherung) begnügen (§ 35 III GBO), *wenn* die Beschaffung des Erbscheins nur mit unverhältnismäßigem Aufwand an Kosten (z. B. für die Beschaffung der Personenstandsurkunden) oder Mühe möglich ist. Davon macht die Praxis kaum Gebrauch. Vereinfachungen bestehen ferner nach §§ 18 I 2, 19 des Grundbuchmaßnahmengesetzes vom 20. 12. 1963[51] bei bestimmten geringwertigen Löschungen.

13 c) Vorlage eines **Überweisungszeugnisses** nach §§ 36, 37 GBO; das ist kein Erbschein und erleichtert und verbilligt (KV 12215 Nr. 4 GNotKG) die grundbuchmäßige Durchführung der Auseinandersetzung einer Erben- oder Gü-

---

45 OLG Naumburg ErbR 2020, 204 = BeckRS 2019, 32092.
46 BayObLG NJW-RR 2000, 1545 = FamRZ 2001, 43 = FGPrax 2000, 179.
47 OLG Naumburg ErbR 2020, 204 (Unklar, ob das not. Testament Erbeinsetzung oder Vermächtnis enthält); BayObLG FamRZ 2001, 42 = ZEV 2000, 233; BayObLG ZEV 1995, 229; OLG Köln ZEV 2000, 232. Ähnlich OLG Hamm NJW-RR 1997, 646 = ZEV 1997, 206; LG Neubrandenburg NJ 1997, 92.
48 OLG München ZEV 2014, 689.
49 BGH NJW 1982, 2499 = BGHZ 84, 196.
50 BayObLG FamRZ 1997, 710 = Rpfleger 1997, 156; LG Freiburg Rpfleger 1981, 145.
51 BGBl I 1963, 986.

tergemeinschaft. Text z. B.: „Überweisungszeugnis. E ist von A, B und C zu je ⅓ beerbt worden. B und C haben ihre Anteile an dem Nachlass auf A übertragen und die entsprechende Berichtigung des Grundbuchs für ... Band ... Blatt bewilligt."

d) Für **Schiffe, Schiffsbauwerke und Luftfahrzeuge** gelten Bestimmungen, die § 35 GBO ähneln (§ 41 SchiffsRegO; § 86 LuftfzRG); dann erübrigt sich ein Erbschein. 14

e) **Stiftungen, Vereine.** Fällt das Vereinsvermögen an den Fiskus, sind erbrechtliche Bestimmungen anwendbar (§§ 1964, 46 S. 1 BGB). Erlischt eine kirchliche Stiftung (der katholischen Kirche), so ist die Berichtigung des Grundbuchs auf die entsprechende Diözese als Gesamtnachfolgerin von der Vorlage eines Erbscheins („Zeugnis über den Vermögensanfall"[52]) abhängig (§§ 88 S. 2, 46 S. 1, 2353 BGB; Landesstiftungsrecht); dieses Zeugnis wird vom Nachlassgericht erteilt. Dies gilt jedenfalls dann, wenn die Stiftungssatzung nicht vorgelegt werden kann.[53] Vgl. Rn. 34. 15

3.1.2 Handelsregister

16 Jede Änderung des Inhabers des Unternehmens ist zum Handelsregister anzumelden (§§ 31 I, 29 HGB). Ändert sich der Inhaber eines KG- oder OHG-Anteils, z. B. weil er stirbt und somit seine Erben Gesellschafter werden, ergibt sich die Anmeldepflicht aus §§ 107, 143 II, 161 II, 162 HGB. Die Anmeldung bedarf der notariellen Unterschriftsbeglaubigung (§ 12 I HGB). Die Erbfolge ist förmlich nachzuweisen und zwar, *soweit tunlich*, durch öffentliche Urkunden (§ 12 II 2 HGB); der Erbschein (in Original oder Ausfertigung, nicht nur in Abschrift) bzw. das Europäische Nachlasszeugnis ist eine solche Urkunde. In analoger Anwendung von § 35 I 2 GBO genügt ferner die Vorlage eines notariellen Testaments (oder Erbvertrags) nebst Eröffnungsniederschrift.[54] Die Vorlage eines Testamentsvollstrecker-Zeugnisses, wonach sich die angeordnete Dauervollstreckung auch auf die zum Nachlass gehörenden Kommanditbeteiligungen erstreckt, genügt nicht.[55]

3.1.3 Hinterlegungsstelle

17 Nachlasspfleger veräußern manchmal den Nachlass und hinterlegen den Erlös für den unbekannten Erben beim Amtsgericht. Taucht kein Erbe auf, ist nach 30 Jahren das Nachlassgericht zu verständigen (wegen §§ 1964, 1965 BGB). Taucht der Erbe auf, ist beim Herausgabeantrag die Erbfolge nach den Bestimmungen des Hinterlegungsgesetzes des jeweiligen Bundeslandes nachzuweisen (die Bundes-HintO ist aufgehoben); der Nachweis ist zwar grundsätzlich durch

52 BayObLG Rpfleger 1994, 410; MünchKomm/Grziwotz § 2353 Rz. 209.
53 BayObLG NJW-RR 1994, 914.
54 OLG Hamburg NJW 1966, 986; KG ZEV 2007, 497; Krug ZEV 2001, 51.
55 KG NJW-RR 2000, 1704 =ZEV 2001, 72 = FGPrax 2000, 249.

einen Erbschein oder ein Europäisches Nachlasszeugnis zu führen, in Ausnahmefällen kommen jedoch auch weniger sichere Beweismittel in Betracht.[56]

3.2 Aktenvermerk über amtliche Erbenfeststellung

18 In Bayern wird, wenn kein Erbscheinsantrag gestellt wird, in bestimmten Fällen (Rz. 242, 244) eine amtliche Erbenermittlung durchgeführt. Der darüber angefertigte Aktenvermerk ist kein Erbschein, ersetzt ihn nicht. Als informeller Nachweis mag eine Kopie des Aktenvermerks im Einzelfall genügen.

3.3 Feststellungsbeschluss nach § 1964 BGB

19 Wird der Erbe nicht innerhalb einer angemessenen Frist ermittelt, so hat das Nachlassgericht (Rechtspfleger[57]) durch Beschluss festzustellen, dass ein anderer Erbe als der Fiskus nicht vorhanden ist (§ 1964 I BGB), was die Vermutung begründet, dass der Fiskus (d. h. das Bundesland) gesetzlicher Erbe ist (§ 1964 II BGB). Der Beschluss hat nicht die Wirkungen eines Erbscheins,[58] ersetzt ihn also nicht. Das Grundbuchamt hat einen Erbschein zu verlangen;[59] der Fiskus muss also einen Erbschein beantragen (kostenbefreit, § 2 GNotKG[60]), wenn er als Erbe des Erblassers ins Grundbuch eingetragen werden will.

3.4 Informelle Erbnachweise

3.4.1 Banken und Sparkassen[61]

20 Banken konnten sich beim Tod des Kunden mit der Vorlage einer beglaubigten Kopie des öffentlichen oder *privatschriftlichen* Testaments nebst Eröffnungsprotokoll (und Sterbeurkunde) begnügen und Konten auf den so ausgewiesenen Erben umschreiben oder an ihn auszahlen oder aber einen Erbschein verlangen; das war *früher* durch Nr. 5 ihrer AGB[62] legitimiert. In einem Fall, in dem die Bank-AGB nicht einbezogen waren, hatte der BGH[63] entschieden, dass ein Erbe nicht verpflichtet ist, der Bank sein Erbrecht durch einen Erbschein nachzuweisen, sondern dass ein eröffnetes *öffentliches* Testament in der Regel einen ausreichenden Nachweis darstellt. Später stellte der BGH[64] fest, dass Nr. 5 Bank-AGB im Verkehr mit „Verbrauchern" nach § 307 I, II Nr. 1 BGB unwirksam sei. Die meisten Banken hoben daraufhin diese Klausel auf. Nur in unklaren Fällen kann daher das Verlangen der Bank/Sparkasse, einen Erbschein vorzulegen,

---

56 KG NJW-RR 1999, 863 = Rpfleger 1998, 528.
57 OLG Braunschweig ZErb 2022, 63.
58 BayObLG MDR 1987, 762; MünchKomm/Leipold § 1964 Rz. 12; unstreitig.
59 OLG Düsseldorf ZEV 2020, 559; BayObLG MDR 1987, 762; OLG Frankfurt MDR 1984, 145; OLG Köln MDR 1965, 993; MünchKomm/Leipold § 1964 Rz. 12; a. A. AG Lüneburg Rpfleger 1971, 23.
60 BayObLG Rpfleger 1970, 181 bezüglich der Auslagen für das Erbenaufgebot usw.
61 Dazu Schlereth, Der Erbnachweis gegenüber Kreditinstituten ..., 2025.
62 Keim WM 2006, 753 und ZErb 2006, 29; Ivo ZErb 2006, 7.
63 BGH NJW 2005, 2779; dazu Hohloch JuS 2006, 184; Werkmüller BKR 2005, 316; Kroiß/Horn NJW 2013, 516.
64 BGH NJW 2013, 3716 = ZEV 2014, 41.

berechtigt sein.[65] Vgl. Rz. 7. Der EuGH[66] hat entschieden, dass eine Bank, der ein ENZ vorgelegt wird, die Erbenstellung der darin als Erbe genannten Person nicht bestreiten darf.

Wird nur ein *privatschriftliches* Testament mit Sterbeurkunde vorgelegt, begnügen sich die Banken bei kleinen Erbschaften und zahlungskräftigen Erben manchmal damit, dass der Erbe mit der Bank einen Vertrag des Inhalts schließt, dass der Erbe die Bank gegen eventuelle Ansprüche des wahren Erben zeitlich unbefristet freistellt.[67]

Eine deutsche Bank oder Sparkasse oder eine Privatperson ist nicht gehindert, sich beim Nachlass eines Ausländers mit einem ausländischen Erbnachweis (bzw. einem ausländischen Erbschein) zu begnügen, selbst wenn er von staatlichen Stellen, wie z. B. dem deutschen Grundbuchamt, nicht anerkannt würde. Ist der ausländische Nachweis allerdings nicht mit den deutschen Schutzvorschriften (§§ 2365 ff. BGB) ausgestattet, muss die Bank nochmals zahlen, wenn sich später herausstellt, dass der ausländische Erbnachweis inhaltlich unrichtig war.

3.4.2 Lebensversicherung

Bei der Lebensversicherung kann die Versicherungsgesellschaft die Versiche- 21
rungssumme an den auszahlen, der im Versicherungsschein im Todesfall als Begünstigter bezeichnet ist (§ 9 ALB 2021; § 159 VVG; § 330 BGB); ein Erbschein ist nicht erforderlich. Ist kein Bezugsberechtigter benannt, erfolgt die Auszahlung an die Erben.[68]

4. Tätigwerden anderweitig legitimierter Personen

4.1 Vollmacht über den Tod hinaus

Eine Vollmacht, die der Erblasser mit Wirkung schon zu Lebzeiten und über den 22
Tod hinaus erteilt hat (vgl. § 168 BGB) berechtigt ebenfalls zur Verpflichtung und Verfügung.[69] Eine transmortale Vollmacht des eingetragenen Berechtigten (schon zu Lebzeiten und ab dem Tod wirkend) genügt zum Nachweis der (Vertretungs-)Macht des Bevollmächtigten gegenüber dem Grundbuchamt auch dann, wenn dieser (überflüssigerweise) erklärt, Alleinerbe des Vollmachtgebers zu sein; es bedarf keines Nachweises der Erbfolge in der Form des § 35 I GBO.[70] Dieselbe Wirkung hat eine Vollmacht „auf den Todesfall" (postmortal), deren Wirkung also erst mit dem Tod eintreten soll. In beiden Fällen kann der Bevoll-

65 BGH NJW 2005, 2779; BGH WM 1961, 479/481.
66 EuGH BeckEuRS 2024, 767349, betraf Polen und die Bank Paribas.
67 Vgl. v. Rechberg Rpfleger 1980, 458/9.
68 BGH ErbR 2024, 791.
69 OLG Schleswig ZEV 2015, 225 (Grundbuch).
70 KG ZEV 2021, 232; a. A. OLG München NJW 2016, 3381; OLG Hamm FGPrax 2013, 148.

mächtigte (obwohl Stellvertreter der Erben,[71] nicht des Verstorbenen) nur den Nachlass verpflichten,[72] nicht das Eigenvermögen der Erben. Die Vollmacht können die Erben jederzeit widerrufen.[73] Sinnvoll ist eine solche Vollmacht zur Überbrückung der Zeit bis zur Erteilung des Erbscheins (falls er überhaupt noch notwendig ist) bzw. bis zur Annahme des Amts durch den Testamentsvollstrecker und die Erteilung des Testamentsvollstreckerzeugnisses. Bei einer „Vorsorgevollmacht", die zur Vermeidung einer Betreuung erstellt wurde (§ 1896 II BGB), hängt es vom Wortlaut ab, ob sie über den Tod hinaus wirkt.

4.2 Tätigkeit des Betreuers nach dem Tod des Betreuten

23 Das Betreuungsgericht (AG) bestellt einen Betreuer, wenn die Voraussetzungen des § 1814 BGB vorliegen. Mit dem Tod des Betreuten endet die Betreuung von selbst. Für den Betreuer bleiben noch Abwicklungsaufgaben gegenüber dem Gericht (Rückgabe der Bestallungsurkunde; Schlussbericht und Schlussabrechnung; Abrechnung der Vergütung). Gegenüber den Erben bestehen bestimmte Handlungsbefugnisse: Die Angelegenheiten, die keinen Aufschub dulden, hat er zu besorgen, bis die Erben anderweit Fürsorge treffen können (§ 1874 II BGB); der Nachlass wird dadurch verpflichtet. Beispiele: unaufschiebbare vermögensrechtliche Angelegenheiten des Betreuten, wie Fristwahrung; Verwaltung des Miethauses durch Einziehung der Mieten, Zahlung der Abgaben und laufenden Kosten, Veranlassung dringender Reparaturen. In diesem Umfang hat also der Betreuer die Rechtsmacht, den Nachlass zu verpflichten, ohne dass ein Erbschein notwendig wäre. Nicht mehr gehört zu den Aufgaben des Betreuers: Räumung der Wohnung, Veranlassung von Renovierungen, Ordnung, Sicherung und Regelung des Nachlasses, Zahlung von Schulden des Verstorbenen, Zahlung der Bestattungskosten aus dem Nachlass;[74] Abgabe der Erbschaftsteuererklärung.

4.3 Befugnisse des Nachlasspflegers

24 Das Nachlassgericht kann einen Nachlasspfleger bestellen, wenn die Voraussetzungen der §§ 1960, 1961 BGB vorliegen (unbekannter Erbe; Bedürfnis der Fürsorge für den Nachlass). Der Nachlasspfleger ist gesetzlicher Vertreter des (unbekannten) Erben. Um den Erben zu verpflichten oder über Nachlassgegenstände zu verfügen, braucht er keinen Erbschein (ein Erbschein, wonach E von „unbekannt" beerbt wurde, wäre ohnehin nicht zulässig). Der Nachlasspfleger weist sich durch seine Bestallungsurkunde aus. Entscheidend ist, ob der Aufgabenkreis, der ihm bei der Bestellung zugewiesen wurde, seine Tätigkeit deckt. Ist ein Nachlasspfleger nur für den Aufgabenkreis „Ermittlung der Erben" bestellt worden, kann er kein Grundstück veräußern. Der Aufgabenkreis „Verwaltung des Nachlasses" dagegen ermächtigt den Nachlasspfleger zur Veräußerung eines

71 BGH NJW 1983, 1487.
72 RGZ 106, 186/7.
73 Kroiß/Horn NJW 2013, 516.
74 Jochum BtPrax 1996, 88.

Grundstücks (nach Genehmigung durch das Nachlassgericht, §§ 1885, 1888, 1850 Nr. 1 BGB).

4.4 Eilanordnung des Nachlassgerichts nach § 1867 BGB

Die Nachlasspflegschaft (§§ 1960, 1961 BGB) ist eine Pflegschaft im Sinne der §§ 1885, 1888 BGB. Deshalb gilt dafür § 1867 (bis 2022: § 1846 BGB), wobei an die Stelle des Familiengerichts das Nachlassgericht tritt (§ 1962 BGB). § 1867 BGB ist daher wie folgt zu lesen: „... konnte ein Nachlasspfleger noch nicht bestellt werden oder ist der Nachlasspfleger an der Erfüllung seiner Pflichten gehindert, so hat das Nachlassgericht die dringend erforderlichen Maßnahmen zu treffen." Wenn also die Voraussetzungen für die Anordnung der Nachlasspflegschaft und die Bestellung eines Nachlasspflegers vorliegen (im Wesentlichen: unbekannter Erbe und Fürsorgebedürfnis für den Nachlass; § 1960 BGB), dann muss nicht immer ein Nachlasspfleger bestellt werden; in *dringenden* Fällen kann auch ein Beschluss des Nachlassgerichts genügen. 25

Beispiele:

E ist gestorben, die Erben sind unbekannt. Nachbarn geben die Beerdigung in Auftrag. Zur Bezahlung der Rechnung des Bestattungsunternehmens muss an sich ein Nachlasspfleger bestellt werden. Es ist nicht zulässig, dass das Nachlassgericht der Sparkasse gestattet, vom Konto des E die Rechnung zu begleichen, weil ein Eilbedürfnis fehlt.[75] Das Nachlassgericht darf auch dem Vermieter nicht gestatten, die Wohnung des verstorbenen Mieters eigenmächtig zu räumen; das ist unzulässig, da kein dringender Fall vorliegt.[76] Keinesfalls darf das Nachlassgericht als Vertreter eines Miterben einen Erbauseinandersetzungsvertrag schließen, weil dies nicht dringlich ist.[77]

4.5 Testamentsvollstreckerzeugnis

Ein Testamentsvollstrecker – Zeugnis (§ 2368 BGB) kann vom Nachlassgericht erteilt werden, obwohl (noch) kein Erbschein erteilt wurde. Es lautet z. B. „Der Kaufmann Thomas Tamm, München, Berliner Str. 5, ist zum Testamentsvollstrecker über den Nachlass des am ... in München verstorbenen Erhard Etzel, zuletzt wohnhaft in München, Theatinerstr. 2, ernannt worden." Das Testamentsvollstreckerzeugnis bezeugt nicht, wer Erbe des Verstorbenen ist, wie § 2368 BGB zeigt. 26

75 OLG Dresden ZEV 2010, 582; Zimmermann Rpfleger 2014, 1; a. A. OLG Rostock BeckRS 2013, 10207.

76 Schulz/Hamberger, Nachlasspflegschaft, § 1 Rn 40.

77 RGZ 71, 162.

Enthält es keine zusätzlichen besonderen Angaben, dann bezeugt es, dass
- die darin bezeichnete Person wirksam zum Testamentsvollstrecker ernannt ist,
- das Amt angenommen hat und
- ihr nur die nach §§ 2203 bis 2209 BGB mit dem Amt verbundenen gesetzlichen Befugnisse zustehen.[78]

4.5.1 Erbschein entbehrlich

27 Da der Testamentsvollstrecker nicht als Vertreter der Erben tätig wird, sondern als Inhaber eines privaten Amts, braucht er zum Nachweis seiner Verfügungsbefugnis zwar in der Regel ein Testamentsvollstrecker-Zeugnis, aber nicht zusätzlich einen Erbschein (§ 2353 BGB), wenn er im Rahmen seiner Verwaltungsbefugnisse (§§ 2205 bis 2209 BGB) handelt. Hierzu gehört auch die Veräußerung von Nachlass und der Erwerb von beweglichen Sachen und Rechten für den Nachlass.

Eine Eintragung im Grundbuch soll zwar nur erfolgen, wenn die Person, deren Recht durch sie betroffen ist (also der Erbe), als der Berechtigte eingetragen ist (§ 39 I GBO; Grundsatz der Voreintragung); doch ist diese Bestimmung nicht anzuwenden, wenn die betroffene Person Erbe des eingetragenen Erblassers ist und die Übertragung oder Aufhebung des Rechts eingetragen wird (§ 40 I GBO) oder wenn die Eintragung aufgrund einer Bewilligung eines **Testamentsvollstreckers** erfolgt (§ 40 II GBO). Veräußert der Testamentsvollstrecker sogleich nach Amtsantritt ein Nachlassgrundstück, bewilligt er die Eintragung des Erwerbers im Grundbuch und handelt er dabei im Rahmen seiner Befugnisse (§§ 2205 bis 2209 BGB), ist deshalb weder die Voreintragung der Erben noch der Testamentsvollstreckung erforderlich;[79] dies ist sinnvoll, weil im Falle der Voreintragung beides sogleich wieder aus dem Grundbuch gelöscht würde, da der Erwerber das Grundstück frei von der Testamentsvollstreckung erwirbt. Der Nachweis der Erbenstellung des Auflassungsempfängers ist entbehrlich, wenn der Testamentsvollstrecker mit der Grundstücksübertragung eine ausdrückliche Anordnung des Erblassers vollzieht, auch wenn sich diese nur aus einem privatschriftlichen Testament ergibt.[80]

4.5.2 Erbschein erforderlich

28 Der Testamentsvollstrecker braucht beispielsweise einen Erbschein, wenn er mit Mitteln des Nachlasses für die Erben ein Grundstück erworben hat und einen Eintragungsantrag für die Erbengemeinschaft stellt; wenn ein Nachlassgrundstück verkauft wird und für die Erbengemeinschaft eine Kaufpreishypothek eingetragen werden soll;[81] wenn bei einer unentgeltlichen Verfügung alle

78 KG NJW-RR 1991, 835.
79 Winkler Rz. 287.
80 OLG München ZEV 2011, 197 = FamRZ 2011, 328.
81 Winkler Rz. 723.

Erben zustimmen müssen. Es genügt nicht, wenn der Testamentsvollstrecker anstelle des Erbscheins einfach die Erben selbst namentlich bezeichnet und dabei sein Testamentsvollstrecker – Zeugnis vorlegt.[82] Für die Berichtigung des Grundbuchs ist zum Nachweis der Erbfolge ein Erbschein auch dann vorzulegen, wenn der durch Zeugnis ausgewiesene Testamentsvollstrecker die Berichtigung beantragt.[83]

4.5.3 Erbschein zweckmäßig

Der Testamentsvollstrecker wird einen Erbschein beantragen, wenn die Erbfolge nicht völlig eindeutig ist, damit er während der Testamentsvollstreckung weiß, wem er die erforderlichen Auskünfte usw. erteilen muss (§ 2218 BGB) und bei der Auseinandersetzung den richtigen Erben die richtigen Erbquoten zuweisen kann. 29

82 OLG Köln Rpfleger 1992, 342.

83 OLG München ZEV 2011, 342; OLG Köln Rpfleger 1992, 342 (denn die Verfügung sei ein aliud gegenüber der Berichtigung); zweifelhaft.

C. Der Erbscheinsantrag

1. Grundlagen

30 Das Nachlassgericht erteilt einen Erbschein nur auf Antrag (§ 2353 BGB); Erbscheine werden also nicht von Amts wegen erteilt. In etwa 50 % der Erbfälle wird kein Erbschein beantragt, weil die Erben den Nachlass, zu dem keine Grundstück gehört, einfach unter sich verteilen. Der Antrag ist nicht nur bloße Verfahrensvoraussetzung, sondern ein „Sachantrag", d. h. der Antragsteller muss dem Nachlassgericht die gewünschte Sachentscheidung so vorgeben, dass es dem Antrag ganz entsprechen kann, falls er nicht zurückzuweisen ist.[84] Der ohne Antrag erteilte Erbschein ist wirksam, nicht nichtig, kann aber nach § 2361 BGB eingezogen werden.

1.1 Form und Frist des Antrags

31 Der Erbscheinsantrag unterliegt in der Regel keinen *besonderen* Formvorschriften; aus § 23 FamFG ergibt sich nur, dass der **Antrag schriftlich** sein muss, also nicht durch gewöhnliche Email, unterschrieben werden und begründet werden soll; die Begründung regelt § 352 FamFG. Der Antrag soll (von einem Notar) auch in elektronisch beglaubigter Abschrift eingereicht werden können.[85]Reicht ein Notar einen Erbscheinsantrag beim Nachlassgericht nur auf dem Postweg ein und auch auf Anforderung des Nachlassgerichts nicht in elektronischer Form nach, ist der Antrag dennoch formwirksam angebracht,[86] weil für den Erbscheinsantrag nach § 14b I 1 FamFG keine solche Pflicht besteht. Die anderen Beteiligten sollen benannt werden, die erforderlichen Urkunden (z. B. des Standesamts) sollen beigefügt werden. Es besteht kein Anwaltszwang. Der Antragsteller kann

- entweder den **Antrag beim Nachlassgericht** (bzw. Notar. s. unten) persönlich zu Protokoll stellen und dabei gleichzeitig die eidesstattliche Versicherung des § 352 III FamFG (Rz. 111) abgeben (das ist am billigsten; die beim Notar anfallende Umsatzsteuer entfällt; weitere Unterlagen wie z. B. Geburtsurkunden muss sich der Antragsteller selbst besorgen), oder
- schriftlich den Antrag beim Nachlassgericht stellen und die von einem Notar (im Ausland: Konsulat) beglaubigte eidesstattliche Versicherung (Rz. 111) beifügen; das ist kostenmäßig wenig sinnvoll, weil die Protokollierung des Antrags durch den Notar keine zusätzliche Gebühr auslöst; oder
- einen Notar beauftragen, der den Antrag beurkundet und gleichzeitig die eidesstattliche Versicherung entgegennimmt sowie beurkundet und die Urkunde beim Nachlassgericht einreicht; weitere Unterlagen, z. B. Heiratsurkunden besorgt der Notar, natürlich gegen Gebühr. Für die Erzeugung von

84 RGZ 156, 172/180.
85 OLG Oldenburg NJW-RR 2019, 908.
86 OLG Frankfurt NJW 2023, 3436.

strukturierten Daten beim Notar kann keine Gebühr nach GNotKG KV 22114 verlangt werden, solange die Nachlassgerichte keine Möglichkeiten zur Weiterverarbeitung dieser Daten haben.[87] Beim Notar fällt eine 1,0-Gebühr aus dem Wert an (KV 23300 Tabelle B) + Umsatzsteuer. Nach Vorbemerkung 2.3.3 Abs. 2 zum GNotKG wird durch diese Gebühr zugleich die Beurkundung des Antrags an das Nachlassgericht abgegolten. Beim Gericht fällt dann eine 1,0-Verfahrensgebühr nach KV 12210 GNotKG Tabelle B an. Zu den Notargebühren vgl. ferner Rz. 710.

Art. 239 EGBGB hat seit 1. 9. 2013[88] eine „**Länderöffnungsklausel**" eingefügt (§ 23a GVG). Die Länder können durch Gesetz bestimmen, dass der Erbscheinsantrag der notariellen Beurkundung bedarf und die eidesstattliche Versicherung[89] nicht mehr vor Gericht, sondern nur noch vor einem Notar abgegeben werden kann. Nur die Erbscheinserteilung dagegen bliebe beim Nachlassgericht. Kein Bundesland hat davon Gebrauch gemacht. In diesen Ländern kostet dann der Erbschein mehr, weil der Notar auf seine Gebühren 19 % Umsatzsteuer erhebt, das Nachlassgericht dagegen nicht (vgl. § 2b UStG). Auch würden die Einnahmen der Staatskasse sich ändern, die Einnahmen der Notare steigen.

Eine **Frist** für den Antrag besteht nicht; noch Jahrzehnte nach dem Todesfall (allerdings nicht für Erbfälle vor dem 1. 1. 1900, dafür gilt das frühere Recht) kann der Erbe oder der Erbeserbe einen Erbschein beantragen. Das Antragsrecht kann nicht verwirkt werden.

1.2 Stellvertretung

32 Der Erbscheinsantrag muss nicht persönlich gestellt werden; er kann auch von einem gewillkürten Vertreter (Bevollmächtigten[90]) oder einem gesetzlichen Vertreter (Eltern, Vormund, Betreuer, Pfleger) gestellt (§§ 10, 23 I 4 FamFG) und zurückgenommen werden.[91] Nicht jeder kann wirksam bevollmächtigt werden, § 10 II FamFG bringt insoweit Einschränkungen: berechtigt sind Rechtsanwälte und Notare, ferner volljährige Familienangehörige, Personen mit Befähigung zum Richteramt und die Beteiligten, wenn die Vertretung nicht im Zusammenhang mit einer entgeltlichen Tätigkeit steht; es kann sich z. B. der Bruder von seiner Schwester vertreten lassen, aber nicht durch Freunde oder Bekannte. Der Bevollmächtigte hat eine schriftliche Vollmacht vorzulegen (§ 11 S. 1 FamFG); Rechtsanwälte und Notare müssen eine schriftliche Vollmacht nur vorlegen, wenn der Mangel der Vollmacht gerügt wird (§ 11 S. 4 FamFG). Ein Miterbe

87 LG Kassel ZEV 2025, 137 (L) = BeckRS 2024, 34220.
88 G.v.29. 6. 2013, BGBl I S. 1800. Dazu BT-Drucks. 13/6398; Gottwald FamRZ 1998, 1491. Befürwortend aus Notarsicht Kollmeyer DNoZ 2020, 653.
89 Die Option kann ein Land nur einheitlich ausüben, BTDrucks. 17/13136. Dazu Preuß DNotZ 2013, 740.
90 OLG Bremen ZEV 2021, 765; OLG Düsseldorf ZEV 2019, 422; unstreitig.
91 Unstreitig, MünchKomm/Grziwotz § 2353 Rz. 98.

kann den Antrag auf gemeinschaftlichen Erbschein allein stellen (§ 352a FamFG); er vertritt hierbei nicht etwa die Miterben (Rz. 35).

Bei schwieriger Rechtslage kann nicht nur **Verfahrenskostenhilfe** (VKH, §§ 114 ff. ZPO) bewilligt werden, sondern auch ein Rechtsanwalt für den Erbscheinsantrag beigeordnet werden,[92] mit Nachzahlungsanordnung, sobald die Erbschaft die Mittellosigkeit behoben hat.

Die **eidesstattliche Versicherung** (§ 352 III FamFG; eV) dagegen kann nicht durch einen **Bevollmächtigten** abgegeben werden,[93] da es sich um eine Wissenserklärung handelt, aber nach Ansicht einiger OLG durch einen sog. **Vorsorgebevollmächtigten,**[94] falls der Erbe geschäftsunfähig ist und die Vollmacht dies umfasst; dafür spricht, dass ein Betreuer i.d.R. auch kein „Wissen" über andere Testamente usw. hat, es sich also nur um eine Fiktion handelt. Es genügt nicht, dass der Vorsorgebevollmächtigte die Versicherung im *eigenen* Namen abgibt.[95] Notfalls (wenn die Vorsorgevollmacht die eV nicht umfasst) hat das Betreuungsgericht einen Betreuer (als gesetzlichen Vertreter) lediglich mit dem Aufgabenkreis der Abgabe der eidesstattlichen Versicherung zu bestellen; oder die eV wird erlassen (was am sinnvollsten ist).

Private Erbenermittler schließen mit den als Erben tatsächlich ermittelten Personen oft Verträge, in denen sich die Erben zur Zahlung des Honorars verpflichten (erst dann wird der Name des Erblassers bekannt gegeben), der Erbenermittler andererseits bevollmächtigt wird, einen Erbschein zu beantragen. Ob ein Erbenermittler, der nicht Rechtsanwalt ist, bei der Beantragung des Erbscheins gegen das frühere Rechtsberatungsgesetz verstieß, hing davon ab, ob eine vorherige umfangreiche rechtliche Prüfung und Beratung geboten ist.[96] Nach der Neuregelung in § 10 II FamFG sind Erbenermittler keine geeigneten Bevollmächtigten für einen Erbscheinsantrag.[97]

1.3 Antragsrecht Dritter

§ 2353 BGB besagt nur, dass das Nachlassgericht „dem Erben auf Antrag" einen 33
Erbschein zu erteilen hat; davon, dass das ein Antrag des Erben sein müsse, ist nicht die Rede. Deshalb haben grundsätzlich auch Dritte ein Antragsrecht; andererseits kann nicht jeder beliebige Bürger Erbscheine für Erbfälle beantragen, die ihn nichts angehen; es ist ein allgemeiner Rechtsgedanke, hier ein Rechts-

92 OLG Naumburg ZEV 2019, 555.

93 OLG Bremen ZEV 2021, 765; OLG München DNotZ 1937, 702; Staudinger/Herzog BGB, 2021, § 2353 Rz. 210.

94 OLG Bremen ZEV 2021, 765 (m. Anm. Zimmermann); OLG Düsseldorf ZEV 2019, 422; OLG Celle ZEV 2018, 728; a. A. MünchKommFamFG/Grziwotz § 352 Rn. 94; Litzenburger ZEV 2004, 450.

95 So aber OLG Celle NJW-RR 2017, 1031; Becker ZErb 2018, 332; Bumiller/Harders/Schwamb § 352 Rn. 23.

96 BGH NJW 2003, 3046/8.

97 BVerfG NJW 2010, 3291.

schutzbedürfnis zu fordern. Der Dritte muss im Antrag darlegen, dass der Erbe die Erbschaft angenommen hat, z. B. durch Ablauf der Ausschlagungsfrist.[98]

Dritte haben ein Antragsrecht in folgenden Fällen:

- Personen, die das Antragsrecht geerbt oder insoweit sonstige Rechtsnachfolger sind;
- Personen, die für den Nachlass bestimmte Aufgaben zu erledigen haben, wozu sie einen Erbschein benötigen (z. B. Testamentsvollstrecker);
- Personen, die als titulierte Gläubiger den Erbschein zum Nachweis der Passivlegitimation benötigen (Rz. 42).

In der Praxis löst § 22 I GNotKG das Problem, weil der Antragsteller den Erbschein bezahlen muss, also unsinnige Anträge kaum vorkommen.

2. Antragsberechtigte

2.1 Erbe, Vorerbe

34 Der Erbe ist ab Annahme der Erbschaft antragsberechtigt (§ 2353 BGB); in der Antragstellung steckt spätestens die Annahme. Das Antragsrecht des Erben wird durch Bestehen einer Nachlasspflegschaft über seine Erbschaft, Eröffnung des Nachlassinsolvenzverfahrens[99] oder Anordnung der Nachlassverwaltung nicht beeinträchtigt, weil er trotz dieser Verfahren Eigentümer des Nachlasses bleibt.

Bei **ehelicher Gütergemeinschaft** besitzt der das Gesamtgut allein verwaltende Ehegatte das Antragsrecht, wenn der Nachlass zum Gesamtgut gehört; bei gemeinschaftlicher Verwaltung entweder der erbende Ehegatte oder beide gemeinsam (§§ 1442, 1450 BGB).[100]

Der **Vorerbe** ist nach h. M.[101] nur vom Eintritt der Vorerbfolge bis zum Eintritt des Nacherbfalls antragsberechtigt (vgl. Rz. 353). Sobald der Nacherbfall eingetreten ist, kann der Vorerbe für den Nacherben keinen Erbschein beantragen (das ist Sache des Nacherben). Während der Vorerbschaft kann der Nacherbe keinen Erbschein für den Vorerben beantragen. Denkbar ist, dass der Vorerbe keinen Erbschein beantragte, dann die Nacherbfolge eintritt und sich nun ein Bedürfnis für den Vorerben ergibt, seine Erbenstellung bis zum Nacherbfall nachzuweisen. Ob der Vorerbe hier noch ein Antragsrecht hat, ist umstritten. Vgl. Rz. 380.

Der **nichtrechtsfähige Verein** kann nicht erben,[102] also auch keinen Erbschein beantragen; die einzelnen Mitglieder könnten als Erben gemeint sein, sind aber

98 KG NJW-RR 2018, 1225.
99 BayObLGZ 1963, 19/26.
100 BayObLGZ 1958, 364; Lange/Kuchinke § 39 II 3.
101 OLG Hamm NJW 1974, 1827/8.
102 AA Grüneberg/Weidlich § 1923 Rn. 7. Wer ist dann ausschlagungsberechtigt?

u. U. namentlich nicht bestimmbar. Deshalb ist dieser Verein auch nicht grundbuchfähig.[103]

Wurde eine **unselbständige Stiftung als Erbin** eingesetzt, ist deren Träger Erbe und antragsberechtigt.[104]

2.2 Miterben

Die Erteilung eines gemeinschaftlichen Erbscheins ist auf Antrag aller, einiger oder eines einzelnen Erben zulässig (§ 352a FamFG). Das Gesetz räumt dem Miterben eine Art Verfahrensstandschaftsrecht ein. Ein Miterbe kann ferner einen Teil-Erbschein über seine Quote beantragen; auf Antrag eines Miterben kann auch ein Teilerbschein nur über das Erbrecht eines *anderen* Miterben erteilt werden, ohne dass ein besonders Bedürfnis darzutun wäre, weil ebenso gut ein gemeinschaftlicher Erbschein beantragt werden könnte.[105] Ein Miteigentümer kann einen Erbschein über den Nachlass eines anderen verstorbenen Miteigentümers beantragen.[106] 35

Quotenloser Erbschein:[107] Wenn der Erblasser im Testament umfangreiche Teilungsanordnungen getroffen hat (A erhält das Haus in München, B das Haus in Köln, C die Eigentumswohnung in Berlin), dann ist zwar klar, wer Miterbe ist und was jeder bekommt (mit Ausnahmen, z. B. wer zahlt Schulden), aber die Wertverhältnisse für den Erbschein will das Nachlassgericht nach der reinen Lehre durch teure Gutachten geklärt haben, was beim quotenlosen Erbschein nicht mehr nötig ist. Beim Erbscheinsantrag von Miterben ist die Angabe der Erbteile der einzelnen Miterben nicht mehr erforderlich, wenn *alle Antragsteller* im Antrag oder ein Antragsteller und die anderen Miterben sonst wie (z. B. durch Zustimmung) auf die Aufnahme der Erbteile im Erbschein *verzichten* (§ 352a II 2 FamFG).[108] Ein Verzicht nur des Antragstellers genügt nicht,[109] schon gar nicht, wenn die anderen Miterben ausdrücklich widersprechen. Der Verzicht auf Quoten ist nur bis zur Erteilung des Erbscheins zulässig.[110] Wenn der Miterbe selbst einen Erbschein *mit* Quoten beantragt, ist der Quotenlos-Antrag der anderen Miterben gegenstandslos. Auch wenn der Erblasser im Testament Erb-Quoten angegeben hat, können die Miterben einen quotenlosen

103 AA KG BeckRS 2023, 5547; OLG Frankfurt FGPrax 2024, 249.

104 Vgl. OLG Köln FGPrax 2024, 10 (Grundbucheintragung des Rechtsträgers).

105 OLG München JFG 23, 334 = HRR 1942 Nr 840.

106 KG ErbR 2025, 230.

107 Zu den zahlreichen Streitfragen vgl. Rottmann ZEV 2024, 286; Rottmann, Der querstehende Beteiligte, 2023; Rohr DNotZ 2023, 179; Kollmeyer NJW 2021, 1136; OLG Celle FGPrax 2024, 24; OLG Hamm ZEV 2023, 158.

108 OLG München ZEV 2020, 166; OLG Bremen ErbR 2021, 152 = ZEV 2021, 124 (LS); OLG Frankfurt NJW-RR 2022, 800; Zimmermann ZEV 2015, 520.

109 So aber OLG Düsseldorf ZEV 2020, 167 (Anm. Zimmermann); Kollmeyer NJW 2021, 1136.

110 OLG München FamRZ 2021, 63 = FGPrax 2020, 190.

Erbschein beantragen.[111] Das Finanzamt muss beim quotenlosen Erbschein ggf. die Erbquoten selbst ermitteln.

Kriegstodesfälle (Vater stirbt 2014, von den drei Söhnen ist einer (S) seit 1942 an der Kriegsfront vermisst): Für einen abwesenden Erben kann ein Erbschein auf Grund des geerbten Antragsrechts des Vaters nur erwirkt werden, wenn nachgewiesen ist, dass der Abwesende den Erbfall erlebt hat oder dass für ihn zum Zeitpunkt des Erbfalls eine gesetzliche Lebensvermutung nach §§ 9, 10 VerschG bestand.[112] Kann der Nachweis des Erlebens nicht geführt werden und besteht auch keine gesetzliche Lebensvermutung, so können Miterben keinen gemeinschaftlichen Erbschein (vor Todeserklärung des Abwesenden S) beantragen, doch ist jeder von ihnen berechtigt, einen Erbschein über seinen eigenen Erbteil zu verlangen (Teilerbschein über **Mindest-Erbteil**); für den Erbteil des Vermissten wird dann ein Nachlasspfleger bestellt. Vgl. ferner § 352d FamFG. Bis 1945 gab es *maschinenschriftliche* Testamente für Wehrmachtsangehörige („Wehrmachtstestament").

Ein Miterbe ist grundsätzlich nicht berechtigt, einen Erbschein zum Nachweis der Erbfolge *nach* einem anderen Miterben zu beantragen[113] (wohl aber unter Umständen eine Ausfertigung des erteilten Erbscheins zu verlangen, § 357 II FamFG); eine Ausnahme kommt nur dann in Frage, wenn der Miterbe die Zwangsversteigerung eines Nachlassgrundstücks zu dem Zwecke betreibt, die Gemeinschaft aufzuheben;[114] weiter, wenn er Gläubiger mit Titel ist (Rz. 42).

2.3 Minderjährige Erben

36 Minderjährige sind selbst beteiligtenfähig (§ 8 FamFG). Da Minderjährige selbst aber nicht verfahrensfähig sind, müssen sie bei der Antragstellung durch ihre gesetzlichen Vertreter (also i. d. R. die Eltern, § 1629 BGB) vertreten werden (§ 9 FamFG). Die Eltern sind nicht gehindert, die Erbschaft in Vertretung ihres minderjährigen Kindes anzunehmen (§§ 1629 II 1, 1824 BGB), das Erbscheinsverfahren ist einem Rechtsstreit nicht gleichzustellen.[115] Zur Antragstellung brauchen die Eltern keine Genehmigung des Familiengerichts. Die Eltern können das Kind bei der Antragsstellung aber nicht vertreten, wenn sie nach § 1638 bzw. § 1680 BGB von der Vermögensverwaltung ausgeschlossen wurden.[116] Für ein Erbscheinsverfahren kann u. U. bei einem erheblichen Interessengegensatz den Eltern das Sorgerecht entzogen und ein Pfleger bestellt werden.[117]

111 AA OLG CelleZEV 2024, 42 mablAnm Keim.
112 BGHZ 5, 240 = NJW 1952, 818; OLG Frankfurt Rpfleger 1953, 36; a. M. LG Hamburg Rpfleger 1948/49, 123, das die bloße Lebensvermutung nicht für ausreichend erachtet.
113 Ausnahmen vgl. KG ErbR 2025, 230.
114 BayObLG FamRZ 1995, 119 = NJW-RR 1995, 272.
115 BayObLGZ 1961, 277 = NJW 1961, 2309 = FamRZ 1962, 36.
116 OLG Brandenburg ErbR 2023, 154; OLG Frankfurt NJW-RR 1997, 580.
117 OLG Nürnberg ErbR 2022, 935.

2.4 Unter Betreuung stehende Erben

Ist der Betreute geschäftsunfähig, ist er nicht mehr verfahrensfähig (§ 9 Nr. 1 FamFG). Er muss daher bei der Antragstellung durch den Betreuer als gesetzlichen Vertreter (§ 1823 BGB) vertreten werden. Der Betreuer wird vom Betreuungsgericht bestellt (§ 1814 BGB; §§ 271 ff. FamFG). Der Betreuer braucht einen ausreichenden Aufgabenkreis, z. B. erbrechtliche Angelegenheiten, Vermögenssorge; Der Aufgabenkreis „alle" Angelegenheiten ist seit 2023 nicht mehr statthaft. Ist der Betreute geschäftsfähig, kann er selbst den Antrag stellen, er wird von Betreuer nicht verdrängt; anders ist es, wenn ein entsprechender Einwilligungsvorbehalt angeordnet wurde (§ 1825 BGB). Das Stellen des Erbscheinsantrags und die darin liegende ausdrücklich erklärte Annahme der Erbschaft (§ 1943 BGB) durch den Betreuer, bedarf nicht der Genehmigung des Betreuungsgerichts (vgl. § 1851 Nr. 1 BGB, Umkehrschluss).[118] 37

2.5 Nacherbe

Der Nacherbe ist antragsberechtigt, sobald der Nacherbfall eingetreten ist. Vor Eintritt des Nacherbfalls kann *er* weder die Erteilung eines Erbscheins an sich noch an den Vorerben beantragen.[119] Bis dahin kann er nur die Einziehung eines unrichtigen Erbscheins betreiben. Stirbt der Nacherbe vor dem Nacherbfall, so sind die vom Erblasser eingesetzten Ersatznacherben oder die Erben des Nacherben (§ 2108 II BGB) zur Antragstellung befugt. 38

2.6 Erbe des Nacherben

Stirbt der eingesetzte Nacherbe vor dem Eintritt des Nacherbfalls, aber nach dem Eintritt des Erbfalls, so geht im Zweifel sein Recht auf seine Erben über (§ 2108 II BGB). Tritt dann schließlich der Nacherbfall ein, können diese Erben einen Erbschein beantragen, der sie als Erben des Erblassers ausweist.[120] 39

Soweit behauptet wird, im Erbschein (und demgemäß im Erbscheinsantrag) sei zu vermerken, dass die Erben das Erbrecht infolge des Todes des ursprünglich vorgesehenen Nacherben erworben haben,[121] gibt es dafür keine gesetzliche Grundlage; dies wäre eine Begründung, die nicht in den Erbschein (aber in den Feststellungsbeschluss nach § 352e FamFG gehört).

2.7 Erwerber des Anwartschaftsrechts des Nacherben

Mit dem Tod des Erblassers erlangt der Nacherbe eine „sichere" Aussicht auf die Erbschaft, ein Anwartschaftsrecht, das er analog § 2033 BGB notariell beurkundet auf Dritte übertragen kann.[122] Tritt dann der Nacherbfall ein (z. B. mit dem 40

118 BayObLG Rpfleger 1996, 455; KG NJW 1962, 54.
119 BayObLG NJW-RR 1999, 805 = FamRZ 1999, 1239.
120 Scheer S. 62; Schmidt BWNotZ 1966, 139/147.
121 So Scheer S. 62; Schmidt BWNotZ 1966, 139/147.
122 BGHZ 87, 367/9; BayObLG FamRZ 1992, 728 = NJW-RR 1992, 200; RGZ 170, 163/8; MünchKomm/Lieder § 2100 Rz. 27.

Tod des Vorerben), kann der ursprünglich eingesetzte Nacherbe einen Erbschein auf *seinen* Namen beantragen. Ein Hinweis auf eine Übertragung des Anwartschaftsrechts darf nicht in den Erbschein aufgenommen werden,[123] weil der Erbschein kein Dokument ist, das über Rechtsgeschäfte der Erben Aufschluss geben darf oder soll (vgl. § 2353 BGB).

Wenn der ursprünglich eingesetzte Nacherbe unwillig ist und keinen Erbscheinsantrag mehr stellen will, kann der Erwerber einen solchen auf den ursprünglichen Nacherben (Veräußerer) lautenden Erbschein beantragen, damit er seine Verwaltungs- und Verfügungsrechte ausüben kann.[124]

Der Erwerber dagegen gehört nicht in den Erbschein, er darf dort nicht als „Erbe" aufgeführt werden, weil er nicht „Erbe" ist.[125] Die a. A.[126] meint, der Erwerber werde Nacherbe und sei deshalb im Erbschein als Erbe auszuweisen; das ist nicht haltbar, weil eine Erbenstellung nur durch einen Willensakt des Erblassers oder Gesetz begründet werden kann, nicht durch Rechtsgeschäfte von Erben mit Dritten. Der Erwerber weist sein Recht nach durch den Erbschein, der auf den Veräußerer lautet, und die Urkunde über die notariell beglaubige Übertragung des Anwartschaftsrechts.

2.8 Fiskus, Finanzamt

41 Wird der Erbe nicht ermittelt, so stellt das Nachlassgericht fest, „dass ein anderer Erbe als der Fiskus nicht vorhanden ist" (§ 1964 I BGB). Dieser Beschluss begründet nur eine Vermutung (§ 1964 II BGB), er hat nicht die Wirkungen eines Erbscheins;[127] aufgrund des Beschlusses kann der Fiskus nicht ins Grundbuch eingetragen werden.[128] Der Fiskus kann sich aber einen Erbschein erteilen lassen, er ist antragsberechtigt[129] und gerichtskostenfrei (§ 2 GNotKG). Für den Erbscheinsantrag genügt es nicht, einfach auf den Feststellungsbeschluss Bezug zu nehmen, weil auch nach § 352 FamFG Angaben notwendig sind, die über den Inhalt eines Feststellungsbeschlusses hinausgehen.[130]

Das **Finanzamt** ist nur, wenn es Nachlassgläubiger im Sinne des § 792 ZPO ist, berechtigt einen Erbschein zu beantragen.[131] Liegen die Voraussetzungen des

---

123 BayObLG FGPrax 2001, 207 und FamRZ 1992, 728 = NJW-RR 1992, 200; a. A. Scholz, Ausweisfunktionen S. 73.

124 Scheer S. 64; Bartholomeyczik Denkschrift des Erbrechtsausschusses S. 38, 40; Köster Rpfleger 2000, 133/143; ganz h. M.; a. A. Schiedermair AcP 139, 129/158; v. Lübtow ErbR II S. 633.

125 OLG Düsseldorf MDR 1981, 143; NJW-RR 1991, 332; MünchKomm/Lieder § 2100 Rz. 31 m. w. N.; Scheer S. 64 mwN.

126 KG JFG 20, 17; Schmidt BWNotZ 1966, 139.

127 MünchKomm/Leipold § 1964 Rz. 12.

128 BayObLG MDR 1987, 762; BayObLGZ 1994, 33/35; OLG Frankfurt MDR 1984, 145; OLG Köln MDR 1965, 993; a. A. AG Lüneburg Rpfleger 1971, 23.

129 MünchKomm/Leipold § 1964 Rz. 12.

130 OLG Braunschweig ErbR 2021, 268.

131 LG München I FamRZ 1998, 1067 (zu § 2369 BGB).

§ 792 ZPO (Rz. 42) nicht vor, ist das Finanzamt nicht antragsberechtigt.[132] Denn die Abgabenordnung (AO) enthält keine diesbezügliche Regelung.

2.9 Nachlassgläubiger

Auch der Gläubiger des Erben, z. B. **Bank, Finanzamt**, mag es sich um geerbte oder sonstige Schulden handeln, ist berechtigt, einen Antrag auf Erteilung eines Erbscheins zu stellen, wenn er den Erbschein „zum Zwecke der Zwangsvollstreckung" braucht **(§ 792 ZPO)**. Der Gläubiger muss allerdings die nach § 352 FamFG erforderlichen Personenstandsurkunden vorlegen,[133] also z. B. beim Standesamt beschaffen, was schwierig sein kann (vgl. § 61 I PStG). Der Gläubiger muss bereits im Besitz eines zur Zwangsvollstreckung geeigneten Titels sein,[134] eine *vollstreckbare* Ausfertigung muss er dem Nachlassgericht nicht vorlegen;[135] der Titel muss nicht rechtskräftig sein. Dass der Sozialhilfeträger einer Person darlehensweise Geld gab, berechtigt sie noch nicht zum Erbscheinsantrag, wenn diese Person stirbt.[136] Ein solcher Titel ist z. B. ein Steuerbescheid des Finanzamts oder ein Leistungsbescheid des Sozialamts.[137] Ob im konkreten Einzelfall die Zwangsvollstreckung zulässig ist hat das Nachlassgericht bei Erteilung des Erbscheins an den Gläubiger nicht zu prüfen.[138] Den Erbschein braucht der Gläubiger z. B. um die Vollstreckungsklausel beantragen zu können (§ 727 ZPO), eine Zwangshypothek eintragen lassen zu können (§§ 866, 867 ZPO; §§ 14, 39 GBO). Bei der eidesstattlichen Versicherung, die der Gläubiger für den Erben abgeben muss, sind Abstriche zu machen, weil der Gläubiger kaum Kenntnisse über die Verwandtschaftsverhältnisse hat; sie ist daher i. d. R. zu erlassen. Die Gebühren für den Erbschein (KV 12210 GNotKG) muss zunächst der Gläubiger als Antragsteller (§ 22 I GNotKG) zahlen, er vollstreckt sie dann beim Schuldner (§ 788 ZPO), ohne dass ein besonderer Titel notwendig wäre (die Vorlage der Kostenrechnung an das Vollstreckungsorgan genügt). Wurde dem Erben bereits ein Erbschein erteilt, besteht kein Rechtsschutzbedürfnis; hier kann der Gläubiger (billiger und schneller) die Ausfertigung des Erbscheins nach § 357 II FamFG verlangen.[139] 42

§ 896 ZPO dehnt die Anwendbarkeit des § 792 ZPO aus auf Fälle, in denen in bestimmten Fällen Eintragungen in öffentliche Bücher (Grundbuch, Handelsre-

132 RG RJA 15, 14; vgl. BayObLG FamRZ 2001, 1737 = NJW-RR 2002, 440.

133 OLG Brandenburg FGPrax 2025, 78 = BeckRS 2025, 1191.

134 OLG Bamberg NJW-RR 2022, 727; OLG Düsseldorf FamRZ 2020, 1397 = ZEV 2020, 381 (LS); OLG Celle JR 1948, 317; OLG München JFG 15, 246/8; nicht titulierten Gläubigern soll die Durchsetzung ihrer Rechte nicht erleichtert werden, Motive V S. 558.

135 OLG München ZErb 2014, 256.

136 Eine Klage gegen den Erben vor dem Prozessgericht ist notwendig, OLG Köln ZEV 2024, 270.

137 OLG Köln ZEV 2024, 270.

138 OLG München NJW 2014, 3254 = ZErb 2014, 256.

139 KG Rpfleger 1978, 140.

gister usw.) erfolgen. Eine analoge Anwendung des verbliebenen Erben bezüglich **abgeschichteter Miterben** ist möglich.[140]

Auf die **Teilungsversteigerung** ist § 792 ZPO ebenfalls anzuwenden. Der Antragsteller einer Teilungsversteigerung (§ 180 ZVG) ist berechtigt, einen Erbschein bezüglich der Erben des verstorbenen Antragsgegners zu beantragen[141]; wer zur Teilungsversteigerung keinen Titel braucht (§ 181 ZVG), braucht auch keinen zur Erlangung des Erbscheins.

2.10 Nachlasspfleger

2.10.1 Erbschein für die Erben, die er ermitteln soll

43 Für die Erben, die er ermitteln soll, kann der Nachlasspfleger *keinen* Erbschein beantragen,[142] oder Beschwerde gegen diesbezügliche Entscheidungen des Nachlassgerichts einlegen,[143] wie z. B. die Ablehnung eines Erbscheins oder einen Erbscheins-Feststellungsbeschluss (§ 352e FamFG),[144] weil der Erbscheinsantrag die Annahme der Erbschaft beinhaltet, die Entscheidung über die Annahme aber das Recht der Erben ist, nicht des Nachlasspflegers. Ein Interesse könnte er nur haben, damit er den Nachlass dem „richtigen" Erben herausgeben kann; es ist aber Sache des Erben, sein Erbrecht gegenüber dem Nachlasspfleger nachzuweisen, wenn er die Herausgabe des Nachlasses verlangt. Natürlich kann der ermittelte Erbe dem Nachlasspfleger (wie jedem anderen auch) eine Vollmacht erteilen, den Erbschein zu beantragen; das hat aber mit der Pflegschaft nichts zu tun und ist auch besonders zu vergüten (z. B. nach dem RVG; jedenfalls nicht nach § 1875 BGB).

2.10.2 Erbschein für eine dem Erblasser noch angefallene Erbschaft

44 Für eine dem Erblasser zu seinen Lebzeiten noch zugefallene und angenommene Erbschaft, also ohne dass der Erblasser damals noch die Ausschlagung erklärte, kann der Nachlasspfleger einen Erbschein beantragen,[145] denn der unbekannte Erbe hat das Antragsrecht geerbt. Er kann auch Beschwerde gegen einen Feststellungsbeschluss (§ 352e FamFG) einlegen. Eine vom Nachlasspfleger zulässig eingelegte Beschwerde wird nicht durch Aufhebung der Nachlasspflegschaft unzulässig, wenn die ermittelten Erben ohne Aussetzung und Unterbrechung in das Verfahren eintreten.[146]

---

140 Jünemann ZEV 2020, 76.

141 BayObLG NJW-RR 1995, 272; OLG Hamm MDR 1960, 1018; LG Essen Rpfleger 1986, 387.

142 OLG Celle JR 1950, 58; KGJ 40 A 37; 41 A 94; BayObLG Rpfleger 1991, 21; Weißler I S. 129.

143 BayObLG 32, 552; BayObLG FamRZ 1991, 230; KGJ 41 A 94.

144 BayObLG Rpfleger 1991, 21 zum früheren Vorbescheid.

145 BayObLG FamRZ 1991, 230; KGJ 41 A 94.; LG Berlin DFG 1942, 44.

146 BayObLG Rpfleger 1991, 21.

Beispiele:

(1) Die Erblasserin E starb. Erbe waren entweder B (aufgrund Testaments) oder der Sohn S, der kurz nach der Erblasserin starb. Dessen Erben (Enkel der Erblasserin) waren zunächst unbekannt. *Für diese Enkel* wurde ein Nachlasspfleger bestellt. Das Nachlassgericht erließ einen Feststellungsbeschluss, wonach der B ein Erbschein erteilt werden sollte. Der Nachlasspfleger war beschwerdeberechtigt, da auch die Enkel, welche er vertrat, beschwerdeberechtigt gewesen wären,[147] weil es um ihr Vermögen ging. Ein für die unbekannten Erben der E eingesetzter Nachlasspfleger dagegen hätte kein Beschwerderecht gehabt, weil es ihm gleichgültig sein muss, wer Erbe „seines" Nachlasses wird.

(2) Am 1. 2. ist A gestorben und von B beerbt worden; am 5. 2. ist B gestorben; für die unbekannten Erben des B ist ein Nachlasspfleger bestellt worden. In diesem Fall kann der Nachlasspfleger die dem B zugefallene Erbschaft des A weder annehmen noch ausschlagen,[148] weil Annahme und Ausschlagung höchstpersönlich sind und nur dem Erben (bzw. dessen gesetzlichen Vertretern, z.B. Betreuern, vgl § 1851 Nr. 1 BGB) zustehen. Die Verweisung von § 1888 BGB auf das Betreuungsrecht erfasst also nach Ansicht des BGH § 1851 Nr. 1 BGB nicht.

Im Erbscheinsverfahren ist der Nachlasspfleger **nicht Beteiligter** im Sinne des § 345 FamFG; denn er ist zwar gesetzlicher Vertreter des Erben, aber dieser ist nicht prozessunfähig (vgl. § 455 ZPO); der Nachlasspfleger kann daher über Vorgänge bei der Errichtung des Testaments als Zeuge vernommen werden,[149] ebenso über das Auffinden des Testaments usw. Ist ein Notar zum Nachlasspfleger bestellt worden, kann er den Erbscheinsantrag des ermittelten Erben nicht beurkunden, solange die Nachlasspflegschaft nicht aufgehoben ist (§ 3 BeurkG).[150] 45

2.11 Abwesenheitspfleger

Ein abwesender Volljähriger, dessen Aufenthalt unbekannt ist, erhält für seine Vermögensangelegenheiten, soweit sie der Fürsorge bedürfen, einen Abwesenheitspfleger (§ 1884 BGB); zuständig ist das Familiengericht (nicht das Nachlassgericht). Hat der Erbe die Erbschaft *angenommen* und ist er *dann* unbekannten Aufenthalts, kann ihm deshalb ein Abwesenheitspfleger bestellt werden; ein solcher Pfleger könnte einen Erbschein beantragen[151] (anders als der Nachlasspfleger) und einen Erbteilungsvertrag schließen. Er könnte sogar die Erbschaft annehmen[152] oder (mit Genehmigung des Familiengerichts, §§ 1799, 1851 Nr. 1 BGB) ausschlagen. Regt der Nachlasspfleger eine Abwesenheitspflegschaft an 46

147 BayObLG Rpfleger 1991, 21.
148 BGH NJW 2022, 1748; aA zu Recht Siebert in Anm. dazu.
149 BayObLG Rpfleger 1975, 347 (LS).
150 LG Berlin Rpfleger 1992, 435.
151 BGHZ 5, 240/3 zu Nachlassforderungen; OLG Karlsruhe NJW 1953, 1303; KG JR 1967, 26.
152 KG OLGE 21, 349/50; MünchKomm/Leipold § 1943 Rz. 7; Soergel/Stein § 1943 Rz. 6.

und wird dies abgelehnt, hat er kein Beschwerderecht im Sinne von § 59 FamFG.[153]

Hatte der Abwesende die Erbschaft noch nicht angenommen, auch nicht fiktiv durch Fristablauf, kommt nur eine Nachlasspflegschaft in Betracht. Die Abgrenzung der beiden Pflegschaften ist im Einzelnen zweifelhaft;[154] insbesondere in der Nachkriegszeit war das Problem bei Verschollenheit diskutiert worden.[155]

2.12 Auseinandersetzungspfleger

47 Die Pflegschaft nach § 364 I a.F. FamFG war eine Unterart der allgemeinen Abwesenheitspflegschaft; ein solcher Pfleger konnte bestellt werden, wenn das Nachlassgericht von einem Berechtigten gebeten wurde, bei der Auseinandersetzung einer durch gesetzliche Erbfolge entstandenen Erbengemeinschaft zu vermitteln. § 364 FamFG ist seit 1.9.2013 aufgehoben, weil der seitdem für Teilungssachen zuständige Notar (§ 23a III GVG) eine gewöhnliche Abwesenheitspflegschaft (§ 1884 BGB) beim Gericht beantragen kann (§ 24 FamFG).

2.13 Testamentsvollstrecker

48 Der Testamentsvollstrecker hat ein **eigenes Antragsrecht**,[156] soweit er einen Erbschein braucht, trotz § 2368 BGB/§ 354 II FamFG, wenn der Erbe die Erbschaft angenommen hat. Allerdings kann er selbst die Erbschaft des Erben nicht annehmen, was aber nach § 352 I Nr. 7 FamFG zwingend Voraussetzung eines Erbscheinsantrags ist. Aber den Erbschein, den er braucht, beantragt er auf den Namen des Erben. Dies ist z. B. notwendig, damit er den Nachlass den richtigen Erben aushändigen kann (andernfalls besteht Haftungsgefahr); ferner, weil er für seine Verwaltung in vielen Fällen die Erben namentlich und quotenmäßig angeben und nachweisen muss, z. B. bei einer Grundbuchberichtigung. Wird der Erbscheinsantrag zurückgewiesen, hat der Testamentsvollstrecker ein eigenes Beschwerderecht.[157] Wird ein unrichtiger Erbschein erteilt, kann der Testamentsvollstrecker die Einziehung anregen (§ 2361 BGB). Wird die Einziehung abgelehnt, ist der Testamentsvollstrecker beschwerdeberechtigt (§ 59 FamFG), wenn er antragsberechtigt gewesen wäre. Ist auf Antrag des Testamentsvollstreckers ein Erbschein erteilt worden und wird dann die Einziehung dieses Erbscheins angeordnet, ist der Testamentsvollstrecker zur Beschwerde gegen den Einziehungsbeschluss berechtigt.[158]

153 OLG Colmar OLG-Rspr. 30, 174; Weißler I S. 121.
154 Dazu BayObLG Recht 1905, 18 Nr. 56; BayObLG Seufferts Archiv 69, 305 (Nachlaßpflegschaft neben Abwesenheitspflegschaft zulässig, damit die Auseinandersetzung durchgeführt werden könne); Weißler I S. 120 mit Nachweisen älterer Literatur.
155 Dazu BayObLG 1952, 129/132; Dirian NJW 1953, 492; Müller NJW 1956, 652.
156 KGJ 22, 56, MünchKomm/Grziwotz § 2353 Rz. 100; unstreitig. Früher wurde vereinzelt das Antragsrecht abgelehnt, Goslich ZBlFG 3, 385; v. Jacubezky Recht 1901, 575.
157 Vgl. OLG Oldenburg Rpfleger 1965, 305.
158 OLG Hamm FamRZ 1993, 825 = NJW-RR 1993, 461.

2.14 Erbe des Erben

War dem Erben noch kein Erbschein erteilt worden ist sein Erbe (Erbeserbe) zum Antrag berechtigt, das Antragsrecht ist vererblich. Von mehreren Erbeserben ist jeder allein antragsberechtigt;[159] der Erbe kann den Erbschein aber nur auf den Namen der Erben, also seines Erblassers, beantragen.[160] Die Erbfolge ergibt sich dann aus zwei Erbscheinen („Es wird bezeugt, dass A von B beerbt worden ist"; „Es wird ferner bezeugt, dass B von C beerbt worden ist"), die man in einer Urkunde zusammenfassen könnte. 49

2.15 Verschollene

Erbe kann nur werden, wer zur Zeit des Erbfalls lebt (§ 1923 BGB) oder für den eine Lebensvermutung im Sinne des Verschollenheitsgesetzes besteht.[161] Hat E einen Erbschein beantragt und ist er dann verschollen, kann sich gegebenenfalls ein Abwesenheitspfleger (§ 1884 BGB) um seine Angelegenheiten kümmern. 50

2.16 Erbteilserwerber

Ein Miterbe kann über seinen Anteil am Nachlass (z.B. über den ¼-Anteil) verfügen, ihn z.B. an einen anderen Miterben oder an einen Dritten übertragen (§ 2033 BGB). Der Erbteilserwerber (§ 2033 BGB) kann einen Erbschein beantragen, aber nur auf den Namen des wirklichen Erben, nicht auf sich selbst.[162] Ist der Erwerber nicht gleichzeitig Mit-Erbe, so erwirbt er durch die Übertragung des Erbteils zwar die Mitberechtigung am Gesamthandsvermögen, nicht aber die Erbenstellung des Veräußernden.[163] Das Antragsrecht des Erwerbers leitet sich nicht aus der Eigenschaft als nunmehriger „Miterbe" her, sondern aus seinem wirtschaftlichen Interesse am Nachlass; man könnte auch sagen, das Antragsrecht sei zusammen mit dem Erbteil auf ihn übergegangen. 51

Überholt sind ältere Auffassungen: (1) Nur der Miterbe bleibe antragsberechtigt, der Erwerber habe kein Antragsrecht.[164] (2) Nur der Erwerber habe ein Antragsrecht,[165] im Erbschein sei der Erwerber als Miterbe zu benennen; dafür sprächen §§ 2038, 2040 BGB und die Parallele zur Nacherbschaft.[166] Gegen diese Auffassung spricht, dass man Erbe nur Kraft des Willens des Erblassers oder kraft Gesetzes wird und nicht durch Übertragungsakte des Erben. Der Erwerber ist Rechtsnachfolger des Miterben, nicht des Erblassers. Geschäfte des Erben über den Nachlass gehören nicht in den Erbschein.

159 BayObLG FamRZ 2003, 777; BayObLGZ 1951, 690/2; KG RJA 13, 84/6.
160 BayObLGZ 1951, 690/3.
161 LG Münster MDR 1947, 199.
162 KG OLGE 44, 106; MünchKomm/Gergen § 2033 Rz. 27.
163 BayObLGZ 1977, 59/62; KGJ 30 A 101 = OLG 11, 274.
164 Schlegelberger Freiwillige Gerichtsbarkeit 7. Aufl 1956 § 84 Rz. 2.
165 OLG Colmar KGJ 26 A 311/3; Endemann JW 1910, 89.
166 Ausführliche Darstellung bei Scheer S. 57 ff.

Dritte werden nicht geschädigt, wenn der Miterbe noch ein Antragsrecht hat; denn der Erbschaft sagt nichts über den Bestand und die Werthaltigkeit des Nachlasses.

52 Auch der Miterbe behält nach Veräußerung sein Antragsrecht;[167] er behält auch sein Beschwerderecht, wenn ein Erbschein zu seinen Ungunsten unrichtig war (z. B. bei seiner Vorerbenstellung die Befreiung nicht vermerkt war, § 2136 BGB, § 352b I FamFG). Denn er bleibt trotz Veräußerung „Miterbe"; die Erbenposition ist mit der Person untrennbar verbunden, nicht aber der vermögensrechtliche Anteil am Nachlass.[168]

Der Erbschein, welcher den Miterben als Erben ausweist, darf keinen Vermerk enthalten, der die Veräußerung *bestätigt;*[169] denn es ist nicht Recht oder Pflicht des Nachlassgerichts, die Gültigkeit von Rechtsgeschäften des Erben über den Nachlass zu überprüfen und hier etwas zu bestätigen (anders bei Ausschlagung der Erbschaft und Anfechtung von Testamenten; diese sind aber für die Erbfolge als solche von Bedeutung). Ein Zusatz, der im Erbschein auf die Veräußerung des Erbteils hinweist, ist zwar überflüssig, hat aber auf die Gültigkeit des erteilten Erbscheins keinen Einfluss;[170] eine Einziehung ist nicht erforderlich.

2.17 Erbschaftskäufer

53 Der Erbschaftskäufer hat beim Kauf der *ganzen* Erbschaft vom Alleinerben nur einen obligatorischen Anspruch auf Übertragung aller Nachlassgegenstände (§ 2371 BGB). Da er nicht Erbe ist, hat er keinen Anspruch auf einen Erbschein, der *ihn* als Erben ausweist.

Ob er einen Erbschein auf den *Namen des Erben* beantragen kann, ist umstritten. Die h. L.[171] lehnt es ab, da der Käufer nur einen obligatorischen Vertrag schließe und nicht an der Erbschaft *als Ganzem* dinglich berechtigt sei. Dafür spricht aber die Zweckmäßigkeit;[172] das Problem stellt sich ohnehin nur, wenn dem Verkäufer (Erbe) kein Erbschein erteilt worden war und er sich jetzt weigert, einen Antrag zu stellen oder wenn er unbekannten Aufenthalts ist usw. Es erscheint sinnlos, den Erbschaftskäufer, der eventuell auch die Auflassung seitens des Alleinerben erhalten hat und der die Umschreibung des auf den Erblasser lautenden Grundbuchs vornehmen will, erst auf eine Klage gegen den Verkäufer zu verweisen, damit er alsdann gemäß § 792 ZPO vorgehen kann. Anders als bei normalen Gläubigern ist der Erbschaftskäufer durch einen notariell beurkundeten Vertrag (vgl. § 2371 BGB) ausgewiesen.

167 RGZ 64, 173/8; BayObLG Rpfleger 2001, 494/5; MünchKomm/Gergen § 2033 Rz. 27.
168 MünchKomm/Gergen § 2033 Rz. 27.
169 RGZ 64, 173; KG OLG 44, 106 Fußnote 1.
170 RGZ 64, 173/8.
171 MünchKomm/Grziwotz § 2353 Rz. 96; Scheer S. 62 (wegen der Funktion des Erbscheins).
172 RGRK-Kregel § 2353 Rz. 7.

Der **Erwerber eines einzelnen Nachlassgegenstandes** hat kein Antragsrecht.[173]

2.18 Erbschaftsbesitzer

Der bloße Erbschaftsbesitzer ist weder antrags- noch beschwerdeberechtigt.[174] 54

2.19 Insolvenzverwalter

Der Insolvenzverwalter in der Insolvenz des Erben ist aufgrund seiner Verfü- 55
gungsmacht antragsberechtigt.[175]

3. Adressat des Antrags

Der Antrag ist beim Nachlassgericht zustellen (§ 2353 BGB), das ist das Amtsge- 56
richt (in Baden-Württemberg noch bis 31.12.2017 das Notariat). Ein (neuer) Erbscheinsantrag kann nicht beim Beschwerdegericht (OLG) gestellt werden;[176] geschieht das, sollten die Akten an das Nachlassgericht zurückgeleitet werden, damit darüber entschieden wird. Das BayObLG[177] ließ es zu, dass gegenüber dem Beschwerdegericht ein neuer Antrag gestellt wird, wenn das Nachlassgericht einen Feststellungsbeschluss erlassen hat, obwohl ein dazugehöriger Antrag fehlte, und gegen den Feststellungsbeschluss Beschwerde eingelegt wird.

4. Wer hat kein Antragsrecht?

Das Antragsrecht steht nicht zu: dem Nachlasspfleger (§ 1960 BGB);[178] dagegen 57
ist der Nachlasspfleger antragsberechtigt, soweit es sich um eine noch vom Erblasser erworbene zu seinem Nachlass gehörige Erbschaft handelt (Rz. 43, 44).[179] Auch der nur forderungsberechtigte **Vermächtnisnehmer** hat als solcher kein Antragsrecht[180] (wohl aber als Gläubiger mit Titel); der **Pflichtteilsberechtigte**,[181] wohl aber als Gläubiger mit Titel;[182] ebenso nicht der Nacherbe *vor* Eintritt des Nacherbfalls, in der Regel der Vorerbe *nach* Eintritt des Nacherbfalls; der Käufer und Erwerber eines Nachlassgegenstandes, z. B. Nachlassgrundstücks,[183] doch können diese bei Glaubhaftmachung eines rechtlichen Interes-

173 LG München I DNotZ 1950, 33; MünchKomm/Grziwotz § 2353 Rz. 97.
174 OLG Schleswig SchlHA 1999, 129.
175 Vgl. BayObLGZ 1963, 19.
176 OLG Frankfurt Rpfleger 1997, 262; OLG Brandenburg FamRZ 1999, 55; OLG Köln MittRhNotK 2000, 120.
177 BayObLG FamRZ 1998, 860; BayObLG FamRZ 1994, 1068 = NJW-RR 1994, 1032 (zum Vorbescheid).
178 KGJ 40, 37; KGJ 41, 94 = RJA 11, 178; BayObLGZ 32, 552; OLG Celle JR 1950, 58.
179 LG Berlin DFG 1942, 44.
180 BayObLG FamRZ 2000, 1231 = ZEV 2000, 319 (L); KG JW 1936, 2564; OLG München JFG 15, 246 = HRR 1937 Nr 1094.
181 OLG Hamm Rpfleger 1984, 273; OLG Köln NJW-RR 1994, 1421 = ZEV 1994, 376 (Zimmermann).
182 Lange/Kuchinke § 39 II 3.
183 LG München DNotZ 1950, 33; vgl. BayObLGZ 34, 406 = JW 1935, 1189.

ses eine Ausfertigung eines ordnungsgemäß erteilten Erbscheins nach § 357 II FamFG verlangen; der Erbschaftskäufer (Rz. 53). Ferner sind nicht antragsberechtigt der gesetzliche Vertreter eines minderjährigen Erben, dem die Vermögensverwaltung entzogen ist (vgl. § 1638 I BGB);[184] es muss in diesem Falle ein Pfleger bestellt werden; ein Bevollmächtigter, der auf Grund der Vollmacht des Erben zur Auflassung eines Nachlassgrundstückes an sich selbst berechtigt ist.[185]

5. Verzicht auf das Antragsrecht

58 Der Antragsberechtigte kann einseitig oder durch Vereinbarung auf sein Antragsrecht verzichten,[186] weil öffentliche Interessen nicht entgegenstehen; meist ist ein solcher Verzicht Teil eines gerichtlichen Vergleichs. Im Rahmen einer Vereinbarung zwischen potentiellen Erben kann deshalb vereinbart werden, wer keinen Erbscheinsantrag stellen darf; ebenso kann die Rücknahme eines Erbscheinsantrags oder die Verpflichtung dazu vereinbart werden.[187] Der Inhalt des Erbscheins kann aber nicht durch Vereinbarung erzwungen werden.[188] Zum **Verzicht auf die Beschwerde** vgl. Rz. 254.

6. Rücknahme und Änderung des Antrags

59 Der Erbscheinsantrag kann bis zur Rechtskraft der „Endentscheidung" zurückgenommen werden (§ 22 I 1 FamFG); die „Endentscheidung" ist nicht der Feststellungsbeschluss (§ 352e FamFG), der nur einen Zwischenentscheidung ist, sondern der Erbscheinserteilungsbeschluss, welcher der Erteilung des Erbscheins vorausgeht. Der Erbschein selbst wird nicht rechtskräftig. Die Rücknahme erfolgt durch Erklärung gegenüber dem Nachlassgericht (Kostenfolgen: KV 12211 GNotKG), im Übrigen (wenn vom Nachlassgericht die Erteilung abgelehnt und dagegen Beschwerde eingelegt wird) bis zum Abschluss des Rechtsmittelverfahrens durch eine Erklärung gegenüber dem OLG[189] bzw. BGH. Nach der Erteilung ist eine Rücknahme nicht mehr möglich. Die Rücknahme bedarf der Zustimmung der übrigen Beteiligten, wenn sie erst nach Erlass der Endentscheidung erfolgt (§ 22 I 2 FamFG), sonst nicht. Die Rücknahme des Erbscheinsantrags kann weder widerrufen noch wegen Willensmängeln angefochten werden.[190] Ab Erteilung kann der Antragsteller aber die Einziehung des ihm antragsgemäß erteilten Erbscheins anregen (§ 2361 BGB), wenn er sich nun nicht mehr für den Erben hält.

184 OLG Braunschweig DNotZ 1951, 374.
185 OLG Celle JR 1948, 317.
186 OLG Stuttgart OLGZ 1984, 131/137; vgl. Sternal/Sternal FamFG § 23 Rz. 55.
187 OLG Stuttgart OLGZ 1984, 131.
188 OLG Stuttgart OLGZ 1984, 131/132.
189 OLG Köln MittRhNotK 2000, 120; BayObLG FamRZ 1999, 64; Sternal/Sternal FamFG § 22 Rz. 9.
190 OLG Köln MittRhNotK 2000, 120 = NJWE-FER 2000, 187.

Bei einer **Änderung des Antrags** muss der neue Antrag dem § 352 FamFG entsprechen, z. B. die Erbquote enthalten.[191]

7. Wiederholung des Antrags

Die Abweisung eines Erbscheinsantrags durch das Nachlassgericht erwächst in formelle Rechtskraft (§ 45 FamFG), weil die Beschwerde hiergegen befristet ist (§ 63 FamFG). Statt der Beschwerde kann der Antrag an sich wiederholt werden. Die Frage ist allerdings, ob tatsächlich ein Wahlrecht besteht, ob dem neuen Antrag nicht die Beschwerdefähigkeit der Ablehnung des alten Antrags entgegensteht, falls die Beschwerdefrist noch nicht abgelaufen ist; ähnlich wie die entgegenstehende Rechtshängigkeit im Zivilprozess (§ 261 III Nr. 1 ZPO). Das wird man bejahen müssen. Der Wiederholung eines abgelehnten Antrages steht das Rechtsschutzbedürfnis nur entgegen, wenn er mit demselben Antrag auf **genau denselben Sachverhalt** und Auslegung wie der erste Antrag gestützt wird.[192] Zu unterscheiden ist die Identität des Antrages („Alleinerbschein aufgrund Testaments vom ...") von der Identität des zugrundeliegenden Sachverhalts (Testierfähigkeit, Widerruf von Testamenten, Wirksamkeit von Ausschlagungen, Auslegung). Auf einen anderen Sachverhalt, z. B. Vorlage weiterer Urkunden, genauere Darlegung der Verwandtschaft, auch **eine vertiefte Auslegung eines Testaments**, neue Rechtsprechung, kann ein neuer Antrag deshalb gestützt werden, auf den alten Sachverhalt ein abweichender Antrag. Da die Ablehnung des Zeugnisses das materielle Erbrecht unberührt lässt, bleibt im Übrigen die Klage auf Feststellung des Erbrechts vor dem Prozessgericht.[193] 60

8. Amtspflichten des Notars bei Aufnahme des Antrags

Der Antragsteller kann einen Notar beauftragen, den Antrag zu beurkunden und die eidesstattliche Versicherung entgegenzunehmen und zu beurkunden sowie die Urkunde beim Nachlassgericht einzureichen. Der Notar hat für eine sachgerechte Antragstellung zu sorgen, den billigsten Weg zu wählen (ist überhaupt ein Erbschein erforderlich?) und den Antragsteller auf die erforderlichen Standesamtsurkunden hinzuweisen; auf Verlangen des Antragstellers hat er die Urkunden beim Standesamt (gebührenpflichtig) zu besorgen. Der Notar muss aber den Interessenten nicht darauf hinweisen, dass der Erbschein beim Nachlassgericht billiger zu erlangen ist,[194] weil dort keine Umsatzsteuer anfällt. Ab 1. 1. 2027 werden die Nachlassgerichte voraussichtlich ebenfalls Umsatzsteuer erheben (Änderung von § 2b UStG), damit die Einnahmen des Staates steigen und der Wettbewerbsnachteil der Notare entfällt. Zu den Notargebühren vgl. Rz. 710. 61

---

191 OLG Hamburg FamRZ 2021, 1329.

192 OLG Düsseldorf FamRZ 2015, 275. Nach BeckOK Hahne/Munzig/Schlögel FamFG § 352 Rn 5; Horndasch/Viefhues/Heinemann § 352 Rn 47 ist ein neuer Antrag uneingeschränkt zulässig.

193 Dazu BGH ZEV 2010, 468; Zimmermann ZEV 2010, 457.

194 LG Kassel BeckRS 2024, 34220 = ZEV 2025, 137 (LS).

Beantragt der **Vorerbe** zur Niederschrift des Notars, ihm einen Erbschein zu Händen des Notars zu erteilen, obliegt die Amtspflicht (mit Haftungsfolge), den erteilten Erbschein zu prüfen, ob er dem beantragten Erbschein entspricht, dem Notar auch gegenüber dem bei dem Beurkundungsgeschäft nicht beteiligten Nacherben. Einen für ihn erkennbar unrichtig erteilten Erbschein darf er dem Vorerben nicht aushändigen.[195]

9. Amtspflichten des Gerichts bei Aufnahme des Antrags

62 Wenn Grundstücke zum Nachlass gehören, ist der Erbe auf die Möglichkeit, binnen zwei Jahren seit dem Erbfall eine gerichtsgebührenfreie **Grundbuchberichtigung** zu erlangen, hinzuweisen (KV 14110 Anm. (1)).[196] Über die Entstehung gesetzlicher Kosten, z. B. für einen Erbschein braucht das Nachlassgericht grundsätzlich nicht zu belehren, wenn es nicht gefragt wird. Im Einzelfall kann es allerdings verpflichtet sein, Hinweise zur Vermeidung unnötiger Kosten zu geben,[197] z. B. wenn der Antragsteller ersichtlich z. B. wegen einer fortbestehenden Vollmacht keinen Erbschein braucht. Bei Auslandsvermögen: u. U. Hinweis auf das Europäische Nachlasszeugnis. Auf die Möglichkeit, einen **gebührenbegünstigten Erbschein** zu beantragen (Rz. 690); ist hinweisen, wenn sich ein Anhaltspunkt ergibt (andernfalls unter Umständen Niederschlagung der Mehrkosten nach § 21 GNotKG). Den verbilligten Erbschein nur für Grundbuchzwecke gibt es allerdings nicht mehr.

63 Laien, die nicht durch einen Anwalt oder Notar vertreten sind, sollten durch einen (nicht zu komplizierten) **Fragebogen** auf die bei der Nachlassverhandlung gegebenenfalls zu erörternden Fragen vorbereitet werden, damit sie zuhause die Unterlagen heraussuchen können:

Name und Vorname des/der Verstorbenen

Beruf des/der Verstorbenen

Geboren am … in …

Verstorben am … in …

Wohnsitz zur Zeit des Todes …

Staatsangehörigkeit …

War der Verstorbene verheiratet?

1. Ehe: geschlossen am … (Standesamt …) mit … (Name, Vorname …).
   Lebt der Ehegatte noch? … Anschrift …
   Wurde die Ehe geschieden? Wann … (Familiengericht …)
2. Ehe: geschlossen am … (Standesamt …) mit … (Name, Vorname …).

195 BGH NJW 1987, 63 = DNotZ 1988, 375 (Bernhard).

196 Ziffer XVII/4 (4) der Anordnung über Mitteilungen in Zivilsachen (MiZi); OLG Bamberg NotBZ 2024, 387.

197 BayObLG NJW-RR 1997, 583 = FamRZ 1997, 646; OLG Hamm JurBüro 1973, 1184.

Lebt der Ehegatte noch? ... Anschrift ...
Wurde die Ehe geschieden? Wann ... (Familiengericht ...)

Güterstand? Hatten die Ehegatten vor einem Notar einen Güterstandsvertrag geschlossen?

Kinder des/der Verstorbenen: ... (mit Geburtsdatum, Beruf, Anschrift; Angabe ob verstorben, wann ... Enkel? ...). Auch angenommene Kinder, nichteheliche Kinder, für ehelich erklärte Kinder sind anzugeben.

Eltern des/der Verstorbenen: Name, Vorname, Anschrift. Leben sie noch? Wenn verstorben: wann ... Welche Kinder (Geschwister des/der Verstorbenen) sind aus der Ehe hervorgegangen?

Ist etwas über ein Testament oder einen Erbvertrag bekannt? Wo befinden sie sich?

Hat der/die Verstorbene Grundstücke hinterlassen? Grundbuchstelle: Grundbuch des Amtsgerichts für ... Band ... Blatt ... Gibt es im Nachlass ausländisches Vermögen: Bedarf für ein Europäisches Nachlasszeugnis?

Hat der Verstorbene eine ins Handelsregister eingetragene Firma hinterlassen?

Wird die Erbschaft angenommen?

Wird ein Erbschein benötigt?

Wenn ja: mit welchem Inhalt (Erbquoten)?

10. Inhalt des Antrags

10.1 Bestimmter Antrag

Nach h. M.[198] muss der Erbscheinsantrag so bestimmt sein, dass ihn das Nach- 64
lassgericht bei Stattgabe wörtlich übernehmen könnte. Er muss enthalten:

- den Berufungsgrund[199] (gesetzliche Erbfolge, Testament, bei mehreren Testamenten welches Testament; Erbvertrag); allerdings ist das Nachlassgericht nach Ansicht des BGH[200] nicht daran gebunden, wenn sich der Antragsteller bei mehreren Testamenten mit identischer Erbeinsetzung, aber Abweichung z.B. bei den Vermächtnissen oder Teilungsanordnungen, nur auf ein bestimmtes Testament stützt.
- die beanspruchte Erbquote (Alleinerbe, ⅓ usw.);[201]
- Gegebenenfalls Verfügungsbeschränkung durch Testamentsvollstreckung und Nacherbschaft;
- Gegebenenfalls Antrag, nur einen gebührenbegünstigten Erbschein (§ 40 III GNotKG; Rz. 689, 690) zu erteilen.

198 Seit RGZ 156, 172, 180. Zur Bestimmtheit vgl. Hilger BWNotZ 1992, 123.
199 BayObLG NJW-RR 1996, 1160.
200 BGH NJW 2021, 3727 = ZEV 2022, 39; OLG Bamberg ErbR 2022, 256.
201 OLG Frankfurt FamRZ 1998, 1394.

Beim Höfe- und Anerbenrecht kommt als Verfügungsbeschränkung ein Recht des überlebenden Ehegatten zur Verwaltung und Nutznießung in Frage.[202] Bei altrechtlichen Ehe-Güterständen sind Verfügungsbeschränkungen zugunsten des überlebenden Ehegatten denkbar.[203] Begehrt der Antragsteller einen gegenständlich beschränkten Fremdrechtserbschein (§ 352c FamFG), so hat er die gegenständliche Beschränkung auf die im Inland (Deutschland) befindlichen Gegenstände im Erbscheinsantrag anzugeben;[204] in diesen Fällen können ferner im Antrag anzugebende ausländische Verfügungsbeschränkungen in Frage kommen.

Beispiele:
(1) Ich beantrage einen Erbschein, wonach ich aufgrund Gesetzes Alleinerbe meiner am … in … verstorbenen Mutter … bin. (2) Ich beantrage einen Erbschein, wonach die am … in … verstorbene Frau … aufgrund Testaments vom … von mir sowie von A und B zu je ⅓ beerbt worden ist. Testamentsvollstreckung ist angeordnet. (3) Ich beantrage einen Erbschein, wonach ich aufgrund Testaments vom … Alleinerbe von Herrn …, verstorben am … in … bin. Nacherbschaft ist angeordnet. Die Nacherbschaft tritt ein mit dem Tod des Vorerben. Nacherbe ist N.

65 Es zulässig, wenn **Miterben keine genauen Erbquoten** angeben und *alle* auf die Aufnahme der Erbteile im Erbschein verzichten (§ 352a II 2 FamFG; vgl. Rz. 35).[205] Der Antrag lautet dann nur: Es wird bezeugt, dass E von A, B und C beerbt worden ist. Die Erbquoten bleiben offen. Es bleibt den Miterben dann überlassen, sich intern über die Erbquoten zu einigen. Gelingt das nicht, können sie einen Antrag auf Ergänzung um die Erbquoten stellen.

65a **Gegenständlich beschränkter Erbschein**: Gehören zu einer Erbschaft (d. h. zum Nachlass) auch Gegenstände, die sich im Ausland befinden, kann der Antrag auf Erteilung eines Erbscheins auf die im Inland befindlichen Gegenstände beschränkt werden (§ 352c I FamFG). Der Antrag kann nicht auf das Auslandsvermögen beschränkt werden. Zum Nachlass müssen also Gegenstände in Deutschland *und* im Ausland gehören. Vorteil ist, dass dann für die Erbscheinsgebühr von einem niedrigeren Geschäftswert auszugehen ist (§ 40 III GNotKG), und dass es schneller geht, weil Gutachten über ausländisches Recht entfallen.

Sonstige beschränkte Erbscheine: Wer einen nach § 64 SGB X gebührenfreien Erbschein[206] zwecks Beantragung, Erbringung oder Erstattung einer Sozialleistung benötigt (z. B. der Erbe eines Sozialleistungsempfängers, der dessen Anspruch geerbt hat), muss dies beim Nachlassgericht bei der Antragstellung ange-

202 MünchKomm/Grziwotz § 2353 Rz. 184.
203 BayObLGZ 15, 508.
204 BayObLG FamRZ 1998, 1198.
205 OLG Düsseldorf DNotZ 1978, 683; Notthoff ZEV 1996, 458.
206 OLG Hamburg NJW-RR 2024, 339.

ben, auch dass dieser Erbschein ihm nicht ausgehändigt werden soll, sondern direkt an das Sozialamt in X gesandt werden soll. Dasselbe gilt in den anderen Fällen der Rz. 690.

10.2 Unzulässige Anträge

Unzulässig sind Anträge von Personen, die nicht antragsberechtigt sind, sowie 66
Anträge von Antragberechtigten mit Mängeln: Ich beantrage einen Erbschein „nach dem Testament vom ...“; hier fehlt die Erbquote (richtig: „Ich beantrage einen Erbschein, wonach ich Alleinerbe bin, nach dem Testament vom ...“). Erbschein „nach der gesetzlichen Erbfolge“ (auch hier fehlt die beanspruchte Erbquote, man weiß nicht, ob der Antragsteller weiß, wie hoch die Quote ist); „nach den vorgelegten Unterlagen“ (Erbquote fehlt).[207] Erbschein „nach dem Testament vom ... *oder* Gesetz“ (unzulässiger alternativer Antrag, vgl. Rz. 67, der Erbe muss sich entscheiden, ob er sich auf die gesetzliche Erbfolge oder ein Testament beruft, oder einen Haupt- und Hilfsantrag stellen).[208] Unzulässig ist der Antrag ferner, wenn der Antragsteller nicht das dazu beiträgt, was er nach § 352 I, II FamFG selbst beizutragen hätte (Schilderung der Verwandtschaftsverhältnisse, Vorlage der Personenstandsurkunden usw.), obwohl das in seiner Kraft stünde; wenn er die eidesstattliche Versicherung ohne ausreichenden Grund verweigert („keine Zeit, keine Lust“).[209]

In diesen Fällen ist durch **Zwischenverfügung**[210] des Gerichts der Antragsteller zur Stellung eines „richtigen“ Antrags anzuhalten, der Antrag darf nicht einfach als unzulässig zurückgewiesen werden. Die Zwischenverfügung ist (da keine Endentscheidung) nicht anfechtbar (§ 58 FamFG), der Antragsteller muss sie nicht beachten, dann wird sein Antrag zurückgewiesen und er kann Beschwerde einlegen.

10.3 Hauptantrag, Hilfsantrag; alternative Anträge

Das Stellen eines Hauptantrags und eines oder mehrerer **Hilfsanträge** ist zuläs- 67
sig, wenn sie denselben Erbfall betreffen, doch muss die Prüfungsreihenfolge angegeben werden;[211] eine schwierige Sach- oder Rechtslage ist nicht Zulässigkeitsvoraussetzung, sondern nur Motiv für eine solche Kumulation. Den Antrag auf Alleinerbschein *und für den Fall*, dass das Nachlassgericht ein gesetzliches Erbrecht der Kinder des X feststellen sollte, auf einen Teil-Erbschein zu 1/2 hält das OLG Düsseldorf[212] für unzulässig. **Alternative Anträge** („beantrage einen Alleinerbschein, aufgrund Testaments vom ...*oder* aufgrund Gesetzes“) sind un-

207 OLG Hamm FamRZ 2013, 1250.
208 BayObLG DNotZ 1973, 633.
209 OLG Frankfurt FamRZ 1996, 1441 = FGPrax 1996, 110.
210 KG DNotZ 1955, 408.
211 RGZ 156, 172; KG ErbR 2023, 613; BayObLG FamRZ 1999, 814; BayObLGZ 1961, 123/5; OLG Hamm OLGZ 1968, 332; KG DNotZ 1955, 408. OLG Düsseldorf NJW-RR 2014, 395 meint, ein bestimmte Rechtsmeinung könne nicht Bedingung sein (unrichtig). Hilfsantrag früher (Planck/Greiff BGB § 2353 Anm 6) umstritten.
212 OLG Düsseldorf NJW-RR 2014, 395 (ohne nähere Begründung).

zulässig; sie werden ausnahmsweise für zulässig gehalten, wenn Zweifel an der Gültigkeit eines Testaments bestehen und der Antragsteller nach der gesetzlichen Erbfolge mit der gleichen Quote (ohne Belastung durch Nacherbfolge oder Testamentsvollstreckung) zum Erben berufen ist;[213] oder wenn der Erbscheinsantrag alternativ aufgrund von zwei Testamenten gestellt wird, die die Erbfolge in gleicher Weise regeln, wenn Streit besteht, ob das spätere Testament weggefallen oder ungültig ist;[214] der Antragsteller muss allerdings (ausdrücklich) einen alternativen Erbscheinsantrag stellen.[215]

10.4 Bedingter Antrag

68 Ein Erbscheinsantrag kann nicht davon abhängig gemacht werden, dass ein für einen *anderen* Erbfall in einem anderen Verfahren gestellter Erbscheinsantrag abgelehnt wird.[216] Ein Antrag unter dem Vorbehalt der Ausschlagung ist unzulässig. Unzulässig ist die Bedingung „**falls die Erbschaft nicht überschuldet** ist", weil der Antrag die Annahme der Erbschaft beinhaltet und die Annahme nicht unter dieser Bedingung erfolgen kann (zu klären ist, was der Antragsteller will). Haupt- und Hilfsanträge sind unzulässig, wenn sie die Erbfolge nach verschiedenen Personen betreffen. Unbeachtlich ist die Bedingung „Ich übernehme keine Kosten".

10.5 Rechtsschutzbedürfnis

69 Ein Rechtsschutzbedürfnis muss grundsätzlich bestehen und liegt in der Regel vor; es fehlt nur ausnahmsweise,[217] wenn ein Bedürfnis für ein solches Zeugnis nicht einmal andeutungsweise erkennbar ist. Der Nachweis des Vorhandenseins von Nachlass oder des Vorliegens eines *besonderen* Bedürfnisses ist nicht erforderlich;[218] insbesondere bedarf es keines aktiven Nachlasses (Überschuldung steht nicht entgegen). Das gilt auch, wenn Testamentsvollstreckung besteht, und der Erbe erst zu einem späteren Zeitpunkt verfügungsberechtigt wird,[219] so dass der Nachlass ihm derzeit wenig nützt.

---

213 BayObLGZ 1974, 460/66; OLG Frankfurt Rpfleger 1978, 17; KG JW 192; OLG Karlsruhe OLGR 35, 379; Lange/Kuchinke § 39 II 4; früher a. A. KGJ 30 A 98.

214 OLG Frankfurt MDR 1978, 228. Andererseits BGH NJW 2021, 3727.

215 BayObLG Rpfleger 1973, 136; OLG Hamm OLGZ 1967, 71/73 (falls der Antragsteller dem Nachlassgericht ausdrücklich die Wahl überlässt).

216 BayObLG FamRZ 1999, 814.

217 BayObLG FamRZ 1991, 116; Lange/Kuchinke § 39 II 3; MünchKomm/Grziwotz § 2353 Rz. 70.

218 BayObLG FamRZ 1986, 1151, 1152; BayObLG Rpfleger 1990, 512; BayObLGZ 24, 270 = JFG 3, 144, 146; KG FG Prax 2006, 220; a. A. AG Mannheim BWNotZ 1979, 11.

219 KG RJA 8, 32.

Allerdings haben das BayObLG[220] und das KG[221] die Auffassung vertreten, ein gegenständlich auf das DDR-Vermögen beschränkter Erbschein dürfe wegen fehlenden Rechtsschutzbedürfnisses nicht erteilt werden, wenn keine Anhaltspunkte dafür bestehen, dass im Zeitpunkt des Erbfalls weiteres der Nachlassspaltung unterliegendes Vermögen in der ehemaligen DDR vorhanden war.

Ein Erbscheinsantrag ist und bleibt auch dann zulässig, wenn auf Antrag eines anderen Beteiligten schon ein Erbschein anderen Inhalts erteilt ist;[222] es muss nicht zuerst der andere Erbschein als unrichtig eingezogen werden. Die etwaige Einziehung des unrichtigen Erbscheins, gleichzeitig mit dem Feststellungsbeschluss (§ 352e FamFG) und der Anordnung der Erteilung des richtigen Erbscheins, ist Sache des Nachlassgerichts.

10.6 Eröffnung der Verfügung von Todes wegen

Ein Antrag auf Erbschein als Erbe aufgrund Testaments oder Erbvertrags ist 70
nach h. M.[223] erst nach förmlicher Eröffnung (§ 348 FamFG) der betreffenden Verfügung von Todes wegen zulässig, auch wenn sich die Verfügung offen im Nachlass befindet[224] oder das maßgebende ausländische Recht eine solche Eröffnung nicht kennt;[225] das findet im Gesetz allerdings keine Stütze, hat auch kaum einen Sinn (Zweck des § 348 FamFG ist nur die für die Beteiligten formal öffentliche Bekanntmachung des Testaments; ein Testament ist natürlich auch ohne Eröffnung wirksam). Zu eröffnen sind alle Schriftstücke, bei denen auch nur die entfernte Möglichkeit besteht, dass sie ein Testament sind.[226] Ist bei Antragstellung das Testament noch nicht eröffnet, holt das Nachlassgericht die Eröffnung nach und behebt so den Mangel;[227] eine Zurückweisung des Antrags als unzulässig wäre unstatthaft, weshalb die Streitfrage ohne Belang ist. Ist die Sache schon beim Beschwerdegericht anhängig, hat dieses den Vorgang an das Nachlassgericht zur Nachholung der Eröffnung zurückzuverweisen.[228] Der Erbschein selbst darf allerdings erst nach Eröffnung erteilt werden. Kommt eine Eröffnung der Verfügung von Todes wegen nicht in Betracht, z. B. bei Verlust der Testamentsurkunde trotz deren Weitergeltung, ist sie nicht Voraussetzung für die Erteilung des Erbscheins.[229]

---

220 BayObLG ZEV 1998, 475 = Rpfleger 1999, 76; offen gelassen von KG DtZ 1992, 187 (mit Einordnung unter „Rechtsmissbrauch").
221 KG FGPrax 2006, 220.
222 BayObLG FamRZ 2001, 1561; früher Staudinger/Schilken § 2353 Rz. 21.
223 KG JW 1925, 2142; Lange/Kuchinke § 39 II 4; ebenso noch Soergel/Zimmermann § 2355 Rz. 1.
224 Vgl. RGZ 48, 96/99.
225 KG DJZ 1908, 1037; a. A. KG JW 1925, 2142/2143.
226 OLG München ZEV 2022, 41.
227 Lange/Kuchinke § 39 II 4.
228 OLG München DFG 1943, 147 (LS) = DNotZ 1944, 40 (LS).
229 KGJ 51, 94, 97 = JW 1919, 586 (Anm Herzfelder, ablehnend).

10.7 Annahme der Erbschaft

71 Der Erbe kann die Erbschaft *ausdrücklich* annehmen; mit Ablauf der Ausschlagungsfrist gilt die Erbschaft als angenommen (§ 1943 BGB). Die Annahme kann auch *stillschweigend* erfolgen,[230] wie meist. Wenn ein **Alleinerbe** einen Erbschein beantragt, muss er nach § 352 I Nr. 7 FamFG die Erbschaft ausdrücklich annehmen. Ein Antrag, der die Annahme ausdrücklich offenlässt, wäre unstatthaft; ebenso wenn ein Erbe einen Teilerbschein beantragt. Beantragt ein anderer Antragsberechtigter (Gläubiger, Testamentsvollstrecker usw.; Rz. 42, 48) dagegen den Erbschein, hat er die Annahme der Erbschaft in irgendeiner Form nachzuweisen (vgl. § 352a III FamFG), etwa durch Darlegung des Fristablaufs (§ 1943 BGB). Das gleiche gilt, **wenn *ein* Miterbe** einen gemeinschaftlichen Erbschein beantragt: die Annahme durch die Miterben ist nach § 352a III FamFG darzutun und nachzuweisen. Wären (durch Testament, Erbvertrag) eingesetzte Miterben auch als gesetzliche Miterben berufen, haben die „Angabe" der Annahme und der Nachweis der Annahme durch die Miterben sich auch darauf zu erstrecken, ob die Miterben die Erbschaft als eingesetzte Erben oder als gesetzliche Erben angenommen haben.[231]

11. Erforderliche Angaben des gesetzlichen Erben zur Begründung des Antrags

11.1 Angaben nach § 352 I FamFG

72 Wer die Erteilung eines Erbscheins als *gesetzlicher* Erbe beantragt, hat bestimmte Angaben zu machen (im Antrag oder später[232]). Wenn der Antragsteller vom FamFG geforderte Beweismittel *ohne Verschulden* (!) nicht angibt, ist der Antrag deswegen noch nicht unzulässig; es setzt dann die Pflicht zur Amtsermittlung (§ 26 FamFG) ein.[233] Eine pauschale Bezugnahme auf ein Erbscheinsverfahren nach einem anderen Erblasser ist auch dann unzulässig, wenn aus dem anderen Verfahren die erforderlichen Angaben tatsächlich zu entnehmen sind.[234] Entgegen dem Wortlaut des § 352 I FamFG gilt die Regelung auch dann, wenn der Antragsteller nicht selbst der Erbe ist, sondern nur Antragsberechtigter ist, z. B. als Gläubiger, Testamentsvollstrecker usw. Solche Antragsteller werden freilich häufig nicht in der Lage sein, alle Angaben zu machen; dann entfällt die Obliegenheit.

73 **§ 352 I Nr. 1 FamFG**: Der **Zeitpunkt des Todes des Erblassers**. Der Tod und der Zeitpunkt sind durch öffentliche Urkunde (Sterbeurkunde) nachzuweisen (vgl. § 352 FamFG); das entfällt, wenn das Nachlassgericht vom Standesamt amtlich

---

230 OLG Köln ZErb 2014, 312.

231 KGJ 30 A 98.

232 Lange/Kuchinke § 39 II 4.

233 BGH ErbR 2023, 454 mAnm Wendt ErbR 2023, 432. Nachname und Adresse eines Beteiligten fehlten. AA OLG Düsseldorf ErbR 2014, 493 (*objektive* Unmöglichkeit sei notwendig).

234 LG Bonn Rpfleger 1985, 29.

vom Todesfall verständigt wurde. Eine dürftige Angabe im Antrag ist dann belanglos, wenn die genaue Todeszeit aus der beigefügten Sterbeurkunde ersichtlich ist.[235] Die ungenaue Angabe („Tod zwischen dem 3. und 5. 6 …"), wie sie sich bei verwesten Leichen finden, die längere Zeit in der Wohnung oder im Freien lagen, ist unschädlich, wenn es darauf nicht ankommt. Sind Erblasser und möglicher Erbe am selben Tag gestorben (z. B. Verkehrsunfall von Ehegatten), sind Angaben über die genaue Uhrzeit nach Stunde und erforderlichenfalls Minute erforderlich. Statt der Sterbeurkunde genügt der entsprechende Beschluss nach dem Verschollenheitsgesetz (Todeserklärung, § 9 VerschG; Todeszeitfeststellung, § 44 II VerschG). Beim Erbschein für das Entschädigungsverfahren bestehen Vermutungen (§ 180 I, II BEG). Beantragt der Nacherbe nach Eintritt des Nacherbfalls einen Erbschein, hat er den Tag des Eintritts des Nacherbfalls anzugeben.[236]

§ 352 I Nr. 2 FamFG: letzter gewöhnlicher Aufenthalt und **die Staatsangehörigkeit des Erblassers.** Der Aufenthalt ist wichtig zur Feststellung, welches Nachlassgericht örtlich zuständig ist. Die Staatsangehörigkeit ist noch bedeutsam, wenn der Verstorbene Türke, Perser oder Angehöriger eines bestimmten Nachfolgestaats der Sowjetunion[237] war, weil insoweit Abkommen bestehen, die nach Art. 75 EuErbVO vorrangig[238] gegenüber der EuErbVO (und auch dessen Art. 21) sind. Diese internationalen Übereinkommen sind das deutsch-türkisches Nachlassabkommen von 1929, das deutsch-persische Niederlassungsabkommen von 1929 und der deutsch-sowjetische Konsularvertrag von 1958.[239] 73a

§ 352 I Nr. 3 FamFG: Nötig sind **Angaben über das Verwandtschaftsverhältnis zum Erblasser** bzw. das Ehegatten-Verhältnis. Anzugeben ist also z. B.: 74

„Der Erblasser war in einziger Ehe mit mir verheiratet. Aus der Ehe sind sechs Kinder hervorgegangen, nämlich …; davon sind drei bereits (ohne Abkömmlinge) verstorben, nämlich …"

Frühere Ehen sind anzugeben und darzulegen, wie sie beendet wurden (z. B. durch Scheidung, Tod).

Anzugeben ist ferner der **Güterstand des Erblassers,**[240] wenn er von Bedeutung sein kann; beim Erbfall bis 30. 6. 1958 konnten altrechtliche Güterstände zu beachten sein. Güterstand von ehemaligen DDR-Bürgern, von Flüchtlingen und Vertriebenen: Rz. 123. Güterstand von Ausländern: Art 15 EGBGB.

---

235 KG OLG 21, 347.

236 BayObLG Rpfleger 1985, 183; Rpfleger 1990, 165.

237 Nämlich: Russische Föderation, Aserbaidschan, Georgien, Kasachstan, Tadschikistan, Belarus, Ukraine, Usbekistan. Vgl. Aigner-Sahin ErbR 2025, 442.

238 Mankowski ZEV 2013, 529.

239 Abgedruckt und kommentiert bei Zimmermann/Spelsberg-Korspeter, Erbrechtliche Nebengesetze. Er gilt nicht mehr für *alle* sowjetischen Nachfolgestaaten, vgl. Aigner-Sahin ErbR 2025, 442.

240 Tröster Rpfleger 1960, 38.

Bei **nichtehelicher Verwandtschaft** ist die Anerkennung oder die gerichtliche Entscheidung darüber (vgl. § 1592 Nr. 2, 3 BGB) und für die in der Zeit vom 1. Juli 1949 bis 30. Juni 1970 geborenen nichtehelichen Kinder die Anerkennung oder Entscheidung gem. Art 12 § 3 NEhelG vorzulegen. Bei Erbfällen vor dem 1. 7. 1998: Ehelicherklärung (§ 1723 a. F. BGB).

75 Bei einer **Adoption** nach altem Recht, also vor dem 1. 1. 1977, sind die Umstände darzutun, die für die Überleitung maßgeblich sind (Art 12 § 1 AdoptG), ferner ob eine Minder- oder Volljährigenadoption vorlag. Ein zuvor vereinbarter Erbrechtsausschluss verlor mit dem 31. 12. 1977 seine Wirkung; der Annehmende konnte aber durch notariell beurkundete Erklärung gegenüber dem AG Berlin-Schöneberg die Fortgeltung des alten Rechtszustandes verlangen (Art 12 § 2 II 2, III AdoptG[241]). Das Nichtvorliegen der Ausnahmetatbestände des Art 12 §§ 2 ff. AdoptG braucht nicht bewiesen zu werden. Unter Nr. 2 fällt nicht die Angabe von Tatsachen, die z. B. eine Ausschlagung als unwirksam erscheinen lassen.[242]

76 **§ 352 I Nr. 4 FamFG: Vorrangige bzw. mitbeteiligte Personen.** Anzugeben sind alle Personen, die als gesetzliche Erben berufen wären, wenn sie nicht aufgrund Ausschlagung (§ 1944 ff. BGB), durch Urteil festgestellter Erbunwürdigkeit (§§ 2339 ff. BGB), Erbverzichts (§§ 2346 ff. BGB) oder vorzeitigen Erbausgleich (§ 1934e BGB a. F.) als vor dem Erbfall verstorben gelten würden. Nichteheliche Kinder sind anzugeben. Ein bis 1. 4. 1998 rechtsgültig zustande gekommener vorzeitiger Erbausgleich mit dem nichtehelichen Kind (§§ 1934d, 1934 e a. F. BGB) wirkt sich auch in späteren Erbfällen noch aus (Art 227 I Nr. 2 EGBGB). Auch die bereits vor dem Erblasser verstorbenen Personen, die den Antragsteller von der Erbfolge ausschließen oder seinen Erbteil mindern würden, falls sie noch lebten, sind anzugeben.[243] Die Erklärung braucht nicht den Gesetzesworten zu folgen, insbesondere bedeutet die Aufzählung der Kinder, dass andere Kinder nicht vorhanden sind; einer Angabe, „nur" diese Kinder seien und waren vorhanden, bedarf es nicht.[244] Wenn vorverstorbene Personen nicht im Kindesalter verstorben sind, ist die Angabe, dass sie unverheiratet und kinderlos verstorben sind, erforderlich.[245] Nicht ausreichend ist die Angabe, der Erblasser sei *im Zeitpunkt des Todes* nicht verheiratet gewesen; es muss angegeben werden, ob er unverheiratet war oder ob die Ehe aufgelöst ist.[246] Zu entfernten Möglichkeiten, wie dem des Nichtvorhandenseins nichtehelicher Kinder oder der Schwangerschaft der Witwe, Nasciturus, braucht ohne besondere Veranlassung nicht Stellung genommen und Beweis angetreten zu werden.[247] Kann ein antragstellender Nachlassgläubiger keine Angaben machen, kommt die Bestellung eines Nachlasspflegers (§ 1961 BGB) in Betracht.[248]

241 Verfassungsgemäß, BVerfG NJW 2003, 2600.
242 KG OLG 40, 155 Fn 1 b.
243 KGJ 27 A 44; OLG Celle JR 1962, 101; OLG Köln DNotZ 1959, 213.
244 KGJ 39 A 92; LG Hamburg DNotZ 1958, 98.
245 KGJ 29 A 71; KGJ 39 A 92.
246 KG OLGZ 1975, 93 = Rpfleger 1974, 397.
247 KG OLG 21, 347.
248 KG JFG 17, 106.

Ist eine Person weggefallen, durch die der Antragsteller von der Erbfolge ausgeschlossen oder sein Erbteil gemindert werden würde, hat der Antragsteller anzugeben, „**in welcher Weise die Person weggefallen** ist" (**§ 352 I S. 2 FamFG**), d.h. ob durch Tod vor dem Erbfall oder gemäß § 1933 (Scheidungsklage), § 1934c a.F. (vorzeitigen Erbausgleich), § 1938 (Enterbung), § 1953 (Ausschlagung), § 2344 (festgestellte Erbunwürdigkeit), § 2346 (Erbverzicht) BGB. 77

§ 352 I Nr. 5 FamFG: Testamente, Erbverträge. Verfügungen von Todes wegen sind Testamente und Erbverträge. Die Angabe, dass der Erblasser eine „letztwillige Verfügung" nicht hinterlassen hat, ist theoretisch ungenügend, weil sie die Existenz eines Erbvertrags nicht ausschließt.[249] Bei Laien dürfte aber auch die Erklärung, es sei keine „Verfügung von Todes wegen" vorhanden, nicht genügen, weil sie nicht wissen, was das ist. Auch nach Meinung des Antragstellers nichtige, gegenstandslose oder widerrufene[250] Testamente sind anzugeben, weil die rechtliche Würdigung Sache des Nachlassgerichts ist. Alle Schriftstücke, die sich inhaltlich oder äußerlich als letztwillige Verfügung darstellen, ohne Rücksicht auf ihre materielle oder formelle Gültigkeit, sind zu benennen und abzuliefern.[251] Ebenso sind Testamente (ihrem Inhalt nach) anzugeben, von denen der Antragsteller weiß, dass sie gegen den Willen des Erblassers vernichtet wurden. Stützt sich der Antragsteller auf die gesetzliche Erbfolge, obwohl ein Testament vorliegt, sollte er angeben, weshalb er das Testament für nicht maßgeblich ansieht. 78

§ 352 I Nr. 6 FamFG: Ein **anhängiger Rechtsstreit über das Erbrecht** des Antragstellers ist anzugeben. Anhängigkeit liegt vor, wenn eine Klage beim Prozessgericht eingereicht wurde (vgl. § 261 ZPO), Rechtshängigkeit liegt erst mit Zustellung vor. Vor Zustellung wird der Antragsteller selten etwas von einem „anhängigen" Rechtsstreit wissen, die Formulierung des Gesetzes ist daher „schief". Bloßer (vorgerichtlicher) Schriftwechsel von Anwälten begründet noch kein „Anhängigkeit". In Frage kommen Feststellungsklagen, auch Anfechtungsklagen nach § 2342 BGB. Die Erklärung gegenüber dem Nachlassgericht, das Testament sei nichtig, oder die Erklärung der Anfechtung nach § 2081 BGB stehen der Klageerhebung nicht gleich.[252] Wenn (unter Verstoß gegen § 343 FamFG) bei einem anderen Nachlassgericht bereits ein Erbscheinsantrag in derselben Nachlasssache eingereicht ist, ist das sinngemäß ebenfalls anzugeben. Ein anhängiger Rechtsstreit schließt die Erteilung eines Erbscheins nicht aus, führt zur Aktenbeiziehung durch das Nachlassgericht und wird meist Anlass zur Aussetzung des Erbscheinserteilungsverfahrens sein. In der Praxis ist Nr. 6 ohne Relevanz, weil der Erbschein meist schon kurz nach dem Tod beantragt wird und da noch keine Zivilrechtsstreit anhängig ist. 79

249 KG OLG 18, 372; KGJ 31 A 115.

250 H.M., z.B. Lange/Kuchinke § 39 II 4; a.A. RGRK-Kregel § 2354 Rz. 5 mit der Begründung, sie seien nicht mehr „vorhanden".

251 KG JFG 14, 158 = JW 1936, 3485.

252 OLG München JFG 14, 428 = HRR 1937 Nr 637.

79a **§ 352 I Nr. 7 FamFG: Annahme der Erbschaft.** Der Antragsteller hat anzugeben, dass er die Erbschaft angenommen hat, was ohnehin konkludent im Antrag steckt (vgl. Rz. 71). Das gilt sinngemäß nicht für die Antragsberechtigten, die selbst nicht Erben sind, wie den Testamentsvollstrecker und den Nachlassgläubiger. Diese Personen haben nur darzulegen, dass der Erbe die Erbschaft angenommen hat, z. B. durch Ablauf der Ausschlagungsfrist.

79b **§ 352 I Nr. 7 FamFG: Größe des Erbteils.** Der Antragsteller hat die Größe seines Erbteils anzugeben. Das entfällt bei Miterben im Falle des § 352a II 2 FamFG, wenn (bei Miterben) alle Antragsteller im Antrag auf die Aufnahme der Erbteile in den Erbschein verzichten. Vgl. Rz. 65, 35.

11.2 Sonstige Angaben

80 **Erbfälle bis 16. 8. 2015:** Der Antragsteller hat, falls es für die Zuständigkeit wesentlich ist, auf Anfrage des Nachlassgerichts auch sonstige Angaben zu machen, so zum letzten **Wohnsitz des Erblassers** (nicht nur: zum Aufenthalt; wegen der örtlichen Zuständigkeit des Nachlassgerichts, § 343 a. F. FamFG);[253] ferner hat er anzugeben, welche **Staatsangehörigkeit der Erblasser** seines Erachtens hatte (wegen des anzuwendenden Erbrechts, Art 25 a. F. EGBGB).[254] Das kann man aus § 28 FamFG herleiten, wonach den Antragsteller im Antragsverfahren trotz § 26 FamFG allgemeine Mitwirkungspflichten treffen.[255] Ist der Antragsteller nicht in der Lage, Angaben zu machen, entfällt die Obliegenheit. „Wohnsitz" und „Staatsangehörigkeit" sind Rechtsbegriffe; das Nachlassgericht hat bei Zweifeln selbst zu ermitteln und prüfen, was tatsächlich vorliegt[256] und ist nicht an die Meinung des Antragstellers gebunden.

Erbfälle ab 17. 8. 2015: Im Zusammenhang mit dem Inkrafttreten der EuErbVO ist § 343 FamFG geändert worden. Örtlich zuständig ist danach das Gericht, in dessen Bezirk der Erblasser im Zeitpunkt seines Todes seinen **gewöhnlichen Aufenthalt** hatte. Darüber sind Angaben des Antragstellers notwendig, § 352 I Nr. 2 FamFG.

Existenz des Erben: Nach § 1923 BGB kann nur erben, wer den Erblasser überlebt hat, und sei es auch nur um den Bruchteil einer Sekunde; das wirft Probleme auf beim „gemeinsamen Tod" von Erbe und Erblasser[257] durch einen Verkehrsunfall und bei vermissten Miterben; jedenfalls hat der Antragsteller darzutun, was er dazu beitragen kann.

81 Beim **Antrag eines Ausländers** gibt es keine Besonderheiten. Ausnahmen gelten, wenn der Verstorbene Türke, Perser oder Angehöriger eines bestimmten Nachfolgestaats der Sowjetunion war (Rz. 73a).

---

253 BayObLGZ 14, 55/58.
254 Damrau/Uricher § 2353 Rz. 25.
255 Einzelheiten dazu OLG Düsseldorf BeckRS 2023, 37530 = ErbR 2024, 287.
256 BayObLGZ 1965, 380.
257 OLG Karlsruhe ErbR 2025, 144.

Auslandsvermögen. Wenn Deutsche oder Ausländer **Nachlass in Deutschland und im Ausland**[258] **hinterlassen** haben, was der Antragsteller darzulegen hat, kann der Antragsteller seinen Erbscheinsantrag auf die in Deutschland befindlichen Gegenstände beschränken (§ 352c FamFG), weil ihm der deutsche Erbschein im Ausland ohnehin kaum nützt. Im Anwendungsbereich der EuErbVO allerdings ist es in solchen Fällen sinnvoll, zusätzlich ein Europäisches Nachlasszeugnis zu beantragen, weil es auch im EU-Ausland (ohne Dänemark, UK und Irland) „anerkannt" wird; die Schweiz ist nicht Mitglied. Bei Erbfällen vor dem 17.8.2015 ist § 2369 a.F. BGB (Fassung ab 1.9.2009) zu beachten. In solchen Altfällen kommen u. U. Geltungsvermerke in Betracht (Rz. 487).

11.3 Folgen mangelhafter Angaben

Macht der Antragsteller die geforderten Angaben nicht, wird er durch Zwischen- 82
verfügung (nicht anfechtbar, § 58 FamFG), zweckmäßig mit Fristsetzung, dazu aufgefordert;[259] bleibt das erfolglos wird der Antrag als unzulässig zurückgewiesen.[260] Etwas anderes gilt nur dann, wenn der Antragsteller substantiiert dartut, warum er dazu nicht in der Lage ist und wenn diese Angaben nicht offensichtlich haltlos sind; dann darf der Antrag nicht zurückgewiesen werden, sondern das Nachlassgericht hat von Amts wegen zu ermitteln (§ 26 FamFG).[261] Dies kann hinsichtlich einzelner Punkte insbesondere bei Antragstellern, die dem Erblasser fernstanden, vorkommen. Wird der Erbschein erteilt, obwohl der Antragsteller die nach § 352 I, II FamFG geforderten Angaben nicht machte, ist er gleichwohl nicht einzuziehen (§ 2361 BGB), wenn er inhaltlich stimmt, weil kein wesentlicher Verfahrensverstoß vorliegt.

11.4 Beispiel: Antrag zu Protokoll des Notars[262]

Niederschrift Ort, Datum 83

In der Nachlasssache Eduard Etzel, verstorben am …

Vor dem Notar … fand sich ein, ausgewiesen durch Personalausweis:

Frau Andrea Etzel, geborene Bauer, geb. am …, wohnhaft München, Residenzstraße 5.

Die Erschienene erklärt:

Am … verstarb meine Ehemann Eduard Etzel, geboren am …, zuletzt wohnhaft in München …

258 OLG Karlsruhe ZEV 2015, 306.
259 KG DNotZ 1955, 408; Lange/Kuchinke § 39 II 4.
260 OLG Brandenburg BeckRS 2025, 1191 (fehlende Geburtsurkunde bei § 792 ZPO).
261 Vgl. OLG Köln Rpfleger 1981, 65.
262 Vgl. Kersten/Bühling/Wegmann, Formularbuch und Praxis der Freiwilligen Gerichtsbarkeit, § 125 Muster 42 M.

Der Verstorbene war mit mir in einziger Ehe verheiratet. In der Ehe galt der Güterstand der Zugewinngemeinschaft. Ein Ehescheidungs- oder Eheaufhebungsverfahren war nicht anhängig. Aus der Ehe gingen hervor:

a) Abraham Etzel, verstorben im Kindesalter
b) Beate Etzel, verstorben im Kindesalter
c) Wilhelm Etzel, vorverstorben am ... unter Hinterlassung von zwei Kindern, nämlich
   Walter Etzel, geb. am ..., wohnhaft in ..., Schüler
   Waltraud Etzel geb. am ..., wohnhaft in ..., Schülerin
d) Daniel Etzel, geb. am ... wohnhaft in ..., Angestellter
e) Emil Etzel, geb. am ... wohnhaft in ..., Buchhändler.

Der Verstorbene hatte keine nichtehelichen Kinder, er hatte niemanden für ehelich erklärt oder als Kind angenommen.

Er war deutscher Staatsangehöriger, sein letzter gewöhnlicher Aufenthalt war in München.

Der Verstorbene hat kein Testament und keinen Erbvertrag hinterlassen.

Die Erbfolge richtet sich daher nach dem Gesetz.

Danach wurde der Verstorbene beerbt:

- von mir zu ½;
- von seinem Sohn Daniel Etzel zu $^1/_6$;
- von seinem Sohn Emil Etzel zu $^1/_6$;
- von seinem Enkel Walter Etzel zu $^1/_{12}$;
- von seiner Enkelin Waltraud Etzel zu $^1/_{12}$.

Nach Hinweis auf die Haftung für Nachlassschulden nehme ich die Erbschaft an.

Die Miterben haben ebenfalls die Erbschaft angenommen.[263]

Ich beantrage einen gemeinschaftlichen Erbschein gemäß den oben angegebenen Erbquoten; der Erbschein soll an den beurkundenden Notar übersandt werden.

Nach Belehrung durch den Notar versichere ich an Eides Statt, dass mir nichts bekannt ist, was der Richtigkeit folgender Angaben entgegensteht:

In unserer Ehe galt der Güterstand der Zugewinngemeinschaft. Eine weitere Verfügung von Todes wegen ist nicht vorhanden. Weitere Personen, durch welche die festgestellte Erbfolge ausgeschlossen oder geschmälert würde, sind und waren nicht vorhanden.

Ein Rechtsstreit über das Erbrecht ist nicht anhängig. Vgl. Rz. 79.

263 § 352a III FamFG verlangt nur die „Angabe" der Annahme, § 352 III FamFG den Nachweis.

Der Erblasser war nicht Inhaber oder Teilhaber einer ins Handelsregister eingetragenen Firma.

Er war nicht Eigentümer eines Grundstücks.[264]

Im Ausland befinden sich keine Nachlassgegenstände.

Das Nachlassverzeichnis werde ich in Kürze einreichen.[265]

Vorgelesen, genehmigt und unterschrieben:

gez. *Andrea Etzel* gez. XY, Notar

Einzureichende Personenstandsurkunden: Sterbeurkunde; Heiratsurkunde, Geburtsurkunde aller fünf Kinder, Sterbeurkunden der drei Kinder Abraham, Beate und Wilhelm, Geburtsurkunde der beiden Enkel des Sohnes Wilhelm; Nachweis der Annahme der Erbschaft durch die Miterben, z.B. durch privatschriftliche Erklärung (Rz. 210).

Erläuterung: Man sollte im Protokoll meines Erachtens keine Fachausdrücke 84 wie „Ehesache", „Verfügung von Todes wegen" verwenden, weil der Laie sich darunter nichts vorstellen kann, die Gefahr einer falschen eidesstattlichen Versicherung dadurch erhöht wird. Die Witwe kann den **Antrag** auf einen gemeinschaftlichen Erbschein allein stellen (§ 352a I 2 FamFG), also auch für die Miterben; selbst wenn die Enkel minderjährig sind, muss deren gesetzliche Vertreterin für den Antrag nicht eingeschaltet werden (gleichgültig, wenn die Mutter handelt). Die **Annahme der Erbschaft** durch die Enkel kann durch die Mutter erfolgen und bedarf keiner Genehmigung des Familiengerichts (vgl. § 1643 I BGB).[266] Der „Antrag" zu Protokoll des Notars enthält zugleich die Niederschrift über die Abgabe der **eidesstattlichen Versicherung** (§ 352 III 3 FamFG). An sich müssen entweder alle Miterben beim Notar die eidesstattliche Versicherung abgeben, oder die nicht anwesenden Miterben müssen sie beim Nachlassgericht nachholen, denn eine Vertretung scheidet aus (ausgenommen bei den minderjährigen Enkeln). Doch kann nach § 352a IV FamFG das Nachlassgericht die eidesstattliche Versicherung *eines* Miterben (hier: der Witwe) als ausreichend ansehen.

12. Erforderliche Angaben des gewillkürten Erben zur Begründung des Antrags

Wer die Erteilung eines Erbscheins als **testamentarischer oder erbvertraglicher Erbe** beantragt, hat bestimmte Angaben zu machen (im Antrag oder 85 später, aber nicht durch Bezugnahme auf ein anderes Erbscheinsverfahren);

264 Andernfalls: Grundbuchberichtigung beantragen, §§ 35, 83 S. 2 GBO; Kostenvergünstigung bei Fristwahrung nach KV 14110 GNotKG.

265 Teils wird empfohlen, dass der Notar den Wert des Reinnachlasses in die Niederschrift aufnimmt. Das bindet das Nachlassgericht aber nicht, für die vom Nachlassgericht zu erhebende Gebühr (§ 40 GNotKG) wird der Wert gleichwohl von Amts wegen ermittelt, indem die Beteiligten ein Nachlassverzeichnis ausfüllen müssen.

266 BayObLG FamRZ 1997, 126.

§ 352 II FamFG. Sie decken sich zum Teil mit den Angaben, die ein gesetzlicher Erbe machen muss. Entgegen dem Wortlaut des § 352 II FamFG gilt die Regelung auch dann, wenn der Antragsteller nicht selbst der Erbe ist, sondern nur Antragsberechtigter ist, z. B. als Gläubiger, Testamentsvollstrecker usw.

12.1 Was ist anzugeben?

86 – Der Zeitpunkt des Todes des Erblassers (§ 352 II FamFG); vgl. Rz. 73.
– Erklärung der Annahme der Erbschaft.
– Beanspruchte Erbquote. Entfällt im Falle des § 352a II 2 FamFG (Rz. 35)
– Ein anhängiger Rechtsstreit über das Erbrecht des Antragstellers.

Der Fiskus (i. d. R. Bundesland) als gesetzlicher Erbe hat die Voraussetzungen des § 1936 BGB darzutun.

Ferner ist erforderlich:

87 – Bezeichnung des Testaments oder Erbvertrags, auf das/den sich der Antragsteller stützt. Der Antrag kann idR nicht auf einen bestimmten Berufungsgrund beschränkt werden.[267] Zur Vorlage vgl. § 352 III 2 FamFG.
– Angabe, welche sonstigen Testamente und Erbverträge vorhanden sind (Rz. 87).
– Angabe des letzten gewöhnlichen Aufenthalts des Erblassers und seine Staatsangehörigkeit;
– Ergibt sich aus der Verfügung von Todes wegen allein der Kreis der als Erben in Betracht kommenden Personen nicht, sondern erst unter Mitberücksichtigung anderer Umstände, wie z. B. der Ehe oder der Verwandtschaft mit dem Erblasser, dann ist § 352 I FamFG, auch soweit nicht in § 352 II FamFG genannt, entsprechend anwendbar.[268] Beispiel: „Testament. Erben sollen meine Enkel sein." Darzutun ist, wie viele Enkel vorhanden sind und wie sie heißen.

Es entfallen jedoch:

– Angaben über das **Verwandtschaftsverhältnis** (§ 352 I Nr. 3 FamFG): sie entfallen, falls sie für den Erbscheinsinhalt gleichgültig sind (Beispiel: der Erblasser setzt seine Lebensgefährtin als Erbin ein).
– Kraft Gesetzes vorrangige Personen (§ 352 I Nr. 4 FamFG): sie entfallen. Ist aber eine Person weggefallen, durch die der Antragsteller von der testamentarischen Erbfolge ausgeschlossen oder sein Erbteil gemindert werden würde, hat der Antragsteller anzugeben, „in welcher Weise die Person weggefallen ist" (§ 352 I S. 2 FamFG), d. h. ob durch Tod oder gemäß §§ 1933, 1938, 1953, 2344, 2346 BGB.

267 OLG Bamberg FGPrax 2022, 32.
268 KG OLG 32, 80 Fn 1 = SchlHA 1915, 259.

12.2 Beispiel: Antrag zu Protokoll des Nachlassgerichts[269]

Niederschrift Ort, Datum 88

In der Nachlasssache Eduard Etzel, verstorben am …

Vor dem Rechtspfleger Roll fand sich ein, ausgewiesen durch Personalausweis:

Frau Andrea Etzel, geborene Bauer, geb. am …, wohnhaft München, Residenzstraße 5.

Dem Gericht liegt ein zugeklebter Umschlag mit der Aufschrift „Letzter Wille" vor, übergeben von Frau Andrea Etzel. Der Umschlag wird aufgeschnitten. Entnommen wird ein handschriftliches Blatt Papier mit Unterschrift, datiert … Es beginnt mit den Worten „Mein Testament", endet mit den Worten „Eduard Etzel" und ist mit blauem Kugelschreiber auf kariertes Papier geschrieben. Es wird durch Verkündung eröffnet und vorgelesen. Auffälligkeiten wurden nicht festgestellt. Das Testament wurde nach Angaben von Frau Andrea Etzel vom Verstorbenen eigenhändig geschrieben und unterschrieben.

Die Erschienene erklärt:

Am … verstarb mein Ehemann Eduard Etzel, geboren am …, zuletzt wohnhaft …

Der Verstorbene war mit mir in einziger Ehe verheiratet. In der Ehe galt der Güterstand der Zugewinngemeinschaft. Ein Ehescheidungs- oder Eheaufhebungsverfahren war nicht anhängig. Aus der Ehe ging ein Kind hervor: Waltraud Etzel, geb. … wohnhaft …

Der Verstorbene hatte keine nichtehelichen Kinder, er hatte niemanden für ehelich erklärt oder als Kind angenommen.

Er war deutscher Staatsangehöriger und hatte seinen letzten gewöhnlichen Aufenthalt in München.

Die Erbfolge richtet sich nach dem soeben eröffneten Testament vom …

Danach wurde der Verstorbene beerbt von mir, Andrea Etzel, allein.

Eine weitere Verfügung von Todes wegen ist nicht vorhanden. Auf das gesetzliche Pflichtteilsrecht meiner Tochter wurde ich hingewiesen.

Nach Hinweis auf die Haftung für Nachlassschulden nehme ich die Erbschaft an und beantrage einen Erbschein, wonach ich aufgrund des Testaments vom … Alleinerbin geworden bin.

Nach Belehrung versichere ich an Eides Statt, dass mir nichts bekannt ist, was der Richtigkeit folgender Angaben entgegensteht:

In unserer Ehe galt der Güterstand der Zugewinngemeinschaft. Eine weitere Verfügung von Todes wegen ist nicht vorhanden. Weitere Personen, durch welche die festgestellte Erbfolge ausgeschlossen oder geschmälert würde, sind und waren nicht vorhanden.

269 Vgl. Gregor Rz. 81.

Ein Rechtsstreit über das Erbrecht ist nicht anhängig.

Der Erblasser war nicht Inhaber oder Teilhaber einer ins Handelsregister eingetragenen Firma.

Der Verstorbene war Eigentümer des Grundstücks ... eingetragen im Grundbuch des Amtsgerichts ... Blatt ...

Ich wurde darauf hingewiesen, dass das Grundbuch durch den Erbfall unrichtig geworden ist und dass die Grundbuchberichtigung, wenn der Antrag binnen zwei Jahren seit dem Erbfall beim Grundbuchamt eingeht, gebührenrechtlich vergünstigt ist.[270]

Frau Andrea Etzel erklärt daraufhin:

<u>Ich beantrage, das Grundbuch allerorten zu berichtigen</u> und mich als Alleineigentümerin einzutragen; der Antrag soll an das Grundbuchamt weitergeleitet werden.[271]

Im Ausland befinden sich keine Nachlassgegenstände.

Das Nachlassverzeichnis werde ich in Kürze einreichen.

Vorgelesen, genehmigt und unterschrieben

gez. *Andrea Etzel* gez. XY, Rechtspflegerin

Einzureichende Personenstandsurkunden: Sterbeurkunde; Heiratsurkunde. Geburtsurkunde der Tochter Waltraud (entbehrlich).

89 **Erläuterung:** Dieser „Antrag" zu Protokoll des Nachlassgerichts enthält (u.a.) zugleich, wie üblich, die Niederschrift über die Testamentseröffnung (§ 348 FamFG), die Annahme der Erbschaft und die Niederschrift über die Abgabe der eidesstattlichen Versicherung (§ 252 III FamFG).

Testamentseröffnung	Nur zu Protokoll des Nachlassgerichts, Anwesenheit der Beteiligten nicht vorgeschrieben	§ 348 FamFG
Annahme der Erbschaft	Formfrei, auch stillschweigend, oder durch Fristablauf	§ 1943 BGB
Erbscheinsantrag	Schriftlich bzw. durch Notar, oder zu Protokoll des Nachlassgerichts	§ 2353 BGB
Eidesstattliche Versicherung	Zu Protokoll des Nachlassgerichts oder eines Notars	§ 352 III 3 FamFG

Diese Aufteilung der Zuständigkeiten hat zur Folge, dass ein **Notar** das obige Protokoll ebenfalls errichten kann, mit Ausnahme der Testamentseröffnung (der Satz: „Es wird durch Verkündung eröffnet und vorgelesen. Auffälligkeiten wurden nicht festgestellt" entfällt also). Die Eröffnung beim Nachlassgericht

270 Vgl. § 83 S. 2 GBO; Grundbuchkosten: Nr. 14110 (1) GNotKG (gebührenfrei).
271 Vgl. Art 37 III BayAGGVG.

kann aber auch ohne die Beteiligten erfolgen (§ 348 II FamFG; sog. stille Eröffnung).

Ein **Rechtsanwalt** könnte (als Bevollmächtigter) nur den Erbscheinsantrag stellen, er könnte weder die Testamentseröffnung protokollieren noch die Abgabe der eidesstattlichen Versicherung. Der Anwalt hätte drei Möglichkeiten: 90

- er beantragt, die Abgabe der eidesstattlichen Versicherung zu erlassen (§ 352 III 4 FamFG);
- er schickt den Mandanten zum Notar zwecks Abgabe der e. V.
- er schickt den Mandanten zum Nachlassgericht zwecks Abgabe der e. V.

Am billigsten ist, selbst mit Personalausweis und Personenstandsurkunden zum Nachlassgericht zu gehen; dann fallen 2 Gerichtsgebühren an (KV 12210, 23300 GNotKG). Nimmt der Notar den Antrag und die eidesstattliche Versicherung auf und fügt er die vom Antragsteller *mitgebrachten* Personenstandsurkunden bei, erhält der Notar eine Gebühr (zuzüglich Umsatzsteuer), das Gericht eine Gebühr, hier tritt also eine Verteuerung nur um die Umsatzsteuer ein. Geht der Antragsteller zum Anwalt, kommen zu den Anwaltsgebühren (2300 bzw. 3100 RVG VV) noch die Notar- bzw. Gerichtsgebühren dazu. Die Beschaffung der Personenstandsurkunden durch den Notar ist gebührenpflichtig.

13. Nachweise, beizufügende Urkunden

Der Antragsteller hat die Tatsachen, die sein Erbrecht begründen, teils durch öffentliche Urkunden, teils durch eidesstattliche Versicherung, teils ohne besondere Form, nachzuweisen. 91

Bei gesetzlicher Erbfolge:

		Nachweisform
Tod und Todeszeitpunkt	§ 352 III 1	Öffentliche Urkunde
Verwandtschaftsverhältnis	§ 352 III 1	Öffentliche Urkunde
Letzter Aufenthalt, Staatsangehörigkeit	§ 352 III 3	Eidesstattliche Versicherung
Vorhandene Testamente	§ 352 III 3	Eidesstattliche Versicherung
Anhängige Prozesse	§ 352 III 3	Eidesstattliche Versicherung
Weggefallene Personen	§ 352 I S. 2, III 1	Öffentliche Urkunde
Güterstand des Erblassers	§ 352 III 3	Eidesstattliche Versicherung

Bei Erbfolge aufgrund Testaments/Erbvertrags:

		Nachweisform
Tod und Todeszeitpunkt	§ 352 III 1	Öffentliche Urkunde
Testament	§ 352 III 1	Vorlage des Testaments
Andere Testamente	§ 352 II Nr. 2	Angaben darüber
Anhängige Prozesse	§ 352 III 3	Eidesstattliche Versicherung
Weggefallene Personen	§ 352 I S. 2	Öffentliche Urkunde

13.1 Nachweis durch öffentliche Urkunden

92 Der Antragsteller hat durch öffentliche Urkunden nachzuweisen (§ 352 III 3 FamFG):

- Tod und Todeszeitpunkt des Erblassers;
- Bei gesetzlicher Erbfolge das Verwandtschaftsverhältnis zum Erblasser;
- Weggefallene Personen.

Die öffentliche Urkunde ist nicht erforderlich, wenn

- sie nicht oder nur schwierig beschaffbar ist (§ 352 III 2 FamFG); oder
- wenn die Tatsache beim Nachlassgericht offenkundig ist.

93 Der **Begriff der öffentlichen Urkunde** in § 415 ZPO gilt auch im FamFG-Verfahren,[272] ebenso die §§ 417–419 ZPO. Sie muss von einer öffentlichen Behörde innerhalb der Grenzen ihrer Amtsbefugnisse oder von einer mit öffentlichem Glauben versehenen Person (z. B. Notare, Gerichte, Standesbeamte) innerhalb des ihr zugewiesenen Geschäftskreises und in der vorgeschriebenen Form (z. B. §§ 8 ff. BeurkG; §§ 159, 160 ZPO) aufgenommen worden sein. Für die Frage der Echtheit ist § 437 ZPO entsprechend anwendbar; die Farbfotokopie ist allerdings so weit entwickelt, dass selbst Laien sich täuschend echt aussehende Urkunden zusammenbasteln können (hier hilft § 437 II ZPO).

13.1.1 Personenstandswesen

94 Für die **Zeit vor dem 1. 1. 1876** sind Auszüge aus den damals geltenden Registern und Kirchenbüchern öffentliche Urkunden und als Beweismittel ausreichend.[273] Das Gesetz über das Personenstandswesen vom 6. 2. 1875,[274] in Kraft seit dem 1. 1. 1876, bestimmt die Beurkundung von Geburts-, Heirats- und Sterbefällen im Geburtsregister, Heiratsregister und Sterberegister der Standesämter. Grundsätzlich kamen dabei bis 1924 nur vollständige Auszüge aus dem Standesamtsregister in Frage und die Rechtsprechung hat früher überwiegend nur solche vollständigen Auszüge als ausreichende Urkunden gelten lassen.[275] Ab 1. 4. 1924[276] wurden Geburts-, Heirats- und Todesscheine in abgekürzter Form zugelassen. Sie beweisen, dass die Geburt, die Eheschließung und der Sterbefall im Register unter der bezeichneten Nummer beurkundet sind, nicht aber Geburt, Heirat oder Tod als solche. Das Personenstandsgesetz vom 3. 11. 1937,[277] in Kraft seit dem 1. 7. 1938, bestimmte, dass Geburts-, Heirats- und Sterbefälle in Geburtenbüchern, Familienbüchern und Sterbebüchern zu beurkunden waren; beglaubigte Abschriften daraus (zu unterscheiden von beglaubigten Abschriften von Personenstandsurkunden) haben die gleiche Beweis-

272 KGJ 40, 114; BayObLGZ 1981, 38, 42 = Rpfleger 1981, 238.
273 KGJ 36 A 97.
274 RGBl 1875, 23.
275 KG RJA 15, 290; KGJ 53, 86.
276 VO v. 14. 2. 1924, RGBl 1924 I 116.
277 RGBl 1937 I 1146.

kraft wie die Bücher (§ 66 a. F. PStG). Die Fassung des PStG v 8. 8. 1957[278] brachte zusätzlich das Heiratsbuch. Die Vorschriften über die Beweiskraft gelten auch für die im Land Baden-Württemberg geführten **Familienregister** und die vor dem 3. 10. 1990 in der DDR angelegten Familienregister (§ 61 a. F. PStV). Jetzt gilt die Fassung des PStG von 2007, zuletzt geändert 24. 6. 2024.

13.1.2 Personenstandsurkunden im Allgemeinen

Nach dem PStG vom19. 2. 2007[279]/24. 6. 2024 gilt: Als Personenstandsurkunden kennt § 55 PStG: 95

1. aus allen Personenstandsregistern beglaubigte Registerausdrucke,
2. aus dem Eheregister Eheurkunden (§ 57 PStG);
3. aus dem Lebenspartnerschaftsregister Lebenspartnerschaftsurkunden (§ 58 PStG);
4. aus dem Geburtenregister Geburtsurkunden (§ 59 PStG),
5. aus dem Sterberegister Sterbeurkunden (§ 60 PStG),
6. aus der Sammlung der Todeserklärungen, beglaubigte Abschriften.

Zur Beweiskraft sagt § 54 PStG: (1) Die Beurkundungen in den Personenstandsregistern beweisen Eheschließung, Begründung der Lebenspartnerschaft, Geburt und Tod und die darüber gemachten näheren Angaben sowie die sonstigen Angaben über den Personenstand der Personen, auf die sich der Eintrag bezieht. Hinweise haben diese Beweiskraft nicht. Die Personenstandsurkunden haben dieselbe Beweiskraft wie die Beurkundungen in den Personenstandsregistern. Der Nachweis der Unrichtigkeit der beurkundeten Tatsachen ist zulässig. Der Nachweis der Unrichtigkeit einer Personenstandsurkunde kann auch durch Vorlage einer beglaubigten Abschrift aus dem entsprechenden Personenstandsregister geführt werden.

Ausgenommen sind Staatsangehörigkeitsvermerke. Standesamtsurkunden aus Büchern von Standesämtern ***ehemals* deutscher Gebiete** sind teils in Berlin verwahrt, Urkunden werden vom Standesamt I in Berlin ausgestellt. **Vertriebene**, die nicht über die erforderlichen standesamtlichen Urkunden für das Erbscheinsverfahren verfügen, mussten in der Regel die Anlegung eines Familienstammbuchs nach § 15a a. F. PStG beantragen.[280]

Die **Vorlage der Urschrift** der Personenstandsurkunde ist nur bei Zweifeln an 96
der Richtigkeit erforderlich;[281] andernfalls genügt eine beglaubigte Photokopie der Personenstandsurkunde. Wenn das Standesamt den Todesfall amtlich dem Nachlassgericht mitgeteilt hat, muss der Antragsteller nicht nochmals eine Sterbeurkunde vorlegen. **Urkunden mit beschränktem Gültigkeitsbereich**, z. B. die kostenlose Sterbeurkunde „nur gültig für die Bestattung“ genügen nicht,

278 BGBl I 1957, 1125.
279 BGBl 2007 I 122.
280 KG Rpfleger 1971, 220; OLG Bremen JR 1960, 422.
281 BayObLG Rpfleger 1983, 354.

wenn uneingeschränkte Urkunden standesamtlicher Urkunden ohne Schwierigkeiten beschafft werden können.[282]

97 **Rückgabe der Urkunden.** Die Personenstandsurkunden sind, wenn es vom Vorlegenden verlangt wird, zurückzugeben (nicht aber das Testament); soweit erforderlich, sind dann vom Antragsteller auf seine Kosten beglaubigte Abschriften beizubringen;[283] ökonomischer ist es, wenn sich das Gericht selbst Photokopien anfertigt. Vgl. Ziffer XVII Nr. 5 der Anordnung über Mitteilungen in Zivilsachen (MiZi).

13.1.3 Familienstammbuch

98 Das Familienstammbuch[284] ist eine Sammlung von Personenstandsurkunden einer Familie (beginnend mit der Heiratsurkunde), das sich im Besitz der Familie befindet. Es hatte nach § 65 AVO-PStG v 12. 8. 1957[285] hinsichtlich der beglaubigten Eintragungen die gleiche Beweiskraft wie Personenstandsurkunden, wenn es die Vordrucke enthält, die für die Ausstellung von Personenstandsurkunden bestimmt sind. Die Familienstammbücher alter Form (vor dem 1. 7. 1938 ausgestellt) sind keine öffentlichen Urkunden im Sinne des § 352 III FamFG, weil sie nicht den Beweis von Geburt, Heirat, Tod erbringen;[286] sie enthalten Geburts-, Heirats- und Todesscheine; wenn sie den für die Scheine vorgesehenen Inhalt haben und mit Unterschrift und Siegel des zuständigen Beamten versehen sind, beweisen sie nur, dass die Geburt, die Eheschließung, der Sterbefall im Register beurkundet ist (§ 15a II PStG idF von 1924). Sie kommen als anderes Beweismittel im Sinne des § 352 III 2 FamFG in Betracht.[287]

13.1.4 Geburtsurkunden, Nachweis der Geburt

99 Geburtsurkunden (§ 59 PStG) beweisen Ort und Zeitpunkt der Geburt, die Abstammung und Geschlecht des Kindes. Neuerdings gibt es auf Verlangen Geburtsurkunden ohne Angabe der Eltern und/oder Geschlecht des Kindes (§ 59 II PStG); damit kann somit keine Abstammung bewiesen werden. Nichteheliche Mutterschaft wird durch die Geburtsurkunde bewiesen; nichteheliche Vaterschaft auch durch eine öffentliche Urkunde über die Anerkennung oder die gerichtliche Feststellung (§ 1592 BGB); die Vaterschaft kann noch nach dem Tod des Vaters im FamFG-Verfahren festgestellt werden (§ 169 ff. FamFG); notfalls muss die Leiche des Vaters exhumiert werden, damit DNA-Untersuchungen gemacht werden können,[288] bei Verbrennung der Leiche müssen die nächsten väterlichen Verwandten die Probeentnahme dulden (§ 96a FamFG).

282 LG Göttingen NdsRpfl 1963, 187.
283 KG RJA 15, 283.
284 Dazu Hahn Rpfleger 1996, 228.
285 BGBl I 1957, 1139; ebenso § 107 AVO-PStG v 19. 5. 1938 (RGBl 1938 I 533).
286 KG JW 1937, 640; KG JFG 20, 34; a. A. teils Hahn Rpfleger 1996, 228.
287 JFG 15, 52/4.
288 BGH ZEV 2015, 228 (das Persönlichkeitsrecht des Vaters muss zurücktreten).

13.1.5 Sterbeurkunden, Nachweis des Todes

Sterbeurkunden (Inhalt: § 60 PStG) beweisen (widerlegbar) die Zeit[289] des Todes des Erblassers oder solcher Personen, durch die der Antragsteller von der Erbfolge ausgeschlossen oder sein Erbteil gemindert werden würde (§ 352 III FamFG); sie erbringen nicht Beweis über den letzten Wohnsitz, oder Aufenthalt oder den Bestand einer Ehe im Todeszeitpunkt, obgleich sie teils auch diese Angaben enthalten.[290] Bei **Verschollenheit:** Beschluss über Todeserklärung oder Todeszeitfeststellung nach dem VerschG.[291] Ausfertigungen der Beschlüsse über Todeserklärungen und gerichtliche Feststellungen der Todeszeit werden von dem Standesamt I in Berlin in einer Sammlung dauernd aufbewahrt (§ 33 PStG). Ausländische Todeserklärungen können bei uns nach § 108 FamFG anerkannt werden.[292] 100

13.1.6 Heiratsurkunde, Nachweis der Ehe, der Scheidung

Zu unterscheiden ist der Nachweis der Eheschließung vom Nachweis, ob beim Tod des einen Ehegatten die Ehe noch bestand (oder z. B. geschieden wurde). Eine später ausgestellte Heiratsurkunde (§ 63 a. F. PStG) über eine vor dem 1. 1. 1958 geschlossene Ehe gibt die späteren Änderungen des Personenstandes und des Namens der Ehegatten wieder und sagt aus, ob die Ehe später aufgelöst wurde. Die Heiratsurkunde über eine nach dem 31. 12. 1957 geschlossene Ehe beweist nur die Eheschließung, sie beweist nicht, dass die Ehe am Tag der Urkundenausstellung noch bestanden hat.[293] Ein das Erbrecht beanspruchender Ehegatte muss daher den Bestand der Ehe bis zum Tode des Gatten bei Eheschließung bis 31. 12. 1957 durch Heiratsurkunde, bei Eheschließung ab 1. 1. 1958 durch Auszug oder beglaubigte Abschrift aus dem **Familienbuch** beweisen. Eine Sterbeurkunde des Erblassers genügt nicht. Die Angabe des Ehegatten in der Sterbeurkunde (§ 60 Nr. 3 PStG) beweist nicht die Ehe und nicht den Fortbestand der Ehe (sie kann aber nach § 352 III FamFG verwertet werden). 101

Bei einem **gemeinschaftlichen eigenhändigen Testament** muss die Eheschließung (und damit die Wirksamkeit des Testaments; § 2267 BGB) nicht durch öffentliche Urkunden nachgewiesen werden, wenn der Überlebende sein Erbrecht daraus herleitet; es genügt ein formfreier Nachweis.[294] 102

---

289 Zum genauen Zeitpunkt bei einem gemeinsamen Verkehrsunfall vgl. BayObLG Rpfleger 1999, 226; BeckOGK/Braun § 2269 Rz. 26. Bei verwesten Leichen kann nur eine Zeitspanne angegeben werden.

290 KG FamRZ 1971, 432 = Rpfleger 1971, 220; KG DR 1942, 1336.

291 Nach LG Osnabrück RNotZ 2003, 574 soll im Einzelfall eine Todeserklärung entbehrlich sein; nicht überzeugend.

292 BGH MDR 1962, 972; IPRax 1982, 155.

293 Neuschwander BWNotZ 1968, 24.

294 BayObLG FamRZ 1990, 1284: in Polen 1932 geschlossene Ehe nachgewiesen durch ein Hochzeitsfoto und die „Umstände". Zustimmend Lange/Kuchinke § 39 II 4.

103 **Scheidung.** Eine Heiratsurkunde über eine spätere Ehe *beweist* nicht die Auflösung einer früheren Ehe durch Tod oder Scheidung;[295] doch sollte man hier (weil die Wahrscheinlichkeit über 99 % liegt) § 352 III 2 FamFG anwenden.[296] Das Scheidungsurteil wäre ein formgerechter Nachweis.

Eine **Heiratsurkunde der Eltern** wird nicht benötigt zur Erwirkung eines Erbscheins nach der Mutter[297] oder dem Vater[298] oder Geschwistern.[299] Sie wird auch nicht unbedingt benötigt zum Nachweise, dass eine erbende Tochter infolge Heirat einen anderen Namen führt.[300] Bestehen Zweifel an der Identität, d. h. an der richtigen **Namensbezeichnung** (z. B. bei Namensänderung infolge Heirat, Adoption, verwaltungsrechtlicher Erlaubnis), so sind eventuell Ermittlungen von Amts wegen notwendig;[301] die richtige namensmäßige Bezeichnung ist in § 352 FamFG nicht gefordert, vielmehr nur der Beweis des erbrechtlichen Verhältnisses. Hat der Erblasser „seinen Sohn Erwin Bauer" als Erben eingesetzt, ist die Eigenschaft „Sohn" keine Bedingung der Erbeinsetzung, der Erbe muss daher keine Abstammungsurkunde vorlegen.[302]

Beantragt Frau Sieglinde B einen Erbschein mit der Begründung, sie sei als alleinige Tochter gesetzliche Erbin des Erblassers A, was sie durch eine Geburtsurkunde auf den Namen Sieglinde A nachweist, dann kann ihr ein Erbschein auf den Namen Sieglinde B nur erteilt werden, wenn sie eine Heiratsurkunde (bzw. Adoptionsurkunde; Namensänderungsverfügung) vorlegt, wonach sie jetzt den Namen B führt.

13.1.7 Beweis negativer Tatsachen

104 Erklärt der Erbe, dass sein Vater drei Kinder hatte und legt er entsprechende Geburtsurkunden vor, ist nicht beweisbar, dass der Vater nicht noch andere Kinder hatte (viertes Kind usw.); hier genügt die eidesstattliche Versicherung. Ebenso ist nicht beweisbar, dass der Erblasser keine nichtehelichen Kinder (im In- oder Ausland) hatte. Ist die Ehe durch Heiratsurkunde bewiesen, könnte die Nichtscheidung allenfalls durch Auszug oder beglaubigte Abschrift aus dem Familienbuch bewiesen werden; doch muss der Antragsteller negative Tatsachen nicht beweisen, wenn kein Anhaltspunkt besteht.

295 KG HRR 1935 Nr 1025 = JW 1935, 1885; KG FamRZ 1977, 481 = Rpfleger 1977, 209.
296 A. A. Staudinger/Herzog § 2356 Rz. 35.
297 KGJ 27 A 48 = OLG 9, 432.
298 OLG Oldenburg NJW 1957, 144 = DNotZ 1956, 566.
299 KGJ 36 A 97; KGJ 39 A 99.
300 OLG München JFG 21, 120; OLG Oldenburg NJW 1957, 144; LG Braunschweig DRZ 1948, 395; Boos NJW 1949, 335; Ripfel DRZ 1949, 89; a. A. Boehmer DRZ 1948, 393.
301 OLG Oldenburg NJW 1957, 144; OLG München JFG 21, 120/122.
302 OLG Köln FGPrax 2022, 278.

13.2 Ausländische öffentliche Urkunden

Auch durch ausländische öffentliche Urkunden kann ein Nachweis geführt werden.[303] Bei ihnen ist das Problem der Echtheit besonders kritisch; kaum jemand hat schon Geburtsurkunden aus Moldawien, Georgien, Timor usw. gesehen, so dass nicht nur Fälschungen, sondern auch Phantasieurkunden vorkommen. Für die Anerkennung ausländischer Urkunden gelten § 438 II ZPO,[304] § 13 KonsularG. Der Beweis der Echtheit erfolgt durch eine Bescheinigung (Legalisation[305]) der betreffenden Auslandsvertretung der Bundesrepublik Deutschland. Im Einzelfall kann von Echtheit auch ohne Legalisation ausgegangen werden.[306] Die Prüfung, ob eine Legalisation notwendig ist, erfolgt nach pflichtgemäßem Ermessen.[307] (1) Nach einigen multilateralen Staatsverträgen sind ausländische öffentliche Urkunden auch ohne **Legalisation** als echt anzuerkennen: Art. 3, 4 des Haager Übereinkommens vom 5. 10. 1961[308] (an die Stelle der Legalisation tritt die **Apostille**, das ist eine Bescheinigung der zuständigen Behörde des ausländischen Errichtungsstaates, z. B. des County Clarks in New York/USA; Gegenbeweis ist zulässig); Europäisches Übereinkommen v. 7. 6. 1968 zur Befreiung der von diplomatischen oder konsularischen Vertretern errichteten Urkunden von der Legalisation;[309] Luxemburger Übereinkommen v. 26. 9. 1957 über die kostenlose Erteilung von Personenstandsurkunden und den Verzicht auf die Legalisation.[310] (2) Bilaterale Abkommen, in denen auf die Legalisation verzichtet wird, bestehen mit folgenden Staaten: Belgien, Dänemark, Frankreich, Griechenland, Italien, Luxemburg, Österreich, Schweiz, Großbritannien, Marokko; Konsularverträge bestehen mit Spanien, Türkei, USA. (3) Aber auch in solchen Fällen kann das Nachlassgericht bei Zweifeln an der Echtheit diese von Amts wegen ermitteln (§ 26 FamFG; § 438 II ZPO). 105

Ob die Legalisation auch bestätigt, dass die ausländische Behörde für die betreffende Beurkundung zuständig war, ist umstritten; man muss wohl auf die Formulierung des Vermerks abstellen.

Für **Erbfälle ab 17. 8. 2015** ist die **EuErbVO** zu beachten (Art. 83 I EuErbVO). Art. 74 EuErbVO besagt: „Im Rahmen dieser Verordnung bedarf es hinsichtlich Urkunden, die in einem Mitgliedstaat ausgestellt werden, weder der Legalisation noch einer ähnlichen Förmlichkeit". Ähnlich ist z. B. die Apostille. In Geltungsbereich der EuErbVO ist ferner Art. 59 VO einschlägig: Eine in einem Mitgliedstaat errichtete **öffentliche Urkunde** hat in einem anderen Mitgliedstaat die

303 Vgl. KG FamRZ 1995, 837 (lettische Urkunden).
304 Nach C. Kierdorf, Die Legalisation von Urkunden, 1975, S. 48, soll § 438 II ZPO nicht anwendbar sein.
305 C. Kierdorf, Die Legalisation von Urkunden, 1975.
306 KG DNotV 1931, 29; offen gelassen von KG FamRZ 1995, 837.
307 OLG Zweibrücken FamRZ 1969, 222; KG DNotZ 1931, 29; KG JFG 20, 171, 177; OLG Hamburg JFG 10, 8; KGJ 50, 69.
308 BGBl II 1965, 875.
309 BGBl II 1971, 86.
310 BGBl II 1961, 1055/1067.

gleiche formelle Beweiskraft wie im Ursprungsmitgliedstaat oder die damit amehesten vergleichbare Wirkung, sofern dies der öffentlichen Ordnung (ordre public) des betreffenden Mitgliedstaats nicht offensichtlich widersprechen würde. Vgl. Rz. 187.

Wenn der Richter/Rechtspfleger die Fremdsprache und die Fachsprache zweifelsfrei versteht, kann er sich mit der ausländischen Urkunde begnügen. Auf Verlangen des Nachlassgerichts hat der Antragsteller die **Übersetzung fremdsprachiger Urkunden** vorzulegen (vgl. § 142 III ZPO);[311] trotz § 26 FamFG ist es nicht Sache des Nachlassgerichts, die Übersetzung anfertigen zu lassen, weil die Gerichtssprache Deutsch ist (§ 184 GVG, vgl. § 35 II IntErbRVG). Im Allgemeinen genügt die Übersetzung eines Übersetzers, der nach den Richtlinien der Landesjustizverwaltungen dazu ermächtigt ist, vgl. § 142 III ZPO. Auch Übersetzungen durch Privatpersonen können im Einzelfall ausreichen. Die Beeidigung des Übersetzers ist zwar heute noch zulässig, aber nicht notwendig.[312] Die Bescheinigung des antragstellenden Notars, dass die Urkunde einen bestimmten Inhalt habe, ist nicht ausreichend.

13.3 Beweis durch Bezugnahme auf andere Akten

106 Die Urkunden brauchen nicht bereits beim Stellen des Erbscheinsantrags oder bei der Abgabe der eidesstattlichen Versicherung vorzuliegen, sie können auch nachgebracht werden.[313] Die Urkunden sind grundsätzlich vorzulegen, doch genügt eine Bezugnahme auf andere Akten *desselben* Amtsgerichts, wenn in ihnen die öffentliche Urkunde enthalten ist, z. B. auf Nachlassakten einer früher verstorbenen Person, auf die Akten zum ENZ-Antrag. Dies gilt an sich nicht nur, wenn diese Akten beim angegangenen Gericht geführt werden;[314] da aber grundsätzlich Akten jederzeit verfügbar sein müssen und speziell der Verlust von Nachlassakten (wenn sich in ihnen Testamente befinden) einen unersetzlichen Nachteil mit sich bringen würde, werden Nachlassakten grundsätzlich nicht versandt.[315]

13.4 Hilfsweise Nachweis durch andere Beweismittel

107 Sind die öffentlichen Urkunden

- nicht, oder
- nur mit unverhältnismäßigen Schwierigkeiten

zu beschaffen, genügt die Angabe anderer Beweismittel (§ 352 III 2 FamFG).

(1) Nicht beschaffbar: wenn z. B. das Testament vernichtet wurde (Rz. 205); wenn Personenstandsurkunden im Ausland beschafft werden müssten, aber

311 KG HRR 1935 Nr 1024; KG JFG 7, 243, 246.
312 KG JFG 14, 5.
313 RGZ 95, 286/287.
314 OLG Köln DNotZ 1959, 213.
315 OLG Köln Rpfleger 1983, 325; OLG Düsseldorf MDR 1987, 768.

kein Rechtsverkehr mit diesem Land besteht oder faktische Hindernisse entgegenstehen (Krieg, Unruhen).

(2) Die Frage ist, wann eine Schwierigkeit *unverhältnismäßig* ist. Als Schwierigkeiten kommt Mühe, Zeitaufwand, Kosten in Frage. Für die „Unverhältnismäßigkeit" wird man wohl auf das Verhältnis der Kosten zum Reinnachlass abstellen müssen, aber auch auf die Höhe des Nachlasses; bei einem Reinnachlass von nur einigen Hundert Euro ist kein großer Aufwand vertretbar. Das Verfahren nach § 15a a. F. PStG (Anlegung eines Familienstammbuchs; aufgehoben ab 1.1.2009) war nicht als unverhältnismäßige Schwierigkeit anzusehen.[316] Die Verzögerung (wie lange?) durch die umständliche Beschaffung zahlreicher Urkunden kann sich im Einzelfall als solche Schwierigkeit darstellen; ebenso, wenn im Einzelfall die (ausländischen) Urkunden nur sehr teuer zu beschaffen sind.[317] Ob „unverhältnismäßige Schwierigkeit" ein im Rechtsbeschwerdeverfahren voll nachprüfbarer unbestimmter Rechtsbegriff ist oder ob ein Ermessen ausgeübt wird, ist umstritten. Kann eine Sterbeurkunde nicht besorgt werden, ist eine Todeserklärung nach dem VerschG notwendig,[318] nur in Sonderfällen genügt eine öffentliche Aufforderung gemäß § 352d FamFG (Rz. 230).

Andere Beweismittel sind insbesondere der Zeugenbeweis, Familienstammbücher älterer Art, die eidesstattliche Versicherung Dritter,[319] die Mitteilungen des zentralen Nachweisamtes in Berlin für Teilnehmer des Krieges 1914/18, obwohl sie einen urkundlichen Nachweis des Todes im Sinne des § 352 III FamFG nicht erbringen.[320] Das gleiche gilt von den Mitteilungen der Deutschen Dienststelle für die Benachrichtigung der nächsten Angehörigen von Gefallenen der ehemaligen deutschen Wehrmacht für Teilnehmer am Kriege 1939/45, Berlin. Sonstige „andere Beweismittel" sind nicht-öffentliche Urkunden wie **Ahnenpässe**, Taufscheine, Bescheinigungen der Meldeämter, sog. Familienstandszeugnisse,[321] Briefe, unbeglaubigte Photokopien von öffentlichen Urkunden, Todesanzeigen in Zeitungen, Sterbebilder (verwendet in katholischen Gebieten), Grabsteininschriften, Hochzeitsfotos;[322] in Bayern die Ergebnisse einer von Amts wegen durchgeführten Erbenermittlung. Erbscheine „beweisen" selbst nichts, sind nur Zeugnisse über ein Erbrecht, sind aber sonstige Beweismittel, weil sie aufgrund von öffentlichen Urkunden erteilt werden. Nach Ansicht der Rspr[323] kann auch die Rechtsvermutung des § 11 VerschG (gleichzeitiges Versterben, sog. Katastro- 108

316 OLG Bremen JR 1960, 422; Sachse StAZ 1980, 179/181.
317 BayObLGZ 1951, 690/694; KG OLG 44, 106 = JFG 1, 178 (ausländische Urkunden). Freilich bleibt unklar, welches Prozentverhältnis zum Nachlass noch vertretbar ist.
318 KG 345 A 150; OLG Hamburg NJW 1953, 627; a. A. LG Osnabrück RNotZ 2003, 574.
319 KG FamRZ 1995, 837; OLG Düsseldorf MDR 1961, 242.
320 KGJ 49, 75.
321 BayObLG StAZ 1958, 242.
322 OLG Düsseldorf ZEV 2024, 269.
323 BayObLG JFG 1, 147; OLG Karlsruhe ZEV 2025, 208 (LS) = BeckRS 2024, 25898.

phenklausel[324]) als solches Beweismittel dienen. Ein **DNA-Gutachten** zum Nachweis der Verwandtschaft des Antragstellers mit dem Erblasser ist vom Nachlassgericht nicht einzuholen;[325] das ist eine Frage der Feststellung der Vaterschaft.[326]

Beweismaß: An die Beweisführung durch andere Beweismittel sind regelmäßig „strenge" Anforderungen zu stellen. Die anderen Beweismittel müssen ähnlich klare und hinreichend verlässliche Folgerungen hinsichtlich der Abstammungsverhältnisse ermöglichen wie öffentliche Urkunden.[327]

13.5 Vorlage des Testaments oder Erbvertrags bei gewillkürter Erbfolge

109 Die „Verfügung von Todes wegen" ist nach § 352 III 1 FamFG „vorzulegen". Befindet sie sich bereits beim Nachlassgericht, z.B. weil sie von einem Notar oder von Dritten dort abgegeben wurde, entfällt natürlich die Vorlage. Die letztwillige Verfügung braucht dem Nachlassgericht nicht in Urschrift vorzuliegen, es kann eine beglaubigte Abschrift der bei einem anderen Gericht befindlichen Verfügung eingereicht werden.[328] Zum Verlust vgl. Rz. 205.

13.6 Hilfsweise Nachweis der Testamentserrichtung durch andere Beweismittel

110 Ist das Testament im Original nicht beschaffbar, genügt die Angabe anderer Beweismittel, z.B. Vorlage von Fotokopien[329] (Abschriften, Durchschriften, Durchdrückungen, Blaupausen), Vernehmung von Zeugen (Rz. 205).

14. Nachweis durch eidesstattliche Versicherung

111 Bestimmte Tatsachen können in der Regel nicht durch öffentliche Urkunden nachgewiesen werden. Daher begnügt sich die gesetzliche Regelung mit der Erklärung des Antragstellers. Da er nicht Zeuge ist, liegt keine Zeugenaussage vor, eine „Lüge" wäre als solche straflos; die Erklärung ist daher eidesstattlich zu versichern, damit wenigstens ein kleiner Druck zur Wahrheit auf den Antragsteller ausgeübt wird. Die Abgabe einer falschen e.V. ist strafbar, §§ 156, 161 StGB.

---

324 Dazu OLG Düsseldorf ErbR 2024, 802; OLG Karlsruhe ErbR 2025, 145; OLG Zweibrücken ErbR 2024, 794; OLG Naumburg ZEV 2025, 209; OLG Schleswig-Holstein ErbR 2023, 533; Krätzschel ErbR 2025, 2.

325 OLG Düsseldorf FamRZ 2020, 1686 = ZEV 2020, 585 (die spanische Geburtsurkunde der Erblasserin konnte nicht vorgelegt werden).

326 OLG Saarbrücken ErbR 2019, 376.

327 OLG Hamm ZEV 2015, 366 (Abstammung); OLG Schleswig NJW-RR 2013, 1166; KG FamRZ 1995, 837 = FGPrax 1995, 120 (beglaubigte Kopie einer Geburtsurkunde aus Lettland).

328 KGJ 37 A 127/130.

329 OLG Düsseldorf ErbR 2020, 59.

Durch eidesstattliche Versicherung hat der Antragsteller in der schwachen Form „dass ihm nichts bekannt sei, was der Richtigkeit seiner Angaben entgegen steht", nachzuweisen (§ 352 III FamFG):

- dass keine Personen vorhanden sind oder vorhanden waren, durch die der Antragsteller von der Erbfolge ausgeschlossen oder sein Erbteil gemindert werden würde (§ 352 I Nr. 4 FamFG). Hat der Erblasser z. B. im Testament „seine Kinder" als Erben eingesetzt, ohne sie namentlich zu bezeichnen, kann die Nichtexistenz weiterer Kinder (nichtehelich; im Ausland geboren usw.) nicht bewiesen werden. Es genügt, wenn die antragstellenden Kinder eidesstattlich versichern, die einzigen Kinder zu sein, wenn weitere Ermittlungen keinen Erfolg versprechen.[330]
- dass **keine anderen Testamente** und Erbverträge vorliegen;
- letzter gewöhnlicher Aufenthalt und Staatsangehörigkeit des Erblassers;
- dass kein Rechtsstreit über das Erbrecht anhängig ist;
- dass bei gesetzlicher Erbfolge und Ehegatten Zugewinngemeinschaft vorliegt). Vgl. Rz. 122.

Die **eidesstattliche Versicherung** ist **nicht erforderlich**, wenn
- sie vom Nachlassgericht erlassen wurde (§ 352 III 4 FamFG); oder
- wenn die Tatsache beim Nachlassgericht offenkundig ist (vgl. § 29 FamFG).

Es steht im pflichtgemäßen **Ermessen des Nachlassgerichts**, aufgrund der Er- 112
mittlungspflicht (§ 26 FamFG) den Antragsteller vorzuladen und als Beteiligten (nicht: als Zeugen) zu befragen; es kann vom Antragsteller zusätzlich zur eidesstattlichen Versicherung gemäß § 352 III FamFG eine solche über die Richtigkeit sonstiger konkreter Einzelumstände verlangen, z. B. dahingehend, dass eine Ehesache nicht anhängig ist.[331] Bei Zweifeln kann trotz eidesstattlicher Versicherung von Amts wegen ermittelt werden.

Eine Entscheidung (Beschluss) des Nachlassgerichts, dass zur Erteilung des Erbscheins bestimmte Angaben des Antragstellers eidesstattlich versichert werden müssten oder dass der beantragte Erlass abgelehnt wird, ist mit Beschwerde nicht isoliert anfechtbar,[332] da nur eine **Zwischenentscheidung** vorliegt (§ 58 I FamFG setzt eine *End*entscheidung voraus). Der Antragsteller kann erst gegen die Ablehnung seines Erbscheinsantrags mangels eidesstattlicher Versicherung Beschwerde einlegen (§§ 58, 59 FamFG). Weigert sich der Antragsteller ohne triftigen Grund (z. B. wegen „Zeitmangels"), die Richtigkeit seiner Angaben eidesstattlich zu versichern, so ist der Erbscheinsantrag nach Meinung des OLG Frankfurt ohne eigene Ermittlungen des Nachlassgerichts als „unzulässig" zu-

330 Vgl. OLG Frankfurt Rpfleger 1980, 434; vgl. ferner BayObLG NJW-RR 2000, 1545; KG ZEV 2024, 763; KG NJW-RR 2012, 847; Lange/Kuchinke § 39 I 4.

331 OLG Braunschweig Rpfleger 1990, 462.

332 Anders zum FGG: OLG München NJW-RR 2007, 665.

rückzuweisen;[333] allerdings ist eine Zurückweisung nur erlaubt, wenn durch die fehlende eidesstattliche Versicherung das Nachlassgericht keine ausreichende Überzeugung mehr gewinnen kann.[334]

An die eidesstattliche Versicherung ist das Nachlassgericht nicht gebunden; auch wenn versichert ist, dass keine anderen Testamente vorliegen, kann das Nachlassgericht von Amts wegen in dieser Richtung weiter ermitteln.[335]

14.1 Zur eidesstattlichen Versicherung verpflichtete Personen

113 Der antragstellende Alleinerbe ist zur Abgabe der eidesstattlichen Versicherung persönlich verpflichtet. Der Vorerbe, welcher einen Erbschein beantragt, braucht keine eidesstattliche Versicherung des Nacherben beibringen.[336] Beantragen bei Miterben nicht alle den Erbschein (schon ein Miterbe allein ist antragsberechtigt, § 352a I 2 FamFG), haben alle Miterben die eidesstattliche Versicherung abzugeben, sofern nicht das Nachlassgericht die Versicherung eines oder einiger von ihnen für ausreichend erachtet (§ 352a IV FamFG); vgl. Rz. 121.

114 Ein Antragsteller, der selbst nicht Erbe ist, z. B. ein Testamentsvollstrecker, Insolvenzverwalter,[337] Gläubiger (§§ 792, 896 ZPO), ist ebenfalls *persönlich* zur Abgabe der eidesstattlichen Versicherung verpflichtet; sie sollte aber mangels Wissen erlassen werden. Sie kann nicht durch einen **Bevollmächtigten** des selbst handlungsfähigen Erben abgegeben werden,[338] weil es sich um eine Wissenserklärung handelt. Bei Vertretung des Erben, der nicht mehr geschäftsfähig ist, durch einen **Vorsorgebevollmächtigten** halten einige OLG[339] dagegen die Vertretung zu zulässig, falls die Vorsorgevollmacht einen entsprechenden Umfang hat. Deshalb ist die Bestellung eines Betreuers lediglich für die eidesstattliche Versicherung nur noch erforderlich, wenn der Umfang der Vorsorgevollmacht nicht ausreicht,[340] es sei denn, das Gericht begnügt sich mit der Versicherung des Vorsorgebevollmächtigten (§ 352 III 4 FamFG).

Eigene Wahrnehmungen kann natürlich auch ein Bevollmächtigter bezeugen. Für Geschäftsunfähige ist die eidesstattliche Versicherung vom **gesetzlichen Vertreter** (Eltern, Betreuer) abzugeben, für die in der Geschäftsfähigkeit beschränkten Personen kann nach Wahl *des Nachlassgerichts* der gesetzliche Vertreter oder der beschränkt geschäftsfähige Erbe zugelassen werden, soweit er eidesfähig ist.[341] Der über 16 Jahre alte minderjährige Erbe kann also die Versi-

---

333 OLG Frankfurt NJW-RR 2011, 1516; OLG Frankfurt FamRZ 1996, 1441 = FGPrax 1996, 110.

334 Vgl. LG Flensburg JurBüro 1976, 532.

335 Vgl. BGHZ 40, 54.

336 KG RJA 8, 27.

337 KG OLGZ 1967, 247/249.

338 OLG Bremen ZEV 2021, 765 („im Grundsatz"); BayObLGZ 1961, 4/10; KG JR 1953, 307; OLG München DNotZ 1937, 702; aA BeckOKFamFG/Schlögel § 352 Rz. 28.

339 OLG Bremen ZEV 2021, 765; OLG Düsseldorf ZEV 2019, 422; OLG Celle ZEV 2018, 728; bisher streitig.

340 Vgl. Litzenburger ZEV 2004, 450.

341 BayObLGZ 1961, 4/10.

cherung selbst abgeben (vgl. § 455 II ZPO),[342] doch kann das Nachlassgericht dann noch die Versicherung des gesetzlichen Vertreters verlangen; entscheidend ist, was im Einzelfall am besten geeignet ist, das Nachlassgericht zu überzeugen. Hat jemand möglicherweise ein ablieferungspflichtiges Testament in Verwahrung, kann er vom Nachlassgericht durch eidesstattliche Versicherung zur Erklärung über den Verbleib gezwungen werden (§§ 358, 35 FamFG). § 352 III FamFG betrifft nur den Erbscheins-Antragsteller, § 35 FamFG beliebige Personen. Hat der Erbscheins-Antragsteller die Versicherung nach § 352 III FamFG BGB abgegeben, so besteht in der Regel kein Bedürfnis, auch noch eine Versicherung gemäß § 35 FamFG von ihm zu verlangen; anders aber, wenn konkrete Umstände es nahe legen, eine den konkreten Umständen angepasste eidesstattliche Versicherung zu verlangen.[343]

14.2 Form der Beurkundung der eidesstattlichen Versicherung

Die eidesstattliche Versicherung kann zu **Protokoll des Nachlassgerichts** (§ 1 II 115
BeurkG; Rechtspfleger, § 3 Nr. 1f, 2 c RPflG; Richter, § 8 I RPflG) oder eines deutschen Notars (Baden-Württemberg: § 33 RPflG) erklärt werden (§ 352 III 3 FamFG), nicht vor einem ausländischen Notar, nicht vor einem Rechtsanwalt, nicht privatschriftlich. Im Ausland kann sie vor dem deutschen Konsularbeamten abgegeben werden (§ 12 Nr. 2 KonsularG). Wenn der Erklärende und der Notar/Rechtspfleger die Fremdsprache verstehen, kann die eidesstattliche Versicherung (ohne Dolmetscher) in dieser Fremdsprache abgeben werden.[344] Da es im Gesetz nur heißt „vor Gericht" wird teils angenommen, dass jedes Gericht in Deutschland zuständig sei,[345] nach anderer Ansicht nur das Nachlassgericht. Jedenfalls kann das Nachlassgericht ein anderes Amtsgericht im Wege der Rechtshilfe ersuchen, einen Beteiligten zu vernehmen und die eidesstattliche Versicherung abzunehmen.[346]

Gebühren: KV 23300 GNotKG; Verfahrenskostenhilfe ist möglich, §§ 76 ff. FamFG, 114 ff. ZPO, auch (als vorläufige Gebührenfreiheit) vor dem Notar (§ 17 II BNotO).

14.3 Inhalt der eidesstattlichen Versicherung

Nach § 352 III 3 FamFG genügt die **negative Formel**, dass dem Antragsteller 116
nichts Gegenteiliges „bekannt" ist.[347] Vom Gesetz wird nicht verlangt, dass der

342 Lange/Kuchinke § 39 II 4; a. A. OLG Colmar OLG 16, 64; LG Berlin Rpfleger 1976, 60. Variantenreich umstritten.

343 BayObLGZ 1977, 59 = Rpfleger 1977, 210.

344 OLG München ZErb 2014, 256 (Italiener gibt die eV in Englisch vor einer deutschen Notarin ab; wirksam).

345 Winkler Rpfleger 1971, 344, 346; a. A. Weber DRiZ 1970, 45/47.

346 OLG Frankfurt NJW 1970, 1050; OLG Celle MDR 1970, 930; OLG Schleswig SchlHA 1971, 17.

347 BayObLGZ 1961, 4/23.

Antragsteller sorgfältige Nachforschungen angestellt hat,[348] also z. B. die Erblasserwohnung nach weiteren Testamenten durchsucht hat. Die vorsätzlich oder fahrlässig falsche Abgabe ist nach §§ 156, 163 StGB strafbar und verpflichtet zum Schadensersatz.[349]

Die Amtsperson soll den Betroffenen vorher über die Strafbarkeit einer falschen eidesstattlichen Versicherung belehren und dies in der Niederschrift vermerken. Die Erklärung soll nicht formelhaft sein, sondern den Umständen angepasst und zeigen, dass die Fragen wirklich erörtert wurden.[350] Zu entscheiden, welche Erbanwärter mit- oder näher berufen sind, oder ob ein früheres Testament als widerrufen anzusehen ist, ist nicht Sache des Notars oder des Beteiligten, sondern des Nachlassgerichts. Fachausdrücke sind zu vermeiden; ein Laie weiß nicht, was eine „letztwillige Verfügung" oder eine „Verfügung von Todes wegen" ist, hier sind die Worte „Testament, Erbvertrag" zu verwenden. Sich aufdrängende Fragen sind zu besprechen und das Ergebnis zu protokollieren. Die Bezugnahme auf eine Anlage (z. B. einer Aufstellung über die Verwandtschaftsverhältnisse) ist zulässig, wenn die Anlage der Niederschrift beigefügt wird.[351]

117 **Problematik der Doppelzuständigkeit.** Von den Rechtspflege – Funktionen her sind Antragstellung (und Beratung hierbei), Beweisaufnahme und Entscheidung zu unterscheiden. Den Antrag kann der Antragsteller selbst stellen; wenn er hierbei Hilfe und Rat braucht, kann er sich gegen Honorar von einem Anwalt oder Notar (und von der Rechtsantragstelle des Amtsgerichts) beraten lassen; die Beratung durch den Rechtspfleger des Nachlassgerichts ist insofern nicht unbedenklich (Vermengung der Beratungs- mit der Entscheidungsfunktion),[352] wenn auch in der Praxis bei gesetzlicher Erbfolge ohne nennenswerte Probleme und für den Antragsteller billiger.

Kritischer ist es, wenn der Rechtspfleger den Antragsteller über die Auslegung eines Testaments und demzufolge bei der Antragsformulierung berät, weil zum einen die Funktionen vermengt werden, das unklare Testament oft mehrere Auslegungen zulässt und für die Entscheidung der Richter zuständig ist. Die Beweisaufnahme gehört funktional zur Entscheidungstätigkeit; deshalb ist es problematisch, wenn der Rechtspfleger bei *testamentarischer* Erbfolge Zeugen vernimmt (Verstoß gegen die Unmittelbarkeit der Beweisaufnahme), weil für die Entscheidung über den Erbscheinsantrag in diesem Fall der Richter zuständig ist.

Kritisch ist aber auch, dass der Notar die eidesstattliche Versicherung aufnehmen darf, obwohl dies ein Teil der Beweisaufnahme ist, die dem Gericht vorbehalten ist. Die Abgabe der eidesstattlichen Versicherung vor dem Notar erspart

348 Vgl. Lange/Kuchinke § 39 II 4 b; Höver DFG 1936, 29 forderte eine Gesetzesänderung.

349 OLG Kiel OLG 11, 272.

350 LG Hamburg DNotZ 1958, 98.

351 KG JFG 15, 143.

352 Vgl. Tätigkeitsbericht der Bundesnotarkammer DNotZ 2001, 498.

dem Antragsteller daher unter Umständen nicht, dass er doch noch vom Nachlassgericht vorgeladen wird, weil noch sich aus der eidesstattlichen Versicherung aufdrängende Fragen oder andere Umstände zu klären sind, die nicht eidesstattlich versichert wurden. Noch misslicher sind die Doppelzuständigkeiten in Baden-Württemberg (Rz. 127).

14.4 Erlass der eidesstattlichen Versicherung durch das Nachlassgericht

Nach § 352 III 4 FamFG kann das Nachlassgericht die eidesstattliche Versicherung erlassen, „wenn es sie nicht für erforderlich erachtet". Der Antragsteller wünscht den Erlass, weil er sich die **erheblichen Kosten** (KV 23300 GNotKG; Rz. 638) **sparen** will,[353] bei kleinen Nachlässen auch den Aufwand an Zeit und Mühe (Gang zum Gericht, zum Notar, zum Konsulat). Ein Antrag ist nicht erforderlich, aber zweckmäßig. Der Erlass erfolgt nicht durch einen besonderen Beschluss, sondern indem der Erbschein erteilt wird, obwohl keine eidesstattliche Versicherung verlangt wird oder vorliegt. Die Ablehnung eines ausdrücklich gestellten Erlassantrags ohne eV könnte durch einen ausdrücklichen Beschluss erfolgen; meist aber ergeht keine solche Zwischenverfügung, sondern nach Fristsetzung und Hinweis wird der Erbscheinsantrag abgelehnt. Wenn das Nachlassgericht den Antrag, die eidesstattliche Versicherung zu erlassen, durch Beschluss ablehnen würde, wäre dies isoliert **nicht anfechtbar** (§§ 58, 59 FamFG: da nur Zwischenentscheidung);[354] wenn mangels eidesstattlicher Versicherung der Erbscheinsantrag abgelehnt wird, ist die Ablehnung aber mit Beschwerde (§§ 58 FamFG) anfechtbar (in diesem Zusammenhang wird vom OLG nachgeprüft, ob das Ermessen vom AG richtig ausgeübt wurde). 118

Ob die Versicherung erlassen wird, ist eine **Ermessensfrage** („kann").[355] Im Gesetz ist nicht näher dargetan, wann das Nachlassgericht die eidesstattliche Versicherung erlassen „muss", was angesichts der finanziellen Tragweite problematisch ist. Auffällig ist, dass die Erlasspraxis der Nachlassgerichte regional stark schwankt (in Bayern nicht einmal 1,0 %; andernorts ca. 90 %).

Gibt der überlebende **Ehegatte**, der auf Grund gesetzlicher Erbfolge einen Erbschein nach dem verstorbenen Ehegatten beantragt, eine den Anforderungen des § 352 III 3 FamFG genügende eidesstattlichen Versicherung ab, so ist es ermessensmissbräuchlich, wenn der Rechtspfleger *routinemäßig in jedem Fall* deren Ergänzung (Nachtragsurkunde) durch die Abgabe verlangt, dass die Voraussetzungen für den Ausschluss des Ehegattenerbrechts nach § 1933 BGB nicht vorliegen (d. h. dass kein Scheidungsverfahren anhängig war).[356] Allen- 119

353 Das ist aber nicht entscheidend, OLG Schleswig NJW-RR 2014, 1039.

354 OLG Schleswig NJW-RR 2014, 1039 = ZEV 2014, 273; anders unter Geltung des FGG: OLG München NJW-RR 2007, 665.

355 OLG München NJW-RR 2007, 665; BayObLGZ 1961, 4/10; KG Recht 1913 Nr. 2886.

356 OLG Hamm FamRZ 1993, 365 = DNotZ 1993, 139. Die Witwe war 70 Jahre alt, der Verstorbene war ebenfalls 70 Jahre alt gewesen. Der Erbschein wurde für die beiden ehelichen Kinder beantragt.

falls im Einzelfall, wenn ein konkreter Anhaltspunkt vorliegt,[357] ist es nicht ermessensfehlerhaft, wenn eine solche Ergänzung der eidesstattlichen Versicherung verlangt wird.[358]

Einzelfälle:[359]

120 **(1) Einfach gelagerte Sachverhalte.** Ob hohe Wahrscheinlichkeit einer Tatsache genügt, um von der eidesstattlichen Versicherung abzusehen,[360] ist eine Frage des Einzelfalls.

Beispiele:

(1) Die Erblasserin verstarb in hohem Alter verwitwet und kinderlos; sie wurde gesetzlich von ihrer Schwester beerbt. Das Verlangen der eidesstattlichen Versicherung zur Feststellung, ob und welche Verfügungen der Erblasserin von Todes wegen vorhanden sind, war zulässig. Dass die Geschäftsunfähigkeit der Verstorbenen (und damit die Testierunfähigkeit) im Betreuungsverfahren festgestellt worden war, genügte nicht,[361] denn sie konnte ja früher testiert haben. – Ein zweijähriges Kind verstirbt, die Eltern beantragen einen gemeinschaftlichen Erbschein zu je ½. Hier gibt es nichts, was eidesstattlich zu versichern wäre;[362] der Säugling kann ja kein Testament errichtet haben. – Die Witwe hinterlässt eine Tochter (gesetzliche Alleinerbin). Hier könnte die eidesstattliche Versicherung nur erhärten, dass die Erblasserin *kein* Testament hinterlassen hat; darauf kann verzichtet werden.[363] -Die ledige kinderlose Erblasserin hatte eine soziale Stiftung als Erbin eingesetzt. Das Ersuchen einer Stiftung, die eidesstattliche Versicherung zu erlassen, da ihr die Erblasserin unbekannt sei und sie nichts wisse, wurde abgelehnt, was das OLG München[364] billigte; bedenklich.

(2) Ein Erbschein wird nach Abgabe der eidesstattlichen Versicherung erteilt; dann wird der Erbschein eingezogen und ein neuer Erbschein erteilt. Beim **zweiten Erbschein** wird häufig eine neue eidesstattliche Versicherung entbehrlich sein,[365] weil sie nichts Zusätzliches mehr bringen kann. Beispiel: nach Einziehung des gemeinschaftlichen Erbscheins (Witwe sei Erbin zu ½, Kind zu ½) wird ein neuer gemeinschaftlicher Erbschein erteilt (Witwe ist Erbin zu ¼, Kind zu ¾), weil eine andere Testamentsauslegung richtiger erscheint. Wenn nach Erbscheinserteilung noch ein **ENZ** (Rz. 786) beantragt wird, ist die Versicherung i. d. R. zu erlassen.

(3) Nach Einziehung des Erbscheins für den Vorerben wird dem **Nacherben** ein Erbschein erteilt.[366]

357 OLG Köln ErbR 2022, 1117.
358 OLG Braunschweig DNotZ 1991, 550 (Promberger).
359 Zimmermann ZErb 2008, 151.
360 OLG Schleswig NJW-RR 2014, 1039.
361 OLG Schleswig FamRZ 2001, 583.
362 Vgl. Marcus ZBlFG 8, 242.
363 Vgl. Firsching/Graf § 38 Rz. 42.
364 OLG München NJW-RR 2007, 665.
365 OLG Schleswig NJW-RR 2014, 1039.
366 KGJ 46, 146.

(4) Nach Einziehung des Erbscheins mit **Testamentsvollstreckervermerk** wird ein hinsichtlich der Erbfolge inhaltsgleicher Erbschein, aber nun ohne Testamentsvollstreckervermerk, erteilt.[367]

(5) Erbschein bei Amtsträgern, des Fiskus.

(6) Erbscheinantrag von **Nichterben**, z. B. Gläubiger mit Titel (§ 792 ZPO),[368] Testamentsvollstreckern. Sie wissen in der Regel nichts über die verwandtschaftlichen Verhältnisse des Erblassers oder die Existenz von Testamenten, ihre eidesstattliche Versicherung ist wertlos und kann daher erlassen werden. Hier sollte der Erbe vorgeladen und befragt werden, als Nicht-Antragsteller ist er allerdings nicht verpflichtet, etwas eidesstattlich zu versichern.

(7) **Ausland**. Wenn ein im Ausland lebender Ausländer eine von einem ausländischen Notar aufgenommene eidesstattliche Versicherung vorlegt, soll die formgerechte eidesstattliche Versicherung erlassen werden können.[369]

14.5 Zahl der erforderlichen eidesstattlichen Versicherungen bei Miterben

121 Wird die eidesstattliche Versicherung nicht nach § 352 III 4 FamFG erlassen, ist sie bei Miterben von mindestens *einem* Miterben abzugeben. Die Frage, ob die anderen Miterben anschließend zum Nachlassgericht (oder einen Notar) gehen müssen, um ebenfalls die eidesstattliche Versicherung abzugeben, beantwortet **§ 352a IV FamFG**: das Nachlassgericht kann (Ermessen[370]) die Versicherung eines oder einiger Miterben als ausreichend ansehen. Ob ein Miterbe, der einen Antrag auf Erteilung eines gemeinschaftlichen Erbscheins stellen will, gegen die anderen Miterben einen Anspruch (zu verfolgen vor dem Prozessgericht) auf Abgabe der eidesstattlichen Versicherung hat, ist umstritten,[371] aber wegen § 2038 I 2 BGB zu bejahen, nämlich wenn der Erbschein zur Verwaltung des Nachlasses erforderlich ist.[372]

14.6 Insbesondere: Nachweis des Güterstandes des Erblassers

14.6.1 Inlandsfälle

122 Der Güterstand ist bei Erbfällen ab 1. 7. 1958 wichtig für die Erbquote, wenn der Erblasser vom Ehegatten und einem oder mehreren Kindern kraft Gesetzes beerbt wurde (vgl. §§ 1371, 1931 BGB); bei früheren Erbfällen können altrechtliche Güterstände von Bedeutung sein. Bei Erbfällen ab 1. 7. 1970 ist bei Gütertrennung § 1931 IV BGB zu beachten. Der Nachweis, dass der Erblasser zur Zeit seines Todes im Güterstand der Zugewinngemeinschaft gelebt hat, ist durch öffentliche Urkunden nicht zu führen, weil jeder in diesem Güterstand lebt, der

---

367 KG OLGZ 1967, 247.

368 OLG Brandenburg BeckRS 2025, 1191; OLG Düsseldorf FamRZ 2020, 1397.

369 OLG München NJW-RR 2006, 226 (angebliche Erbin in der Ukraine; Nachlass 68.000 Euro). Dazu Heinemann ZEV 2006, 119 (zust.).

370 RGRK-Kregel § 2357 Rz. 8.

371 Ablehnend Protokolle V S. 679.

372 Staudinger/Herzog § 2357 Rz. 17; Planck-Greiff § 2356 Anm 6.

nicht durch notariellen Vertrag einen anderen Güterstand vereinbart hat. Deshalb lässt § 352 III FamFG hierfür die eidesstattliche Versicherung zu. Der Güterstand der Gütertrennung, Gütergemeinschaft oder ein anderer Güterstand sind durch öffentliche Urkunden nachzuweisen, wenn diese Güterstände zwischen dem Erblasser und seinem Ehegatten gegolten haben. Der Nachweis erfolgt durch Vorlage des Ehevertrages, Vorlage der Erklärung gemäß Art 8 I Nr. 3 GleichberG oder eines gerichtlichen Urteils, durch das die gesetzliche Zugewinngemeinschaft (§ 1388 BGB) oder die Gütergemeinschaft (§§ 1449, 1470 BGB), der frühere gesetzliche Güterstand der Verwaltung und Nutznießung (§ 1418 a. F. BGB) oder ein vertraglicher Güterstand aus der Zeit vor dem GleichberechtigungsG, z. B. die Errungenschaftsgemeinschaft (§ 1542 a. F. BGB), mit der Folge des Eintritts der Gütertrennung, aufgehoben ist. Der Nachweis kann auch durch ein Zeugnis des Gerichts über die Eintragung der güterrechtlichen Verhältnisse im Güterrechtsregister geführt werden (vgl. auch § 33 GBO für den Nachweis gegenüber dem Grundbuchamt).[373] Es ist zweckmäßig, wenn zusätzlich in der eidesstattlichen Versicherung erklärt wird, dass die Eheleute zu einem späteren Zeitpunkt keinen anderen Ehevertrag geschlossen haben.

14.6.2 Auslandsbezug, DDR

123 Wenn die Ehegatten die Ehe in der DDR oder im Ausland geschlossen haben, ist Art 15 EGBGB zu beachten (Grundsatz der Unwandelbarkeit des Güterstands). Für Sudetendeutsche, Volksdeutsche und Aussiedler aus Polen, UdSSR und ähnlichen Ländern und Flüchtlinge sowie Übersiedler aus der DDR und Ostberlin ist aufgrund des Gesetzes über den ehelichen Güterstand der **Vertriebenen und Flüchtlinge** vom 4. 8. 1969[374] vom 1. 10. 1969 ab das eheliche Güterrecht des BGB maßgebend (Art 15 IV EGBGB). Für die vom Überleitungsgesetz vom 4. 8. 1969 nicht erfassten Personen (z. B. diejenigen Übersiedler, die nach § 3 des Überleitungsgesetzes für die Beibehaltung ihres Güterstandes votierten) gilt das Prinzip der Unwandelbarkeit des Güterrechtsstatuts weiter. Für spätere Zuwanderer gilt gemäß § 3 das Güterrecht des BGB vom Anfang des vierten Monats an, der auf den Eintritt der sonstigen Voraussetzungen folgte; es bestand ein Ablehnungsrecht binnen Jahresfrist. Mit dem Inkrafttreten des **Einigungsvertrages** zum 3. 10. 1990 ist gemäß Art 234 EGBGB der gesetzliche Güterstand des Familiengesetzbuches der DDR (Eigentums- und Vermögensgemeinschaft) in die Zugewinngemeinschaft des BGB übergeführt worden. Jeder Ehegatte hatte bis zum Ablauf von 2 Jahren das Recht, durch Erklärung gegenüber dem Kreisgericht den Güterstand des Familiengesetzbuchs der DDR fortgelten zu lassen (Art 234 § 4 II EGBGB); Varianten in Art 234 § 4a EGBGB. Zur Rechtsstellung Volksdeutscher vgl. Art 9 II Nr. 5 FamRÄndG v 11. 8 1961,[375] das für diesen Personenkreis die Anwendbarkeit deutschen Erbrechts brachte.[376]

---

373 Finke MDR 1957, 577.

374 BGBl I 1969, 1067.

375 BGBl I 1961, 1221.

376 Herz DNotZ 1970, 134/135.

15. Kein Nachweis erforderlich bei offenkundigen Tatsachen

Wenn Tatsachen bei dem Nachlassgericht offenkundig sind, bedürfen sie keines 124
Nachweises durch Urkunden oder eidesstattliche Versicherung (§ 29 FamFG bzw. § 291 ZPO). Offenkundig sind allgemeinkundige Tatsachen (z.B. zeitgeschichtliche Ereignisse wie Dauer des 2. Weltkriegs; dass man nicht 130 Jahre alt wird; dass Kinder keine Testamente errichten; vgl. § 2229 I BGB) und gerichtskundige Tatsachen, von denen das Gericht infolge seiner amtlichen Tätigkeit Kenntnis erlangt hat,[377] wie z.B. aus der Bearbeitung früherer Akten. Wenn z.B. ein Notar von ihm beurkundete öffentliche Testamente, Erbverträge, Erbverzichtsverträge, vorzeitige Erbausgleiche (§ 1934d BGB a.F.) dem Gericht mitteilt und abliefert, sind sie dort nachgewiesen, nicht bloß offenkundig. **Privates Wissen des Richters/Rechtspflegers** begründet keine Offenkundigkeit, ist aber verwertbar, nachdem es den Beteiligten mitgeteilt wurde: u.U. wird der Richter dann zum Zeugen, wenn er z.B. mit dem Erblasser gut bekannt war. Eigene Sachkunde, z.B. über Testierunfähigkeit infolge Lesens medizinischer Literatur, hat nichts mit Gerichtskundigkeit zu tun und ersetzt im wissenschaftlichen Bereich keinen Gutachter. Hohe Wahrscheinlichkeit ist nicht der Offenkundigkeit gleichzustellen.[378] Bei zweiter Eheschließung soll der Wegfall des ersten Gatten nicht offenkundig sein;[379] (zweifelhaft). Beteiligte müssen unter Umständen vorher darauf hingewiesen werden, wenn das Nachlassgericht etwas für offenkundig hält (vgl. Art 103 II GG), damit sie dies widerlegen können.

377 KG JW 1935, 1885 = HRR 1935 Nr 1025; BayObLGZ 14, 55.
378 OLG Schleswig FamRZ 2001, 583/4; Lange/Kuchinke § 39 II 4.
379 KG Rpfleger 1977, 209.

D. Zuständiges Gericht

1. Amtsgericht, Notariat, Landwirtschaftsgericht

1.1 Amtsgericht

Die Erteilung von Erbscheinen und die damit zusammenhängenden Geschäfte ist in allen Bundesländern Aufgabe des **Nachlassgerichts** (§ 2353 BGB); das ist eine Abteilung des Amtsgerichts. Es ist sachlich zuständig. Ausnahme (bis 31.12.2017): Baden-Württemberg, dort war das staatliche Notariat zuständig; Rz. 127. Wenn das Familiengericht/Betreuungsgericht versehentlich die Erteilung vornehmen würde, ist sie ebenfalls wirksam (vgl. § 2 III FamFG);[380] aber eine Einziehung nach § 2361 BGB ist vorzunehmen. In der **ehemaligen DDR** war die Tätigkeit des Nachlassgerichts seit 15.10.1952 bis zur Wiedervereinigung (3.10.1990) den Staatlichen Notariaten übertragen.[381] Nach der Wiedervereinigung waren zunächst die Kreisgerichte dafür zuständig, jetzt die Amtsgerichte. Das Nachlassgericht, das den Erbschein erteilt hat, ist auch für die Erteilung weiterer Ausfertigungen dieses Erbscheins örtlich zuständig.[382] 125

Das **OLG als Beschwerdegericht** ist nicht zur Erteilung eines Erbscheins zuständig; das folgt aus dem Wortlaut des § 2353 BGB („das Nachlassgericht"). Folge ist: hat das Amtsgericht den Erbscheinsantrag abgelehnt und kommt das OLG auf Beschwerde zum Ergebnis, dass der Erbschein zu erteilen ist, dann darf es ihn nicht selbst erteilen, sondern muss das Amtsgericht hierzu anweisen. Das ist erstaunlich; denn in anderen FamFG-Verfahren, im Zivil- und Strafprozess, auch beim ENZ, tritt die zweite Instanz voll an die Stelle der ersten Instanz, warum sollte es hier anders sein? 126

1.2 Baden-Württemberg

In Baden-Württemberg war Nachlassgericht sowohl in Baden wie in Württemberg nicht das Amtsgericht, sondern das staatliche Notariat (§§ 1 II, 38 LFGG); das galt bis 31.12.2017. Einzelheiten vgl. Vorauflage. 127

Da der staatliche Notar eine Doppelfunktion hatte, ergaben sich Interessenkollisionen und Merkwürdigkeiten: der Notar konnte den Erbschein auch dann selbst erteilen, wenn der Erbfolge eine von ihm selbst beurkundete (und möglicherweise auslegungsbedürftige oder unwirksame) letztwillige Verfügung von Todes wegen zugrunde lag, er galt nicht als befangen.[383]

380 OLG Kiel JR 1948, 159 (wenn der Vormundschaftsrichter zugleich Nachlassrichter sei); OGH 1, 198 (wenn sich die Genehmigungsfrage für den Nachlassrichter nicht anders als für den Vormundschaftsrichter stelle); Jansen FGG § 7 Rz. 26. Abweichend MünchKomm/Leipold § 1962 Rz. 3 zur Genehmigung eines Rechtsgeschäfts.

381 § 2 Nr. 2, 3 der VO vom 15.10.1952 (Gbl-DDR 1952, 1055) und VO v. 5.2.1976 (Gbl-DDR 1976 I 93).

382 KG OLGZ 1993, 293.

383 LG Stuttgart BWNotZ 1979, 43; 1982, 174.

1.3 Landwirtschaftsgericht

128 In Hamburg, Niedersachsen, Nordrhein-Westfalen und Schleswig-Holstein haben die Landwirtschaftsgerichte (d.h. bestimmte Abteilungen der Amtsgerichte, besetzt mit einem Berufsrichter und landwirtschaftlichen Laien-Beisitzern; LwVG) bestimmte Funktionen in Nachlasssachen (§§ 11 ff. Höfeordnung i.V.m. dem Gesetz über das gerichtliche Verfahren in Landwirtschaftssachen – LwVG), z.B. bei der Erteilung von Erbscheinen, wenn eine land- oder forstwirtschaftliche Hofstelle vorhanden ist. § 18 II HöfeO lautet: „Diese Gerichte sind auch zuständig ... für die Ausstellung eines Erbscheins oder eines Europäischen Nachlasszeugnisses. In dem Erbschein oder dem ENZ ist der Hoferbe als solcher aufzuführen. Auf Antrag eines Beteiligten ist in dem Erbschein lediglich die Hoferbfolge zu bescheinigen." Vgl. Rz. 448 ff.

Auch in Rheinland-Pfalz fällt die Erteilung des Erbscheins in die Zuständigkeit des Landwirtschaftsgerichts und nicht des Nachlassgerichts, wenn zum Nachlass ein von der Höfeordnung erfasster Hof gehört (§ 30 HöfeO RhPf).[384]

2. Örtliche Zuständigkeit

129 Falls ein deutsches Gericht tätig werden soll muss es **international zuständig** sein. Das richtet sich nach Art. 4, 21 EuErbVO (Rz. 149 ff.). Die EuErbVO ist nach Auffassung des EuGH[385] auch für Erbscheinsverfahren anzuwenden; das war früher umstritten. Für Todesfälle bis 16.8.2015 gelten BGB und FamFG weiterhin in der alten Fassung (Art. 229 EGBGB § 36). Mit Inkrafttreten der EuErbVO wurde § 343 FamFG geändert: Örtlich zuständig ist für Todesfälle ab dem 17.8.2015:

- das Nachlassgericht, in dessen Bezirk der Erblasser zur Zeit seines Todes seinen letzten *gewöhnlichen Aufenthalt* hatte (**§ 343 I FamFG**) bzw. das Gericht, das nach § 5 FamFG als zuständig bestimmt wurde; früher war der Wohnsitz maßgebend; der Aufenthaltsort ist angeblich leichter festzustellen als der Wohnsitz;
- bei Erblassern *ohne gewöhnlichen Aufenthalt* im Inland ist das Nachlassgericht zuständig, in dessen Bezirk der Erblasser seinen *letzten* gewöhnlichen Aufenthalt im Inland hatte (**§ 343 II FamG**). Vgl. Rz. 137.
- Ist eine Zuständigkeit nach § 343 I, II FamFG nicht gegeben, ist das AG Schöneberg in Berlin örtlich zuständig, *wenn* der Erblasser Deutscher ist oder wenn sich (bei Ausländern) Nachlassgegenstände in Deutschland befinden. Das AG Schöneberg kann die Sache aus wichtigem Grund an ein anderes Nachlassgericht verweisen. **§ 343 III FamFG**. Vgl. Rz. 138 ff.

Die Zuständigkeit wird von Amts wegen auch noch in der zweiten und dritten Instanz geprüft, selbst wenn mehrere Jahre seit Beginn des Verfahrens verstri-

384 BGH FamRZ 1995, 34 = NJW-RR 1995, 197.

385 EuGH NJW 2018, 2309 = ZEV 2018, 465 Anm. Zimmermann.

chen sind.[386] Bei Unzuständigkeit verweist das Nachlassgericht das Verfahren (auf Antrag des Antragstellers) an das zuständige Nachlassgericht; das Beschwerdegericht kann das Nachlassgericht anweisen, die Sache an ein anderes Nachlassgericht zu verweisen.[387] Wird kein Verweisungsantrag gestellt, wird der Antrag zurückgewiesen; eine Verweisung ohne Antrag wäre aber wirksam. Die Verweisung ist nicht bindend,[388] weil eine dem § 281 ZPO entsprechende Bestimmung fehlt. Verweist das Nachlassgericht A das Erbscheinsverfahren an das Nachlassgericht B, kann daher B den Antrag mangels Zuständigkeit ablehnen (Lösung des Streits über § 5 FamFG).

Bis 16.8.2015 war örtlich zuständig das Nachlassgericht, in dessen Bezirk der Erblasser (Deutscher oder Ausländer) zur Zeit seines Todes *wohnte* (§ 343 I a.F. FamFG); bzw. das Gericht, das nach § 5 FamFG als zuständig bestimmt wurde.[389] **Übergangsrecht** (Art. 229 EGBGB § 36): Auf Verfahren zur Erteilung von Erbscheinen nach einem Erblasser, der vor dem 17. 8 2015 verstorben ist, sind das BGB und das FamFG in der bis zu diesem Tag geltenden Fassung weiterhin anzuwenden.

In Hamburg, Niedersachsen, Nordrhein-Westfalen, Schleswig-Holstein sind die 130
Landwirtschaftsgerichte für den Erbschein zuständig, wenn zum Nachlass ein „Hof" im Sinne der HöfeO gehört; nicht jede kleine Nebenerwerbslandwirtschaft ist ein „Hof", sondern ab 2025 nach § 1 HöfeO nur, wenn der „Hof" einen Grundsteuerwert von mindestens 54.000 Euro (zu bestimmen nach dem BewG) hat. **Örtlich zuständig** ist das Gericht, wo die Hofstelle liegt (§ 10 LwVG). Wohnt und stirbt ein Millionär in München (Bayern), gehörte ihm aber ein Hof in Celle, ist das Landwirtschaftsgericht beim AG Celle für den Erbschein zuständig (§ 18 II HöfeO: für die Hoferbfolge oder für den gesamten Nachlass).

2.1 Begriff des gewöhnlichen Aufenthalts

Wohnsitz: Die bis 16.8.2015 geltende Regelung (§ 73 FGG; § 343 a.F. FamFG) 131
stellte darauf ab: „Wer sich an einem Ort ständig niederlässt, begründet an diesem Orte seinen Wohnsitz" (§ 7 I BGB). Der Wohnsitz wird durch tatsächliche Niederlassung an einem Ort verbunden mit dem *rechtsgeschäftlichen* Willen, diesen zum ständigen Schwerpunkt der Lebensverhältnisse zu machen, begründet.[390] Voraussetzungen sind also: Begründung des Wohnsitzes mit rechtsgeschäftlichem Willen; Vorliegen einer auf die Dauer angelegten Häuslichkeit; wo man also lebt und vor allem schläft, da ist die Wohnung. Das Einrichten mit Mobiliar oder das Bezahlen der Miete, die Existenz eines Mietvertrags oder Briefkastens allein schafft noch keinen Wohnsitz; Freiwilligkeit des Aufenthalts; wer eingesperrt oder verschleppt wird, begründet dort in der Regel keinen

386 OLG Frankfurt FamRZ 2002, 112.
387 OLG Frankfurt FamRZ 2002, 112.
388 BayObLGZ 1970, 148/150.
389 BayObLG FamRZ 2003, 1595/6.
390 BayObLG 1985, 161; BayObLG FamRZ 1992, 1222 = NJW-RR 1993, 460; OLG Frankfurt FamRZ 2002, 112.

Wohnsitz. Die Dauer des Aufenthalts am neuen Wohnsitz ist gleichgültig; wer umzieht und am nächsten Tag stirbt, ist am neuen Wohnsitz gestorben.

132 **Aufenthalt.** Man unterscheidet den schlichten Aufenthalt (das ist ein tatsächliches Verhalten, etwa am Bahnhof beim Warten auf den nächsten Zug). Unter Aufenthalt ist jegliche tatsächliche Anwesenheit an einem Ort, gleichgültig ob vorübergehend oder von längerer Dauer, zu verstehen.[391] § 343 FamFG stellt aber auf den *gewöhnlichen* Aufenthalt ab, der nicht definiert wird. Während selten zweifelhaft ist, wo der letzte Wohnsitz des Erblassers war, ist dies beim Aufenthalt oft unklar. Auch Art. 21 II EuErbVO nennt den gewöhnlichen Aufenthalt als Anknüpfungspunkt. Darunter versteht man den **Daseinsmittelpunkt** einer Person, wo der Schwerpunkt ihrer sozialen und beruflichen Beziehungen liegt.[392] Eine Gesamtschau ist notwendig. Insbesondere sind zu beachten: Dauer und Regelmäßigkeit des jeweiligen Aufenthalts; Arbeitsplatz; Bindung an einen Staat; Grundbesitz wo? Staatsangehörigkeit; Sprachkenntnisse; Lage des Vermögens, wo wird das Bankkonto geführt? persönliche, soziale und familiäre Eingliederung;[393] Freundeskreis; ehrenamtliche Tätigkeit; Meldeadresse; Anmietung einer Wohnung; Bleibewille.[394] Erwägungsgrund 23 zur EuErbVO spricht vom Erfordernis einer besonders engen und festen Bindung zu dem betreffenden Staat; so steht es aber nicht in Art. 21 II EuErbVO und auch nicht in § 343 FamFG. Viele Menschen haben keine innere „Bindung" an einen Staat, haben aber trotzdem einen gewöhnlichen Aufenthalt. Vorübergehende Abwesenheit schadet nicht, wobei aber ein Rückkehrwille notwendig ist, der nach außen hervortreten muss (andernfalls wird ein neuer gewöhnlicher Aufenthalt begründet).

Nicht notwendig ist eine **bestimmte Mindestdauer**,[395] damit aus einem *schlichten* ein *gewöhnlicher* Aufenthalt wird. Eine gewisse Dauer ist aber Voraussetzung. Nicht wesentlich ist, wo jemand nach dem Melderecht der Länder (z. B. beim Einwohneramt) „gemeldet" ist.[396] Man kann sich auch an einem Ort „anmelden", wo man sich nur gelegentlich aufhält. Im Gegensatz zur Wohnsitzbegründung setzt die Aufenthaltsbegründung keinen rechtsgeschäftlichen Willen voraus.

133 **Altenheim, Pflegeheim.** Der Geschäftsfähige begründet in der Regel durch den Umzug einen neuen Wohnsitz und gibt den bisherigen Wohnsitz auf. Der Geschäftsunfähige kann daher keinen neuen Wohnsitz begründen, wohl aber einen neuen gewöhnlichen Aufenthalt, wenn er *willentlich* diesen Aufenthaltsort gewählt hat.[397] Denn andernfalls könnten Angehörige den Dementen ins

391 BayObLG ZEV 2003, 168; BayObLG Rpfleger 1978, 180; KG OLGZ 1973, 149.
392 EuGH ZEV 2020, 628; Dörner ZEV 2012, 505; Dutta FamRZ 2013, 4.
393 OLG Düsseldorf ZEV 2021, 317.
394 OLG Karlsruhe NJW 2024, 3002; OLG Hamm FGPrax 2020, 230.
395 EuGH BeckRS 2011, 80085; OLG Celle ZEV 2020, 229; Odersky notar 2013, 174.
396 OLG Frankfurt FamRZ 2002, 112.
397 OLG München ZEV 2017, 333; OLG München NJW-RR 2023, 583 (wenn er länger als 10 Jahre im Pflegeheim wohnte); streitig.

Ausland bringen und so das dortige (für sie günstigere) Erbrecht bzw. Pflichtteilsrecht wählen.

Beispiel:

Der geschäftsunfähige, demente E wurde von seiner Frau 2021 ins Pflegeheim nach Polen (dort ist die Pflege billiger) gebracht, wo er sechs Monate später verstarb. Er sprach nicht polnisch, hatte keine Kontakte in Polen, sein Konto und sein Grundstück noch in Deutschland. – Ist das polnische Nachlassgericht für den Erbschein zuständig? Nein, das deutsche Nachlassgericht. Denn für die Bestimmung des unionsautonom auszulegenden Begriffs des „gewöhnlichen Aufenthalts" eines Erblassers im Sinne des Art. 4 EuErbVO ist neben dem objektiven Kriterium des tatsächlichen Aufenthalts in subjektiver Hinsicht das **Vorliegen eines Bleibewillens** erforderlich. An dem fehlt es, wenn ein demenzkranker Erblasser gegen oder ohne seinen Willen in ein Pflegeheim im Ausland verbracht wurde, ohne dass der Erblasser über die reine Pflege hinausgehende Bindungen zu dem Land hatte, in dem er bis zu seinem Tod gepflegt wurde.[398]

Asylantragsteller/-bewerber, die nicht nur vorübergehend hier sind, haben hier ihren gewöhnlichen Aufenthalt.

Ausländische Arbeiter, die z. B. zwecks Erdbeer- oder Gurkenernte einige Wochen in Deutschland sind, begründen hier (vorübergehend) keinen gewöhnlichen Aufenthalt.[399]

Besucher. Wenn ein Deutscher mit Wohnsitz in Tschechien sich bei einem Besuch in Deutschland im Dachboden aufhängt, habe er hier seinen letzten Aufenthalt;[400] zweifelhaft. Der Aufenthaltsort zur Zeit des Erbfalls fällt in einem solchen Fall also mit dem Sterbeort zusammen.[401] Zum Nachweis genügt regelmäßig (aber nicht bindend) die Sterbeurkunde.[402]

Betreute. Betreuung ist möglich bei geschäftsunfähigen und bei geschäftsfähigen Personen (§ 1814 BGB). Bei Betreuten kommt es darauf an, ob der Betreuer (als gesetzlicher Vertreter, § 1823 BGB) einen ausreichenden Aufgabenkreis vom Betreuungsgericht zugewiesen erhalten hatte. Auch beim Aufgabenkreis „Aufenthaltsbestimmung" kann der Betreute selbständig seinen gewöhnlichen Aufenthalt ändern, da es nur auf den natürlichen Willen des Betreuten ankommt.

Durchreisende. Wer auf der Durchreise von München nach Berlin in Nürnberg stirbt, hatte in Nürnberg keinen „gewöhnlichen" Aufenthalt.

Ehegatten können jeweils verschiedene gewöhnliche Aufenthalte haben.

Flüchtlinge > Asylantragsteller

---

398 OLG Karlsruhe NJW 2024, 3002; OLG München NJW-RR 2023, 583.
399 Grüneberg/Thorn Art. 21 EuErbVO Rz. 6.
400 BayObLG NJW 2003, 596.
401 BayObLG NJW 2003, 596.
402 Hermann ZEV 2002, 260.

Frauenhaus. Der Aufenthalt ist als vorübergehend gedacht, kann aber bei einiger Dauer einen gewöhnlichen Aufenthalt begründen.[403]

Geschäftsunfähige. Probleme tauchen auf, wenn geistig verwirrte Personen *ohne* eigenen rechtsgeschäftlichen Willen von ihren Angehörigen an einen anderen Ort, z. B. in ein Pflegeheim, gebracht werden und dort versterben. Denn einen eigenen Umzugs- und Wohnsitzbegründungswillen können diese Personen, wenn ihnen die Geschäftsfähigkeit fehlt, nicht mehr begründen; ihren alten Wohnsitz können sie nicht aufheben (§ 7 III BGB). Sie können aber einen neuen gewöhnlichen Aufenthalt begründen. Vgl. Rz. 133.

134 **Grenzpendler**: die gesamten Lebensumstände sind zu berücksichtigen, auch der Aufenthalts- und Bleibewille.[404]

Haftanstalt. Die Anwesenheit begründet (obwohl erzwungen) einen neuen gewöhnlichen Aufenthalt, wenn er von einiger Dauer ist und die Wohnung aufgegeben wurde.[405]

Kinder. Ihr Wohnsitz wird durch die Eltern begründet, §§ 8, 11 BGB; den Aufenthalt können Kinder selbst begründen. Die Trennung der sorgeberechtigten Eltern begründet einen Doppelwohnsitz des Kindes.[406]

Krankenhaus: Der Aufenthalt in einem Krankenhaus begründet regelmäßig, da als vorübergehend gedacht, keinen neuen gewöhnlichen Aufenthalt. Wer längere Zeit in der Reha oder im Krankenaus war und stirbt, hatte dort seinen gewöhnlichen Aufenthalt. Wer eine Woche ins Krankenaus geht und während der Operation stirbt, hatte keinen gewöhnlichen Aufenthalt im Krankenhaus.

Schiff. Man kann einen gewöhnlichen Aufenthalt auch an Bord eines Schiffes haben.[407]

Soldaten. Für Wehrpflichtige gilt die allgemeine Regelung (§ 7 BGB), für Berufssoldaten ist § 9 I BGB zu beachten (Aufenthalt am Standort, hilfsweise am letzten inländischen Standort).

Spanienrentner:[408] es kommt auf den Einzelfall an, Rz. 132.

135 **Sterbehospiz.** Hält sich der Erblasser zur Zeit seines Ablebens in einem Hospiz auf kann dies sein gewöhnlicher Aufenthalt sein; aber nicht, wenn er seine Wohnung beibehält oder wenn noch keine soziale Eingliederung erfolgte; es kommt also auf den Einzelfall an.[409]

---

403 Jeweils zum Wohnsitz: BGH NJW 1995, 1224; BGH FamRZ 1993, 47; OLG Hamm FamRZ 2000, 1294.

404 OLG Saarbrücken FGPrax 2025, 87; KG NJW-RR 2016, 1100.

405 A. A. MünchKommFamFG/Rauscher Art. 4 Rz. 19; Grüneberg/Thorn EuErbVO Art. 21 Rz. 6.

406 OLG Brandenburg FamRZ 2003, 1559.

407 LG Hamburg NJW-RR 1995, 183.

408 Vgl. OLG Düsseldorf FGPrax 2021, 27; OLG Hamm NJW 2018, 2061.

409 OLG Schleswig ZErb 2025, 191; KG ZEV 2021, 182; OLG Brandenburg FGPrax 2021, 143 = ZEV 2021, 405.

Studienort. Der Aufenthalt ist auch bei Mehrjährigkeit in der Regel zwar als vorübergehend gedacht, begründet aber trotzdem einen gewöhnlichen Aufenthalt,[410] weil es sich um den Lebensmittelpunkt handelt.

2.2 Doppelter gewöhnlicher Aufenthalt?

Man kann mehrere Wohnsitze gleichzeitig haben (§ 7 II BGB). Ob man faktisch mehrere gewöhnliche Aufenthalte haben kann (z. B. **Grenzpendler**) wird von der hM[411] verneint, ist aber nach der Lebenswirklichkeit meines Erachtens zu bejahen, es gibt aber trotzdem keine mehrfache Zuständigkeit.[412] Der Schwerpunkt der gesamten Lebensverhältnisse des Verstorbenen kann zwar gleichmäßig an mehreren Orten bestehen, gleichwohl muss sich das Nachlassgericht für *einen* Ort entscheiden. Auch Ferienwohnungen und Zweitwohnungen (z. B. im Winter in Berlin, im Sommer in Mallorca) geben einen doppelten gewöhnlichen „Aufenthalt", es sind dann aber nicht zwei Nachlassgerichte örtlich zuständig, weil es auf den ***letzten*** **gewöhnlichen Aufenthalt** ankommt (§ 343 I FamFG). Im Übrigen bestimmt § 4 FamFG, dass ausschließlich zuständig dasjenige der beiden (deutschen) Gerichte ist, das „zuerst in der Sache tätig geworden ist". 136

2.3 Wenn ein inländischer Aufenthalt des Erblassers fehlt: Letzter inländischer Aufenthalt

Fehlte im Zeitpunkt des Todes ein inländischer gewöhnlicher Aufenthalt (z. B. der deutsche Erblasser wohnt in Österreich, Schweiz), ist das Nachlassgericht zuständig, in dessen Bezirk der Erblasser seinen *letzten* gewöhnlichen Aufenthalt in Deutschland hatte (**§ 343 II 1. Alt. FamFG**). Gleichgültig ist, ob sich Nachlass im Bezirk dieses Gerichts oder überhaupt in Deutschland befindet. Das ist unproblematisch, wenn der Erblasser viele Jahre in Deutschland lebte, dann ins Ausland umzog und dort starb. Im Übrigen ist unklar, **wie lange zurückgegangen werden** kann. Nach der herrschenden Meinung[413] ist es unerheblich, wie lange der letzte Aufenthalt in Deutschland zurückliegt; das mag für eine Testamentsverwahrung (so im KG-Fall) zutreffen; aber wenn jemand 1960–1965 in München studierte und 2020 im Ausland starb? Der Wohnsitz im Ausland schließt die Aufenthaltszuständigkeit nicht aus. 137

2.4. Deutsche ohne gewöhnlichen Aufenthalt in Deutschland

In diesen Fällen, wenn ein letzter inländischer Aufenthalt fehlt, z. B. bei im Ausland geborenen Deutschen, ist das Amtsgericht Schöneberg in Berlin-Schöneberg örtlich zuständig **(§ 343 III 1. Alt. FamFG)**, das die Sache an ein anderes 138

410 A. A. MünchKommFamFG/Rauscher Art. 4 Rz. 20; Grüneberg/Thorn EuErbVO Art. 21 Rz. 6.
411 Ablehnend z. B. Andrae, Internat. Familienrecht, 5. Aufl. 2024, Rz. 37 mwN.
412 EuGH ZEV 2020, 628; EuGH ZEV 2018, 41; ZEV 2018, 465; KG NJW-RR 2016, 1100; Lehmann DStR 2012, 2085; Dörner ZEV 2012, 505.
413 OLG Karlsruhe ZEV 2024, 534 (Tz 50); KG FamRZ 2017, 2063 (50 Jahre).

deutsches Nachlassgericht *verweisen* kann. Aber auch hier muss die internationale Zuständigkeit vorliegen.

2.5 Ausländer ohne gewöhnlichen Aufenthalt, aber mit Grundstück in Deutschland

139 **Beispiel:**

Ein Franzose mit letztem gewöhnlichem Aufenthalt in Frankreich stirbt ohne Testament nach Inkrafttreten der EuErbVO (17.8.2015). Er hinterließ Grundstücke in Frankreich und Deutschland. Da der französische Erbnachweis (certificat d'héritier) dem deutschen Grundbuchamt nicht genügte (vgl. §35 GBO), beantragte der Erbe beim AG Schöneberg einen gegenständlich beschränkten Fremdrechtserbschein (§352c FamFG) wegen des deutschen Grundstücks. Das wurde mangels internationaler Zuständigkeit zu Recht abgelehnt.[414] Der Erbe hätte in Frankreich ein ENZ beantragen sollen.

Liest man **§ 343 III 2. Alt. FamFG** isoliert, dann meint man, das *deutsche* Gericht sei zuständig. Aber nach Art. 4 EuErbVO ist international zuständig für „Entscheidungen in Erbsachen" das Gericht, in dessen Bezirk der Erblasser seinen gewöhnlichen Aufenthalt hatte. Diese Vorschrift gilt auch für deutsche Erbscheine (so der EuGH[415]); das war streitig, denn Erbscheinserteilung sei nach deutschem Recht keine „Entscheidung", weil die Erteilung wegen §2361 BGB nicht in Rechtskraft erwachse. Für den ausländischen Nachlass muss der Erbe dann ggf. Nachweise nach dem jeweiligen ausländischen Recht besorgen oder ein ENZ.

Braucht der Ausländer den Fremdrechtserbschein für Lastenausgleichsansprüche (vgl. Rz. 350), ist das AG zuständig, in dessen Bezirk das für die geltend gemachten Ansprüche örtlich zuständige Ausgleichsamt seinen Sitz hat.[416] Das Problem ist, ob der Lastenausgleichsanspruch vererbt wurde oder erst in der Person des Erben entstand (dann gehörte er nicht zum Nachlass). Ähnliches gilt für Ansprüche nach dem Häftlingshilfegesetz.[417]

414 EuGH NJW 2018, 2309 = ZEV 2018, 465, „Oberle" (Anm. Zimmermann).
415 EuGH NJW 2018, 2309.
416 BayObLG Rpfleger 1992, 486; 1991, 195.
417 BayObLG Rpfleger 1991, 355.

2.6 Am Aufenthaltsort keine deutsche Gerichtsbarkeit mehr

Beispiel: 140

E muss im Jahre 2005 nachweisen, dass er der Abkömmling seines Urgroßvaters ist, um im Erbfall eines anderen Urenkels als Erbe zum Zuge zu kommen. Der Urgroßvater, Deutscher, ist 1943 in Danzig (damals deutsch, heute Polen) verstorben. An sich wäre das Nachlassgericht Danzig zuständig. Ein deutsches Nachlassgericht gibt es in Danzig nicht mehr; Danzig gehört heute zu Polen.

Diese Fälle waren im **Zuständigkeitsergänzungsgesetz** v. 7. 8. 1952[418] geregelt.

§ 7 ZustErgG:

(1) [1]Wird am Sitze des nach § 73 I FGG zuständigen Nachlassgerichts deutsche Gerichtsbarkeit nicht mehr ausgeübt, so ist jedes Amtsgericht, in dessen Bezirk sich Nachlassgegenstände befinden, als Nachlassgericht zuständig. [2]Befinden sich im Geltungsbereich dieses Gesetzes keine Nachlassgegenstände, so ist, wenn der Erblasser Deutscher ist, das Amtsgericht Schöneberg in Berlin-Schöneberg zuständig.

(2) Ist ein Amtsgericht als Nachlassgericht zuständig geworden, so ist es für den gesamten Nachlass ausschließlich zuständig.

Das Gesetz ist nur noch für Altfälle einschlägig, weil § 7 ZustErgG inzwischen aufgehoben wurde.[419]§ 6 ZustErgG ist nur noch für den **Ersatz von zerstörten oder abhanden gekommenen Urkunden** einschlägig (zuständig ist das AG des allgemeinen Wohnsitzes des Antragstellers, hilfsweise wo er Vermögen hat/hatte, hilfsweise das AG Schöneberg/Berlin); die Aufhebung erfolgte, weil nach Meinung des Gesetzgebers inzwischen wohl alle einschlägigen Erbfälle abgewickelt sind.[420] Sollten noch neue Fälle auftauchen, sind sie über § 343 FamFG (zumindest mittels Analogie) zu lösen; fortgeführte Altfälle richten sich weiter nach dem ZustErgG.[421] Als Inland in diesem Sinne ist das Gebiet der heutigen Bundesrepublik Deutschland aufzufassen. Sonst käme man zu keiner brauchbaren Lösung, wenn z. B. für den Todesfall eines Deutschen, der 1940 im Sudetenland wohnte und dort starb, jetzt ein Erbschein benötigt wird; 1940 wäre der Erbschein von einem deutschen Nachlassgericht erteilt worden, das sollte jetzt nicht anders sein.

2.6.1 Vom Zuständigkeitsergänzungsgesetz erfasste Gebiete

Das ZustErgG gilt nur für die in § 1 ZustErgG genannten Gebiete, also *nicht* für Erblasser, die in Österreich oder der Slowakei gestorben sind; es galt nicht für die DDR und Ostberlin. 141

418 BGBl 1952, 407. Vgl. hierzu Jansen/Müller-Lukoschek FGG § 73 Rz. 13 ff.
419 Art. 48 des G.v.19. 4. 2006, BGBl 2006, 866.
420 BR-Drucks. 329/05 S. 171.
421 Bumiller/Harders/Schwamb vor § 343 Rz. 15.

§ 1 ZustErgG:

Im Sinne dieses Gesetzes sind als Gerichte, an deren Sitz deutsche Gerichtsbarkeit nicht mehr ausgeübt wird, anzusehen:

1. *die Gerichte im Gebiete des Deutschen Reiches nach dem Gebietsstand vom 31. Dezember 1937 östlich der Oder-Neiße-Linie;*
2. *die Gerichte in Danzig, in den ehemaligen eingegliederten Ostgebieten und im Memelland;*
3. *die Gerichte im Elsaß, in Lothringen und in Luxemburg;*
4. *die Gerichte in Eupen, Malmedy und Moresnet;*
5. *die Gerichte im ehemaligen sudetendeutschen Gebiet;*
6. *die deutschen Gerichte im ehemaligen Protektorat Böhmen und Mähren, im ehemaligen Generalgouvernement und in den ehemaligen Reichskommissariaten Ostland und Ukraine.*

2.6.2 Ort des Nachlasses im Sinne des Zuständigkeitsergänzungsgesetz

142 Für die Frage, wo sich Nachlassgegenstände befinden, kann man § 352c II FamFG und die Rechtsprechung zu § 23 ZPO heranziehen.

2.7 DDR-Erbfälle vor dem 3. 10. 1990

143 Wenn ein Erblasser mit letztem Wohnsitz in der DDR verstarb, war an sich ein staatliches Notariat in der DDR für das Erbscheinsverfahren örtlich zuständig. Wenn aber den in Westdeutschland lebenden Erben dieser Weg verschlossen war, hielten sich deutsche Nachlassgerichte für zuständig (analog § 73 II, III FGG); seit 3. 10. 1990 sind wieder die (ost-)deutschen Wohnsitz-Nachlassgerichte zuständig; die einmal begründete westdeutscher Zuständigkeit wirkt hier nicht fort (entgegen dem Grundsatz, dass Veränderungen zu keinem Zuständigkeitswechsel führen).

2.8 Änderung der Gerichtsbezirke

144 Bei Zuständigkeitsveränderungen durch Änderung der Gerichtsbezirke bestimmt sich die örtliche Zuständigkeit des Nachlassgerichts nach der Zuständigkeitsregelung im Zeitpunkt des Erbfalls.[422]

2.9 Zuständigkeitsstreit der Gerichte

145 Streiten zwei Nachlassgerichte darüber, welches örtlich zuständig ist, wird der Streit vom Obergericht (OLG) nach § 5 FamFG entschieden.[423]

---

422 OLG Dresden Rpfleger 2001, 352 = NJ 2001, 549.

423 OLG Frankfurt FamRZ 2002, 112 = ZEV 2002, 164; BayObLG FamRZ 2003, 1595. Über Zuständigkeitsstreit bei Erbscheinen für Lastenausgleichszwecke in DDR-Fällen vgl. OLG Köln FGPrax 1996, 226 = Rpfleger 1997, 67.

3. Sachliche Zuständigkeit bei großem Nachlass

Sachlich ist immer das Amtsgericht, Nachlassgericht, zuständig, auch wenn der Nachlass einen hohen Wert hat. Eine Aufteilung der Zuständigkeit auf Amtsgericht – Landgericht, je nach der Höhe des Nachlasses, gibt es nicht. In Höfesachen (Rz. 448 ff.) ist immer das Landwirtschaftsgericht sachlich zuständig (§ 18 II HöfeO). 146

4. Zuständigkeit von Richter oder Rechtspfleger

Die Nachlasssachen sind grundsätzlich dem **Rechtspfleger** übertragen (§ 3 Nr. 2c RPflG); dazu gehört die **Erteilung von Erbscheinen**, wenn gesetzliche Erbfolge nach deutschem Recht zur Anwendung kommt (Rz. 148); der Rechtspfleger kann das Geschäft aber dem Richter übertragen, wenn die Anwendung ausländischen Rechts in Betracht kommt (§ 5 II RPflG). Ferner ist der Rechtspfleger u. a. zuständig: für die Aufnahme des Erbscheinsantrags zu Protokoll, Eröffnung des Testaments, Festsetzung des Geschäftswerts, Abgabeverfügungen; Entscheidung über Akteneinsicht (§ 13 FamFG), soweit der Rechtspfleger für den Erbschein zuständig ist (andernfalls der Richter[424]); Feststellung des Fiskuserbrechts nach § 1964 BGB, Rechtshilfeersuchen; die Kraftloserklärung, wenn sie eine Annexhandlung zur dem Rechtspfleger übertragenen Einziehung ist; zur Beweisaufnahme vgl. Rz. 164. 147

Dem **Richter** sind aber vorbehalten (anders z. T. **Landesrecht** Rz. 148a): 148

a) die **Erteilung von Erbscheinen**, sofern eine (wirksame oder unwirksame) Verfügung von Todes wegen (Testament, Erbvertrag; auch nur in Kopie usw.) *vorliegt* (§ 16 I Nr. 6 RPflG) oder die Existenz eines (allerdings verlorenen) Testaments behauptet wird;[425] die Erteilung von Erbscheinen aufgrund gesetzlicher Erbfolge nach dem BGB bleibt also nach der Grundregel beim Rechtspfleger. Das Wort „vorliegt" zeigt, dass es nicht darauf ankommt, dass sich die Erbfolge tatsächlich nach dem Testament richtet.

b) die **Erteilung von gegenständlich beschränkten Erbscheinen** (§ 352c FamFG), gleichgültig ob der Erbschein aufgrund Gesetzes oder einer Verfügung von Todes wegen erteilt wird (§ 16 I Nr. 6 RPflG).

c) die **Einziehung von Erbscheinen** nach § 2361 BGB (§ 16 I Nr. 7 RPflG), wenn der Erbschein vom Richter erteilt wurde oder wegen einer Verfügung von Todes wegen einzuziehen ist; ist der eventuell einzuziehende Erbschein vom Rechtspfleger erteilt worden und wird er eingezogen, weil die gesetzliche Erbfolge unrichtig ausgewiesen wurde, erfolgt die Einziehung nach der Grundregel durch den Rechtspfleger.

d) die **Kraftloserklärung**, wenn sie mit der Einziehung (soweit dem Richter übertragen) verbunden ist (§ 6 RPflG) oder hier isoliert erfolgt

---

424 BayObLG Rpfleger 1982, 292.

425 BayObLG Rpfleger 1977, 210.

Übertragungskompetenz: Liegt eine Verfügung von Todes wegen vor, ist aber dennoch ein Erbschein auf Grund gesetzlicher Erbfolge zu erteilen (z. B. weil das Testament formnichtig ist), so kann der Richter die Erteilung des Erbscheins dem Rechtspfleger durch eine interne (nicht bekannt zu gebende, nicht anfechtbare) Verfügung übertragen, wenn *deutsches* Erbrecht anzuwenden ist (§ 16 III 1 RPflG)

Es gab rechtspolitische Bestrebungen, den Richtervorbehalt zu beseitigen und *alle* Erbscheinssachen dem Rechtspfleger zu übertragen.[426] Durch § 19 RPflG ist es gleichwohl abgeschwächt eingeführt worden.

148a **Landesrecht:** Jedes Bundesland kann durch Rechtsverordnung im Rahmen von § 19 RPflG andere Zuständigkeitsregelungen treffen; auch soweit an sich der Richter zuständig ist, kann ein Land also z. B. für die Erteilung von Erbscheinen eine Rechtspflegerzuständigkeit vorsehen (§ 19 I Nr. 5 RPflG). Davon haben Bremen, Hamburg, Hessen, Mecklenburg-Vorpommern, Niedersachsen und Rheinland-Pfalz Gebrauch gemacht.[427] Nach § 19 II RPflG muss allerdings der Rechtspfleger das Verfahren dem Richter zur weiteren Bearbeitung vorlegen, sofern gegen den Erlass der beantragten Entscheidung **Einwendungen erhoben** werden, z. B. vom Antragsgegner.[428] Ist der Rechtspfleger der Ansicht, dass ein Erblasser bei Errichtung des Testaments möglicherweise testierunfähig war, hat er das Verfahren dem Richter zur weiteren Bearbeitung vorzulegen; dem Rechtspfleger obliegt in einem solchen Fall weder die Befragung von Zeugen noch die Erholung eines Sachverständigengutachtens.[429]

5. Internationale Zuständigkeit

149 Nur ein auch international zuständiges deutsches Nachlassgericht darf in einer Nachlasssache tätig werden; an sich ist deshalb diese Zuständigkeit vor der örtlichen Zuständigkeit zu prüfen. Die internationale Zuständigkeit ist selbständige Verfahrensvoraussetzung[430] und in jeder Lage des Verfahrens von Amts wegen zu beachten;[431] einer Rüge eines Beteiligten bedarf es nicht,[432] eine „rügelose Einlassung" oder Verwirkung durch Zeitablauf gibt es nicht.

426 Vgl. Klüsener/Rausch/Walter Rpfleger 2001, 215.

427 Fundstellen bei Zimmermann/A. Möller, Erbrechtliche Nebengesetze, 2013, § 16 RPflG Rz. 24.

428 Auch vom Rechtspfleger selbst, so OLG Oldenburg NJW-RR 2024, 1202. Zum Verfahren in Niedersachsen vgl. OLG Braunschweig ErbR 2021, 85 = ZErb 2021, 159.

429 OLG München NJW-RR 2025, 202.

430 KG NJW 1968, 1055; BayObLGZ 1966, 248.

431 BGH NJW 1965, 1665; OLG Zweibrücken NJW-RR 2002, 154 = FamRZ 2002, 1146; BayObLG FamRZ 1994, 913.

432 OLG Zweibrücken NJW-RR 2001, 154 = MittBayNot 2002, 203 m. Anm. Riering.

5.1 Staatsverträge

Sie gelten vorrangig. Es kommen in Frage: 150

- **Deutsch-Türkisches Nachlassabkommen** v. 28.5.1929:[433] Erbfolge in bewegliches Vermögen nach der Staatsangehörigkeit, Vererbung unbeweglichen Nachlasses nach dem Recht des Belegenheitsortes.[434]
- **Deutsch-iranisches Niederlassungsabkommen** v. 17.2.1929:[435] Anwendung des Heimatrechts.
- **Deutsch-sowjetischer Konsularvertrag** v. 25.4.1958:[436] für unbewegliche Nachlassgegenstände gilt das Recht des Belegenheitsortes.

5.2 Erbscheinsantragstellung nach FGG[437]

Bis 31.8.2009 galt: Die internationale Zuständigkeit in Nachlasssachen war früher nicht ausdrücklich gesetzlich geregelt. Die Rechtsprechung[438] vertrat die **Gleichlauftheorie** (Gleichlaufgrundsatz): deutsche Gerichte sind in Nachlasssachen nur zuständig, wenn deutsches Erbrecht mindestens teilweise zur Anwendung kommt (Gleichlauf von Verfahrensrecht und materiellem Recht). Da Art 25 I EGBGB (geltend für Erbfälle ab 1.9.1986; Art 220 I EGBGB; für Altfälle: Art 24, 25 EGBGB a.F.) für den Erbfall das Erbrecht des Staates anwandte, dem der Erblasser im Zeitpunkt seines Todes angehörte, also an die Staatsangehörigkeit des Erblassers anknüpfte, war Folge des Gleichlaufgrundsatzes, dass die deutschen Nachlassgerichte nur für den Tod eines Deutschen zuständig sind; für den Erbschein waren sie in der Regel nicht zuständig, wenn ein Ausländer starb. Die Staatsangehörigkeit der Erben ist gleichgültig. 151

Ausnahmen vom Gleichlaufgrundsatz: (1) wenn der Ausländer in Deutschland Vermögen hinterlassen hat ergibt sich die internationale Zuständigkeit eines deutschen Nachlassgerichts für die Erteilung eines gegenständlich beschränkten Erbscheins aus §2369 a.F. BGB.[439] (2) Weitere Ausnahmen vom Gleichlaufgrundsatz bestanden bei Notzuständigkeit (Rz. 159). 152

---

433 RGBl II 1930, 748; LG München I ZEV 2007, 436; Kaya ZEV 2015, 208 (zur EuErbVO auf türk. Erbl.); Rumof ErbR 2025, 14; Sütcü ZErb 2015, 43; Siehr IPrax 2013, 241; Dörner ZEV 1996, 90; Krmer IPRax 1981, 205; Serozan ZEV 1997, 473.

434 Einzelheiten bei Bamberger/Roth/Lorenz, BGB, Art 5 EGBGB Rz. 5.

435 RBGl II 1931, 9; BGBl II 1955, 829; Schotten/Wittkowski FamRZ 1995, 264.

436 BGBl II 1959, 233; zur unterschiedlichen Weitergeltung in den Nachfolgestaaten vgl. Bamberger/Roth/Lorenz, BGB, Art 5 EGBGB Rz. 13 Fußnote. Liste bei Rn. 73a.

437 Vgl. Flick/Piltz, Der internationale Erbfall, 1999; Dörner, Probleme des neuen Internationalen Erbrechts, DNotZ 1988, 67; Ultsch, Internationale Zuständigkeit in Nachlasssachen, MittBayNot 1995, 6; Riering, Internationales Nachlassverfahrensrecht, MittBay-Not 1999, 519.

438 BayObLG FamRZ 2003, 1595; KG OLGZ 1977, 309; OLG Hamm Rpfleger 1973, 249; OLG Frankfurt OLGZ 1977, 180/1; OLG Zweibrücken MittBayNot 2002, 203.

439 BayObLG FamRZ 1994, 330 = DNotZ 1994, 393.

5.3. Zuständigkeit nach dem FamFG

153 **Seit 1.9.2009** gilt anstelle des FGG das FamFG (Übergangsrecht: Art. 111 FGG-ReformG). Die internationale Zuständigkeit ist nun in § 105 FamFG geregelt: Die deutschen Gerichte sind in Verfahren nach dem FamFG international zuständig, *wenn* ein deutsches Gericht örtlich zuständig ist (was sich nach § 343 a. F. FamFG richtet). Der Erblasser kann keine andere Zuständigkeit anordnen, die Erben können sie nicht vereinbaren. Der Gleichlaufgrundsatz ist abgeschafft.

5.4. Zuständigkeit nach der EuErbVO

154 Auf Verfahren zur Erteilung von Erbscheinen nach einem Erblasser, der **vor dem 17. 8 2015 verstorben** ist, sind das BGB und das FamFG in der bis zu diesem Tag geltenden Fassung weiterhin anzuwenden (Art. 229 EGBGB § 36).

Für Todesfälle **ab 17.8.2015** gilt die EuErbVO (Art. 83 I EuErbVO). Art 4 EuErbVO (vorrangig gegenüber § 105 FamFG) regelt für die Gegenstände, die unter die EuErbVO fallen, z. B. das Erbscheinsverfahren,[440] die internationale Zuständigkeit:

a) Zuständig für den gesamten Nachlass sind die Gerichte des Mitgliedstaates, in dessen Hoheitsgebiet der Erblasser im Zeitpunkt seines Todes seinen **gewöhnlichen Aufenthalt** hatte (Art. 21 I, II EuErbVO); vorrangig ist aber eine Rechtswahl.

b) Bei Rechtswahl des Erblassers ist zuständig das durch **Gerichtsstandsvereinbarung der Erben** zuständige Gericht (Art. 5, 6 lit. b, 7 ff. EuErbVO). Hatte z. B. der in Frankreich verstorbene deutsche Erblasser z. B. „deutsches Recht" gewählt, ist trotzdem die *französische* Nachlassbehörde zuständig. Die betroffenen Parteien (z. B. Erben) können ferner vereinbaren, dass *deutsche* Nachlassgerichte zuständig sind (Art. 5 EuErbVO). Sie können auch (vgl. den Wortlaut von Art. 5 EuErbVO) ein konkretes Nachlassgericht (z. B. AG Köln) vereinbaren.[441] Dass *die Erben* eine derartige Zuständigkeit vereinbaren können, ist dem deutschen Recht fremd, beim Erbschein geht es nicht. Der Erblasser kann im internationalen Fall aber im Testament keine Zuständigkeit der Nachlassbehörde regeln.

c) **Notzuständigkeit:** Hatte der Erblasser seinen letzten gewöhnlichen Aufenthalt nicht in einem Mitgliedsstaat (sondern z. B. in der Schweiz, in den USA), kommt Art 4 EuErbVO nicht zur Anwendung, sondern eventuell Art 10 I EuErbVO: Die Gerichte eines Mitgliedstaates, in dem sich Nachlassvermögen befindet, sind für den *gesamten* Nachlass international zuständig, wenn

    aa) der Erblasser die Staatsangehörigkeit dieses Mitgliedstaats im Zeitpunkt seines Todes besaß, oder, wenn dies nicht der Fall ist,

    bb) der Erblasser seinen vorhergehenden gewöhnlichen Aufenthalt in dem betreffenden Mitgliedstaat hatte, sofern die Änderung dieses gewöhn-

440 EuGH NJW 2018, 2309.
441 Dutta/Weber/Lein, Internationales Erbrecht, EuErbVO Art 5 Rz. 23.

lichen Aufenthalts zum Zeitpunkt der Anrufung des Gerichts nicht länger als fünf Jahre zurückliegt.

Art 10 II EuErbVO: Ist kein Gericht in einem Mitgliedstaat nach Absatz 1 zuständig, so sind dennoch die Gerichte des Mitgliedstaats, in dem sich Nachlassvermögen befindet, für Entscheidungen über *dieses Nachlassvermögen* zuständig.

Auch im Falle des Art. 21 II EuErbVO richtet sich die internationale Zuständigkeit weiter nach Art. 4 EuErbVO; es wird dann aber nicht das Erbrecht des letzten gewöhnlichen Aufenthalts angewandt, das Gleichlaufprinzip (d. h. das Gericht wendet sein eigenes Erbrecht an) wird durchbrochen.

Die Zuständigkeit besteht für den **gesamten Nachlass** (Art 4 EuErbVO; Ausnahme Art. 10 II EuErbVO), grundsätzlich gibt es also keine Doppelzuständigkeit, keine Trennung bewegliches/unbewegliches Vermögen.

Positive Kompetenzkonflikte (z. B. sowohl in Deutschland wie in Frankreich wird ein Verfahren betrieben) werden nach Art 17 II EuErbVO gelöst (Priorität).

Negative Kompetenzkonflikte (ein Gericht eines anderen Mitgliedstaates hat sich nach Art 4 ff. EuErbVO für international unzuständig erklärt): hier wird man eine Bindung nach Art 39 I EuErbVO annehmen müssen.[442]

5.5 Anwendbares Recht in Altfällen

Unter Geltung von Art 25 a. F. EGBGB (Erbfall bis 16. 8. 2015) kam es auf die Staatsangehörigkeit an: 155

5.5.1 Deutsche Staatsangehörige

Der Erwerb und Verlust der deutschen Staatsangehörigkeit richtet sich in erster Linie nach dem Staatsangehörigkeitsgesetz[443] (StAG von 1999; früher RuStAG von 1913). Auf den Nachlass eines deutschen Staatsangehörigen (oder eines Deutschen im Sinne des Art 116 GG) ist deutsches Erbrecht anzuwenden, auch wenn er im Ausland stirbt (Art 25 I EGBGB). Art 25 I EGBGB unterstellt die Erbfolge dem Heimatrecht, ohne weiter zu differenzieren (Gesamtstatut); Art 3a II EGBGB ordnet den Vorrang des vom Gesamtstatut verschiedenen Belegenheitsstatuts (lex rei sitae) an, wenn 155a

- sich Gegenstände im Ausland befinden und wenn
- nach dem Recht des Lageorts diese Gegenstände besonderen Vorschriften unterliegen.

Welche Gegenstände betroffen sind unterliegt dem Recht des Belegenheitsstaates.[444]

442 Wall Zerb 2014, 272.
443 BGBl I 1999, 1618 mit folgenden Änderungen.
444 BayObLGZ 1998, 247.

Beispiel:
Das österreichische ABGB und IPRG bestimmen, dass Grundstücke von in Deutschland verstorbenen Deutschen, die in Österreich liegen, österreichischem Erbrecht folgen. Für den in Deutschland befindlichen Nachlass des deutschen Erblassers dagegen gilt das BGB (Nachlassspaltung).

5.5.2 Doppelte Staatangehörigkeit

156 Deutsch-Ausländisch: Hat der Erblasser mehrere Staatsangehörigkeiten, ist er aber zugleich Deutscher, wird von der deutschen Staatsangehörigkeit ausgegangen (Art 5 I 2 EGBGB). Das kann zur faktischen Nachlassspaltung führen, weil das Ausland oft dieselbe Regelung hat: Hatte der Erblasser die deutsche und die tschechische Staatsangehörigkeit und in jedem Land Vermögen hinterlassen, gehen wir **in Altfällen** von deutscher Staatsangehörigkeit aus, die tschechischen Gerichte von der tschechischen Staatsangehörigkeit. Wir unterstellen den gesamten Nachlass zwar deutschem Recht (Art 25 a. F. EGBGB), aber in Tschechien ist das nicht durchsetzbar. Faktisch müssen sich die Erben auch an das tschechische Gericht wenden und der dortige Nachlass folgt tschechischem Recht.

5.5.3 Ausländische Staatsangehörige

157 In Altfällen gilt: Ob jemand die Staatsangehörigkeit eines fremden Staates besitzt, richtet sich nach dessen Recht. Beim Tod eines Ausländers ist zu prüfen, ob ein **Staatsvertrag** (Rz. 150) zur Anwendung kommt. Hat der Erblasser eine Rechtswahl getroffen (Art 25 II a.F. EGBGB)? Andernfalls gilt wegen Art 25 I EGBGB das Heimatrecht des Ausländers (materielles Erbrecht und Internationales Privatrecht). Verweist das ausländische Heimatrecht auf *deutsches* Recht? Diese Verweisung würde bei uns angenommen, es käme zur Anwendung deutschen Erbrechts und zur Ausstellung eines Erbscheins nach § 2353 BGB (nicht nach § 2369 a.F. BGB). Verweist das Heimatrecht des Ausländers nicht auf deutsches Recht, kommt das ausländische Erbrecht zur Anwendung, es sei denn, unser ordre public (Art 6 EGBGB) steht entgegen (Rz. 441).

5.6 Anwendbares Recht unter Geltung der EuErbVO

158 Die EuErbVO **(Erbfall ab 17.8.2015)** findet nicht in allen EU-Mitgliedsstaaten Anwendung; sie gilt nicht für Dänemark, Irland und das Vereinigte Königreich (Großbritannien); die Schweiz ist ohnehin kein Mitgliedstaat. Art 25 EGBGB wurde durch mit Wirkung vom 17.8.2015 geändert.[445] Die EuErbVO knüpft nicht mehr an die **Staatsangehörigkeit** des Erblassers (oder die Religion oder die Ethnie oder sonst was) an, sondern grds. an den letzten gewöhnlichen **Aufenthalt** des Erblassers (nicht des Erben).[446]

---

445 G.v 29.6.2015 BGBl 2015, 1042.

446 Zuvor folgten 14 Mitgliedsstaaten dem Staatsangehörigkeitsprinzip, 11 dem Aufenthaltsprinzip, der Rest Mischformen.

5.6.1 Gewöhnlicher Aufenthalt

Nach Art 21 I EuErbVO unterliegt die *gesamte* Rechtsnachfolge von Todes wegen dem Recht des Staates, in dem der Erblasser im Zeitpunkt seines Todes seinen gewöhnlichen Aufenthalt hatte. Gewöhnlicher Aufenthalt ist der „Daseinsmittelpunkt";[447] dazu Rz. 132. Angestrebt ist also, dass Nachlassspaltungen (Trennung zwischen beweglichen und unbeweglichen Nachlass) vermieden werden sollen (Art 35 I EuErbVO); sog. Gleichlaufgrundsatz. 159

Beispiel:

Ein französischer Erblasser verstirbt nach dem 17.8.2015 in Deutschland, wo sein letzter gewöhnlicher Aufenthalt war. Wir wenden auf seinen gesamten Nachlass („Weltnachlass") deutsches Erbrecht an. Mit Hilfe eines vom deutschen Nachlassgericht auf Antrag erteilten Europäischen Nachlasszeugnisses (Kap. Q) erhält der deutsche Erbe Zugriff auf das in Frankreich belegene Nachlassvermögen.

Das Recht des letzten Aufenthalts ist auch dann anzuwenden, wenn es **nicht das Recht eines Mitgliedstaates** ist, sondern z. B. Schweizer Recht, Dänisches Recht, Kanadisches Recht (Art 20 EuErbVO; „universelle Anwendung"; Ausnahmen Art. 12 sowie Art. 59); ferner, wenn der Erblasser seinen letzten Aufenthalt nicht in einem EU-Mitgliedsstaat hatte, sondern z. B. in den USA.

Beispiel:

[448]Kanadischer Erblasser (Provinz Ontario) verstirbt nach dem 17.8.2015 in Deutschland, wo sein letzter gewöhnlicher Aufenthalt war. Wir wenden auf seinen gesamten Nachlass deutsches Erbrecht an. Wenn der Erblasser ein Grundstück in Kanada hinterlassen hat, dann nützt der deutsche Erbschein dort nichts, das Gericht in Kanada wird (mangels Rück- oder Weiterverweisung, auch § 3a II EGBGB ist nicht einschlägig) für das Grundstück kanadisches Recht anwenden. Deshalb könnte beim deutschen Nachlassgericht nach Art. 12 I EuErbVO bzw. § 352c FamFG im Erbscheinsverfahren der Antrag gestellt werden über die kanadischen Vermögenswerte nicht zu beschließen. Ausnahmen Rz. 160, 161.

Auch in Deutsch-Thailändischen Nachlassfällen kommt es zur Nachlassspaltung: deutsche Grundstücke nach deutschem Recht, thailändische Grundstücke nach Thai-Recht.[449]

5.6.2 Erste Ausnahme: Besondere Umstände

Nach Art 21 II gilt: Ergibt sich ausnahmsweise aus der Gesamtheit der Umstände, dass der Erblasser im Zeitpunkt seines Todes eine offensichtlich engere Verbindung als zum Aufenthalts-Staat hatte, ist auf die Rechtsnachfolge von Todes wegen das Recht dieses anderen Staats anzuwenden. 160

447 Burandt/Rojahn, Erbrecht, Art 21 EuErbVO Rn 3.
448 Hauschild ErbR 2015, 130.
449 OLG Hamm ZEV 2021, 691.

Das sind z.B. Sprachkenntnisse, Grund des Auslandsaufenthalts, dessen Dauer, Umzug kurz vor dem Tod, soziale und familiäre Beziehungen, berufliche Bindungen, Lage des Vermögens, Staatsangehörigkeit, Wechsel der Staatsangehörigkeit.

Die Rechtsfindung kann sich nur auf den gesamten Nachlass beziehen, nicht auf Teile des Nachlasses (Art 23 I EuErbVO).

Der ordre-public-Vorbehalt kann entgegenstehen (Art 35 EuErbVO). Rück- und Weiterverweisungen der nach Art 21 II ermittelten Rechtsordnung sind nach Art 34 II EuErbVO nicht zu beachten.

5.6.3 Zweite Ausnahme: Rechtswahl

161 Nach Art 22 I EuErbVO kann jemand (im Testament, Erbvertrag; Art 27 EuErbVO) für die Rechtsnachfolge von Todes wegen das Recht des Staates wählen,

- dem er im Zeitpunkt der Rechtswahl oder
- im Zeitpunkt seines Todes *angehört* (sinnvoll, wenn ein Wechsel der Staatsangehörigkeit geplant ist).

Der EuGH[450] hat dazu entschieden: Die Art. 4, 5, 7 und 22 sowie Art. 83 II und IV der EuErbVO sind dahin auszulegen, dass aufgrund des Willens des Erblassers und der Vereinbarung zwischen seinen Erbberechtigten ein in Erbsachen **zuständiges Gericht** bestimmt und ein **Erbrecht eines Mitgliedstaats** angewandt werden kann, die sich von denjenigen unterscheiden, die sich aus der Anwendung der in dieser Verordnung aufgestellten Kriterien ergeben würden.

Die **Rechtswahl** kann ausdrücklich oder stillschweigend erfolgen (z.B. durch die Sprache, in der das Testament abgefast ist; durch Benutzung von Rechtsformulierungen, die für ein bestimmtes Rechtssystem typisch sind, wie „Vorerbe"). „Angehört" stellt auf die Staatsangehörigkeit ab. Gewählt werden kann nicht nur das Recht eines EU-Mitgliedstaates. Ein Deutscher kann also z.B. deutsches Recht wählen, um vorzusorgen, wenn er später nach Spanien umziehen will. Ein Deutscher mit Aufenthalt in Frankreich kann aber nicht französisches Recht wählen, weil es nicht sein Heimatrecht ist. Stirbt er mit letztem gewöhnlichem Aufenthalt in Frankreich, gilt ohnehin französisches Recht (vorbehaltlich Art 21 II EuErbVO). Art 22 ähnelt entfernt dem früheren Art 25 II EGBGB.

Die Rechtswahl kann sich nur auf den gesamten Nachlass beziehen, nicht auf Teile des Nachlasses (Art 23 I EuErbVO). Rück- und Weiterverweisungen der nach Art 22 ermittelten Rechtsordnung sind nach Art 34 II EuErbVO nicht zu beachten.

Doppelte Staatsangehörigkeit: Art 22 I 2 EuErbVO.

Der **ordre-public-Vorbehalt** kann entgegenstehen (Art 35 EuErbVO); wichtig bei Pflichtteilsvermeidungsstrategien.

450 EuGH NJW 2020, 2947.

Keine Rechtswahl ist möglich, soweit Staatsverträge (Rn 150) entgegenstehen, Art 75 EuErbVO.

Rechtswahl vor dem 17.8.2015: Art 83 II EuErbVO. Wurde vor dem 17.8.2015 eine Verfügung von Todes wegen nach dem Recht errichtet, das der Erblasser nach Art 22 hätte wählen können, so gilt dieses Recht als das mittels Rechtswahl gewählte Recht (Art 84 IV EuErbVO).

E. Verfahren des Nachlassgerichts

1. Erbenermittlung bei Vorliegen eines Erbscheinsantrags

1.1 Grundsatz: Amtsermittlung

Ist ein Erbscheinsantrag von einem Berechtigten (Rz. 34 ff.) beim örtlich zuständigen Nachlassgericht (Rz. 125 ff.) gestellt werden, hat das Nachlassgericht von Amts wegen die zur Feststellung der Tatsachen erforderlichen Ermittlungen zu „veranstalten" (Rz. 177) und die geeignet erscheinenden Beweise aufzunehmen (§ 26 FamFG). Der Grundsatz der Amtsermittlung verpflichtet das Gericht, seine Ermittlungen erst abzuschließen, wenn von einer weiteren Beweisaufnahme ein sachdienliches, die Entscheidung beeinflussendes Ergebnis nicht mehr zu erwarten ist.[451] Es ist aber nicht „ins Blaue hinein" zu ermitteln,[452] substantiierte Anhaltspunkte für Ermittlungen müssen vorliegen,[453] wenn z. B. Abweichungen in der Schrift, wenn Testierunfähigkeit oder Fälschung des Testaments behauptet werden. Es kann geboten sein, die Beteiligten zur **Mitwirkung** zu veranlassen und auf eine Ergänzung des tatsächlichen Vorbringens hinzuwirken (§ 27 I FamFG).[454] Allerdings sind die Beteiligten nur im zumutbaren Umfang zur Mitwirkung verpflichtet, z. B. bei der Benennung weggefallener Personen.[455] Ein Hinweis des Gerichts an die Beteiligten ist veranlasst, wenn es einen im bisherigen Verfahren nicht erörterten Gesichtspunkt zur Grundlage seiner Entscheidung machen will, damit dem Verfahren eine für die Beteiligten unerwartete Wendung gibt und wenn zu erwarten ist, dass die Beteiligten zur Aufklärung des Sachverhalts sachdienlich beitragen können (vgl. § 37 II FamFG).[456] 162

Weigert sich der Antragsteller ohne triftigen Grund (hier: wegen „Zeitmangels") die Richtigkeit seiner Angaben eidesstattlich zu versichern, so ist der Erbscheinsantrag nach Meinung des OLG Frankfurt ohne eigene Ermittlungen des Nachlassgerichts als unzulässig zurückzuweisen.[457] das ist zweifelhaft: eine Zurückweisung ist nur erlaubt, wenn durch die fehlende eidesstattliche Versicherung das Nachlassgericht keine ausreichende Überzeugung mehr gewinnen kann. Andererseits kann es nicht sein, dass die Weigerung dazu führt, dass nun insoweit eine Amtsermittlung zu erfolgen hat; § 352 III FamG begründet nur eine geringe Mitwirkungspflicht des Antragstellers, er muss nicht einmal nach Unterlagen suchen.

---

451 BayObLG FamRZ 2001, 771.
452 OLG Hamm NJW-RR 2024, 1329.
453 OLG Hamm NJW-RR 2025, 9 (z. B. bei Fälschung: Schriftbild, Art der Unterschrift).
454 KG NJW-RR 2005, 1677; BayObLG FamRZ 2001, 771.
455 OLG Düsseldorf ZEV 2024, 269.
456 BayObLG FamRZ 2001, 771.
457 OLG Frankfurt NJW-RR 2011, 1516; OLG Frankfurt FamRZ 1996, 1441 = FGPrax 1996, 110.

1.2 Umfang der Ermittlungspflicht

163 Die Ermittlungspflicht des Nachlassgerichts befreit die Beteiligten nicht davon, an der Aufklärung des Sachverhalts mitzuwirken; grundsätzlich hat der Antragsteller dabei die in § 352 I, II FamFG vorgesehenen Unterlagen für die Entscheidung von sich aus beizubringen. Erleichterungen sind bei einem Gläubiger des Erben zu machen, der die Urkunden gar nicht besitzen kann;[458] die Personenstandsurkunden muss er aber vorlegen.[459] Fehlen sie ganz oder teilweise, so ist es Sache des Gerichts, eine entsprechende Ergänzung des Antrages zu veranlassen; es hat unter Umständen durch eine **Zwischenverfügung** Gelegenheit zur Beseitigung von Hindernissen zu geben und fehlende Urkunden nachzufordern. Es hat außerdem den Antragsteller in der Herbeischaffung der erforderlichen öffentlichen Urkunden soweit als möglich zu unterstützen.[460] Die Verpflichtung, die geeignet erscheinenden Beweise aufzunehmen, bedeutet für das Nachlassgericht auch, selbst Zeugen oder sonstige Beweismittel ausfindig zu machen, wenn die Beteiligten dazu nichts beitragen können.[461] Über den Umfang und die Art der Ermittlungen entscheidet das freie richterliche Ermessen.[462] Das Nachlassgericht muss nicht alle denkbaren Möglichkeiten erwägen und ihnen nachgehen. Die Ermittlungen sind nur soweit auszudehnen, dass der Sachverhalt vollständig aufgeklärt ist und von der Fortsetzung der Ermittlungen ein anderes sachdienliches, die Entscheidung beeinflussendes Ergebnis nicht mehr zu erwarten ist.[463] Bei genügender Aufklärung des Sachverhalts kann also das Nachlassgericht von weiteren Ermittlungen absehen.[464] Bei Vorhandensein anderer Beweismittel darf sich das Nachlassgericht nicht nur mit der eidesstattlichen Versicherung des Antragstellers, selbst wenn diese ihm glaubhaft erscheint, zufrieden geben.[465]

1.3 Zuständigkeit von Richter oder Rechtspfleger?

164 Ist ein Erbschein aufgrund Testaments (bzw. Erbvertrags) beantragt, ist der Richter für die Entscheidung zuständig (Ausnahmen: Landesrecht, vgl. Rz. 148a). Eine Entscheidung des Rechtspflegers ist nichtig, auf Beschwerde ist die Entscheidung aufzuheben;[466] ein bloßer Nichtabhilfebeschluss des Richters genügt zur „Heilung" des Zuständigkeitsmangels nicht.[467] Zweifelhaft ist, wer für die vorangehende **Beweisaufnahme** (Zeugenvernehmung usw.) zuständig ist. Wenn das Testament evtl nichtig ist, hat der Rechtspfleger das Verfahren dem

458 LG Flensburg JurBüro 1968, 558.
459 OLG Oldenburg BeckRS 2025, 1191.
460 BayObLGZ 31, 68; KGJ 50, 1, 5.
461 A. A. RG DR 1941, 263, 264.
462 BGHZ 40, 54/57 = NJW 1963, 1972; BayObLGZ 1953, 195/197.
463 BGHZ 40, 54/57 = NJW 1963, 1972; BGHZ 16, 378/383.
464 BayObLGZ 1956, 377/384; BayObLGZ 1971, 147/153.
465 BGHZ 8, 183/188 = NJW 1953, 264; KGJ 36 A 114; a. A. wohl KG DFG 1943, 53.
466 OLG Braunschweig ErbR 2021, 357.
467 OLG München ErbR 2021, 684.

Richter zur weiteren Bearbeitung vorzulegen.[468] Man kann Beweisaufnahmen durch den Rechtspfleger nicht als zulässig ansehen mit der Begründung, nur die „Erteilung" des Erbscheins selbst (also der Beschluss) sei nach dem Wortlaut des § 16 I Nr. 6 RPflG dem Richter vorbehalten, für das Verfahren vorher, also auch für die Beweisaufnahme, bleibe es bei der Zuständigkeit des Rechtspflegers (§ Nr. 2c RPflG). Denn der, der entscheidet, ist auch für die vorbereitenden Beweisaufnahmen zuständig, weil er sie andernfalls nicht richtig würdigen kann.[469] Eine Vernehmung durch den Rechtspfleger macht das Vernehmungsergebnis aber nicht unverwertbar, weil dann jedenfalls eine Beweisaufnahme im Freibeweis vorliegt.

1.4 Abhängigkeit der Ermittlungen von einem Kostenvorschuss?

Im Zivilprozess kann das Gericht die Ladung eines Zeugen davon abhängig machen, dass der Beweisführer einen hinreichenden Auslagenvorschuss einzahlt (§ 379 ZPO); ebenso ist es, wenn Sachverständigengutachten erholt werden (§§ 402, 379 ZPO). Im FamFG-Verfahren gilt diese Regelung (trotz § 30 I FamFG) nicht, obwohl der Erbschaft nur auf Antrag erteilt wird (§ 2353 BGB), weil der Amtsermittlungsgrundsatz (§ 26 FamFG) entgegensteht. Nach § 13 S. 2 GNotKG kann in Nachlasssachen die „sonstige gerichtliche Handlung", also die Erteilung des Erbscheins, von der Zahlung eines Vorschusses abhängig gemacht werden, wenn dies im Einzelfall zur Sicherung des Eingangs der Gebühr erforderlich erscheint, etwa weil der Antragsteller im Ausland wohnt oder amtsbekannt zahlungsunwillig ist. Die Durchführung aller oder einzelner Beweiserhebungen fällt nicht darunter, weil es dabei um „Auslagen" (nicht um Gebühren) geht und weil die Feststellung der streitigen Tatsachen von Amts (§ 26 FamFG) wegen erfolgt. Nach § 14 III 1 GNotKG könnte allerdings nach Ermessen ein Vorschuss erhoben werden. 165

Wird in einem Beweisbeschluss ein „Auslagenvorschuss" gefordert, ist hiergegen eine Beschwerde nach § 82 FamFG statthaft; der Beweisbeschlüsse als solcher ist dagegen (als Zwischenentscheidung, § 58 FamFG) unanfechtbar. Vgl. Rz. 695.

1.5 Bindungen des Nachlassgerichts

Grundsätzlich hat das Nachlassgericht den Sachverhalt selbst von Amts wegen aufzuklären (§ 26 FamFG), so dass eine Bindung an andere Entscheidungen (und also kein Ermittlungsbedarf) nur ausnahmsweise besteht. Keine Bindung besteht ferner an einen Einantwortungsbeschluss eines österreichischen Gerichts bezüglich eines deutschen Grundstücks, auch nicht an einen dortigen Vergleich.[470] 166

468 OLG München BeckRS 2024, 36374 = ZEV 2025, 276 (LS).

469 OLG München NJW-RR 2025, 202; Dallmayer/Eickmann RPflG § 16 Rz. 10; Zimmermann ZEV 1995, 276.

470 OLG Köln ErbR 2019, 104 (Erbfall vom 1. 12. 2010).

1.5.1 Selbstbindung, Bindung bei Zurückverweisung

167 Wurde gegen die Entscheidung des Nachlassgerichts Beschwerde eingelegt und kommt es zur Zurückverweisung (Anweisung) an das Nachlassgericht, ist dieses an die Rechtsauffassung des OLG gebunden, soweit sie die Entscheidung des OLG trägt, also nicht an alle Gründe, sondern nur an die tragenden Rechtsgründe.[471] Deshalb sollte die Formulierung „Zurückverweisung nach Maßgabe der folgenden Gründe" unterbleiben.[472] Wechselt beim Nachlassgericht während des Verfahrens der Richter/Rechtspfleger, ist der spätere Richter nicht an die Rechtsauffassung des früheren Richters gebunden. Das Nachlassgericht ist ferner nicht an die „ständige Rechtsprechung" des eigenen Nachlassgerichts gebunden.

1.5.2 Bindung an Zivilurteile

168 Ob das Ergebnis eines Feststellungsrechtsstreits (Prozess vor dem AG oder LG zwischen Erbprätendenten auf Feststellung des Erbrechts) für ein Erbscheinsverfahren unter *denselben* Beteiligten *bindend* ist, ist umstritten. Eine Zivilurteil, das aufgrund Zeugenvernehmung und Sachverständigengutachten ergeht, hat eine so wesentliche Bedeutung, dass es vom Nachlassgericht bei der Beweiswürdigung nicht außer Betracht gelassen werden darf; das hat aber nichts mit Bindung zu tun. Bindung würde bedeuten: das Nachlassgericht muss sich an etwas halten, auch wenn es unrichtig ist; es darf nicht mehr selbst ermitteln. Mit §26 FamFG ist das nicht vereinbar; auch §2361 BGB steht entgegen. Früher wurde in der Literatur daher zu Recht die Bindung wegen der Verfahrensunterschiede Freiwillige Gerichtsbarkeit – Zivilprozess (Amtsermittlung – Verhandlungsgrundsatz mit Parteidisposition) verneint;[473] auch besteht keine Bestimmung, die eine Bindung vorschreibt, die „Einheit der Rechtsordnung" usw. sind schwache Argumente. Heute bejaht die Literatur[474] variantenreich[475] **eine gewisse „Bindung"** wegen §§2362, 2365 BGB, §35 GBO, wobei zu beachten ist, dass ein Zivilurteil nur zwischen den Parteien (erweitert nach §325 ZPO) wirkt, der Kreis der Erbscheins-Beteiligten (§345 I FamFG) aber oft größer ist.

Es ist **nach h. M. zu differenzieren**:

169 a) Das Nachlassgericht hat die Erteilung eines Erbscheins abzulehnen, wenn rechtskräftig festgestellt ist, dass der Antragsteller nicht oder nicht in dem von ihm behaupteten Umfang Erbe geworden ist. Kommen A, B und C als Erben in Betracht und wird die Klage des A gegen B *oder* C abgewiesen, kann dem A in der Regel kein Erbschein erteilt werden.

b) Sofern Dritte als Erben nicht ernsthaft in Betracht kommen, hat das Nachlassgericht grundsätzlich demjenigen den Erbschein zu erteilen, dessen Erb-

471 BayObLG FamRZ 1996, 1304 = NJW-RR 1997, 389 noch zum FGG.
472 BayObLGZ 1962, 47/55.
473 Saupe S. 60; Kuttner S. 166 ff.; Weyland S. 105 ff.; Übersicht bei Eisele S. 113.
474 MünchKommFamFG/Grziwotz §352e Rz. 80 ff.
475 Übersicht bei Lange/Kuchinke §39 III.

recht rechtskräftig festgestellt ist.[476] Siegt A gegen B, *muss* dem A kein Erbschein erteilt werden, weil keine Rechtskraftwirkung des Zivilurteils gegen den weiteren Beteiligten C vorliegt.[477] Siegt A gegen B und C, muss ihm in der Regel ein Erbschein erteilt werden. Anders ist es, wenn sich nachträglich neue Tatsachen ergeben, die zur Einziehung des Erbscheins führen würden. An die Entscheidung privater **Schiedsgerichte** besteht keine Bindung, weil die Erbfolge nicht zu ihrer Disposition steht.

c) Zweifel an der Bindung wird man haben müssen, wenn das Zivilurteil als **Versäumnisurteil** oder **Anerkenntnisurteil** ergeht. Ein solches Urteil kann dem Nachlassgericht nicht die nach § 26 FamFG erforderliche Überzeugung verschaffen, weil es das Erbrecht nicht ändern kann; bei Versäumnisurteilen mit Zustellung der Klage durch Niederlegung weiß der Beklagte vom Prozess oft gar nichts. Anders die h. M.,[478] die Versäumnis- und Anerkenntnisurteile den streitigen Urteilen gleichstellt, jedenfalls wenn sich nicht aufgrund späterer Erkenntnisse herausstellt, dass das VU „falsch" war. Jedenfalls an ein VU, das die Erbunwürdigkeit feststellt (§§ 2342, 2344 BGB), ist das Nachlassgericht gebunden (Bindungswirkung).[479] Bei Versäumnisurteilen wird aber eine Bindung verneint, wenn sie nicht zwischen *allen* Beteiligten des Nachlassverfahrens ergangen sind.[480]

d) Zivilurteile stellen auf die Sachlage zur Zeit der letzten mündlichen Verhandlung ab, Erbscheinen fehlt eine solche Anknüpfung. Selbst wenn das Erbrecht des A gegen B und C rechtskräftig festgestellt ist, kann der A keinen Erbschein erhalten, wenn B sofort nach Urteilserlass ein Testament zu seinen Gunsten auffindet. Eine vorherige Restitutionsklage (§§ 580 ff. ZPO) ist in diesem Fall nicht notwendig.

1.5.3 Bindung an andere FamFG – Entscheidungen

Wirksam gewordene und nicht nichtige rechtsgestaltende Entscheidungen in Verfahren der freiwilligen Gerichtsbarkeit binden nach allgemeiner Meinung in anderen Verfahren der freiwilligen Gerichtsbarkeit, obwohl es hierfür eine besondere gesetzliche Vorschrift nicht gibt.[481] Grund ist letztlich die Rechtssicherheit, im öffentlichen Interesse sollten divergierende Gerichtsentscheidungen möglichst vermieden werden. Bei rechtsgestaltenden Entscheidungen besteht eine Bindung aber nur in Ansehung der durch sie herbeigeführten Gestaltungswirkung, nicht an die Beurteilung der Vorfragen, auf der das Recht zur Gestal- 170

476 KG FGPrax 2015, 52; BayObLG FamRZ 1999, 334; BayObLG FamRZ 1969, 676.
477 OLG Frankfurt ZEV 2019, 555 = NotBZ 2020, 58.
478 OLG Düsseldorf ZEV 2020, 192; KG FGPrax 2015, 52; OLG Frankfurt FGPrax 2019, 223 (falls das VU zwischen allen Beteiligten ergangen ist); Lange/Kuchinke § 39 III. Dazu Steiner ZEV 2019, 450.
479 BGH ErbR 2023, 687.
480 OLG Frankfurt ZEV 2019, 555.
481 OLG Frankfurt FamRZ 1997, 1115; BayObLG 1985, 184.

tung beruht.[482] Bindung[483] besteht daher, wenn Betreuer, Vormünder, Pfleger[484] bestellt wurden, wenn einem Testamentsvollstrecker ein Testamentsvollstreckerzeugnis erteilt wurde; wenn adoptiert wurde, Todeserklärung erfolgte. Hebt das Familiengericht die von ihm wegen § 1638 BGB angeordnete Pflegschaft mit dem Wirkungskreis der Verwaltung der dem Kind zugefallenen Erbschaft wieder auf, so ist das Nachlassgericht im Erbscheinsverfahren an diese rechtliche Beurteilung gebunden,[485] muss also die Mutter wieder als gesetzliche Vertreterin des Kindes anerkennen, auch wenn es die Entscheidung des Familiengerichts für unrichtig hält.

Entscheidungen in Erbscheinssachen erwachsen nicht in *materielle* Rechtskraft.[486]

1.5.4 Bindung an sonstige Entscheidungen

171 Eine beschränkte Bindung besteht an Entscheidungen der Verwaltungsbehörden und der Verwaltungsgerichte über **Staatsangehörigkeit**,[487] z. B. des Erblassers, und an **Personenstandsurkunden.** Bei ernsthaften Zweifeln an der Richtigkeit standesamtlicher Urkunden ist das Nachlassgericht von seiner Ermittlungspflicht nicht befreit; es ist an die Angaben der standesamtlichen Urkunden nicht gebunden und darf die Beteiligten nach h. M. auch nicht auf das Berichtigungsverfahren nach §§ 47 ff. PStG verweisen;[488] nach der a. A.[489] besteht Bindung. Man sollte es vom Einzelfall abhängig machen, ob es zweckmäßiger ist, wenn das Nachlassgericht selbst ermittelt oder den Antragsteller auf ein Berichtigungsverfahren verweist; jedenfalls kann kein Erbschein erteilt werden, solange Zweifel an den Urkunden bestehen. Bei Verschiedenheit der Schreibweise eines Namens in den vorgelegten Personenstandsurkunden (z. B. Nadia bzw. Nadja) ist also die Erteilung des Erbscheins nicht von der vorherigen Berichtigung dieser Urkunden abhängig zu machen. Durch eine **Sterbeurkunde** wird bewiesen, dass der Erblasser am ... verstorben ist (§ 60 PStG), obwohl bei der Eintragung eines Sterbefalls der Standesbeamte grundsätzlich nur die **Erklärungen einer anderen Person** beurkundet, die nicht zutreffen müssen. Dasselbe gilt für die Angabe des letzten Wohnsitzes. Der Nachweis der Unrichtigkeit der beurkundeten Tatsachen ist jedoch zulässig (§ 54 III PStG); der Gegenbeweis kann mit allen Beweismitteln geführt werden. Das Nachlassgericht ist daher an die Feststellung des **Todeszeitpunkts** in der Sterbeurkunde nicht gebunden, es kann ermitteln und zu einem anderen Ergebnis kommen,[490]

482 Jansen/Briesemeister FGG § 12 Rz. 26.
483 Vgl. Sternal/Sternal FamFG § 1 Rz. 78.
484 OLG Köln RNotZ 2011, 43.
485 OLG Frankfurt FamRZ 1997, 1115 = NJW-RR 1997, 580.
486 BGHZ 47, 58/66; KG FGPrax 1999, 227 = FamRZ 2000, 577.
487 Vgl. Sternal/Sternal FamFG § 1 Rz. 79.
488 BayObLG Rpfleger 1981, 358; BayObLG Rpfleger 1981, 238; OLG Hamm MDR 1953, 747.
489 OLG Hamburg NJW 1952, 147; Arnold Rpfleger 1957, 142/147.
490 OLG Frankfurt FamRZ 1998, 190.

bedeutsam z. B. bei der Frage, wann (in welcher Minute) in Zusammenhang mit dem Ehegattenerbrecht des § 1933 BGB der Hirntod eingetreten ist oder beim „gleichzeitigen Versterben" als Vorausetzung einer Erbeinsetzung.

1.5.5 Bindung an eine Einigung der Beteiligten?

Haben sich alle Beteiligten auf eine **bestimmte Auslegung des Testaments** geeinigt, *bindet* das das Nachlassgericht nicht;[491] das Gesetz oder der Erblasser bestimmen, wer Erbe wird, nicht die Erbanwärter durch Vereinbarung. Die vereinzelt vertretene entgegenstehende Auffassung, wonach ein dieser Einigung widersprechender Erbschein nicht erteilt werden dürfe,[492] ist deshalb unrichtig. Freilich könnten die Beteiligten durch Tricks, z. B. Feststellungsklagen, bei denen der Beklagte säumig ist oder anerkennt, über § 2362 BGB möglicherweise eine Bindung erreichen (vgl. Rz. 533). Auch können sie Zeugen verheimlichen, Testierunfähigkeit verschweigen, falsche eidesstattliche Versicherungen über andere Testamente abgeben, Vergleichsmaterial für die Schriftuntersuchung unterdrücken usw., so den Tatsachenstoff des Nachlassgerichts unredlich beeinflussen und die Entscheidung des Gerichts in eine bestimmte Richtung lenken. 172

Allerdings hat die Einigung *aller* Beteiligten (einschließlich Nacherben, Testamentsvollstrecker) eine erhebliche „indizielle Bedeutung",[493] und das Nachlassgericht sollte schon aus Gründen der Praktikabilität davon nicht abweichen, außer, der Testamentstext steht eindeutig und zweifelsfrei dagegen. Denn durch Erbteilsübertragung usw. können die Beteiligten ihren Willen im wirtschaftlichen Endergebnis letztlich doch durchsetzen, allerdings unter Aufwand weiterer Kosten. Zum **Vergleich im Erbscheinsverfahren** vgl. Rz. 245 ff.

1.6 Schiedsklauseln

Man muss unterscheiden zwischen einem vom Erblasser angeordneten Schiedsgericht[494] (§ 1066 ZPO) und einem zwischen Nachlassbeteiligten vereinbarten Schiedsgericht. Eine letztwillige Schiedsklausel (im Testament oder Erbvertrag ist z. B. bestimmt: „für Streitigkeiten *und für den Erbschein* ist Rechtsanwalt R als Schiedsrichter zuständig") steht der Durchführung eines Erbscheins- und Beschwerdeverfahrens nicht entgegen.[495] Denn in Nachlasssachen ist eine **Schiedsgerichtsbarkeit nicht zulässig.**[496] Erbscheine können nicht durch Schiedsgerichte erteilt oder eingezogen werden, wie aus §§ 2353, 2361 BGB folgt. 173

---

491 BGH NJW 1986, 1812; OLG München FamRZ 2011, 65; BayObLGZ 1992, 181; BayObLG FamRZ 1989, 99/102; NJW-RR 1997, 1368; OLG Stuttgart OLGZ 1984, 131; v.Proff ZEV 2010, 348; Storz ZEV 2008, 353; Roth NJW-Spezial 2016, 487; a. A. Dressler ZEV 1999, 289. Ausführlich zum Thema: Eisele, Vertragliches Einvernehmen über die Auslegung unklarer letztwilliger Verfügungen, 2002.

492 OLG Frankfurt MDR 1990, 56; Lange/Kuchinke § 39 II 5b; Eisele S. 130.

493 BGH NJW 1986, 1812; OLG Frankfurt FamRZ 2000, 1607. Vgl. Eisele S. 135.

494 Dazu Zimmermann ErbR 2021, 181.

495 BayObLG FamRZ 2001, 873; LG Hechingen FamRZ 2001, 721.

496 Mankowski ZEV 2014, 395; Muscheler ZEV 2009, 317.

Auch Testamentsvollstreckerzeugnisse können nicht von Schiedsgerichten erteilt oder eingezogen werden.[497] Dasselbe gilt für das Europäische Nachlasszeugnis (ENZ), es kann von einem Schiedsgericht nicht erteilt oder eingezogen werden.[498] Bei der Entscheidung über den Erbscheinsantrag bildet das Erbrecht eine Vorfrage; auch diese Vorfrage ist einem Schiedsgerichtsverfahren nicht zugänglich. Zwar sagt § 1030 I 1 BGB, dass jeder vermögensrechtliche Anspruch Gegenstand einer Schiedsvereinbarung sein könne. Die Frage, wer Erbe wird, hängt aber ausschließlich vom Willen des Erblassers ab und steht nicht nur Disposition der potentiellen Erben. Ein dagegen verstoßender Schiedsspruch kann aufgehoben werden, § 1059 II Nr. 2a ZPO.

1.7 Benutzung der *vom Antragsteller angegebenen* Beweismittel

174 Diese früher in § 2358 a. F. BGB enthaltene Formel ist entfallen. Aus § 352 I, II FamFG folgt, dass der Antragsteller zunächst selbst in zumutbarem Umfang Bemühungen unternehmen muss, Beweismittel heranzuschaffen; damit sind im Wesentlichen Urkunden (standesamtliche Urkunden, Testamente usw.) gemeint. Das Nachlassgericht hat den Antragsteller bei der Beschaffung von Urkunden in einem beschränktem Umfang zu unterstützen. Eine Beweisführungslast gibt es im Erbscheinsverfahren nicht.

175 An „**Beweisanträge**" der Beteiligten ist das Nachlassgericht nicht gebunden, weil ein Amtsermittlungsverfahren vorliegt. Stellt ein Beteiligter ausdrücklich Beweisanträge und will das Nachlassgericht dem nicht nachgehen, ist in der Entscheidung darauf einzugehen, weshalb der Antrag nicht beachtet wurde,[499] falls Relevanz vorliegt (in der Praxis werden viele Anträge gestellt, die mit den für die Entscheidung *wesentlichen* Punkten nichts zu tun haben; sie werden durch Stillschweigen und ohne nähere Begründung abgelehnt). Eine gesonderte Zurückweisung des Beweisantrags durch Beschluss wäre, obwohl verfahrensfehlerhaft, als Zwischenentscheidung nicht gesondert anfechtbar.

1.8 Verfahrensart, Aussetzung des Verfahrens, Unterbrechung

176 Das Nachlassgericht führt in der Regel auf den Erbscheinsantrag hin ein schriftliches Aktenverfahren durch, falls die eidesstattliche Versicherung bei einem Notar abgegeben wurde. Es kann aber nach seinem Ermessen in eine mündliche Erörterung der Angelegenheit mit dem Antragsteller oder mit allen Beteiligten eintreten. Die Verhandlung ist **nicht öffentlich** (doch besteht **Beteiligtenöffentlichkeit**, die Beteiligten können also an der Beweisaufnahme und Erörterung teilnehmen, sind hierzu zu laden). Anwaltszwang besteht nicht. Liegt ein Testament vor, verlangt § 348 FamFG nicht unbedingt die Eröffnung in einer Sitzung, zu der die Beteiligten geladen werden (eröffnet wird meist in Abwesen-

---

497 OLG Karlsruhe NJW 2010, 688; Zimmermann, Testamentsvollstreckung, 6. Aufl. 2023, Rz. 340a.

498 Mankowski ZEV 2014, 395.

499 Vgl. BayObLG FamRZ 2003, 1227.

heit der Beteiligten, sog. „stille Eröffnung"; eine Kopie des Testaments wird ihnen übersandt).

Das Nachlassgericht darf die Beteiligten nicht darauf verweisen, sie sollen vor einem Zivilgericht (AG, LG) oder einem Schiedsgericht (!) die Erbfolge feststellen lassen und zu diesem Zwecke das **Erbscheinsverfahren aussetzen.**[500] Ebenso ist es, wenn bereits ein Zivilprozess läuft.[501]

Ein Erbscheinsverfahren kann aber nach § 21 I FamFG ausgesetzt werden (anfechtbar nach § 21 II FamFG), wenn zwischen den Erbprätendenten schon ein **Zivilrechtsstreit** zur Feststellung des Erbrechts anhängig ist.[502] Die Aussetzung ist auch im Beschwerdeverfahren und Rechtsbeschwerdeverfahren und auch dann zulässig, wenn der Antragsteller ihr nicht zustimmt oder widerspricht. Ein Aussetzungsantrag ist nicht erforderlich. Das Gericht entscheidet von Amts wegen nach pflichtgemäßem Ermessen über die Aussetzung. Wesentlich ist, wie viel Substanz der Zivilprozess hat; zur Prüfung sind die Prozessakten zu erholen. Es darf sich nicht nur um Schikane handeln. Weiterhin ist zu berücksichtigen, ob die durch die Aussetzung eintretende Verzögerung den Beteiligten zugemutet werden kann.[503]

Ausgesetzt werden kann immer, wenn die Amtsermittlung gebietet, die Ergebnisse eines anderen Verfahrens abzuwarten. Deshalb kann auch ausgesetzt werden, wenn der potentielle Erbe wegen Fälschung des Testaments angezeigt wurde und die Staatsanwaltschaft ein **Ermittlungsverfahren** führt; denn die Staatsanwaltschaft hat bessere Ermittlungsmöglichkeiten (Beschlagnahme, Hausdurchsuchung usw.) als das Nachlassgericht.

Durch den **Tod des Antragstellers** wird das Erbscheinsverfahren nicht unterbrochen, sondern mit dem Rechtsnachfolger fortgesetzt, der u. U. von Amts wegen zu ermitteln ist;[504] das gilt auch für das Beschwerdeverfahren. Natürlich kann der Antrag zurückgenommen werden.

1.9 Ermittlungen, Beweiserhebungen

Die Zahl der Erbscheinsverfahren, in denen es ohne weitere Maßnahmen des 177
Gerichts (ausgenommen Gewährung des rechtlichen Gehörs) zur Erteilung des beantragten Erbscheins kommt, ist hoch: ca. 88 %.[505] Wenn es zu Maßnahmen kommt, handelt es sich meist um die Erholung von Auskünften, das Ansetzen eines Erörterungstermins, Erholung von Gutachten.

500 BayObLG 2000, 279; BayObLG FamRZ 1989, 99.
501 Vgl. OLG Celle ZEV 2024, 393.
502 BayObLG FamRZ 1999, 334; BayObLG FamRZ 1969, 676.
503 BayObLG FamRZ 1999, 334; BayObLGZ 1964, 231.
504 OLG Naumburg FGPrax 2025, 85,
505 Klüsener/Rausch/Walter Rpfleger 2001, 215/219.

1.9.1 Beweiserhebung durch Aktenbeiziehung

178 Bei Eingang einer Todesanzeige des Standesamts oder beim Eingang eines Erbscheinsantrags prüft das Nachlassgericht anhand des Erbrechtsregisters, des Verwahrungsbuchs für Verfügungen von Todes wegen und der zugehörigen Namensverzeichnisse sowie der Sammelakten mit den Todesanzeigen, ob bereits „Vorgänge" über den Erblasser und über einen vorverstorbenen Ehegatten des Erblassers vorhanden sind; diese Vorgänge (z.B. verwahrte Testamente; Nachlassakten) sind beizuziehen (§28 I 1 AktO). Über Anfragen bei der Hauptkartei für Testamente und beim **Zentralen Testamentsregister** vgl. Rz. 195.

Hat das Gericht im Erbscheinsverfahren Akten eines anderen Verfahrens (z.B. eines Nachlassverfahrens über vorverstorbene Verwandte) beigezogen und will es deren Inhalt für die Entscheidung verwerten, so verlangt der Anspruch auf **rechtliches Gehör** (vgl. §37 II FamFG), dass den Beteiligten die Tatsache der Aktenbeziehung mitgeteilt und ihnen zumindest Gelegenheit gegeben wird, die Akten einzusehen sowie zu den darin enthaltenen Einzelheiten und ihrer Bedeutung für das Erbscheinsverfahren Stellung zu nehmen. Das gilt auch dann, wenn die beigezogenen Akten ein Verfahren betreffen, an dem auch alle Beteiligten des Erbscheinsverfahrens beteiligt waren.[506]

1.9.2 Beweiserhebung durch Einholung von Auskünften

179 Aus der Verweisung in §30 FamFG auf die ZPO (§273) folgt, dass das Nachlassgericht Auskünfte erholen kann, z.B. beim beurkundenden Notar, bei Behörden, Botschaften, Generalkonsulaten, bei Ärzten wegen der Testierfähigkeit. Behördenauskünfte sind förmliche Beweismittel, andere Auskünfte (z.B. von Ärzten, Nachbarn) fallen unter den Freibeweis.

1.9.3 Beweiserhebung durch Urkundsbeweis

180 Der Urkundsbeweis ist im FamFG nicht genannt, weil Beweis durch Urkunden selbstverständlich ist. §§415 bis 444 ZPO sind entsprechend anwendbar. Die wichtigsten Urkunden für das Nachlassverfahren sind Testamente und Personenstandsurkunden. Vgl. Rz. 195.

1.9.4 Beweiserhebung durch Zeugenvernehmung

181 Die Vorschriften über die Zeugnisverweigerung sind anwendbar, §30 FamFG, §§383 ff. ZPO.[507] Die Ladung erfolgt in der Regel formlos; sie kann nicht von der Zahlung eines Auslagenvorschusses abhängig gemacht werden, weil §379 ZPO wegen §26 FamFG nicht anwendbar ist;[508] aber §14 III 1 GNotKG erlaubt die Anforderung eines Vorschusses nach Ermessen (Rz. 165). Zeugen können beei-

506 BayObLG NJW-RR 1999, 86 = FamRZ 1998, 1625.
507 BayObLG FamRZ 1991, 231.
508 Sternal/Sternal FamFG §30 Rz. 45.

det werden; die Nichtbeeidigung des Zeugen ist aber die Regel.[509] Der Rechtspfleger kann die Beeidigung nicht anordnen (§ 4 II Nr. 1 RPflG); hält er die Vereidigung des Zeugen für erforderlich, muss er die Sache dem Richter vorlegen (§ 4 III RPflG). Zeugenvernehmung im Rechtshilfeweg ist zulässig (§§ 157 ff. GVG). Eine schriftliche Beantwortung der Beweisfrage kann angeordnet werden (§ 30 FamFG; § 377 III ZPO), doch ist das selten zweckmäßig. Über schriftliche Vernehmung (z. B. ausländischer Zeugen) siehe ferner Rz. 186.

1.9.5 Beweiserhebung durch Einholung eines Sachverständigengutachtens

Wegen § 30 I FamFG sind §§ 402 ff. ZPO sind anwendbar. Gutachten werden vor 182
allem zur Frage der Testierfähigkeit (Rz. 196), der Echtheit des Testaments (Rz. 204) und des ausländischen Rechts erholt. Die Einholung kann von der Zahlung eines Auslagenvorschusses abhängig gemacht werden, weil zwar §§ 379, 402 ZPO wegen § 26 FamFG nicht anwendbar sind (Rz. 165), aber § 14 III 1 GNotKG es gestattet. Das Gericht kann auch einen nicht öffentlich bestellten Sachverständigen mit dem Gutachten beauftragen.[510] Zur Erläuterung des Gutachtens kann der Sachverständige vorgeladen werden, § 411 III ZPO.[511] Hält ein Sachverständiger die Befragung von **Kontaktpersonen des Erblassers** (z. B. Bekannte, Verwandte, Pflegepersonen) zur Beurteilung der Testierfähigkeit für notwendig, dann muss das Gericht die Kontaktpersonen als Zeugen vernehmen und dem Sachverständigen Gelegenheit geben, selbst Fragen an die Zeugen zu stellen.[512] Die Nichtbeeidigung des Sachverständigen ist die Regel.[513] Eine Ablehnung wegen Befangenheit ist auch im Erbscheinsverfahren möglich (§ 406 ZPO).[514] Der Rechtspfleger kann die Beeidigung des Sachverständigen nicht anordnen (§ 4 II Nr. 1 RPflG), nur der Richter; vgl. Rz. 181. Schon vorliegende Gutachten, etwa über ausländisches Erbrecht, können in *anderen* Nachlasssachen nochmals verwertet werden (§ 411a ZPO),[515] ohne dass nochmals eine Vergütung an den Sachverständigen zu zahlen wäre.

Das Nachlassgericht ist nicht verpflichtet, ein DNA-Gutachten zum Nachweis der Verwandtschaft des Antragstellers mit dem Erblasser einzuholen.[516]

1.9.6 Beweiserhebung durch förmliche Beteiligtenvernehmung

Das Nachlassgericht kann einen Termin zur Anhörung von Beteiligten (§ 345 183
FamFG) und mündlichen Erörterung ansetzen; das ist aber keine „Beteiligtenvernehmung" im Rechtssinne, kein Beweismittel. Ein Beteiligter, z. B. der An-

509 BayObLG FamRZ 1991, 618.
510 BayObLG FamRZ 1991, 618 für einen Schriftsachverständigen.
511 OLG München ZEV 2014, 689.
512 OLG München ZEV 2020, 124 (LS); OLG München BeckRS 2024, 36374 = ZEV 2024, 276 (LS).
513 BayObLG FamRZ 1991, 618.
514 OLG Naumburg ZEV 2020, 446.
515 Dazu Jayme IPRax 2006, 587.
516 OLG Düsseldorf FamRZ 2020, 1686 (die spanische Geburtsurkunde der Erblasserin konnte nicht vorgelegt werden).

tragsteller, kann jedoch *förmlich* als Beteiligter vernommen werden (Beweismittel),[517] weil § 30 I FamFG auch auf die Parteivernehmung der ZPO (§§ 445 ff. ZPO) verweist. Die Beeidigung des Beteiligten wird überwiegend für zulässig gehalten;[518] der Rechtspfleger kann die Beeidigung des Beteiligten nicht anordnen (§ 4 II Nr. 1 RPflG).

1.9.7 Beweiserhebung durch eidesstattliche Versicherung

184 Das Nachlassgericht (Richter, Rechtspfleger) kann nicht nur in den Fällen des § 352 III FamFG, sondern auch bezüglich sonstiger Tatsachen von einem Beteiligten, auch von Zeugen,[519] verlangen, dass er eine tatsächliche Behauptung eidesstattlich versichert (§ 31 FamFG) und sich damit begnügen. Wurde ein Zeuge vernommen, kann er aber seine Aussage nicht eidesstattlich versichern: entweder er wird vereidigt oder er bleibt unvereidigt.

1.9.8 Beweiserhebung durch Augenschein

185 § 30 I FamFG, §§ 371 ff. ZPO sind anwendbar. In Frage kommt der Augenschein am Testament, z. B. ob die Handschrift, die des Erblassers ist.

1.9.9 Beweiserhebung durch sonstige Beweismittel (Freibeweis)

186 Im Rahmen des Freibeweises sind nicht nur die in der ZPO genannten Beweismittel zulässig, sondern alle anderen Beweismittel (z. B. telefonische Auskünfte von Zeugen, ungestattete schriftliche Zeugenaussagen, Auskünfte von sachverständigen Zeugen wie Ärzten); § 29 FamFG. Grundsätzlich verdient aber das förmliche Beweisverfahren den Vorzug vor formlosen Ermittlungen.[520]

1.10 Bedeutung ausländischer Erbscheinsverfahren

187 Hat im Ausland ein Verfahren zur Erbenfeststellung stattgefunden, das mit einem Erbfolgezeugnis endete, fragt sich, welchen Einfluss dies auf das deutsche Verfahren (beispielweise auf die Erteilung eines Fremdrechtserbscheins) hat. Es besteht keine Bindung an einen bereits im Ausland erteilten „Erbschein";[521] auch nicht an ein Zeugnis des britischen Nachlassgerichts über die Einsetzung eines Erbschaftsverwalters („Letters of Administration").[522] Die Anhängigkeit eines ausländischen Nachlassverfahrens steht der Erbscheinserteilung oder -einziehung nicht entgegen.[523] An tatsächliche Feststellungen ausländischer Stellen (z. B. zur Testierfähigkeit, Echtheit eines Testaments) sind unsere Ge-

517 Barnstedt DNotZ 1958, 470.

518 BayObLG Rpfleger 1991, 195. Keidel/Sternal FamFG § 30 Rz. 117. Zur Strafbarkeit bei Falschaussage vgl. BGHSt 5, 111; 10, 272 ff.

519 BayObLG FamRZ 2003, 1595 (eidesst. Versicherung des kanadischen Anwalts, der bei der Testamentserrichtung zugegen war); a. A. OLG Celle Rpfleger 1959, 161.

520 BayObLG Rpfleger 1992, 190.

521 BayObLG NJW-RR 1991, 1099; BayObLG 1965, 377.

522 BayObLG Rpfleger 1983, 30.

523 Vgl. BayObLG FamRZ 2003, 1595.

richte nicht gebunden.[524] Werden von ausländischen Amtspersonen Urkunden ausgestellt, kommt ihnen die Beweiskraft nach §§415, 417, 418 ZPO zu (vgl. Rz. 180); die Richtigkeit der Erbfolge wird dadurch nicht bewiesen. Anders ist es natürlich, wenn in einem Staatsvertrag (Rz. 150) vereinbart wäre, dass wir die ausländischen Zeugnisse anerkennen.

Für **Erbfälle ab 17.8.2015** ist dabei die **EuErbVO** bedeutsam. In Geltungsbereich der EuErbVO ist Art. 59 VO einschlägig: (1) Eine in einem Mitgliedstaat errichtete **öffentliche Urkunde** hat in einem anderen Mitgliedstaat die gleiche formelle Beweiskraft wie im Ursprungsmitgliedstaat oder die damit am ehesten vergleichbare Wirkung, sofern dies der öffentlichen Ordnung (ordre public) des betreffenden Mitgliedstaats nicht offensichtlich widersprechen würde. Eine Person, die eine öffentliche Urkunde in einem anderen Mitgliedstaat verwenden möchte, kann die Behörde, die die öffentliche Urkunde im Ursprungsmitgliedstaat errichtet, ersuchen, das nach Art. 81 II VO erstellte Formblatt auszufüllen, das die formelle Beweiskraft der öffentlichen Urkunde in ihrem Ursprungsmitgliedstaat beschreibt.

(2) Einwände mit Bezug auf die Authentizität einer öffentlichen Urkunde sind bei den Gerichten des Ursprungsmitgliedstaats zu erheben; über diese Einwände wird nach dem Recht dieses Staates entschieden (Zuständigkeit bei Einwänden gegen deutsche Urkunden: § 46 IntErbRVG). Eine öffentliche Urkunde, gegen die solche Einwände erhoben wurden, entfaltet in einem anderen Mitgliedstaat keine Beweiskraft, solange die Sache bei dem zuständigen Gericht anhängig ist.

Das **Europäische Nachlasszeugnis** entfaltet seine Wirkungen in allen Mitgliedstaaten, ohne dass es eines besonderen Anerkennungsverfahrens bedarf (Art. 69 I EuErbVO).

2. Einzelheiten zu ermittlungsbedürftigen Punkten

2.1 Örtliche Zuständigkeit des Nachlassgerichts

Das Nachlassgericht hat von Amts wegen zu ermitteln, ob es zuständig ist. 188
Hierfür kommt es bei Erbfällen ab dem 17.8.2015 auf den **gewöhnlichen Aufenthalt** im Zeitpunkt des Todes des Erblassers an (§ 343 FamFG), zuvor auf den Wohnsitz (Rz. 125 ff.), bzw. darauf, ob sich hier Nachlassgegenstände befinden (Rz. 192; § 343 III FamFG). Nur wenn der letzte gewöhnliche Aufenthalt strittig ist (z. B. Deutschland oder Spanien? Art. 4 EuErbVO) wird ermittelt.

2.2 Tod des Erblassers

Er wird bewiesen durch die Sterbeurkunde (Rz. 73, 100). Bedeutung haben 189
ferner die gesetzlichen Vermutungen: in Frage kommt hier die Todeserklärung nach dem VerschG; sie bindet, kann aber widerlegt werden;[525] bloße Zweifel des

524 BayObLG FamRZ 1991, 1237 (Schweiz) = NJW-RR 1991, 1098.

525 BayObLGZ 1953, 120; OLG Hamburg NJW 1952, 147; KG NJW 1954, 1654.

Nachlassgerichts genügen nicht. Auf eine solche formelle Todeserklärung kann nicht verzichtet werden.[526] Gleichzeitiger Tod wird vermutet im Falle des § 11 VerschG. Todesvermutungen sind weiterhin geregelt in den Entschädigungs- und Wiedergutmachungsgesetzen, so in § 180 Bundesentschädigungsgesetz (BEG, betrifft NS-Verfolgte),[527] ferner in den Rückerstattungsgesetzen der britischen und amerikanischen Zone sowie Berlins[528] (erst seit § 7a II BundesrückerstattungsG v. 2. 10. 1964[529] sind die zonalen Todesvermutungen im Erbscheinsverfahren verwertbar).

2.3 Nachweis des Todes anderer Beteiligter

190 Grundsätzlich ist der Tod des Vor- oder Mitberechtigten durch Personenstandsurkunden nachzuweisen. Aber auch andere Erkenntnisquellen können genügen (§ 352 I, III FamFG).

Ist der verwitwete Vater von zwei Söhnen im Jahr 2019 verstorben und beantragt der Sohn A einen Alleinerbschein mit der Begründung, sein Bruder B sei 1943 im Krieg gefallen, muss er eine Sterbeurkunde bezüglich des Bruders B vorlegen (oder einen Teilerbschein beantragen). Ist sie nicht beschaffbar, muss ein gerichtlicher Beschluss vorgelegt werden, der den Verschollenen für tot erklärt. Stattdessen könnte das Nachlassgericht auch ein Erbenaufgebot nach § 352d FamFG erlassen (Rz. 230). Die Wahl zwischen diesen beiden Möglichkeiten hat das Nachlassgericht nach pflichtgemäßem Ermessen zu treffen; im Zweifel ist das Verschollenheitsverfahren vorzuziehen.[530]

Die Todesvermutung in Entschädigungs- und Wiedergutmachungsgesetzen (Rz. 189) gilt auch für den Nachweis des Todes anderer Geschädigter/Verfolgter, die als vor- oder mitberechtigte Erben in Betracht kommen.

2.4 Genauer Zeitpunkt des Todes des Erblassers

191 § 1923 BGB macht die Erbfähigkeit davon abhängig, dass der Erbe den Erblasser (wenn auch nur um den Bruchteil einer Sekunde) überlebt. Der Todeseintritt ist daher in der Regel auf einen bestimmten Zeitpunkt festzulegen,[531] erforderlichenfalls auf die Sekunde. Schwierigkeiten bereitet die genaue Zeitfeststellung beim Tod nach erfolgloser Reanimation;[532] Tod durch Verkehrsun-

526 A. A. LG Osnabrück RNotZ 2003, 574 (Schreiben des Suchdienstes des Rotes Kreuzes ausreichend).

527 LG Hamburg JR 1957, 266; Pehe JR 1954, 57 (über Heimatortskarteien usw.); Heinrichs NJW 1954, 1715.

528 Fundstellen: Staudinger/Schilken (2007) Rz. 40 vor § 2353.

529 BGBl I 1964, 809.

530 OLG Hamm FamRZ 2000, 124 = FGPrax 1999, 27.

531 OLG Hamm NJW-RR 1006, 70; OLG Köln NJW-RR 1992, 1480. Zu den Problemen vgl BeckOGK/Braun § 2269 Rz. 26.

532 Dazu Neuhaus in Festschrift für Heinitz, 1972, S. 397.

fall/Flugzeugabsturz von zwei Personen; bei verwesten Leichen (Wasserleichen, Wohnungsleichen), Mord. Wenn der genaue Zeitpunkt wesentlich ist, muss er ermittelt werden, z.B. durch Sachverständigengutachten.[533] Ob auf den Kreislaufstillstand oder den Hirntod abzustellen ist, ist umstritten.[534] Die Todeszeit-Angaben in der Sterbeurkunde binden das Nachlassgericht nicht,[535] weil sie auf den Angaben anderer beruht. § 11 VerschG enthält eine Vermutung gleichzeitigen Todes mehrerer Erbprätendenten.[536]

Fälle: (1) Ehegatten errichten ein **gemeinsames Testament** mit gegenseitiger Erbeinsetzung und verschiedenen Schlusserben. Sie kommen durch Mord[537] ums Leben. Hier ist wesentlich, wer früher starb, und sei es auch nur um Sekunden. (2) **Verschollenheitsfälle.** Die Vermutung des Todeszeitpunktes, die ein Todeserklärungsbeschluss oder ein Todeszeitfeststellungsbeschluss nach dem VerschG begründet, kann auch im Erbscheinsverfahren durch jedes beliebige Beweismittel widerlegt werden.[538] (3) **Unerledigte Scheidungsverfahren:** das Erbrecht des überlebenden Ehegatten ist ausgeschlossen, wenn zur Zeit des Todes des Erblassers die Voraussetzungen für die Scheidung gegeben waren und der Erblasser die Scheidung beantragt (Zustellung des Antrags vor dem Tod erforderlich; hier kann es auf Sekunden ankommen) oder ihr zugestimmt hatte (§§ 1933, 2077 BGB). Das Nachlassgericht hat gegebenenfalls zu untersuchen, ob die Voraussetzungen für die Scheidung der Ehe gegeben waren.[539]

Beispiel:

Frau F hatte einen Unfall, Folge: Wachkoma. Das Betreuungsgericht bestellte einen Betreuer (§§ 1814 ff. BGB; § 271 ff. FamFG), der mit Genehmigung des Betreuungsgerichts (§ 125 II 2 FamFG) die Scheidung beim Familiengericht beantragte. Der Antrag wurde dem Ehemann zugestellt. Bevor eine Entscheidung des Familiengerichts erging, starb Frau F (die immer noch im Koma lag). Das Nachlassgericht muss beim Erbscheinsantrag des überlebenden Ehegatten prüfen, ob der Ehescheidungsantrag Erfolg gehabt hätte, wenn die Erblasserin nicht vor der Entscheidung des Familiengerichts gestorben wäre.[540]

---

533 Vgl. Funck, Der Todeszeitpunkt als Rechtsbegriff, MedR 1992, 182; Ruscher, Die Bestimmung des Todeszeitpunkts aus erbrechtlicher Sicht, 1989; Schönig NJW 1968, 189.

534 Dazu MünchKomm/Leipold § 1922 Rz. 12, 13.

535 OLG Frankfurt FamRZ 1998, 190.

536 Zur Widerlegung: BGHZ 62, 112/5; BayObLG NJW-RR 1999, 1309; OLG Köln NJW-RR 1992, 1481; KG NJW 1954, 1652.

537 So im Fall OLG Köln FamRZ 1992, 860.

538 BayObLGZ 1953, 120; OLG Hamburg NJW 1952, 147; a.M. Arnold MDR 1951, 278 und 1950, 331.

539 BayObLG FamRZ 1983, 96.

540 OLG Frankfurt FamRZ 2002, 1511.

2.5 Staatsangehörigkeit des Erblassers

192 Das anzuwendende materielle Erbrecht richtet sich bei **Erbfällen bis 16.8.2015** nach der Staatangehörigkeit des Erblassers (Art 25 I a.F. EGBGB), bei **Erbfällen ab 17.8.2015** nach dem letzten gewöhnlichen Aufenthalt des Erblassers (Art 21 EuErbVO). Im letzteren Fall richtet sich auch die örtliche Zuständigkeit danach (§ 343 FamFG). Nach § 352 I Nr. 2 FamFG sind *beide* Faktoren im Erbscheinsantrag anzugeben, obwohl die Staatsangehörigkeit meist unwesentlich ist. Im Zweifel sind sie von Amts wegen zu ermitteln. Ob jemand deutscher Staatsangehöriger ist, richtet sich nach dem Staatsangehörigkeitsgesetz (StAG von 1999, RuStAG von 1913). Als deutsche Staatsangehörige im Sinne von Art 25 I EGBGB gelten auch die Deutschen im Sinne des Art 116 I GG (Art 9 II Nr. 5 FamRÄndG;[541] vgl. die Kommentierungen zu Art 116 GG).

Schwierigkeiten bestehen bei der Feststellung der **Staatsangehörigkeit** von

Flüchtlingen;[542] Vertriebenen (und Flüchtlingen) deutscher Volkszugehörigkeit im Sinne von § 1 des Bundesvertriebenengesetzes (BVFG);[543] volksdeutschen Aussiedlern (§ 1 II Nr. 3 BVFG; Art. 116 GG); volksdeutschen Spätaussiedlern (§ 4 BVFG; Deutsche im Sinne des Art 116 GG);[544] Asylberechtigten (§ 2 AsylVfG).[545] Zur Feststellung der Staatsangehörigkeit von Volksdeutschen (Polen) im Erbscheinsverfahren vgl. BayObLG v. 18.2.1983.[546]

Die Staatsangehörigkeit oder Religion des *Erben* ist im deutschen Recht gleichgültig, anders zum Teil im islamischen Rechtskreis.

Letzter gewöhnlicher Aufenthalt des Erblassers: vgl. Rz. 130. In der Sterbeurkunde ist der Wohnsitz angegeben (§ 60 PStG), nicht der letzte gewöhnliche Aufenthalt. Man kann darauf vertrauen, dass der Wohnsitz auch der letzte gewöhnliche Aufenthalt war. Falls er umstritten und für den Fall wesentlich ist, ist er z. B. durch Zeugenvernehmung zu ermitteln.

2.6 Familienstand und Verwandtschaftsverhältnisse des Erblassers

193 **Abstammung:** Ein nichteheliches Kind kann noch nach dem Tod des Vaters seine Vaterschaft feststellen lassen (§§ 169 Nr. 1, 181 FamFG); das wirkt zurück.[547] Ein **DNA-Gutachten** zum Nachweis der Abstammung ist vom Nachlass-

541 FamRÄndG v. 11.8.1961, BGBl I 1961, 1221.

542 Vgl. Art 12 der Genfer Flüchtlingskonvention v. 28.6.1951, BGBl II 1953, 960; dazu Art 5 EGBGB.

543 Vgl. § 7 StAG und § 44a StAG;.

544 Vgl. Schotten Rpfleger 1991, 181/184.

545 BGBl I 1993, 1361 mit Änderungen; dazu Schotten Rpfleger 1991, 181/184; Kommentierungen bei Art 5 EGBGB.

546 BayObLG Rpfleger 1983, 315; vgl. ferner VGH Baden-Württemberg FamRZ 2003, 761.

547 BayObLG FamRZ 2003, 1595/1597; auch in DDR-Fällen (BGH NJW 1997, 2053).

gericht nicht einzuholen,[548] das ist u. U. Aufgabe des Familiengerichts. Die Unrichtigkeit der in einer Abstammungsurkunde bezeugten ehelichen Abstammung kann das Nachlassgericht im Erbscheinsverfahren auf Grund eigener Ermittlungen und Beweiserhebungen, unter Beachtung der Beweisregeln der §§ 415, 418 ZPO in Verbindung mit §§ 60 I, 66 PStG, feststellen.[549] Zur Frage, ob in internationalen Fällen ein Kind von Vater bzw. Mutter abstammt: Art 19 bis 21 EGBGB.

Adoption: Erbt ein nach ausländischem Recht adoptiertes Kind?[550] Siehe Art 22 EGBGB (Problem: bei *schwacher* Adoption[551] bleibt das Erbrecht gegen die leiblichen Eltern, bei Volladoption fällt es weg). Anerkennung ausländischer Adoptionen: § 108 FamFG; Adoptionswirkungsgesetz v. 5. 11. 2001;[552] Haager Übereinkommen v. 29. 5. 1993, seit 1. 3. 2002 in Kraft.

Ehe: Es kann fraglich sein, ob der Erblasser „verheiratet" war, beispielsweise wenn ein Deutscher im Ausland geheiratet hat („Stammesehe in Afrika"?); von Bedeutung ist es im Erbscheinsverfahren wegen des gesetzlichen Erbrechts des Ehegatten (§§ 1931, 1371 BGB). Vgl. Art 13, 14 EGBGB.

Scheidung: Kein Erbrecht des überlebenden Ehegatten, § 1931 BGB.

2.7 Güterstand des Erblassers

Bei einem deutschen Erblasser, der verheiratet war, ist grundsätzlich vom Güterstand der Zugewinngemeinschaft auszugehen; der Güterstand der Gütertrennung oder Gütergemeinschaft ist durch Vorlage der entsprechenden notariellen Urkunde nachzuweisen (vgl. § 26 FamFG). 194

Der Güterstand ist bei verheirateten Erblassern von Bedeutung, weil sich bei **Zugewinngemeinschaft** der gesetzliche Erbteil des überlebenden Ehegatten um ¼ erhöht (§ 1371 I BGB; Erbfälle ab 1. 7. 1958). Bei **Gütertrennung** erbt der überlebende Ehegatte neben *einem* Kind ½ (das Kind ½), neben *zwei* Kindern 1/3 (die Kinder ebenfalls je 1/3); § 1931 IV BGB (Erbfälle ab 1. 7. 1970).

War ein deutscher Erblasser mit einem ausländischen Ehegatten verheiratet, muss bei gesetzlicher Erbfolge im Erbscheinsverfahren bei Eheschließung vor dem 9. 4. 1983 anhand der Übergangsregelung des Art 220 III EGBGB der Güterstand im Zeitpunkt des Todes ermittelt werden; bei späterer Eheschließung ist Art 15 EGBGB heranzuziehen. Lebten die Eheleute demnach im Güterstand der Gütertrennung nach ausländischem Recht, ist umstritten, ob § 1931 IV BGB anzuwenden ist.[553]

548 OLG Düsseldorf FamRZ 2020, 1686 = ZEV 2020, 585 (spanische Geburtsurkunde fehlte).

549 BayObLG Rpfleger 1981, 358; BayObLG NJW 1981, 1521.

550 Vgl. dazu Müller/Sieghörtner/Emmerling de Oliveira, Adoptionsrecht in der Praxis, S. 395 ff.

551 Beispiel: Uruguay, OLG Düsseldorf/PRax 1999, 380.

552 BGBl I 2001, 2950.

553 Vgl. Schotten Rpfleger 1991, 181/3; Jayme in Festschrift für Ferid (1978) S. 231 ff.

2.8 Existenz eines Testaments

195 Ein Testament kann sich befinden:

a) **Im Nachlass** des Verstorbenen (manchmal wird es vom Nachlasspfleger gefunden); **bei Dritten** (z.B. Erben, Krankenhäusern, Altenheimen, Notaren). Testamente sind dem Nachlassgericht abzuliefern (§§2259, 2300 BGB). Eine Ablieferungspflicht trifft auch Notare (§25 II BNotO), Verwaltungsbehörden, Konsularbeamte (§11 KonsularG) usw. (§2259 II BGB). Besteht Grund zur Annahme, dass jemand ein ablieferungspflichtiges Testament in Besitz hat und nicht hergibt, kann ihn das Nachlassgericht zwingen, eine eidesstattliche Versicherung über den Verbleib abzugeben. Das Gericht kann die Abgabe des Testaments durch Zwangsgeld (§35 FamFG) oder Zwangsanwendung (§§86, 95 FamFG) durchsetzen.

b) **In amtlicher Verwahrung eines Nachlassgerichts.** Testamente und Erbverträge können in amtliche Verwahrung des Nachlassgerichts gegeben werden (§346 FamFG); darüber wird ein besonderes Verwahrungsbuch geführt (§27 AktO). Die Registrierung ist dezentral.[554] Wenn der Erblasser E zu Lebzeiten sein Testament (Erbvertrag) bei einem Notar oder einem Amtsgericht A hinterlegt hat, dann benachrichtigte früher das Amtsgericht bzw. der Notar den Standesbeamten des Geburtsortes des E (bei Geburtsort im Ausland: die Hauptkartei für Testamente beim AG Berlin-Schöneberg), wo dies vermerkt wurde. Starb E nach Jahrzehnten im Bezirk des Amtsgerichts B, teilte der dortige Standesbeamte den Todesfall dem Geburtsstandesamt mit, das die verwahrende Stelle benachrichtigte; so wurde die Informationskette geschlossen.[555] Anfragen nach der Existenz eines Testaments können mit genauer Angabe der Personalien des Verstorbenen an die **Hauptkartei für Testament** beim AG Schöneberg in Berlin – Schöneberg gerichtet werden.

c) **Testamentsregister.** Zentrale Datensammelstelle ist **seit 1.1.2012** die **Bundesnotarkammer** in Berlin. Verwahrangaben zu „erbfolgerelevanten Urkunden" der Notare (§34a BeurkG) und der Gerichte (§78b IV BNotO; §347 FamFG) werden nicht mehr dezentral bei den Standesämtern bzw. der Hauptkartei für Testamente in Berlin-Schöneberg vermerkt, sondern in einem Register der Bundesnotarkammer in Berlin elektronisch gespeichert (§§78 II, 78a BNotO). Das bei der Bundesnotarkammer geführte elektronische Register heißt **Zentrales Testamentsregister;**[556] es erfasst nicht privat verwahrte Testamente. Innerhalb von sechs Jahren wurden Verwahrungsnachrichten aus den Testamentsverzeichnissen und aus der Hauptkartei für Testamente in Berlin-Schöneberg in das Zentrale Testamentsregister der

---

554 Zu den Problemen vgl. Bericht der Bundesnotarkammer in DNotZ 2000, 572.

555 Vgl. die Gemeinsame Bekanntmachung über Benachrichtigung in Nachlasssachen v. 30.11.1979, z.B. Bayern JMBl 1984, 83; Neufassung v.2.1.2001, NRW JMBl 2001, 17.

556 Ähnliche Register haben Österreich und Frankreich, BeckOKFamFG/Schlögel §347 Rz.5.

Bundesnotarkammer überführt; Einzelheiten regelte das **Testamentsverzeichnis-Überführungsgesetz** vom 22.12.2010.[557]
Die deutschen Standesämter sind verpflichtet, ab 1.1.2012 jeden Sterbefall elektronisch der Bundesnotarkammer in Berlin mitzuteilen (§78c BNotO). Die Bundesnotarkammer prüft, ob im Zentralen Testamentsregister Verwahrangaben gespeichert sind und benachrichtigt das Nachlassgericht sowie die verwahrende Stelle (das kann ein Nachlassgericht, Notar oder eine sonstige Stelle sein) über den Sterbefall und die Verwahrangaben (also das dortige Aktenzeichen), soweit vorhanden. Im Regelfall macht die Bundesnotarkammer eine Negativmeldung an das Nachlassgericht, weil in nur etwa 25–30% der Sterbefälle überhaupt eine letztwillige Verfügung vorliegt und diese nur registriert ist, wenn sie sich in besonderer amtlicher Verwahrung befand; nicht, wenn sie privat verwahrt ist. Ausländische Standesämter melden keine Todesfälle an das Zentrale Testamentsregister.

d) **Im Ausland** sind Testamente teils zentral registriert (**Basler Übereinkommen** über die Errichtung einer Organisation zur Registrierung von Testamenten vom 16.5.1972[558]), so in Belgien, Frankreich, Italien, Luxemburg, Niederlande, Portugal, Spanien, Türkei, Zypern.

Wer Rechte aus einem Testament herleitet, trägt die Feststellungslast dafür, dass ein solches Testament errichtet wurde. Über die eidesstattliche Versicherung des Erbscheins-Antragstellers vgl. Rz. 111; über verschwundene Testamente Rz. 205.

2.9 Testierfähigkeit des Erblassers

Testierunfähig[559] (§2229 IV BGB) ist, wer nicht in der Lage ist, sich über die für und gegen seine letztwillige Verfügung sprechenden Gründe ein klares, von Einflüssen nicht gestörtes Urteil zu bilden und nach diesem Urteil frei von Einflüssen Dritter zu handeln.[560] Solange die Testier*un*fähigkeit des Erblassers nicht feststeht, geht das Nachlassgericht vom Regelfall aus, das heißt von der Testierfähigkeit (vgl. §2229 BGB).[561] Eine **relative Testierunfähigkeit** (bei einfachem Testamentsinhalt testierfähig, bei komplizierten Regelungen in anwaltlichen oder notariellen Testamenten, die der Erblasser wohl nicht verstanden hat, testierunfähig) wird von der Praxis[562] nicht anerkannt,[563] weil sie die Ab- 196

557 BGBl. 2010 I S. 2258.
558 Text abgedruckt bei Staudinger/Dörner (2007) Rz. 142 vor Art 25 EGBGB.
559 Vgl. Gottwald, EE (Erbrecht effektiv) 2024, 172; Klingelhöffer ZEV 1997, 92; Lichtenwimmer MittBayNot 2002, 240; Müller DNotZ 2006, 325; Stoppel/Lichtenwimmer DNotZ 2005, 806; Cording/Foerster DNotZ 2006, 329; Kloster-Harz ZAP Fach 12, 843; Wetterling FF Sonderheft 2003, 94; im Internationalen Privatrecht v. Venrooy JR 1988, 485.
560 Vgl. BGH BeckRS 2010, 25964; KG ErbR 2025, 227; OLG München BeckRS 2021, 17097; OLG Hamburg BeckRS 2020, 13839 = ZEV 2020, 584.
561 BGH ZEV 2012, 100; OLG Zweibrücken ErbR 2024, 700; KG ErbR 2025, 227; BayObLG MDR 1979, 1023; BayObLG Rpfleger 1982, 286.
562 BGH NJW 1959, 1822.
563 Für relative Testierfähigkeit Baumann ZEV 2020,193.

grenzung schwierig/weniger schwierig fürchtet; die Lebenserfahrung zeigt aber, dass viele Erblasser ihr von einem Berater fabriziertes Testament (bei befreiter Vorerbschaft, Zweckvermächtnis, Testamentsvollstreckung usw.) nicht verstanden haben. Ein Erblasser ist nicht schon deshalb „testierunfähig" gewesen, weil die Hinterbliebenen mit dem Testament nicht einverstanden sind, z. B. die Pflegerin als Miterbin eingesetzt hat.

Bei Ausländern richtet sich die Testierfähigkeit nach dem Erbstatut (Art 25 EGBGB),[564] wobei Art. 25 EGBGB für Erbfälle ab 17.8.2015 auf die EuErbVO verweist. Die Anordnung einer **Gebrechlichkeitspflegschaft** (§ 1910 a. F. BGB) beseitigte früher (bis 1991) die Testierfähigkeit nicht. Testamente von **Entmündigten**, die bis 31.12.1991 errichtet wurden, waren unwirksam (§ 104 a. F. BGB; § 2229 a. F. BGB); auch bei Tod ab dem 1.1.1992 gilt die alte Rechtslage fort;[565] vgl. Art 9 § 1 BtG. Seit 1992 beseitigt die Anordnung einer **Betreuung** (§ 1814 BGB), selbst mit **Einwilligungsvorbehalt** (§ 1825 BGB), die Testierfähigkeit nicht automatisch,[566] ist nicht einmal Indiz für Testierunfähigkeit; sie muss vielmehr auch bei Betreuten in jedem Einzelfall untersucht werden, wenn Anhaltspunkte vorliegen.

197 **Anhaltspunkte.** Von sich aus ermittelt das Nachlassgericht die Frage der Testierfähigkeit nur, wenn es Anhaltspunkte für eine mögliche Unfähigkeit gibt:[567] solche Anhaltspunkte können sich aus der Form des Testaments (wirre Schrift, Bierdeckel als Schreibmaterial, Testament auf Papierschnitzel oder im Notizbuch), dem wunderlichen Inhalt,[568] dem dienstlichen oder privaten Wissen des Rechtspflegers/Richters ergeben; war der Nachlass-Rechtspfleger früher in der Betreuungsabteilung tätig und ist ihm der Erblasser aus Betreuungsakten als langjährig geistig behindert bekannt, besteht Anlass zur Amtsermittlung. Der Strengbeweis ist dem Freibeweis vorzuziehen.[569] Meist liefern Erben, Erbanwärter, Pflichtteilsberechtigte oder Unbeteiligte Anhaltspunkte. Die pauschale Behauptung, der Erblasser sei testierunfähig gewesen, begründet aber keine Ermittlungspflicht;[570] zumindest auf Nachfrage muss der Behauptende wenigstens ungefähr vortragen, auf welche Tatsachen er sich stützt (z. B. Verwirrtheit). Die Feststellung des Notars in der Urkunde, der Erblasser sei seines Erachtens

---

564 OLG Düsseldorf FamRZ 2014, 510 = ZEV 2013, 552; vgl. auch Art 7 EGBGB; dazu v. Venrooy JR 1988, 485.

565 Zu den Streitfragen vgl. Reimann/Bengel, Testament und Erbvertrag, § 2229 Rz. 25, 26.

566 Zur Aufklärung der Testierfähigkeit hierbei OLG Hamm FGPrax 2021, 226.

567 OLG Düsseldorf FGPrax 2014, 70; BayObLG FamRZ 2003, 1594; FamRZ 1998, 1242; FamRZ 1997, 1029.

568 OLG Düsseldorf FGPrax 2013, 172.

569 BayObLG Rpfleger 1992, 190 (m. Anm. Pohlmann S. 484); OLG Frankfurt FamRZ 1997, 1306.

570 BayObLG FamRZ 1997, 1029; BayObLG FamRZ 1996, 1036; OLG Hamm OLGZ 1989, 271.

testierfähig, beweist nichts und ist nicht bindend; der Notar kommt aber als Zeuge in Frage.[571]

Im Zweifelsfall sind zunächst die **Anknüpfungstatsachen zu ermitteln**:[572] 198

- Vernehmung von Zeugen (Personen aus dem sozialen Umfeld) über das Verhalten des Erblassers in dem fraglichen Zeitraum; wer nur einfachen sozialen Kontakt hatte, ist aber oft nicht in der Lage, genügend Anhaltspunkte für ein Gutachten zu liefern (der Postbote vergleicht nicht das Langzeitgedächtnis mit dem Kurzzeitgedächtnis des Empfängers, wenn er ihm einen Brief aushändigt).
- Vernehmung der Ärzte, die den Erblasser behandelt haben;
- Beiziehung der Betreuungsakten, Patientenakten;[573] den Beteiligten darf die Einsicht in diese Akten nicht verweigert werden, wenn sie verwertet werden.[574]
- Vernehmung der Sachverständigen, die im Betreuungsverfahren hinzugezogen waren.

Auf der Grundlage der gewonnenen Erkenntnisse ist sodann das **Gutachten** 199 eines besonders erfahrenen Arztes für Psychiatrie,[575] Neurologie,[576] einzuholen.[577] Das Gutachten eines Allgemein-Arztes, Hausarztes, ist ungenügend. In Bayern gelten (auch) Landgerichtsärzte als sachkundig. Es wird sich oft empfehlen, dass der (künftige) Sachverständige bei der Zeugenvernehmung anwesend ist und den Zeugen Fragen stellen kann,[578] weil die Anknüpfungstatsachen, auf die es ankommt, dem Richter meist unbekannt sind. Das Nachlassgericht hat das Gutachten dahin zu prüfen, ob es Mängel oder Widersprüche aufweist und sich mit den im Verfahren ermittelten Tatsachen eingehend auseinandersetzt;[579] es hat das Gutachten selbst zu würdigen. Das Nachlassgericht (und das

---

571 KG NJW 2001, 903 will der Zeugenaussage des Notars besondere Bedeutung beimessen; zu Unrecht; dazu OLG Düsseldorf FGPrax 2014, 70.

572 BayObLG FamRZ 1996, 1438; BayObLG NJW-RR 1990, 1419; OLG Köln FamRZ 1994, 1135; OLG Frankfurt FamRZ 1997, 1306; OLG Celle FamRZ 2007, 417; OLG Jena FamRZ 2005, 2021; BayObLG FamRZ 2005, 2019.

573 Zur Vorlage vgl. § 142 ZPO; Krug ZEV 2002, 58.

574 OLG Düsseldorf ZEV 2000, 363.

575 Vgl. Wetterling/Neubauer/Neubauer, Psychiatrische Gesichtspunkte zur Beurteilung Dementer, ZEV 1995, 46.

576 BayObLG FamRZ 1992, 724: Gutachten eines Arztes für Neurologie, Psychiatrie und Rechtsmedizin war ausreichend. Ohne spezielle Zusatzausbildung oder Erfahrung dürfte ein Neurologe wohl nicht genügen.

577 OLG München FGPrax 2025, 40; BayObLG FamRZ 1996, 1438; BayObLG FamRZ 1990, 1405.

578 Vgl. BGH NJW 1962, 1770; OLG München FGPrax 2025, 40; zur Wiederholung der Zeugenvernehmung in Gegenwart des Sachverständigen vgl. OLG Köln FamRZ 1994, 1135; zum Ermittlungsumfang OLG Köln NJW-RR 1991, 1412; BayObLG NJW-RR 1991, 1287.

579 OLG Celle FamRZ 2007, 417; BayObLG FamRZ 1996, 1438; OLG Frankfurt FamRZ 1998, 1061; vgl. auch OLG Köln NJW-RR 1991, 1285.

OLG) müssen einem Gutachten nicht folgen, wenn es Gründe dafür gibt.[580] Gegebenenfalls ist der Sachverständige aufzufordern, das Gutachten mündlich zu erläutern.

Nur ganz ausnahmsweise kann auf das Gutachten verzichtet werden, nämlich (die Testierunfähigkeit bejahend) dann, wenn die Sachlage angesichts der Zeugenvernehmung völlig eindeutig ist;[581] oder (sie verneinend), wenn die Tatsachen so dürftig sind, dass sie nicht ausreichen können, um ein Gutachten erstatten zu lassen.[582]

200 **Schweigepflicht.** Werden die Ärzte vernommen, die den Erblasser früher behandelten, taucht die Frage nach ihrer Schweigepflicht auf. Die Schweigepflicht (§§ 383, 385 ZPO, § 30 FamFG; § 18 BNotO) von Ärzten,[583] Anwälten,[584] Notaren,[585] Steuerberatern[586] erlischt nicht schlechthin mit dem Tod des Berechtigten, besteht aber im allgemeinen nicht mehr bezüglich der Testierfähigkeit, weil es dem mutmaßlichen Willen des Erblassers entspricht, Zweifel über die Testierfähigkeit auszuräumen.[587] Ein **Arzt**, der den Erblasser behandelt hat, darf daher auch dann zu Tatsachen vernommen werden, welche die Testierfähigkeit betreffen, wenn nicht festgestellt ist, dass ihn der Erblasser von der ärztlichen Schweigepflicht entbunden hat.[588] Weigert sich der Arzt usw., kann eine Zwischenentscheidung (Beschluss) über das Recht zur Zeugnisverweigerung entsprechend § 30 FamFG, § 387 ZPO ergehen.[589] Bei einem **Notar** hat ggf. die Aufsichtsbehörde zu entscheiden (§ 18 II HS. 2 BNotO), ob der Verstorbene bei verständiger Würdigung der Sachlage die Befreiung bezüglich Testamentseinsicht erteilen würde;[590] eine Verpflichtungs-Klage gegen diese Behörde (LG-Präsident, §§ 92 ff. BNotO) beim Prozessgericht ist möglich, z. B. auf Einsicht in eine beim Notar verwahrte Testamentskopie wegen evtl. Manipulation.

201 **Zeitpunkte.** Ist die Testierunfähigkeit um die Zeit der Testamentserrichtung[591] festgestellt, so spricht der Beweis des ersten Anscheins dafür, dass sie auch im Zeitpunkt der Testamentserrichtung vorlag. Der Anschein kann aber durch die

580 Vgl. den Fall OLG Zweibrücken ErbR 2024, 700.
581 BayObLG NJW-RR 1990, 1419.
582 KG NJW 2001, 903.
583 BGH NJW 1984, 2393; BayObLG FamRZ 1996, 1237; BayObLG NJW-RR 1991, 1287; Hülsmann/Baldamus ZEV 1999, 91; Bartsch NJW 2001, 861.
584 BayObLG NJW 1966, 1664 und FamRZ 1991, 231; OLG Düsseldorf NJW 1959, 821; OLG Frankfurt FamRZ 1997, 1306; Edenfeld ZEV 1997, 391.
585 OLG Frankfurt FamRZ 1997, 1306; Edenfeld ZEV 1997, 391.
586 OLG Stuttgart NJW 1983, 1744; BayObLG FamRZ 1991, 231.
587 BGH NJW 1984, 2893; OLG Hamm ErbR 2024, 703; BayObLG FamRZ 1991, 231; OLG Köln OLGZ 1982, 1; OLG Köln Rpfleger 1985, 494; Hülsmann/Baldamus ZEV 1999, 91/4; Bartsch NJW 2001, 861/2.
588 BayObLG NJW-RR 1991, 1287. Zum Ganzen Bartsch NJW 2001, 861.
589 BGH NJW 1984, 2893; OLG Hamm ErbR 2024, 703.
590 BGH NJW 2021, 316 (bejaht für Sohn aus erster Ehe) = ZEV 2020, 691 m. Anm. Zimmer; OLG Frankfurt ErbR 2021, 689.
591 Zum Beweis der Testierfähigkeit, wenn dieses Datum falsch ist, vgl. OLG Hamburg ZEV 2020, 584 (LS).

Feststellung der ernsthaften Möglichkeit eines **lichten Intervalls** erschüttert werden;[592] die Feststellungslast für ein lucidum intervallum trägt, wer daraus eine ihm günstige Rechtsfolge herleitet.[593] Eine partielle bzw. relative Testierunfähigkeit gibt es nach h. M.[594] nicht (Rz. 198), wohl aber partielle Auswirkungen der einheitlichen Fähigkeit.[595]

Beweislast. Ein Erblasser ist solange als testierfähig anzusehen, als nicht seine Testierunfähigkeit zur vollen Gewissheit des Gerichts nachgewiesen worden ist.[596] Die Feststellungslast für die Testierunfähigkeit hat derjenige zu tragen, der sich auf die Unwirksamkeit des Testaments wegen Testierunfähigkeit des Erblassers beruft.[597] 202

Kasuistik: Zum Nachweis der Testierfähigkeit im Einzelnen, so bei psychischer Leistungsminderung,[598] bei fortgeschrittener Cerebralsklerose;[599] Cerebralarteriosklerose;[600] bei hirnorganischem Psychosyndrom;[601] Gedächtnisstörungen;[602] Schlaganfall;[603] Alkoholismus;[604] psychotischen Wahnvorstellungen;[605] bei Altersdemenz;[606] Leseunfähigkeit;[607] bei Selbsttötung;[608] bei lichten Augenblicken;[609] Desorientiertheit am Tag danach,[610] bei Heimbewohnern (wegen § 14 I HeimG);[611] bei Krebspatienten in medikamentöser Schmerzbehandlung;[612] bei einem schizophrenen Schriftsteller,[613] bei Parkinsonerkrankung;[614] 203

592 OLG München ZEV 2013, 504; OLG Karlsruhe OLGZ 1982, 280; OLG Köln NJW-RR 1991, 1412.
593 BGH NJW 1988, 3011; BayObLG FamRZ 1994, 1137. Vgl. dazu Hardt S. 175 ff.
594 A. A. Baumann ZEV 2020,193.
595 BayObLG NJW 1992, 248.
596 BGH ZEV 2012, 100; KG ErbR 2025, 227.
597 KG ErbR 2025, 227; KG NJW 2001, 903.
598 BayObLG FamRZ 1998, 514.
599 BayObLG FamRZ 1996, 969.
600 BayObLG NJW-RR 1991, 1098.
601 OLG Frankfurt FamRZ 1998, 1061.
602 Dazu Wetterling ErbR 2025, 186 (ausführlich).
603 Dazu Karnath/Cording ErbR 2023, 750.
604 OLG Brandenburg ZEV 2024, 565 (LS).
605 BayObLG FamRZ 1996, 1109; BayObLG Rpfleger 1984, 467 zum Eifersuchtswahn.
606 OLG Hamm ZEV 2025, 136 (LS) = BeckRS 2024, 22935; OLG Düsseldorf NJW-RR 2014, 262; OLG Jena FamRZ 2005, 2021; BayObLG FamRZ 2005, 555; BayObLG FamRZ 1997, 1511; BayObLG FamRZ 1998, 515.
607 BayObLG FamRZ 1997, 1028.
608 BayObLG Rpfleger 1984, 317.
609 BayObLG FamRZ 1994, 1137 = ZEV 1994, 303 (Jerschke); OLG Köln NJW-RR 1991, 1412.
610 BayObLG FamRZ 1999, 819.
611 Dazu Münzel NJW 1997, 112.
612 OLG Brandenburg RNotZ 2014, 321 = MDR 2014, 905.
613 OLG München BeckRS 2021, 17097 = ErbR 2021, 870.
614 KG ErbR 2023, 608.

Geistesschwäche;[615] falsche Schreibweise des eigenen Vornamens;[616] Depression.[617]

2.10 Fälschung des Testaments

204 Beim eigenhändigen Testament müssen Text und Unterschrift[618] vom Erblasser stammen (§ 2247 I BGB). Die Unterschrift muss tatsächlich **unter dem Text** stehen, ihn decken; darf also nicht nur am Anfang („Ich, Karl Huber ...") oder in der Mitte des Textes[619] stehen. Die Frage der Echtheit des Testaments ist von Amts wegen zu ermitteln (§ 26 FamFG), aber nur bei Anlass.[620] Ein unsubstantiiertes Bestreiten der Echtheit („stammt nicht von Onkel Otto ...") ist kein ausreichender Anlass, Ermittlungen (durch Erholung eines Gutachtens) vorzunehmen.[621] Die Feststellungslast für die Echtheit und Eigenhändigkeit eines Testaments hat derjenige, der aus dieser Urkunde Rechte herleiten will.[622] Bei Unaufklärbarkeit kommt *dieses* Testament also zum Zuge, weil die Testierunfähigkeit positiv feststehen muss.

Wenn Anhaltspunkte für eine Fälschung bestehen, ist die Vernehmung von Personen, die bei Fertigung des Testaments angeblich anwesend waren, erforderlich, falls solche existieren. War nur der Begünstigte anwesend genügt dies natürlich nicht. Von den Beteiligten sind vergleichbare Schriftproben zu erholen, sodann ist die Einholung eines Sachverständigengutachtens erforderlich.[623] Eine Wahrscheinlichkeit von 90 %, dass Text und Unterschrift vom Erblasser stammen, soll genügen;[624] 75 % sind jedenfalls zu wenig.[625] 100 % sind ohnehin nicht möglich, eine Fälschung ist nie ausgeschlossen; das zeigen die Gutachten über Signaturen und die Hitlertagebücher. Der Gutachter muss ausreichend sachkundig sein, was das Gericht durch Rückfrage bei ihm festzustellen und im Beschluss darzulegen hat (seit wann ist er tätig? Zahl der gefertigten Gutachten?

615 Dazu Wetterling ErbR 2023, 500.
616 OLG Schleswig-Holstein ErbR 2023, 368 (S//eran, statt Erna); AG Bamberg ErbR 2022, 1145; zweifelhaft.
617 Wetterling ErbR 2022, 285.
618 Zur Abschlussfunktion vgl. OLG Naumburg ErbR 2022, 223; OLG München ZEV 2024, 134.
619 OLG München ZEV 2024, 134.
620 OLG Bamberg ErbR 2020, 49 = ZEV 2019, 587 (nur bei Zweifeln); OLG Frankfurt ZEV 2015, 365 (Vorlage erst nach 20 Jahren ist kein Anlass). Zur Kostenentscheidung in den Echtheitsfällen vgl. OLG Bamberg ErbR 2022, 314.
621 OLG Hamburg FamRZ 2021, 1329. Vgl. OLG Köln FamRZ 1994, 1135: der Beteiligte hatte bereits ein Privatgutachten zur Schrift eingeholt und weigerte sich, es vorzulegen.
622 OLG Düsseldorf FamRZ 2015, 874; OLG Köln NJW-RR 2004, 1015; BayObLG FamRZ 1999, 332; BayObLGZ 1985, 837, 838.
623 BayObLG FamRZ 1999, 331; NJW-RR 1988, 389; OLG Rostock ErbR 2023, 771 (ausführlich). Über Gutachten vgl. Horn/Kroiß/Seitz ZEV 2013, 24; Seibt, Forensische Schriftgutachten, 1999.
624 OLG Rostock NJW-Spezial 2021, 40 = BeckRS 2020, 34870; OLG Frankfurt ErbR 2022, 230.
625 OLG Düsseldorf BeckRS 2015, 9161 (keine vernünftigen Zweifel).

Beruflicher Werdegang). Geeignet sind z.B. Mitglieder der Gesellschaft für Forensische Schriftuntersuchung e. V.,[626] öffentlich bestellte Sachverständige,[627] Sachverständige der Landeskriminalämter. Weitere Schriftgutachten können eingeholt werden (§ 30 FamFG, § 404 ZPO), die Vernehmung des Sachverständigen zur Erläuterung seines Gutachtens kommt in Betracht.

Die Schrift-Sachverständigen erstatten das Gutachten meist nur mit Angabe von Wahrscheinlichkeiten. Es kommt immer wieder vor, dass mehrere Gutachter verschiedener Meinung sind; in einem solchen Fall muss sich das Nachlassgericht nicht zwingend der Mehrheitsmeinung anschließen.[628]

2.11 Verschwundenes Testament

Testamentarische Erbfolge tritt durch Errichtung eines Testaments und Todesfall ein, sie wird bewiesen durch Vorlage des Testaments (§ 352 III 1 FamFG). Ist die Urkunde vom Erbanwärter nicht beschaffbar, genügt die **Angabe anderer Beweismittel** (§ 352 III 2 FamFG),[629] z.B. Vorlage von Fotokopien,[630] Abschriften,[631] Anschreiben an das Nachlassgericht betr. Übersendung des Testaments,[632] Durchschriften, Durchdrückungen, Blaupausen, Vernehmung von Zeugen (die das Original gesehen und gelesen haben[633]), Vernehmung des Antragstellers (obwohl er der angebliche Erbe ist) in Verbindung mit sonstigen Beweismitteln. Formgültigkeit und Inhalt sind zu beweisen. Der genaue Wortlaut muss nicht bewiesen werden, nur der gesamte Regelungsgehalt;[634] kann der Zeuge nur die erste Seite des Testaments wiedergeben, nicht die anderen zwei Seiten, genügt das nicht, weil dort das Gegenteil usw. stehen konnte. Dass Zeugen bestätigen, der Erblasser habe *gesagt*, es habe den X als Erben eingesetzt, genügt nicht;[635] Denn es muss nicht stimmen. Ist das Original eines Testaments nicht mehr auffindbar, erfordert die Amtsermittlungspflicht angesichts des Fälschungsrisikos eine besonders gründliche Aufklärung der Übereinstimmung einer Kopie mit dem verschwundenen Original; dazu gehört regelmäßig eine 205

626 So BayObLG FamRZ 1999, 332.

627 Auch nicht öffentlich bestellte Schriftgutachter können bestellt werden, BayObLG FamRZ 1991, 618.

628 BayObLG FamRZ 1999, 332: drei Gutachter nahmen Echtheit an, einer Fälschung. Ferner BayObLG FamRZ 2005, 1015.

629 Goldkamp ErbR 2022, 111; OLG Frankfurt BJW-RR 2019, 781 und BeckRS 2014, 125126; OLG Köln NJW-RR 1993, 970; BayObLG FamRZ 2005, 138; BayObLG FamRZ 2001 771; BayObLG FamRZ 2001, 945; BayObLG NJW-RR 1992, 1358 = DNotZ 1993, 452; BayObLG Rpfleger 1989, 457; OLG Düsseldorf FamRZ 1994, 1283 = NJW-RR 1994, 142; OLG Zweibrücken NJW-RR 1987, 1158; LG Rostock FamRZ 2004, 1518.

630 OLG Frankfurt ErbR 2022, 230; BayObLG FamRZ 2003, 1595; 2001, 1327/8.

631 KG FamRZ 2007, 1197; OLG Saarbrücken DNotZ 1950, 68.

632 AG Hameln ErbR 2023, 556 (vermutlich Fehler des Nachlassgerichts).

633 OLG Brandenburg ZEV 2025, 183 (Zeugen vom Hörensagen genügen nicht).

634 BayObLGZ 1967, 197/206.

635 OLG Düsseldorf NJW-RR 2013, 1420.

förmliche Beweisaufnahme (Strengbeweis),[636] Freibeweis genügt nur ausnahmsweise.[637]

Es gibt **keine Vermutung** dahin, dass ein fehlendes Testament vom Erblasser im Zustand der Testierfähigkeit (!) in Widerrufsabsicht (§ 2255 BGB) vernichtet worden ist;[638] möglich ist auch Verlust durch ein Versehen, durch Diebstahl, bei Wohnungsräumung u. s. w. An den Nachweis des Widerrufs durch Vernichtung seitens des Erblassers dürfen aber keine übertriebenen Anforderungen gestellt werden; Indizien für eine Willensänderung können genügen, die Beteiligten müssen dem Gericht Anhaltspunkte für weitere Ermittlungen in dieser Richtung unterbreiten, sonst wird nicht ermittelt.[639]

Nichterweislichkeit der Errichtung des Testaments geht zu Lasten dessen, der aus dem Testament Rechte herleitet.[640]

2.12 Sittenwidrigkeit des Testaments

205a Gelegentlich wird eingewandt, das Testament sei nichtig (§ 138 BGB), weil der Inhalt sittenwidrig sei.[641] Ein Testament muss nicht „gerecht" sein, der Nachlassrichter muss die private Bewertung der Erbfolge einer testierfähigen Person grundsätzlich akzeptieren; es kommt auch nicht auf das „Anstandsgefühl" der Bevölkerung oder die herrschende politische Richtung an. Söhne und Töchter müssen im Testament nicht gleich behandelt werden. Im Übrigen kommt eine Anfechtung eines Testaments wegen Irrtum des Erblassers und Drohung in Frage (§ 2078 BGB). Für Sittenwidrigkeit kommt aber z. B. das Ausnutzen einer Vertrauensstellung in Frage,[642] Verstoss gegen § 14 HeimG bzw. die folgenden Heimgesetze der Bundesländer.[643] § 30 BtOG (Betreuungs-OrganisationsG) enthält zwar ein Verbot für Berufsbetreuer, Erbschaften etc. anzunehmen, aber das Testament ist nicht nichtig; der Betreuer wird nur künftig nicht mehr bestellt.[644] Diskutiert werden u. a. ungünstige Pflichtteilsverzichtsverträge;[645] Enterbung, falls der Erbe eine bestimmte Frau heiratet.[646] Das „Geliebtentestament", früher sittenwidrig, ist nur noch historisch interessant.

---

636 OLG Köln NJW-RR 1993, 970 = FamRZ 1993, 1253; BayObLG NJW-RR 2002, 726.

637 BayObLG FamRZ 2003, 1595 (eidesstattliche Versicherung des kanadischen Anwalts, der das Testament errichtet hatte und eine Fotokopie vorlegen konnte).

638 OLG Hamm ZEV 2024, 565 (LS); OLG Karlsruhe ZEV 2024, 135; OLG Düsseldorf ZEV 2019, 610 (LS); OLG Karlsruhe FamRZ 2016, 1007; BayObLG FamRZ 2003, 1595/1600; 1996, 1110; 1993, 117 und Rpfleger 1992, 190; OLG Düsseldorf FamRZ 1994, 1283 und FGPrax 2014, 163; OLG Zweibrücken Rpfleger 2001, 350/2.

639 BayObLG FamRZ 2003, 1595/1600.

640 OLG Hamm NJW 1974, 1827; BayObLG Rpfleger 1980, 60; OLG Düsseldorf NJW-RR 1994, 142.

641 Dazu ausführlich MüKo/Leipold 30 ff vor § 1964.

642 OLG Celle ZEV 2021, 386; Schier/Friedrich NJW 2025, 777.

643 Liste bei MüKo/Leipold 35 vor § 1964.

644 OLG Nürnberg NJW-RR 2023, 1307; Leipold ZEV 2021, 485; Zimmermann Zerb 2021, 418.

645 BGH NJW 2025, 53.

646 OLG München ZEV 2025, 103.

2.13 Vermögen im Ausland

Altfälle: Befinden sich im Nachlass eines deutschen Erblassers ausländische 206
Vermögensgegenstände, ist trotzdem das deutsche Nachlassgericht aus unserer Sicht international zuständig (Art 25 I a.F. EGBGB), also für das „Weltvermögen". Wenn aber im betreffenden Ausland nach dem dortigen Erbrecht und Kollisionsrecht (Internationales Privatrecht) eine Nachlassspaltung durchgeführt wird, dergestalt, dass für Grundstücke das ausländische Erbrecht angewandt wird (lex rei sitae), für beweglichen Nachlass dagegen das deutsche Recht (Staatsangehörigkeitsrecht, Recht des letzten Wohnsitzes oder Aufenthalts), dann besteht insoweit keine internationale Zuständigkeit eines deutschen Nachlassgerichts (Art. 3 III, Art. 25 a.F. EGBGB). So ist es z.B. bei unbeweglichem Nachlass in Großbritannien, Irland, Frankreich, Belgien, Luxemburg, Liechtenstein, Rumänien, Österreich.[647] Die Rechtsprechung[648] vertrat (vor Einführung des FamFG, 1.9.2009) die Auffassung, im allgemeinen Erbschein nach § 2353 BGB sei zu vermerken, dass er sich nicht auf den im konkret zu nennenden Ausland, z.B. Frankreich, Österreich, Rumänien) belegenen unbeweglichen Nachlass erstrecke („Dieser Erbschein erstreckt sich nicht auf das in Rumänien belegene unbewegliche Vermögen").

Erbfälle ab 17.8.2015: Befinden sich im Nachlass eines Erblassers mit letztem gewöhnlichem Aufenthalt in Deutschland ausländische Vermögensgegenstände, halten wir uns auch dafür grundsätzlich für zuständig (vgl. Art. 4 EuErbVO), also für das **Weltvermögen** (ohne Unterscheidung zwischen beweglichem und unbeweglichem Nachlass, sog. Nachlasseinheit; Art. 23 EuErbVO). Im Geltungsbereich der EuErbVO (Rz. 786) kann mit Hilfe eines **Europäischen Nachlasszeugnisses** auf das Vermögen in den betreffenden anderen EU-Staaten zugegriffen werden. Befinden sich im Nachlass Vermögensgegenstände aus anderen Staaten (z.B. Kanada, USA, Schweiz, Irland usw.), den sog. Drittstaaten, wenden die deutschen Nachlassgerichte zwar ebenfalls deutsches Erbrecht an (Art. 21 EuErbVO), doch kann es sein, dass das betreffende Ausland das nicht anerkennt (Rz. 159). Deshalb kann der Erbscheinsantrag auf das deutsche Vermögen beschränkt werden (Art. 12 EuErbVO; **§ 352c FamFG).** Ggf. ist der Antragsteller nach ausländischem Vermögen zu befragen.

Zur Bedeutung des Auslandsvermögens für die Erbscheinsgebühr vgl. Rz. 588 ff.

2.14 Wert des Nachlasses

Der Wert des Nachlasses ist von Bedeutung für die Höhe der Gebühren, die für 207
den Erbschein (sowie die eidesstattliche Versicherung) verlangt werden, weil sich diese nach dem Wert (und nicht dem Zeitaufwand des Nachlassgerichts oder nach Festpreisen usw.) richten; KV 12210, 23300 GNotKG. Die Wertberech-

647 Schotten Rpfleger 1991, 180.

648 OLG Celle ZEV 2003, 156 (Florida); BayObLG FamRZ 1997, 318 = NJW-RR 1997, 201 (Rumänien); BayObLG NJW 1960, 775; KG NJW 1984, 2769 (Österreich); OLG Köln NJW-RR 1992, 1480.

nung erfolgt nach § 40 GNotKG (Rz. 658). Vom Aktivvermögen dürfen nur noch **Verbindlichkeiten** berücksichtigt werden, **die bereits gegenüber dem Erblasser bestanden** (also seine Schulden), nicht dagegen Vermächtnisse, Beerdigungskosten und Pflichtteile,[649] anders als früher. Der Wert wird von Amts wegen ermittelt, es besteht keine Bindung an die Angaben des Antragstellers. Bei vielen Nachlassgerichten wird dem Antragsteller ein Formblatt ausgehändigt, das er zweifach auszufüllen und mit Belegen einzureichen hat (§ 77 GNotKG). Die Abgabe ist nicht erzwingbar. Werden keine Angaben gemacht, muss der Nachlass ermittelt werden (durch Beweisaufnahme, unter Umständen durch Gutachten), notfalls wird er geschätzt;[650] dann erfolgt die Festsetzung durch Beschluss (§ 79 GNotKG), anfechtbar mit Beschwerde (§ 82 GNotKG). Die Kosten der Beweisaufnahme können einem Beteiligten ganz oder teilweise auferlegt werden, wenn er durch Unterlassen der Wertangabe die Abschätzung veranlasst hat (§ 80 S. 2 GNotKG). In geeigneten Fällen, nämlich wenn die Zahlung nicht gesichert ist, etwa bei ausländischem Wohnsitz des Antragstellers, verlangt das Nachlassgericht Vorauszahlung der Gebühr (§ 13 S. 2 GNotKG) und gibt erst nach Zahlung den Erbschein heraus.

Nachlassverzeichnis

1. Nachlassmasse am Todestag
   - 1.1 Bargeld
   - 1.2 Guthaben bei Banken, Sparkassen (In- und Ausland)
   - 1.3 Wertpapiere, Sparkassenbriefe
   - 1.4 Forderungen gegen Dritte (z. B. Darlehen, Steuererstattungsansprüche, Schadensersatzansprüche)
   - 1.5 Lebensversicherungen (nicht, wenn im Vertrag ein Bezugsberechtigter benannt wurde), private Sterbegelder, Ansprüche aus Versicherungen
   - 1.6 Gold, Silber, ungefasste Edelsteine (!) und Perlen
   - 1.7 Bewegliche Habe (Kleidung, Wäsche, Hausrat)
   - 1.8 Kunstgegenstände, Schmuck, Sammlungen, Autos, Schiffe, Musikinstrumente
   - 1.9 Erwerbsgeschäfte (genaue Angaben; Gesamtreinvermögen)
   - 1.10. Grundbesitz:
     Eingetragen im Grundbuch des Amtsgerichts ... Gemarkung ... Band ... Blatt ...
     Art: land- und forstwirtschaftlicher Grundbesitz; Eigentumswohnung; Einfamilienhaus; Mehrfamilienhaus (Zahl der Wohnungen ...); Betriebsgrundstück; unbebaut? Garage? Stellplatz?

649 OLG Köln ZEV 2014, 608; OLG Schleswig FGPrax 2015, 93; OLG Karlsruhe BeckRS 2015, 09854.

650 Unzulässig sind absurd hohe Schätzungen, OLG Hamm NJW-RR 2022, 143 (2 Millionen, obwohl kaum etwas vererbt wurde); OLG Naumburg 2022, 1120 (250.000, ins Blaue hinein geschätzt). Es fehlte die Amtsermittlung. Vgl. OLG Frankfurt ZEV 2020, 48.

Lage (Ort, Straße, Hausnummer)
Größe des Grundstücks in m²
Wohnfläche bzw. Nutzfläche des Gebäudes bzw. der Eigentumswohnung
Baujahr; Kaufjahr und Kaufpreis (Herstellungskosten)
Brandversicherungssumme 1914 (Kopie der Brandversicherungsurkunde beifügen)
Einheitswert (Kopie des Bescheids des Finanzamts beifügen)
Verkehrswert

1.11 Sonstiges Vermögen (z. B. Maschinen – und Viehbestand)
1.12 Sonstige Rechte (z. B. Urheberrechte, Erfindungen, Patente)

Summe der Nachlasswerte ...

2. Nachlassverbindlichkeiten am Todestag
Schulden des Erblassers

2.1 Hypotheken, Grundschulden (valutierte Restschuld, rückständige Zinsen)
2.2 Sonstige Verbindlichkeiten (z. B. Bank-, Miet- und Steuerschulden, Krankheitskosten)
2.3 Todesfallkosten

Summe der Nachlassverbindlichkeiten ...

Ich versichere, dass vorstehende Angaben vollständig und richtig sind.

Mit der Beiziehung der Erbschaftsteuerakten des Finanzamtes bin ich ... einverstanden.

Gez. ...

Zu Bewertungsfragen vgl. Rz. 588. 208

2.15 Ist ein Hof Nachlassbestandteil?

Gehört ein land- oder forstwirtschaftlicher „Hof" zum Nachlass, ist zunächst zu prüfen, ob ein Hof im Rechtssinne vorliegt (nicht jede kleine Landwirtschaft mit zwei Ziegen ist ein „Hof"; § 1 HöfeO: seit 2025 Grundbesitzwert mindestens 54.000 Euro; Rz. 130), in welchem Bundesland der Hof liegt und welches Recht gilt. Aufgrund zahlreicher Änderungen (zuletzt 2025) kommt es auf den Zeitpunkt des Erbfalls an. 209

Möglichkeiten:

a) für den Hof gilt das BGB (so in Bayern, Saarland, Berlin bei Erbfällen ab dem 24. 4. 1947[651]; neue Bundesländer);
b) es gilt noch altes landesrechtliches Anerbenrecht; dann kann entweder ein allgemeiner Erbschein mit Anerbenvermerk (über den Hof), oder nur ein

651 Außerkrafttreten des Reichserbhofgesetzes; KRG Nr 45 v. 20. 2. 1947, ABlKR 1947, 256; vgl. OLG München Rpfleger 1981, 103.

Anerbenschein oder nur ein Teilerbschein über das hoffreie Vermögen erteilt werden.

c) es ist, da ein Ur-Altfall vorliegt, noch das Reichserbhofrecht anzuwenden, erst ab 24.4.1947 durch Kontrollratsgesetz (KRG) Nr. 45 Art 1 außer Kraft gesetzt;[652]

d) es gilt neues Höferecht. Dann kann entweder ein allgemeiner Erbschein mit Hoferbenvermerk (über den Hof), oder ein Hoffolgezeugnis (nur für den Hof) oder ein Teilerbschein über das hoffreie Vermögen[653] erteilt werden. Kurioserweise ist in *allen* Fällen das AG – Landwirtschaftsgericht zuständig (nicht das Nachlassgericht), § 18 II HöfeO.

Beispiel:
Hinterlässt E, letzter Wohnsitz München, verstorben in München, in München ein großes Vermögen und einen kleinen Bauernhof in Celle, ist für den Teil-Erbschein über das hoffreie Vermögen das Landwirtschaftsgericht in Celle zuständig,[654] aber auch für das Hoffolgezeugnis oder für den Erbschein über das Gesamtvermögen mit Hoferbenvermerk. Der beim Nachlassgericht in München gestellte Erbscheinsantrag ist nach Hinweis auf Antrag des Antragstellers an das AG – Landwirtschaftsgericht in Celle analog § 12 LwVG abzugeben.

2.16 Nachweis der Annahme der Erbschaft

210 Ein Erbschein kann nur erteilt werden, wenn die Erbschaft angenommen wurde. Das ist im Antrag anzugeben (§ 352 I Nr. 7 FamFG). Der Antrag des Alleinerben enthält im Übrigen die stillschweigende Annahme der Erbschaft. Beantragt ein einzelner **Miterbe** einen gemeinschaftlichen Erbschein, kann er den Antrag allein stellen (§ 352a I 2 FamFG) und muss die „Angabe" enthalten, die anderen Miterben hätten die Erbschaft angenommen (§ 352a III 2 BGB). Dass dies tatsächlich der Fall ist, ist vom Antragsteller nachzuweisen (§ 352a III 2 verweist auf § 352 III FamFG), andernfalls von Amts wegen zu ermitteln (d.h. die Miterben werden angeschrieben). Als Nachweis kommen öffentliche Urkunden in Betracht; andere Urkunden usw. im Falle des § 352 III FamFG; die eidesstattliche Versicherung des Antragstellers;[655] diese eidesstattliche Versicherung kann das Nachlassgericht erlassen (§ 352 III 4 FamFG). Das wird oft der Fall sein: nach dem deutschen Erbrecht wird der Erbe mit dem Tod des Erblassers automatisch Erbe, nicht erst mit der Annahme; mit Ablauf der sechswöchigen Ausschlagungsfrist gilt die Erbschaft als angenommen (§§ 1943, 1944 BGB); in bestimmten Auslandsfällen beträgt die Frist sechs Monate (§ 1944 III BGB).

Ist die **Frist abgelaufen** und befindet sich in den Akten des Nachlassgerichts keine Ausschlagung, kann also im Regelfall entsprechend den Angaben des

652 ABlKR 1947, 256; Beispielsfall: BayObLGZ 1961, 289.
653 OLG Celle ErbR 2025, 231.
654 Zum Ganzen: BGHZ 9, 270; 39, 275; 104, 363.
655 Dazu KG OLGE 21, 349; Freudenthal BayZ 1906, 11.

Antragstellers von Annahme ausgegangen werden; ein besonderer Nachweis erübrigt sich. Ist die Frist noch nicht abgelaufen, kann man von der Lebenserfahrung ausgehen: wenn die Erbschaft nicht überschuldet ist und einen gewissen Betrag erreicht, wird sie in der Regel angenommen. In Zweifelsfällen kann der Miterbe aufgefordert werden, eine privatschriftliche Annahmeerklärung des Miterben vorzulegen; ist sie nicht beibringbar, weil z. B. die Miterben zerstritten sind, kann das Nachlassgericht die anderen Miterben anschreiben und unter Angabe des Berufungsgrundes (Übersendung einer Kopie des Testaments) nachfragen, ob die Erbschaft angenommen wird; denn ein Miterbe hat keinen Rechtsanspruch darauf, dass ihm ein anderer Miterbe eine solche Erklärung unterschreibt.

Der Nachweis, jemand habe die Erbschaft „angenommen" ist an sich nur zu 211 führen, wenn die Tatsachen, die diesen rechtlichen Schluss zulassen, nachgewiesen werden. Kenntnis vom Todesfall einer Person, Kenntnis des Erbanfalls, Kenntnis des Berufungsgrundes (Testamentsinhalt, Erbvertrag, Gesetz) sind die drei Tatbestandsteile (vgl. § 1944 II BGB); das Nichtvorliegen einer Ausschlagung ist nicht ausdrücklich darzulegen und nachzuweisen, sondern wird konkludent behauptet und ergibt sich aus den Akten des Nachlassgerichts. Ist unklar, ob eine Annahme vorliegt und besteht ein Bedürfnis, kann eine **Nachlasspflegschaft** angeordnet werden (§ 1960 BGB).

Ist ein **Miterbe verschollen**, muss nicht nur nachgewiesen werden, dass er den 212 Erblasser überlebt hat,[656] sondern auch, dass er die Erbschaft angenommen hat. Das ist z. B. möglich, wenn es sich aus Briefen des Verschollenen ergibt.

Auch **andere Antragsberechtigte**, die nicht selbst Erben sind (wie Testamentsvollstrecker, Gläubiger; Rz. 34 ff.), haben die Annahme der Erbschaft nachzuweisen (z. B. durch Kenntnis und Fristablauf).

2.17 Unrichtige eidesstattliche Versicherung

In eidesstattlichen Versicherungen wird nicht selten leichtfertig etwas Falsches 213 versichert, z. B. weil der Erklärende nicht zwischen „Wissen aufgrund eigener Wahrnehmung" und „Wissen vom Hörensagen" unterscheidet; wenn die Urkundsperson die Versicherung „aufsetzt" und bloß noch unterschreiben lässt, anstatt die eigenen Worte des Erklärenden zu wählen, ist die Problematik noch deutlicher. Ist die vom Antragsteller gemäß § 352 III FamFG abgegebene eidesstattliche Versicherung unrichtig, so wird das Nachlassgericht die Abgabe einer neuen eidesstattlichen Versicherung nur dann verlangen, wenn damit Bedenken in einem für die Entscheidung wesentlichen Punkt beseitigt werden sollen.[657] Erweist sich aber der Erbschein nunmehr als unrichtig und sind die Voraussetzungen für seine Erteilung nicht mehr gegeben, so ist der Erbschein einzuziehen (§ 2361 BGB). Entstehen durch die eidesstattliche Versicherung

656 OLG Frankfurt Rpfleger 1952, 339.
657 OLG Köln DNotZ 1959, 213; KG DNotZ 1944, 130 = DFG 1943, 109 = DR 1943, 1071.

Zweifel an dem bezeugten Erbrecht, so hat das Nachlassgericht erneut von Amts wegen zu ermitteln.[658]

2.18 Ermittlung ausländischen Rechts

214 Kommt ausländisches Recht zur Anwendung, z. B. weil es in **Altfällen (Erbfall bis 16.8.2015)** nach Art 25 EGBGB auf das Heimatrecht des Ausländers ankommt, ist es von Amts wegen zu ermitteln (§26 FamFG; §293 ZPO ist nicht unmittelbar anwendbar). Der Richter kann die entsprechende Literatur selbst studieren (grundlegend: Ferid/Firsching/Dörner/Hausmann, Internationales Erbrecht, Quellensammlung, 2003ff.); Ermittlung durch Freibeweis ist zulässig.[659] Das Nachlassgericht wird in komplizierteren Fällen ein Gutachten eines Universitätsinstituts für ausländisches Recht erholen; ein Kostenvorschuss kommt in Frage (§ 14 III 1 GNotKG), Rz. 165. Auch die ausländische Rechtsprechung ist zu ermitteln,[660] was erhebliche praktische Probleme aufwirft, auch wenn deutsche Universitätsinstitute als Gutachter tätig werden, weil bei uns ausländische Rechtsprechungssammlungen nicht vorhanden oder mangels Sprachkenntnissen nicht auswertbar sind. Der deutsche Erbscheins-Antragsteller jedenfalls hat keine Pflicht, das ausländische Erbrecht zu ermitteln und dem Nachlassgericht mitzuteilen. Liegt bereits ein ausländischer „Erbschein" vor, wird er in der Regel eine zuverlässige Auskunft über das ausländische Erbrecht geben.

Für **Erbfälle ab 17.8.2015** ist die **EuErbVO** zu beachten (Rz.786). Danach wendet das deutsche Nachlassgericht grundsätzlich deutsches Erbrecht an, wenn der Erblasser im Zeitpunkt seines Todes seinen gewöhnlichen Aufenthalt (Rz.130) in Deutschland hatte, auch wenn der Erblasser Bürger eines Staates war, der kein Mitgliedstaat des EuErbVO ist (Art.20 EuErbVO). Es gilt der **Grundsatz des Gleichlaufs** von internationaler Zuständigkeit und anwendbarem Recht (Art.4 EuErbVO): für beides kommt es auf den letzten gewöhnlichen **Aufenthalt** an. Ausnahmen gelten bei Rechtswahl (Art.22 EuErbVO) und wenn aufgrund besonderer Umstände (Art.21 II EuErbVO) doch das Recht eines anderen Staates anzuwenden ist. Beispiel hierfür: der Erblasser (Schweizer) hat erst kurz vor seinem Tod seinen „gewöhnlichen Aufenthalt" nach Deutschland verlegt. Dann fällt die internationale Zuständigkeit (deutsches Nachlassgericht; Art.4 EuErbVO; §343 I FamFG) und das anzuwendende Recht (Schweiz) u.U. auseinander.

2.19 Fremdsprachiges Testament

215 Ist eine letztwillige Verfügung eines Deutschen oder eines Ausländers in einer Fremdsprache abgefasst, so kann das Gericht bei ausreichenden Sprachkenntnissen selbst übersetzen (nicht ratsam), oder zur Ermittlung des Wortsinns nach seinem Ermessen die von den Beteiligten vorgelegten Übersetzungen verwerten

658 BGHZ 40, 54, 56 = NJW 1963, 1972.

659 BayObLG FamRZ 2003, 1595/99.

660 Vgl. BGH FamRZ 2003, 1549 (thailändisches Recht).

oder von Amts wegen eine**Übersetzung** einholen;[661] die Feststellung, wie ausländische Rechtsbegriffe ins Deutsche zu übersetzen sind, bereitet unter Umständen erhebliche Schwierigkeiten. Über die Auslegung eines fremdsprachigen Testaments eines Deutschen vgl. Rz. 216.

Die Frage, ob ein im Ausland errichtetes Testament den **Formvorschriften** entspricht, beurteilt sich nach Art 26 I EBGB (geändert ab 17. 8. 2015) bzw. dem früheren Recht (Art. 220 I EGBGB).

3. Ausgewählte Rechtsfragen

3.1 Auslegung des Testaments

Auch Umstände, die außerhalb der Urkunde liegen, sind bei der Auslegung zu berücksichtigen und unterliegen daher der Beweiserhebung. Zur Ermittlung des Erblasserwillens kann der beurkundende Notar als Zeuge vernommen werden; ebenso der Anwalt, der den Erblasser bei der Abfassung seines Testaments beraten hatte.[662] Haben sich Ehegatten in einem gemeinschaftlichen Testament gegenseitig bedacht, so greift die Vermutung des § 2270 II BGB ein; das Nachlassgericht hat von Amts wegen alle Umstände, die für die Widerlegung der Vermutung in Betracht kommen, zu ermitteln.[663] Beim Tod eines Ausländers ist in der Regel dessen Heimatrecht für die Auslegung des Testaments maßgebend,[664] wenn es um Sprachgebrauch usw. geht. Verfasst ein Deutscher im Ausland ein Testament, gelten somit die Auslegungsgrundsätze des deutschen Rechts; verwendet er fremde Rechtsbegriffe (executor, trustee usw.), ist durch Auslegung zu ermitteln, was er damit ausdrücken wollte, wobei dem Sinngehalt des ausländischen Rechts Rechnung zu tragen ist;[665] wenn ein Deutscher, der jahrzehntelang in Kanada lebte, einen executor/trustee einsetzt, ist das als Testamentsvollstreckung auszulegen (BayObLG a. a. O., zweifelhaft). 216

3.2 Anfechtung des Testaments

Ergeben sich aus den Akten Anfechtungsgründe (§ 2078 BGB) und erfolgt keine Anfechtung, spielt es keine Rolle, ob Anfechtungsgründe vorliegen. Stellt niemand eine Erbscheinsantrag, wird die Anfechtung einfach zu den Akten gegeben. Wird angefochten, erstreckt sich die Ermittlungspflicht grundsätzlich nur auf die geltend gemachten Anfechtungsgründe;[666] nach anderen Anfechtungstatsachen muss das Nachlassgericht nicht forschen. Über die Begründetheit der Anfechtung hat das Nachlassgericht **erst im Erbscheinsverfahren** (als Vorfrage) zu entscheiden,[667] indem der Erbschein erteilt oder nicht erteilt wird 217

661 BayObLG FamRZ 1997, 318 = NJW-RR 1997, 201 (Rumänisch).
662 BayObLG FamRZ 2002, 274; FamRZ 2003, 1595.
663 KG JFG 14, 288.
664 BayObLG FamRZ 2003, 1595/1600; 1996, 694 zur Rechtslage vor der EuErbVO.
665 BayObLG FamRZ 2003, 1595/1600.
666 BayObLGZ 1962, 47 = NJW 1962, 1060.
667 BayObLG FamRZ 1997, 1179; KG NJW 1963, 766; OLG Hamm FamRZ 1975, 289, 291; OLG München JFG 13, 280.

(falsch wäre ein Beschluss: „Die Anfechtung wird zurückgewiesen"). Unter welchen Voraussetzungen ein Testament angefochten werden kann richtet sich nach dem Errichtungs- oder dem Erbstatut.[668]

3.3 Ausschlagung; Erbverzicht

218 Das Nachlassgericht hat die Wirksamkeit einer Ausschlagung (insbesondere die rechte Form und die Beachtung der Frist) zu prüfen, aber nur, wenn ein Erbscheinsantrag gestellt wird;[669] also nicht isoliert. Ebenso ist Umfang und Wirksamkeit eines Erbverzichts (§§ 2346 ff. BGB) von Amts wegen zu prüfen, eine Verweisung auf den Rechtsweg ist unzulässig.[670]

3.4 Erbunwürdigkeit

219 Die Feststellung der Erbunwürdigkeit ist im Erbscheinsverfahren nicht möglich.[671] Erbunwürdigkeit, die sich aus den Akten ergibt oder amtsbekannt ist (Beispiel: die Erbin hat ihren Ehemann ermordet und wurde rechtskräftig verurteilt), wird nicht von Amts wegen berücksichtigt. Denn die Erbunwürdigkeit muss durch **Anfechtungsklage** vor der Zivilabteilung des Amts- oder Landgerichts (nicht: beim Nachlassgericht) geltend gemacht werden (§ 2340 I BGB). Erst die Erhebung der Klage und das Vorliegen eines rechtskräftigen Urteils (auch eines Versäumnisurteils[672]) hat Bedeutung für das Erbscheinsverfahren. Das Erbscheinsverfahren wird während des Zivilprozesses ausgesetzt (und gegebenenfalls ein Nachlasspfleger bestellt, § 1960 BGB). Das rechtskräftige Urteil hat rückwirkende Kraft (§§ 2342 II, 2344 BGB); der Unwürdige wurde nicht Erbe; Erbe wird der Nächstberufene, hilfsweise der Fiskus.

4. Bestellung eines Nachlasspflegers

220 Manchmal zieht sich das Erbscheinsverfahren hin, es dauert längere Zeit. Ist der Erbe somit „unbekannt" *und* besteht ein Bedürfnis nach Fürsorge für den Nachlass (also für das Vermögen), hat das Nachlassgericht von Amts wegen einen Nachlasspfleger zu bestellen (vgl. § 1960 BGB). Auch wenn verschiedene Erben gegensätzliche Erbscheinsanträge stellen, ist der Erbe im Rechtssinne „unbekannt."[673] Dem **Erbanwärter** kann in dieser Zeit nicht geholfen werden; er kommt nicht an den Nachlass (Bankkonten, Grundstücke) heran, muss eventuell verauslagte Bestattungskosten zwischenfinanzieren, denn einen „vorläufigen Erbschein" gibt es nicht; allenfalls über §§ 1888, 1867 BGB könnte das Nachlassgericht helfen (Rz. 25). – Den **Gläubigern** kann dagegen geholfen werden. Bei-

668 BayObLG FamRZ 2003, 1595/1601.
669 OLG Nürnberg ErbR 2022, 259; OLG Düsseldorf MDR 1978, 142.
670 BayObLGZ 1981, 30.
671 BayObLG Rpfleger 1973, 431.
672 BGH ErbR 2023, 687.
673 Unrichtig daher KG NJW-RR 1999, 157, wonach der Erbe nicht unbekannt sein soll, wenn er mit „hoher Wahrscheinlichkeit" feststehe, aber wegen der Unsicherheit gleichwohl noch kein Erbschein erteilt werden konnte.

spiel: die Gläubigerin des Erblassers, z. B. die geschiedene Frau mit Unterhaltstitel, bräuchte dringend einen Erbschein, damit sie den vorhandenen Vollstreckungstitel gegen die Erben des geschiedenen Ehemannes (z. B. seine zweite Frau; § 1586b BGB) umschreiben lassen kann (§ 727 I ZPO); wenn sie die Bestellung eines Nachlasspflegers mit einem beschränkten Aufgabenkreis beantragt (§ 1961 BGB), kann sie in den Nachlass vollstrecken, wobei die unbekannten Erben durch den Nachlasspfleger vertreten werden.

5. Beteiligte des Erbscheinsverfahrens

5.1 Regelung im FamFG

Dazu bestimmt **§ 345 I FamFG:** 221

[1] In Verfahren auf Erteilung eines Erbscheins ist Beteiligter der Antragsteller.

[2] Ferner können als Beteiligte hinzugezogen werden:

1. *die gesetzlichen Erben,*
2. *diejenigen, die nach dem Inhalt einer vorliegenden Verfügung von Todes wegen als Erben in Betracht kommen,*
3. *die Gegner des Antragstellers, wenn ein Rechtsstreit über das Erbrecht anhängig ist,*
4. *diejenigen, die im Fall der Unwirksamkeit der Verfügung von Todes wegen Erbe sein würden, sowie*
5. *alle Übrigen, deren Recht am Nachlass durch das Verfahren unmittelbar betroffen wird.*

[3] Auf ihren Antrag sind sie hinzuzuziehen.

Der Entscheidung dürfen nur solche Tatsachen und Beweisergebnisse zugrunde gelegt werden, zu denen die Beteiligten Gelegenheit hatten, Stellung zu nehmen.[674] Dass der Antragsteller „Beteiligter" ist, ist selbstverständlich und folgt auch aus § 7 I FamFG. Nach § 7 I 3 FamFG *können* die in § 345 I 2 FamFG genannten Personen den Antrag stellen, hinzugezogen zu werden; dann *müssen* sie hinzugezogen werden. Ohne Antrag kann das Gericht diese Personen nach Ermessen hinzuziehen; wenn sich diese Person dann gegenüber dem Nachlassgericht äußert ist sie formelle Beteiligte geworden und kann mit Kosten belastet werden (§ 81 FamFG), worüber sie aber nicht belehrt wird. Der Beteiligte nimmt seine Rechte selbst wahr; der geschäftsunfähige Beteiligte wird hierbei, wenn er volljährig ist, unter Umständen durch den Betreuer (§ 1814 BGB) vertreten; wenn er/sie minderjähriges Kind ist: durch die Eltern bzw. einen Vormund oder Pfleger. Die Nichtgewährung des rechtlichen Gehörs macht den Erbschein nicht nichtig. Der Verfahrensverstoß hat nicht zwingend die Einziehung des Erbscheins zur Folge; ein deswegen eingeleitetes Einziehungsverfahren (§ 2361 BGB) hat nur Erfolg, wenn der Erbschein ein falsches Erbrecht bezeugt.

674 BVerfGE 5, 24; ständige Rechtspr.

222 **Zu 1) Gesetzliche Erben.** Liegt ein wirksames Testament vor, in dem andere Personen als die gesetzlichen Erben (§§ 1924 ff. BGB) eingesetzt wurden, sind somit die gesetzlichen Erben zu „beteiligen", also anzuhören. Das sind nicht nur diejenigen Personen, die ein Pflichtteilsrecht (§ 2303 BGB) haben. Wer aus jedem Rechtsgrund wirksam ausgeschlagen hat, fällt nicht darunter. Der Erbscheinsantragsteller „soll" in seinem Antrag die als Beteiligte in Betracht kommenden Personen bezeichnen (§ 23 I 2 FamFG), verpflichtet ist er dazu nicht (vgl. aber § 27 FamFG), auch nicht zur Ermittlung der Anschriften der anderen Beteiligten. Die Ermittlungspflicht trifft das Nachlassgericht (§ 26 FamFG). Sie ist aber eingeschränkt; jedenfalls muss kein Pfleger für diese unbekannten Beteiligtem, erst recht kein Nachlasspfleger (§ 1960 BGB), bestellt werden, da es „nur" um die Wahrnehmung des rechtlichen Gehörs geht und die Pfleger dazu nichts sagen könnten. Beantragt ein Miterbe nur einen **Teilerbschein** für seinen Anteil, sind die Erben der anderen Teile insoweit kein „gesetzlichen Erben".[675]

223 **Zu 2) Testamentserben.** Wenn der Erblasser mehrere Testamente hinterlassen hat, in denen verschiedene Personen eingesetzt wurden, sind alle in Betracht kommenden Personen Beteiligte. Wer einen Erbschein beantragt, hat nicht die Pflicht, die Namen und Anschriften von Personen zu *ermitteln*, die evtl. zu beteiligen sind;[676] er hat nur wahrheitsgemäß und vollständig anzugeben, was er über die Personen weiß (§ 27 FamFG).

224 **Zu 3) Rechtsstreit.** Von einem solchen Gegner erhält das Nachlassgericht z. B. durch die Angaben des Antragstellers Kenntnis. Gemeint sind z. B. Zivilprozesse um das Erbrecht (§ 256 ZPO), Anfechtungsklagen wegen Erbunwürdigkeit (§ 2342 BGB), Geltendmachung des Erbschaftsanspruchs (§ 2018 BGB); entsprechende Klagen vor ausländischen Gerichten;[677] Klagen, bei denen es um Vorfragen geht. Nachlassverwaltung und Nachlassinsolvenzverfahren stehen der Erbscheinserteilung nicht entgegen, weil es dabei nicht um die Frage geht, wer Erbe ist. Der Gegner ist zu hören. Die Anhängigkeit eines Rechtstreits vor dem Zivilgericht hindert das Nachlassgericht nicht, einen Erbschein zu erteilen; andernfalls könnte jeder Erbprätendent durch einen sinnlosen Prozess die Erteilung eines Erbscheins schikanös verhindern.[678]

225 **Zu 4) Bedingte Erben.** Ist das Testament, auf das sich der Erbe stützt, unwirksam, können andere Testamente zum Tragen kommen, hilfsweise tritt gesetzliche Erbfolge ein. Diese Nächstberufenen sind anzuhören.

---

675 MünchKomm FamFG/Grziwotz § 345 Rz. 15; a. A. Prütting/Helms/Fröhler § 345 Rz. 22.

676 KG NJW-RR 2005, 1677 = FamRZ 2006, 151.

677 KG FamRZ 1968, 219.

678 Protokolle V 681.

Beispiel:

E ist verstorben. Seine Haushälterin F beantragt, gestützt auf ein Testament, einen Erbschein als Alleinerbin. Bei Nichtigkeit des Testaments wären die beiden Kinder des E, A und B, gesetzliche Erben. Hier ist F formell und materiell Beteiligte; A und B sind zumindest materiell beteiligt. Die im Testament als Vermächtnisnehmerin bedachte Pfarrkirchenstiftung ist nur wirtschaftlich interessiert, nicht rechtlich beteiligt. Wird über die Testierfähigkeit des E ein Gutachten erholt, ist es deshalb F, A und B zuzuleiten, nicht aber der Vermächtnisnehmerin.

Zu 5) Sonstige unmittelbar Betroffene. Die Einschränkung „unmittelbar" bereitet Abgrenzungsprobleme. Unklar ist schon, wer ein „Recht" am Nachlass hat. Rechtliche oder wirtschaftliche Interessen genügen nicht. Verlangt wird eine „unmittelbare" Betroffenheit, so dass eine mittelbare Auswirkung nicht ausreicht. **Zu bejahen** ist eine solche Stellung beim Erbeserben; beim Nacherben, weil der Erbschein ggf. einen Nacherbenvermerk enthalten muss (aber nicht beim Ersatznacherben[679]); beim verfügungsberechtigten Testamentsvollstrecker (vgl. § 352b II FamFG), Nachlassinsolvenzverwalter, Nachlassverwalter, Gläubiger mit Titel (§§ 792, 896 ZPO). **Zu verneinen** ist eine unmittelbare Betroffenheit bei Nachlassgläubigern, wenn sie keinen Titel nach §§ 792, 896 ZPO haben; beim Vermächtnisnehmer (weil die Unmittelbarkeit fehlt und auch der Gerichtsstand nicht von der Person des Erben abhängt, § 27 ZPO); Pflichtteilsberechtigte;[680] Nachlasspfleger (§ 1960 BGB), jedenfalls bezüglich der Erben, deren gesetzlicher Vertreter er ist (vgl. aber Nr. 1); Erbteilserwerber.[681] Beim Vermächtnisnehmer ist die Abgrenzung vom Miterben besonders kritisch; kommt er bei einem unklaren Testament als Miterbe in Betracht, ist er ein Kann-Beteiligter. 226

5.2 Beteiligtenermittlungspflicht des Nachlassgerichts

Damit der eventuell zu Beteiligende einen Antrag stellen kann, muss er irgendwie vom Verfahren Kenntnis erlangen. Der Antragsteller „soll" die weiteren Beteiligten in seinem Antrag nennen (§ 23 I 2 FamFG). Das Gericht soll die potentiell Beteiligten benachrichtigen, „soweit sie dem Gericht bekannt sind". Das bedeutet, dass die Amtsermittlungspflicht des Gerichts (§ 26 FamFG) insoweit stark eingeschränkt ist, weil es sich faktisch mit den Angaben des Erbscheinsantragstellers begnügt, mit dem, was zufällig bekannt ist. Ein solches Verfahren würde Art. 103 I GG (rechtliches Gehör) verletzen. Es genügt auch nicht, dem Antragsteller aufzugeben, die anderen Beteiligten anzugeben (§ 27 FamFG), weil seine Interessenlage dagegensteht. Das Gericht muss deshalb die 227

679 MünchKomm FamFG/Grziwotz § 345 Rz. 20; a. A. Prütting/Helms/Fröhler § 345 Rz. 36.

680 Prütting/Helms/Fröhler § 345 Rz. 38. Nach h. M. fallen sie aber unter Nr. 1.

681 A. A. Prütting/Helms/Fröhler § 345 Rz. 20.

anderen Beteiligten **von Amts wegen ermitteln** (§26 FamFG);[682] das endet dort, wo zumutbare Anstrengungen erfolglos waren, etwa der Aufenthalt nicht ermittelbar war.[683] Eine Anfrage beim Melderegister genügt deshalb nicht.[684] Geringere Ermittlungsanforderungen wird man bei einem notariellen Testament stellen müssen,[685] wenn keine ernsthaften Zweifel an der Wirksamkeit des Testaments bestehen und das Erbscheinsverfahren andernfalls unzumutbar und unverhältnismäßig verzögert würde. Beim Antrag auf ein **Europäisches Nachlasszeugnis** (ENZ) müssen die Beteiligten u. U. durch ein Aufgebotsverfahren ermittelt werden (§ 35 III IntErbRVG; Art 66 IV EuErbVO).

5.3 Belehrungspflicht

228 Das Gericht soll ferner über das Antragsrecht, beteiligt zu werden, belehren. In der Regel ist notwendig, dass der Erbscheinsantrag in Kopie zugeleitet wird,[686] und, je nach Einzelfall, auch eine Kopie des Testaments (evtl. nur eines Teils des Testaments). Denn andernfalls kann der Benachrichtigte nicht entscheiden, ob er einen Beteiligungsantrag stellen soll oder nicht, es fehlt ihm die Entscheidungsgrundlage. In der Regel stellt sich dem Empfänger auch die Frage, welche Nachteile er durch eine Nichtbeteiligung hat und ob er durch einen Beteiligungsantrag ein Kostenrisiko eingeht (vgl. § 81 FamFG[687]).

5.4 Beteiligungsantrag

229 Der Antragsteller muss einen Sachverhalt vortragen (und gegebenenfalls dafür Beweise anbieten), der dem Nachlassgericht die Prüfung ermöglicht, ob der Antragsteller unter den Personenkreis nach §345 I 2 FamFG fällt (z. B.: „ich bin ein Neffe des Verstorbenen"). Der Antragsteller muss beteiligtenfähig und verfahrensfähig sein (§§8, 9 FamFG). Eine Frist für den Antrag gibt es nicht; der Beiziehungsantrag kann noch im Beschwerdeverfahren gestellt werden. Eine Verwirkung des Antragsrechts ist nicht möglich. Nach Erteilung des Erbscheins hat ein Beteiligungsantrag freilich keinen Sinn mehr, dann bleibt die Anregung, den Erbschein einzuziehen (§2361 BGB). Der Antrag kann jederzeit zurückgenommen werden. Dem Beiziehungsantrag *muss* entsprochen werden; mit Zuziehung wird der Antragsteller auch formell Beteiligter.

229a Ein gesonderter **Beschluss, der die Beteiligtenstellung bestätigt**, muss nicht ergehen; er ist aber zulässig und oft zweckmäßig. Folge der eingetretenen Beteiligten-Stellung ist u. a., dass der Beteiligte zu weiteren Terminen (z. B. zur Vernehmung von Zeugen, Sachverständigen) zu laden ist, dass bestimmten weite-

682 OLG Köln ZEV 2010, 89; BayObLG FamRZ 1999, 1472 (Nichtermittlung der Neffen und Nichten); Bumiller/Harders/Schwamb §345 Rz. 9; BeckOK Hahne/Munzig/Schlögel § 345 Rz. 11; Zimmermann/Schmidt-Recla § 345 Rz. 11.

683 KG NJW-RR 2005, 1677; Bumiller/Harders/Schwamb § 345 Rz. 10.

684 BayObLG FamRZ 1999, 1472 (privatschriftliches Testament).

685 Vgl. Bumiller/Harders/Schwamb § 345 Rz. 10.

686 Bumiller/Harders/Schwamb § 345 Rz. 11.

687 Vgl. OLG Bamberg 10. 1. 2022 2 W 30/21.

ren Anträgen des Beteiligten entsprochen werden muss, z. B. auf Akteneinsicht (§ 13 FamFG). Auch ohne weiteren Antrag des Beteiligten ist ihm jedenfalls die Entscheidung über den Erbscheinsantrag von Amts wegen mitzuteilen. Geschieht dies nicht, läuft gegen ihn keine Rechtsmittelfrist. Wird dann allerdings der Erbschein erteilt, kann allenfalls noch ein Einziehungsverfahren (§ 2361 BGB) helfen. Läuft das Verfahren bereits einige Zeit und wird erst dann ein neuer Beteiligter hinzugezogen, stellt sich Frage, ob **Verfahrenshandlungen wiederholt** werden müssen; in Frage kommt eine Wiederholung der Vernehmung eines Zeugen bzw. eines Sachverständigen, damit der neue Beteiligte Fragen stellen kann. Es stellen sich ähnliche Fragen wie bei Parteiwechsel im Zivilprozess. Wird dem Beiziehungsantrag entsprochen, kann kein *anderer* Beteiligter dagegen Beschwerde einlegen, weil noch keine Endentscheidung vorliegt (§ 58 FamFG).

5.5 Ablehnung der Beteiligung

Wird der Beteiligungsantrag abgelehnt, obwohl er von einer nach § 345 FamFG berechtigten Person gestellt wurde, ist eine Entscheidung durch **Beschluss** erforderlich (§ 7 V 1 FamFG); Beschlussinhalt: § 38 II FamFG; eine Begründung ist erforderlich, § 38 III FamFG (mit Ausnahmen in § 38 Abs. 4). Der Beschluss ist mit sofortiger Beschwerde in entsprechender Anwendung der §§ 567 bis 572 ZPO anfechtbar (§ 7 V 2 FamFG; Frist: zwei Wochen, § 569 ZPO), also nicht nach §§ 58 ff. FamFG. Es entscheidet das OLG. Erfolgt auf den Beiziehungsantrag überhaupt keine Reaktion des Nachlassgerichts, wird man das nach Ablauf einer angemessenen Zeitspanne und erfolgloser Nachfrage als stillschweigende Ablehnung auffassen müssen (streitig), so dass auch hier mE die sofortige Beschwerde (**Untätigkeitsbeschwerde**) statthaft ist (streitig); dem stehen §§ 198 ff. GVG nicht entgegen, weil es dort nur um eine „angemessene" Entschädigung geht. 229b

6. Das Erbenaufgebot nach § 352d FamFG

Ist ein Erbscheinsantrag gestellt, hat das Nachlassgericht von Amts wegen zu ermitteln, ob die erbrechtlichen Verhältnisse die Erteilung des begehrten Erbscheins gestatten, ob also z. B. der Antragsteller tatsächlich Alleinerbe oder nur Miterbe ist; den Tod von Geschwistern usw. muss er in der Regel durch öffentliche Urkunden nachweisen (§ 352 III FamFG). Das ist oft schwierig, weil unser Meldesystem dürftig ist.[688] Hier hilft § 352d FamFG (früher § 2358 BGB): „Zur Anmeldung der *anderen* Personen zustehenden Erbrechte" kann[689] das Nachlassgericht eine öffentliche Aufforderung erlassen, d. h. die unbekannten Miterben durch Inserat im (elektronischen) Bundesanzeiger und gegebenenfalls in Zeitungen unter Fristsetzung auffordern, sich zu melden. Es handelt sich um 230

688 Dazu Beck, Die Erbenermittlung in Deutschland, 2019.

689 Die Aufforderung darf nur ganz ausnahmsweise unterbleiben, KG FamRZ 2023, 1823.

eine Art Ermittlungsbehelf, einen Widerspruch zum Amtsermittlungsgrundsatz; das Verhältnis von § 352d FamFG zu § 26 FamFG ist unklar; jedenfalls kann § 352d FamFG nicht so verstanden werden, dass sein Zweck ist, dem Nachlassgericht die Arbeit zu erleichtern.

231 **Beispiel:**

Sohn A beantragt nach dem Tod seines verwitweten Vaters einen Alleinerbschein, obwohl Existenz, Adresse und weitere Verhältnisse seines Bruders B (der vor vielen Jahren ausgewandert ist; gegebenenfalls Miterbe zu ½) unbekannt sind. Drei Lösungen sind denkbar:

(1) Sind einzelne Erben bekannt (hier: A) und beantragen sie einen Erbschein, kann (nach Antragsänderung) ein **Teil-Erbschein** erteilt werden (§ 2353 BGB); für die anderen (unbekannten) Erben (hier: B) könnte ein Teil – Nachlasspfleger bestellt werden (der B sucht); so wäre auch im vorgenannten Beispiel zu verfahren. Mit diesem Teil-Pfleger führt A die Erbauseinandersetzung durch; wenn die Erbenermittlung des Nachlasspflegers N erfolglos ist, hinterlegt N den hälftigen Erbanteil des B beim Amtsgericht (Hinterlegungsstelle); nach Ablauf der Hinterlegungsfrist erhält der Staat das Geld (Hinterlegungsgesetz des jeweiligen Landes), also die Hälfte des Nachlasses (außer, A wurde zuvor noch als Erbe der restlichen Hälfte festgestellt, etwa weil B für tot erklärt wurde).

(2) A kann ein Todeserklärungsverfahren (nach § 16 II c VerschG) hinsichtlich seines Bruders B durchführen. Nach Erklärung des B für tot erhält A einen Allein-Erbschein. So ist es zweckmäßig.

(3) Wird dagegen nach § 352d FamFG vorgegangen, erhält A ohne weiteres den begehrten Alleinerbschein und damit den ganzen Nachlass.

6.1 Voraussetzungen

232 Die Regelung des § 352d FamFG (früher § 2358 II BGB) kommt sowohl bei gesetzlicher wie bei testamentarischer Erbfolge in Betracht.[690] Sie enthält nichts zu den materiell-rechtlichen Voraussetzungen, was rechtlich bedenklich ist. Umstritten ist daher, ob § 352d FamFG „großzügig" oder „eng" auszulegen ist. Letzteres trifft zu. Das Erbenaufgebot nach § 352d FamFG kann nur das *letzte* Mittel in einer Situation sein, in der die Beibringung urkundlicher Nachweise dem Antragsteller unverhältnismäßige Schwierigkeiten bereiten würde.[691] Das ist selten der Fall, weil ein **Todeserklärungsverfahren** im Regelfall zumutbar und für solche Fälle auch gedacht ist. Die Todeserklärung ist aber nicht vorrangig, wenn der Tod nicht zweifelhaft ist.[692] Beantragt A nach dem Tod des Vaters einen Alleinerbschein und sagt, „von meinem Bruder B habe ich seit einigen Wochen nichts gehört, seine Anschrift kenne ich nicht", dann könnte sich das Nachlassgericht Ermittlungen sparen und nach Erbenaufgebot dem A einen

690 OLG Colmar RJA 9, 84.

691 KG FamRZ 2011, 1337; OLG Hamm FGPrax 1999, 27 (verlangt bei einem Verschollenen ein Todeserklärungsverfahren und lehnt in einem solchen Falle das Aufgebot ab; Reinnachlass 45.000 DM, Miterben); LG Berlin Rpfleger 2006, 473.

692 OLG Hamm ZEV 2014, 690.

Alleinerbschein erteilen; eine solche Lösung wäre absurd. Aber wenn vor 60 Jahren der letzte Kontakt zur Familie war, genügt das.[693]

Ein Verfahren nach § 352d FamFG kann z.B. in Frage kommen, wenn die als Miterbe in Betracht kommende Person seit vielen Jahren unbekannten Aufenthalts ist, ein Todeserklärungsverfahren nicht durchgeführt wurde und der Nachlass bzw. der auf den Unbekannten entfallende Nachlassteil so gering ist, dass die Bestellung eines Teil – Nachlasspflegers (mit der Aufgabe der Erbensuche) unzweckmäßig wäre.[694] Ist der Nachlass nicht nur geringfügig, muss geprüft werden, ob vom Erbscheins-Antragsteller ein Todeserklärungsverfahren[695] verlangt werden kann; ist dies (wie fast immer) der Fall, scheidet ebenfalls ein Verfahren nach § 352d FamFG aus (der Wunsch der vorhandenen Erben, die langen Fristen des VerschG nicht abwarten zu müssen, möglichst schnell an die Erbschaft zu kommen, genügt nicht). Weiter ist § 352d FamFG heranzuziehen, wenn Verwandte höherer Ordnungen als Erben in Betracht kommen (§§ 1926, 1928, 1929 BGB). Kommen Abkömmlinge der acht Urgroßeltern als Erben in Betracht, dann ist es beim Kinderreichtum der vergangenen Zeiten wahrscheinlich, dass noch irgendwo welche leben; ist der Nachlass gering und die Ermittlung durch einen Nachlasspfleger nicht erfolgversprechend, kann ein Erbenaufgebot erlassen werden, obwohl das Vorhandensein besser berechtigter Erben wahrscheinlich ist. Wenn der letzte Kontakt der Familie zum Abkömmling 1952 bestand und weitere erfolgversprechende Ermittlungen nicht erkennbar sind ist das Aufgebot zu erlassen.[696]

Ein Erbscheinsantrag ist natürlich Voraussetzung des Erbenaufgebots. Der Antragsteller kann das Erbenaufgebot anregen;[697] ein Antrag ist nicht erforderlich. Es liegt im pflichtgemäßen Ermessen des Nachlassgerichts, ob es eine öffentliche Aufforderung nach § 352d FamFG erlässt.[698] Der Erlass der Aufforderung kann nicht von der Zahlung eines **Auslagenvorschusses** für die Veröffentlichungskosten abhängig gemacht werden;[699] das trifft wegen § 14 III GNotKG wohl nicht mehr zu.

693 KG ZEV 2020, 246.

694 Frohn (Rpfleger 1986, 37/43) stellt letztlich darauf ab, ob ohne Bestellung eines Nachlasspflegers eine wirtschaftlich befriedigendere Lösung erreicht werden kann.

695 OLG Hamm FGPrax 1999, 27; OLG Hamburg NJW 1953, 627/8; ein Aufgebot halten für ausreichend OLG Colmar KGJ 35 A 352/3; Mannheimer NJW 1953, 628. Ist die Todeserklärung praktisch undurchführbar, ist das Aufgebot aber ausreichend (BayObLG 1951, 690/5; OLG Schleswig SchlHA 1965, 279/80).

696 KG ZEV 2020, 246 (LS) = BeckRS 2020, 1630 (Sohn der Erblasserin, Ermittlungen auch bei der Fremdenlegion).

697 Die Ablehnung ist als Zwischenentscheidung unanfechtbar, LG Frankfurt Rpfleger 1984, 191.

698 OLG Hamburg NJW 1953, 627/8; KG OLGZ 1971, 89/93; OLG Frankfurt Rpfleger 1987, 203; OLG Hamm FGPrax 1999, 27.

699 LG Berlin Rpfleger 1982, 474.

Die Ablehnung ist (da Zwischenentscheidung des Amtsermittlungsverfahrens, § 58 FamFG) unanfechtbar;[700] sie erfolgt ohnehin nicht durch gesonderten Beschluss, sondern indem das Verfahren ohne Aufgebot fortgeführt wird. Erst die Ablehnung des begehrten Erbscheins kann angefochten werden.

6.2 Verfahren

233 Zum Verfahren verweist § 352d FamFG nur bezüglich der Art der Bekanntmachung und der Dauer der Anmeldefrist auf §§ 433 ff. FamFG. Das bedeutet:

a) Die öffentliche Bekanntmachung muss *zutreffende* Angaben zum Erbfall enthalten[701] und hat mindestens durch Anheftung an der Gerichtstafel des Amtsgerichts und durch einmalige Einrückung in den elektronischen Bundesanzeiger zu erfolgen (§ 435 I 2 FamFG; mehrmaliges Einrücken nach § 435 II FamFG). Sinnvoll ist immer, das Aufgebot zusätzlich in Tageszeitungen oder deutschen Zeitungen im betreffenden Ausland zu veröffentlichen (§ 435 II FamFG), denn Gerichtstafel und elektronischer Bundesanzeiger sind nur fiktive Bekanntmachungen, werden vom Publikum nicht gelesen.
b) Zwischen der ersten Einrückung in den Bundesanzeiger und dem Aufgebotstermin muss mindestens eine Frist von 6 Wochen liegen (§ 437 FamFG).
c) Ein Antrag ist nicht erforderlich (entgegen § 434 I FamFG);
d) Es ergeht kein Ausschlussurteil oder -beschluss (entgegen § 439 FamFG), eine öffentliche Sitzung findet nicht statt.

234 Die öffentliche Aufforderung wird durch Verfügung des Rechtspflegers oder (bei Zuständigkeit des Richters für den Erbschein) des Richters angeordnet.

6.3 Beispiel eines Erbenaufgebots

235 Erbenaufgebot[702]

Am ... verstarb in ... Herr X ..., geboren am ..., der in ..., zuletzt wohnhaft gewesen ist. Als gesetzlicher Erbe zu ¼ kommt sein Sohn Y ..., geb. am ... in ..., zuletzt wohnhaft in ..., in Betracht, der um 1980 nach Australien ausgewandert ist. Wenn Y verstorben ist, kommen seine Abkömmlinge als gesetzliche Erben in Betracht. Die in Frage kommenden Personen sollen sich binnen 6 Wochen beim AG München (Nachlassgericht) unter Angabe des Aktenzeichens VI ... melden. Andernfalls wird ein Erbschein erteilt, bei dem ihre Erbrechte nicht berücksichtigt werden. Auch andere Personen, die etwas über den Aufenthalt von Y ... wissen, sollen sich melden. Der Reinnachlass soll etwa ... Euro betragen.

(Datum) Amtsgericht München (Nachlassgericht), Adresse

700 LG Frankfurt Rpfleger 1984, 191.
701 OLG Karlsruhe ZEV 2014, 54.
702 Andere Beispiele findet man im elektronischen Bundesanzeiger: über eine Suchmaschine (z. B. Google) zum Bundesanzeiger Verlag, dort Evidenzzentrale (links), gerichtlicher Teil.

Die Überschrift „Öffentliche Aufforderung" ist meines Erachtens für einen Zeitungsleser zu wenig informativ und sollte daher nicht verwendet werden (sondern z. B. „Erben gesucht"). Ein Rechtsnachteil wird nicht angedroht, da er (rechtlich gesehen) nicht eintritt; auf die faktische Folge (Erbschein) sollte aber hingewiesen werden. Die Aufforderung an Dritte ist eine Ermittlung nach § 26 FamFG, hat mit dem Aufgebot nichts zu tun. Auch die Angabe des Nachlasswertes ist für § 352d FamFG nicht notwendig, aber für sog. Erbenermittler und Erbanwärter interessant, weil sie bei Kleinbeträgen nicht tätig werden.

6.4 Folgen des Erbenaufgebots

Die Unbekannten können sich melden (was fast nie vorkommt); manchmal 236
melden sich Personen, die auf Honorarbasis unbekannte Erben suchen. Auch ein Abwesenheitspfleger des Verschollenen kann die Erbberechtigung anmelden.[703] Melden sich die möglichen Erben bzw Miterben nicht, ergeht kein Ausschlussbeschluss (§ 439 FamFG ist nicht anwendbar); sondern es wird bei der Entscheidung über den Erbscheinsantrag angenommen, dass solche Personen nicht existieren. Der Antragsteller A erhält also im Beispiel Rz. 231 einen **Allein-Erbschein**, obwohl der Tod des Bruders B, der mit unbekanntem Ziel und Aufenthalt auswanderte oder sonst verschollen ist und der Miterbe zu ½ wäre, wenn er noch leben würde (im Todesfall: seine Kinder) ungewiss ist. Ein materieller Rechtsverlust tritt für den Unbekannten nicht ein: taucht B (nach Fristablauf) auf, ist der Erbschein nicht zu erteilen oder (wenn schon erteilt) als unrichtig einzuziehen (§ 2361 BGB); die Frage ist nur noch, ob sein Herausgabeanspruch gegen den Erbschaftsbesitzer A noch realisierbar ist (vgl. §§ 2018, 2021 BGB). Wird das Aufgebot durchgeführt, haftet der Erbe für die Kosten der Veröffentlichung nach § 24 Nr. 9 GNotKG.[704]

7. Erbenermittlung, wenn kein Erbscheinsantrag gestellt wird

7.1 Erbenermittlungspflicht des Nachlassgerichts?

Wird ein Erbscheinsantrag gestellt, muss das Nachlassgericht von Amts wegen 237
ermitteln, ob der Antragsteller das behauptete Erbrecht hat (§ 26 FamFG). Davon abgesehen, wenn also niemand einen Erbschein beantragt, hat das Nachlassgericht in 14 Bundesländern keine Pflicht, selbst Erben zu ermitteln. Festzustellen, ob die Ermittlung des Erben möglich ist, ist dort nicht Aufgabe des Nachlassgerichts; denn eine entsprechende Vorschrift fehlt. Anders ist es in Bayern und war es früher in Baden-Württemberg (Rz. 242 ff.). Folge ist, dass in diesen 14 Bundesländern – wenn kein Erbscheinsantrag gestellt wurde – das

703 Zu diesen Fällen vgl. BGH 5, 240; OLG Schleswig SchlHA 1965, 279; Frohn Rpfleger 1986, 37/44.

704 A. A. BayObLG Rpfleger 1970, 181 (zu § 6 KostO).

Gericht nur so weit zu ermitteln hat, bis beurteilt werden kann, ob Sicherungsmaßnahmen oder Nachlasspflegschaft (§ 1960 BGB) erforderlich sind.[705] Dazu ist meist kein besonderer Ermittlungsaufwand erforderlich. Hat der Erbe die Erbschaft angenommen, ist es seine Aufgabe, den Nachlass zu ermitteln, zu sichern und zu verwalten. Ist er dazu wegen psychischer Probleme, wie geistigen Störungen, Altersabbau, nicht in der Lage, kommt die Bestellung eines Betreuers für den Erben durch das Betreuungsgericht in Frage (§§ 1814 ff. BGB; §§ 271 ff. FamFG). Hat der Erbe die Erbschaft angenommen und verschwindet er dann, kommt eine Abwesenheitspflegschaft nach § 1884 BGB in Betracht. Ist der Erbe bekannt, hat er aber die Erbschaft noch nicht angenommen, ist *bei Bedürfnis* die Bestellung eines Nachlasspflegers angebracht. Ist der Erbe unbekannt, aber ein Fürsorgebedürfnis gegeben, muss ebenfalls ein Nachlasspfleger bestellt werden.

Wenn niemand einen Erbscheinsantrag stellt, keine Grundstücke im Nachlass sind und dem Nachlassgericht kein Fürsorgebedürfnis vorgetragen wird, dann bleibt offen, wer sich den Nachlass aneignet. **Nachrichtenloses Bankkonto**: Ein Schuldner muss seinen Gläubiger nicht suchen; wenn der Inhaber eines Sparbuchs (= Gläubiger) stirbt und die **Bank oder Sparkasse** (= Schuldner) bekommt das nicht mit (obwohl der Inhaber jetzt z. B. 120 Jahre alt sein müsste) oder kann die Erben bzw. deren Wohnsitze nicht ausfindig machen oder hält sich einfach still, dann kann sich das Geldinstitut nach 30 Jahren, wenn keine Auszahlung verlangt wird, das Guthaben aneignen und als Gewinn buchen.[706]

238 Das Gericht kann einen **Nachlasspfleger** mit der Ermittlung *nur* der Erben beauftragen, ohne ihm weitere Aufgaben zuzuweisen, selbst wenn der Nachlass andernfalls nicht konkret gefährdet wäre.[707] Das ist auch in Bayern zulässig, weil das Landesrecht nicht das aus § 1960 BGB folgende Ermessen des Nachlassgerichts einschränkt, selbst zu ermitteln oder einen Nachlasspfleger ermitteln zu lassen; das Landesrecht will die Stellung unbekannter Erben stärken, aber nicht schwächen. Die Amtsermittlungspflicht ruht in Bayern nicht, wenn ein Nachlasspfleger mit dem Aufgabenkreis „Erbenermittlung" bestellt wurde,[708] so dass das Nachlassgericht hier parallel tätig werden kann. Wenn der Nachlasspfleger auf Schwierigkeiten stößt, weil er z. B. auf seine Schreiben keine Auskünfte erhält, kann das Nachlassgericht helfend eingreifen.[709]

Das Gericht könnte auch (statt einen Nachlasspfleger mit diesem Wirkungskreis zu bestellen) einen gewerblichen **Erbenermittler** beauftragen, weil es nach § 20 FamFG bei der Amtsermittlung nach Gutdünken auch Dritte einschalten kann; allerdings nicht vertraglich oder unter sonstiger Zusage von Vergütung und

705 KG OLG 32, 45.

706 Zimmermann ErbR 2021, 828; Beck, Erbenermittlung, S. 147.

707 KG OLGZ 1973, 106/8; KG NJW 1971, 565.

708 Vgl. OLG Karlsruhe Rpfleger 1994, 255/6 (Rechtshilfe); anders Brand/Kleeff S. 476 (das Gericht dürfe dem Nachlasspfleger nicht die Erbenermittlung abnehmen), bezugnehmend auf KGJ 40 A 37.

709 Vgl. RGZ 75, 230.

Auslagenersatz,[710] weil die Erbensucher auf Erfolgsbasis (ca. 30 % des Nachlasses) arbeiten. Das Gericht könnte ihn als Sachverständigen, der nach dem JVEG abrechnen könnte, mit der Erbensuche beauftragen. Ein gewerbsmäßiger Erbenermittler könnte als Nachlasspfleger bestellt werden. Das alles ist aber nicht sinnvoll. Erbenermittler melden sich meist selbst.

7.2 Ersuchen des Grundbuchamts

War der Erblasser Eigentümer eines Grundstücks, dann sind die Erben mit dem Todesfall Eigentümer geworden (§ 1922 BGB) und das Grundbuch ist unrichtig; die Berichtigung wird meist schon beim Nachlassgericht beantragt. Wurde der Antrag unterlassen, soll das Grundbuchamt dem (neuen) Eigentümer die Verpflichtung auferlegen, die Grundbuchberichtigung herbeizuführen (§ 82 GBO). Ist der (neue) Eigentümer unbekannt, ersucht das Grundbuchamt das Nachlassgericht um Ermittlung der Erben (§ 82a S. 2 GBO).[711] Das Nachlassgericht führt dann eine Ermittlung von Amts wegen durch und teilt das Ergebnis dem Grundbuchamt mit; ein Erbschein wird von Amts wegen nicht ausgestellt. Die Mitteilung ist noch nicht anfechtbar, die Eintragung im Grundbuch ist jedoch eine anfechtbare Entscheidung (§ 71 II 2 GBO);[712] beschwert ist z. B., wer als Erbe festgestellt wird (und Grundsteuer bezahlen muss), sich aber nicht für den Erben hält. Das Nachlassgericht kann das Ersuchen nicht wegen Unzweckmäßigkeit ablehnen; es handelt sich um eine Art Rechtshilfe (§§ 157 ff. GVG), so dass bei Ablehnung u. U. das OLG angerufen werden kann.[713] Das Grundbuchamt ist an die Feststellung des Nachlassgerichts nicht gebunden. Das Grundbuchamt kann dann das Grundbuch von Amts wegen berichtigen (§ 82a S. 1 GBO). Rechtmittel gegen die Eintragung: § 71 GBO. 239

7.3 Verhältnis zur Feststellung des Fiskus-Erbrechts

„Wird der Erbe nicht innerhalb einer den Umständen entsprechenden Frist ermittelt", so hat das Nachlassgericht (Rechtspfleger) festzustellen, dass ein anderer Erbe als der Fiskus (d. h. das jeweilige Bundesland) nicht vorhanden ist (§ 1964 I BGB); dieser Beschluss ist zu begründen. Daraus folgt, dass der Feststellung des Fiskus-Erbrechts Ermittlungen vorausgehen *müssen*,[714] die öffentliche Aufforderung nach § 1965 BGB genügt nicht und ersetzt diese Ermittlungen nicht. Die Ermittlungen kann das Nachlassgericht selbst anstellen *oder* damit einen Nachlasspfleger beauftragen;[715] im Regelfall ist die Bestellung eines Nachlasspflegers angebracht.[716] 240

710 Vgl. BGH NJW 2003, 3046; Niewerth Rpfleger 2009, 121; Gutbrod ZEV 1994, 337.
711 OLG Düsseldorf ErbR 2024, 465.
712 BeckOK/GBO/Holzer § 82a Rz. 21.
713 KG Rpfleger 1977, 307; KG Rpfleger 1969, 57; a. A.: Dienstaufsichtsbeschwerde.
714 Vgl. Mayer ZEV 2010, 445; Purps ErbR 2021, 174; Emrich ErbR 2018,78 und 2021, 32; Beck, Erbenermittlung in Deutschland, 2019.
715 Grüneberg/Weidlich § 1964 Rz. 1.
716 Vgl. Holl Rpfleger 2008, 285.

7.4 Verhältnis zum Erben-Aufgebot nach § 352d FamFG

241 „Zur Anmeldung der *anderen* Personen zustehenden Erbrechte" kann das Nachlassgericht eine öffentliche Aufforderung erlassen (§ 352d FamFG), d. h. die unbekannten Miterben durch Aushang bei Gericht, Inserat im elektronischen Bundesanzeiger und gegebenenfalls in Zeitungen unter Fristsetzung auffordern, sich zu melden (Rz. 230 ff.). Das setzt aber einen Erbscheinsantrag voraus; fehlt er, erfolgt kein Aufgebot im Sinne des § 352d FamFG.

7.5 Sonderregelung in Bayern[717]

242 **Art. 37 BayAGGVG** lautet:

> *(1) Das Nachlassgericht hat die Erben von Amts wegen zu ermitteln. Die Ermittlung der Erben von Amts wegen unterbleibt, wenn zum Nachlass kein Grundstück oder grundstücksgleiches Recht gehört und nach den Umständen des Falls anzunehmen ist, dass ein die Beerdigungskosten übersteigender Nachlasse nicht vorhanden ist.*
>
> *(2) Das Nachlassgericht soll die nach Absatz 1 ermittelten Erben von dem Erbfall und dem sie betreffenden Ermittlungsergebnis benachrichtigen, wenn dies ohne wesentliche Schwierigkeiten möglich und nicht anzunehmen ist, dass sie auf andere Weise Kenntnis erlangt haben.*
>
> *(3) Gehört ein Grundstück oder ein grundstücksgleiches Recht zum Nachlass, so hat das Nachlassgericht unbeschadet des § 83 der Grundbuchordnung bei den Erben auf die Berichtigung des Grundbuchs hinzuwirken und einen von ihnen gestellten Antrag auf Grundbuchberichtigung an das Grundbuchamt weiterzuleiten.*

243 In Bayern[718] erfolgt somit eine **amtliche Ermittlung durch den Rechtspfleger,**[719] wenn

- ein Grundstück zum Nachlass gehört; oder
- ein die Beerdigungskosten übersteigender Aktivnachlass vorhanden ist.[720]

Gerichtskosten fallen dafür nicht an.[721]

Zweck dieser amtlichen Tätigkeit ist die Vorbereitung einer Entscheidung über das Erbrecht und die Sicherung der Entscheidungsunterlagen und Beweismittel.[722] Ist allerdings ein Erbschein beantragt worden, wird ohnehin im Erbscheinsverfahren die Erbfolge geklärt (§ 26 FamFG); daneben wird kein *amtli-*

---

717 Bis 31.7.1981 galt in Bayern das Bay. Nachlaßgesetz v. 9.8.1902 (BayBS III S. 114), kommentiert von Haberstumpf/Barthelmeß/Schäler/Firsching, Nachlaßwesen in Bayern, 4. Aufl. 1952. Dazu BayObLG 1968, 68; 1979, 215/220; BayObLG Rpfleger 1982, 423.

718 Früher auch in der Pfalz; vgl. Brand/Kleeff S. 483.

719 BayObLG Rpfleger 1974, 434; Rpfleger 1989, 278; FamRZ 1996, 1304; Rellermeyer Rpfleger 1996, 317/320.

720 OLG München NJW-RR 2011, 1379.

721 BayObLGZ 1985, 244/51.

722 OLG München ZEV 2020, 585 und FGPrax 2010,138.

ches landesrechtliches Verfahren betrieben. Wird ein Erbenermittlungsverfahren begonnen und wird dann ein Erbscheinsantrag gestellt, geht das amtliche Verfahren im Erbscheinsverfahren auf.[723] Besteht ein Fürsorgebedürfnis (§ 1960 BGB) oder hat ein Nachlassgläubiger einen Antrag gestellt (§ 1961 BGB), wird ein Nachlasspfleger bestellt; daneben kann das Nachlassgericht weiterhin die Erben selbst ermitteln, wobei Überschneidungen zu vermeiden sind.

Kommt das Nachlassgericht bei der amtlichen Erbenermittlung zum Ergebnis, dass „ein anderer Erbe als der **Fiskus** nicht vorhanden ist", wird ein entsprechender Feststellungsbeschluss erlassen.[724] Gegen diesen Beschluss ist Beschwerde zulässig (§ 58 ff. FamFG; § 11 RPflG).[725]

In den sonstigen Fällen sollte das Ermittlungsergebnis in einem **Aktenvermerk** festgehalten werden. Eine beschlussmäßige Feststellung sollte unterlassen werden, weil sie einem Erbschein ähneln könnte und keine bindende Bedeutung hat.[726] Die Feststellung ersetzt **keinen Erbschein** für die Grundbucheintragung,[727] ist auch kein Erbschein,[728] z. B. für den Fiskus. Wenn der Fiskus einen Erbschein beantragt, muss dies begründet werden wie auch sonst,[729] die Bezugnahme und das Beifügen des Feststellungsbeschlusses nach § 1964 BGB genügen nicht. Die Feststellung führt auch nicht zur Grundbuchberichtigung durch Eintragung des Erben (§ 35 GBO).[730] Der so ermittelte Erbe muss also einen Erbschein beantragen, wenn er ihn braucht. Sowohl der Beschluss wie der Aktenvermerk sind mit Beschwerde anfechtbar (§§ 58 ff. FamFG, § 11 RPflG);[731] beschwert ist z. B., wer als Erbe festgestellt ist, sich aber nicht für den Erben hält, weil er dadurch von Gläubigern belästigt wird. Früheres Recht: Art. 3 Bay. Nachlass Gesetz.

7.6 Sonderregelung in Baden-Württemberg

§ 41 Baden-Württembergisches LFGG[732] lautete: 244

> *(1) Das Nachlassgericht hat Erben und Erbersatzberechtigte von Amts wegen zu ermitteln. Hiervon kann abgesehen werden, wenn die Ermittlung mit unverhältnismäßigem Aufwand verbunden wäre oder der Nachlass geringfügig ist. Diese Regelung wurde* ***2016 aufgehoben****.*

723 Sprau/Vill, Justizgesetze in Bayern, 1988, Art. 37 AGGVG Rz. 9.
724 BayObLGZ 1968, 68/70; 1985, 244/7.
725 BayObLG FamRZ 1986, 728.
726 OLG München ZEV 2020, 585 (ein solcher Beschluss sei unzulässig); BayObLG FamRZ 1985, 1290 = Rpfleger 1985, 363.
727 BayObLG NJW-RR 1989, 585; vgl. OLG Dresden NJWE-FER 1999, 302.
728 BayObLG FamRZ 1985, 1290.
729 OLG Braunschweig ZErb 2021, 75.
730 BayObLG NJW-RR 1989, 585.
731 BayObLGZ 1968, 68/71.
732 Dazu Sandweg BWNotZ 1986, 5 und BWNotZ 1979, 25.

F. Der Vergleich im Erbscheinsverfahren

1. Vereinbarung des Erbscheinsinhalts

1.1 Grundsätze

Das Erbrecht ergibt sich aus dem Willen des Erblassers, niedergelegt in Testament bzw Erbvertrag oder aus dem Gesetz, aber nicht aus einer Einigung der Erbanwärter.[733] Sie können die Erbrechtslage nicht durch Vereinbarung schaffen oder ändern; § 36 FamFG. Das Nachlassgericht ermittelt vor Entscheidung über einen Erbscheinsantrag den Sachverhalt von Amts wegen und entscheidet nach seiner Überzeugung. Wegen des Amtsermittlungsgrundsatzes ist es an eine Einigung der Parteien über das Erbrecht („Wir vereinbaren, dass A Alleinerbe des E ist") *nicht* gebunden. Die Beteiligten können sich zwar auf eine bestimmte Auslegung des Testaments einigen; aber auch das bindet das Nachlassgericht nicht (Rz. 249).[734] Ebenso wenig ist das Nachlassgericht an eine Einigung der Beteiligten, dass das möglicherweise (mangels Form, Testierfähigkeit usw.) unwirksame Testament „anerkannt" werde, gebunden (Amtsermittlungsgrundsatz). Das deutsche Nachlassgericht ist auch nicht an einen Vergleich der Beteiligten über die Erbquoten in einem österreichischen Außerstreitverfahren gebunden,[735] Ein bestimmter Erbscheinsinhalt kann also durch Vertrag grundsätzlich nicht erzwungen werden.[736] 245

Wirtschaftliche Interessen. Die Beteiligten, beraten durch Rechtsanwälte und Notare, sehen das naturgemäß anders, weil sich durch eine Vereinbarung unter Umständen Kosten und Erbschaftsteuer sparen lassen. 246

Beispiel:

E bestimmt im Testament: „Erbe meines Hauses nebst Einrichtung soll mein Sohn S sein, Erbe des Restes, vor allem der Wertpapiere, meine Frau F." Wenn der Nachlass 1 Million Euro wert ist, wovon je 500.000 Euro auf das Haus und auf den Rest entfallen, wird ein gemeinschaftlicher Erbschein erteilt, wonach S und F Miterben zu je ½ sind. Beide werden dann im Grundbuch als Miterben eingetragen, dann muss mittels notariellen Vertrags das Grundstück von der Erbengemeinschaft auf S übertragen werden. Könnte man das Nachlassgericht zwingen, dem S eine Alleinerbschein zu erteilen, würden zumindest die Kosten für den notariellen Auseinandersetzungsvertrag gespart werden, weil S sogleich als Alleinerbe ins Grundbuch eingetragen würde; die Wertpapiere könnte er dann

733 Eisele, Vertragliches Einvernehmen bei der Auslegung unklarer letztwilliger Verfügungen, 2002; Bassenge Rpfleger 1972, 237; Munding, Vergleiche im Verfahren der freiwilligen Gerichtsbarkeit, 1957; Stählin DFG 1942, 71; Müller JZ 1954, 17; Dressler ZEV 1999, 289.

734 OLG München FamRZ 2011, 65; BayObLG FamRZ 1989, 99.

735 OLG Köln ErbR 2019, 104.

736 OLG München ErbR 2021, 153; OLG Stuttgart OLGZ 1984, 131.

seiner Mutter übertragen. Allerdings fallen Anwalts- oder Notargebühren für die Beratung und den Vertrag an, es sei denn, die Erbscheinsbeteiligten hatten sich ohne Anwälte/Notare geeinigt.

1.2 Tricks

247 Wegen § 2362 BGB wird vertreten, dass das Nachlassgericht grundsätzlich demjenigen den Erbschein zu erteilen hat, dessen Erbrecht rechtskräftig festgestellt ist, sofern Dritte als Erben nicht ernsthaft in Betracht kommen.[737] Kommen nur A oder B als Alleinerben des E in Betracht und verklagt A den B auf Feststellung, dass er (A) der Alleinerbe des E sei, dann könnte er mit B vereinbaren, dass dieser im Prozess anerkennt oder säumig ist, so dass ein Anerkenntnis- oder Versäumnisurteil ergeht. Nach h. M.[738] müsste dann das Nachlassgericht dem A einen Alleinerbschein erteilen. Die Beteiligten können auch die ihnen bekannte Testierunfähigkeit des Erblassers verschweigen; sie können spätere Testamente vernichten (strafbar); Vergleichsmaterial für die Untersuchung der Echtheit des Testaments nicht zur Verfügung stellen; Zeugen beeinflussen usw.

1.3 Praxis

248 Die Einigung *aller* Beteiligten (einschließlich Nacherben, Testamentsvollstrecker) hat eine erhebliche „indizielle Bedeutung“ und das Nachlassgericht sollte schon aus Gründen der Praktikabilität davon nicht abweichen, außer, der Testamentstext steht eindeutig und zweifelsfrei dagegen. So wird es in der Praxis auch gehandhabt. Denn durch Erbteilsübertragung usw. können die Beteiligten ihren Willen letztlich doch durchsetzen, allerdings unter Aufwand weiterer Kosten. Außerdem ist es dem Erblasser in der Regel gleichgültig, wer rechtstechnisch „Erbe“ ist, er will lediglich ein bestimmtes Ergebnis bei der Aufteilung seines Nachlasses erreichen. Der BGH[739] formuliert: „Die Praxis trägt dem (Einverständnis) – beispielsweise bei der Erteilung von Erbscheinen – nach Möglichkeit Rechnung, indem sie einverständlichen Erklärungen aller Beteiligten über die Auslegung einer Verfügung von Todes wegen besonderes Gewicht beilegt. Das ist, solange die Interessen Dritter nicht berührt werden, legitim …“.

2. Auslegungsvertrag

249 Die Erbanwärter können vereinbaren, wie sie ein wirres Testament verstehen und auslegen[740] und wen sie für den Erben halten; aber diese Vereinbarung einer privaten Rechtsmeinung ist für das Nachlassgericht nicht bindend; vgl. § 26 FamFG.[741] Die Parteien können ferner einen Vertrag schließen, der darauf

737 BayObLG FamRZ 1999, 334; BayObLG FamRZ 1969, 676.

738 KG FGPrax 2015, 52.

739 BGH NJW 1986, 1812/3; vgl. auch OLG Frankfurt FamRZ 2000, 1607.

740 Damrau ZErb 2014, 1; Weiß in Festschrift für Küchenhoff 1987, S. 389 ff. ; Dressler ZEV 1999, 289.

741 BayObLG FamRZ 1989, 99; Weiß FS Küchenhoff 1987 S. 391; a. A. Lange/Kuchinke § 34 IV 2; Dressler ZEV 1999, 289.

gerichtet ist, „dass die Parteien einander schuldrechtlich so zu stellen haben, als sei die vereinbarte Auslegung zutreffend. Dabei kann die Stellung der Parteien mit Hilfe entsprechender Erbteilsübertragungen gem. § 2033 BGB der vereinbarten Rechtslage auch dinglich angenähert werden."[742] Das wird (auch vom BGH[743]) missverständlich ebenfalls „Auslegungsvertrag" genannt; ein solcher Vertrag ändert die Erbenstellung nicht. Die fehlende Bindung für das Nachlassgericht hat zur Folge, dass ein solcher „vereinbarter" Erbschein bei Unrichtigkeit eingezogen werden kann (§ 2361 BGB); bei Bejahung einer Bindung für das Nachlassgericht wäre das nicht der Fall. Dieser „Auslegungsvertrag" bedarf nach Ansicht des BGH wegen §§ 2385, 2371, 2033 BGB notarieller Beurkundung.[744]

Der Erbe kann mit dem Vermächtnisnehmer oder Auflagebegünstigten Verträge über die Auslegung und Erfüllung des **Vermächtnisses** bzw. der **Auflage** schließen; das ist unbestritten. Sie sind formfrei und haben mit dem Erbschein nichts zu tun, weil Vermächtnisse oder Auflagen nicht im Erbschein vermerkt werden.

3. Erbteilsübertragung

Die Beteiligten können Erbteile übertragen (§ 2033 BGB). Ein Erbe kann die ihm 250
angefallene Erbschaft verkaufen (§ 2371 BGB). Die gekaufte Erbschaft kann weiterverkauft werden (§ 2385 BGB).

Auch Verträge zwischen Erbanwärtern, durch welche sie vereinbaren, die Erbschaft ohne Rücksicht darauf, wem von ihnen und in welchem Umfange die Erbschaft angefallen ist, unter sich zu verteilen, sind möglich; sie können das Erbrecht nicht zu beeinflussen; es handelt sich um obligatorische, auf Veräußerung von Bruchteilen der Erbschaft gerichtete Verträge; sie bedürfen daher der notariellen Form (§ 2385 I BGB).[745] Das Gleiche gilt von Verträgen, in denen ein ungültiges Testament als gültig anerkannt wird;[746] auch sie bedürfen der notariellen Form, machen ein an sich nichtiges Testament nicht gültig; der durch ein anderes Testament rechtswirksam eingesetzte oder gesetzlich Berufene bleibt trotzdem Erbe.[747] Auch solche Verträge beinhalten eine Erbschaftsveräußerung, der Anerkennende kann sich auf die Nichtigkeit des Testaments nicht mehr berufen. Enthält das ungültige Testament nur Vermächtnisse, die als gültig anerkannt werden, so handelt es sich nicht um einen verdeckten Vertrag über die Verpflichtung zur Veräußerung eines Erbteils;[748] es besteht dann kein Formzwang.

742 BGH NJW 1986, 1912, m. Anm. Damrau JR 1986, 375; Cieslar DNotZ 1987, 113. Zustimmend Lange/Kuchinke § 34 IV 3c.

743 BGH NJW 1986, 1912; dazu Horn ZEV 2017, 565.

744 BGH NJW 1986, 1812 (betrifft einen Zivilprozess zwischen erbenden Geschwistern, kein Erbscheinsverfahren); Dressler ZEV 1999, 289/292.

745 RGZ 72, 209 = JW 1910, 23; vgl. BGH NJW 1986, 1812.

746 RGZ 72, 209, 210 = JW 1910, 23; OLG Bamberg Seufferts Archiv 60 (1915) Nr 14; OLG Dresden OLG 16, 64.

747 RGZ 72, 209/210 ausdrücklich.

748 Vgl. OLG München OLG 42, 141.

4. Sonstige Vereinbarungen

4.1 Ausschlagung der Erbschaft

251 Die Erbschaft fällt dem Erben mit dem Tode des Erblassers zu (§ 1922 BGB); der Erbe kann sie aber ausschlagen (§ 1945 BGB). Wichtig ist, die Form (§ 1945 BGB) und die Frist (§ 1944 BGB) zu beachten. Folge einer fristgerechten formwirksamen Ausschlagung ist, dass der Nächstberufene rückwirkend von Anfang an Erbe wird (§ 1953 II BGB). Möglich ist, dass der Erbe demjenigen, welcher ausschlägt, eine Abfindung zahlt.[749] Zweckmäßig ist, schon beim Termin zur Eröffnung der letztwilligen Verfügung die Ausschlagungserklärung zu Protokoll des Nachlassgerichts (oder fristgerecht beim Notar) abzugeben, damit die Form gewahrt ist:

Beispiel:

E ist gestorben. Er hat seine Lebensgefährtin F als Erbin eingesetzt, den Sohn S nicht bedacht. F beantragt einen Erbschein aufgrund Testaments. F erklärt zu Protokoll des Nachlassgerichts: ich schlage die Erbschaft aus. S erklärt: ich verpflichte mich, an Frau F 200.000 Euro zu zahlen nebst 8 % Zinsen ab heute. F erklärt: ich nehme dieses Angebot an und nehme meinen Erbscheinsantrag hiermit zurück. S erklärt: ich beantrage nun einen Alleinerbschein aufgrund Gesetzes.

Probleme tauchen auf, wenn sich der eine Beteiligte nur „verpflichtet", die Erbschaft auszuschlagen. Die Verpflichtung, die Erbschaft auszuschlagen, damit sie einem anderen zufällt, ist kein Erbschaftskauf, wenn eine Gegenleistung dafür vom Begünstigten versprochen wird (Folge: kein Formerfordernis nach §§ 2385, 2371 BGB); auch ein Fall von § 311b V BGB liegt nicht vor. Die Verpflichtung ist also formfrei möglich.[750]

Hält sich der andere Beteiligte aber nicht daran, muss aus der Verpflichtung geklagt werden; ist die Verpflichtung in einem Prozessvergleich oder einer notariellen Urkunde enthalten, muss sie nach § 888 ZPO vollstreckt werden. Bis das geschehen ist, dürfte die Frist nach § 1944 BGB meist verstrichen sein.

4.2 Anerkennung eines anfechtbaren Testaments[751]

252 Eine letztwillige Verfügung kann in bestimmten Fällen angefochten werden (§§ 2078, 2079 BGB). Der Anfechtungsberechtigte ergibt sich aus § 2080 BGB (grundsätzlich der, dem die Aufhebung der letztwilligen Verfügung unmittelbar zustattenkommen würde). Form: § 2081 BGB; Frist: § 2082 BGB. Der Anfechtungsberechtigte kann mit dem Anfechtungsgegner vereinbaren, dass vom Anfechtungsrecht kein Gebrauch gemacht wird,[752] und dafür eine Abfindung erhalten. Die Verpflichtung, auf eine Testamentsanfechtung zu verzichten, fällt

749 Dazu Kollmeyer NJW 2025, 947.
750 RG HRR 1929 Nr. 292; OLG München OLG 26, 288.
751 MüKo/Sticherling § 2147 Rz. 68.
752 MüKo/Leipold § 2078 Rz. 65; RGKR-Johannsen § 2078 Rz. 80; Eisele S. 31.

nicht unter die Formvorschrift des § 2385 BGB;[753] anders aber bei der Verpflichtung zur Anerkennung einer unbegründeten Anfechtung als begründet.[754]

4.3 Verzicht auf den Erbscheinsantrag, Rücknahme

Der Antragsberechtigte kann einseitig oder durch Vereinbarung auf sein Erbscheinsantragsrecht verzichten.[755] Auch ein Vergleich über die Rücknahme des bereits gestellten Antrags ist möglich.[756] Der Erbscheinsantrag kann bis zur Erteilung des Erbscheins durch Erklärung gegenüber dem Nachlassgericht zurückgenommen werden (Kostenfolgen: KV 12211 (2) GNotKG; §§ 83 II, 81 FamFG), im Übrigen (wenn vom Nachlassgericht die Erteilung abgelehnt und dagegen Beschwerde eingelegt wird) bis zum Abschluss des Rechtsmittelverfahrens, durch eine Erklärung gegenüber dem Beschwerdegericht.[757] Die Rücknahme bedarf bis zum Erlass der Endentscheidung nicht der Zustimmung anderer Beteiligter (§ 23 I 2 FamFG); eine bestimmte Form ist nicht zu wahren. Die Rücknahme des Erbscheinsantrags kann weder widerrufen noch wegen Willensmängeln angefochten werden.[758] Es wird behauptet, aus einem „Auslegungsvertrage" folge die Pflicht, einen abweichenden Erbscheinsantrag zurückzunehmen bzw. ein entsprechender Antragsverzicht;[759] das ist eine Frage des Wortlauts. 253

Im Vergleich sollte die Formulierung gewählt werden; „A nimmt hiermit seinen Erbscheinsantrag ... zurück und verzichtet auf die Stellung eines neuen Erbscheinsantrags"; nicht ratsam ist die Formulierung „A *verpflichtet* sich, seinen Erbscheinsantrag zurückzunehmen", weil dann ein gewichtiges Vollstreckungsproblem (vgl. § 888 ZPO) auftaucht, wenn sich A nicht an die Vereinbarung hält.

4.4 Rücknahme von Rechtsmitteln, Rechtsmittelverzicht

Ein Verzicht auf die Beschwerde (und Rechtsbeschwerde) ist zulässig.[760] Im Erbscheinserteilungsverfahren können die Beteiligten beschränkt über den Verfahrensgegenstand verfügen; insoweit können sie auch einen vertraglichen Rechtsmittelverzicht vor Erlass der Entscheidung (z. B. Feststellungsbeschluss) schließen, erst recht nachher.[761] Ein Rechtsmittel, das trotz Verzicht eingelegt wird, ist unzulässig (§ 67 III FamFG).[762] Ein Vergleich steht aber einer auf Einziehung eines unrichtigen Erbscheins gerichteten Beschwerde nicht entgegen (Rz. 255).[763] 254

753 Soergel/Damrau 12. Aufl. § 2385 Rz. 1.
754 Kipp/Coing § 113 I 4.
755 OLG Stuttgart OLGZ 1984, 131/137.
756 OLG Stuttgart OLGZ 1984, 131.
757 OLG Köln MittRhNotK 2000, 120; BayObLG FamRZ 1999, 64.
758 OLG Köln MittRhNotK 2000, 120.
759 Eisele S. 140.
760 BayObLG FamRZ 2004, 836; Sternal/Sternal FamFG § 67 Rz. 6.
761 OLG Hamm Rpfleger 1971, 181; vgl. auch BayObLGZ 1991, 1.
762 BayObLG FamRZ 2004, 836.
763 BayObLGZ 1962, 380/6.

4.5 Verzicht auf den Einziehungsantrag, Rücknahme

255 Die Einziehung des (unrichtigen) Erbscheins erfolgt von Amts wegen; das Nachlassgericht kann von sich aus tätig werden, jedermann kann eine *Anregung* geben (§ 2361 BGB). Bindende Vereinbarungen sind daher nicht möglich:[764] Hat sich A verpflichtet, keine Einziehung zu „beantragen" und macht er es trotzdem, kann das einmal begonnene Einziehungsverfahren nicht mehr abgebrochen werden. Deshalb ist auch die Rücknahme des Antrags rechtlich belanglos. Möglich sind nur Hilfslösungen: „Sollte es zur Einziehung des Erbscheins ... kommen, verpflichtet sich A, an B ... zu zahlen".

4.6 Vergleich über Kosten

256 Über die außergerichtlichen Kosten eines Erbscheinsverfahrens sowie die Erstattung der Gerichtskosten können sich die Beteiligten vergleichen.[765]

5. Vertrag über verfahrensrechtliche Erklärungen und Abfindungszahlung

257 Wenn sich die Anwärter über zulässige Komplexe (z. B. über die Rücknahme von Erbscheinsanträgen, von Rechtsmitteln, über einen Rechtsmittelverzicht, über die Ausschlagung der Erbschaft oder die Anfechtung einer letztwilligen Verfügung) durch Vergleich (§ 779 BGB) einigen, dann kann dabei auch die Zahlung einer Abfindung oder der Auseinandersetzung des Nachlasses mitgeregelt werden.[766] Zur Zwangsvollstreckung vgl. Rz. 258.

6. Zwangsvollstreckung aus dem Vergleich zu Protokoll des Nachlassgerichts

258 Im Rahmen des Erbscheinsverfahrens können die Beteiligten zu Protokoll des Nachlassgerichts einen Vertrag schließen, wonach beispielsweise (bei widersprechenden Erbscheinsanträgen von A und B) der Antragsteller B seinen Erbscheinsantrag zurücknimmt[767] und der Antragsteller A sich verpflichtet, an B ... Euro zu zahlen. Wenn A dann nicht freiwillig zahlt, stellt sich die Frage, ob ein solcher **zu Protokoll des Nachlassgerichts** im Erbscheinsverfahren geschlossener Vergleich ein Vollstreckungstitel im Sinne des § 794 Nr. 1 ZPO ist (so dass also eine vollstreckbare Ausfertigung erteilt werden kann). Das ist umstritten.

---

764 BayObLGZ 1962, 380/6; vgl. ferner BayObLG NJW-RR 1991, 587: Hat ein Beteiligter sein Rechtsmittel gegen einen Vorbescheid zurückgenommen, weil er sich mit anderen Beteiligten durch Vergleich über eine bestimmte Auslegung eines Testaments geeinigt hat, so ist er dadurch nicht gehindert, die Unrichtigkeit eines dem Vorbescheid entsprechenden Erbscheins geltend zu machen und gegen die Ablehnung der Einziehung Rechtsmittel einzulegen.

765 BayObLGZ 1962, 380/383.

766 BayObLG NJW-RR 1997, 1368; BayObLG Z 1966, 233; Kollmeyer NJW 2025, 947.

767 OLG Stuttgart OLGZ 1984, 131 = MDR 1984, 403 = Justiz 1983, 100.

Es wird teils bejaht;[768] denn nach § 86 I Nr. 3 FamFG ist ein Vergleich ein Vollstreckungstitel; der Vergleichsgegenstand (Zahlung, Antragsrücknahme) unterlegt der Disposition (anders wäre es bei einem Vergleich über „das Erbrecht", wo aber ohnehin nichts zu vollstrecken wäre). Nach Meinung des BayObLG[769] und des OLG München[770] ist dagegen die Zwangsvollstreckung nicht unmittelbar möglich, weil der Vergleich kein Titel im Sinne des § 794 Nr. 1 ZPO sei: die freiwillige Gerichtsbarkeit sei eine eigenständige Verfahrensordnung, § 794 ZPO könne darauf mangels Vorschrift nicht angewandt werden. Nach dieser Auffassung muss also aus dem Vertrag, wenn nicht freiwillig bezahlt wird, erst noch auf Zahlung geklagt werden. Die Rücknahme des Erbscheinsantrags hingegen bedarf keiner „Vollstreckung", sie ist ohne weiteres wirksam, wenn sie dem Nachlassgericht erklärt und zugegangen ist.

In Hinblick auf die Vollstreckungsprobleme ist es zweckmäßig, wenn der Verpflichtete sich in einer notariellen Urkunde mit Vollstreckungsunterwerfung zur Zahlung verpflichtet (§ 794 I Nr. 5 ZPO).

768 Lindacher JuS 1978, 577/9; Eisele S. 168; Geimer MittBayNot 1998, 367.
769 BayObLG NJW-RR 1997, 1368; dazu Geimer MittBayNot 1998, 365; Ott ZEV 1997, 461.
770 OLG München ErbR 2021, 153 = ZEV 2021, 107: Kein Vergleich zur Übertragung eines Grundstücks.

G. Die Entscheidung des Nachlassgerichts

1. Allgemeines

Die Entscheidung des Nachlassgerichts ergeht als „Beschluss", nie als Urteil. Eine mündliche Verhandlung ist nicht Voraussetzung; findet sie statt, handelt es sich nicht um eine Verhandlung im Sinne von § 128 ZPO, sondern um einen Erörterungstermin; im Rubrum darf deshalb nicht stehen „aufgrund der mündlichen Verhandlung vom ...". Der Beschluss enthält das Rubrum (sog. Sachrubrum), den Tenor, sodann Gründe (nicht: „Entscheidungsgründe"). Eine Rechtsmittelbelehrung („Rechtsbehelfsbelehrung") ist seit 1.9.2009 notwendig (§ 39 FamFG). 259

Vor Stellen eines Erbscheinsantrags hat der spätere (eventuelle) Antragsteller keinen Anspruch darauf, dass ihm das Nachlassgericht (kostenfrei!) seine Rechtsansicht zur Erbscheinsfrage (Auslegung eines Testaments usw.) mitteilt; dies kann frühestens nach Eingang des Antrags in einer Zwischenverfügung erfolgen.

Wenn das Nachlassgericht den Erbscheinsantrag liegen lässt, zwei Jahre nicht bearbeitet, soll das kein Grund zur Ablehnung wegen **Befangenheit** sein.[771] Besser ist es, bei Nichtbearbeitung **Dienstaufsichtsbeschwerde** (§ 26 DRiG) beim LG-Präsidenten zu erheben. Bei übermäßig langer Dauer des Verfahrens kommt eine **Verzögerungsrüge** und Staatshaftung (§ 198 GVG) in Frage.[772]

1.1 Maßgeblicher Zeitpunkt

Da zwischen dem Todesfall und der Erteilung des Erbscheins eine gewisse Zeit vergeht, stellt sich die Frage, inwieweit zwischenzeitliche Änderungen in den Erbschein einzufließen haben. Grundsatz ist, dass die beim Todesfall objektiv bestehende Erbrechtslage im Erbschein zu bezeugen ist, mag sie sich auch erst später herausgestellt haben.[773] 260

a) Ausschlagung (§§ 1942 ff. BGB), erfolgreiche Erbunwürdigerklärung (§ 2339 BGB), Testamentsanfechtung (§§ 2078, 2079 BGB), Erbverzicht (§ 2346 BGB) sind wegen der **Rückwirkung** zu berücksichtigen.[774] Wurde ein Erbschein erteilt und wird später das Testament erfolgreich angefochten, ist der ursprüngliche Erbschein einzuziehen (§ 2361 BGB) und es wird auf Antrag ein neuer Erbschein erteilt, der für sich in Anspruch nimmt, die Erbrechtslage beim Todesfall wiederzugeben.

771 OLG Brandenburg BeckRS 2020, 24969.

772 OLG Karlsruhe BeckRS 2020, 17098 = ZEV 2020, 586 (LS). Selten mit Erfolg.

773 Lange/Kuchinke § 39 V 3; vgl. Brockmann, Der Anspruch auf Erteilung des Erbscheins und der für den Erbscheinsinhalt maßgebende Zeitpunkt, 1963.

774 MünchKomm/Grziwotz § 2353 Rz. 39ff; unstreitig.

b) Spätere Änderungen der Rechtsstellung oder Verfügungsmacht des Erben bleiben dagegen unberücksichtigt (z. B. Veräußerung von Erbanteilen, Pfändung durch Gläubiger, Insolvenzeröffnung, Ausscheiden eines Miterben durch sog. Abschichtung, Übertragung des Nacherbenrechts auf den Vorerben, Rz. 371), werden also im Erbschein (der auf den Erben ausgestellt bleibt) nicht erwähnt. Auch der zwischenzeitliche **Tod des Erben** bleibt unberücksichtigt (es werden dann zwei Erbscheine erteilt, nämlich dass A von B und B von C beerbt worden ist).

c) Umstritten ist dagegen, inwieweit tatsächliche Veränderungen seit dem Erbfall im Erbschein zu berücksichtigen sind: Wird der Erbschein bereits wenige Tage nach dem Todesfall beantragt, dann ist er z. B. *mit* Testamentsvollstreckervermerk zu erteilen; wartet der Erbe ein Jahr und ist inzwischen die Testamentsvollstreckung beendet, ist der Erbschein dann *ohne* Testamentsvollstreckervermerk zu erteilen? Die h. M.[775] bejaht das, sie berücksichtigt solche Veränderungen zumindest aus Gründen der Vereinfachung, weil die Beschränkung nicht um ihrer selbst aufgenommen werde, sondern wenn sie tatsächlich (noch) bestehe; dem Erben werde dadurch der Nachweis seines Verfügungsrechts erleichtert. Für sinnvoller würde ich es halten, den Erbschein hier mit der Historie zu versehen („Testamentsvollstreckung war angeordnet worden, ist aber seit ... weggefallen"); die h. M. will aber solche Erläuterungen nicht in den Eigenrechts-Erbschein aufnehmen. Vgl. Rz. 392.

1.2 Überzeugung des Nachlassgerichts

261 Der Erbschein ist nur zu erteilen, wenn das Nachlassgericht die zur Begründung des Antrags erforderlichen Tatsachen für festgestellt erachtet (§ 352e I 1 FamFG). Die Überzeugung muss nicht hundertprozentig sein, es genügt die persönliche Gewissheit des Richters/Rechtspflegers; in tatsächlich zweifelhaften Fällen muss sich der Richter mit einem für das praktische Leben brauchbaren Grad an Gewissheit begnügen, der den Zweifeln Schweigen gebietet, ohne sie völlig auszuschließen.[776]

262 a) Ob sich die **Beteiligten einig** sind, spielt keine Rolle (vgl. Rz. 245 ff.).[777] Durch Vergleich können sie den Inhalt des Erbscheins nicht beeinflussen; sie können nicht durch Vergleich ein ungültiges Testament für gültig erklären oder ein wirksames Testament durch Vergleich als nichtig vereinbaren. Allerdings wird das Nachlassgericht an der übereinstimmenden Testamentsauslegung *aller* Beteiligten schon aus praktischen Gründen kaum vorübergehen.

263 b) **Öffentliche Urkunden** haben grundsätzlich die ihnen zukommende Beweiskraft (§ 54 PStG; §§ 415, 418 ZPO), vgl. §§ 29, 30 FamFG. Zweifelhaft ist, ob sie diese Beweiskraft so lange behalten, bis der Gegenbeweis geführt ist,

775 Lange/Kuchinke § 39 V 4; a. A. Kipp/Coing § 128 III 3 c (weil dadurch dem Erbschein eine Bedeutung zugewiesen werde, die im Gesetz nicht vorgesehen sei).
776 BGHZ 53, 256 (Fall der angeblichen russischen Zarentochter Anastasia).
777 OLG München FamRZ 2011, 65.

oder ob sie sie schon verloren haben, wenn das Nachlassgericht starke Zweifel am vermuteten Sachverhalt hat. Da es im Erbscheinsverfahren auf die Amtsermittlung ankommt gibt es keine Beweisführungslast, was für die letztgenannte Auffassung spricht. Wenn beispielsweise der Erblasser ein in der Ehe geborenes Kind hinterlässt, dass seine Rechtsstellung durch eine Geburtsurkunde beweisen kann, dann sind andere Erbbeteiligte, die die Nichtehelichkeit behaupten, auf Verfahren nach §§ 169 ff. FamFG oder einen Zivilprozess angewiesen.

1.3 Beweislast, Feststellungslast

Fragen der Beweislast stellen sich erst, wenn die Amtsermittlung vollständig 264
durchgeführt ist, von weiteren Ermittlungen nichts zu erwarten ist und der Sachverhalt nicht aufklärbar ist.

a) Eine **subjektive Beweislast**, d. h. eine Pflicht, Beweismittel anzubieten, gibt es im Erbscheinsverfahren wegen § 26 FamFG nicht. Das Gericht ermittelt von Amts wegen, muss auch von Amts wegen Zeugen ausfindig machen; die Beteiligten haben aber die Obliegenheit, mitzuwirken (§ 27 FamFG). Beruft sich der Antragsgegner konkret auf Testierunfähigkeit, muss er z. B. Namen und Adressen des behandelnden Arztes nennen, *wenn* er sie kennt; kennt er sie nicht, muss nicht er sie ermitteln, sondern das Nachlassgericht.

b) Eine **objektive Beweislast** (Feststellungslast) gibt es auch im Erbscheinsverfahren. Wer ein Erbrecht für sich in Anspruch nimmt, trägt die Beweislast für die Tatsachen, die das Erbrecht begründen. Wer hindernde oder vernichtende Tatsachen behauptet (Antragsgegner) trägt insofern die Last der Unerweislichkeit.[778] Ob ein Beteiligter Antragsteller oder Antragsgegner ist, bleibt für die Verteilung der Feststellungslast grundsätzlich außer Betracht, weil sie aus dem materiellen Recht folgt.[779]

Einzelheiten zu § 2247 BGB:

(1) Fälschung: Beruft sich der Antragsteller auf ein Testament und kann nicht 265
geklärt werden, ob es tatsächlich von der Hand des Erblassers stammt, geht das zu Lasten des Antragstellers.[780] Hat Gericht nach keine „vernünftigen Zweifel" an der Echtheit des Testaments genügt das, auch wenn der Sachverständige in seinem wissenschaftlich begründeten Gutachten im Hinblick auf die objektiven Befundlücken nur von einer weit überwiegenden, einfachen oder hohen Wahrscheinlichkeit der Urheberschaft des Erblassers ausgegangen ist.[781]

778 BayObLG MDR 1980, 314; OLG Celle MDR 1962, 410; OLG Hamm OLGZ 1966, 497; KG FamRZ 1991, 486.

779 OLG Frankfurt OLGZ 1978, 267/71.

780 BayObLG FamRZ 1985, 837; 1988, 96; NJW-RR 1992, 653. Vgl. OLG München NJW-RR 2024, 1331.

781 OLG Düsseldorf FamRZ 2015, 874.

266 **(2) Testierwille.**[782] Der testamentarische Erbe trägt die Feststellungslast, dass die Urkunde, auf die er sein Erbrecht stützt, ein Testament und nicht nur der Entwurf eines Testaments ist;[783] dass die Urkunde ein Testament und nicht nur eine ohne Testierwillen verfasster Brief,[784] nur eine Bankvollmacht,[785] oder nur eine Anordnung über die Totenfürsorge[786] ist; wenn das „Testament" auf einem Kneipenblockpapier geschrieben wurde, dann fehlte u. U. der Testierwille;[787] die vorgefundene Blaupause mit Testamentstext muss mit Testierwillen verfasst worden sein[788] (vgl. Rz. 205). Mit der Unterschrift bekennt sich der Verfasser zum Text, „Gekritzel" genügt deshalb nicht, eine Andeutung von Buchstaben ist erforderlich.[789]

267 **(3) Mehrere Testamente.** Liegen mehrere sich *widersprechende* Testamente ohne Datum vor, trägt jeder, der aus einem dieser Testamente Rechte für sich herleiten will, die Feststellungslast dafür, dass es nicht durch ein anderes Testament aufgehoben wurde.

268 **(4) Testierfähigkeit:** Liegt ein Testament vor und steht die Testierfähigkeit in Frage (§ 2229 IV BGB), so ist, weil die Störung der Geistestätigkeit die Ausnahme bildet, ein Erblasser grundsätzlich so lange als testierfähig anzusehen, als nicht die Testierunfähigkeit zur Gewissheit des Gerichts nachgewiesen ist.[790] Deshalb trifft die Feststellungslast für die Testierunfähigkeit des Erblassers grundsätzlich denjenigen, der sich auf die darauf beruhende Unwirksamkeit des Testaments beruft.[791] Vgl. Rz. 196.

Ist ein eigenhändiges Testament allerdings datumslos, lässt sich dieser Zeitpunkt auch nicht ermitteln und steht fest, dass der Erblasser zu irgendeinem Zeitpunkt testierunfähig war, so liegt gemäß § 2247 V 1 BGB die Feststellungslast für die Testierfähigkeit des Erblassers bei demjenigen, der sich auf die Gültigkeit des Testaments beruft. Gleiches gilt in entsprechender Anwendung des § 2247 V 1 BGB, wenn das Testament zwar eine Zeitangabe enthält, die für deren Richtigkeit sprechende Vermutung jedoch widerlegt ist.[792] Steht hingegen der Zeitraum fest, in dem das Testament errichtet worden ist, nicht aber, ob der Erblasser zu irgendeinem Zeitpunkt während dieses Zeitraums testierunfähig war, so verbleibt es bei dem Grundsatz, dass die Feststellungslast für die Testier-

782 Dazu Muscheler ErbR 2023, 259.
783 KG FamRZ 1991, 486; OLG Rostock ZEV 2024, 100; BeckOGK/Grziwotz § 2247 BGB Rz. 12 ff.
784 BayObLG MDR 1963, 503.
785 BayObLG FGPrax 2000, 51.
786 OLG Hamm MittRhNotK 1999, 314.
787 OLG Oldenburg ErbR 2024, 624 = ZEV 2024, 336.
788 Vgl. BayObLG Rpfleger 1981, 282.
789 OLG München ErbR 2025, 720.
790 BGH ZEV 2012, 100; OLG Zweibrücken ErbR 2024, 700; KG ErbR 2025, 227; KG NJW 2001, 903; Muscheler in Anm. zu OLG Rostock ZEV 2024, 100.
791 OLG Zweibrücken BeckRS 2024, 12352; KG NJW 2001, 903; BayObLGZ 1982, 309/312.
792 BayObLG FamRZ 1996, 1438; FamRZ 1994, 593/4.

unfähigkeit des Erblassers derjenige zu tragen hat, der sich auf die darauf beruhende Unwirksamkeit des Testaments beruft.[793]

(5) Blindheit: Beruft sich der Erbe auf ein Testament und wendet der gesetzliche Erbe ein, der Erblasser habe bei Errichtung des Testaments (z.B. wegen seines Alters) Geschriebenes nicht mehr lesen können (§2247 IV BGB), so dass das Testament unwirksam sei, und ist das unaufklärbar, ist von Lesefähigkeit auszugehen.[794] 269

2. Unstreitige Fälle

270

Unstreitiger Fall, Rz. 270	Streitiger Fall, Rz. 299
Feststellungsbeschluss, wird nicht mitgeteilt	Feststellungsbeschluss wird den Beteiligten zugestellt
Erbschein wird sofort erteilt	Erbscheinserteilung wird zurückgestellt
Keine Kostenerstattung	Kostenerstattungsanordnung möglich

Ist das Nachlassgericht bei seinen Ermittlungen zum Ergebnis gekommen, dass der beantragte Erbschein erteilt werden kann **und hat kein Beteiligter widersprochen** (im Falle des Widerspruchs: Rz. 299 ff.), dann hat es zunächst einen „**Feststellungsbeschluss**" zu erlassen (§352e I 2 FamFG): „Die Tatsachen, die zur Erteilung des beantragten Erbscheins erforderlich sind, werden für festgestellt erachtet". Der Beschluss bleibt in den Akten, er wird weder dem Antragsteller noch sonst jemand bekanntgegeben (§352e I 3 FamFG), im Gegensatz zu §40 I FamFG wird er schon mit dem Erlass wirksam (§352e I 3 FamFG). Sodann wird der Erbschein erteilt (was sich aus §2353 BGB ergibt), also ausgestellt und übergeben oder übersandt; ob zuvor noch ein weiterer Beschluss „Die Erteilung des Erbscheins wird angeordnet" (als interne Anweisung an die Geschäftsstelle) erforderlich ist, ist umstritten; an sich ist es überflüssig (vgl. Rz. 276). Auch bestehen landesrechtliche Unterschiede: in einigen Bundesländern wird das Original des Erbscheins ausgehändigt bzw. übersandt, in anderen Ländern nur eine Ausfertigung. Zweckmäßig ist es, in den unstreitigen Fällen den Feststellungsbeschluss mit dem Erteilungsbeschluss zu verbinden:[795] „Die Tatsachen ... werden für einen Erbschein als festgestellt erachtet wonach A von B allein beerbt worden ist".

2.1 Strenge Bindung an den Antrag

Nach h.M.[796] ist das Nachlassgericht streng an den Antrag (Rz. 64) gebunden, strenger als im Zivilprozess (§308 ZPO). Werden im Zivilprozess 10.000 Euro 271

793 BayObLG FamRZ 1995, 898/9; FamRZ 1996, 1438.

794 BGH ZEV 2022, 19 (Anforderungen an die Beweislast); OLG Neustadt JZ 1962, 417 (Anm Habscheid) = FamRZ 1961, 541 (Anm Lutter); BayObLG FamRZ 1987, 1199.

795 Vgl. Gietl/Längsfeld JA 2013, 854.

796 RGZ 156, 172/180; OLG Zweibrücken FGPrax 2025, 88 = BeckRS 2025, 2254; BayObLGZ 1973, 28; BayObLG FamRZ 2003, 1590/2.

eingeklagt, ist es zulässig, 9.000 Euro durch Urteil zuzusprechen und im Übrigen die Klage abzuweisen. Im Erbscheinsrecht dagegen soll jegliche Abweichung vom Antrag unzulässig sein.

Folgen:

- **kein „Plus- oder Minus"- Erbschein** bezüglich der Quote. Wenn ein Erbschein mit einer Erbquote von 75 % beantragt wird, das Nachlassgericht die Quote aber mit 70 % berechnet, kann der Erbschein nicht erteilt werden.[797] Aber auch ein Erbschein mit einer Erbquote von 80 % könnte nicht erteilt werden. Dem Antragsteller ist durch einen Hinweis Gelegenheit zu geben, dass er den Antrag ändern kann bzw. soll.
- **keine eigenmächtige Beifügung** des Nacherbenvermerks oder des Testamentsvollstreckervermerks. Beantragt der Erbe einen Alleinerbschein ohne Vermerk, legt das Nachlassgericht das Testament aber dahin aus, dass ein Testamentsvollstrecker bestellt wurde, ist der Antrag abzulehnen (bzw. zuvor ein Hinweis zu geben). Vgl. aber Rz. 273.
- **Keine Auswechslung des Berufungsgrundes**: Beantragt Sohn A einen Alleinerbschein aufgrund *Testaments* und meint das Nachlassgericht, wegen Testierunfähigkeit sei A Alleinerbe *kraft Gesetzes*, kann ihm (ohne Antragsänderung) kein Erbschein gemäß gesetzlicher Erbfolge erteilt werden, obwohl sich Erbe und Erbquote decken.[798] Der Erbscheinsantrag ist abzuweisen, obwohl es dem Antragsteller meist gleichgültig sein dürfte, aufgrund welcher Rechtslage er erbt, Hauptsache er ist Alleinerbe. Allerdings schränkt der BGH[799] die Bindung an den Antrag ein: Im *Erbschein* ist der Berufungsgrund grds. auch dann nicht anzugeben (Ausnahme mehrfacher Berufungsgrund), wenn dies beantragt ist. Der Fall: Zwei Testamente von 1982 und 2015 lagen vor, beide Testamente setzten A und B zu je 1/2 ein, aber 2015 mit Teilungsanordnungen bei evtl. Testierunfähigkeit. Der Antragsteller beschränkte seinen Antrag auf das Testament von 1985. Es kann offenbleiben, welches Testament zum Zuge kommt, weil die Erbquoten (§ 2365 BGB!) gleich sind; § 352 FamFG steht nicht entgegen; die materiellrechtlichen Auswirkungen sind nicht Verfahrensgegenstand; ob die Teilungsanordnung gilt oder nicht ist *im Erbscheinsverfahren* nicht zu klären. – Vgl. aber Rz. 273.

Über alternative Anträge vgl. Rz. 67, über Anträge ohne Erbquote Rz. 65, über Haupt- und Hilfsanträge Rz. 67.

272 **Gründe dafür.** Die strenge Bindung ist aus dem Gesetz nicht begründbar; es handelt sich nach meiner Auffassung um Gewohnheitsrecht, nach anderer Meinung[800] um einen Formalismus. Zu rechtfertigen ist sie jedenfalls insofern, als

797 LG München I FamRZ 1999, 959 hält es zulässig, bei einem Erbscheinsantrag auf „50,01 %" des Nachlasses einen Erbschein über 50 % zu erteilen.

798 BayObLG FamRZ 1996, 1438 = NJW-RR 1996, 1160 = ZEV 1996, 390 (Jerschke).

799 BGH NJW 2021, 3727 (Vorinstanz OLG Hamburg ZEV 2020, 489); OLG Bamberg BeckRS 2021, 40765.

800 Brehm, Freiwillige Gerichtsbarkeit, Rz. 561.

nicht einzusehen ist, dass der Antragsteller Erbscheinsgebühren für eine Bescheinigung zahlen soll, die er in dieser Form nicht haben wollte.

Im Regelfall ist die formale Betrachtung der Rechtsprechung ohne schädliche Auswirkungen, weil sie durch **Korrekturen** abgeschwächt wird: 273

a) Der Erbscheinsantrag muss **nicht wörtlich** dem zu erteilenden Erbschein entsprechen.[801]

b) **Antragsänderungen** sind zulässig (vgl. § 22 FamFG), bedürfen keiner Zustimmung des „Gegners“ und sind ohne kostenrechtliche Auswirkungen. Die gravierende Änderung des Erbscheinsantrags kann sich im Einzelfall als Rücknahme des alten und Stellung eines neuen Antrags herausstellen;[802] das hat Folgen für die Kosten.

c) **Haupt- und Hilfsanträge** sind zulässig (Sohn A hätte im Beispiel Rz. 271 einen Hilfsantrag „als gesetzlicher Erbe“ stellen können);

d) Durch **Zwischenverfügung** wird der Antragsteller auf den nach Meinung des Nachlassgerichts „richtigen“ Antrag hingewiesen, so dass er vor überraschender Zurückweisung des Antrags geschützt ist.

e) Der ohne Antrag erteilte Erbschein ist **genehmigungsfähig**:[803] der Antragsteller kann ihn entweder verwenden (dann hat er ihn genehmigt) und bezahlen oder er „beantragt“ die Einziehung (§ 2361 BGB) wegen formaler Unrichtigkeit (fehlender Antrag) und übersendet dem Nachlassgericht gleichzeitig den ungewollten und nicht beantragten Erbschein.

f) **Erlaubte Ergänzungen.** Im technisch notwendigen Umfang sind sie zulässig. Wenn beispielsweise der Nacherbe nach Eintritt des Nacherbfalls für sich einen Erbschein beantragt, kann das Nachlassgericht von sich aus im Erbschein den Tag, an dem der Nacherbfall eingetreten ist, einsetzen (Rz. 379), obwohl das im Antrag nicht ausdrücklich genannt ist.

2.2 Erteilung trotz Existenz eines anderslautenden Erbscheins?

Beantragt A einen Erbschein, steht der Erteilung nicht entgegen, dass noch ein anderslautender Erbschein, der B ausweist, in Umlauf ist.[804] Deshalb kann dem Nacherben ein Erbschein erteilt werden, obwohl der dem Vorerben ausgehändigte Erbschein noch nicht eingezogen und zurückgegeben wurde.[805] 274

Auch kann ein neuer Erbschein bereits erteilt werden, bevor die angeordnete Einziehung des (unrichtigen) alten *vollzogen* ist,[806] sei es durch Rückgabe oder Veröffentlichung der Kraftloserklärung. Da der Erbschein nicht in Rechtskraft erwächst, steht anderweitige Rechtskraft der Erteilung eines neuen Erbscheins

801 BayObLG NJW-RR 1990, 199/200 am Ende.
802 OLG Zweibrücken FGPrax 2025, 88.
803 BayObLG FamRZ 1996, 1438 = NJW-RR 1996, 1160 = ZEV 1996, 390.
804 Vgl. BayObLG NJW-RR 1990, 1481; Staudinger/Herzog § 2361 Rz. 3; vgl. Protokolle VI 357, 358.
805 MünchKommFamFG/Grziwotz § 352b Rz. 26.
806 OLG Karlsruhe OLGZ 1981, 399 = Justiz 1981, 316, 318; KGJ 39 A 88, 92; KGJ 48, 105.

nicht entgegen. Die Erteilung eines Erbscheins mit anderem Inhalt setzt aber die *Anordnung* voraus, dass der erteilte unrichtige Erbschein eingezogen wird.[807] Erteilungsanordnung und Einziehungsbeschluss können also gleichzeitig ergehen.

In der Literatur[808] wird vorgeschlagen, mit der Aushändigung des neuen Erbscheins zuzuwarten, bis der alte Erbschein abgeliefert oder für kraftlos erklärt wurde; das mag zweckmäßig sein, doch kann der Berechtigte mangels Regelung nicht darauf verwiesen werden, noch monatelang zu warten, bis er z. B. Zugriff auf ein Konto erhält. Wenn **zwei sich widersprechende Erbscheine** erteilt sind, kann zwar nach h. M. (Rz. 753) keinem der Erbscheine die Vermutung des § 2365 BGB zur Seite stehen, soweit der Widerspruch reicht.[809] Dies hat auch den Fortfall der Schutzwirkung des § 2366 BGB zur Folge,[810] aber nur in dem Umfange, in dem sich die beiden Erbscheine inhaltlich widersprechen. Doch rechtfertigt das allein keine Verzögerung; die Nichtaushändigung wäre mit Beschwerde anfechtbar.

2.3 Erteilung trotz Zivilprozess über das Erbrecht

275 Aus § 352 I Nr. 6 FamFG folgt, dass ein Erbschein erteilt werden darf, obwohl ein Rechtsstreit über das Erbrecht vor dem Prozessgericht anhängig ist. Zur Aussetzung vgl. Rz. 176, 225.

2.4 Feststellungbeschluss

276 Liegen alle Verfahrensvoraussetzungen vor (Antrag eines Berechtigten, Zuständigkeit), entspricht der Antrag der Erbrechtslage, und **hat kein Beteiligter widersprochen** (andernfalls: Rz. 299), wird vom Richter bzw. Rechtspfleger (Rz. 147) durch Beschluss entschieden (§ 352e I 2 FamFG), dass „die Tatsachen, die zur Erteilung des beantragten Erbscheins erforderlich sind, für festgestellt erachtet werden“: ferner wird die Erteilung des Erbscheins angeordnet (zweckmäßig gleichzeitig). Dies ist die Anweisung an die Geschäftsstelle (selbst wenn der Rechtspfleger den Erbschein sogleich am Computer erstellt und selbst ausdruckt); als interner Vorgang wird die Anordnung dem Antragsteller nicht mitgeteilt; ebensowenig der Feststellungsbeschluss (§ 352e I 3, 4 FamFG).

Der **Feststellungsbeschluss** sowie die Erteilungsanordnung stellen noch keine Erteilung des Erbscheins dar;[811] vgl. Rz. 288.

277 **Beispiel:**

In der Nachlasssache

807 BayObLG NJW-RR 1990, 199.
808 Grüneberg/Weidlich § 2361 Rz. 14.
809 BGH NJW-RR 1990, 1159.
810 BGH FamRZ 1990, 1111; FamRZ 1961, 79.
811 OLG Hamm Rpfleger 1994, 248/9 (noch zum FGG). Streitig ist aber, ob die irrig bekannt gemachte Erteilungsanordnung als Erbschein gilt.

betreffend den Nachlass[812] des Georg Etzel, verstorben am 1. 10. ... in Adorf, Kaufmann, zuletzt wohnhaft in 94036 Adorf, Donaugasse 3,

hier: Antrag von Frau Frieda Etzel, 94036 Adorf, Residenzplatz 13, auf Erteilung eines Erbscheins

Weitere Beteiligte: ...

erlässt das Amtsgericht Adorf – Nachlassgericht – durch Richter am Amtsgericht[813] Roll am 12. 12. ... folgenden

Beschluss:

Die Tatsachen, die zur Erteilung des beantragten Erbscheins erforderlich sind, werden. für festgestellt erachtet werden Der Antragstellerin ist folgender Erbschein zu erteilen:

Es wird bezeugt, dass der am ... in Adorf verstorben Kaufmann Georg Etzel, geb. am ... in ..., zuletzt wohnhaft in 94036 Adorf, Donaugasse 3,[814] von seiner Tochter[815] Frieda Etzel, geb. am ... in ..., wohnhaft in 94036 Adorf, Residenzplatz 13,

allein

beerbt worden ist.

Gründe (entfallen in der Regel mangels Widerspruch, § 38 III, IV FamFG; Rz. 280). 278

gez. ...

Begleitverfügung vgl. Rz. 283.

Der **Feststellungsbeschluss** und die Erteilungsanordnung enthalten **keine Entscheidung bezüglich der Gerichtskosten** (Rz. 313 ff.), außer die **außergerichtlichen Kosten** eines Beteiligten sind einem anderen Beteiligten aufzuerlegen (§ 81 FamFG).[816] Fehlt im Tenor oder in den Gründen eine Außerung über „die Kosten", dann bedeutet das, dass keine außergerichtlichen Kosten zu erstatten sind; nur mit der Beschwerde kann eine Kostenentscheidung erlangt werden. Auch der Erbschein enthält keine Kostenentscheidung. Dass der antragstellende (erfolgreiche) Erbe die Gerichtskosten (Gebühren und Auslagen) für den Erbschein (genauer: für das Erbscheinsverfahren) zu zahlen hat, folgt aus § 22 I GNotKG, die Höhe der Kosten aus KV 12210, 23300 GNotKG. Zwar könnten vom Nachlassgericht, abweichend von der Regel, die außergerichtlichen Kosten (z. B. Anwaltskosten) einem anderen Beteiligten als dem Antragsteller auferlegt wer- 279

812 Falsch ist, den Verstorbenen als „Beteiligten" zu bezeichnen, weil ein Toter nicht mehr beteiligungsfähig ist (§ 8 FamFG).

813 Testamentarische Erbfolge unterstellt, § 16 I Nr. 6 RPflG.

814 Der Berufungsgrund („aufgrund Testaments vom 20. 4. 2013") gehört zwar in den Antrag, aber nicht in den Erbschein, wie aus dem Text des § 2353 BGB folgt; die Praxis hält sich oft nicht an diese Regel.

815 Manche lassen das Verwandtschaftsverhältnis weg; vorgeschrieben ist die Angabe nicht.

816 OLG Braunschweig BeckRS 2025, 2341.

den (§ 81 I 1 FamFG). Ein Gegner, dessen Kosten eventuell zu erstatten wären, fehlt aber, wenn **niemand dem Erbscheinsantrag** im Sinne von § 352e II FamFG **widersprochen** hat. Bei Zurückweisung des Hauptantrags und Erteilung des Erbscheins nach dem Hilfsantrag erfolgt keine Kostenquotelung oder dergleichen.

280 Der Feststellungsbeschluss nebst Erteilungsanordnung wird **nicht begründet** (§ 38 IV Nr. 2 FamFG). Beispiele: Vater stirbt, gesetzliche Erbfolge tritt ein; unproblematisches Testament; in beiden Fällen ist keine Begründung notwendig. Trotz § 38 FamFG ist eine kurze Begründung zweckmäßig, wenn sie sich nicht von selbst versteht. Ist eine Testamentsauslegung oder Beweiswürdigung erforderlich, hat sich aber niemand gegen den beantragten Erbschein gewandt, genügt eine kurze Begründung für die Akten (sie wird nicht bekannt gegeben).

Personen, die sich am Verfahren nicht beteiligten (z. B. weitere Miterben, wenn nur ein Miterbe den Antrag stellte), werden vom Ausgang des Verfahrens formlos verständigt (§ 15 III FamFG).

281 Hat der Antragsteller einen **Haupt- und einen Hilfsantrag** gestellt (z. B. auf Alleinerbschein, hilfsweise auf Alleinerbschein mit Testamentsvollstreckervermerk) und wird dem **Hauptantrag entsprochen**, ist der Hilfsantrag weder im Tenor noch in den Gründen weiter zu erwähnen. Wird dem **Hilfsantrag entsprochen**, ist der Antrag im Übrigen (d. h. im Hauptantrag) abzuweisen; Kostenfolgen (wie z. B. im Zivilprozess) hat dies nicht. Gründe (Rz. 280) sind erforderlich,[817] § 38 IV Nr. 2 FamFG. Der Beschluss beschwert den Antragsteller und ist ihm daher zuzustellen (§ 41 I 2 FamFG), mit Rechtsmittelbelehrung § 39 FamFG.

2.5 Verbindung Feststellungsbeschluss und Zurückweisung eines Antrags

282 Wenn ein anderer Beteiligter (B) einen eigenen (gegensätzlichen) Erbscheinsantrag gestellt hat, kann dieser Antrag (des B) gleichzeitig mit dem Feststellungsbeschluss zugunsten des A (§ 352e I FamFG) zurückgewiesen werden; allerdings widerspricht in diesem Fall die Erteilung des Erbscheins an A dem erklärten Willen des anderen Antragstellers B, so dass § 352e II FamFG zu beachten ist:

Beispiel:

I. Feststellungsbeschluss zugunsten der Antragstellerin A mit Aussetzung der sofortigen Wirksamkeit.

II. Der Antrag des Beteiligten B auf Erteilung eines Erbscheins wird zurückgewiesen.

Eine **Kostenerstattungsanordnung** nach § 81 FamFG (z. B. Anwaltskosten, Sachverständigenkosten) kann in Frage kommen (vgl. Rz. 313 ff.).

817 OLG Hamm FamRZ 1993, 111.

Eine **Begründung** ist erforderlich (§ 38 FamFG). Die Mitteilung des Feststellungsbeschlusses stellt noch keine „Erteilung" des Erbscheins dar, obwohl den Beteiligten der voraussichtliche Inhalt des künftigen Erbscheins nun bekannt ist. Das war früher streitig[818] und von Bedeutung für die Frage, ab wann der Schutz des § 2365 BGB eintritt.

Eine solche **gleichzeitige Erledigung gegensätzlicher Anträge** ist **nicht zweckmäßig**: Es sollte die Rechtskraft des Feststellungsbeschlusses abgewartet werden und erst dann der Antrag des B abgelehnt und auf Antrag von A der Erbschein dem A erteilt werden, weil sich sonst der widersprechende Beteiligte (B) gegen beide Ziffern des Beschlusses Beschwerde einlegen muss.

2.6 Begleitverfügung

Die Erteilung, d. h. der Vollzug des Erteilungsbeschlusses, erfolgt aufgrund einer Verfügung des Richters bzw. des Rechtspflegers: 283

Verfügung:

a) Kostenbehandlung (zum Vorschuss vgl. Rz. 165).

b) Erbscheinsausfertigung[819] senden an Antragsteller[820]... (die Zahl der hinausgegebenen Urschriften bzw. Ausfertigungen wird für den Fall einer späteren Einziehung in den Akten vermerkt).

c) Gegebenenfalls: Mitteilung einer beglaubigten Erbscheinsabschrift an das

  aa) Finanzamt – Erbschaftsteuerstelle,[821] § 7 I Nr. 2 ErbStDV, mit beglaubigter Abschrift des Testaments vom ..., der Eröffnungsniederschrift und des Nachlassverzeichnisses;[822]

---

818 OLG Stuttgart NJW-RR 1993, 1291; Lange/Kuchinke § 39 II 6 b, sowie ein Teil der alten Rechtsprechung, etwa KG OLG 9, 228.

819 OLG Düsseldorf ErbR 2021, 240; neuerdings darf das Siegel elektronisch erzeugt werden.

820 Hat ein Notar den Antrag beurkundet, wird dem Antragsteller den Erbschein zugesandt; dem Notar nur, wenn der Antragsteller dies begehrte; eine Ausfertigung erhält der Notar nur bei rechtlichem Interesse, OLG Köln MittRhNotK 1982, 80.

821 Die Erbschaftsteuer ist auf bestimmte Finanzämter konzentriert. Die Mitteilung entfällt, wenn offensichtlich keine Erbschaftsteuer angefallen ist, also z. B. bei Reinnachlass je Erbe unter 20.000 Euro; § 7 IV Nr 1 ErbStDV.

822 Ziffer XVII/2 (1) Nr 1, 2, (2), (3) Nr 6 MiZi.
Die Anordnung über Mitteilungen in Zivilsachen (MiZi), neugefasst 2025, lautet insoweit auszugsweise: (1) Mitzuteilen sind

1. eröffnete Verfügungen von Todes wegen mit einer Mehrausfertigung der Niederschrift über die Eröffnungsverhandlung;
2. Erbscheine;
3. Testamentsvollstreckerzeugnisse;
4. Zeugnisse über die Fortsetzung von Gütergemeinschaften;
5. Beschlüsse über die Einleitung oder Aufhebung einer Nachlaßpflegschaft oder Nachlaßverwaltung;

bb) Grundbuchamt (falls Grundstücke vorhanden sind;[823] vgl. Rz. 294). Ob beim örtlichen Grundbuchamt der Erblasser als Eigentümer von Grundbesitz eingetragen ist, klärt das Nachlassgericht schon vorher durch Anfrage, schon zur Kontrolle des Nachlassverzeichnisses. Grundbesitz, der bei einem anderen Grundbuchamt eingetragen ist, wird dagegen nicht amtlich ermittelt.

---

6. beurkundete Vereinbarungen über die Abwicklung von Erbauseinandersetzungen;
7. Entscheidungen, durch die im Falle einer Nachlaßpflegschaft oder Nachlaßverwaltung ein Wechsel in der Person des Nachlaßpflegers oder Nachlaßverwalters eintritt (§ 34 ErbStG, § 7 Abs. 1 ErbStDV).

(2) Die Mitteilungen können unterbleiben,

1. wenn die Annahme berechtigt ist, dass außer Hausrat (einschließlich Wäsche und Kleidungsstücken) im Wert von nicht mehr als 12 000 Euro nur noch anderes Vermögen im reinen Wert von nicht mehr als 20 000 Euro vorhanden ist;
2. bei Erbfällen von Kriegsgefangenen und ihnen gleichgestellten Personen sowie bei Erbfällen von Opfern der nationalsozialistischen Verfolgung, wenn der Zeitpunkt des Todes vor dem 1. Januar 1946 liegt;
3. wenn der Erbschein lediglich zur Geltendmachung von Ansprüchen aufgrund des Lastenausgleichsgesetzes beantragt und dem Ausgleichsamt unmittelbar übersandt worden ist;
4. wenn seit dem Zeitpunkt des Todes des Erblassers mehr als zehn Jahre vergangen sind; das gilt nicht für Mitteilungen über die Abwicklung von Erbauseinandersetzungen (§ 7 Abs. 4 ErbStDV).

(3) Die Mitteilungen sollen enthalten

1. den Namen, die letzte Anschrift, den Geburtstag, den Todestag und den Sterbeort des Erblassers;
2. das Standesamt, bei dem der Sterbefall beurkundet worden ist, und die Sterbebuchnummer;

   ferner, soweit bekannt,
3. den Beruf und den Familienstand des Erblassers;
4. den Güterstand bei verheirateten Erblassern;
5. die Anschriften der Beteiligten und das persönliche Verhältnis (Verwandtschaftsverhältnis) zum Erblasser;
6. die Höhe und die Zusammensetzung des Nachlasses in Form eines Verzeichnisses;
7. später bekannt gewordene Veränderungen in der Person der Erben oder Vermächtnisnehmer, insbesondere durch den Fortfall von vorgesehenen Erben oder Vermächtnisnehmern (§ 7 Abs. 2 und 3 ErbStDV).

(4) [1]Die Mitteilungen sind durch Übersendung beglaubigter Abschriften zu bewirken. [2]Außer einer beglaubigten Abschrift der Urkunden ist ein Vordruck nach Muster 5 der Erbschaftsteuer-Durchführungsverordnung zu übersenden (§ 7 Abs. 1 Satz 1 ErbStDV).

(5) [1]Die Mitteilungen sind schriftlich an das für die Verwaltung der Erbschaftsteuer zuständige Finanzamt (§ 34 Abs. 1 i. V. m. § 35 ErbStG) zu richten. [2]Eine elektronische Übermittlung der Mitteilungen ist ausgeschlossen.

823 Ziffer XVII/4 MiZi lautet:
Mitteilungen bei Zugehörigkeit eines Grundstücks, eines Handelsgeschäfts, einer Beteiligung an einer Partnerschaft oder der Mitgliedschaft in einer Genossenschaft zum Nachlaß
(1) Mitzuteilen sind

cc) Registergericht – Handelsregister (falls der Erblasser Inhaber oder Teilhaber einer ins Handelsregister eingetragenen Firma usw. gewesen ist).[824]

dd) Mitteilung an Familiengericht ... gemäß § 1640 BGB.[825]

ee) Mitteilung an Vermächtnisnehmer ...

ff) Mitteilung an Konsulat ... (in bestimmten Auslandsfällen;[826] die einzelnen Länder sind in der amtlichen Anmerkung zu Ziffer XVII/8 MiZi aufgezählt).

---

1. bei Erteilung eines Erbscheins oder bei einer sonstigen Erbenermittlung der Erbfall und die Erben,
2. bei Eröffnung eines Testaments oder eines Erbvertrags der Erbfall, wenn dem Gericht bekannt ist, daß
   a) zu dem Nachlaß ein Grundstück oder grundstücksgleiches Recht gehört (§ 83 GBO) oder
   die Erblasserin bzw. der Erblasser
   b) Inhaberin oder Inhaber eines Handelsgeschäfts oder Gesellschafterin oder Gesellschafter einer Personenhandelsgesellschaft gewesen ist,
   c) Mitglied einer Partnerschaft gewesen ist,
   d) Mitglied einer Genossenschaft gewesen ist (§ 379 FamFG).

(2) In den Mitteilungen sind anzugeben

1. das zum Nachlaß gehörende Grundstück oder grundstücksgleiche Recht, die Firma des zum Nachlaß gehörenden Handelsgeschäfts oder die Firma der Personenhandelsgesellschaft, der Name der Partnerschaft oder die Firma der Genossenschaft, in der die Erblasserin bzw. der Erblasser Gesellschafterin bzw. Gesellschafter oder Mitglied gewesen ist;
2. die Erblasserin bzw. der Erblasser, der Zeitpunkt des Erbfalls und die Erben mit ihren Anschriften; bei Eröffnung eines Testaments oder eines Erbvertrags die Erblasserin bzw. der Erblasser und die Verfügung von Todes wegen;
3. der Testamentsvollstrecker, wenn ihm die Verwaltung des Grundstücks oder grundstücksgleichen Rechts, des Handelsgeschäfts oder des Anteils zusteht.

(3) Die Mitteilungen sind zu richten in den Fällen

1. des Absatzes 1 Buchstabe a an das Grundbuchamt;
2. des Absatzes 1 Buchstaben b bis d an das Registergericht.

(4) [1]Wird ein Testament oder ein Erbvertrag eröffnet, so sind zugleich mit der Mitteilung nach Absatz 1 Buchstabe a die als Erben eingesetzten Personen, soweit ihr Aufenthalt dem Gericht bekannt ist, darauf hinzuweisen, daß durch den Erbfall das Grundbuch unrichtig geworden ist und welche gebührenrechtlichen Vergünstigungen für eine Grundbuchberichtigung bestehen (§ 83 Satz 2 GBO). [2]Ihnen ist gleichzeitig mitzuteilen, daß eine Mitteilung an das Grundbuchamt und/oder das Registergericht erfolgen wird. [3]Entsprechend ist bei Erteilung eines Erbscheins zu verfahren.

824 Vgl. § 12 HGB; Ziffer XVII/4 MiZi.

825 § 356 FamFG. Die Mitteilung erfolgt, wenn ein Kind 15.000 Euro oder mehr geerbt hat, weil dann die Eltern ein entsprechendes Verzeichnis dem Familiengericht einzureichen haben.

826 Ziffer XVII/8 MiZi. Diese Verwaltungsvorschrift lautet:
Mitteilungen über Todes- und Erbfälle mit Auslandsbeziehung
(1) Mitzuteilen sind, soweit dies in Staatsverträgen vereinbart ist,
1. der Tod von Angehörigen eines fremden Staates im Inland;

d) Eventuell Rücksendung der Personenstandsurkunden (nicht aber der Sterbeurkunde), nach Anfertigung beglaubigter Abschriften für die Nachlassakte.

e) Eventuell: Anordnungen nach den AktO über Wiedervorlagen usw.

f) Gegebenenfalls Aufhebung einer Nachlasspflegschaft (§ 1960 BGB), da der Erbe nun bekannt ist.[827]

g) Abtragen, weglegen.

284 Ein **zentrales Register**, in dem Erbscheinserteilungen vermerkt werden, gibt es in Deutschland nicht.[828] Auch gibt es kein Zentralregister für Europäische Nachlasszeugnisse.

2.7 Vollzug der Erteilungsanordnung durch Erteilung

285 Die „Erteilung" des Erbscheins (Rz. 288) besteht in der Anfertigung des Erbscheins durch die Geschäftsstelle (bzw. den Rechtspfleger), indem der entsprechende Vordruck ausgefüllt wird oder aus der Computerdatei erstellt wird, mit Unterschrift und Siegelung; sodann werden eine oder mehrere Urschriften oder eine oder mehrere Ausfertigungen (regional verschieden) an den Antragsteller ausgehändigt oder übersandt. Im ersteren Fall ist in den Akten keine Urschrift, im zweiten Fall verbleibt in der Akte die Urschrift. Der Erbschein enthält keine Angaben über den Antragsteller, keine Einzelgegenstände des Nachlasses, keine Kostenentscheidung und keine Begründung, auch keine Angaben über den Wert des Nachlasses.

---

2. das Vorhandensein von inländischem Nachlaß, wenn Angehörige eines fremden Staates im Ausland verstorben sind;
3. das Vorhandensein von inländischem Nachlaß, wenn Angehörige eines fremden Staates, die im Inland weder ansässig sind noch dort eine Vertretung haben, einen Rechtsanspruch auf diesen Nachlaß haben (z. B. letztwillig Begünstigte, Testamentsvollstrecker, Nachlaßgläubiger oder gesetzliche Erben) oder einen solchen Anspruch geltend machen;
4. das Vorhandensein von Geldbeträgen und Gegenständen aus dem persönlichen Besitz von Angehörigen eines fremden Staates, die auf der Reise oder Durchreise im Inland verstorben sind, ohne dort den Wohnsitz oder gewöhnlichen Aufenthalt zu haben.

(2) Die Mitteilungen sind unverzüglich, nachdem der mitzuteilende Sachverhalt dem Nachlaßgericht bekannt geworden ist, zu bewirken.

(3) Die Mitteilungen sind von der Richterin oder dem Richter zu veranlassen.

(4) Sie sind an die konsularische Vertretung oder die Konsularabteilung der diplomatischen Vertretung des Staates zu richten, dem die Betroffenen angehören oder angehört haben.

827 BayObLG NJW-RR 2002, 1518 = FamRZ 2003, 561 = ZEV 2003, 202.

828 In den Vorarbeiten zum BGB, Prot. V 672 ff., wurde ein öffentliches Erbschaftsregister ausdrücklich abgelehnt.

Amtsgericht Adorf 1 VI 299/2025 Erbschein Es wird bezeugt, dass der am … in Adorf verstorben Kaufmann Georg Etzel, geb. am … in …, zuletzt wohnhaft in 94036 Adorf, Donaugasse 3, von seiner Tochter Frieda Etzel, geb. am … in …, wohnhaft in 94036 Adorf, Residenzplatz 13, allein beerbt worden ist.[708] Adorf, den … Siegel, Unterschrift

Nicht zwingend notwendig ist die Angabe des Berufs des Erblassers sowie das Verwandtschaftsverhältnis („Tochter") zum Erben. Manche Gerichte schreiben den Berufungsgrund in den Erbschein: „Aufgrund gesetzlicher Erbfolge" bzw. „aufgrund Testaments vom …" in den Erbschein; das ist überflüssig (aber unschädlich)[829] und könnte nur in den Fällen der §§ 1951 oder 2088 BGB notwendig sein. Ganz **falsch** ist die Formulierung „B ist Alleinerbe des A"; denn der B *ist* nicht Erbe, weil der Erbschein nur ein Zeugnis ist und keine Rechtskraft entfaltet (er kann jederzeit eingezogen werden, § 2361 BGB).[830]

2.7.1 Abhängigmachung der Erteilung

286 Ist der Feststellungsbeschluss sowie die Erteilungsanordnung ergangen, kann das Nachlassgericht die Erteilung (Aushändigung oder Übersendung des Erbscheins) allenfalls noch von der Vorauszahlung der Kosten abhängig machen (Rz. 165), §§ 13, 14 GNotKG. Unzulässig ist es, von den Erben die vorherige Erfüllung von Vermächtnissen oder Auflagen oder die Auseinandersetzung zu fordern.[831]

2.7.2 Sichernde Maßnahmen, einstweiliger Rechtsschutz

287 Eine „**Vollziehung des Erbscheins**" gibt es nicht; mit Erteilung entfaltet er seine Wirkungen, diese Wirkungen können nur durch eine Einziehung (§ 2361 BGB) abgebrochen werden. Davon zu unterscheiden ist die **Vollziehung des Erteilungsbeschlusses;** kommen dem Nachlassgericht nach Erlass des Erteilungsbeschlusses, aber vor Erteilung, Bedenken, was nur in unglücklich verlaufenden Fällen denkbar ist (etwa weil § 352e II FamFG übersehen wurde), darf es den Erbschein nicht mehr hinausgeben; der Erteilungsbeschluss kann aufgehoben werden (die Rechtsgrundlage ist unklar, § 48 I 2 FamFG passt nicht).

Es ist eine **einstweilige Anordnung** des Beschwerdegerichts nach § 64 III FamFG möglich, wonach der Antragsteller den Erbschein wieder zu den Nach-

829 MünchKomm/Grziwotz § 2353 Rz. 26. Die Beweiskraft erstreckt sich nicht auf den im Erbschein angegebenen Berufungsgrund, OLG Köln FamRZ 2024, 1735.

830 Der Berufungsgrund („aufgrund Testaments vom 20.4.2013") gehört in der Regel nicht in den Erbschein, es ist aber unschädlich.

831 BayObLGZ 2, 193.

lassakten zurückzugeben habe,[832] was nicht mit einer Einziehung nach § 2361 BGB zu verwechseln ist.

Das Prozessgericht (AG, LG) kann jedenfalls nicht durch eine **einstweilige Verfügung** (§§ 935 ff. ZPO; Antragsgegner?) *dem Nachlassgericht* verbieten, dem Antragsteller den Erbschein auszuhändigen,[833] auch nicht dem Antragsteller verbieten, den Erbschein entgegenzunehmen oder zu beantragen oder gebieten, den Antrag zurückzunehmen (außer, er hat auf das Antragsrecht verzichtet). Dagegen sollen einstweilige Verfügungen des Prozessgerichts gegen den Erbscheinsbesitzer möglich sein des Inhalts, dass der Besitzer von einem Erbschein keinen Gebrauch mache oder ihn an das Nachlassgericht abliefere (was keine Kraftloserklärung enthält), materiell-rechtlich gestützt auf § 2362 BGB.

2.7.3 Begriff der Erteilung

288 § 2353 BGB sagt, dass das Nachlassgericht einen Erbschein zu „erteilen" hat; nach § 2361 BGB ist der „erteilte" Erbschein einzuziehen; die Wirkungen der §§ 2365 ff. BGB treten erst mit „Erteilung" ein (dagegen kommt es nicht darauf an, dass der Erbschein im Rechtsverkehr *vorgezeigt* wird). Daher fragt sich, worin genau die Erteilung im Rechtssinne besteht und ab wann er „erteilt" ist. Das ist umstritten. In Frage kommen die Unterzeichnung des Feststellungs-/bzw. Erteilungsbeschlusses durch den Richter bzw. Rechtspfleger (Erlass), deren Bekanntgabe (die aber in unstreitigen Fällen nicht erfolgt, § 352e I 4 FamFG), die Anfertigung des Erbscheins, die Hinausgabe des Erbscheins, der Zugang beim Antragsteller, bei mehreren Antragstellern: beim ersten oder letzten Antragsteller. Die Antwort kann nicht in erster Linie aus theoretischen Erwägungen gewonnen werden, sondern hängt davon ab, ab wann es unter dem Gesichtspunkt des Verkehrsschutzes gerechtfertigt ist, die obigen Wirkungen eintreten zu lassen.[834]

289 Der **Erlass des Feststellungs- bzw des Erteilungsbeschlusses** stellt noch keine Erteilung des Erbscheins dar (h. M.).[835] Denn das Gesetz spricht ausdrücklich von der „Erteilung" des Erbscheins (§ 2353 BGB) und der Einziehung des „erteilten" Erbscheins (§ 2361 BGB), nicht aber von der Einziehung „des Erbscheins". Daraus folgt, dass dem Antragsteller nicht nur eine Ausfertigung des Anordnungsbeschlusses zu überlassen ist, sondern eine für Laien brauchbare Kurzfassung, eben ein „Zeugnis". Das Nachlassgericht braucht für seine Zwecke kein solches Zeugnis. Der Feststellungs- bzw. Erteilungsbeschluss, der den Entwurf des Erbscheins beinhaltet, ist deshalb vom Erbschein zu trennen; er selbst ist kein Erbschein. Wird dieser Beschluss in missverständlicher Form an den An-

832 BGHZ 40, 57/59; OLG Köln OLGZ 1990, 303; Sternal/Sternal FamFG § 64 Rz. 65.

833 Weissler I S. 321.

834 Problematisch ist hierbei allerdings, dass es nach h. M. nicht darauf ankommt, dass dem Gegner der Erbschein vorgezeigt wird und dass einander widersprechende Erbscheine keine Gutglaubensfunktionen entfalten. Vgl. Rz. 753.

835 OLG Karlsruhe NJW-RR 2011, 874; Lange/Kuchinke § 39 II 7; anders früher BayObLGZ 24, 270; KGJ 42, 128.

tragsteller versandt, wird kein Erbschein „erteilt", ebenso wenig wie, wenn ein Zivilurteilsentwurf ausgefertigt wird; das ist bestenfalls ein Schein-Erbschein.

Andere meinen: Die Ausfertigung eines Beschlusses des Nachlassgerichts, der einen Erbschein zum Inhalt hat, sei ein Zeugnis im Sinne des § 2353 BGB, falls sie nicht ausdrücklich nur als Ankündigung eines Erbscheins gekennzeichnet wird.[836] Oder: der Erbschein sei bereits erteilt, wenn er derart bei den Gerichtsakten niedergelegt sei, dass der Antragsteller (z. B. nach Kostenzahlung) die Aushändigung verlangen könne.[837] Das ist zumindest seit Inkrafttreten des FamFG (2009) nicht mehr haltbar.

Eine **andere Auffassung**[838] versteht unter der Erteilung erst die **Bekanntgabe** 290
an *alle* Antragsteller. Der Erteilungsbeschluss werde erst mit der Bekanntmachung an den Antragsteller (bzw. an *alle* Antragsteller) wirksam. Erfolgte die Mitteilung an vier von fünf Antragstellern, wäre noch nicht wirksam bekannt gemacht.[839]

Dagegen spricht: In den unstreitigen Fällen wird der Feststellungs- bzw Erteilungsbeschluss dem Antragsteller nicht mitgeteilt (§ 352e I 4 FamFG); der Beschluss wird trotzdem mit Erlass wirksam (§ 352e I 3 FamFG). Der Erbschein ist ein „Zeugnis", kein Beschluss im Sinne von § 40 I FamFG.

Erteilung durch Aushändigung. Der Erbschein ist nach h. M. erteilt, sobald er 291
in Urschrift oder Ausfertigung (das ist regional verschieden) dem Antragsteller (bzw Dritten: Rz. 292), bei mehreren Antragstellern *einem* davon,[840] ausgehändigt oder übersandt wurde.[841] Ein Zeugnis ist eine besondere Urkunde, es ist (wie auch ein Schulzeugnis) erst erteilt, wenn es ausgehändigt oder zugesandt ist. Ob ein Feststellungs- bzw. Erteilungsbeschluss vorhanden ist oder zugrunde liegt, ist gleichgültig; selbst wenn sie fehlen, wäre der ausgehändigte Erbschein wirksam.

Die Hinausgabe von Fotokopien oder „beglaubigten Abschriften" des Erbscheins stellt keine Erteilung dar, da sie im Gegensatz zur Ausfertigung nicht der Einziehung gemäß § 2361 BGB unterliegen.

Aushändigung an Dritte: Der Erbschein ist auch schon erteilt, wenn das Nach- 292
lassgericht zwar keine Erbscheinsurkunde ausfertigt, aber *auf Antrag* des Erbscheinsantragstellers die Nachlassakten mit der Urschrift des den Wortlaut des

836 OLG Stuttgart NJW-RR 1993, 1291 = Rpfleger 1993, 346; a. A. BayObLG 1960, 162, 267 und 501.

837 KG OLG 9, 228; Lange/Kuchinke § 39 II 7 b; a. A. OLG Hamm NJW-RR 1994, 271 = Rpfleger 1994, 248.

838 Wiegand JuS 1975, 283/5; früher das BayObLG (2, 543/545; 22, 104/105); Firsching NJW 1955, 1540/1.

839 Praktisches Problem: fünf Miterben beantragen einen gemeinschaftlichen Erbschein, dann taucht einer unter. Soll ihm öffentlich zugestellt werden, damit Erteiltsein eintritt?

840 MünchKomm/Grziwotz § 2353 Rz. 119; RGRK-Kregel § 2352 Rz. 21; Scheer S. 69; a. A. Lange/Kuchinke § 39 VII 7.

841 BayObLG 1960, 267/270.

Erbscheins enthaltenden Anordnungsbeschlusses dem Grundbuchamt zur Berichtigung des Grundbuchs zuleitet.[842] Ferner ist er erteilt, wenn das Nachlassgericht den Erbschein oder eine Ausfertigung *antragsgemäß* direkt dem Grundbuchamt oder einer anderen Behörde übersendet.

Keine Erteilung liegt vor, wenn zwar der Nachlassrichter (Rechtspfleger) die Erteilung bereits beschlossen hat, die Herausgabe aber von der Zahlung der Kosten abhängig gemacht hat.[843] Keine Erteilung liegt ferner vor, wenn er nicht antragsgemäß übersandt wird, sondern wenn von Amts wegen andere Behörden benachrichtigt werden;[844] vgl. Rz. 294.

2.7.4 Zahl der Ausfertigungen

293 Der Antragssteller erhält so viele Ausfertigungen, wie er beantragt;[845] er muss kein besonderes Rechtsschutzinteresse an den Mehrstücken nachweisen.

Es besteht kein Anlass, hier dem Antragsteller Stücke zu verweigern wegen angeblicher Gefahren „bei allzu vielen Stücken". Hatte der Verstorbene bei mehreren Banken und Versicherungen Guthaben und auch sonst einiges zu regeln, besteht jede Bank auf der Vorlage einer amtlichen Ausfertigung und begnügt sich oft nicht mit Kopien davon. Bis dieses eine Exemplar wieder zurückgesandt ist, können Wochen vergehen; dann geht das Exemplar zur nächsten Bank. Die Regulierung kann ein Jahr und länger dauern, würde aber binnen kurzer Zeit erledigt sein, wenn der Antragsteller mehrere Ausfertigungen erhält.

Die **Ausfertigung des Erbscheins** besteht in einer Abschrift, versehen mit dem Ausfertigungsvermerk. Die Beglaubigung besteht oft nur noch in einem elektronisch erzeugten Stempel,[846] der mit jedem Fotokopierer nachgemacht werden kann. Banken, die dem Maschinen-Exemplar nicht vertrauen, müssen beim Nachlassgericht nachfragen.

2.8 Mitteilungen

294 Von der Erteilung eines Erbscheins benachrichtigt das Nachlassgericht *gegebenenfalls* von Amts wegen andere Behörden, z. B.

- das Erbschaftsteuerfinanzamt gemäß § 7 ErbStDV; zu Ausnahmen vgl. Rz. 283.
- das Grundbuchamt gemäß § 83 GBO; es kann dann nach § 82 GBO oder § 82a GBO tätig werden; vgl. Rz. 283.
- das Handelsregister (Rz. 283).
- das Familiengericht (Rz. 283).
- den/die Vermächtnisnehmer (Rz. 283).

---

842 BayObLGZ 1960, 501 = Rpfleger 1961, 437. Zweifelhaft.

843 OLG Hamm NJW-RR 1994, 271 = Rpfleger 1994, 248; dazu Lange/Kuchinke § 39 II 7 b.

844 BayObLGZ 1960, 267/270.

845 LG Köln Rpfleger 1969, 350.

846 Vgl. OLG Düsseldorf ErbR 2021, 240.

- den Testamentsvollstrecker.
- ein Konsulat (Rz. 283).

3. Zwischenverfügung

Die Zwischenverfügung ist im FamFG (abgesehen von § 382 IV FamFG) nicht geregelt, § 18 GBO ist darauf nicht analog anwendbar. Am ehesten kann man sie aus einer analogen Anwendung von § 139 I 2 ZPO begründen.[847] Es handelt sich um einen Beschluss oder eine Verfügung. Die Zwischenverfügung weist den Antragsteller auf *behebbare* Mängel und Hindernisse hin, die seinem Erbscheinsantrag entgegenstehen. Es wird eine Frist gesetzt. Sie ist verlängerbar. Sanktion ist, dass nach fruchtlosem Fristablauf der Antrag zurückgewiesen wird. Doch besteht keine Bindung des Nachlassgerichts; denkbar wäre deshalb auch, dass dem Antrag stattgegeben wird, obwohl die Hindernisse nicht beseitigt wurden. 295

Beispiele:
- **Antragsmängel:** nach Auffassung des Gerichts könnte dem gestellten Erbscheinsantrag nicht entsprochen werden, wohl aber einem geänderten Antrag[848] (z. B. Erbschein zu 2/3 statt zu ¾-Erbquote; Erbschein mit Testamentsvollstreckervermerk statt *ohne* Vermerk).
- **Urkunden:** Es fehlen Personenstandsurkunden (Geburtsurkunde des Großvaters usw.)
- **Unterstützung der Ermittlungen:** Aufforderung, Vergleichsmaterial für Schriftproben vorzulegen; Zeugen zu benennen, die über den Geisteszustand des Erblassers in Hinblick auf die Testierfähigkeit Angaben machen können.

Der Antragsteller *muss* seinen Antrag nicht ändern, nur weil das Nachlassgericht dies für zweckmäßig hält. Denn vielleicht irrt das Nachlassgericht. Wenn das Nachlassgericht dem Antragsteller nur einen Erbschein mit Testamentsvollstreckervermerk geben will, der Erbe sich aber für unbeschränkt hält, dann darf er seinen Antrag nicht ändern, sondern muss ihn zurückweisen lassen und mit Beschwerde gegen den Zurückweisungsbeschluss dann sein Glück in den höheren Instanzen versuchen.

Beschluss: 296

Dem Antragsteller wird aufgeben, die Geburtsurkunde seiner Großmutter, Sonja Tigrit, vorzulegen.

Frist: 4 Wochen.

Nach fruchtlosem Fristablauf wird der Erbscheinsantrag zurückgewiesen werden.

Gründe (falls sie sich nicht von selbst verstehen).

---

847 BayObLG FamRZ 2003, 1590/2.
848 BayObLG FamRZ 2003, 1590/2.

Eine Kostenentscheidung entfällt. Der Beschluss wird formlos mitgeteilt, Zustellung ist nicht vorgeschrieben (§ 41 I 2 FamFG). Da die Zwischenverfügung keine *End*entscheidung ist, ist sie nicht anfechtbar (§ 58 FamFG), eine Rechtmittelbelehrung ist daher nicht vorgeschrieben (aber ein Hinweis auf die Unanfechtbarkeit spart Arbeit mit der eingelegten Beschwerde).

4. Zurückweisung des Antrags

297 Der Erbscheinserteilung geht ein Feststellungsbeschluss voraus (§ 352e FamFG). Ein Beschluss des Inhalts, dass die Tatsachen *nicht* für festgestellt erachtet werden, ist nicht zulässig. Er kann ggf. in einen Zurückweisungsbeschluss umgedeutet werden. Ein rechtskräftiger (positiver) Feststellungsbeschluss hindert nicht an der Zurückweisung des Erbscheinsantrags.[849]

Der Erbscheinsantrag wird zurückgewiesen, wenn ihm unbehebbare Hindernisse entgegenstehen; bei behebbaren Hindernissen kommt eine Zwischenverfügung in Frage.

Beispiele:
- Der Antragsteller ist nicht Erbe (das Testament zu seinen Gunsten ist unwirksam, ist wirksam angefochten. Die Testamentsauslegung ergibt kein Erbrecht für den Antragsteller. Der Antragsteller ist nur Vermächtnisnehmer, Auflagenbegünstigter, Pflichtteilsberechtigter).
- Der Erbscheinsantrag passt nicht zur beabsichtigten Entscheidung und der Antragsteller hat trotz Zwischenverfügung (Rz. 295) seinen Antrag nicht geändert.
- Weigert sich der Antragsteller ohne triftigen Grund, die Richtigkeit seiner Angaben eidesstattlich zu versichern, obwohl es notwendig wäre, so ist der Erbscheinsantrag als „unzulässig" zurückzuweisen.[850]
- Erbunwürdigkeit dagegen rechtfertigt keine Zurückweisung eines Erbscheinsantrags, weil die Erbunwürdigkeit eine erfolgreiche Anfechtungsklage voraussetzt (§ 2342 II BGB).

298 Amtsgericht Adorf

Nachlassgericht VI 299/21

In der Nachlasssache

betreffend den Nachlass des Georg Etzel, verstorben am 1.10.2021 in Adorf, Kaufmann, zuletzt wohnhaft in 94036 Adorf, Donaugasse 3,

hier: Antrag von Frau Frieda Etzel, 94036 Adorf, Residenzplatz 13, auf Erteilung eines Erbscheins

849 OLG Düsseldorf NJW-RR 2021, 734.
850 OLG Frankfurt FamRZ 1996, 1441 = FGPrax 1996, 110 = Rpfleger 1996, 511.

erlässt das Amtsgericht Adorf – Nachlassgericht durch Richter[851] am Amtsgericht X am 12. 12. … folgenden

Beschluss:

Der Antrag wird zurückgewiesen.

Gründe (vgl. § 38 FamFG):

a) Schilderung des Sachverhalts, Wiedergabe des gestellten Antrags
b) Zulässigkeit des Antrags
c) Begründetheit; Darlegung der Erbfolge
d) Kosten (§ 81 FamFG?; Rz. 313 ff.)

gez. …

Der Beschluss wird dem Antragsteller zugestellt (§ 41 I 2 FamFG). Eine Rechtsmittelbelehrung ist notwendig (§ 39 FamFG; befristete Beschwerde zum OLG, §§ 58 ff. FamFG; § 119 GVG).

5. Strittige Fälle: Feststellungsbeschluss mit Aussetzung des Vollzugs

5.1 Voraussetzungen

Lagen widersprechende Erbscheinsanträge vor (z. B. Anträge von A und B auf einen Alleinerbschein) bzw. war wenigstens *ein* wirksamer Erbscheinsantrag gestellt und ein gegensätzlicher Antrag ist zu erwarten *und* war die Sach- und/oder Rechtslage schwierig, wurde früher vom Nachlassgericht ein sog. **Vorbescheid** erlassen.[852] Das FamFG hat den Vorbescheid grundlos[853] nicht übernommen und in § 352e II FamFG eine **andere Rechtslage** geschaffen (Übergangsrecht: Art. 111 FGG-RG; Stichtag 1. 9. 2009). 299

Falls das Nachlassgericht die zur Erteilung des beantragten Erbscheins erforderlichen Tatsachen (also die Erbfolge) für festgestellt erachtet, ergeht ein entsprechender Feststellungsbeschluss (Wortlaut: Rz. 300). Die sofortige Wirksamkeit des Beschlusses wird ausgesetzt und die Erteilung des Erbscheins wird bis zur Rechtskraft des Beschlusses zurückgestellt. Der Beschluss ist den Beteiligten bekannt zu geben.

Es kommt also nicht darauf an, ob die Sach- oder Rechtslage schwierig ist, sondern nur darauf, ob zwischen allen Beteiligten Konsens besteht oder nicht. Dass Nachlassgericht darf auch dann keinen Vorbescheid mehr erlassen, wenn die Sache sehr schwierig ist, aber kein Beteiligter widersprochen hat.[854] Ein in

851 Rechtspfleger im Falle des § 16 I Nr 6 RPflG oder § 19 RPflG, Rz. 147 ff.

852 Vgl. Hähnlein, Der Vorbescheid …, 1990; Siebert, Der Vorbescheid im Erbscheinsverfahren, 1992; Lukoschek ZEV 1999, 1.

853 BT-Druck. 16/6308 S. 280 geben keinen Grund an.

854 Allgemeine Meinung, z. B. OLG Köln FGPrax 2011, 49; Prütting/Helms/Fröhler § 352 Rn 26.

einem ab 1.9.2009 eingeleitetem Erbscheinsverfahren irrig noch erlassener Vorbescheid ist unzulässig, eventuell in eine zulässige Entscheidungsform (§ 352e FamFG) umzudeuten,[855] jedenfalls vom OLG zur Klarstellung aufzuheben;[856] nach a. A.[857] ist die Beschwerde unstatthaft.

Nur in schätzungsweise etwa 5 % der Fälle erfolgt eine solche Aussetzung des Vollzugs.[858]

Erlässt das Nachlassgericht trotz Widerspruch eines Beteiligten **keinen Feststellungsbeschluss** und erteilt den Erbschein ist der **Erbschein wirksam**; der fehlende Feststellungsbeschluss macht ihn nicht unrichtig im Sinne von § 2361 BGB.[859] Ein Beschluss des Inhalts, dass die **Tatsachen nicht für festgestellt** erachtet werden, ist im FamFG nicht vorgesehen; er ist umzudeuten in eine Zurückweisung des Erbscheinsantrags.

Das **Beschwerdegericht** (OLG) kann keinen Feststellungsbeschluss erlassen, also nicht seinerseits die Erteilung eines anderen Erbscheins ankündigen.[860] Das OLG kann auch das Nachlassgericht nicht zum Erlass eines bestimmten Feststellungsbeschlusses anweisen, weil dies nicht dem Sinn der Regelung (Ermöglichung der Nachprüfung durch die höhere Instanz) entspricht. Anders ist es, wenn die Rechtsbeschwerde zugelassen wird.

5.2 Beschlussmuster

300 Amtsgericht Adorf

Nachlassgericht

VI 299/21

In der Nachlasssache

betreffend den Nachlass des Georg Etzel, verstorben am ... in Adorf, Kaufmann, zuletzt wohnhaft in 94036 Adorf, Donaugasse 3,

hier: Antrag von Frau Frieda Etzel, 94036 Adorf, Residenzplatz 13, auf Erteilung eines Erbscheins

Weitere Beteiligte: ...

---

855 OLG Frankfurt NJW-RR 2012, 11 = FamRZ 2012, 330; BeckOK Hahne/Munzig/Schlögel FamFG § 352 Rn 11.

856 OLG Köln FGPrax 2010, 266.

857 OLG Köln FGPrax 2010, 266 unanfechtbar, da nur Zwischenentscheidung. Da aber eine *solche* Zwischenentscheidung nicht mehr möglich ist muss sie beseitigt werden.

858 Früher wurden etwa 4 % der richterlichen Erbscheinssachen durch Vorbescheid entschieden; vgl. Hähnlein, Der Vorbescheid, 1990, S. 17. Der Teil der Erbscheinsverfahren, der überhaupt Probleme (z. B. fehlende Urkunden) aufwirft, liegt bei 10 bis 12 %.

859 BeckOK Hahne/Munzig/Schlögel FamFG § 352 Rn 13.

860 BayObLG FamRZ 1994, 1068 = NJW-RR 1994, 1032 zum Vorbescheid.

erlässt das Amtsgericht Adorf – Nachlassgericht – durch Richter am Amtsgericht[861] X am 12. 12. … folgenden

Beschluss:

I. Die Tatsachen, die zur Erteilung des am … beantragten Erbscheins erforderlich sind, werden für festgestellt erachtet. *Beantragter* Erbschein: Es wird bezeugt, dass der am … verstorbene X, zuletzt wohnhaft in …, von Y … allein beerbt worden ist.
Die sofortige Wirksamkeit dieses Beschlusses wird ausgesetzt.
Die Erteilung des Erbscheins wird bis zur Rechtskraft dieses Beschlusses zurückgestellt.

II. Entscheidung zu den Kosten (§ 81 FamFG)

Gründe (§ 38 III 1 FamFG)

a) Schilderung des Sachverhalts, Wiedergabe des gestellten Antrags
b) Zulässigkeit des Antrags
c) Darlegung der Erbfolge
d) Rechtsmittelbelehrung (§ 39 FamFG).

Der Tenor muss den **Text des beabsichtigten Erbscheins** nicht unbedingt enthalten, es genügt auch die Bezugnahme auf einen datumsmäßig bestimmten Antrag.[862] Jedenfalls ist darauf zu achten, dass der Feststellungsbeschluss so formuliert ist, dass die Beteiligten einerseits wissen, worum es geht und dass er andererseits nicht mit einem Erbschein verwechselt werden kann. Die Gründe für die Aussetzung des Vollzugs gehören nicht in den Tenor,[863] sondern in die Begründung des Beschlusses. 301

Eine **Kostenentscheidung** kann in Frage kommen (§ 81 FamFG), Rz. 313 ff. Fehlt ein Ausspruch, auch in den Gründen hat der Erbscheins-Antragsteller die Gerichtskosten des Erbscheinserteilungsverfahrens[864] sowie seine eigenen außergerichtlichen Kosten (z.B. Anwaltskosten) zu tragen, aber dem Gegner nichts zu erstatten. Der Beschluss ist den Beteiligten bekannt zu geben (§ 352e II 1 FamFG), also nicht nur dem Widersprechenden. Demjenigen, der widersprochen hat, ist der Beschluss förmlich zuzustellen (§ 41 I 2 FamFG), den anderen Beteiligten wird er formlos mitgeteilt.

5.3 Beteiligte, Widerspruch eines Beteiligten

Beteiligte in diesem Sinne sind andere Erbprätendenten, aber auch sonstige Personen (Einzelheiten vgl. § 345 I FamFG; Rz. 221). Hier ist vor allem § 345 I S. 2 Nr. 5 FamFG problematisch. § 352e II 2 FamFG besagt, dass der Erbschein erst nach Rechtskraft des Feststellungsbeschlusses erteilt werden darf. Der Beschluss kann aber von jedem angefochten werden, der in seinen Rechten beeinträchtigt 302

861 Testamentarische Erbfolge unterstellt, § 16 I Nr. 6 RPflG. Vgl. Rz. 147 ff.
862 BT-Drs. 16/6308 S. 281.
863 So aber Horndasch/Viefhues/Heinemann § 352 Rn 31.
864 OLG Hamburg FGPrax 2014, 138.

ist (§ 59 I FamFG), nicht nur von den Beteiligten, die das Gericht hinzugezogen hat. Sind die Adressen anderer Beteiligter nicht bekannt und kann ihnen der Beschluss daher nicht mitgeteilt werden, ist die Rechtskraft des Feststellungsbeschlusses gefährdet.

303 ***Erklärter* Wille eines Beteiligten.** Falls der Feststellungsbeschluss dem „erklärten Willen" eines (oder mehrerer) Beteiligten widerspricht, dann *muss* eine Aussetzung der Wirksamkeit erfolgen. Wer Beteiligter ist sagt § 345 FamFG. Eine gesetzliche Frist hierfür gibt es nicht, auch keine Möglichkeit der Fristsetzung durch das Nachlassgericht. Letzter Zeitpunkt ist der Erlass des Feststellungsbeschlusses. Die Erklärung kann zurückgezogen werden, aber nach Erteilung des Erbscheins nicht mehr nachgeholt werden. Der gegenläufige Wille eines Beteiligten darf nicht im Inneren eines Beteiligten geblieben sei, er muss nach außen hervorgetreten sein, ausdrücklich oder konkludent zum Ausdruck gebracht worden sein, sei es bei der schriftlichen Anhörung oder in einem Termin. Hier genügen alle das Erbrecht des Antragstellers leugnenden Äußerungen, etwa, das Testament sei gefälscht, falls sie als Widerspruch aufzufassen sind. Ein mutmaßlicher Wille genügt nicht. Bei unklaren Äußerungen muss das Gericht durch Rückfrage ermitteln, was gemeint ist. § 352e II FamFG verlangt nicht ausdrücklich, dass der **Widerspruch gegenüber dem Nachlassgericht** erfolgen muss; sinngemäß sind aber nur Äußerungen gegenüber dem Nachlassgericht (auch durch Vertreter) maßgebend.[865] Es genügt jedenfalls nicht, wenn ein Dritter, z. B. ein Zeuge, dem Gericht mitteilt, der Beteiligte Y sei mit dem Erbscheinsantrag des X nicht einverstanden.

304 **Widerspruch eines Beteiligten.** Dass die Sach- und/oder Rechtslage schwierig ist (z. B. Testamentsauslegung, Testierfähigkeit, Testamentsfälschung) genügt nicht, ist aber auch nicht erforderlich. Ein Beteiligter muss lediglich dem zu erlassenden Feststellungsbeschluss widersprochen haben, der Wille muss also vor Erlass erklärt worden sein. Nicht notwendig ist, dass der widersprechende Beteiligte einen abweichenden Erbscheinsantrag stellt.[866] Ein solcher Antrag beinhaltet aber einen Widerspruch. Hat ein Beteiligter erst später (nämlich ab Aushändigung des Erbscheins) Einwendungen, hilft ihm nur noch ein Einziehungsverfahren (§ 2361 BGB). Der Beteiligte kann seinen „Widerspruch" nach Erlass des Beschlusses **zurücknehmen;** wenn auf diese Weise der Feststellungsbeschluss vorzeitig rechtskräftig wird (vgl. § 352e II FamFG), kann der Erbschein schon früher erteilt werden.

305 **Substanzlose Widersprüche.** Auch grundlose Widersprüche zählen; der widersprechende Beteiligte muss seinen Widerspruch nicht begründen; ein solcher Widerspruch kann nicht vom Gericht durch Beschluss zurückgewiesen werden.[867] Jeder Beteiligte kann also die Erbscheinserteilung nach Belieben um einige Monate verzögern; allenfalls könnte das Schikaneverbot (§ 226 BGB)

865 MünchKommFamFG/Grziwotz § 352 Rn 18.

866 Bumiller/Harders/Schwamb § 352 Rn 27; MünchKommFamFG/Grziwotz § 352 Rn 19.

867 MünchKommFamFG/Grziwotz § 352 Rn 20.

helfen.[868] Denkbar wäre immerhin eine Kostenauferlegung (§ 81 FamFG), wobei aber die gewöhnliche Erbscheinsgebühr immer zu Lasten dessen gehen muss, dem der von ihm beantragte Erbschein erteilt wurde; nur bei den Auslagen (z. B. Anwaltskosten) ist es anders.

Kein Ermessen des Nachlassgerichts. Bei Widerspruch „ist" der Feststellungs- 306
beschluss förmlich bekannt zu geben und das Gericht „hat" die Erteilung des Erbscheins zurückzustellen. Die Qualität des Widerspruchs spielt keine Rolle. Häufig wird im Erbscheinsverfahren ins Blaue hinein behauptet, das Testament sei gefälscht, der Erblasser sei testierunfähig gewesen usw., ohne dass irgendwelche Anhaltspunkte dafür vorgetragen werden, so dass es auch nicht zur Einholung von Gutachten kommt.

Bindungswirkung. Fraglich ist, ob das Nachlassgericht an seinen rechtskräfti- 307
gen Feststellungsbeschluss gebunden ist. Hat sich seit dem Erlass gezeigt, dass der danach zu erteilende Erbschein wegen Unrichtigkeit (z. B. weil inzwischen ein anderes Testament aufgetaucht ist) sofort wieder einzuziehen wäre (§ 2361 BGB), dann wäre es schon aus Kostengründen (§ 21 GNotKG) nicht vertretbar, ihn zu erteilen und sogleich einzuziehen. Deshalb besteht keine Bindung.

5.4 Zustellung des Feststellungsbeschlusses

Der Beschluss ist „den Beteiligten" (§ 345 FamFG; Rz. 221) formlos bekannt zu 308
geben. Das sind der Antragsteller, die vom Gericht hinzugezogenen Personen und diejenigen Personen, die durch einen Antrag ihre Beteiligtenstellung erzwungen haben (§ 7 V FamFG). Nach § 41 Abs. 1 S. 2 muss nur an den Widersprechenden *zugestellt* werden, an die übrigen Beteiligten (einschließlich des Antragstellers) genügt eine formlose Bekanntgabe (§ 41 Abs. 1 S. 1).

5.5 Rechtskraft des Feststellungsbeschlusses

Nach Zustellung des Beschlusses, der die Feststellung mit der Aussetzung ent- 309
hält, wartet das Nachlassgericht die Beschwerdefrist (§ 63 FamFG; ein Monat) ab; bei mehreren Beteiligten kommt es auf die am längsten laufende Frist an. Wurde keine Beschwerde eingelegt, so dass der Beschluss **rechtskräftig** (§ 45 FamFG) geworden ist, wird er vollzogen; d. h. der **Erbschein wird erteilt**. Aus dem Feststellungsbeschluss wird nicht mit Rechtskraft automatisch ein Erbschein. Trotz formeller Rechtskraft des Feststellungsbeschlusses kann das Nachlassgericht den **Erbscheinantrag nun zurückweisen**, wenn sich neue Faktoren ergeben haben, so dass ein dennoch erteilter Erbschein sofort wieder wegen Unrichtigkeit einzuziehen wäre.[869]

Probleme gibt es bei der **Rechtskraft**. (1) Wenn eine Mitteilung an einen im Verfahren zugezogenen Beteiligten nicht erfolgen kann, weil sich dessen Anschrift inzwischen geändert hat und die neue Anschrift unbekannt ist. Denn dann ist der Beschluss nicht rechtskräftig geworden. Hier kann § 63 III 2 FamFG

868 Dazu Terner ZEV 2014, 184.
869 OLG Düsseldorf ZEV 2021, 542 (LS).

helfen (die Erteilung des Erbscheins verzögert sich dann rund um ein halbes Jahr). Ferner stellt sich die Frage, ob einem Beteiligten, dessen Anschrift nun unbekannt ist, ein **Verfahrenspfleger** zu bestellen ist (§ 340 Nr. 1 FamFG), damit dem Pfleger der Feststellungsbeschluss zugestellt werden kann und auf diese Weise schneller rechtskräftig wird. (2) **Vergessene Beteiligte**: Wie sind die Fälle zu lösen, in denen ein *potentiell* Beteiligter (§ 345 I 2 FamFG) nicht informiert wurde, so dass er auch einen Antrag auf zwingende Hinzuziehung (§ 345 I 3 FamFG) stellen konnte, weil er vom Verfahren nichts wusste? Die Stellung als Beteiligter erlangt er erst durch den Hinzuziehungsakt des Gerichts (das ist faktisch ein konkludenter Beschluss). Es wird vertreten, dass hier § 63 III 1 FamFG analog anzuwenden sei; andere[870] meinen, dass für diesen vergessenen Beteiligten **überhaupt keine Rechtsmittelfrist** zu laufen beginne. Man muss aber § 7 IV FamFG sehen, wonach nur die dem Gericht bekannten Personen zu benachrichtigen sind, also aufwendige Personen- und Adressenermittlungen nicht vorgesehen sind. Legt der vergessene Beteiligte vor Hinausgabe des Erbscheins Beschwerde gegen den Feststellungsbeschluss ein (was gleichzeitig als Anmeldung als Beteiligter gilt), ist sie rechtzeitig. Ist der Erbschein schon erteilt, hat das Problem keine Relevanz mehr, dann kommt nur noch ein Einziehungsverfahren nach § 2361 BGB (und evtl. Staatshaftung) in Betracht.

Jedenfalls ist ein Erbschein, der erteilt wird, obwohl der Feststellungsbeschluss (z.B. unerkannt) noch nicht rechtskräftig ist, weder unwirksam noch allein deswegen unrichtig und einzuziehen.

310 **Wird Beschwerde eingelegt**, wird das Verfahren dem Beschwerdegericht (OLG; § 119 I Nr. 1b GVG) vorgelegt und dessen Entscheidung abgewartet. Das Nachlassgericht könnte der Beschwerde auch selbst abhelfen (§ 68 I 1 FamFG).

311 **Wiedereinsetzung bei Fristversäumnis?** Hat der Beschwerdeführer die Monatsfrist gegen den Feststellungsbeschluss versäumt, kommt Wiedereinsetzung in Betracht (§ 17 I FamFG); Frist und Formalien für den Wiedereinsetzungsantrag vgl. § 18 FamFG; Entscheidungszuständigkeit § 19 FamFG. Die Besonderheiten des Erbscheins, die sich aus seiner Gutglaubensfunktion ergeben (§§ 2365 bis 2367 BGB), gestatten eine **Wiedereinsetzung nur eingeschränkt**. Ist nämlich die Monatsfrist abgelaufen und hat das Nachlassgericht hierauf im Vertrauen auf die Rechtskraft des Feststellungsbeschlusses den Erbschein erteilt und hinausgegeben, dann hilft es nichts mehr, wenn der Gegner nach Wiedereinsetzung Beschwerde gegen den Feststellungsbeschluss einlegt; der Erbschein kann ja nicht mehr rückwirkend aufgehoben werden (nur noch Einziehung nach § 2361 BGB kommt in Betracht). Eine Wiedereinsetzung kann deshalb nur bewilligt werden, wenn der Erbschein noch nicht hinausgegeben ist; andernfalls kann der Wiedereinsetzungsantrag als Anregung zu einer Einziehung des Erbscheins (§ 2361 BGB) auszulegen sein.

---

870 BGH NJW-RR 2013, 751 zum UrhG.

5.6 Erteilung des Erbscheins unter Verstoß gegen das Zurückstellungsgebot

Erteilt das Nachlassgericht einen Erbschein, obwohl es zuvor beschlossen hat, die Erteilung des Erbscheins zurückzustellen, ist der Erbschein gleichwohl wirksam.[871] Ebenso ist es, wenn das Gericht den „erklärten Willen" eines anderen Beteiligten falsch gewürdigt und keinen Zurückstellungsbeschluss erlassen hat. Allerdings sollte bei unklaren „Widersprüchen" durch Nachfrage eine Klärung herbeigeführt werden. Im Übrigen kommt Staatshaftung in Betracht. Es wird vorkommen, dass der Feststellungsbeschluss nicht allen Beteiligten mitgeteilt wurde, etwa weil Adressen nicht ermittelt werden konnten, so dass also ein Erbschein erteilt wird, obwohl der Feststellungsbeschluss bisher nicht allseits rechtskräftig ist. 312

6. Mehrere Anträge, gemischte Entscheidungen

A beantragt einen Alleinerbschein für sich, B ebenfalls. Hier gibt es mehrere Entscheidungsmöglichkeiten: 312a

Es wird mit einem Feststellungsbeschluss ein Erbschein entsprechend dem Antrag des Beteiligten A angekündigt, mit Aussetzung der sofortigen Wirksamkeit (§ 352e II FamFG). Der andere Antrag (des B) bleibt vorerst unerledigt; den Antrag des B jetzt schon zurückzuweisen wäre unzweckmäßig,[872] da noch nicht bekannt ist, ob gegen den Feststellungsbeschluss Beschwerde eingelegt wird und wie ggf. das OLG darüber entscheiden wird. Nach Rechtskraft des Feststellungsbeschlusses bezüglich des einen Antrags wird der Erbschein für A erteilt und der Erbscheinsantrag des B zurückgewiesen.

Die Anträge von A und B können auch (u.U. gleichzeitig) zurückgewiesen werden; Feststellungsbeschlüsse, die eine Zurückweisung des Erbscheinsantrags ankündigen, sind unzulässig.

7. Kostenentscheidung des Nachlassgerichts

7.1 Allgemeines[873]

Das Erbscheinsverfahren und die Erteilung des Erbscheins verursachen Kosten: 313

gegenüber der Staatskasse:

- die gerichtliche Gebühr für den Erbschein (Rz. 625 ff., 643);
- die Auslagen des Nachlassgerichts (Rz. 625 ff., 646);

871 BeckOK Hahne/Munzig/Schlögel FamFG § 352 Rn 16.

872 Vgl. BayObLG NJW-RR 1991, 1287; BayObLG NJW-RR 1992, 1223; jeweils zum Vorbescheid.

873 Dazu Krätzschel ErbR 2025, 538.

Eigenkosten des Antragstellers:

- außergerichtliche Auslagen des Antragstellers, z. B. Auslagen für Personenstandsurkunden, Verdienstausfall und Fahrtkosten des Antragstellers, Portoauslagen, Nachforschungen;
- gegebenenfalls Anwaltskosten des Antragstellers.

Wird der Erbscheinsantrag zurückgewiesen, fällt die „Zurückweisungsgebühr" (KV 12211, 12212 GNotKG) an, im Übrigen die obigen Kostenpositionen.

7.2 Entscheidungskompetenzen des Nachlassgerichts

314

Gericht zum Antragsteller, Antragsgegner	GNotKG
Antragsteller zum Antragsgegner	§ 81 ff. FamFG
Antragsteller, Antragsgegner zum eigenen Rechtsanwalt	BGB; RVG

315 Wer die **gerichtliche Gebühr** für das Erteilungsverfahren, die Zurückweisung des Antrags, sowie die sonstigen Fälle von KV 12210 bis 12212 GNotKG (Rz. 625 ff.) zu tragen hat, ergibt sich aus **§ 22 I GNotKG**: grundsätzlich ist der Antragsteller Schuldner. Eine Kostenentscheidung darüber wird daher in der Regel nicht getroffen.[874] Wenn das Nachlassgericht (falsch) entscheidet :*„Der Antrag wird kostenpflichtig zurückgewiesen"* oder *„Der Antragsteller hat die Kosten des Verfahrens zu tragen"*, dann bedeutet das i. d. R. nicht auch die Anordnung der Erstattung der notwendigen Aufwendungen (z. B. Anwaltskosten) weiterer Beteiligter, z. B. des Gegners, außer in den Gründen ist etwas dazu geschrieben.[875] Das Nachlassgericht könnte theoretisch von der Erhebung der „Kosten" (= Gebühren und Auslagen, § 80 FamFG, § 1 I GNotKG) absehen (§ 81 I 2 FamFG); doch hat das im Erbscheinsverfahren keinen Sinn, denn weshalb sollte ein Erbschein in bestimmten Fällen „gerichtskostenfrei" sein oder weshalb sollte der Gegner den Erbschein des Antragstellers bezahlen?

Wird eine Kostenentscheidung im Tenor des Feststellungsbeschlusses (§ 352e FamFG) getroffen („Die Gebühr für das Erbscheinsverfahren wird dem *Antragsteller* auferlegt"), ist das eine unschädliche Wiederholung des Gesetzes. Entscheidet das Nachlassgericht anders („Die gerichtliche Erbscheinsgebühr wird dem *Antragsgegner* auferlegt"), wäre das theoretisch durch § 81 I 1 FamFG gedeckt, aber wegen Unsinnigkeit auf Beschwerde (§ 58 FamFG) aufzuheben. Denn die Gerichtsgebühr würde für den Antragsteller auch dann anfallen, wenn sich niemand gegen den Erbschein gewandt hätte. Insgesamt sind sämtliche Umstände in die Billigkeitsabwägung einzubeziehen.[876]

316 **Gerichtliche Auslagen** werden vom Erbscheinsantragsteller geschuldet (§ 1 I, 22 I GNotKG). Beantragt A einen Alleinerbschein und vernimmt das Nachlassge-

874 OLG Hamburg FGPrax 2014, 138.
875 BGH NJW 2025 1351 = ZEV 2025, 194; OLG München ZEV 2022, 285; aA OLG Hamm ErbR 2019, 706; OLG Brandenburg BeckRS 2022, 39893.
876 OLG Brandenburg ErbR 2023, 223.

richt Zeugen und erholt ein Gutachten zur Testierfähigkeit des Erblassers, werden dem A die Auslagen für die Zeugen und den Sachverständigen (die sich nach dem JVEG richten) in Rechnung gestellt, eine gerichtliche Kostenentscheidung erübrigt sich.

Beantragen A und B jeweils einen Alleinerbschein und erholt das Gericht ein Gutachten, das jeden Antrag betriff (z.B. Testierfähigkeit), dann sind A und B Gesamtschuldner bezüglich der Gutachterauslagen (§ 32 I GNotKG). Wenn dagegen durch einen besonderen „Antrag" des A Mehrkosten entstehen, fallen sie nur dem A zur Last; da aber im Erbscheinsverfahren von Amts wegen ermittelt wird (§ 26 FamFG), spielen „Beweisanträge" keine Rolle, haben nur die Bedeutung von Anregungen.[877] Äußert sich die Kostenentscheidung des Gerichts nicht zu den Auslagen, werden sie vom Kostenbeamten nach den Regeln von § 8 Kostenverfügung in Rechnung gestellt (Rz. 646, 650), er kann also im Beispiel die Auslagen von A allein, oder von B allein, oder z.B. von A und B je 1/2 anfordern. Dagegen kann mit Erinnerung (§ 81 GNotKG) vorgegangen werden.

Zulässig ist aber, dass das **Nachlassgericht im Tenor** sogleich über die konkrete Auslagentragung entscheidet („Die Sachverständigenentschädigung hat der Antragsgegner B zu tragen"); dagegen könnte isoliert nach § 58 FamFG vorgegangen werden.

Die **außergerichtlichen Auslagen** (z.B. eigene Fahrtkosten zum Termin) muss der Antragsteller (zunächst) selbst tragen; seinen **Anwalt** muss er aufgrund des mit ihm geschlossenen Geschäftsbesorgungsvertrags selbst bezahlen. 317

Eine **Entscheidungskompetenz** des Nachlassgerichts besteht somit nur bezüglich der außergerichtlichen Kosten des Antragstellers/Antragsgegners sowie bezüglich der Gerichtskosten, für die ein Beteiligter nach dem GNotKG haftet (z.B. der Auslagen für Zeugen, Gutachten, Übersetzungen).[878] 318

7.3 Anordnung der Nichterhebung von Kosten

Nach § 21 GNotKG kann das Nachlassgericht beschließen, dass bestimmte Kosten nicht erhoben werden, nämlich diejenigen Kosten, die bei richtiger Sachbehandlung nicht entstanden wären. Ein ähnliches Recht des Gerichts folgt aus § 81 I 2 FamGKG. 319

Beispiele:

Getrennte Eröffnung von Testamenten (so dass die Eröffnungsgebühr KV 12101 GNotKG mehrfach anfällt) mangels Einsicht ins Namensverzeichnis;[879] getrennte Eröffnung von ersichtlich wortgleichen Testamenten; getrennte Eröffnung, obwohl der Erbe die Nachreichung weiterer Testamente angekündigt hat; wieder-

877 Vgl. OLG Bamberg ZEV 2022, 153; Krätzschel ZEV 2023, 731.

878 BayObLG FamRZ 1999, 604. Die Entscheidung betrifft Auslagen (Übersetzungskosten).

879 KG JW 1936, 2583.

holte Erteilung desselben Erbscheins;[880] die Eröffnung eines ersichtlich unwirksamen (z. B. maschinengeschriebenen) Testaments;[881] Erteilung eines Erbscheins, wobei das Gericht ein Verschulden bei der Auslegung eines Ehevertrages trifft.[882]

7.4 Anordnung der Kostenerstattung

320 Grundsatz ist (anders als nach dem früheren FGG, § 13a) nicht mehr, dass jeder Beteiligte seine Kosten (auch seine Anwaltskosten) selbst zu tragen hat (§ 81 I FamFG).[883]

Das Nachlassgericht kann aber die Erstattung von Kosten anordnen (§ 81 I, II FamFG); dies geschieht nach **billigem Ermessen** von Amts wegen, ein Antrag eines Beteiligten ist nicht erforderlich. Dann sind die außergerichtlichen Kosten (i. d. R. Anwaltskosten) eines Beteiligten von einem anderen Beteiligen zu erstatten.

Regelfälle der Kostenerstattung, die aber nicht abschließend sind, nennt § 81 II FamFG:

Das Gericht *soll* die Kosten des Verfahrens ganz oder teilweise einem Beteiligten auferlegen, wenn

1. der Beteiligte durch grobes Verschulden Anlass für das Verfahren gegeben hat;
2. der Antrag des Beteiligten von vornherein keine Aussicht auf Erfolg hatte und der Beteiligte dies erkennen musste;
3. der Beteiligte zu einer wesentlichen Tatsache schuldhaft (wider besseres Wissen[884]) unwahre Angaben gemacht hat;
4. der Beteiligte durch schuldhaftes Verletzen seiner Mitwirkungspflichten das Verfahren erheblich verzögert hat;
5. der Beteiligte einer richterlichen Anordnung zur Teilnahme an einem kostenfreien Informationsgespräch über Mediation oder über eine sonstige Möglichkeit der außergerichtlichen Konfliktbeilegung ... nicht nachgekommen ist, sofern der Beteiligte dies nicht genügend entschuldigt hat.

321 In Erbscheinsverfahren ist z. B. **§ 81 II Nr. 3** einschlägig: unwahre Angaben zur Testierunfähigkeit, zur Fälschung des Testaments). Es bleibt im Übrigen bei der Grundregel des § 81 I FamFG, wonach es auf das **billige Ermessen** des Gerichts ankommt. Kriterien:

a) „Mehrere" Personen müssen am Erbscheinsverfahren **formell beteiligt**[885] (§ 345 FamFG; Rz. 221) sein, vgl. § 7 FamFG. Materielle Beteiligung ohne

880 KG JFGErg. 18, 40.
881 Vgl. OLG Bremen KostRspr § 16 KostO Nr. 28.
882 BayObLG FamRZ 2000, 174.
883 OLG Schleswig ZEV 2014, 117.
884 BGH ZEV 2016, 95; OLG Celle ZEV 2025, 414 = ErbR 2025, 590.
885 Prütting/Helms/Feskorn FamFG § 81 Rz. 3.

Teilnahme am Verfahren genügt nicht.[886] Wenn E seine Freundin F im Testament als Erbin einsetzt, kann das Nachlassgericht die gesetzlichen Erben des E als Beteiligte hinzuziehen (§ 345 I 2 Nr. 1 FamFG). Geschah dies nicht, wurden sie nicht formell Beteiligte, können keine Kostenschuldner werden. Wenn sie sich auf die Benachrichtigung des Gerichts (§ 7 IV FamFG) nicht rühren und *keinen* Beteiligungsantrag stellen (§ 345 I 3 FamFG), können ihnen weder die Erbscheinskosten noch die Anwaltskosten auferlegt werden. Nur wenn die gesetzlichen Erben hinzugezogen wurden oder die Hinzuziehung beantragen, werden sie formell Beteiligte.

b) Die Beteiligung muss „**entgegengesetzt**" sein.[887] Wenn drei Schwestern A, B, C einen gemeinschaftlichen Erbschein beantragen, stellen sie keine gegensätzlichen Anträge; das Nachlassgericht könnte nicht anordnen, dass die A die Anwaltskosten der B zu erstatten hat. Die Erbscheinsverfahrengebühr (KV 12210 GNotKG) schulden A, B, und C als Gesamtschuldner (§§ 22 I, 32 I GNotKG), im Innenverhältnis erfolgt ein Ausgleich nach den Erbqouten. 322

c) Die Kostenerstattung muss der **Billigkeit** entsprechen. Die Billigkeit erfordert die Übernahme der Kosten eines Beteiligten durch einen anderen Beteiligten nur unter besonderen Umständen, etwa bei schuldhafter Veranlassung des Verfahrens oder bei Anfall von Mehrkosten. In Antragsverfahren ist die Zurückweisung des Antrags als solche noch kein ausreichender Grund, den Antragsteller zur Erstattung von Kosten sonstiger Beteiligter zu verpflichten;[888] da muss eine Begründung erfolgen. Entsprechend ist die Tatsache, dass der Antrag Erfolg hatte, noch kein hinreichender Anlass, einem gegensätzlich Beteiligten, die an sich vom Antragsteller zu tragenden Kosten aufzuerlegen.[889] 322a

Sachverständigenkosten: Wenn von A ein Erbschein beantragt und im Verfahren allein aufgrund der Einwendungen des Beteiligten B ein **Gutachten** (zur Testierfähigkeit, Fälschung usw.) eingeholt wurde, dann entspricht es der Billigkeit, dem Beteiligten B die Kosten des (die Einwendungen nicht bestätigenden) Gutachtens aufzuerlegen.[890] Eine Quotelung der Gutachterkosten wird dagegen angemessen sein, wenn die Einwendungen des B nicht

886 A. A. Prütting/Helms/Feskorn FamFG § 81 Rz. 3, wonach auch dem Antragsgegner, der sich am Verfahren *nicht* beteiligt, Kosten auferlegt werden könnten.

887 BayObLG FamRZ 1999, 604; Prütting/Helms/Feskorn FamFG § 81 Rz. 5.

888 BayObLG FamRZ 1999, 604.

889 BayObLG, FamRZ 1991, 846, 847.

890 OLG Bamberg ZEV 2022, 153 = NJW-RR 2022, 1232; OLG Hamburg ZErb 2014, 145; OLG München ZEV 2012, 661; LG Frankenthal ZEV 2005, 529. Anders OLG München ZEV 2024, 58: dem A, weil er den Erbschein erhält.

völlig abwegig waren.[891] Straftaten eines Beteiligten (z.B. Testamentsunterdrückung) können berücksichtigt werden.[892]

322b d) **Ermessensentscheidung** des Nachlassgerichts („kann"), die zu begründen ist. Häufig wird in der Rechtsprechung[893] die Meinung vertreten, eine solche Ermessensentscheidung dürfe in der Beschwerde nur beschränkt nachgeprüft werden, nämlich auf Nichtgebrauch des Ermessens, Fehlgebrauch, Missbrauch usw. Es können aber nicht zwei verschiedene Entscheidungen gleichermaßen „richtig" sein, die eine ist eben falsch. Richtig ist deshalb, dass bei Ermessensentscheidungen das Beschwerdegericht (OLG) berechtigt und verpflichtet ist, sein eigenes Ermessen ohne Einschränkungen an die Stelle des nachlassgerichtlichen Ermessens zu setzen.[894]

322c **Beispiele:**

(1) A beantragt einen Alleinerbschein, B wendet sich dagegen, behauptet Testierunfähigkeit, was das eingeholte Gutachten nicht bestätigt. Es ist angemessen, der B die Erstattung der Kosten des Gutachtens aufzuerlegen, wenn *ohne ihre Behauptung* kein Gutachten eingeholt worden wäre. (2) A beantragt einen Alleinerbschein, B wendet sich mit Anwaltshilfe dagegen. Deshalb beauftragt auch A einen Anwalt („Waffengleichheit"). Dem A wird der Erbschein erteilt. Es ist Ermessensfrage, ob die Anwaltskosten des A dem B ganz oder teilweise auferlegt werden.

323 **In Frage kommen folgende Entscheidungen:**

a) Anordnung der Kostenerstattung ganz oder teilweise („Der Antragsgegner hat dem Antragsteller ⅓ seiner außergerichtlichen Kosten zu erstatten").

b) **Falsche Formulierungen**: Der Satz „Die Kosten werden gegeneinander aufgehoben" (vgl. § 92 I ZPO) gehört nicht ins FamFG, ist missverständlich und daher zu unterlassen.[895] Jedenfalls soll damit zum Ausdruck gebracht werden, dass außergerichtliche Kosten nicht erstattet werden, wohl aber die „Gerichtskosten" von den beiden Beteiligten zu je 1/2 zu tragen sind (wegen Teilunterliegen?). Bezüglich der Erbscheinsverfahrensgebühr (KV 12210 GNotKG) ist das falsch, diese muss derjenige zahlen, dem der Erbschein erteilt wird. Unrichtig ist es aber auch bezüglich der Gebühr für die eidesstattliche Versicherung (KV 23300 GNotKG), weil sie Teil der Erbscheinskosten ist.[896] Falsch ist auch der Satz: „Dem Beteiligten X werden die Kosten des

891 OLG Schleswig ZEV 2013, 445.
892 OLG München ErbR 2021, 155.
893 OLG Hamburg FGPrax 2014, 138; OLG Düsseldorf FGPrax 2014, 44; Demharter FGPrax 2014, 44 (Anmerkung). Wegen der Abgrenzung zum unbestimmten Rechtsbegriff. Vgl. BGH ErbR 2023, 817.
894 BayObLG NJW-RR 1990, 52. Dazu BGH NJW-RR 2016. 1478 Tz 11.
895 OLG Köln ZEV 2025, 342 (LS) = BeckRS 2024, 43500.
896 OLG Hamm NJW-RR 2015, 263 zur KostO (mit unzutr. Begründung).

Verfahrens auferlegt"; denn es ist unklar, welche Kosten gemeint sind (Gerichtsgebühren, Anwaltskosten? Auslagen?).

c) Keine Anordnung der Kostenerstattung (zu begründen).

Falsch ist die Formulierung „Der Erbscheinsantrag wird *kostenpflichtig* zurückgewiesen",[897] oder: „Der Antragsteller hat die Kosten des Verfahrens zu tragen", weil die Gerichtskosten sowieso aus dem GNotKG folgen und eine Klarstellung zu den außergerichtlichen Kosten (z.B. Anwaltskosten) fehlt. **Fehlt ein Ausspruch** über die Kosten, bedeutet das nach einer Meinung grundsätzlich, dass keine Erstattung von Anwaltskosten angeordnet wurde,[898] nach a.A.[899] schon; die Auslegungsfrage ist, was das Nachlassgericht ausdrücken wollte. Eine **Nachholung** der „vergessenen" Kostenentscheidung kommt nach einer Ansicht[900] nur nach § 43 FamFG in Frage, also auf Antrag; zweckmäßiger ist, Beschwerde (§ 58 FamFG)[901] einzulegen. Zur Klarstellung sollte aber jedenfalls in den Gründen festgehalten werden: „Zur Anordnung einer Kostenerstattung nach § 81 FamFG bestand kein Anlass".

Beschwerde: Die Entscheidung über die Kosten ist isoliert anfechtbar[902] (§§ 58 ff. FamFG; Wert: § 61 FamFG, mindestens 600,01 Euro; anders als in der ZPO!); zuständig ist das OLG. Eine **Gegenvorstellung** gegen die Kostenentscheidung soll unzulässig sein.[903]

7.5 Welche Kosten sind erstattungsfähig?

7.5.1 Verlagerung des Streits ins Kostenfestsetzungsverfahren

Hat das Nachlassgericht die Anordnung der Kostenerstattung („Der Beteiligte A hat die außergerichtlichen Kosten des Beteiligten B zu erstatten") ausgesprochen, sind nur die Kosten, die zur Durchführung des Verfahrens *notwendig* waren, erstattungsfähig (§ 80 S. 1 FamFG). Das können z.B. sein: Anwaltsgebühren, Fahrtkosten, Fotokopien, Detektivkosten. 324

Was „notwendig" war wird im Regelfall erst im **Kostenfestsetzungsverfahren** (§ 85 FamFG mit §§ 103 ff. ZPO) geprüft. Der Beteiligte A reicht seine Kostenrechnung ein, der Beteiligte B erhält dazu rechtliches Gehör. Der Rechtspfleger erlässt sodann einen Kostenfestsetzungsbeschluss („Die vom Beteiligten A an den Beteiligten B zu erstattenden Kosten werden auf ... Euro nebst ... Zinsen ... seit ... festgesetzt"; § 104 ZPO). Hiergegen ist bei einer Beschwerdesumme ab 200,01 Euro die sofortige Beschwerde statthaft (§ 104 III ZPO; § 11 I RPflG; Frist 2 Wochen); bei einem geringeren Wert ist die Erinnerung statthaft, § 11 II RPflG, § 567 II 2 ZPO. Gegebenenfalls hat der Rechtspfleger der sofortigen Beschwerde

---

897 BGH FGPrax 2025, 92.

898 BGH ZEV 2025, 194; OLG Braunschweig BeckRS 2025, 2341; OLG Düsseldorf ZErb 2021, 161 und ZEV 2024, 316; OLG München FGPrax 2012, 137.

899 OLG Hamm FamRZ 2020, 279 = ErbR 2019, 706.

900 OLG Jena FamRZ 2014, 1732; OLG Braunschweig BeckRS 2025, 2341.

901 OLG München FGPrax 2012, 137.

902 OLG Hamburg FGPrax 2014, 138; OLG Schleswig ZEV 2013, 445; unstreitig.

903 OLG Köln ZEV 2014, 329.

abzuhelfen, § 572 ZPO. Gegen den Beschwerdebeschluss des OLG ist die Rechtsbeschwerde zum BGH nur statthaft, wenn sie vom OLG im Beschwerdebeschluss zugelassen wurde (§ 574 II, III ZPO).

325 Umstritten ist, ob die **Anwaltskosten eines Beteiligten** erstattungsfähig sind, weil das betragsmäßig der Posten ist, der ins Gewicht fällt. Weder für einen Erbscheinsantrag noch für eine Beschwerde besteht Anwaltszwang (§ 10 FamFG), anders bei der Rechtsbeschwerde zum BGH (§ 10 IV FamFG). Der Ausgangspunkt ist § 80 S. 1 FamFG, wonach Kosten nur die „notwendigen" Aufwendungen der Beteiligten sind und § 80 S. 2 FamFG, demzufolge nur § 91 I 2 ZPO entsprechend anwendbar ist, nicht aber § 91 II ZPO. Da nach § 91 II ZPO die gesetzlichen Gebühren und Auslagen des Rechtsanwalts der obsiegenden Partei in allen ZPO-Prozessen zu erstatten sind (auch wenn die Partei selbst rechtskundig ist und die Sache ganz einfach gelagert war), folgt daraus, dass im FamFG-Verfahren Anwaltskosten des „Siegers" nicht zwingend zu erstatten sind,[904] also auch nicht im Erbscheinsverfahren, sondern nur, wenn die **Sache eine gewisse Schwierigkeit** aufweist.[905] Dem steht nicht entgegen, dass das Erbscheinsverfahren ein Amtsermittlungsverfahren (§ 26 FamFG) ist, weshalb sowieso das Gericht alle Argumente sammelt, Anwälte also überflüssig seien; denn der Anwalt ist Parteivertreter, das Gericht ist es nicht.

Kosten für die Beauftragung eines Rechtsanwalts sind dem Grunde nach nur bei ganz einfach gelagerten Sachverhalten oder wenn sie für den Beteiligten erkennbar unnötig sind, als nicht notwendig anzusehen. Deshalb sind auch Anwaltskosten für einen Erbscheinsantrag jedenfalls dann erstattungsfähig, wenn sich ein anderer Beteiligter gegen den Erbscheinsantrag gewandt hat, so dass ein Feststellungsbeschluss mit Aussetzung des Vollzugs (§ 352e II FamFG) ergehen wird, in dem die anwaltlichen Argumente berücksichtigt werden können. Für eine Beschwerde gegen einen Feststellungsbeschluss (§ 352 II FamFG) oder eine Stellungnahme zu einer vom Gegner eingelegten Beschwerde ist ein Anwalt notwendig.[906] Eine abweichende Meinung differenziert: in den echten Streitsachen der freiwilligen Gerichtsbarkeit, zu denen das Erbscheinsverfahren zählt, seien analog § 91 II ZPO die Anwaltskosten immer ohne Prüfung der Notwendigkeit zu erstatten.[907]

7.5.2 Vorverlagerung durch eigene Entscheidung des Gerichts

326 Zulässig (und oft ratsam) ist aber auch, dass das Nachlassgericht die Entscheidung, welche Kosten *notwendig* waren, in seinen Tenor vorzieht („Der Antragsgegner hat die Anwaltskosten des Antragstellers zu erstatten". Oder: „Der Antragsgegner hat die außergerichtlichen Kosten des Antragstellers, insbesondere dessen Anwaltskosten, zu erstatten." Oder: „Der Antragsgegner hat die außerge-

---

904 BayObLG FGPrax 1999, 77/78; OLG Stuttgart NJW 1962, 1403; Prütting/Helms/Feskorn FamFG § 80 Rz. 10.

905 BGH ZEV 2025, 118; OLG Karlsruhe JurBüro 1997, 598.

906 OLG Nürnberg FamRZ 2012, 735 = ZEV 2012, 161.

907 OLG München MDR 1996, 861 = Rpfleger 1996, 215.

richtlichen Kosten des Antragstellers, nicht aber dessen Anwaltskosten, zu erstatten.“). Daran ist der Rechtspfleger im Festsetzungsverfahren gebunden.

H. Voraussetzungen und Inhalt einzelner Erbscheinsarten

1. Der Inhalt im Allgemeinen

1.1 Zeugnis nach § 2353 BGB

Der Erbschein bezeugt 327

- Die Gesamtrechtsnachfolge
- Das Bestehen oder Nichtbestehen bestimmter Verfügungsbeschränkungen des Erben, nämlich Nacherbfolge und Testamentsvollstreckung (im Bereich des Höfe- und Anerbenrechts ferner das Recht des überlebenden Ehegatten zur Verwaltung und Nutznießung;[908] bei altrechtlichen Ehe-Güterständen sind Verfügungsbeschränkungen zugunsten des überlebenden Ehegatten denkbar.[909]).

Der **Inhalt des Erbscheins** besteht demzufolge in den Personalien des Verstorbenen (Geburtsdatum, Sterbedatum, Sterbeort), der Angabe der Personalien des Alleinerben (bei Miterben mit Angabe der Quoten) mit Geburtsdatum und Besonderheiten (Rz. 336 ff.). Ein Erbschein kann nicht auf die „unbekannten Erben" ausgestellt werden;[910] der Nachlasspfleger braucht keinen Erbschein. Wird im Falle des § 2353 BGB (z. B. bei Sudetendeutschen, Rz. 332) oder des § 352c FamFG ausländisches Erbrecht angewandt, ist dieses anzugeben. Bei gebührenermäßigten Erbscheinen ist der beschränkte Zweck anzugeben; den Erbschein „Nur gültig für Grundbuchzwecke" gibt es im GNotKG nicht mehr.

1.2 Beschränkte Aussagekraft des Erbscheins

Der Erbschein besagt nicht, dass der Erbe in alle Positionen des Erblassers eintritt. Beispiele: 328

- höchstpersönliche Rechte; das Totenfürsorgerecht kann auch Personen zustehen, die nicht Erben wurden.
- § 563 BGB: Eintrittsrecht des Ehegatten (usw.) in das Mietverhältnis, auch wenn er nicht Erbe wurde.
- Nachfolge in Gesellschaftsanteile wie KG, OHG.[911]
- Vermögensübergang im Bereich des Höferechts.
- Vermögensverschiebungen durch Benennung von Bezugsberechtigten in Lebensversicherungsverträgen und Bankverträgen zugunsten Dritter.

908 Staudinger/Schilken (2007) § 2353 Rz. 73, 80.
909 BayObLGZ 15, 508.
910 Hier ist gegebenenfalls eine Nachlasspflegschaft erforderlich.
911 Dazu MünchKomm/Leipold § 1922 Rz. 34, 38.

1.3 Unzulässiger Inhalt

329 Unzulässig sind insbesondere folgende Angaben im Erbschein:[912]

a) **Angabe bestimmter Gegenstände**,[913] oder ein auf bestimmte Gegenstände beschränkter Erbschein („Es wird bezeugt, dass A hinsichtlich des Grundstücks München, Domplatz 3, von E beerbt worden ist"); anders früher § 55 II Bayerische Nachlassordnung von 1903 (zur Kritik vgl. Rz. 446). Auch im Falle des § 352b I FamFG (Testamentsvollstreckung) dürfen einzelne Nachlassgegenstände nicht in den Erbschein aufgenommen werden.[914]
Ausnahmen:
   - Gegenständlich beschränkter Erbschein nach § 352c FamFG, der aber nur territorial begrenzt (Rz. 404);
   - DDR-Fälle, ebenfalls nur territorial begrenzt (Rz. 396);
   - Höferecht; hier wird ein Einzelgegenstand genannt (Rz. 448 ff.);
   - Heimstättenfolge bei Todesfällen bis 30. 9. 1993.

   Unzulässig ist die Angabe, dass der Erbteil eines Ehegatten zum Gesamtgut der Gütergemeinschaft gehört.[915]

b) Vermächtnisse; die Zuwendung des Nießbrauchs an einem Grundstück stellt keine in einen Erbschein aufzunehmende erbrechtliche Beschränkung dar.[916]

c) Auflagen gehören nicht in den Erbschein.

d) Pflichtteilsrechte (wie c).

e) Teilungsanordnungen, Teilungsverbote (wie c).

f) Wertangaben, Umfangsangaben über den Nachlass (wie c).

g) Die Angabe des Berufungsgrundes[917] („aufgrund Testaments vom ...; aufgrund Gesetzes"), weil § 2353 BGB nur vom Zeugnis über das Erbrecht spricht, Begründungselemente also nicht in das Zeugnis gehören. Anders ist es, wenn ein Erbe aus verschiedenen Gründen berufen ist (z. B. 1/8 aus Gesetz, 1/16 gemäß Testament vom ...): hier wird die Meinung vertreten, der jeweilige Erbteil sei mit dem jeweiligen Berufungsgrund im Erbschein anzuführen.[918]

---

912 Zur Frage, ob eine Berichtigung möglich oder eine Einziehung erforderlich ist vgl. Rz. 455 ff.

913 Zur Abgrenzung vom Vermächtnis KG BeckRS 2024, 41900 = ZEV 2025, 277 (LS). Vgl. Zimmermann ZErb 2024, 41, wenn das Testament einzelne Gegenstände zuteilt.

914 BayObLG FamRZ 1998, 1262.

915 Vgl. Staudinger/Herzog § 2353 Rz. 27.

916 BayObLG FamRZ 1997, 126.

917 BayObLG 1973, 29; KG JW 1928, 118; KG HRR 1941 Nr. 427. Beim früheren Fremdrechtserbschein (§ 2369 a. F. BGB) wurde teils die Auffassung vertreten, der Berufungsgrund sei anzugeben (Riering DNotZ 1996, 109; Staudinger/Dörner (2007) Art 25 EGBGB Rz. 840).

918 BayObLG 1973, 28; KG OLGZ 1966, 612.

h) Bedingungen („Dieser Erbschein gilt nur, falls das Testament vom ... ungültig ist").
i) Anhängigkeit eines Rechtsstreits über das Erbrecht.
j) Anordnung der Nachlassverwaltung, Eröffnung des Nachlassinsolvenzverfahrens.
k) Ergebnis der Erbauseinandersetzung.
l) Anweisungen an den Erben zu bestimmten Handlungen,[919] Ratschläge, Wünsche.
m) Übertragung eines Erbteils.[920]
n) Vorempfänge.
o) Ausgleichspflichten bei Miterben.

Eine andere Frage ist, ob der unzulässige Inhalt zur Einziehung (§ 2361 BGB) oder Berichtigung führt oder folgenlos ist. Vgl. Rz. 455 ff., 474 ff.

1.4 Eigenrechtserbschein – Fremdrechtserbschein

Der Erbschein nach § 2353 BGB wird auch als „allgemeiner Erbschein" bezeichnet. Der Erblasser ist in der Regel Deutscher, kann aber auch Ausländer sein. Der Erbschein kann unbeschränkt („Es wird bezeugt, dass A von E allein beerbt worden ist") oder beschränkt sein („Unter Beschränkung auf das im Inland befindliche unbewegliche Vermögen wird bezeugt, dass A von E allein beerbt worden ist"; § 352c FamFG). 330

331

Erbschein nach § 2353 BGB	Erbschein nach § 352c I FamFG
Erbschein erfasst das Weltvermögen des Erblassers. Einschränkende Geltungsvermerke sind nach h. M. denkbar (Rz. 487)	Nachlass enthält deutsches und ausländisches Vermögen, Erbschein erfasst (auf Antrag) nur das deutsche Vermögen

[921]Ein **unbeschränkter Erbschein** wird erteilt: 332

a) **Erbfälle bis 16. 8. 2015**: wenn der Erblasser **deutscher Staatsangehöriger** war und sich die Erbfolge deshalb nach deutschem Erbrecht richtet (Art. 25 I a. F. EGBGB); der ganze Nachlass wird einheitlich behandelt (Grundsatz der Nachlasseinheit), gleichgültig, worum es sich handelt und ob er im Inland oder Ausland liegt. Als Deutscher gilt auch, wer diese Eigenschaft aufgrund von Art 116 I, 116 II 2 GG (Rz. 192) hat oder neben seiner deutschen auch eine andere Staatsangehörigkeit hat (Art 5 I EGBGB); Rz. 153, 156.
Es gibt seltene Fälle, in denen ein deutscher Erblasser nicht nach dem BGB beerbt wurde: Sudetendeutsche, die vor der Vertreibung verstarben, wurden nach dem in ihrer Heimat als tschechischem Recht geltenden ABGB be-

919 KG OLGE 12, 399.
920 RGZ 64, 173.
921 Ausnahme: Sudetendeutsche, dann unter Umständen Anwendung des in der Tschechoslowakei damals geltenden ABGB, Rz. 332.

erbt;[922] wenn ihre vertriebenen Erben hier einen Erbschein beantragten, wurde er nach § 2353 BGB erteilt, das materiell-rechtlich angewandte ABGB war im Erbschein anzugeben.[923]

Für Erbfälle **ab dem 17.8.2015**: ein Erbschein nach deutschem Erbrecht wird erteilt, wenn der Erblasser (**Deutscher oder Ausländer**) im Zeitpunkt seines Todes seinen gewöhnlichen Aufenthalt in Deutschland hatte (Art. 21 I EuErbVO); dies gilt auch, wenn es sich um einen Angehörigen eines Drittstaates (z.B. USA,[924] Dänemark, Japan[925]) handelt, Art. 20 EuErbVO. Ausnahmsweise kann **fremdes Erbrecht** zur Anwendung kommen, sog. Fremdrechtserbschein (1) wenn entsprechende Staatsverträge vorliegen (Rz. 150) oder (2) nach Art. 21 II EuErbVO die Gesamtheit der Umstände (Rz. 132, 154, 214) für die Anwendung des Erbrechts eines anderen Staates sprechen; oder (3) eine entsprechende Rechtswahl des Erblassers (Art. 22 EuErbVO) einschlägig ist.

333 b) Erblasser **staatenlos**: auch bei Erbfällen ab 17.8.2015 ist wegen Art. 75 EuErbVO das Abkommen von 1954 (BGBl 1976 II 474) bzw. Sonderregelungen[926] einschlägig; ebenso Verschleppter, Flüchtling oder Asylbewerber.

334 c) **Ausländer** mit letztem gewöhnlichem Aufenthalt in Deutschland. Bei Erblassern aus den EU-Ländern wie bei sonstigen Ausländern wenden wir deutsches Erbrecht an; fremdes Erbrecht in den Rz. 332 genannten drei Fällen.

Bei Ausländern ohne (letzten) gewöhnlichen Aufenthalt in Deutschland, die aber Nachlass in Deutschland hinterlassen, wird ebenfalls vom deutschen Nachlassgericht (das nach § 343 III FamFG zuständig ist) das Recht des letzten Aufenthalts angewandt (z.B. beim Kanadier mit Aufenthalt in Ontario, der keinen gewöhnlichen Aufenthalt in Deutschland hat bzw. hatte, also kanadisches Recht). Es kommt dann darauf an, ob das ausländische Recht entsprechende Kollisionsregelungen hat, im Beispiel würde wegen Art. 36 II EuErbVO das Recht der Provinz Ontario/Kanada zur Anwendung kommen. Die weitere Frage ist dann nach Art. 34 EuErbVO, ob das dortige Recht auf deutsches Recht zurückverweist (dann deutsches Recht) oder nicht (dann kanadisches Recht).[927]

335 Ein **beschränkter Erbschein** nach deutschem Erbrecht wird erteilt, wenn das ausländische Heimatrecht (oder der Staatsvertrag, oder die Rechtswahl) nur *teilweise* auf deutsches Recht verweist. Auch im Höferecht (Rz. 448) wird nur ein beschränkter Erbschein erteilt.

922 BayObLG NJW 1961, 1969; BayObLGZ 1964, 292; BayObLG 1967, 197.
923 BayObLG NJW 1961, 1969.
924 Deutsch-USA Erbfälle: Frank/Leithold ZEV 2014, 462.
925 Deutsch-Japanische Erbfälle: Bäßler/Moritz-Knobloch ZErb 2014, 12.
926 Zu UN-Abkommen, Genfer Flüchtlingskonvention und Asylverfahrengesetz vgl. Nordmeier GPR (= Zs für das PrivatR der EU) 2013, 148.
927 Deutsch-Kanadische Erbfälle: Hauschild ErbR 2015, 130.

2. Erbschein für Alleinerben

Dies ist der Grundfall, von dem §2353 Alternative 1 BGB ausgeht. Beispiel: Rz. 285. Voraussetzung ist zunächst, dass der Antragsteller tatsächlich **(Mit-)Erbe und nicht nur Vermächtnisnehmer** ist. Bei Zuteilung einzelner Vermögensgegenstände im Testament ist auf den Einzelfall abzustellen. Die Zuwendung eines Gegenstandes, namentlich einer Immobilie, kann Erbeinsetzung sein, wenn entweder der Nachlass dadurch erschöpft wird oder wenn sein objektiver Wert das übrige Vermögen an Wert so erheblich übertrifft, dass der Erblasser ihn offensichtlich als seinen wesentlichen Nachlass angesehen hat.[928] 336

Sammelerbschein. Werden in einer Urkunde die Erbfälle nach mehreren Erblassern zusammengefasst (Es wird bezeugt, dass A von B allein, und B von C und D zu je ½ beerbt worden ist), spricht man vom Sammelerbschein. 337

„Internationaler Erbschein": so nennen manche einen gewöhnlichen Erbschein nach §2353 BGB, bei dem die Unterschrift des Rechtspflegers bzw. Richters vom Präsidenten des Landgerichts beglaubigt wird (Apostille; Rz. 105), damit er im Ausland verwendet werden kann.[929]

3. Erbschein für Miterben

Sind beim selben Erbfall mehrere Erben vorhanden, gibt es folgende Möglichkeiten: 338

- ein gemeinschaftlicher Erbschein; der alle Miterben erfasst, wird beantragt und erteilt: „Es wird bezeugt, dass E von A, B und C zu je ⅓ beerbt worden ist."
- Einzelne oder alle Erben beantragen jeweils *für sich* einen Teilerbschein. „Teilerbschein. Es wird bezeugt, dass E von A zu 1/3 beerbt worden ist." „Teilerbschein. Es wird bezeugt, dass E von A, B zu je 1/3 beerbt worden ist."
- Ein einzelner Miterbe beantragt einen Teilerbschein über den Anteil eines *anderen* Miterben.
- Alle Antragsteller können im Antrag auf die Aufnahme der Erbquoten im Erbschein verzichten (§352a II 2 FamFG); vgl. Rz. 65. Der Erbschein lautet dann: Es wird bezeugt, dass E von A, B und C beerbt worden ist. Die Erbquoten bleiben offen.

§352a FamFG betrifft nur Miterben bei einem und demselben Erbfall. Wenn A von B und B von C beerbt wird, wird kein „gemeinschaftlicher Erbschein" ausgestellt, sondern zwei Alleinerbscheine. Der Erbschein für den Vorerben mit Nacherbenvermerk ist kein gemeinschaftlicher Erbschein. 339

Ein Miterbe kann allein den **Antrag** stellen (§352a I 2 FamFG), er braucht keine Vollmacht der anderen Miterben. Er muss ferner die begehrten Erbquoten

928 OLG Düsseldorf FGPrax 2014, 163.

929 So etwa, wenn ein deutscher Erbschein in Altfällen (Erbfall vor dem 17.8.2015) in Spanien verwendet werden soll, Lopez/Artz ZERB 2002, 278. Ferner ist eine amtlich beglaubigte Übersetzung ins Spanische erforderlich.

(nicht Betragssummen, Einzelgegenstände) im Antrag angeben (die Quoten ergeben sich aus dem Testament oder aus dem Gesetz; die Miterben können sich nicht verbindlich auf andere Erbquoten einigen;[930] aber nach § 352a II 2 FamFG auf die Quotenangabe verzichten). Weiter ist „anzugeben", dass die anderen Miterben die **Erbschaft angenommen** haben (§ 352a III 1 FamFG), was auf Verlangen des Gerichts zu belegen ist (§ 352 III FamFG); vgl. Rz. 210. Wären eingesetzte Miterben auch als gesetzliche Miterben berufen, haben die „Angabe" der Annahme und der Nachweis der Annahme durch die Miterben sich auch darauf zu erstrecken, ob die Miterben die Erbschaft als eingesetzte Erben oder als gesetzliche Erben angenommen haben (Rz. 210).

Zur **eidesstattlichen Versicherung**, wenn nur *ein* Miterbe den gemeinschaftlichen Erbschein beantragt, vgl. § 352a IV FamFG und dazu Rz. 121.

340 **Beispiel:**

Erbschein. Es wird bezeugt, dass der am … in … verstorbene Max Frisch, geb. am … in …,

von seinem Sohn Edgar Frisch, geb. am …, Adresse … und

seiner Tochter Valerie Mayer, geb. Frisch, geb. am …, Adresse … zu je ½ (ein Halb) beerbt worden ist.

341 **Schwierige Erbquotenberechnung.** Ob bei einem gemeinschaftlichen Erbschein die Angabe der Erbteile unterbleiben darf, wenn ihrer Berechnung Schwierigkeiten entgegenstehen, ist streitig.[931] Diskutiert werden hier Fälle, in denen z. B. 28 Erben Einzelgegenstände zugewiesen sind, teils mit ungenauer Bezeichnung („dem A etwas Wäsche"). In solchen Fällen muss der im Testament genannte Nachlass (durch Sachverständige) geschätzt werden, sodann die den Miterben zugewiesenen Einzelgegenstände, hieraus sind die Quoten zu errechnen. Das ist teuer und zeitaufwendig, bis dahin können die Miterben selbst bei Einigkeit mangels Erbschein kein Nachlass-Geld flüssig machen. Damit sie handlungsfähig sind, ist es auf *übereinstimmenden Antrag* aller Antragsteller ausnahmsweise zulässig, einen **Erbschein ohne Quoten** zu erteilen.[932] Sie können gemeinsam über den Nachlass verfügen. Das ist durch § 352a II 2 FamFG jetzt gesetzlich geregelt. Wie zu verfahren ist, wenn sich die Erben später über die Quoten nicht einigen können, ist unklar; nach früher h. M. war der „vorläufige" Erbschein einzuziehen, wenn nach Klärung der Erbquoten ein endgültiger Erbschein erteilt wurde.[933] Vgl. Rz. 505.

342 **Unbestimmte Miterben.** Beispiel: Erblasser E hatte nur ein Kind, eine Tochter. Er wollte, dass seine Enkel, auch die bei seinem Tod noch nicht geborenen Enkel, seine Erben werden. Er setzte daher seine Enkel A, B und C „und etwa

930 RG Recht 1908 Nr. 3636.
931 Offen gelassen in BayObLGZ 1962, 47/54; vgl. ferner OLG Düsseldorf DNotZ 1978, 683; Notthoff ZEV 1996, 458.
932 Lange/Kuchinke § 39 IV 2; Gerken ZErb 2007, 38.
933 KGJ 42 A 128; Lange/Kuchinke § 39 IV 2.

meiner Tochter weitere geborene eheliche Abkömmlinge zu gleichen Teilen" als Erben sein. Bei seinem Tod war die Tochter 40 Jahre alt. Da bei seinem Tod weitere Enkel noch nicht gezeugt waren, entfiel § 1923 II BGB. Die künftigen noch nicht gezeugten Enkel waren Nacherben (§ 2101 I 1 BGB), die drei Enkel A, B und C waren die Vorerben für ihre noch nicht geborenen Geschwister. Andererseits waren A, B und C teilweise auch Vollerben; selbst wenn ihre Mutter noch drei weitere Kinder gebären würde, wären sie Vollerben zu je 1/6, doch lässt sich vorerst keine genaue Quote angeben. Das OLG Köln[934] hat folgenden Erbscheinstext vorgeschlagen:

> *„Der Erblasser ist zu gleichen Teilen von den Geschwistern A, B und C sowie weiteren ehelichen Kindern ihrer Mutter ...(geb. am ...), die in Zukunft noch geboren werden, beerbt worden. Die Geschwister sind somit Erben zu dem gleichmäßigen Bruchteil, der sich ergibt, wenn die endgültige Kinderzahl feststeht. Hinsichtlich des auf nachgeborene Kinder entfallenden Bruchteils sind sie bis zu deren Geburt Vorerben."*

Für die noch zu erwartenden Miterben kann ein Zuwendungspfleger bestellt werden (§ 1811 II BGB), der dann mit den bekannten Miterben über einen Nachlassgegenstand verfügen kann.

Nasciturus. Ist die Witwe schwanger steht die Größe des Miterbenanteils der 343
bereits geborenen Kinder noch nicht fest (man weiß ja nicht, ob Zwillinge geboren werden usw.). Vgl. Rz. 348.

4. Teilerbschein

Ein Teilerbschein ist zulässig (§ 2353 Alt 2 BGB). Er bezeugt das Erbrecht eines 344
Miterben und nennt die anderen Miterben nicht; Kosten vgl. Rz. 662. § 2353 Alt 2 BGB betrifft nur den Miterben bei einem und demselben Erbfall. Teilerbscheine werden beantragt, wenn z. B. die Annahme durch die anderen Miterben nicht nachgewiesen werden kann. Sie können nicht mangels Rechtsschutzbedürfnis abgelehnt werden, weil auch ein gemeinschaftlicher Erbschein möglich sei. Ist ein Teilerbschein erteilt und beantragen die anderen Miterben keine Erbscheine über ihre Quoten, weil sie unbekannt sind, kann beantragt werden, für die restliche Erbquote einen Teil-Nachlasspfleger zu bestellen (§ 1960 BGB) und dann kann eine Auseinandersetzung erfolgen.

Beantragen zwei Miterben A und B je einen Teilerbschein zu 1/7, kann das in 345
einer Urkunde zusammengefasst werden (sog. **Gruppen-Teilerbschein**).[935]

Beantragt nur A einen Erbschein, dass E von A, B zu je 1/7 beerbt worden ist, spricht man vom **gemeinschaftlichen Teilerbschein**.[936] Beantragt A einen Erb-

934 OLG Köln Rpfleger 1992, 391; OLG Hamm Rpfleger 1969, 299; KGJ 42 A 128; a. A. Motive V S. 559. Eschelbach Rpfleger 1992, 392 hält den Erbscheinstext des OLG Köln für unklar und widersprüchlich.

935 Seit KG JFG 13, 40 anerkannt; früher streitig, vgl. Eberhard Recht 1910,239; Brachvogel ZBlFG 14, 450.

936 Vgl. KG ZEV 2025, 278.

schein, dass E von A, B, C, D, E, F, G zu je 1/7 beerbt wurde, liegt ein gewöhnlicher gemeinschaftlicher Erbschein vor.

4.1 Einzelne Miterben stellen einen Antrag

346 Auf Antrag des Miterben A wird z. B. folgender „Teilerbschein" erteilt:

„Es wird bezeugt, dass E von A zu 1/3 beerbt worden ist."

„Es wird bezeugt, dass E von B[937] zu 1/3 beerbt worden ist."

Auf Antrag des Miterben A oder B, oder von A und B, wird folgender Teilerbschein erteilt:

„Es wird bezeugt, dass E von A, B zu je 1/3 beerbt worden ist."

Hat A einen Teilerbschein zu ½ erhalten und zeigt sich dann, dass er auch die andere Hälfte geerbt hat, sollte man den Teilerbschein einziehen und einen Alleinerbschein ausstellen, sonst kann Verwirrung entstehen;[938] andernfalls müsste man schreiben: „In Ergänzung des Erbscheins vom ... wird bezeugt, dass A auch die zweite Hälfte geerbt hat, also Alleinerbe ist."

4.2 Unbestimmtheit von Erbteilen

347 Bei Unbestimmtheit gewisser Erbteile können Teilerbscheine erteilt werden (**Mindestteilerbschein**; vgl. Rz. 348). In der Formulierung muss auf Klarheit geachtet werden, der Grundsatz, dass eine Begründung nicht in den Erbschein gehört, wird hier durchbrochen.

Fälle: ein gezeugtes, noch nicht geborenes Kinde (Nasciturus) erbt eventuell (§ 1923 II BGB); Unbestimmtheit der Erbteile wegen § 2043 II BGB, Unbestimmtheit, weil der Vater eines nichtehelichen Kindes noch nicht als Vater festgestellt ist (§ 169 FamFG). Ein Teilerbschein über einen Mindesterbteil kann ausgestellt werden, solange sich nicht ermitteln lässt, ob alle neben ihm berufenen Erbanwärter den Erbanfall erlebt haben,[939] etwa bei verschollenen „Erben" (§ 1923 I BGB).

348 **Zusammenfassung von zwei Teil-Erbscheinen:**

„Es wird bezeugt, dass E von seiner Witwe W zu ¼ beerbt worden ist, ferner von seinem Sohn A. Der Erbteil des A ist noch unbestimmt, weil infolge Schwangerschaft der Witwe noch Personen geboren werden können, die neben A zu gleichen Teilen erbberechtigt sein würden."[940] Bis zur Geburt kann dann für den Nasciturus ein Pfleger nach § 1882 BGB bestellt werden und W, A und der Pfleger können dann gemeinsam über Nachlassgegenstände verfügen. Nach der

937 Auch A kann diesen Antrag stellen, OLG München JFG 23, 334; Greiser DFG 1936, 190/2; Lange/Kuchinke § 39 IV 2; heute h. M., früher streitig.
938 MünchKomm/Grziwotz § 2353 Rz. 9 (Ergänzung durch weiteren Teilerbschein); AG Berlin-Schöneberg Rpfleger 1970, 342.
939 KG JFG 15, 353; BayObLGZ 1960, 478/89.
940 KGJ 42, 128.

Geburt ist dieser Erbschein einzuziehen[941] und durch einen Erbschein mit festen Quoten zu ersetzen.

4.3 Nachlassspaltung (DDR)

Ein Teilerbschein kann sich (bei Nachlassspaltung) auch nur auf den in einem bestimmten Gebiet befindlichen Nachlass beziehen: 349

„Es wird bezeugt, dass der am 1.1.1982 in München verstorbene X in Anwendung des BGB von E und F zu je ½ beerbt worden ist. Dieser Erbschein erstreckt sich nicht auf den in der ehemaligen DDR belegenen unbeweglichen Nachlass im Sinne des § 25 II RAG/DDR." (Rz. 396 ff.).

4.4 Lastenausgleich

Ein auf Lastenausgleichsansprüche bzw. Vertreibungsschäden (gegenständlich) 350
beschränkter Erbschein ist nicht möglich.[942] Besteht der Nachlass insgesamt nur aus dem Lastenausgleichanspruch, wird ein allgemeiner Erbschein erteilt; es ist (bei ausländischen Erblassern, wegen § 343 III FamFG) zu prüfen, ob tatsächlich ein Anspruch beim Erblasser schon entstanden war, der vererbt wurde, oder ob der Anspruch aufgrund des LAG erst in der Person des Erben entstand, also nicht zum Nachlass gehörte.

5. Erbschein für den Vorerben mit Nacherbenvermerk[943]

5.1 Wesen der Vor- und Nacherbschaft

Die Erbschaft fällt zunächst an den Vorerben; erst wenn das Ereignis (z.B. Tod 351
des Vorerben) eingetreten ist, das der Erblasser letztwillig bestimmt hat, fällt sie an den Nacherben. Der Nacherbe ist daher Erbe des Erblassers, nicht des Vorerben. Vor- und Nacherbe bilden keine Erbengemeinschaft, sie erhalten keinen gemeinschaftlichen Erbschein.

Zu beachten sind die Mischfälle: Großmutter G ist Eigentümerin eines Grundstücks zu ½, die restliche Hälfte gehört ihrer Tochter T. Wenn G die T als Vorerbin bestimmt und ihren Enkelin E als Nacherbin (eintretend mit dem Tod der Vorerbin), E wiederum gesetzliche Alleinerbin der T ist, dann hat E ½ als Erbin der Großmutter geerbt, ½ als Erbin der Mutter.

Der Nacherbenvermerk im Erbschein des Vorerben ist nicht als **Zeugnis für das Nacherbenrecht** aufzufassen,[944] sondern als Beschränkung des Erbrechts des

941 KGJ 42, 128; OLG Hamm Rpfleger 1969, 299; a. A. Scheer S. 103.

942 OLG Hamm NJW 1968, 1682. Dagegen kann ein allgemeiner Erbschein ausgestellt werden, der nur für Lastenausgleichszwecke verwendet werden darf und daher gebührenbegünstigt ist.

943 Ember NJW 1982, 87; Schrader NJW 1986, 117; Bestelmeyer Rpfleger 1993, 189; Köster Rpfleger 2000, 90 und 133.

944 BGH NJW 1982, 2499.

Vorerben. Der Erbschein für den Vorerben ist daher kein gemeinschaftlicher Erbschein im Sinne von § 352a FamFG.

352 **Grundbuch:** wenn der Nacherbe den Erbschein des Vorerben vorlegt und den Eintritt der Nacherbfolge (z. B. durch Sterbeurkunde betreffend den Vorerben) formgerecht nachweist, genügt das *nicht* zum Nachweis, dass er Erbe ist. Denn der dem Vorerben erteilte Erbschein beweist nicht positiv das Nacherbenrecht. Auch der im Grundbuch eingetragene Nacherbenvermerk beweist nicht das Erbrecht des Nacherben;[945] trotz des im Grundbuch eingetragenen Nacherbenvermerks ist beim Grundbuchamt nicht „offenkundig", wer Nacherbe ist. Der Nacherbe braucht also für Grundbuchzwecke einen Erbschein, der sein Erbrecht ausweist.[946]

5.2 Der Erbscheinsantrag des Vorerben

353 Der Nacherbe kann *vor* Eintritt der Nacherbfolge weder für sich[947] noch für den Vorerben[948] die Erteilung des Erbscheins beantragen (anders natürlich als Bevollmächtigter des Vorerben). Das Antragsrecht des Vorerben erlischt nach einer Auffassung[949] mit Eintritt des Nacherbfalls; vorzuziehen ist die Gegenansicht,[950] wonach die Erteilung eines Erbscheins noch nach Eintritt des Nacherbfalls zulässig ist, wenn der Vorerbe seine damalige Erbenstellung nachweisen muss; anzugeben ist dann, dass (und wann) inzwischen die Nacherbfolge eingetreten ist. Der Vorerbe muss in seinem Antrag die Nacherben nicht in der Form § 352 I, II FamFG namentlich angeben (denn diese Vorschriften betreffen nicht den Fall); ihre Ermittlung erfolgt nach § 26 FamFG, gegebenenfalls von Amts wegen.[951] Hierfür ist die eidesstattliche Versicherung des Vorerben ausreichend, Personenstandsurkunden können zum Nachweis der Verwandtschaft nicht gefordert werden.[952]

5.3 Prüfungsbefugnisse des Nachlassgerichts

354 Das Nachlassgericht kann vor der Erteilung eines Erbscheins für den Vorerben mit Nacherbenvermerk nicht den Nachweis verlangen, dass der *Nacherbe* die Erbschaft angenommen hat.[953] Es darf von der Prüfung, ob der Erbanwärter unmittelbarer Erbe geworden ist, nicht mit der Begründung absehen, dass dieser inzwischen wegen Eintritts der Nacherbfolge Erbe geworden sei.[954]

945 BGHZ 84, 196 = NJW 1982, 2499.
946 OLG München FamRZ 2013, 908; OLG Zweibrücken NJW-RR 2011, 525.
947 BGH FamRZ 1980, 563; BayObLG FamRZ 2004, 1407; BayObLGZ 1951, 561; BayObLGZ 1961, 200/203.
948 BayObLG FamRZ 2004, 1407; KGJ 33 A 98.
949 OLG Hamm NJW 1974, 1827/8.
950 MünchKomm/Grziwotz § 2353 Rz. 25; Schmidt BWNotZ 1966, 139r.
951 OLG Frankfurt NJW 1953, 507; BayObLG Rpfleger 1983, 104; a. A. Scheer S. 65.
952 OLG Frankfurt NJW 1953, 507 (Nacherben waren die gesetzlichen Erben); Köster Rpfleger 2000, 90/93.
953 KGJ 37 A 133.
954 BayObLG NJW 1965, 1438 (LS).

5.4 Inhalt des Erbscheins für den Vorerben

5.4.1 Inhalt im Regelfall

Voraussetzung ist zunächst, dass die Nacherbfolge wirksam angeordnet wurde. 355
Die Nacherbfolge kann nur hinsichtlich des ganzen Nachlasses oder eines quotenmäßigen Bruchteils angeordnet werden, nicht aber bezüglich einzelner Nachlassgegenstände (vgl. aber Rz. 365). Bei mehreren Miterben kann sie auf einzelne Miterben beschränkt werden.

Der **Erbschein für den Vorerben** hat den üblichen **Inhalt** (Rz. 285) und enthält 356
zwingend zusätzlich dreierlei (§ 352b I FamFG):

a) dass eine **Nacherbfolge** angeordnet ist; sie kann auch nur nach *einem* Miterben angeordnet werden (Miterben sind A, B und C; nur für den ganzen Anteil des C, oder einen Bruchteil seines Anteils, ist Nacherbfolge angeordnet) oder nur für einen Bruchteil des ganzen Nachlasses.
b) unter welchen **Voraussetzungen** die Nacherbfolge eintritt (z. B. mit dem **Tod** des Vorerben; bei Wiederverheiratung der Vorerbin; mit erfolgreichem Abschluss einer bestimmten Ausbildung durch den Nacherben; wenn ein Sohn geboren wird; Eintritt einer Verwirkungsklausel).
c) der **Name des Nacherben** (konkrete Nennung) oder jedenfalls, hilfsweise, Angaben zu seiner Identifizierung (abstrakte Nennung). Die Bezeichnung des Nacherben hat mit Namen und Vornamen usw., und, wenn nicht möglich (z. B. bei § 2104 BGB; § 2066 S. 2 BGB), nach anderen Merkmalen möglichst genau zu erfolgen.[955] Auf genaue Angaben ist zu achten, schon deswegen, weil der Vermerk im Grundbuch eingetragen wird (§ 51 GBO).

Die Namen sind anzugeben, weil der Vorerbe für bestimmte Rechtsgeschäfte die Zustimmung des Nacherben (bzw. seines Pflegers, § 1882 BGB) benötigt; Grundbuchamt und Geschäftspartner können sich auf diese Weise informieren. Maßgebend für die Bezeichnung des Nacherben ist die Zeit der Ausstellung des Erbscheins.

Der Erbschein des Vorerben ist nicht dazu bestimmt, die einzelnen Nacherben 357
genau festzustellen.[956] Wenn **mehrere Personen** zu Nacherben berufen sind, sind die späteren Erbanteile der Nacherben im Erbschein nicht anzugeben;[957] denn der Vorerben-Erbschein soll das spätere Erbrecht noch nicht ausweisen (die Anteile ergeben sich dann aus dem Nacherben-Erbschein). Unrichtig wäre also: „Nacherben sind A, B und C zu je ⅓“; richtig: „Nacherben sind A, B und C“.

Ist in einer letztwilligen Verfügung bestimmt, dass die beim Tode des Vorerben 358
vorhandenen **Abkömmlinge des Vorerben ohne nähere Bezeichnung** als Nacherben eingesetzt werden, so sind in dem dem Vorerben zu erteilenden

955 BayObLG Rpfleger 1982, 104 = DNotZ 1984, 502; KGJ 42, 224/7.
956 BayObLGZ 28, 598 = JFG 6, 135.
957 KG OLG 32, 81; KG RJA 16, 61.

Erbschein schon lebende Abkömmlinge nach Meinung der Rechtsprechung[958] nicht mit Namen aufzuführen. Beispiel: „Nacherben sind die im Zeitpunkt des Eintritts der Nacherbfolge vorhandenen gesetzlichen Erben des Vorerben." Die Praxis[959] handhabt es oft anders; möglich und zweckmäßiger wäre eine Formulierung, die die bekannten Nacherben bereits nennt: „Nacherben sind A und B sowie die weiteren im Zeitpunkt des Eintritts der Nacherbfolge vorhandenen gesetzlichen Erben des Vorerben."[960] Der Gesetzestext lässt meines Erachtens beide Formulierungen zu. Wenn der Erblasser im Testament die derzeit vorhandenen Nacherben *bereits nannte*, wird häufig die letztere Form gewählt.[961] Bei noch nicht geborenen Kindern ist die Bezeichnung als künftiger Abkömmling einer bestimmten Person ausreichend.

359 **Beispiel:**

Erbschein

Es wird bezeugt, dass der am 1. 2. … in Burghausen verstorbene Max Frisch, geb. am 19. 3. … in Leipzig,

von seinem Sohn Edgar Frisch, geb. 14. 2. …, Burghausen, Straße …

allein

beerbt worden ist.

Nacherbfolge ist angeordnet.

Sie tritt mit dem Tod des Vorerben (oder: deren Verheiratung; usw.) ein.

Nacherbin ist Brigitte Frisch, geb. 24. 12. …, München, Straße …

Evtl: Ersatznacherbe ist …

Evtl: Eine zweite Nacherbfolge ist angeordnet.

Sie tritt mit dem Tod der Vorerbin Brigitte Frisch ein.

Zweite Nacherbin ist Kunigunde Frisch, …

Evtl: Der Vorerbe ist zur freien Verfügung über den Nachlass berechtigt.

Evtl: Das Recht des Nacherben erstreckt sich nicht auf das Grundstück …

Evtl: Für den Vorerben ist Testamentsvollstreckung angeordnet.

gez. X, Richter am Amtsgericht

5.4.2 Zusätzlicher Inhalt in Sonderfällen

360 Im Einzelfall muss im Erbschein ferner Zusätzliches vermerkt werden:

a) Ist nur bezüglich eines **Teiles des Nachlasses** (Quote) Nacherbschaft angeordnet, so ist das ebenfalls im Erbschein des Vorerben zu vermerken. Die Nacherbschaft kann aber nach h. M. nicht nur **bezüglich einzelner Gegenstände** oder bezüglich des beweglichen oder des unbeweglichen Vermögens

958 Vgl. BayObLG FamRZ 1991, 1114/6; OLG Hamm Rpfleger 1969, 347. Über noch nicht geborene Nacherben vgl. Damrau ZEV 2004, 19.

959 Vgl. OLG Frankfurt NJW-RR 2024, 753.

960 Dafür Köster Rpfleger 2000, 90/93.

961 Vgl. OLG Hamm Rpfleger 1969, 347.

oder nur bezüglich einer Gesellschaftsbeteiligung angeordnet werden (Verstoß gegen den Grundsatz der Universalsukzession, § 1922 BGB).[962] Letzteres ist unter Umständen als aufschiebend bedingtes Vermächtnis (vgl. auch § 2110 II BGB; Rz. 365), als Nachvermächtnis (§ 2191 BGB) oder als Teilungsanordnung auszulegen; denkbar ist somit eine Auslegung, dass jemand nur mit einem dem Wert der Sache (z. B. Eigentumswohnung) entsprechenden Teil des Nachlasses Vorerbe wurde.[963]

b) **Befreiung des Vorerben.** Die Vorerbschaft ist grundsätzlich nicht befreit; 361
das wird als gesetzlicher Regelfall im Erbschein nicht ausdrücklich erwähnt. Die Befreiung des Vorerben von *allen* Beschränkungen und Verpflichtungen (§ 2136 BGB) ist im Erbschein hingegen zu vermerken, § 352b I 2 FamFG:[964] „Der Vorerbe ist zur freien Verfügung über den Nachlass berechtigt." Erstreckt sich die Befreiung nur auf einzelne der in § 2136 BGB angegebenen Verfügungsbeschränkungen, so sind auch diese Teilbefreiungen einzeln aufzuführen,[965] ebenso bedingte Befreiungen. Das Ende der Befreiung, sobald eine eheähnliche Lebensgemeinschaft eingegangen wird, ist zu ungenau und daher nicht in den Erbschein eintragbar.[966] Befreiungen des Vorerben von einzelnen *Verpflichtungen* gegenüber dem Nacherben (vgl. § 2136 BGB; z. B. der Pflicht zur „mündelsicheren Geldanlage" nach §§ 2119/240a BGB) sind für die Frage der Zulässigkeit von *Verfügungen* des Vorerben bedeutungslos und daher nicht in den Erbschein aufzunehmen.[967]

c) **Einsetzung auf den Rest:**[968] Hat der Erblasser den Nacherben auf dasjenige 362
eingesetzt, was von der Vorerbschaft bei dem Eintritt der Nacherbschaft übrig sein wird, ist dies im Erbschein anzugeben (§ 2137 I BGB; § 352b I 2 FamFG).

d) Die **Bezeichnung des Ersatznacherben.** Er ist, soweit möglich, namentlich 363
im Erbschein aufzuführen, gleichgültig ob er ausdrücklich oder stillschweigend (§§ 2108, 2069 BGB) berufen ist,[969] ob einem solchen Ersatzerben schon vor Eintritt des Ersatzerbfalles Rechte des Nacherben zustehen oder nicht (vgl. § 2101 BGB);[970] Grund ist nach Meinung des RG,[971] dass andernfalls ein Dritter nach Wegfall des Nacherben annehmen könnte, dass kein Ersatzerbe

962 BayObLG FamRZ 2003, 1590/93; Ember NJW 1982, 87; Köster Rpfleger 2000, 90/92; MünchKomm/Lieder § 2100 Rz 30; a. A. Schrader NJW 1987, 117. Aber auch BayObLGZ 1965, 457/65 hält z. B. folgenden Erbschein für zulässig: „Die Recht des Nacherben erstreckt sich nicht auf das Anwesen München Domplatz 5.".

963 BayObLG FamRZ 2003, 1590/93.

964 KGJ 44, 78; OLG Hamburg OLG 14, 300.

965 OLG Bremen ZEV 2005, 26; BayObLG FamRZ 1983, 839 (LS); KG JFG 21, 122, 126.

966 A. A. OLG Schleswig FamRZ 2015, 958.

967 OLG Dresden JW 1916, 1593; KG JFG 21, 122, 126; Staudinger/Herzog § 2363 Rz. 18.

968 Dazu Zimmermann ZErb 2019, 35.

969 RGZ 142, 171 und KGJ 49, 79; BayObLGZ 1960, 407/10; OLG Hamm OLGZ 1975, 150/6; Lange/Kuchinke § 28 VII 4 a.

970 RGZ 142, 171/3; KGJ 49, 79/82.

971 RGZ 142, 171.

vorhanden sei. Beispiel: „Ersatznacherbe für B ist C"; „Ersatznacherbe für B sind seine Abkömmlinge". Wenn kein Ersatznacherbe eingesetzt ist, ist dies nicht zu erwähnen.[972] Können die Ersatznacherben, da unbekannt, nicht namentlich bezeichnet werden, so genügt notfalls die Angabe, dass für den Nacherben vom Erblasser Ersatznacherbschaft angeordnet ist.[973] Können die Ersatznacherben später namentlich bezeichnet werden, so ist der Erbschein zu ergänzen.

364 e) **Mehrere Nacherbfolgen** sind zulässig[974] und im Erbschein anzugeben,[975] mit Namen und Voraussetzungen des Eintritts usw., weil diese Nachnacherben bereits bestimmten Verfügungen des Vorerben zustimmen müssen, damit diese Wirksamkeit erlangen (vgl. § 2113 BGB). Der erste Nacherbe ist dann zugleich der Vorerbe des zweiten Nacherben. Auch ein dritter, vierter usw. Nacherbe ist möglich; zur zeitlichen Grenze vgl. § 2109 BGB.

365 f) **Vorausvermächtnisse** (§§ 2147, 2150 BGB). Ist dem *alleinigen* Vorerben ein Nachlassgegenstand als unbeschränktes Vorausvermächtnis (§ 2110 II BGB) zugewendet (Auslegungsfrage!), so ist im Erbschein anzugeben, dass das Recht des Nacherben sich auf den (zu bezeichnenden) Gegenstand *nicht* erstreckt,[976] weil insoweit der Vorerbe nicht verfügungsbeschränkt ist. Beispiel: „Das Recht des Nacherben erstreckt sich nicht auf das Grundstück ...". Dagegen werden andere Vermächtnisse und Teilungsanordnungen, die dem Vorerben auferlegt sind, im Erbschein nicht erwähnt.

Ist einem von zwei (oder mehr) Vorerben ein Vorausvermächtnis zugewendet, dann hat er einen schuldrechtlichen Anspruch gegen die Erbengemeinschaft auf Übertragung des Vermächtnisgegenstandes, die dem § 2113 BGB nicht unterliegt; am Text des Erbscheins ändert sich dadurch nichts, das Vorausvermächtnis wird nicht aufgeführt.[977]

366 g) **Testamentsvollstreckung.** Der nach § 2222 BGB für die Nacherben bestellte Testamentsvollstrecker ist im Erbschein für den Vorerben aufzuführen, wobei klarzustellen ist, dass nur der Nacherbe unmittelbar beschränkt ist.[978]

367 h) Hat der Erblasser einen Ersatznacherben nicht berufen, so ist das Nacherbenanwartschaftsrecht gemäß § 2108 II 1 BGB im Zweifel vererblich. Die Vererblichkeit muss als Regelfall im Erbschein nicht angegeben werden;[979]

972 KG JW 1937, 2045; Köster Rpfleger 2000, 90/94.
973 Staudinger/Herzog § 2363 Rz. 9.
974 MünchKomm/Lieder § 2100 Rz. 27.
975 BayObLG NJW-RR 1990, 199; MünchKomm/Lieder § 2100 Rz. 27; a. A. Lange/Kuchinke § 28 VII 4 b.
976 BGH NJW 1960, 959; OLG Hamm ZEV 2020, 446; BayObLGZ 1965, 457/465; dazu Lange/Kuchinke § 41 29 V; einschränkend Köster Rpfleger 2000, 90/96. Bedenken werden von manchen erhoben, weil sich bei zahlreichen Vorausvermächtnissen eine Unübersichtlichkeit des Erbscheins ergeben kann.
977 OLG Hamm ZEV 2020, 446; einschränkend Köster Rpfleger 2000, 90/8.
978 KGJ 43, 92; KG JW 1938, 1411/2.
979 MünchKomm/Lieder § 2108 Rz. 8 empfiehlt die Angabe der Vererblichkeit.

Ausnahme Rz. 368. Ist die **Anwartschaft nicht vererblich**, so muss das hingegen aus dem Erbschein ersichtlich sein.[980]

i) Ist die Einsetzung des Nacherben ausschließlich unter einer **aufschiebenden Bedingung** erfolgt (§ 2108 II 2 BGB), so ist nach § 2074 BGB die Unvererblichkeit die Regel und es ist in diesem Fall deshalb die Vererblichkeit ausdrücklich zu vermerken.[981] 368

j) Sind die Erben teils Vollerben, teils zugleich Vorerben: 369
„A ist von seiner Ehefrau B … allein beerbt worden. Für die Hälfte des Nachlasses ist Nacherbfolge angeordnet. Sie tritt mit der Verheiratung der Vorerbin ein. Nacherbin ist C …"[982]
Über einen Fall mit unbestimmten Nacherben vgl. Rz. 347, 348.

k) **DDR-Fälle:** Bei Testamentserrichtung bis 31.12.1975: Die von einem nach dem 31.12.1975 und vor dem 3.10.1990 verstorbenen Erblasser mit gewöhnlichem Aufenthalt in der ehemaligen DDR vor dem 1.1.1976 testamentarisch verfügte Vor- und Nacherbfolge, die nach § 8 II DDR-EGZGB wirksam bleibt, ist im Erbschein anzugeben. Zu vermerken ist auch, dass die sich aus der Vor- und Nacherbfolge ergebenden Beschränkungen der Verfügungsbefugnis des Vorerben nicht bestehen (§ 8 II 2 DDR-EGZGB).[983] Bei Testamentserrichtung ab 1.1.1976: Die angeordnete Nacherbfolge war unwirksam (§ 371 II DDR-ZGB), ein unbeschränkter Erbschein ist zu erteilen.[984] 370

5.4.3 Kein zusätzlicher Inhalt

Eine zwischen Erbfall und Nacherbfall erfolgte rechtsgeschäftliche **Übertragung des Nacherbenanwartschaftsrechts** auf Dritte ist im Erbschein nicht anzugeben,[985] weil rechtsgeschäftliche Vorgänge nicht vermerkt werden. Der Erbschein darf nicht auf den Erwerber lauten; der Erwerber wird nicht „Erbe", weil diese Stellung nur vom Erblasser oder vom Gesetz geschaffen werden kann. Würde der Erbschein auf den Anwartschaftserwerber erteilt, so müssten sich die Vermutung des § 2365 BGB und der öffentliche Glaube des Erbscheins nach § 2366 BGB nicht nur auf die Rechtsstellung des Nacherben, sondern auch auf die von ihm über das Anwartschaftsrecht getroffene Verfügung unter Lebenden erstrecken, was das Nachlassgericht zwingen würde, seine Ermittlungen auf andere als erbrechtliche Erwerbsvorgänge zu erstrecken; das ist nicht seine 371

980 RGZ 154, 330 gegen KG JW 1937, 2045; OLG Köln NJW 1955, 633/5.

981 Köster Rpfleger 2000, 90/95.

982 Asbeck MDR 1959, 897 schlägt vor: „E ist von seiner Ehefrau A zu ½ als Vollerbin und zu ½ als Vorerbin beerbt worden …"

983 KG ZEV 1995, 372 = FGPrax 1995, 240; Köster Rpfleger 2000, 133/144.

984 OLG Zweibrücken FamRZ 1992, 1474; KG FamRZ 1996, 1572; Köster Rpfleger 2000, 133/144.

985 BayObLG FamRZ 2002, 350; BayObLG NJW-RR 1992, 200; OLG Düsseldorf MDR 1981, 143 und NJW-RR 1991, 332; OLG Braunschweig NJOZ 2004, 3856; Kipp/Coing § 50 I 3 b; v Lübtow ErbR II S. 1006; Scheer S. 63; a. A. KG JFG 20, 17.

Aufgabe. Der Erwerber kann dann seine Rechte mit Erbschein und Übertragungsvertrag nachweisen.

5.4.4 *Auslandsfälle*

372 Ob auf ausländische Beschränkungen des Erben § 352b FamFG analog anzuwenden ist, ist eine Frage des Einzelfalls und hängt davon ab, wie nahe dieses ausländische Rechtsinstitut der deutschen Nacherbschaft steht. Ansprüche der Ehefrau auf Wertausgleich nach iranischem Recht sind nicht aufzunehmen,[986] auch nicht ein Legalnießbrauch nach belgischem Recht.[987]

5.4.5 *Entfallen des Nacherbenvermerks*

373 Der Vermerk wird aus Zweckmäßigkeitsgründen nicht mehr angebracht, wenn die Beschränkung **im Zeitpunkt** der Ausstellung des Erbscheins nicht mehr besteht. Überträgt der Nacherbe sein Nacherbrecht auf den Vorerben und ist dieser dadurch Vollerbe geworden, braucht der Erbschein, wenn der Vorerbe zur Zeit der Ausstellung schon Vollerbe war, den Nacherbenvermerk nicht zu enthalten.[988] Dies gilt auch dann, wenn Ersatznacherben vorhanden sind (vgl. § 2102 BGB), da diese nur dann zu Nacherben berufen sind, wenn die Annahme der Erbschaft durch die Nacherben angefochten wird oder diese für erbunwürdig erklärt werden und diese Möglichkeiten fern liegen.[989] Das gleiche gilt, wenn die Anordnung der Nacherbfolge aus sonstigen Gründen gegenstandslos geworden und damit der Vorerbe Vollerbe geworden ist, wie z. B. bei Nichteintritt oder Unmöglichkeit des Eintritts einer Bedingung[990] oder bei Versterben des Nacherben vor dem Erbfall, wenn Vererblichkeit ausgeschlossen ist (§ 2108 II BGB) und ein Ersatznacherbe nicht berufen ist. Entsprechendes gilt für die Ausschlagung des Nacherbenrechts (vgl. § 2142 BGB).

5.4.6 *Verzicht des Nacherben auf den Vermerk*

374 Ein Verzicht des Nacherben auf die Aufnahme des Nacherbenvermerks im Erbschein des Vorerben ist nicht möglich, ein entsprechender Antrag ist unbeachtlich.[991]

5.4.7 *Kosten des Erbscheins des Vorerben*

375 Die Anbringung des Nacherben – Vermerks im Erbschein löst keine zusätzliche Gebühr aus, verteuert den Erbschein also nicht.

---

986 OLG Hamm FamRZ 1993, 112.

987 BayObLG FamRZ 1996, 694.

988 OLG Braunschweig ZEV 2020, 687; KG JW 1938, 3118.

989 OLG Köln MittRheinNotK 1990, 223.

990 OLG Celle NdsRpfl 1955, 189.

991 OLG Dresden ZBlFG 6 (1905/06), 211; Köster Rpfleger 2000, 90/91. Der Verzicht kann u. U. als (formbedürftige, § 2033 BGB) Übertragung des Anwartschaftsrechts auszulegen sein.

5.5 Folgen bei einem mangelhaften Inhalt

Fehlen die Angaben nach § 352b I FamFG, ist der Erbschein unrichtig und daher einzuziehen.[992] Die Einziehung können Vorerbe und Nacherbe anregen, letzterer schon vor Eintritt der Nacherbfolge. Das Unterlassen der Angabe der Nacherbfolge im Erbschein hat unter Umständen Schadensersatzpflicht des Staates (Art 34 GG; § 839 BGB) zur Folge; schon vor Eintritt der Nacherbfolge ist der Nacherbe berechtigt, auf Feststellung der Schadensersatzpflicht aus dieser Unterlassung zu klagen.[993] 376

5.6 Zeugniswirkungen des Vorerben-Erbscheins

Während der Erbschein dazu bestimmt ist, dem Erben als Ausweis über sein Erbrecht zu dienen, also dem Vorerben über sein Erbrecht, kommt der Angabe des Nacherben im Erbschein diese Bedeutung nicht zu; sie **soll nur die Beschränkung des Vorerben** zeigen. Der Vorerben-Erbschein gewährt dem Nacherben nicht die Vorteile der §§ 2365 ff. BGB und enthält insoweit keine Vermutung der Richtigkeit des Erbscheins, insbesondere bezeugt er nicht, wer Nacherbe ist.[994] Vielmehr dient er nur der Erhaltung des Rechts der Nacherben, z. B. gegenüber dem öffentlichen Glauben des Grundbuchs bei unzulässigen Verfügungen des Vorerben.[995] Der dem Vorerben erteilte Erbschein bezeugt ferner nicht, dass der Vorerbe noch Vorerbe ist, dass der Nacherbfall noch nicht eingetreten ist.[996] 377

5.7 Beschwerde

Das Recht des Nacherben (§ 59 I FamFG) ist erst dann beeinträchtigt und der Nacherbe damit beschwerdeberechtigt, wenn das Nachlassgericht in einem Erbschein die Rechtsstellung des Nacherben unrichtig wiedergibt oder die Erteilung eines solchen Erbscheins ankündigt.[997] Sind die Angaben des Erbscheins zur Nacherbfolge unrichtig, so steht auch den Ersatznacherben die Beschwerdebefugnis zu.[998] Der Nacherbe hat kein Beschwerderecht gegen die Einziehung des dem Vorerben erteilten Erbscheins. 378

992 BayObLGZ 1960, 407; KG OLG 35, 367.
993 RGZ 139, 343.
994 OLG München FamRZ 2013, 908; OLG Zweibrücken NJW-RR 2011, 525; OLG Hamm FamRZ 1997, 1368.
995 OLG Frankfurt NJW 1953, 507; BayObLG 28, 598.
996 Protokolle V 683; BayObLG 28, 598.
997 BayObLG FamRZ 1976, 104; OLG Oldenburg DNotZ 1958, 263 m. Anm. Keidel; OLG Hamm OLGZ 1968, 80.
998 BayObLGZ 1960, 407.

5.8 Folgen des Eintritts der Nacherbfolge

5.8.1 Inhalt des Erbscheins für den Nacherben

379 In einem Erbschein, der einem Nacherben erteilt wird, ist der Tag anzugeben, an dem der Nacherbfall eingetreten ist.[999] Ist dem Vorerben als Vorausvermächtnis der bewegliche Nachlass und ein Teil des Grundbesitzes zugewandt, muss auch der nach Eintritt der Nacherbfolge erteilte Erbschein angeben, dass sich das Erbrecht auf diese Gegenstände nicht erstreckt.[1000] Er wird nicht als „Nacherbe", sondern als Erbe bezeichnet.

5.8.2 Nachträglicher Erbschein für den Vorerben?

380 Streitig ist, ob ab Eintritt des Nacherbfalls dem Vorerben noch ein Erbschein erteilt werden kann, in dem seine Rechtsstellung bis zum Nacherbfall bezeugt wird. Häufig wird das abgelehnt,[1001] weil es ab Eintritt des Nacherbfalls kein Erbrecht des Vorerben mehr gebe. Zutreffend ist, dass dem Vorerben auch nachträglich noch auf seinen Antrag ein Erbschein erteilt werden kann,[1002] wenn dafür ein besonderes **Bedürfnis** besteht (z.B. weil er noch ihm zustehende Nutzungen einziehen will, § 2111 I 1 BGB). § 2353 BGB steht nicht entgegen; auch vergangene Rechtszuständigkeiten können bescheinigt werden (selbst das Grundbuchamt nimmt Voreintragungen vor, § 39 GBO), weder BGB noch FamFG verbieten das. Bei einer entsprechenden Formulierung ist der Rechtsverkehr nicht beeinträchtigt und dem Bedürfnis des früheren Erben, seine Vorerbenstellung bestätigt zu erhalten, ist Rechnung getragen. Ebenso kann jetzt der Nacherbe einen Vorerben-Erbschein beantragen, wenn er ihn z. B. zum Nachweis eines Surrogationserwerbs des Vorerben (§ 2111 BGB) benötigt.[1003]

Formulierung bei ursprünglicher Erteilung: „Es wird bezeugt, dass A von B beerbt worden ist. Nacherbschaft ist angeordnet; Nacherbe ist C; die Nacherbschaft tritt mit der Wiederverheiratung von B ein." Formulierung bei nachträglicher Erteilung: „Es wird bezeugt, dass A bis zur Wiederverheiratung der B am ... von B beerbt worden ist. Nacherbschaft war angeordnet worden; zum Nacherben des A war C bestellt worden."

---

999 BayObLG NJW-RR 1990, 199.

1000 OLG München NJW-RR 2014, 1417.

1001 OLG Frankfurt FamRZ 1998, 1394 = FGPrax 1998, 145; OLG Frankfurt Rpfleger 1997, 262; OLG Hamm NJW 1974, 1827; BayObLG FamRZ 2004, 1407.

1002 OLG Düsseldorf ErbR 2021, 792; LG Bonn MittRhNotK 1984, 123; MünchKomm/Grziwotz § 2353 Rz. 26; Schmidt BWNotZ 1966, 139; Köster Rpfleger 2000, 90/91; Staudinger/Herzog § 2353 Rz. 14. Offengelassen von OLG Frankfurt FamRZ 1998, 1394.

1003 Köster Rpfleger 2000, 90/91.

5.8.3 Einziehung des dem Vorerben erteilten Erbscheins?

Mit Eintritt der Nacherbfolge (§ 2139 BGB) wird der dem Vorerben erteilte Erbschein nach h. M. und Rechtsprechung unrichtig und ist daher nach § 2361 BGB einzuziehen;[1004] die Einziehung sei das Gegenstück zur Erteilung und da dem Vorerben der Erbschein *jetzt* nicht mehr erteilt werden könne, sei er also einzuziehen. Diese Auffassung verdient keine Zustimmung.[1005] Der Erbschein bezeugt die Rechtslage im Zeitpunkt des Erbfalls, bleibt daher auch beim Nacherbfall richtig. Beide Erbscheine (für den Vorerben, für den Nacherben) widersprechen sich nicht, sie betreffen verschiedene Zeiträume und ergänzen sich. Wegen des klaren Inhalts kann der Rechtsverkehr nicht beeinträchtigt werden; wer im Vorerben-Erbschein seines Geschäftspartners liest, dass die Nacherbfolge mit der Wiederverheiratung der Vorerbin eintritt, ist sich selbst über sein Risiko im Klaren. Eine Einziehung *von Amts wegen* erübrigt sich also; dies entspricht auch den Gepflogenheiten der Praxis. Besteht ein entsprechendes Rechtsschutzbedürfnis, kommt aber eine Einziehung *auf Antrag* in Frage (§ 2361 BGB sollte man entsprechend auslegen). 381

Eine Einziehung wird von der h. M. auch bejaht, wenn bei Vorhandensein mehrerer Vorerben durch Tod eines von ihnen der Nacherbfall eingetreten ist.[1006] Überträgt der Nacherbe nach Erteilung eines Erbscheins an den Vorerben sein Nacherbenrecht auf diesen, so wird der Erbschein unrichtig; ob er einzuziehen ist, ist umstritten;[1007] gegen die Einziehung spricht, dass die Beschränkung weggefallen ist, die Einziehung keinen Sinn mehr hätte. Eine Einziehung wird auch gefordert in den anderen Fällen des Wegfalls der Nacherbenstellung, ferner wenn der Nacherbe nach dem Erbfall, aber vor dem Nacherbfall stirbt;[1008] durch den Tod des Nacherben trete wegen § 2108 II 1 BGB ein Wechsel in der Person des Nacherben und damit eine nachträgliche Unrichtigkeit ein, weil nicht mehr die im Erbschein namentlich genannte Person Nacherbe sei, sondern deren Erbe.

6. Der Erbschein für den Nacherben

Nur im Erbschein, der nach Eintritt der Nacherbfolge erteilt wird, wird bezeugt, wer (Nach-)Erbe ist;[1009] der Vermerk, in dem dem Vorerben erteilten Erbschein *bezeugt* diese Erbenstellung nicht, weist nur auf die Beschränkung hin. 382

1004 OLG Köln Rpfleger 2003, 193; OLG Hamm NJW 1974, 1827/8; OLG Thüringen FamRZ 1994, 1208; LG Bonn MittRhNotK 1984, 123; Scheer S. 138. Einschränkend OLG Köln Rpfleger 1984, 102: Einziehung (nur) aufgrund Gewohnheitsrechts.

1005 Becher Rpfleger 1978, 87; Weiner S. 76; Saupe III 2; Köster Rpfleger 2000, 133/140.

1006 OLG Hamm NJW 1974, 1827.

1007 Für Einziehung LG Berlin DNotZ 1976, 569; a. A. Scheer S. 142.

1008 BayObLG FamRZ 1988, 542.

1009 BayObLG Rpfleger 1983, 104 = DNotZ 1984, 502; OLG Frankfurt NJW 1957, 265; OLG München JFG 16, 328;.

Ab Eintritt des Nacherbfalls kann der Nacherbe (jetzt: Erbe) einen Erbschein beantragen. Die Vorlegung einer neuen eidesstattlichen Versicherung (§ 352 III FamFG) ist nicht unbedingt erforderlich.[1010]

Dem Nacherben ist der Erbschein auch dann bereits zu erteilen, wenn der den Vorerben erteilte Erbschein noch nicht eingezogen werden konnte,[1011] meines Erachtens schon deshalb, weil der dem Vorerben erteilte Erbschein ohnehin nicht einzuziehen ist (Rz. 381). In dem einem Nacherben zu erteilenden Erbschein ist der Zeitpunkt des Nacherbfalls anzugeben.[1012]

Beispiel:

Erbschein

Es wird bezeugt, dass der am 1. 2. … in Burghausen verstorbene Max Frisch, geb. am 19. 3. … in Leipzig, von seinem Enkel Edgar Frisch, geb. 14. 2. … allein beerbt worden ist.

Der Nacherbfall ist infolge Todes der Vorerbin XY am 9. 4 … eingetreten.

383 Wenn der Erblasser eine weitere Nacherbfolge angeordnet hat, ist der Erbschein für den ersten Nacherben in Wirklichkeit ein zweiter Vorerben-Erbschein; vor Erteilung ist § 2109 BGB zu prüfen.

Erbschein: Es wird bezeugt, dass … Max Frisch … von Edgar Frisch … allein beerbt worden ist.

Er ist Erbe seit dem 9. 4. …, weil die Vorerbin … an diesem Tag verstorben ist.

Nacherbfolge ist angeordnet.

Sie tritt mit dem Tod des Vorerben Edgar Frisch ein.

Nacherbin ist Brigitte Frisch …

384 **Stirbt der eingesetzte Nacherbe** vor dem Eintritt der Nacherbfolge, aber nach dem Eintritt des Erbfalls, so geht sein Recht auf seine (eingesetzten oder gesetzlichen) Erben über, wenn nicht ein anderer Wille des Erblassers anzunehmen ist (§ 2108 II 1 BGB). Mehrere Erben des Nacherben bilden hinsichtlich der Nacherbenanwartschaft eine Erbengemeinschaft.[1013]

1010 H.M., KGJ 46, 146/150; Staudinger/Herzog § 2356 Rz. 68; a. A. Technau BWNotZ 1963, 63; Köster Rpfleger 2000, 133/141.

1011 Kipp/Coing § 129 II; v. Lübtow ErbR II S. 1021; streitig.

1012 BayObLG FamRZ 1998, 1332; BayObLG NJW-RR 1990, 199; Köster Rpfleger 2000, 133/141.

1013 Schmidt BWNotZ 1966, 139/45; MünchKomm/Lieder § 2108 Rz. 6.

Beispiel:

Erblasser A stirbt im Jahre 2000, der Vorerbe B im Jahre 2002, der Nacherbe C ist schon 2001 verstorben und wird beerbt von D und E zu je ½. Hier müssen zwei Erbscheine unterschieden werden: Der Erbschein I, der bezeugt, dass D und E als Erben des C den A beerbt haben, und der Erbschein II, der bezeugt, dass D und E Erben des C sind (von Bedeutung, wenn C sonstiges Vermögen hinterlassen hat).

Erbschein I: Es wird bezeugt, dass ... A ... von den Erben des am ... verstorbenen Nacherben C ... allein beerbt worden ist. Sie sind Erben seit dem 9.4.2002, weil die Vorerbin B ... an diesem Tag verstorben ist. (Problematisch ist, ob man zur Klarstellung, aber ohne eigentliche Erbausweisfunktion, hinter C einfügen darf: „... C ..., nämlich von D und E zu je ½, allein beerbt worden ist."[1014])

Erbschein II: Es wird bezeugt, dass ... C von D und E zu je ½ beerbt worden ist.

Die Übertragung des Nacherbenanwartschaftsrechts auf einen Dritten wirkt sich auf den Erbscheinsinhalt nicht aus (Rz. 371); der Erwerber wird nicht „Erbe". Hat der Nacherbe sein Anwartschaftsrecht auf den Vorerben übertragen, erübrigt sich ein Erbschein für den Nacherben.

7. Der Erbschein mit Testamentsvollstreckervermerk

Hat der Erblasser einen Testamentsvollstrecker ernannt, so ist die „Ernennung" 385
(nicht aber der Name des Ernannten! § 2368 BGB) als Beschränkung des Erben im Erbschein anzugeben (§ 352b II FamFG).

Erbschein mit Testamentsvollstreckervermerk (§ 352b II FamFG)	Testamentsvollstreckerzeugnis (§ 2368 BGB)
Soll Dritten die Beschränkungen des Erben zeigen	Soll Dritten die Beschränkungen und Erweiterungen der Rechte des Testamentsvollstreckers zeigen
Enthält *nicht* den Namen des Testamentsvollstreckers	Enthält den Namen des Testamentsvollstreckers
Gebühr: KV 12210 mit Nr. 23300 GNotKG; Wert § 40 I GNotKG	Gebühr: KV 12210 GNotKG; Wert § 40 V GNotKG (20 %)

7.1 Inhalt des Vermerks

7.1.1 Regelfall

Der Erbschein mit Testamentsvollstrecker-Vermerk lautet (verkürzt): „Es wird 386
bezeugt, dass A von B allein beerbt worden ist. Testamentsvollstreckung ist angeordnet". Der Name des Testamentsvollstreckers und eine Angabe über die

1014 Die Fassung des Erbscheins ist im Einzelnen umstritten, vgl. Deubner JuS 1961, 96/99; Köster Rpfleger 2000, 133/142; Schmidt BWNotZ 1966, 139/147. Dürfen D und E und ihre Erbquoten angegeben werden? Ist der Zusatz „in Erbengemeinschaft" erforderlich oder nicht?

Annahme des Amtes gehören nicht in den Erbschein;[1015] denn andernfalls wäre §2368 BGB überflüssig. Die Vermutung der Richtigkeit des Erbscheins erstreckt sich nicht auf eine Namensangabe.[1016] Ist der Name überflüssigerweise angegeben, so wird dadurch der Erbschein zwar nicht zu einem Testamentsvollstreckerzeugnis,[1017] doch kann (bei entsprechendem Wortlaut) eine äußerliche Zusammenfassung von Erbschein und Testamentsvollstrecker-Zeugnis vorliegen. Weder der Erbe noch der Testamentsvollstecker kann auf die Einfügung des Vermerks im Erbschein verzichten.[1018]

387 **Beispiele:**

Erbschein. Es wird bezeugt, dass der am ... in ... verstorbene Max Frisch ... von seinen Söhnen

Edgar Frisch, ... und Anton Frisch, ... zu je ½ (ein Halb) beerbt worden ist.

Testamentsvollstreckung ist angeordnet.

Oder: Testamentsvollstreckung am Erbteil des Anton Frisch ist angeordnet.

Oder: Testamentsvollstreckung ist angeordnet; sie beschränkt sich auf das Anwesen München, X-Straße.

7.1.2 Zusätzliche Angaben im Testamentsvollstrecker-Vermerk

388 Der Vermerk im Erbschein soll Dritten zeigen, inwieweit die Erben beschränkt sind. Das Testamentsvollstrecker-Zeugnis dagegen soll nachweisen, dass eine bestimmte Person wirksam zum Testamentsvollstrecker ernannt wurde und dass sie die gesetzlichen Befugnisse hat, sofern im Zeugnis nichts Abweichendes angeben ist.

Schon im Testamentsvollstrecker-Vermerk des Erbscheins ist deshalb anzugeben:

- wenn der Testamentsvollstrecker geringere Verfügungsrechte als im gesetzlichen Regelfall hat, denn dann haben die Erben zusätzliche Befugnisse;[1019]
- wenn nicht der gesamte Nachlass der Testamentsvollstreckung unterliegt, z.B. nicht die Grundstücke, ist dies zu vermerken;[1020] („Testamentsvollstreckung ist angeordnet, aber nicht hinsichtlich des unbeweglichen Nachlasses"); oder wenn nur der Anteil eines Miterben der Testamentsvollstreckung unterliegt (z.B. das Drittel des Sohnes, nicht die 2/3 der Tochter);

1015 KGJ 33 A 100; KGJ 23 B 6, 8; KG Recht 1920 Nr 1544; a.M. Kipp/Coing § 128 III, falls der Erblasser den Namen des Testamentsvollstreckers im Testament nannte.
1016 KG OLG 40, 155 Fn 1 f.
1017 A.A. KGJ 23 B 8.
1018 OLG Rostock ErbR 2020, 274.
1019 KGJ 43, 92, 95; Lange/Kuchinke § 31 V 5.
1020 Lange/Kuchinke § 39 V 2; v Lübtow ErbR II S. 1007; a.A. Zahn MittRhNotK 2000, 89/102.

- wenn nur einzelne Nachlassgegenstände der Testamentsvollstreckung unterliegen, z. B. die Grundstücke;[1021]
- Der nach § 2222 BGB für die Anwartschaftsrechte des Nacherben bestellte Testamentsvollstrecker ist im Erbschein aufzunehmen, wobei klarzustellen ist, dass nur der Nacherbe unmittelbar beschränkt ist.[1022]

7.1.3 Kein Vermerk im Erbschein trotz Testamentsvollstreckung

Trotz Testamentsvollstreckung wird kein Testamentsvollstrecker-Vermerk im 389
Erbschein angebracht, wenn und soweit die Testamentsvollstreckung den Erben in seiner Verfügungsmacht *nicht* beschränkt,[1023] also bei Abweichungen vom gesetzlichen Regelfall der §§ 2203 ff. BGB in die andere Richtung, wie z. B. in der Regel bei einer Testamentsvollstreckung ohne Verwaltungsrecht (vgl. § 2208 II BGB; sog. beaufsichtigende Testamentsvollstreckung); wenn für einen Vermächtnisnehmer oder Nacherben Testamentsvollstreckung angeordnet ist wird dies nicht vermerkt. Hatte der Erblasser Testamentsvollstreckung angeordnet, die vom Erblasser ernannte Person aber das Amt abgelehnt und gibt es keinen Anhaltspunkt dafür, dass nach dem Willen des Erblassers in diesem Fall vom Nachlassgericht ein Testamentsvollstrecker ernannt werden soll (§ 2200 BGB), wird aus Zweckmäßigkeit kein Vermerk in den Erbschein aufgenommen.[1024]

Wenn **bei zwei Miterben** ein Testamentsvollstrecker nur für den Erbteil eines 390
Miterben ernannt ist, erhält (auf entsprechenden Antrag) der eine Miterbe einen Teil-Erbschein mit Vermerk, der andere Miterbe einen Teil-Erbschein ohne Testamentsvollstrecker-Vermerk.[1025] Bei einer Testamentsvollstreckung über die Nacherbschaft (zu unterscheiden vom Fall des § 2222 BGB) ist der Testamentsvollstrecker-Vermerk im Erbschein des Vorerben nicht aufzuführen,[1026] wohl aber in dem Erbschein, der später dem Nacherben erteilt wird.

Hat der Erblasser in Erbfällen mit DDR-Bezug Testamentsvollstreckung auch für den in der DDR belegenen Nachlass angeordnet, richtet sich die Testamentsvollstreckung insoweit nach dem Recht der ehemaligen DDR; ein Testamentsvollstreckervermerk ist in dem Erbschein, der die Erbfolge in den DDR – Nachlass bezeugt, nicht aufzunehmen,[1027] weil die DDR – Testamentsvollstreckung nicht zu einer Beschränkung des Erben führte (§ 371 II, III ZGB).

Sind einem *Vermächtnisnehmer* Beschwerungen auferlegt (z. B. Untervermächtnisse, Auflagen; § 2223 BGB), gesichert durch Testamentsvollstreckung, ist der Erbe nicht beschränkt. Der Vermächtnisnehmer erhält gem. § 2353 BGB keinen

1021 BayObLG FamRZ 2006, 147; LG Mönchengladbach Rpfleger 1982, 382.
1022 KG JW 1938, 1411, 1412; vgl. KGJ 40, 196.
1023 BayObLG FamRZ 1991, 986; OLG München JFG 16, 306/9.
1024 BayObLG FamRZ 2003, 1590/93 am Ende.
1025 KGJ 43, 92.
1026 A. A. KG JW 1938, 1411/2; vgl. KG Recht 1907 Nr 527.
1027 KG FamRZ 1995, 1450/52; KG FamRZ 1996, 569 = ZEV 1996, 234.

Erbschein; der Testamentsvollstrecker-Vermerk im Erbschein unterbleibt daher.[1028] Doch erhält dieser Testamentsvollstrecker auf Antrag ein Testamentsvollstrecker-Zeugnis.

7.2 Berücksichtigung von nachträglichen Veränderungen im Erbschein

7.2.1 Erbschein ist schon erteilt

391 Ist der Erbschein mit Testamentsvollstrecker-Vermerk erteilt und lehnt der Testamentsvollstrecker nachträglich das Amt ab (§ 2202 BGB) oder endet sein Amt durch Kündigung, Tod oder Entlassung (§§ 2225, 2226, 2227 BGB), so wird der Erbschein unrichtig, wenn sich damit zugleich die Testamentsvollstreckung als solche erledigt, etwa weil eine Ernennung eines Nachfolgers durch das Nachlassgericht nach § 2200 BGB ausscheidet. Der Erbschein kann dann als unrichtig eingezogen (§ 2361 BGB) und die Erteilung eines neuen Erbscheins ohne Testamentsvollstreckervermerk kann verlangt werden.[1029] Meines Erachtens *muss* der Erbschein aber nicht zwingend von Amts wegen eingezogen werden, weil es sich von selbst versteht, dass er nur die Lage bei Erteilung wiedergibt; er beweist die Stellung einer Person als Testamentsvollstrecker nicht, schränkt nur das Recht des Erben ein; wenn der Erbe mit dieser Einschränkung zufrieden ist (etwa wegen Zeitablauf), soll man die Sache nicht von Amts wegen aufwühlen. Eine Einziehung ist daher meines Erachtens nur veranlasst, wenn sie vom Erben oder vom Testamentsvollstrecker begehrt wird.

Ein **Zeugnis** darüber, dass die im Erbschein vermerkte Testamentsvollstreckung durch Ablehnung, Kündigung oder aus sonstigem Grunde weggefallen ist, kann nicht erteilt werden.[1030] Eine Berichtigung des Erbscheins in dieser Richtung (z. B. ein Zusatz) ist nicht möglich.[1031] Gegenüber dem **Grundbuchamt** kann das Ende der Testamentsvollstreckung nicht durch bloße (öffentlich beglaubigte) abstrakte Erklärung des vormaligen Testamentsvollstreckers, dass sein Amt und die Testamentsvollstreckung insgesamt erloschen sei, bewiesen werden;[1032] genügend ist ein neuer Erbschein ohne Vermerk.[1033] Vereinzelt[1034] wird eine vom Nachlassrichter unterschriebene, gesiegelte, Bescheinigung des Wegfalls der Testamentsvollstreckung als ausreichend angesehen; das erspart Gebühren, ist aber dem FamFG unbekannt. Eine Beweisaufnahme darüber, ob alle Aufgaben erledigt sind, erfolgt beim GBA nicht. Ein Wechsel in der Person des Testamentsvollstreckers macht den Erbschein nicht unrichtig, da der Name des Vollstreckers im Testamentsvollstrecker-Vermerk des Erbscheins nicht angegeben wird.

1028 KGJ 43, 92/4.
1029 KG OLG 43, 401.
1030 KGJ 50, 103/4; Soergel/Damrau § 2364 Rz. 2.
1031 OLG Hamm OLGZ 1983, 59; Soergel/Damrau § 2364 Rz. 2.
1032 BayObLG FamRZ 1990, 669.
1033 OLG Naumburg FamRZ 2022, 1578.
1034 OLG Karlsruhe ZEV 2023, 88.

7.2.2 Erbschein ist noch nicht erteilt

Der Erbschein gibt grundsätzlich die beim Todesfall objektiv bestehende Erbrechtslage wieder, wobei bestimmte **seitdem eingetretene tatsächliche Veränderungen** aus Zweckmäßigkeit berücksichtigt werden (Rz. 260). Der Testamentsvollstrecker-Vermerk ist daher nicht mehr in den Erbschein aufzunehmen, wenn er sich nicht (mehr) als Beschränkung der Verfügungsmacht des (oder eines) Erben darstellt, sei es, weil die Testamentsvollstreckung überhaupt nie eingetreten ist (etwa wegen Fristablauf) oder sich inzwischen erledigt hat. Ist im Zeitpunkt der Erteilung des Erbscheins bereits bekannt, dass die Ernennung des Testamentsvollstreckers unwirksam war (vgl. § 2201 BGB) oder nicht mehr wirksam ist (z. B. durch Ablehnung des Amtes, § 2202 BGB, wenn ein Ersatz-Testamentsvollstrecker nicht bestellt ist und auch kein Fall des § 2200 BGB vorliegt), wird kein Testamentsvollstrecker-Vermerk mehr im Erbschein angebracht.[1035] Ebenso ist es, wenn Zeit seit dem Erbfall verstrichen ist und zum Zeitpunkt der Erbscheinserteilung die Testamentsvollstreckung schon weggefallen ist;[1036] wenn der Testamentsvollstrecker bereits alle ihm zugewiesenen Aufgaben erfüllt hat (z. B. vollständige Nachlassaufteilung); bei einer nur beaufsichtigenden Testamentsvollstreckung im Sinne von § 2208 II BGB;[1037] wenn eine gesetzte Frist inzwischen abgelaufen ist. Hat der Testamentsvollstrecker einzelne Gegenstände „freigegeben" (§ 2217 BGB), so dass sein Verfügungsrecht daran entfallen ist, macht dies den Erbschein insoweit unrichtig und kann, jedenfalls wenn die Freigabe vor Erteilung des Erbscheins erfolgt, auf diesem vermerkt werden. 392

7.2.3 Bedingte/befristete Testamentsvollstrecker-Ernennung

Die Anordnung der Testamentsvollstreckung unter einer *aufschiebenden* Bedingung („Sollte mein Sohn sich als ungeeignet erweisen ..."), die im Zeitpunkt der Erteilung des Erbscheins noch nicht wirksam geworden ist, ist nicht in den Erbschein aufzunehmen, wenn sie das einstweilen unbeschränkte Verfügungsrecht des Erben ungewiss machen würde.[1038] Wenn die Bedingung dagegen so beschaffen ist, dass über ihren Eintritt kein Zweifel bestehen kann („Sollte meine Frau wieder heiraten ...") und so insbesondere auch der Grundbuchverkehr nicht gehemmt ist, ist die bedingte Testamentsvollstreckung in den Erbschein aufzunehmen[1039] („Testamentsvollstreckung ist angeordnet, falls ..."). Unklare Bedingungen werden nicht aufgenommen („Sollte meine Frau eine Lebenspartnerschaft eingehen ..."). Ebenso ist es nach h. M. bei Beginn der Testamentsvollstreckung ab einem bestimmten Zeitpunkt und bei einer Befristung; zweifelhaft. 393

1035 BayObLG Rpfleger 1974, 345; KGJ 48, 143; KGJ 50, 103/4.
1036 BayObLG Rpfleger 1974, 345.
1037 BayObLG FamRZ 1991, 986.
1038 KG JFG 10, 72 = JW 1933, 2067.
1039 KGJ 46, 141.

7.3 Erbscheine mit fehlendem oder unrichtigen Testamentsvollstrecker-Vermerk

394 Wenn im Erbschein die Testamentsvollstreckung nicht oder fehlerhaft angegeben ist, kann der Testamentsvollstrecker vom Besitzer des unrichtigen Erbscheins dessen Herausgabe an das Nachlassgericht verlangen (§ 2362 I BGB), was bei Streit vor dem Prozessgericht (nicht vor dem Nachlassgericht!) durchzusetzen ist. Einfacher ist es, wenn der Testamentsvollstrecker beim Nachlassgericht anregt, den unrichtigen Erbschein einzuziehen (§ 2361 BGB); gegen eine Zurückweisung kann er Beschwerde einlegen.[1040] Auch eine Kraftloserklärung ist möglich (§ 353 I FamFG). Es gibt keine Vermutung (vgl. § 2365 BGB), wonach die im Erbschein vermerkte Beschränkung durch Testamentsvollstreckung auch tatsächlich besteht.[1041]

7.4 Kosten des Erbscheins mit TV-Vermerk

395 Die Anbringung des Testamentsvollstrecker-Vermerks im Erbschein löst **keine zusätzliche Gebühr** aus, verteuert den Erbschein also nicht; es bleibt bei den Erbscheinsgebühren (§§ KV 12210 GNotKG; Wert § 40 I GNotKG). Werden Erbschein und Testamentsvollstrecker-Zeugnis in derselben Urkunde zusammengefasst (was unterblieben sollte), fallen natürlich sowohl die Erbscheins- wie die Testamentsvollstreckerzeugnis-Gebühren an. Das Testamentsvollstrecker-Zeugnis kostet so viel wie ein Erbschein (Vorbem. 1.2.2 Nr. 4 mit KV 12210 GNotKG, aber nur aus einem Wert von 20 % (§ 40 V GNotKG)).

8. Erbscheine bei DDR-Bezug

8.1 Welches Recht kommt zur Anwendung?

396 Wenn der Erblasser **vor dem 3. 10. 1990 gestorben** ist, bleibt das bisherige DDR-Recht maßgebend (Art. 235 § 1 I EGBGB). Hat der Erbfall einen Bezug mit der ehemaligen DDR, ist zu klären, welches Recht gilt.[1042] Das Sachrecht bestimmen die interlokalen Kollisionsregeln, die bereits vor der Wiedervereinigung in der Bundesrepublik Deutschland (nicht in der DDR) gegolten haben und deren Fortgeltung als einziges interlokales Privatrecht der Einigungsvertrag voraussetzt.[1043] Im Erbrecht gilt die Regel, dass sich die Rechtsnachfolge von Todes wegen nach einem deutschen Erblasser nach den Bestimmungen derjenigen Teilrechtsordnung richtet, in deren Geltungsbereich der Erblasser seinen *gewöhnlichen Aufenthalt* hatte.[1044] Danach ist der Erblasser entsprechend Art. 24 I, 25 EGBGB a. F. (Art. 220 I EGBGB; ab 1. 10. 1994: Art. 25 n. F. EGBGB) nach den

1040 BayObLGZ 19, 192; Soergel/Damrau § 2361 Rz. 19.
1041 OLG Frankfurt WM 1983, 803.
1042 BayObLG FamRZ 1991, 868; FamRZ 2001, 1181. Vgl. Sandweg BWNotZ 1992, 45.
1043 BGH FamRZ 1994, 304; BGH FamRZ 1995, 1567.
1044 BGH FamRZ 1994, 304; BayObLG FamRZ 2001, 1181; Dörner IPrax 1991, 392; a. A. noch BayObLG DNotZ 1992, 442: entsprechende Anwendung von Art. 236 § 1 EGBGB in beiden Rechtsgebieten.

Vorschriften des BGB beerbt worden, wenn er seinen gewöhnlichen Aufenthalt in der Bundesrepublik Deutschland hatte.[1045] Wenn zum Nachlass auch ein Grundstück in der ehemaligen DDR gehört, kommen insoweit in entsprechender Anwendung von Art. 28 EGBGB a. F. (Art. 220 I EGBGB) bzw. seit 1. 10. 1994: Art. 3 III EGBGB, die dort geltenden „besonderen Vorschriften" zur Anwendung, insbesondere § 25 II Rechtsanwendungsgesetz (RAG) DDR. Nach dieser Norm bestimmen sich „die erbrechtlichen Verhältnisse in Bezug auf das Eigentum und andere Rechte an Grundstücken[1046] und Gebäuden, die sich in der Deutschen Demokratischen Republik befinden", nach dem Recht der DDR, also für Erbfälle nach dem 1. 1. 1976 und bis zur Wiedervereinigung nach dem ZGB/DDR.[1047] Auch das Erbscheinsverfahren richtete sich dann nach dem ZGB/DDR. An einer auf diese Weise eingetretenen Nachlassspaltung hat sich durch die Vereinigung Deutschlands nichts geändert.[1048]

397

Datum des Erbfalls	Tod eines DDR-Bürgers	Tod eines Bundesbürgers	
Bis 31. 12. 1956	BGB		
Ab 1. 1. 1957	Änderungen des Adoptionsrechts	–	
Ab 1. 7. 1958	–	Änderungen des Ehegattenerbrechts (§ 1371 BGB)	
Ab 1. 4. 1966	§§ 9, 10 EGFGB: u. U. Erbrecht für nichteheliche Kinder; Änderungen beim Erbrecht des Ehegatten		
Ab 1. 7. 1970		Änderung § 1931 IV BGB; Erbersatzanspruch des ab dem 1. 7. 1949 geborenen nichtehelichen Kindes	
Ab 1. 1. 1976	Geltung von §§ 364 – 369 ZGB, EGZGB, RAG	Grundeigentum in der DDR: vererbt nach ZGB, § 25 II RAG, Art 235 § 1 I EGBGB	Grundeigentum in Westdeutschland und bewegliches Vermögen: vererbt nach BGB
Ab 3. 10. 1990	Wiedervereinigung; BGB gilt wieder; Ausnahme: für nichteheliche DDR-Kinder gilt weiterhin DDR-Recht, Art 235 § 1 EGBGB		
Ab 1. 4. 1998	Für Erbfälle ab 1. 4. 1998 erbt das nichteheliche Kind wie ein eheliches, außer es ist vor dem 1. 7. 1949 geboren		

8.2 Identische oder differierende Erbfolgen

Die Erbfolge in den beiden Nachlassteilen (DDR-Immobilien – sonstiges Vermögen in Ost und West) kann: 398

1045 Vgl. BGH FamRZ 1995, 1567.
1046 Auf Rückübertragungs- und Entschädigungsansprüche nach § 3 ff. VermögensG findet § 25 II RAG keine Anwendung, OLG Hamm FamRZ 1995, 758 = ZEV 1995, 252.
1047 OLG Zweibrücken DtZ 1992, 360.
1048 BGHZ FamRZ 1995, 1567; FamRZ 1995, 481; BayObLG FamRZ 1997, 391; 1999, 1470/1471; 2001, 1181.

a) übereinstimmen (Beispiel: E wird testamentarisch nur von seinem Sohn beerbt, andere Verwandte gibt es nicht). Hier soll je ein selbständiger Erbschein erforderlich sein,[1049] was meines Erachtens nicht sinnvoll begründbar ist; *ein* Erbschein genügt (Zeugnisse sind Zusammenfassungen ohne Gründe). Oder:

b) Die Erbfolge kann auch verschieden sein, z. B.:
   - bei Beteiligung von Ehegatten;
   - bei nichtehelichen Kindern; § 365 I ZGB/DDR: das nichteheliche Kind erbte in der DDR wie ein eheliches Kind, in Westdeutschland früher nicht;
   - bei Existenz von Erbverträgen, weil diese dem ZGB unbekannt waren;[1050]
   - bei Vorerbschaft/Nacherbschaft (nicht erlaubt, § 371 II ZGB).

Ist unmittelbar nach dem Todesfall noch kein Erbschein erteilt worden, ist nach Rz. 401zu verfahren (Antrag auf **Doppelerbschein**).

399 Ist früher (vor dem 3. 10. 1990) bereits von einem westdeutschen Nachlassgericht ein gewöhnlicher Erbschein nach BGB erteilt worden, hätte damals ein **Geltungsvermerk** („Dieser Erbschein gilt nicht für in der ehemaligen DDR belegenes unbewegliches Vermögen."[1051]) angebracht werden müssen; das ist in der Praxis fast immer unterblieben. Denn oft wussten die Erben gar nichts von den sowieso fast wertlosen DDR-Grundstücken. Dieser alte Erbschein muss jedoch nicht nach § 2361 BGB wegen Unrichtigkeit eingezogen werden (Rz. 482 ff.), er kann um einen Geltungsvermerk ergänzt werden, *wenn die Erbfolgen nach BGB und ZGB übereinstimmen.* Entweder werden alle Ausfertigungen zurückgefordert und um den Vermerk ergänzt oder der Geltungsvermerk wird allen Erbscheinsbesitzern nach § 41 FamFG mitgeteilt.

Der Geltungsvermerk lautet: „Dieser Erbschein bezieht sich auch auf den in der ehemaligen DDR belegenen unbeweglichen Nachlass im Sinne von § 25 II RAG/DDR."

400 Wenn die Erbfolgen nach BGB und ZGB *nicht übereinstimmen,* scheidet nach einer Meinung[1052] eine Ergänzung aus; es bleibe nur die Einziehung und Neuerteilung. Meines Erachtens kann auch hier der alte BGB-Erbschein um den Geltungsvermerk ergänzt werden („Gilt nicht hinsichtlich des in der ehemaligen DDR belegenen unbeweglichen Nachlasses ...") und durch einen weiteren Teil-Erbschein in Anwendung des ZGB/DDR die Erbfolge hinsichtlich des in der ehemaligen DDR belegenen unbeweglichen Nachlasses ausgesprochen werden. Vgl. Rz. 401 ff.

1049 OLG Zweibrücken Rpfleger 1993, 113; KG OLGZ 1992, 279; BayObLG FamRZ 1994, 723.

1050 BayObLG FamRZ 1995, 1089 = ZEV 1995, 256.

1051 Vorschlag Kersten/Bühling/Wegmann § 103 Rz. 33.

1052 Trittel DNotZ 1991, 244; Kersten/Bühling/Wegmann § 103 Rz. 33.

8.3 Beispiele

a) Der Erblasser X, ein Westdeutscher ohne gleichzeitige DDR-Staatsangehörigkeit, verstarb am 2. 11. 1982 in München; er besaß in Westdeutschland Grundstücke und Guthaben, in der DDR ein Grundstück. Im Jahr 2003 wird ein Erbschein beantragt. X hinterließ die Witwe (E), eine eheliche Tochter (F) und eine 1977 in der DDR geborene nichteheliche Tochter (G). 401

Da der Erblasser nach dem 1. 1. 1976 und vor dem 3. 10. 1990 verstarb, ist keine einheitliche Erbfolge in den gesamten Nachlass, sondern Nachlassspaltung eingetreten. Die in der ehemaligen DDR gelegenen, unter § 25 II RAG fallenden Gegenstände bilden einen selbständigen Nachlass, bei dem sich die Erbfolge im Grundsatz nach den Regeln des ZGB/DDR richtet, während der übrige Nachlass den Regeln des BGB unterliegt. Die Erbfolge ist hinsichtlich der verschiedenen Nachlassteile je für sich zu beurteilen.[1053]

Für den Erbschein hat dies zur Folge, dass entweder

- nur ein Erbschein in Anwendung des BGB, der sich nicht auf den in der ehemaligen DDR belegenen unbeweglichen Nachlass im Sinne des § 25 II RAG/DDR erstreckt (unten 1), oder
- ein Erbschein in Anwendung des ZGB/DDR, der sich lediglich auf den in der ehemaligen DDR belegenen unbeweglichen Nachlass erstreckt (unten 2), oder
- ein sog. Doppelerbschein erteilt werden kann, der diese beiden Erbscheine äußerlich vereinigt (unten 3).[1054]

Antrag und Entscheidung:

(1) Teil-Erbschein 402

Es wird bezeugt, dass der am 1. 1. 1982 in München verstorbene X in Anwendung des BGB von E und F zu je ½ beerbt worden ist. Dieser Erbschein erstreckt sich nicht auf den in der ehemaligen DDR belegenen unbeweglichen Nachlass im Sinne des § 25 II RAG/DDR.

(2) Teil-Erbschein

Es wird bezeugt, dass der am 1. 1. 1982 in München verstorbene X in Anwendung des ZGB/DDR von E, F und G zu je 1/3 beerbt worden ist. Dieser Erbschein erstreckt sich lediglich auf den in der ehemaligen DDR belegenen unbeweglichen Nachlass im Sinne von § 25 II RAG/DDR.

(3) Erbschein

1053 BayObLG FamRZ 1999, 1470/1471; OLG Hamm FamRZ 1998, 121/122; KG FamRZ 1998, 124/125.

1054 KG Rpfleger 1992, 158/159; BayObLG FamRZ 2001, 1181; FamRZ 2003, 1327/32 (Bodenreformgrundstücke); Bestelmeyer Rpfleger 1992, 229/231.

Es wird bezeugt, dass der am 1. 1. 1982 in München verstorbene X

aa) in Anwendung des BGB von E und F zu je ½ beerbt worden ist, aber nicht hinsichtlich des in der ehemaligen DDR belegenen unbeweglichen Nachlass im Sinne des § 25 II RAG/DDR.

bb) in Anwendung des ZGB/DDR von E, F und G zu je 1/3 beerbt worden ist, jedoch nur hinsichtlich des in der ehemaligen DDR belegenen unbeweglichen Nachlasses im Sinne von § 25 II RAG/DDR.

403 b) X ist vor dem 3. 10. 1990 in der DDR verstorben. Er hinterließ eine Gemäldesammlung in Westdeutschland. Seit dem 3. 10. 1990 kann von einem westdeutschen Nachlassgericht kein gegenständlich beschränkter Erbschein mehr erteilt werden, weil für den Erbschein ein in der ehemaligen DDR gelegenes Nachlassgericht zuständig ist.[1055]

9. Fremdrechtserbschein[1056]

404 **Erbfall bis 16. 8. 2015:** Für den Nachlass eines Ausländers sind die deutschen Nachlassgerichte grundsätzlich nicht zuständig; zahlreiche Ausnahmen bestehen (vgl. § 343 FamFG). Es kommt auf die Staatsangehörigkeit des Erblassers an (Art. 25 I a. F. EGBGB). § 2369 BGB ist einschlägig (ab 1. 9. 2009 neu gefasst, ab 17. 8. 2015 aufgehoben).

405 **Erbfall ab 17. 8. 2015:** Anknüpfungspunkt ist aus deutscher Sicht der gewöhnliche Aufenthalt des Erblassers im Zeitpunkt seines Todes (Art. 21 I, 83 I EuErbVO); wer „in Deutschland" stirbt (als Deutscher oder als Ausländer) wird also grundsätzlich nach deutschem Erbrecht beerbt. **Fremdrechtserbscheine**, bei denen ausländisches Recht angewendet wird,[1057] bleiben jedoch zulässig; vgl. § 352c FamFG. Es ist immer zu übberlegen, ob nicht ein **Europäisches Nachlasszeugnis** sinnvoller ist. Zur **Anwendung ausländischen Erbrechts** durch deutsche Nachlassgerichte kann es kommen:

a) Geltung eines vorrangigen Staatsvertrages (Art. 75 EuErbVO). Das ist der Fall bei der Türkei,[1058] Iran und einigen Nachfolgestaaten der Sowjetunion (Rz. 150).

b) Wenn der Erblasser eine Rechtswahl getroffen hat (Art. 22 EuErbVO; früher Art. 25 II EGBGB); Rz. 406 bis 408.

c) Wenn die Umstände für die Anwendung ausländischen Rechts sprechen (Art. 21 II EuErbVO); Rz. 409.

1055 BayObLG FamRZ 1992, 989.

1056 Vgl. Griem, Probleme des Fremdrechtserbscheins gemäß § 2369 BGB, 1990; Edenfeld, Der deutsche Erbschein nach ausländischem Erblasser, ZEV 2000, 482; KG FGPrax 2023, 213 mAnm Milzer.

1057 Etwa im Fall des § 1507 BGB iVm § 354 I FamFG, vgl Schäuble BWNotZ 2023, 182; Milzer FGPrax 2023, 268.

1058 Beispiele dazu: Sütcü ZErb 2015, 43.

In diesen Fällen gilt das Heimatrecht des Ausländers (materielles Erbrecht und Internationales Privatrecht). Verweist das ausländische Heimatrecht auf deutsches Recht zurück?[1059] Diese Verweisung würde bei uns angenommen, es käme zur Anwendung deutschen Erbrechts und zur Ausstellung eines Erbscheins nach § 2353 BGB. Verweist das Heimatrecht des Ausländers nicht auf deutsches Recht, kommt das ausländische Erbrecht zur Anwendung, es sei denn, unser ordre public (vgl. Art 6 EGBGB) steht entgegen (Rz. 441). Das Heimatrecht ist manchmal nicht einheitlich, sondern spaltet territorial (z. B. gibt es in Spanien mehrere Partikularrechte) oder personal (Frauen, Männer; islamische Staaten) oder religiös (Unterschiede je nach Religionszugehörigkeit in islamischen Staaten).

Ausdrückliche Rechtswahl 406

Art. 22 I, II EuErbVO besagt:

> *(1) Eine Person kann für die Rechtsnachfolge von Todes wegen das Recht des Staates wählen, dem sie im Zeitpunkt der Rechtswahl oder im Zeitpunkt ihres Todes angehört. Eine Person, die mehrere Staatsangehörigkeiten besitzt, kann das Recht eines der Staaten wählen, denen sie im Zeitpunkt der Rechtswahl oder im Zeitpunkt ihres Todes angehört.*
>
> *(2) Die Rechtswahl muss ausdrücklich in einer Erklärung in Form einer Verfügung von Todes wegen erfolgen oder sich aus den Bestimmungen einer solchen Verfügung ergeben.*

Der Erblasser kann an Stelle des nach Art. 21 EuErbVO grundsätzlich maßgeblichen letzten Aufenthaltsrechts das Recht seiner Staatsangehörigkeit wählen. Der Erblasser kann die Rechtswahl ausdrücklich in seiner letztwilligen Verfügung (Testament) treffen (Art. 22 II EuErbVO). Er hat aber nur zwei Möglichkeiten: Staatsangehörigkeit im Zeitpunkt der Rechtswahl oder im Zeitpunkt des Todes. Hatte er davor (z. B. bei Geburt) oder dazwischen eine andere Staatsangehörigkeit, kann er diese nicht wählen.[1060] Er kann auch nicht das Recht eines früheren Aufenthaltsorts wählen. Hatte der Deutsche mit letztem gewöhnlichen Aufenthalt in Frankreich deutsches Recht gewählt, ändert das aber nicht an der internationalen und örtlichen **Zuständigkeit** der französischen Gerichte. Alle „Erbberechtigten", z. B. die Erben, können nun aber vereinbaren, dass die deutschen Nachlassgerichte zuständig sind (Art. 5 EuErbVO).

Rechtswahlen aus der Zeit vor dem 17.8.2015 (z. B. nach Art. 25 II a. F. EGBGB) bleiben im Rahmen von Art. 83 II EuErbVO wirksam: „Hatte der Erblasser das auf seine Rechtsnachfolge von Todes wegen anzuwendende Recht vor dem 17. August 2015 gewählt, so ist diese Rechtswahl wirksam, wenn sie die Voraussetzungen des Kapitels III erfüllt oder wenn sie nach den zum Zeitpunkt der Rechtswahl geltenden Vorschriften des Internationalen Privatrechts in dem Staat, in dem der Erblasser seinen gewöhnlichen Aufenthalt hatte, oder in einem Staat, dessen Staatsangehörigkeit er besaß, wirksam ist". 407

1059 Vgl. hierzu die Übersicht bei Süß ZEV 2000, 486.

1060 MünchKommBGB/Dutta EuErbVO Art. 22 Rz. 3; Leitzen ZEV 2013, 128.

408 **Stillschweigende Rechtswahl**

Die Rechtswahl kann sich auch aus den Bestimmungen einer letztwilligen Verfügung ergeben (Art. 22 II EuErbVO). Nur wenn eine solche (wirksame) letztwillige Verfügung existiert kann sich daraus konkludent ergeben, dass der Erblasser ein bestimmtes Recht (z. B. deutsches Erbrecht) angewandt haben wollte. So ist es z. B., wenn der Erblasser gesetzliche Bestimmungen (z. B. aus dem BGB) im Testament nennt oder Institute eines bestimmten Rechts (Testamentsvollstreckung, Nacherbschaft, Vorausvermächtnis usw.).

409 **Abweichung vom Aufenthaltsrecht wegen der Gesamtheit der Umstände**

Ergibt sich *ausnahmsweise* aus der Gesamtheit der Umstände, dass der Erblasser im Zeitpunkt seines Todes eine *offensichtlich* engere Verbindung zu einem anderen als dem Staat hatte, dessen Recht nach Art. 21 I EuErbVO anzuwenden wäre, so ist auf die Rechtsnachfolge von Todes wegen das Recht dieses anderen Staates anzuwenden (Art. 21 II EuErbVO). Die Abgrenzung zu Art. 21 I EuErbVO, der ohnehin bereits unscharfe Kriterien zur Feststellung des gewöhnlichen Aufenthalts nennt, ist unklar. Wenn ein Italiener nach Deutschland umzieht und nach einem Monat hier bei einem Verkehrsunfall stirbt, war dann sein Lebensmittelpunkt noch Italien (Folge: Italien international zuständig, wendet italienisches Erbrecht an) oder schon Deutschland?

9.1 Voraussetzungen des Fremdrechtserbscheins

9.1.1 Annahme der Erbschaft; Antrag

410 Der Antragsteller muss einen Antrag stellen (§ 2353 BGB; § 352c FamFG), antragsberechtigt sein (Rz. 34 ff.) und den Berufungsgrund, auf den er sich stützt, angeben (Testament, Erbvertrag, gesetzliche Erbfolge); aus dem Antrag muss hervorgehen, dass ein Fremdrechtserbschein begehrt wird.[1061] Ferner ist der Inhalt des begehrten Erbscheins (Alleinerbe usw.; Beschränkungen) vorzugeben; das nach Meinung des Antragstellers anzuwendende materielle Erbrecht muss der Antragsteller aber nicht angeben (es wird von Amts wegen ermittelt), auch nicht die Beschränkung auf den inländischen Nachlass, soweit zweckmäßig.

411 Weiterhin kann einen Erbschein nur beantragen, wer die Erbschaft angenommen hat (§ 352 I Nr. 7 FamFG). Hier können bei **Anwendung ausländischen Erbrechts** Probleme auftauchen, wenn das ausländische Erbrecht einen Zwischenerwerb z. B. (im anglo-amerikanischen Rechtskreis) durch *legal representatives* vorsieht; hier wird man den letztlich Begünstigten als annahmepflichtigen Erben behandeln müssen.[1062] Manchmal verlangt das ausländische Erbrecht für den Erwerb der Erbschaft über die Annahmeerklärung hinaus beson-

1061 BayObLG FamRZ 1995, 1028 = DNotZ 1996, 106 (Riering) = ZEV 1995, 416 (v. Oertzen).

1062 Vgl. BayObLG FamRZ 2003, 1595; Bamberger/Roth/Lorenz BGB Art 25 EGBGB Rz. 69, 34.

dere gerichtliche oder behördliche Handlungen, die dem deutschen Recht wesensfremd sind.

Nach **österreichischen Erbrecht** beispielsweise wird die Erbschaft durch die „Erbserklärung", die gemäß § 799 ABGB in einem „Abhandlungsverfahren" abgegeben wird, angenommen. Der Erbschaftserwerb vollzieht sich erst durch die „Einantwortung" (§§ 797, 819 ABGB). Diese wird gemäß § 174 des Gesetzes über das gerichtliche Verfahren in Rechtsangelegenheiten außer Streitsachen (Außerstreitgesetz – AußStrG) vom „Verlassenschaftsgericht" beschlossen. Daraus folgt, dass einem Erben, der die Erbschaft noch nicht durch eine wirksame Erbserklärung angenommen hat, kein Erbschein erteilt werden darf.[1063] Kann in Österreich eine Verlassenschaftsabhandlung und damit eine Einantwortung mangels eines zuständigen österreichischen Verlassenschaftsgerichts möglicherweise nicht stattfinden, kann bei uns auf eine Einantwortung verzichtet werden und die Annahme der Erbschaft auch vor dem deutschen Nachlassgericht erklärt werden.[1064] Über beweglichen Nachlass gibt es u. U. ein „Ausfolgungsverfahren".[1065] 412

Rechtsschutzbedürfnis: Wenn bereits ein ausländischer Erbnachweis vorliegt, kann für einen Fremdrechtserbschein ein Rechtsschutzbedürfnis fehlen.[1066] Ob der deutsche Fremdrechtserbschein im Ausland anerkannt wird, ist hingegen gleichgültig. Ist *zweifellos* kein Vermögen im Inland, fehlt ebenfalls das Rechtsschutzbedürfnis für einen Fremdrechtserbschein. 413

9.1.2 Nachlassgegenstände in Deutschland

Ob sich Nachlassgegenstände in Deutschland befinden, ist für die örtliche Zuständigkeit wesentlich (§ 343 III FamFG: Ausländer ohne gewöhnlichen Aufenthalt in Deutschland) und wenn ein gegenständlich beschränkter Erbschein (Rz. 65a) nach **§ 352c I FamFG** beantragt wird. Verfahrensrechtlich genügt die Angabe des Antragstellers, dass solche Gegenstände vorhanden sind,[1067] ohne dass es auf deren Art und Wert ankommt; von Amts wegen wird das nicht nachgeprüft; ergibt sich allerdings im Verfahren, z. B. bei der Vorlage des Nachlassverzeichnisses zwecks Gebührenberechnung, dass sich hier *nichts* befindet, fehlt ausnahmsweise das Rechtsschutzbedürfnis. Entscheidend ist der Zeitpunkt 414

1063 BayObLG FamRZ 1995, 1028.
1064 BayObLG FamRZ 1995, 1028; FamRZ 1971, 258. Vgl. ferner Tersteegen ZErb 2007, 339; LG Köln MittRhNotK 1990, 285/6; OLG Köln NJW-RR 1997, 1091. Zur Ausschlagung OLG Köln ZErb 2015, 184.
1065 Schilchegger/Brucker ZErb 2014, 153.
1066 Griem S. 96.
1067 BayObLG FamRZ 1995, 1028; OLG Zweibrücken Rpfleger 1994, 466. Nach anderer Ansicht muss inländischer Nachlass vorhanden sein (BGHZ 131, 22 für die Frage, wie in DDR-Fällen Restitutionsansprüche einzuordnen sind; KG ZEV 2007, 226).

der Antragstellung; die Gegenstände müssen sich nicht schon zur Zeit des Erbfalls hier befunden haben.[1068]

415 a) **Grundstücke in Deutschland**; an die Stelle von DDR-Grundstücken ist gegebenenfalls der Restitutionsanspruch getreten.[1069]

416 b) **Bewegliche Gegenstände** (Wohnungseinrichtung, Bilder, Maschinen usw.) in Deutschland.

417 c) **Forderungen, Ansprüche, Rechte.** Sie gelten als im Inland befindlich, wenn für die Klage gegen den Schuldner (Verpflichteten) ein deutsches Gericht zuständig wäre (§ 352c II 2 FamFG).[1070] Solche Zuständigkeiten können sich auch aus § 23 ZPO ergeben, wenn der Schuldner hier keinen Sitz hat. Gehört zum Nachlass ein Guthaben bei einer Bank, die in Deutschland ihren Sitz hat, ist die Forderung im Inland befindlich (Gerichtsstand: § 13 ZPO). Forderungen aus Inhaberpapieren sind am Sitz des Ausstellers, Schuldners und am Verwahrungsort des Papiers belegen.

418 Die Behandlung von **Lastenausgleichs-, Wiedergutmachungs-, Rückerstattungs- und Entschädigungsansprüchen** aus Anlass der politischen Umwälzungen von 1933 bis 1990 ist umstritten.[1071] Lastenausgleichsansprüche befinden sich grundsätzlich am Ort des zuständigen Ausgleichsamts.[1072] Bei den politischen Ansprüchen (Entschädigung usw.) ist jeweils zu untersuchen, ob sie noch beim Erblasser entstanden sind und vererbt wurden oder ob der Anspruch erst in der Person des Erben entstand, also nicht Nachlassbestandteil wurde, somit unter Umständen auch nicht hier belegen ist. Denn nicht die Vertreibung hat den Anspruch begründet, sondern erst das Gesetz, das in solchen Fällen Ansprüche begründete. Es wird aber auch behauptet, der Anspruch müsse nicht noch in der Person des Erblassers entstanden sein, sondern könne kraft Gesetzes auch unmittelbar dem Erben erwachsen sein;[1073] im Einzelfall muss die Wurzel genau untersucht werden (eine Rechtsverweigerung darf jedenfalls durch die Verneinung der Zuständigkeit nicht entstehen).

419 d) **Registrierte Gegenstände.** Gegenstände, für die amtliche Register geführt werden (Grundbuch, Schiffsregister, Luftfahrtregister, Handelsregister, Patentregister, Musterrechtsregister; Staatsschuldenverzeichnis), die zur Eintragung des Berechtigten bestimmt sind (er muss noch nicht eingetragen sein), gelten als im Inland befindlich; § 352c II 1 FamFG.

1068 KG OLGZ 1975, 293.
1069 BayObLGZ 1994, 40.
1070 Dazu Fetsch ZEV 2005, 425.
1071 Vgl. Staudinger/Schilken (2007) § 2369 Rz. 25 ff.
1072 BayObLG Rpfleger 1992, 486; 1991, 195; streitig.
1073 KG JR 1963, 144; a. A. BayObLGZ 1956, 121.

9.2 Verfahren

Die **internationale Zuständigkeit** ergibt sich unmittelbar aus Art. 4 EuErbVO (gewöhnlicher Aufenthalt in Deutschland) bzw aus Art. 10 EuErbVO (kein gewöhnlicher Aufenthalt in einem Mitgliedstaat der EuErbVO). Die örtliche Zuständigkeit folgt aus § 343 FamFG. Zuständig ist immer der Richter (§ 16 I Nr. 6 RPflG). Angewandt wird deutsches Verfahrensrecht (FamFG; BGB), obwohl ausländisches Erbrecht zugrunde gelegt wird. In bestimmten Fällen bestehen zusätzliche Mitteilungspflichten für das Nachlassgericht, wenn ein Ausländer im Inland Vermögen hinterlässt;[1074] Rz. 283, 294. 420

9.3 Inhalt des Fremdrechtserbscheins

9.3.1 Grundfall

Der Inhalt des Fremdrechtserbscheins entspricht grundsätzlich dem eines Erbscheins nach § 2353 BGB. 421

> Erbschein: In Anwendung italienischen Rechts wird bezeugt, dass E ..., geb. am ... in Mailand, letzter gewöhnlicher Aufenthalt in München ..., dort verstorben am ..., von A ... aufgrund Gesetzes *allein* beerbt worden ist.

a) **Erbrechtliche Nachfolge mit Quote** („... dass A von B und C zu je ½ beerbt worden ist ..."). Sie ist wie bei § 2353 BGB anzugeben. Die Staatsangehörigkeit des Erblassers kann in den Erbschein aufgenommen werden, notwendig ist es nicht. Da ausländisches Erbrecht angewandt wird, handelt es sich natürlich um eine Erbenstellung im Sinne des *ausländischen* Erbrechts, auch wenn die deutsche Kurzform „beerbt" verwendet wird. 422

Das deutsche Erbrecht geht von der **Universalsukzession** aus (§ 1922 BGB): man tritt ganz oder zu einem Bruchteil in die vermögensrechtliche Rechtsstellung des Erblassers ein (Sondererbfolgen in Einzelrechte gibt es nur für das Mietverhältnis, § 563 BGB; für den landwirtschaftlichen Hof im Geltungsbereich des Höferechts; u. U. für gesellschaftsrechtliche Beteiligungen). Das ausländische Erbrecht weicht hiervon manchmal ab; es gestattet, jemand als Erben für einen Einzelgegenstand einzusetzen (Vindikationslegat). Der Fremdrechtserbschein darf aber nichts enthalten, was dem Prinzip des Ausweises der Gesamtrechtsnachfolge widersprechen würde und daher auch bei einem deutschen Erbschein unzulässig wäre, also z. B. keine Zuweisung bestimmter Nachlassgegenstände, schon deswegen, weil das unpraktisch und meist unvollständig wäre. Unzulässig daher: „... bezeugt, dass A von E das 423

1074 Ziffer XVII/8 der Anordnung über Mitteilungen in Zivilsachen (MiZi).

Haus in München ..., B von E das Bankguthaben bei der X-Bank geerbt hat".[1075]

424 Unzulässig ist die Aufnahme von **Geldsummen**: „... bezeugt, dass E von seiner Ehefrau A bis zu einem Nachlasswert von 85.000 britischen Pfund allein, in Höhe des überschießenden Nachlasswerts von B allein beerbt worden ist;"[1076] denn das ist eine Art Vermächtnis, gegebenenfalls Vorausvermächtnis.

425 Nach deutschem Erbrecht wird man in der Sekunde des Todes des Erblassers Erbe, ohne dass man die Erbschaft annehmen müsste (doch besteht ein Ausschlagungsrecht). Bei Beerbung nach einigen ausländischen Rechten geht der Nachlass zunächst auf einen Administrator[1077] usw. über, z.B. nach englischem Recht. Es ist zweifelhaft, ob hier trotzdem von „beerbt" gesprochen werden darf (Rz. 405)[1078] oder lediglich der Übergang auf einen **Administrator** bescheinigt werden soll. Sieht das ausländische Erbrecht ein Ruhen der Erbschaft vor (Herrenlosigkeit zwischen Todesfall und Erwerb durch den Erben infolge Antretung der Erbschaft oder behördlicher Einweisung; hereditas iacens) kann in dieser Zwischenzeit in der Regel kein Erbschein erteilt werden.[1079]

426 b) **Beschränkung der Erbscheinswirkung auf den im Inland befindlichen Nachlass.** § 352c I FamFG gestattet eine solche Einschränkung.

427 c) **Angabe des ausländischen Rechts** (aber nicht der Paragraphen), das angewandt wurde;[1080] es ist notwendig, damit die erbrechtliche Stellung des Erben genau beschrieben wird.

428 Der Gutglaubensschutz (§§ 2365 ff. BGB) erstreckt sich nicht auf die Angabe des Erbrechts, der Einschub gibt nur an, nach welchem Recht sich die Erbenstellung nach Meinung des deutschen Nachlassgerichts usw. richtet. Verklagt ein Nachlassgläubiger den Erben und legt er polnisches Recht dar, ist das Zivilgericht nicht gehindert, zum Ergebnis zu kommen, der Erbe sei Erbe nach ukrainischem Recht.

429 d) Zweifelhaft ist, ob der **Berufungsgrund** („aufgrund Testaments; kraft Gesetzes") in den Fremdrechtserbschein aufnehmen ist. In den Erbschein nach § 2353 BGB ist er nicht aufzunehmen, wie der Gesetzestext zeigt. Für die

---

1075 H.M., BGHZ 1, 9/15; Lange/Kuchinke § 39 IV 5; anders die ältere Lehre und Rechtspr (BayObLG 14, 74).

1076 Zur Streitfrage ob dieser Inhalt zulässig ist vgl. Wengler JR 1955, 42; Gottheimer RabelsZ 1956, 71.

1077 Dieser Abwickler ist kein Erbe, auf ihn kann kein Erbschein lauten; Edenfeld ZEV 2000, 482/5.

1078 Firsching DNotZ 1960, 640/44; Edenfeld ZEV 2000, 482/5; Griem S. 172.

1079 Edenfeld ZEV 2000, 482/5.

1080 BGHZ 131, 22/32; BayObLGZ 1961, 4/21; OLG Düsseldorf NJW 1963, 2228/30; Lange/Kuchinke § 39 IV 5; Griem S. 188; a.A. LG Frankfurt MDR 1976, 668 (die Angabe sei überflüssig).

Aufnahme in den Fremdrechtsschein[1081] soll das Bedürfnis sprechen, die Erbenstellung möglichst genau zu beschreiben.

e) **Verfügungsbeschränkungen** (vgl. §§ 352b I, II FamFG); unklar ist, was aufgenommen werden darf. Rechtsinstitutionen, die das deutsche Recht nicht kennt (z. B. Noterbrecht), sind als solche aufzuführen, wenn sie die dingliche Verfügungsbefugnis des Erben ähnlich wie §§ 352b I, II FamFG beschränken; zur Angleichung vgl. Rz. 433. 430

f) **Angabe der Umgestaltung** aufgrund Art. 6 II EGBGB (ordre public) in Sonderfällen (unter Umständen nur teilweise); Rz. 441. 431

g) **Schuldrechtliche Verhältnisse**, die nach deutschem Recht nicht in den Erbschein aufzunehmen wären, werden auch dann nicht aufgeführt, wenn sie nach ausländischem Recht begründet wurden. Unzulässig daher: „Der Witwe steht an der Hälfte des Nachlasses ein lebenslängliches Nutznießungsrecht zu". 432

h) **Angleichung.** Umstritten ist, wie die abweichenden **Rechtsbegriffe des ausländischen Rechts** zum Ausdruck zu bringen sind. Teils wird vorgeschlagen, eine Angleichung vorzunehmen,[1082] da der Wert des Erbscheins auf §§ 2365–2367 BGB beruhe; diese Bestimmungen würden einen Erbschein voraussetzen, der den formellen Voraussetzungen der §§ 2353 ff. BGB entspreche; als deutsches Zeugnis müsse der Erbschein einen Erben im Sinne des deutschen Rechts bezeugen. 433

Nur Begriffe des deutschen Rechts dürfe der Erbschein anführen. Die ausländischen Begriffe seien den deutschen „anzugleichen". Das alles ergibt sich weder aus § 2353 BGB noch aus § 2369 a. F. BGB. Es ist auch (abgesehen von der Bezeichnung des Grundbegriffs „Erbe") nicht sinnvoll. Wenn man für die Darstellung der deutschen Testamentsvollstreckung mehrere hundert Seiten braucht, ist wohl auch die Darstellung der amerikanischen „Testamentsvollstreckung" (executor, administrator) nicht in zwei Zeilen möglich. Jede Angleichung ist letztlich eine Verfälschung; fremde Rechtsinstitutionen können nicht mit wenigen Worten ins Deutsche übertragen werden. Richtig ist daher, die ausländische Rechtsinstitution mit dem ausländischen Begriff im Erbschein zu bezeichnen,[1083] mit dem Zusatz, dass sich die Befugnisse des „Testamentsvollstreckers" bzw. „Executors" z. B. nach kanadischem Recht richten.[1084] 434

9.3.2 Pflichtteil als Noterbrecht

In Deutschland hat der Pflichtteilsberechtigte einen Geldanspruch gegen den Erben (§§ 2303, 2317 BGB), aber keine dingliche Mitbeteiligung am Nachlass. Der Pflichtteil wird in den Erbschein nicht aufgenommen. Im Ausland existiert in vielen Staaten ein Pflichtteilsrecht; es ist ganz unterschiedlich ausgestal- 435

1081 Dafür Staudinger/Dörner (2007) Art 25 EGBGB Rz. 840.
1082 Vgl. Staudinger/Herzog § 2369 Rz. 31; Griem S. 183.
1083 Taupitz IPRax 1988, 207 zum Schweizer Pflichtteilsrecht; vgl. KG ErbR 2025, 326.
1084 OLG Köln ZEV 2024, 542; vgl. KG ErbR 2025, 326 mAnm. Schmidt.

tet.[1085] Teils ist diese zwingende finanzielle Mitbeteiligung naher Angehöriger als Miterbrecht (Noterbrecht) ausgestaltet (z.B. in Spanien, Italien, Frankreich[1086]). Wenn der Erblasser das Noterbrecht nicht beschränken kann, ist es wie eine Miterbenstellung in den Erbschein aufzunehmen.[1087]

436 In manchen Ländern muss der Pflichtteilsberechtigte sein Recht durch eine erfolgreiche **Herabsetzungsklage** durchsetzen, außer das Recht wird vom Erben anerkannt (z.B. Belgien). Verzichtet der Pflichtteilsberechtigte oder lässt er die Frist verstreichen steht ihm kein Noterbrecht zu;[1088] das Nachlassgericht kann den Berechtigten auffordern, sich zu äußern. Liegt ein Urteil oder ein Anerkenntnis des Erben vor, kann das Noterbrecht in den Erbschein aufgenommen werden. Ist die Frist zur Herabsetzungsklage noch nicht verstrichen, ist umstritten, ob der Erbschein überhaupt abzulehnen ist oder was in den Erbschein aufzunehmen ist;[1089] am zweckmäßigsten ist meines Erachtens, die Sachlage dort kurz darzustellen.

9.3.3 Ausländischer Legalnießbrauch[1090]

437 Ein Nießbrauch am Nachlass, nach deutschem Recht einer Person testamentarisch oder erbvertraglich zugewandt, wird nicht in den Erbschein aufgenommen. Das ausländische Erbrecht räumt manchmal dem Ehegatten kraft Gesetzes ein Nießbrauchsrecht am Nachlass oder an Teilen des Nachlasses ein (Legalnießbrauch). Eine solcher Legalnießbrauch wird im Fremdrechtserbschein nicht vermerkt,[1091] weder als Erbrecht noch als Beschränkung der Erben im Sinne von §§ 352b I, II FamFG.

438 Andere[1092] wollen danach unterscheiden, ob der ausländische Ehegatten – Nießbrauch eine erbenähnliche Stellung begründet (dann Aufnahme des Ehegatten als „Erben" in den Fremdrechtserbschein) oder wenigstens das Verfügungsrecht des anderen Erben am Nachlass beschränkt (dann Aufnahme als Beschränkung; Text: „Der Erblasser E ist hinsichtlich seines im Inland befindlichen Vermögens nach gemein – spanischem Recht von seinen beiden Kindern A und B zu je ½ beerbt worden. Die Witwe des Erblassers, F., hat ein dingliches Nießbrauchsrecht nach gemein – spanischem Recht an 1/3 des Nachlasses.").

439 Die weitere Frage ist, ob an Gegenständen, die sich in Deutschland befinden, solche (dem deutschen Recht unbekannten) gesetzlichen dinglichen Nießbrauchsrechte entstehen können. Denn im deutschen Sachenrecht ist der Kreis

1085 Vgl. Henrich DNotZ 2001, 551.
1086 Flick/Piltz Rz. 907 (Spanien), 625 (Italien), 534 (Frankreich).
1087 Zum Noterbrecht vgl. OLG Düsseldorf NJW 1963, 2230.
1088 BayObLG FamRZ 1996, 694 (belgisches Recht).
1089 Schotten, Das IPR in der notariellen Praxis Rz. 346 (wie bei bedingter Nacherbfolge); Griem S. 227 (Erbschein ohne Berücksichtigung des Pflichtteilsberechtigten). Beachte für Neufälle die EuErbVO.
1090 Dazu Greif MDR 1965, 447; Griem S. 193.
1091 BayObLG FamRZ 1996, 694 (belgisches Recht); vgl. BayObLGZ 1961, 4/19; LG Frankfurt MDR 1976, 668 (italienisches Recht); Greif MDR 1965, 447.
1092 Griem S. 193 mit Nachweisen.

der dinglichen Rechte geschlossen;[1093] Zahl, Art und Inhalt sind gesetzlich vorgeschrieben, sonst könnte das Grundbuch seiner Aufgabe nicht nachkommen. Diese Beschränkung gilt auch, wenn ein Gegenstand, z.B. ein Grundstück, einem Ausländer gehört oder zum Nachlass eines Ausländers gehört.

9.3.4 *Ausländische Vermächtnisse*

Nach dem BGB ist der Vermächtnisnehmer nicht Erbe, er hat nur einen An- 440
spruch gegen den Erben (§ 2147 ff. BGB). Stirbt A und wird E Erbe, aber hat A dem B ein Grundstück vermacht, muss deshalb notfalls B den E auf Übertragung des Grundstücks verklagen (sog. Damnationslegat). Im ausländischen Recht ist die Rechtslage manchmal anders: das vermachte Grundstück fällt unmittelbar an B (dingliches Vermächtnis, Vindikationslegat), was durch Grundbuchberichtigung geltend gemacht wird. Streitig ist, ob ein ausländisches Vindikationslegat im Fremdrechtserbschein aufzuführen ist.[1094] Die h.M.[1095] vermerkt es nicht, weil keine Universalsukzession in den ganzen Nachlass oder einen Bruchteil davon stattfindet, auch keine Haftung des Bedachten für Nachlassschulden bestehe. Schuldrechtliche Vermächtnisse sind erst recht nicht in den Erbschein aufzunehmen.

Anders ist es bei den **Universalvermächtnissen.** Kommen sie der deutschen Erbeinsetzung nahe, weil der Vermächtnisnehmer ein dingliches Recht rückwirkend mit dem Tod erwirbt *und* auch für die Schulden haftet, wie im belgischen Recht, ist er als Erbe anzuführen.[1096]

Besonderheiten gelten im Anwendungsbereich der **EuErbVO** (Rz. 812). Die Inhaber von dinglichen Vermächtnissen können dort ein **Europäisches Nachlasszeugnis** (ENZ) beantragen.

9.3.5 *Ausländische Testamentsvollstrecker*

Erteilt ein deutsches Nachlassgericht einen Fremdrechtserbschein, kann dort 441
eine Testamentsvollstreckung vermerkt werden.[1097] Voraussetzung ist aber, dass das ausländische Recht überhaupt eine Testamentsvollstreckung kennt, sich die Testamentsvollstreckung auf diejenigen Gegenstände bezieht, für welche der Erbschein gilt, und dass die ausländische Testamentsvollstreckung ihrem Wesen nach tatsächlich eine Verfügungsbeschränkung des Erben darstellt. So ist es beim schweizerischen Willensvollstrecker.[1098] Testamentsvollstreckungen mit nur beaufsichtigender Funktion (z.B. Italien[1099]) sind nicht zu vermerken. Da dies im ausländischen Recht ganz verschieden ist, ist m.E. die

1093 BayObLG NJW 1967, 1373.
1094 Vgl. BGH NJW 1995, 58.
1095 OLG Köln NJW 1983, 525 (für Erbrecht Kolumbien); BayObLG 1974, 460; Griem S. 221 (Frankreich).
1096 BayObLG 1995, 366/378.
1097 BGH NJW 1963, 46; KG ErbR 2025, 326; BayObLG 1990, 51 (dazu Roth IPRrax 1991, 322).
1098 BayObLG FamRZ 1990, 669.
1099 Süß/Cubeddu Wiedemann, Erbrecht in Europa, Italien Rz. 116.

ausländische Bezeichnung anzugeben („Willensvollstreckung nach schweizerischen Recht ist angeordnet"), eine Übersetzung in „Testamentsvollstreckung" wäre unrichtig.

442 Bei **Nachlassspaltung** können sich unterschiedliche Befugnisse ergeben, was im Erbschein zum Ausdruck kommen muss: Hatte ein Österreicher in einem Altfall für den deutschen unbeweglichen Nachlass wirksam deutsches Recht gewählt (Art. 25 II a. F. EGBGB), war für die Testamentsvollstreckung am österreichischen Nachlassteil österreichisches Recht maßgebend, für den deutschen Nachlassteil deutsches Erbrecht.[1100] Bei doppelter Staatsangehörigkeit (z. B. deutsch und tschechisch) ist denkbar, dass jedes Land sein Heimatrecht anwendet, so dass (da das tschechische Recht früher keine Testamentsvollstreckung kannte) die Testamentsvollstreckung nur in einem Land wirkte.[1101]

Beispiel:

Ein Deutscher mit letztem gewöhnlichen Aufenthalt in China stirbt 2017, verheiratet mit einer Chinesin, er hinterlässt eine Tochter, Nachlass in China und Grundstücke in Deutschland:[1102] Erbschein auf Antrag der Witwe:

Teil-Fremdrechts-Erbschein

(1) Es wird bezeugt, dass X … hinsichtlich des inländischen *beweglichen* Nachlasses in Anwendung des Erbrechts der VR China auf Grund gesetzlicher Erbfolge von seiner Witwe Y als Miterbin zu 1/2 beerbt worden ist.

(2) Ferner wird bezeugt, dass X … hinsichtlich des *unbeweglichen* Nachlasses in Deutschland in Anwendung deutschen Erbrechts kraft Rückverweisung des Rechts der VR China aufgrund gesetzlicher Erbfolge von seiner Witwe Y als Miterbin zu 3/4 beerbt worden ist.

9.3.6 Korrektur des ausländischen Erbrechts durch den ordre public[1103]

443 Ausländisches Erbrecht kommt nicht zur Anwendung, wenn die Anwendung der Rechtsnorm des anderen Staates zu einem Ergebnis führt, das mit wesentlichen Grundsätzen des deutschen Rechts offensichtlich unvereinbar ist (Art. 6 S. 1 EGBGB; Art. 35 EuErbVO), etwa wenn die Anwendung mit den Grundrechten unvereinbar ist (Art. 6 S. 2 EGBGB); Ordre – Public – Klausel.[1104] Der wichtigste Fall im Erbscheinsrecht ist, dass das **islamische Erbrecht**[1105] weibliche Erben gegenüber männlichen Erben benachteiligt (der Sohn erbt 2/3, die Toch-

1100 Vgl. BayObLG FamRZ 2000, 573.
1101 Bengel/Reimann/Haas 6. Aufl. Kap 9 Rz. 50, 52 und Bengel/Reimann/Becker Tschechien Rz. 503.
1102 OLG Frankfurt ErbR 2021, 777.
1103 Einzelfälle bei Grüneberg/Thorn EGBGB Art. 6 Rz. 30.
1104 Dazu BGH 50, 375; 75, 43; 118, 330; Spickhoff, Der ordre public im Internationalen Privatrecht, 1989.
1105 Dazu Dörner IPrax 1994, 33; Lorenz IPrax 1993, 148; Pauli, Islamisches Familien- und Erbrecht und ordre public, 1994; Pattar, Islamisch inspiriertes Erbrecht und deutscher Ordre public, 2007; OLG München NJW-RR 2021, 138.

ter 1/3[1106]), wegen Verstoß gegen die Wertung des Art. 3 II GG;[1107] ferner dass nach islamischem Erbrecht Personen nichtislamischer Religion (z. B. die deutschen Kinder mit christlicher Religion) unter Umständen nichts erben, wegen Verstoß gegen die Wertung des Art. 3 III GG.[1108] Dass das englische Recht nahen Angehörigen keinen **Pflichtteil** gibt, verstößt gegen den deutschen ordre public; eine Rechtswahl, die ein Testament ohne Pflichtteilsansprüche ermöglicht, verstößt gegen Art. 35 EuErbVO.[1109] Soweit nach **jüdischem-religiösem Recht** (Schulchan Aruch) die **Ehefrau** nicht testamentarisch als Erbin eingesetzt werden kann, verstößt das gegen den deutschen ordre public.[1110]

Dagegen verstößt es (trotz Art. 14 I 1 GG, Art. 6 GG) nicht gegen Art. 6 EGBGB, wenn das ausländische Erbrecht dem Ehegatten und nahen Verwandten kein Pflichtteilsrecht gibt,[1111] wie z. B. Israel.[1112] Wenn das ausländische Erbrecht dem nichtehelichen Kind beim Tod des Vaters nichts zukommen lässt (wie z. B. das iranische Recht, das jede Rechtsbeziehung des nichtehelichen Kindes zu seinem Vater verneint), verstößt das nicht (wegen Art. 3 III GG, Art. 6 V GG) gegen Art. 6 EGBGB.[1113]

Wendet das deutsche Nachlassgericht Art. 6 EGBGB an, also ein bestimmte ausländische Erbrechtsnorm nicht, stellt sich die weitere Frage, wie dann die Lücke auszufüllen ist: durch das restliche ausländische Recht, durch Ersatzregeln des ausländischen Erbrechts[1114] oder durch deutsches Recht?[1115] Die Korrektur des ausländischen Erbstatuts durch Art. 6 EGBGB ist im Erbschein zu vermerken.[1116]

Erbschein

Unter Beschränkung auf den im Inland befindlichen Nachlass wird in Anwendung iranischen Rechts, korrigiert gemäß Art. 6 EGBGB, bezeugt, dass E aufgrund Gesetzes beerbt worden ist: von A … zu ½ und von B … zu ½.

Wertausgleichsansprüche der Miterben untereinander, wie sie z. B. das islamische Recht kennt, werden nicht in den Erbschein aufgenommen.[1117]

1106 Koran Vierte Sure (Al-Nisa, „Die Weiber") Vers 12: „Männliche Erben sollen so viel haben als zwei weibliche."

1107 Kein Verstoß gegen Art 6 EGBGB: OLG Hamm FamRZ 1993, 112; LG Hamburg IPRspr 1991 Nr 142; zu Recht a. M. Lorenz IPrax 1993, 148; Dörner IPRax 1994, 35.

1108 LG Hamburg IPRspr 1991 Nr. 142; Riering ZEV 1998, 456.

1109 BGH NJW 2022, 2547, der OLG Köln ZEV 2021, 698 bestätigte (Rechtswahl eines Briten mit langem Aufenthalt in Deutschland und hinreichendem Inlandsbezug). Anders beim österreichischen ordre public, OGH Wien ZEV 2021, 722.

1110 OLG Hamburg ZEV 2021, 729 (LS).

1111 BGH NJW 1993, 1921; OLG Köln FamRZ 1976, 172.

1112 Reich/Assan ZEV 2015, 145.

1113 LG Stuttgart FamRZ 1998, 1627; a. A. KG IPrax 2009, 263.

1114 BGH FamRZ 1993, 316; OLG Hamm NJW-RR 2010, 1090.

1115 Dazu Grüneberg/Thorn EGBGB Art 6 Rz. 13.

1116 Lorenz IPRrax 1993, 150.

1117 OLG Hamm FamRZ 1993, 111/2.

9.4 Nachlassspaltung

444 Für den Nachlass des Ausländers kann gelten:

a) **nur deutsches Erbrecht** (infolge Rückverweisung des ausländischen Rechts auf deutsches Erbrecht, Staatsvertrag, oder Rechtswahl); Folge: Eigenrechtserbschein nach § 2353 BGB;

b) **nur ausländisches Erbrecht** (Art. 4, 10 EuErbVO); Folge: Fremdrechtserbschein nach § 2353 BGB;

c) **verschiedenes Erbrecht.** Wir wenden die EuErbVO nach Art. 20 auch dann an, wenn das danach einschlägige Recht nicht das Rechte eines Mitgliedstaates ist (z. B. ein Schweizer stirbt mit gewöhnlichem Aufenthalt in Zürich: Schweizer Recht). Grundgedanke der EuErbVO ist, dass der gesamte Nachlass derselben Rechtsordnung folgt (Art. 21 I EuErbVO).

445 Davon gibt es zahlreiche **Ausnahmen**:

Art. 12 I EuErbVO: Umfasst der Nachlass des Erblassers Vermögenswerte, die in einem Drittstatt belegen sind, so kann das *Nachlassgericht* auf Antrag einer der Parteien beschließen, über einen oder mehrere dieser Vermögenswerte nicht zu befinden, wenn zu erwarten ist, dass seine Entscheidung in Bezug auf diese Vermögenswerte in dem betreffenden Drittstaat nicht anerkannt oder gegebenenfalls nicht für vollstreckbar erklärt wird. **Art. 12 II EuErbVO** betrifft § 352c FamFG.

Art. 30 EuErbVO: „Besondere Regelungen im Recht eines Staates, in dem sich bestimmte unbewegliche Sachen, Unternehmen oder andere besondere Arten von Vermögenswerten befinden, die die Rechtsnachfolge von Todes wegen in Bezug auf jene Vermögenswerte aus wirtschaftlichen, familiären oder sozialen Erwägungen beschränken oder berühren, finden auf die Rechtsnachfolge von Todes wegen Anwendung, soweit sie nach dem Recht dieses Staates unabhängig von dem auf die Rechtsnachfolge von Todes wegen anzuwendenden Recht anzuwenden sind." Beispiel: **deutsches Höferecht.**

Art. 34 EuErbVO: Wenn aus rechtlichen Gründen aufgrund Rückverweisung oder Staatsvertrag oder Rechtswahl des Erblassers (Art. 22 EuErbVO) das deutsche Erbrecht *nur für einen Teil* des Nachlasses anwendbar ist oder wenn es aus faktischen Gründen zur Nachlassspaltung kommt. Die territoriale Nachlassspaltung hat zur Folge, dass jeder Nachlassteil selbständig zu betrachten ist (z. B. hinsichtlich Gültigkeit und Auslegung des Testaments, Erbquote, Erbausschlagung, Pflichtteilsrechten, Rechtsstellung des Testamentsvollstreckers). Das Ausland erlaubt teilweise Vor- und Nacherbschaft sowie Testamentsvollstreckung nicht und/oder hält gemeinschaftliche Testamente von Ehegatten für unwirksam.

Beispiele:

(1) Ein in **London** verstorbener englischer Staatsangehöriger hat in England und Deutschland bewegliches und unbewegliches Vermögen hinterlassen. Wegen § 21 I EuErbVO, der auch für Drittstaaten wie England anzuwenden ist, gilt aus unserer Sicht für den gesamten Nachlass englisches Erbrecht, für das unbewegliche Vermögen in Deutschland aber kraft Rückverweisung deutsches Erbrecht.[1118]

(2) Ein **Türke** mit Grundbesitz in Deutschland und sonstigem Vermögen in der Türkei stirbt in Deutschland. Wegen des Deutsch – Türkischen Vertrages v. 28. 5. 1929 (Rz. 150) gilt für Grundbesitz die lex rei sitae, für beweglichen Nachlass das Staatsangehörigkeitsprinzip. Der Erbschein ergeht (in Anwendung deutschen Rechts) für den unbeweglichen Nachlass in Deutschland, und (türkisches Recht) bezüglich des in Deutschland befindlichen beweglichen Nachlasses.[1119]

10. Erbscheine für Teile des Nachlasses

Sie kommen in Frage als gegenständlich beschränkter Erbschein (§ 352c 446
FamFG) sowie in den Fällen der Nachlassspaltung (Rz. 443). Es handelt sich um Ausnahmen vom Grundsatz des Art. 21 I EuErbVO, wonach der gesamte Nachlass demselben Recht unterliegen soll, ohne Unterscheidung bewegliches/unbewegliches Vermögen. Im Ausland (außerhalb des Geltungsbereichs der EuErbVO) muss der Erbe dann gegebenenfalls eigene Nachlassverfahren durchführen.

Erbscheine für Teile des Nachlasses gibt es ferner als Teilerbscheine für eine bestimmte Quote des Nachlasses (z. B. 1/3) oder gegenständlich beschränkt für den Hof im Geltungsbereich der HöfeO oder der Anerbenrechte. Die Erbfolge darf aber nicht nur bezüglich eines bestimmten Hauses usw. ausgesprochen werden. Zur Begründung wird die Universalsukzession (§ 1922 BGB) und die Schuldenhaftung angegeben. Anders war es nach früherem Landesrecht. § 55 II der Bayerischen Nachlassordnung von 1903 lautete: „Die Erteilung eines Erbscheins kann mit Beschränkung auf bestimmte Nachlassgegenstände, z. B. nur in Ansehung eines Grundstücks, beantragt werden.“).

11. Erbschein für bestimmte Zwecke

Erbscheine für bestimmte Zwecke sind allgemeine Erbscheine, die gebührenfrei 447
oder gebührenbegünstigt erteilt werden. Sie müssen speziell beantragt werden; glaubhaft ist zu machen, dass der Erbschein nur für diesen Zweck benötigt wird; sie werden meist nicht ausgehändigt, sondern unmittelbar vom Nachlassgericht an die betreffende Behörde usw. gesandt. Solche Erbscheine erhalten einen entsprechenden Vermerk („Nur für Sozialhilfezwecke). Ihre Wirkung entfalten sie aber wie ein Erbschein ohne Vermerk.

1118 Anders BayObLG Rpfleger 1983, 302 zur früheren Rechtslage. Zur Testamentsauslegung vgl. OLG Schleswig ZEV 2014, 570,

1119 Vgl. Kaya ZEV 2015, 208; Sütcü ZErb 2015, 43.

Beispiele:

Erbschein für Lastenausgleichszwecke (§ 317 II LAG); für den Rückerstattungsanspruch (§ 307a II, III BRüG); für den Entschädigungsanspruch (§ 181 II, III BEG), Rz. 690. Der Erbschein zur Verwendung nur für das Grundbuch wurde durch das GNotKG abgeschafft.[1120]

1120 OLG Hamm FamRZ 2015, 436.

I. Erbschein und Hoffolgezeugnis

1. Allgemeines

Schon vor 1933 hatte die Rechtsprechung die Zulässigkeit von Erbscheinen, die allein die Erbfolge in einen Hof bezeugten, nach Landesrecht anerkannt. Das Reichserbhofgesetz von 1933 brachte für den land- oder forstwirtschaftlichen Erbhof eine Sondererbfolge; es wurde durch Kontrollratsgesetz Nr 45 vom 20.2.1947[1121] ab 24.4.1947 aufgehoben. In der britischen Zone ist sodann als Landesrecht die Höfeordnung vom 24.4.1947, Neubekanntmachung vom 26.7.1976,[1122] erlassen worden, in den anderen Ländern der Bundesrepublik nicht. Die **EuErbVO** lässt die Anwendung des Höferechts unberührt (Art. 30 EuErbVO). 448

Das **landwirtschaftliche Erbrecht** bringt in einigen Bundesländern Abweichungen vom Erbrecht des BGB. 449

- In **Bayern, Saarland**, und **Berlin** besteht kein besonderes landwirtschaftliches Erbrecht. Auch für den Bauernhof gilt somit erbrechtlich das BGB (dort insbesondere die Landgutbestimmungen der §§ 2049, 2312 BGB). Bei der Auseinandersetzung kann der landwirtschaftliche Betrieb einem Miterben zugewiesen werden (§ 13 ff. GrundstücksverkehrsG).
- In den Ländern der ehemaligen DDR (**Brandenburg, Mecklenburg-Vorpommern, Sachsen, Sachsen-Anhalt, Thüringen**) gilt das BGB und nicht die Höfeordnung. Spätestens seit Einführung des ZGB – DDR am 1.1.1976 galten keine Anerbenrechte (in Mecklenburg, Provinzen Brandenburg und Schlesien) mehr.[1123] Bei der Auseinandersetzung gilt das GrundstücksverkehrsG.
- In **Hamburg, Niedersachsen, Nordrhein-Westfalen** und **Schleswig-Holstein**: Bei land- und forstwirtschaftlichen Besitzungen im Sinne von § 1 HöfeO (bestimmter Wirtschaftswert oder Eintragung des Hofvermerks im Grundbuch) gilt die Höfeordnung und nicht das Nachlassgericht, sondern das LwGericht ist zuständig.[1124] Wenn die Besitzung kein Hof im Sinne der HöfeO ist (oder kein Hoferbe vorhanden ist, § 10 HöfeO; oder der Hofvermerk im Grundbuch gelöscht ist, § 1 IV HöfeO) kommt statt der HöfeO das BGB zur Anwendung.
- In Gebieten, in denen Landesanerbengesetze gelten: **ehem. Südbaden; Bremen;**
- **Rheinland-Pfalz; Hessen.**

1121 ABlKR 1947, 220.

1122 BGBl I 1976, 1933.

1123 Umstritten bezüglich der Anerbenrechte; vgl. MünchKomm/Leipold (3. Aufl) Rz. 74c mit Fußnote 17; Lange/Wulff/Lüdtke-Handjery, Höfeordnung, 1991, S. 590.

1124 OLG Braunschweig ZEV 2021, 667.

2. Erbschein – Hoffolgezeugnis

2.1 Hamburg, Niedersachsen, Nordrhein-Westfalen und Schleswig-Holstein

2.1.1 Zuständigkeit

450 Wenn zum Nachlass ein Hof im Sinne der HöfeO (§ 1) gehört (also nicht bei jeder kleinen Landwirtschaft; seit 2025 ist ein Grundsteuerwert von mindestens 54.000 Euro notwendig; auch bei einem verwaisten Hof[1125]) sind in Hamburg, Niedersachsen, Nordrhein-Westfalen und Schleswig-Holstein[1126] seit 24.4.1947 nicht die Nachlassgerichte für den Erbschein bzw. das Hoffolgezeugnis zuständig, sondern die Landwirtschaftsgerichte (§ 18 II 1 HöfeO); das sind Abteilungen der Amtsgerichte, besetzt mit einem Berufsrichter und zwei landwirtschaftlichen Laien-Beisitzern (§ 2 LwVG). Das Landwirtschaftsgericht entscheidet grundsätzlich in voller Besetzung. Dem Landesrecht sind Abweichungen gestattet (§ 20 III LwVG). In Niedersachsen[1127] kann deshalb der Vorsitzende ohne landwirtschaftliche Beisitzer entscheiden, die Erteilungsanordnung muss dort nicht begründet und zugestellt werden, Rechtsmittel ist die einfache Beschwerde, über die aber das OLG entscheidet. Besonderheiten gelten ferner in Nordrhein-Westfalen,[1128] Hamburg,[1129] Schleswig-Holstein.[1130]

2.1.2 Verfahren

451 Verfahrensrechtlich gilt für den Bereich des Höfe- und Anerbenrechts das LwVG (Gesetz über das gerichtliche Verfahren in Landwirtschaftssachen) und das jeweilige Landesrecht (vgl. § 20 III LwVG). Für den Antrag gilt im Wesentlichen dasselbe wie für den Erbscheinsantrag; der Hoferbe ist im Antrag anzugeben. Die Beteiligten sind zu hören (§ 14 LwVG). Das Landwirtschaftsgericht prüft nicht nur die Erbfolge nach BGB, sondern auch die „Wirtschaftsfähigkeit" des Hoferben. Die Erteilungsanordnung für das Hoffolgezeugnis, aus der hervorgehen sollte, dass das Gericht als Landwirtschaftsgericht entschieden hat, ist mit einer Begründung und Rechtsmittelbelehrung zu versehen, zuzustellen (§ 21 LwVG). Rechtsmittel gegen die Erteilungs- und Einziehungsanordnung ist die sofortige Beschwerde (§ 22 LwVG), teils die unbefristete einfache Beschwerde;[1131] über die das OLG entscheidet. Rechtsbeschwerde zum BGH nach § 24 LwVG. Erst nach Rechtskraft des Anordnungsbeschlusses (§ 30 LwVG) wird das Zeugnis ausgehändigt.

1125 BGHZ 18, 63.

1126 Vgl. Söbbecke ZEV 2006, 395; Ruby ZEV 2006, 351.

1127 Gesetz v. 19.12 1955 GVBl 1955, 291; 1974, 112.

1128 Gesetz v. 20.12.1960, GVBl 1960, 462; Roemer RdL 1961, 32.

1129 Gesetz v. 6.12.1956, HambSLR I 311 – c.

1130 Gesetz v. 8.11.1991, GVOBl 1991, 576.

1131 In Schleswig-Holstein (OLG Schleswig SchlHA 1996, 44); ferner Niedersachsen BGH NJW 1958, 337), Nordrhein-Westfalen (OLG Hamm AgrarR 1991, 251).

2.1.3 Entscheidung

Es gibt mehrere Möglichkeiten: 452

a) Nach § 18 II 2 HöfeO kann vom Landwirtschaftsgericht ein allgemeiner **Erbschein** (auch bezüglich des hoffreien Vermögens) erteilt werden, in welchem der Hoferbe aufzuführen ist.

b) Es kann vom Landwirtschaftsgericht ein Erbschein **nur über die Hoferbfolge** erteilt werden (§ 18 II 3 HöfeO); er heißt **Hoffolgezeugnis.**[1132] Wenn die Erbfolge über einen Hof im Sinne der HöfeO durch ein Hoffolgezeugnis bezeugt wird, sind dort auch die Beschränkungen zu vermerken: Testamentsvollstreckung, Vor- und Nacherbschaft;[1133] Verwaltungs- und Nutznießungsrecht der Witwe nach altrechtlichen Güterständen. Das Testamentsvollstreckerzeugnis wird allerdings vom Nachlassgericht erteilt.[1134]

c) Es kann ein **Teil – Erbschein** *beschränkt* auf den hoffreien Nachlass erteilt werden.[1135] Gehört zum Nachlass ein im Geltungsbereich der HöfeO gelegener Hof, so ist auch für die Erteilung eines Erbscheins über das hoffreie Vermögen nicht das Nachlassgericht, sondern das Landwirtschaftsgericht zuständig.[1136] Wird der Antrag irrig beim Nachlassgericht gestellt, erfolgt Abgabe analog § 12 LwVG an das Landwirtschaftsgericht. Ein vom Nachlassgericht erteilter Erbschein wäre aber nicht unwirksam, er wäre nach h. M. lediglich einzuziehen (§ 2361 BGB), bei Kostenniederschlagung (§ 21 GNotKG).

d) Es kann vom Landwirtschaftsgericht ein Erbschein über den hoffreien Nachlass und daneben ein Hoffolgezeugnis erteilt werden.[1137]

2.1.4 Beispiele:

(1) Erbschein. Es wird bezeugt, dass E ... von A ... und B ... zu je ½ beerbt worden ist. A ist zugleich allein Hoferbe (im Sinne der Höfeordnung) des im Grundbuch von ... eingetragenen Hofes Wittibreuth Nr. 17. 453

(2) Hoffolgezeugnis. Es wird bezeugt, dass Hoferbe des am ... verstorbenen E ... dessen Sohn A, geb. am ... (Adresse), Gastwirt, ist. A ist Hoferbe im Sinne der Höfeordnung. Dieses Zeugnis weist nur die Erbfolge in den Hof Wittibreuth Nr. 17, eingetragen ... aus.

(3) Erbschein. Es wird bezeugt, dass E ... von A ... und B ... zu je ½ beerbt worden ist. Dieser Erbschein bezieht sich nicht auf den zum Nachlass gehörenden Hof Wittibreuth Nr. 17, eingetragen in ...

1132 Vgl. Steffen RdL 1977, 113.

1133 Herminghausen RdL 1950, 219; DNotZ 1960, 345.

1134 BGH NJW 1972, 582; früher umstritten.

1135 BGH NJW 1988, 2739; Steffen RdL 1977, 13; 1982, 164.

1136 BGH NJW 1988, 2739 (Vermeidung einer Doppelzuständigkeit); früher sehr streitig (a. A. Hense DNotZ 1955, 370; Kipp/Coing § 128 V 3; OLG Hamburg NJW 1958, 554: Nachlassgericht zuständig).

1137 Vgl. OLG Oldenburg NdsRPfl 1997, 262.

Ein Erbschein bzw. Hoffolgezeugnis ist nicht erforderlich, wenn ein Ehegattenhof an den längstlebenden Ehegatten vererbt wird;[1138] denn die Nachfolge des Ehegatten ist gemäß § 8 HöfeO zwingend, so dass ein formlos bestimmter anderer Hoferbe den Ehegatten nicht verdrängen kann.

Kosten: wie beim Erbschein. Vorbem. 1.2(1) GNotKG; § 33 LwVG wurde aufgehoben. Das Hoffolgezeugnis ist gebührenrechtlich ein Erbschein. Geschäftswert: § 40 I 3 und 4 GNotKG.

2.2 Ehem. Südbaden; Bremen; Rheinland-Pfalz; Hessen

454 Hier gelten Anerbengesetze. Auch in Rheinland-Pfalz fällt die Erteilung des Erbscheins in die Zuständigkeit des Landwirtschaftsgerichts und nicht des Nachlassgerichts, wenn zum Nachlass ein von der HöfeO (§ 30 HöfeO RhPf) erfasster Hof gehört.[1139] Es gibt dieselben Fallvarianten wie unter Rz. 452. Der Hoferbe heißt „Anerbe", der Vermerk „Anerbenvermerk". Das Hoffolgezeugnis heißt „Anerbenbescheinigung".

1138 OLG Oldenburg NdsRPfl 1997, 117.
1139 BGH NJW-RR 1995, 197 = FamRZ 1995, 34 = MDR 1995, 178.

J. Die Berichtigung und Ergänzung von Erbscheinen

1. Allgemeines

1.1 Übersicht

Hat ein Erbschein einen „unrichtigen" Inhalt, kann dies drei verschiedene Folgen haben: 455

a) **Einziehung** nach § 2361 BGB. Beispiel: falscher Erbe (Rz. 487).

b) Ist eine Einziehung nicht erforderlich: **Berichtigung** (d. h. Inhaltsänderung) oder Ergänzung (d. h. Inhaltsergänzung), auf Antrag oder von Amts wegen. Dass eine Berichtigung[1140] bzw. Ergänzung[1141] eines Erbscheins grundsätzlich möglich ist, ist heute unbestritten. Wird eine Berichtigung beantragt und ist sie nicht möglich, ist der Antrag gegebenenfalls als Anregung aufzufassen, den alten Erbschein einzuziehen und einen neuen „berichtigten" Erbschein zu erteilen. Beispiel: Schreibfehler hinsichtlich des Wohnorts des Erben (Rz. 468).

c) Eine Einziehung entfällt, auch eine Berichtigung erfolgt nicht, **es geschieht nichts** (der unrichtige Erbschein bleibt also in Umlauf). Beispiele: im Erbschein steht der (richtige) Berufungsgrund: „kraft Gesetzes beerbt von …". Ist der Erbe beim Erbfall minderjährig und enthält er daher einen Hinweis auf den gesetzlichen Vertreter, ist dieser Hinweis zwar mit Eintritt der Volljährigkeit überflüssig geworden; dies veranlasst aber keine Berichtigung.[1142]

1.2 Rechtsgrundlagen

Die Berichtigung ist bei offenbaren Unrichtigkeiten jederzeit zulässig; sie erfolgt von Amts wegen (§ 42 I FamFG). Zuständig für die Berichtigung ist in entsprechender Anwendung von § 2361 BGB das Nachlassgericht, das den berichtigungsbedürftigen Erbschein erlassen hat (Richter bzw. Rechtspfleger; Rz. 147, 148). Berichtigungen erfolgen auf „Antrag" oder von Amts wegen; „Antragsberechtigte" gibt es nicht, jedermann kann eine Berichtigung anregen. Erforderlich ist eine Berichtigungsbeschluss in der Nachlassakte und dessen Vollzug, indem der Berichtigungsbeschluss auf dem Erbscheins-Erteilungsbeschluss und den Ausfertigungen vermerkt wird (§ 42 II 1 FamFG). Gerichtskosten fallen nicht an, das GNotKG kennt keinen entsprechenden Gebührentatbestand. 456

1140 KG Rpfleger 1967, 412 m. Anm. Haegele (Verwandtschaftsverhältnis zum Erblasser); LG Berlin Rpfleger 1976, 182 (Berufsbezeichnung im Testamentsvollstreckerzeugnis); OLG Hamm MDR 1983, 318; BayObLG FamRZ 1989, 1348; MünchKomm/Grziwotz § 2361 Rz. 20; Scheer S. 166; Gregor Rz. 227; a. A. Kipp/Coing § 129 I 3.

1141 KG Rpfleger 1967, 412; Gregor Rz. 227.

1142 BayObLG FamRZ 1997, 126.

457 Der **Beschluss** lautet beispielsweise: Im Erbschein des AG München (Nachlassgericht) vom ... wird der Name des Erben dahin berichtigt, dass er nicht „Rothaichner" lautet, sondern richtig „Rotheichner". (Kostentscheidung allenfalls nach § 81 FamFG). Gründe ...

Es müssen alle Ausfertigungen berichtigt werden; doch genügt es auch, wenn der Berichtigungsbeschlusses allen Personen, die eine Ausfertigung des Erbscheins erhalten haben, formlos mitgeteilt wird (§ 41 I 1 FamFG).[1143] Dann sind zwar verschiedene Ausfertigungen des Erbscheins in Umlauf, doch ist das unschädlich, weil nur ein Erbscheinsinhalt berichtigt werden kann, auf den sich die Gutglaubensfunktionen (§§ 2365 ff. BGB) *nicht* erstrecken. Ob die Rückgabe zwecks Berichtigung erzwungen werden kann (§ 35 FamFG) ist zweifelhaft.

Ist der Antrag unzulässig oder unbegründet, wird er durch Beschluss (Kostenentscheidung allenfalls nach §§ 81 ff. FamFG) abgelehnt. Ergibt eine Überprüfung von Amts wegen, dass nichts zu berichtigen ist, wird nur ein Aktenvermerk angefertigt.

458 **Beschwerde**. Die Zurückweisung des Berichtigungsantrags ist nicht anfechtbar (§ 42 III 1 FamFG). Die Berichtigung ist mit sofortiger Beschwerde nach ZPO-Regeln anfechtbar (§ 42 III 2 FamFG). Vgl. Rz. 549, 550.

1.3 Unterschiede Einziehung – Berichtigung

459 Die Einziehung (ein zweiaktiger Tatbestand, Rz. 528) macht den Erbschein kraftlos (§ 2361 BGB); die Berichtigung bzw. Ergänzung ändert an den Wirkungen des Erbscheins nichts.

Die Einziehung löst erhebliche Gerichtskosten aus (KV 12210 GNotKG mit Vorbem. 1.2.2 am Ende), die Berichtigung des Erbscheins dagegen kostet nichts.[1144] Bei der Einziehung sind *alle* Ausfertigungen zurückzuholen, bei der Berichtigung ist das nicht unbedingt erforderlich (Rz. 456).

2. Unrichtigkeit gesetzlich nicht vorgeschriebener Angaben

460 Enthält der Erbschein Angaben, die in § 2353 ff. BGB nicht vorgeschrieben sind, ist der Rechtsverkehr objektiv nicht gefährdet, weshalb eine Einziehung des Erbscheins nach § 2361 BGB entfällt. Die Angaben können aber analog § 42 FamFG gestrichen werden.

2.1 Unrichtiger Berufungsgrund

461 Ist im Erbschein angegeben, dass A den B *aufgrund Gesetzes* beerbt hat, obwohl in Wirklichkeit *testamentarische* Erbfolge vorlag, oder dass A den B aufgrund des Testaments vom 3. 3. 2007 beerbt hat (obwohl sich die Erbfolge nach dem Testament vom 9. 4. 2006 richtet), oder dass A den B aufgrund des Testaments vom

1143 Gregor Rz. 246; Bamberger/Roth/Seidl § 2353 Rz. 27.
1144 Sternal/Jokisch FamFG § 42 Rz. 50.

24.12.2007 beerbt hat (obwohl es kein Testament mit diesem Datum gibt, oder das Testament keine Erbeinsetzung enthält, also gesetzliche Erbfolge vorliegt), dann ist streitig, ob der Erbschein als unrichtig einzuziehen ist. Bejaht wurde es vom KG,[1145] da der Legitimierte beeinträchtigt sei. Das BayObLG[1146] hat die Frage bei Angabe eines falschen Testamentsdatums hingegen verneint; das LG Koblenz[1147] hat bei Angabe des falschen Berufungsgrundes die Einziehung verneint und eine Berichtigung für zulässig erachtet.

Der Erbschein ist ein Zeugnis über das Erbrecht des Erben (§2353 BGB); der Berufungsgrund gehört daher als Begründungselement richtigerweise *nicht* in den Erbschein,[1148] sondern allenfalls in den Erteilungsbeschluss, was in der Praxis oft nicht beachtet wird. Da die Angabe nicht in den Erbschein gehört, nimmt sie auch nicht an der Rechtsvermutung des §2365 BGB teil.[1149] Ist ein überflüssiger Zusatz im Erbschein ersichtlich unrichtig, führt dies nicht zur Einziehung des Erbscheins, weil der Rechtsverkehr dies erkennen kann und somit nicht beeinträchtigt wird; deshalb ist der Erbschein mit Angabe eines nichtexistenten Testaments (oben: 24.12.2007) berichtigungsfähig. In den anderen Fällen kann die Angabe des falschen Berufungsgrunds zu Ärger führen: sind beispielsweise im Testament vom 3.3.2007 (als maßgeblich im Erbschein angegeben) Vermächtnisse ausgesetzt, im in Wirklichkeit zugrundzulegenden Testament (oder bei gesetzlicher Erbfolge) nicht, wird der Erbe zu Unrecht einer Forderung des Vermächtnisnehmers ausgesetzt sein oder im umgekehrten Fall der Vermächtnisnehmer zu Unrecht annehmen, er bekomme kein Vermächtnis. Solche Ärgernisse rechtfertigen aber nicht die Einziehung, weil Zweck des Erbscheins nur die Ausweisfunktion ist, beschränkt auf den notwendigen Inhalt. Eine rechtliche Gefährdung des Erben bzw. Vermächtnisnehmers erfolgt nicht, weil im Zivilprozess das richtige Testament zugrunde zu legen ist; eine Bindung an den überflüssigen Inhalt des Erbscheins besteht nicht. Eine Einziehung erfolgt daher auch in diesen Fällen nicht,[1150] eine Berichtigung genügt.

2.2 Angabe einer Begründung, der Nachlassgegenstände, des Wertes

Der Feststellungs-/Erteilungsbeschluss enthält unter Umständen eine Begründung (Rz. 280), der Erbschein als Zeugnis nicht. Eine dem Erbschein beigefügte Begründung ist daher überflüssig; sie führt aber nicht zur Einziehung, weil sie den Rechtsverkehr nicht beeinträchtigen kann und kann (bei Unrichtigkeit) von Amts wegen oder auf Antrag gestrichen werden. 462

Der Erbschein bezeugt die Nachfolge ganz oder zu bestimmten Bruchteilen, vgl. §1922 BGB; es ist daher in der Regel unzulässig, Nachlassgegenstände aufzufüh-

1145 Scheer S. 107; ähnlich KGJ 29 A 65/68.
1146 BayObLG 6, 388/91.
1147 LG Koblenz Rpfleger 2000, 502 („aufgrund gesetzlicher Erbfolge").
1148 BayObLG Rpfleger 1973, 136; KGJ 51, 87/88.
1149 MünchKomm/Grziwotz §2365 Rz. 11; Staudinger/Herzog §2365 Rz. 14.
1150 Scheer S. 108; vgl. MünchKomm/Grziwotz §2361 Rz. 3.

ren[1151] (unzulässig: „Es wird bezeugt, dass A der Erbe des Hauses Frankfurt, Landstraße 4 ist"); Ausnahme z. B. im Höferecht und beim Vorausvermächtnis. Gehört das Haus tatsächlich zum Nachlass, kann der Erbschein von Amts wegen oder auf Antrag durch Streichung berichtigt werden, falls ein Rechtsschutzbedürfnis besteht. Gehört das Haus nicht zum Nachlass, ist der Erbschein unrichtig und nach § 2361 BGB einzuziehen.

Der Wert des Nachlasses ist zwecks Gebührenberechnung im Nachlassverzeichnis anzugeben und findet sich in der Gerichtskostenrechnung wieder. In den Erbschein gehört er nicht. Er kann von Amts wegen oder auf Antrag gestrichen werden, eine Einziehung nach § 2361 BGB entfällt.

2.3 Falsche Angaben über das Verwandtschaftsverhältnis

463 Angaben über das Verwandtschaftsverhältnis („Es wird bezeugt, dass E von seinem Sohn S beerbt worden ist ..."), den **Beruf** oder den **Familienstand** sind in § 2353 BGB nicht vorgeschrieben, nehmen auch am Schutz des § 2365 BGB nicht teil. Sie führen daher nicht zur Einziehung.[1152] Auf Antrag oder von Amts wegen können sie, zum Beispiel durch Anbringen eines Zusatzes, berichtigt werden, wenn dies aus Fürsorge zweckmäßig erscheint. Lautet etwa der Erbschein, dass bezeugt wird, dass A von seiner *Lebensgefährtin* B beerbt wurde und war die B in Wirklichkeit die *Ehefrau*, sollte man dies berichtigend vermerken.

2.4 Unstatthafte Angabe des Namens des Testamentsvollstreckers

464 Der Erbschein enthält den Vermerk „Testamentsvollstreckung ist angeordnet" (§ 352b II FamFG), nicht aber den Namen des Testamentsvollstreckers (vgl. § 2368 BGB).[1153] Steht der Name des Testamentsvollstreckers im Erbschein, kann dies eine äußere Zusammenfassung von Erbschein und Testamentsvollstreckerzeugnis sein; ist das nicht gemeint, ist der Name des Testamentsvollstreckers im Erbschein auf Antrag oder von Amts wegen zu streichen, eine Einziehung nach § 2361 BGB entfällt,[1154] da der Rechtsverkehr durch die Angabe des Namens nicht beeinträchtigt wird. Anders ist es, wenn eine falsche Person im Erbschein als Testamentsvollstrecker eingetragen ist: dann liegt es nahe, dies als mit dem Erbschein verbundenes Testamentsvollstreckerzeugnis aufzufassen, das dann wegen Unrichtigkeit nach §§ 2368, 2361 BGB einzuziehen ist.

2.5 Angabe eines Veräußerungsverbots

465 Hat der Erblasser den Erben die Veräußerung eines bestimmten Nachlassgegenstandes untersagt (als Auflage), gehört das nicht in den Erbschein;[1155] im Übrigen ist ein solches Verbot ohnehin ohne dingliche Wirkung. Enthält der Erb-

1151 Scheer S. 180.

1152 KG Rpfleger 1967, 412 (Anm Haegele); Scheer S. 109.

1153 H.M.; a. A. Kipp/Coing § 128 III 3 b, falls der Erblasser den Ernannten in seinem Testament namentlich nannte.

1154 KG Rpfleger 1967, 412.

1155 MünchKomm/Grziwotz § 2353 Rz. 44.

schein dieses Veräußerungsverbot, ist er unrichtig.[1156] Da der Zusatz unzulässig ist, auch nicht an der Vermutung des § 2365 BGB teilnimmt, erübrigt sich eine Einziehung;[1157] eine Berichtigung kommt in Frage.

2.6 Keine Ergänzung um gesetzlich nicht vorgeschriebene Angaben

Da der Erbschein einen gesetzlich bestimmten Inhalt hat (§ 2353 BGB), kann er nicht auf Antrag eines Beteiligten um Angaben ergänzt werden, die nicht notwendiger Inhalt sind. Eine Ergänzung um den Beruf von Erblasser und Erben, um das Verwandtschaftsverhältnis und Familienstand scheidet daher aus.[1158] Der Beteiligten wollen solche Ergänzungen manchmal in unredlicher Absicht; es ist aber nicht Aufgabe des Nachlassgerichts, Rentenanträge zu erleichtern oder Biografien verschönern zu helfen; ob der Erblasser Oberamtsrat oder Oberregierungsrat war, kann und soll das Nachlassgericht nicht nachprüfen. 466

Im Erbschein kann auch nicht vermerkt werden, wem ein Vermächtnis zusteht, weil Vermächtnisse nicht im Erbschein aufzuführen sind (vgl. § 2353 BGB). Dasselbe gilt für Pflichtteilsansprüche (anders in bestimmten Auslandsfällen, wenn diese als Noterbrecht ausgestaltet sind; Rz. 435).

3. Unrichtigkeit gesetzlich vorgeschriebener Angaben

Das sind z. B. Erbquote, TV-Vermerk, Nacherbenvermerk. In diesen Fällen scheidet eine Berichtigung grundsätzlich aus. Nur wenn die Berichtigung oder Ergänzung den sachlichen Inhalt des Erbscheins unberührt lässt und am öffentlichen Glauben nicht teilnimmt, kommt sie nach § 42 FamFG in Frage. 467

Beispiele:

(1) Der Erbschein nennt A und B als Miterben zu je ½; eine Berichtigung dahin, dass A Miterbe zu 1/3 und B zu 2/3 ist, scheidet aus.[1159] Dass sich die Beteiligten auf Anfrage des Gerichts mit der Änderung einverstanden erklärten, stellt keinen neuen Erbscheinsantrag dar. (2) Der Erbschein enthält einen Testamentsvollstreckervermerk; tatsächlich war die Anordnung der Testamentsvollstreckung unwirksam: Einziehung, keine Berichtigung.[1160]

3.1 Schreibfehler, Rechenfehler, Offenbare Unrichtigkeiten

Schreibfehler (Vorname Walter statt Walther; falsches Geburtsdatum; falsche Hausnummer, falsche Postleitzahl; Minchen statt München), außer sie sind für die Identifizierung des Erblassers oder Erben wesentlich (hat der Erblasser zwei 468

1156 BayObLGZ 1958, 109/116.
1157 Scheer S. 110.
1158 Scheer S. 180.
1159 OLG München ZEV 2019, 661 = FGPrax 2019, 230.
1160 OLG Zweibücken FamRZ 2000, 323.

Söhne, von denen einer Walter und der andere Walther heißt, kann natürlich keine Berichtigung von Walter in Walther erfolgen).

Rechenfehler werden in § 42 FamFG als weiteres Beispiel für Berichtigung angegeben; doch lassen sich kaum passende Beispiel finden (wenn der Erbschein fünf Erben nennt und jedem ¼ Erbteil zuweist, kann nicht ohne weiteres in 1/5 berichtigt werden,[1161] denn es könnten ja auch 3 Erben mit ¼ und 2 Erben mit je ⅛ beteiligt sein).

Offenbare Unrichtigkeiten. Hierfür gibt es kaum Anwendungsfälle; denn, wenn die falsche Person als Erbe ausgewiesen ist, mag dies zwar offenkundig falsch sein, kann aber nur über § 2361 BGB behoben werden, nicht durch Berichtigung.

3.2 Wiedervereinigung

469 Wenn einem Westdeutschen mit letztem Aufenthalt im Westen **bis 3. 10. 1990** ein gewöhnlicher Erbschein nach BGB erteilt wurde, obwohl er (auch) Immobilien in der ehemaligen DDR geerbt hatte, war der Erbschein mangels negativen Geltungsvermerks an sich unrichtig, weil die DDR-Immobilien nach dem DDR-ZGB vererbt wurden (Rz. 399). Die Rechtsprechung vertrat aber die Auffassung, dass keine Einziehung vorgenommen wird, weil keine Unrichtigkeit, nur eine Unvollständigkeit vorliegt. Es ist daher zulässig, dass im alten West-Erbschein nachträglich ein Geltungsvermerk („Gilt auch für den Grundbesitz in ...") angebracht wird,[1162] *wenn* die Erbfolge in das DDR-Grundvermögen richtig wiedergegeben ist, was vom DDR-Erbrecht abhängt. Die Ergänzung kann statt durch klarstellenden Zusatzvermerk auch durch einen weiteren Teil-Erbschein erfolgen.

3.3 Mindestteilerbschein, Erbschein ohne Erbquoten

470 Der Mindestteilerbschein (Rz. 35) kann später, wenn die endgültige Größe des Erbteils feststeht, ergänzt werden; denn vorher lag nur ein Teil-Erbschein vor.[1163]

Ein gemeinschaftlicher Erbschein, in dem die Erbteile noch nicht angegeben sind (§ 352a II 2 FamFG; „Quotenloser Erbschein"), kann ergänzt werden, ist also nicht einzuziehen, falls später nach Feststellung der Erbteile ein „endgültiger" gemeinschaftlicher Erbschein mit Quoten erteilt wird.[1164]

1161 OLG München ZErb 2020, 19 (Erbschein für 4 Erben, wobei die Quoten 100,26 % ergaben: Rechenfehler).

1162 BayObLG FamRZ 1994, 723; LG Berlin FamRZ 1991, 1361; 1992, 230; Henrich FamRZ 1991, 1362; Sandweg BWNotZ 1991, 45, 52.

1163 Scheer S. 192.

1164 Scheer S. 182; a. A. OLG Hamm Rpfleger 1969, 299 (zur Rechtslage vor § 352a II 2 FamFG).

3.4 Nacherbenbezeichnung

Konnte der Nacherbe, in dem dem Vorerben erteilten Erbschein nicht namentlich angegeben werden, so ist eine spätere Ergänzung durch namentliche Bezeichnung des Nacherben (und entsprechend des Ersatznacherben) im Wege der Berichtigung möglich.[1165] Dies kann von Amts wegen[1166] oder auf Antrag erfolgen. Es handelt sich nur um eine Klarstellung eines Erbscheins, der in seiner ursprünglichen Fassung als lückenhafter Erbschein erkennbar war. 471

3.5 Fremdrechtserbscheine

Nach h. M.[1167] ist ein Fremdrechtserbschein unrichtig, wenn er das angewandte ausländische Erbrecht nicht nennt (Rz. 427); „Unrichtigkeit" ist nicht zutreffend, denn die Angabe ist nicht vorgeschrieben, nur zweckmäßig. Eine Ergänzung des Erbscheins ist daher möglich. 472

3.6 Kostenvermerke

Wird auf dem Erbschein *nachträglich* der Vermerk „Nur gültig für Rückerstattungszwecke" angebracht oder der vorhandene Vermerk gestrichen, liegt eine Berichtigung vor, eine Einziehung entfällt. Denn solche Vermerke haben nur zur Folge, dass der Erbschein gebührenfrei erteilt wird, sie bleiben trotzdem Voll-Erbscheine und können für alle Zwecke verwendet werden. Die Verwendung für einen unerlaubten Zweck kann allenfalls zur Nachzahlung der regulären Gebühren führen (es fehlt allerdings eine Regelung im GNotKG). 473

1165 Staudinger/Herzog § 2363 Rz. 8; Guggumos DFG 1937, 233, 234; RGRK-Kegel § 2363 Rz. 7; Planck/Greiff § 2363 Bem 2 c.

1166 A. A. Scheer S. 183: nur auf Antrag.

1167 MünchKomm/Grziwotz § 2353 Rz. 30.

K. Die Einziehung und Kraftloserklärung des Erbscheins

1. Grundlagen

Der erteilte Erbschein hat nach § 2366 BGB die Wirkungen des öffentlichen Glaubens. Ein unrichtiger Erbschein bedeutet daher eine Gefahr für den Rechtsverkehr, weshalb in § 2361 BGB die Einziehung und das damit verbundene Kraftloswerden vorgeschrieben ist. Eine **zeitliche Grenze** besteht nicht (Rz. 515). Erbscheinseinziehungen sind selten; rund 1 % der Erbscheine werden wieder eingezogen.[1168] 474

Wenn die Erteilung zwar schon verfügt, aber noch nicht vollzogen ist, kann das Nachlassgericht seine Entscheidung wieder aufheben, wenn wegen neuer Umstände (z. B. ein aufgefundenes Testament) der Erbschein jetzt nicht mehr erteilt werden kann, weil er wegen erkannter Unrichtigkeit sofort wieder einzuziehen wäre. Für die Einziehung eines Fremdrechtserbscheins, den ein deutsches Gericht erteilt hat, gilt ebenfalls § 2361 BGB, mag auch ausländisches Erbrecht anwendbar sein.[1169]

Dagegen können **ausländische „Erbscheine"** nicht durch ein deutsches Nachlassgericht nach § 2361 BGB eingezogen werden, weil der ursprüngliche Erbschein nicht von einem deutschen Gericht erteilt wurde, was § 2361 BGB voraussetzt. Die abweichende Meinung (Rz. 738) sagt, dass ausländische Erbfolge-Zeugnisse bei uns anerkannt werden (§ 108 FamFG) und somit auch zumindest analog § 2361 BGB eingezogen werden können. Der körperlichen Wegnahme des Papiers stünden allerdings ausländische Hoheitsrechte entgegen (der Betroffene könnte sich ja jederzeit im Ausland ein neues Zeugnis besorgen); deshalb bleibe nur die Kraftloserklärung, beschränkt auf das Gebiet der Bundesrepublik Deutschland;[1170] zuständig dafür sei das Amtsgericht Schöneberg in Berlin (§ 343 III FamFG). 475

Unwirksame Erbscheine. Der Erbschein kann mit so schweren Mängeln behaftet sein, dass er ein Nicht-Erbschein, nichtig, ist. Dann entfaltet er auch dann keine Wirkungen (§§ 2365–2367 BGB), wenn er nicht eingezogen ist. Eine allgemeine Bestimmung über Nichtigkeit fehlt im FamFG; § 2 III FamFG stellt lediglich klar, dass der von einem örtlich unzuständigen Richter (Rechtspfleger) erteilte Erbschein nicht nichtig, wohl aber nach § 2361 BGB einzuziehen ist, auch wenn er inhaltlich die Erbfolge richtig wiedergeben sollte. Es ist daher meines Erachtens auf die im Zivilprozess entwickelten Grundsätze über Nicht-Urteile, Schein-Urteile, zurückzugreifen: wenn jede gesetzliche Grundlage fehlt oder wenn eine dem deutschen Recht unbekannte Rechtsfolge ausgesprochen 476

1168 Klüsener/Rausch/Walter Rpfleger 2001, 220.
1169 OLG Hamm NJW 1964, 553/554.
1170 Griem S. 72.

wird, besteht Nichtigkeit. Nichtig ist demnach ein Erbschein, wenn der darin genannte Erblasser noch gar nicht gestorben ist; wenn eine absolut unzuständige Person (Justizangestellter, Stadtverwaltung, Privatperson) den Erbschein erteilt hat. Wenn der Erbschein anstatt vom Nachlassgericht vom Landwirtschaftsgericht oder umgekehrt erteilt wurde, ist er nicht nichtig (str.), weil es sich um Abteilungen desselben Gerichts handelt. Dagegen führt ein fehlender Antrag nicht zur Nichtigkeit, nur zur Einziehbarkeit.

Beschwer: Jemand kann auch dann die Einziehung eines Erbscheins „beantragen" (und ggf. mit Beschwerde durchsetzen), wenn er selbst diesen Erbschein seinerzeit beantragte[1171] (anders im Zivilprozess, wo eine Beschwer fehlen würde). Dass alle Beteiligten den Erbschein für richtig halten, bindet das Nachlassgericht nicht.[1172]

Analoge Anwendung von § 2361 BGB: vom Nachlassgericht erteilte beglaubigte Abschriften eines notariellen Testaments und des Protokolls über seine Eröffnung können nicht in entsprechender Anwendung von § 2361 BGB eingezogen werden.[1173] Der Benachteiligte kann sich evtl. an das Grundbuchamt wenden und anregen, dass es einen Erbschein verlangt.[1174]

Mit einem Erbschein oder ENZ kann die Erbfolge bewiesen werden (§ 35 I GBO), mit einem *eingezogenen* Erbschein aber nicht.[1175]

2. Begriff der Unrichtigkeit

477 § 2361 BGB setzt „Unrichtigkeit" des Erbscheins voraus; wann sie gegeben ist, ist nicht eindeutig. Nach Auffassung des BGH[1176] liegt sie vor, wenn die Voraussetzungen für die Erteilung nicht mehr gegeben sind. Das BayObLG[1177] meint, ein Erbschein sei unrichtig, „wenn die Voraussetzungen für die Erteilung entweder ursprünglich nicht gegeben waren oder nachträglich nicht mehr vorhanden sind". Andere[1178] stellen auf die sachliche Unrichtigkeit ab. Eine weitere Auffassung[1179] hält eine Unrichtigkeit nur dann für gegeben, wenn Angaben im Erbschein, die am öffentliche Glauben teilnehmen, unrichtig sind oder fehlen.

Meines Erachtens ist der Unrichtigkeitsbegriff des BGH zu weit; man muss man auf den Zweck der Einziehung abstellen; nur wenn dieser die Einziehung gebietet, liegt „Unrichtigkeit" vor:

1171 OLG Hamm FamRZ 2003, 1503.
1172 OLG München NJW-RR 2011, 12.
1173 OLG Köln FGPrax 2014, 73; OLG Naumburg FamRZ 2013, 245.
1174 Steiner ZEV 2015, 319.
1175 BGH ErbR 2021, 136 = FGPrax 2020, 249.
1176 BGH NJW 1963, 1972 = BGH 40, 56; BayObLGZ 1980, 72/74; OLG Hamm OLGZ 1983, 59.
1177 BayObLG FGPrax 2003, 130; OLG Köln Rpfleger 2003, 193.
1178 KG Rpfleger 1967, 412; OLG Frankfurt Rpfleger 1978, 310/311.
1179 OLG Hamm OLGZ 1983, 59/60; KG Rpfleger 1984, 358. Dazu Rottmann JuS 2023, 815.

- wenn der Inhalt des Erbscheins nicht den gesetzlichen Vorschriften (§ 352b I, II FamFG) entspricht, ist er einzuziehen, weil gesetzliche Bestimmungen, auf deren Einhaltung der Rechtsverkehr vertrauen darf, missachtet wurden.
- wenn der unrichtige Inhalt öffentlichen Glauben (§ 2366 BGB) entfaltet, ist die Einziehung notwendig, damit der wahre Berechtigte und Dritte geschützt werden.
- wenn der unrichtige Inhalt, auch wenn er nicht am öffentlichen Glauben teilnimmt, den Rechtsverkehr anderweitig beeinträchtigen kann, ist er einzuziehen, weil das Nachlassgericht darauf zu achten hat, dass gerichtliche Zeugnisse inhaltlich unbedenklich sind, schon aus Gründen der Staathaftung. Der Unschärfe dieser Formel bin ich mir bewusst.

Daraus folgt gleichzeitig, dass eine Einziehung ausscheidet, wenn eine Berichtigung möglich ist (Rz. 455) oder wenn die Unrichtigkeit belanglos ist.

2.1 Inhaltliche Unrichtigkeit

2.1.1 Unrichtigkeit von Anfang an

Die Unrichtigkeit kann *objektiv* von Anfang an bestanden haben. Ein Verschul- 478
den des Gerichts oder der Beteiligten ist nicht erforderlich. Die Ursachen können im tatsächlichen bzw. im rechtlichen Bereich liegen.[1180]

Beispiele:

Ein bisher unbekanntes Testament taucht auf; wirksame Testamentsanfechtung; übersehene Ausschlagung; wirksame Erbunwürdigkeitserklärung; die Nichtigkeit eines Testaments wegen Testierunfähigkeit stellt sich heraus; unrichtige Beschränkung des Geltungsbereichs; ein Erbe wird übersehen. Das OLG München[1181] hat einen 1970 ausgestellten deutschen Erbschein 2020 wegen Verstoß gegen Art. 6 EGBGB (ordre public) eingezogen, weil dort die Erbquoten der Männer doppelt so hoch waren wie die Quoten der Frauen, wie dies islamischem Recht entsprach.

Ähnliche Fälle: andere Beurteilung der Staatsangehörigkeit des Erblassers und damit des Erbstatuts (Art. 25 EGBGB) in Erbfällen bis 16. 8. 2015 (ab 17. 8. 2015 ist die EuErbVO anzuwenden).

Auch ohnehin unwirksame, nichtige Erbscheine sind zur Beseitigung des Rechtsscheins einzuziehen.

2.1.2 Unrichtigkeit infolge anderer Testamentsauslegung

Eine Sonderform der anfänglichen Unrichtigkeit besteht, wenn das alte Testa- 479
ment nach sehr langer Zeit vom Nachlassgericht anders ausgelegt wird als frü-

1180 BGH NJW 1967, 1126; KG OLG 3, 259; OLG Frankfurt Rpfleger 1953, 36.
1181 OLG München ZEV 2021,177; bedenklich.

her;[1182] doch sollte das Nachlassgericht hier zurückhaltend sein: wenn alle Beteiligten jahrzehntelang eine bestimmte Auslegung zugrunde legten, sollte der beruhigte Rechtszustand nicht ohne Not aufgewühlt werden.

2.1.3 Unrichtigkeit infolge späterer tatsächlicher Entwicklungen

480 Welcher Zeitpunkt ist für die Frage „Unrichtigkeit" maßgebend? Für die Erteilung gilt der Grundsatz, dass die beim Todesfall objektiv bestehende Erbrechtslage im Erbschein zu bezeugen ist, mag sie sich auch erst später herausgestellt haben; nur aus Zweckmäßigkeit werden spätere tatsächliche Entwicklungen berücksichtigt (Rz. 260). Die Unrichtigkeit kann schon bei Erteilung bestanden haben, kann aber auch erst durch spätere Entwicklungen entstanden sein; hier war der Erbschein bei Erteilung objektiv richtig. Beispiele: eine angeordnete Nacherbschaft ist inzwischen weggefallen; ein Testamentsvollstrecker hat seine Aufgaben erfüllt. Die h. M.[1183] bezieht spätere Entwicklungen ein und schafft so eine zeitlich unbegrenzte Einziehungssituation bei Nacherbschaft und Testamentsvollstreckung. Die Formel der Rechtsprechung[1184] lautet, dass ein Erbschein einzuziehen sei, wenn das Gericht ihn „nicht mehr erteilen dürfte, falls es jetzt über die Erteilung zu entscheiden hätte." Gelegentlich wird sogar von einer Pflicht zur „Überwachung" der Erbscheine durch das Nachlassgericht gesprochen. Bei einem Bestand von vielen Millionen seit 1900 erteilten Erbscheinen ist das lebensfremd und wird auch **in der Praxis nicht so gehandhabt**; ist der Eintritt der Nacherbfolge beispielsweise an die Wiederverheiratung der Vorerbin geknüpft, müsste das Nachlassgericht bei ihr in kurzen Zeitabständen anfragen, ob sie wieder geheiratet hat.

Dass die Fälle des nachträglichen Wegfalls der Nacherbschaft bzw. der Testamentsvollstreckung von § 2361 BGB erfasst sind, sagt der Wortlaut der Vorschrift nicht eindeutig („Ergibt sich, dass der erteilte Erbschein unrichtig ist, so hat ihn ..."). Auch die Gesetzesmaterialien sind unergiebig.[1185] Meines Erachtens sind solche Erbscheine **nicht unrichtig** geworden, sie sind nur durch Zeitablauf **überholt**. Im allgemeinen werden gerichtliche Entscheidungen nicht „zurückgeholt", wenn sie überholt sind. Da maßgeblicher Zeitpunkt derjenige der seinerzeitigen Erteilung des Erbscheins ist, ist eine Einziehung *von Amts wegen* nur deswegen, weil sich spätere Entwicklungen ergeben haben, nicht gerechtfertigt. Die Interessen des Rechtsverkehrs verlangen eine Einziehung nur, wenn sie von den Beteiligten gewünscht wird; halten sie keine gerichtliche Tätigkeit für erforderlich sollte sie ihnen nicht aufgedrängt werden (vgl. Rz. 512).

1182 BGH NJW 1967, 1126; BayObLG NJW-RR 1997, 836 (andere Testamentsauslegung nach 28 Jahren); BayObLG FamRZ 1997, 1365 (nach 52 Jahren); OLG Köln Rpfleger 2003, 193 (27 Jahre).

1183 OLG Köln Rpfleger 2003, 193.

1184 BGHZ 40, 54 = NJW 1963, 1972.

1185 Protokolle V S. 684; Scheer S. 41.

Dagegen fällt der Fall, dass erst später ein Testament aufgefunden wird, nicht unter diese Gruppe; das ist keine spätere Entwicklung, der Erbschein war objektiv schon von Anfang an unrichtig, diese Rechtslage war lediglich damals verdeckt, sie war nicht bekannt.

2.1.4 Sonderfall deutsche Wiedervereinigung

2.1.4.1 Erbscheine der Staatlichen Notariate der DDR

Wenn sich bei Erbfällen vor dem 3.10.1990 das Erbrecht nach dem ZGB/DDR 481 richtete, dann galt bis 3.10.1990 dafür auch das Erbscheinsverfahrensrecht der DDR. Nach § 413 I ZGB erteilte das Staatliche Notariat dem Erben auf Antrag eine Urkunde über sein Erbrecht und die Größe seines Erbteils.[1186] Ein gegenständlich beschränkter Erbschein konnte erteilt werden (§ 414 ZGB). Vom Staatlichen Notariat vor dem 3.10.1990 erteilte Erbscheine wurden in der Bundesrepublik anerkannt, falls das Staatliche Notariat international zuständig war und der Inhalt nicht dem ordre public widersprach.[1187] Seit dem 3.10.1990 gelten sie fort.

Ein unrichtiger Erbschein war vor dem 3.10.1990 vom Staatlichen Notariat für unwirksam zu erklären (§ 413 III ZGB). Seit dem 3.10.1990 richtet sich die Einziehung eines unrichtigen DDR-Erbscheins nach § 2361 BGB (nicht nach § 413 ZBG);[1188] zuständig dafür ist das örtlich zuständige Nachlassgericht als Abteilung des Amtsgerichts (unmittelbar nach der Wiedervereinigung bis zur Schaffung der Amtsgerichte: Kreisgericht).

Einziehungsfälle: 482

a) **Zwei Erbscheine:** Ist für dieselbe Erbfolge sowohl von einem staatlichen Notariat der DDR wie von einem westdeutschen Nachlassgericht ein Erbschein erteilt worden, ist der materiellrechtlich unrichtige Erbschein einzuziehen.

b) **Irrige Anwendung des ZGB/DDR:** Wenn DDR-Flüchtlinge oder Übersiedler in die Bundesrepublik überwechselten und hier zwischen 1976 und 1990 verstarben, blieben sie nach DDR-Recht unter Umständen Bürger der DDR, es wurde hinsichtlich des beweglichen Nachlasses vom Staatlichen Notariat der DDR ein Erbschein nach dem ZGB-DDR erteilt, vom westdeutschen Nachlassgericht ein Erbschein nach BGB, weil sie als Bundesbürger galten. Das interlokale Privatrecht der Bundesrepublik hat aber den Vorrang gegenüber dem interlokalen Privatrecht des DDR. Bei unterschiedlicher Erbfolge ist der DDR-Erbschein daher nach § 2361 BGB einzuziehen.[1189]

c) Bei Existenz von **Erbverträgen**, weil diese dem ZGB/DDR unbekannt waren. Beispiel: Frau F ist 1985 aus der DDR in die Bundesrepublik übergesiedelt.

1186 Über die damaligen Folgen von Erbscheinsanträgen in der DDR (enteignungsähnliche und devisenrechtliche Maßnahmen usw.) vgl. Pernutz MDR 1963, 713.

1187 Vgl. Pernutz MDR 1963, 713.

1188 Lange/Kuchinke § 39 I 3.

1189 Trittel DNotZ 1991, 243; Kersten/Bühling/Wegmann § 103 Rz. 40.

Durch Erbvertrag von 1986 hatte sie ihren Sohn als Erben eingesetzt, durch Testament von 1987 ihre in der DDR lebende Tochter. Sie stirbt 1988 in der Bundesrepublik. Da die DDR den Erbvertrag nicht anerkannte, erhielt die Tochter aufgrund Testaments vom Staatlichen Notariat einen Alleinerbschein. Dieser Erbschein ist jetzt als unrichtig einzuziehen. Denn in Wirklichkeit war die Tochter nur bezüglich des DDR-Grundbesitzes aufgrund Testaments Erbin (§ 25 II RAG/DDR), bezüglich des Restvermögens war der Sohn Erbe aufgrund Erbvertrags.

d) **bei Vorerbschaft/Nacherbschaft** (in der DDR beseitigt, § 371 II ZGB);

e) **bei Testamentsvollstreckung** (Rz. 390).

2.1.4.2 Westdeutsche Erbscheine

483 In zahlreichen Fällen wurden Westdeutschen bis 3. 10. 1990 gewöhnliche Erbscheine nach BGB erteilt, obwohl sie (auch) Immobilien in der ehemaligen DDR geerbt hatten, welche unter Umständen nach Art. 235 § 1 I EGBGB, Art. 3 III EGBGB, § 25 II DDR-RAG (Rechtsanwendungsgesetz) gemäß dem DDR-ZGB vererbt wurden;[1190] die Antragsteller wussten entweder nichts von diesem „Besitz" oder hielten ihn angesichts der politischen Verhältnisse in der DDR für wertlos und daher nicht erwähnenswert. Die bis 3. 10. 1989 erteilten West-Erbscheine sind daher mangels negativen Geltungsvermerks („Gilt nicht für DDR-Grundbesitz") an sich (zumindest seit dem 3. 10. 1990) unrichtig.[1191] Man könnte diese Erbscheine daher nach § 2361 BGB einziehen und dann (auf Antrag) neue Erbscheine erteilen, die äußerlich zusammengefasst[1192] einesteils das DDR-Immobilienvermögen, andererseits das sonstige Immobilienvermögen und das bewegliche Vermögen betreffen (Rz. 396 ff.). Da hunderttausende Verfahren betroffen gewesen wären, wollten die Nachlassgerichte keine aufwendige Einziehung vornehmen; die Begründung lautete, dass keine Unrichtigkeit, nur eine Unvollständigkeit vorliege.

484 Die Praxis hält es zu Recht für zulässig, dass entweder

a) im alten West-Erbschein (allerdings in *allen* umlaufenden Ausfertigungen!) lediglich nachträglich ein Geltungsvermerk („Gilt auch für den Grundbesitz in …") angebracht wird,[1193] *wenn* die Erbfolge in das DDR-Grundvermögen richtig wiedergegeben ist, was vom DDR-ZGB bzw. früheren DDR-BGB (bei Erbfällen vor dem 1. 1. 1976[1194]; Tabelle Rz. 396 ff.) abhängt. Oder:

b) Die Ergänzung kann stattdessen auch durch einen weiteren gesondert beantragten und auf die DDR-Immobilien beschränkten Teil-Erbschein erfol-

1190 BayObLG Rpfleger 1994, 299; OLG Zweibrücken Rpfleger 1993, 113; KG OLGZ 1992, 279.

1191 Schotten/Johnen DtZ 1991, 261.

1192 Notariat Stuttgart-Botnang FamRZ 1994, 658.

1193 BayObLG FamRZ 1994, 723; KG OLGZ 1992, 279; LG München I FamRZ 1991, 1489; LG Berlin FamRZ 1991, 1361; 1992, 230; Trittel DNotZ 1992, 450; Henrich FamRZ 1991, 1362; Sandweg BWNotZ 1991, 45, 52.

1194 Dazu KG FGPrax 1996, 104; vgl. BezG Erfurt DtZ 1994, 77.

gen;[1195] eine Einziehung des West-Erbscheins entfällt. Es handelt sich dabei nicht um einen gegenständlich beschränkten Fremdrechtserbschein nach dem damaligen § 2369 BGB, sondern um einen „beschränkten Eigenrechtserbschein". Man sollte ihn als Teilerbschein bezeichnen.[1196]

Ein gegenständlich auf **unbewegliches Vermögen in der ehemaligen DDR** 485
beschränkter Erbschein ist unrichtig und daher nach h. M.[1197] einzuziehen, wenn sich in der ehemaligen DDR kein Grundstück befindet bzw. befand, weil es beispielsweise enteignet wurde. Der Anspruch nach §§ 3 ff. Vermögensgesetz fällt nicht in den Anwendungsbereich des § 25 II RAG, so dass in Ansehung dieser Ansprüche auch eine Nachlassspaltung nicht eingetreten sein kann. Im BGH – Fall war Alleinerbfolge gegeben, sowohl nach BGB wie nach der irrigen Anwendung des DDR-ZGB; gleichwohl hielt der BGH[1198] die Einziehung des Erbscheins (der fälschlich von unbeweglichem Vermögen in der ehemaligen DDR und von der Anwendung von DDR-Recht sprach) für geboten, weil er die materiellrechtliche Stellung der Alleinerbin unzutreffend beschreibe; da aus dem unrichtigen Erbschein keine Gefahren erwachsen konnten war die Einziehung meines Erachtens überflüssig, eine Berichtigung hätte genügt.

2.1.5 Unverständlichkeit, Widersprüchlichkeit

Unverständlichkeit und innere Widersprüche stehen einer materiellen Unrich- 486
tigkeit gleich.[1199] Beispiel: wenn die Summe der Erbquoten bei Miterben weniger oder mehr als 100 % ausmacht.[1200]

2.1.6 Beispiele für Unrichtigkeit

2.1.6.1 Fallgruppe §§ 2353 ff. BGB

a) Angabe eines falschen Alleinerben. 487
b) Angabe eines falschen Miterben.
c) Falsche Erbquoten bei Miterben.[1201]
d) Falsche Angabe eines Erbanteils in einem Teilerbschein.
e) Der Erbfall ist noch gar nicht eingetreten, der Erblasser lebt noch; dieser Erbschein ist im Übrigen nichtig.
f) Fehlender **Geltungsvermerk**: hinterlässt ein deutscher Erblasser im Ausland in bestimmten Ländern Grundstücke, dann war nach der Rechtspre-

1195 BayObLG FamRZ 1994, 726 (Gottwald); LG Berlin FamRZ 1991, 1361; LG Aachen Rpfleger 1991, 460; Henrich FamRZ 1991, 1362.

1196 LG Berlin FamRZ 1991, 1361.

1197 BGH FamRZ 1995, 1567; OLG Hamm FamRZ 1995, 1092; KG ZEV 1996, 234; a. A. BayObLG FamRZ 1995, 1089.

1198 BGH FamRZ 1995, 1567.

1199 KG RJA 17, 56/58.

1200 A. A. Scheer S. 101: kein Fall von Einziehung, da Dritte die Unrichtigkeit erkennen könnten.

1201 BayObLG 1982, 236/245; KG OLG 16, 191; Scheer S. 98.

chung[1202] im Erbschein ein Geltungsvermerk anzubringen. Nach der seit 1.9.2009 geltenden Fassung des § 2369 a.F. BGB (der seit 17.8.2015 aufgehoben ist) war ein Geltungsvermerk *von Amts wegen* nicht mehr anzubringen,[1203] nur auf Antrag. Fehlt der Vermerk, war der Erbschein nach h.M. einzuziehen (auch dann, wenn sich erst später herausstellt, dass ausländischer Grundbesitz zum Nachlass gehörte).

2.1.6.2 Fallgruppe Vorerbschaft – Nacherbschaft (§ 352b I FamFG)

488 a) Fehlen des Nacherbenvermerks, obwohl die Beschränkung des Vorerben durch Nacherbschaft zur Zeit der Erteilung noch besteht.[1204]

b) Wenn ein Nacherbenvermerk im Erbschein angegeben ist, obwohl der Erblasser keine Nacherbfolge angeordnet hat,[1205] weil ein Verstoß gegen § 352b I FamFG vorliegt. In diesen Fällen hat entweder der Erbe keinen entsprechenden Antrag gestellt, dann ist der unrichtige Erbschein schon aus diesem Grund einzuziehen. Oder der Vorerbe fasste sich zunächst selbst nur als Vorerben auf und ändert nun seine Meinung: dann ist er durch den unrichtigen Vermerk im Erbschein, da die Nacherbschaft im Grundbuch eingetragen wird (§ 51 GBO), in seinen Geschäften beeinträchtigt (§§ 2113 ff. BGB), was durch Einziehung am einfachsten zu lösen ist.

c) Der Nacherbenvermerk enthält nicht die nach § 352b I FamFG erforderlichen Angaben;[1206] wenn im Erbschein des Vorerben eine falsche Person als Nacherbe angegeben ist;[1207] denn die Angabe des Nacherben ist gesetzlich vorgeschrieben und bezweckt, dem Rechtsverkehr zu zeigen, wer gegebenenfalls zustimmen muss, damit bestimmte Verfügungen des Vorerben wirksam sind. Andernfalls müsste der unrichtige Vermerk im Grundbuch (§ 51 GBO) durch Klage gegen den vermeintlichen Nacherben beseitigt werden, was umständlicher erscheint. Zur Ergänzung um den Namen vgl. Rz. 505.

d) Wenn die Voraussetzungen, unter denen der Nacherbfall eintritt, unrichtig angegeben sind,[1208] z.B. eine falsche Bedingung oder Befristung; ob die Angaben am öffentlichen Glauben (§§ 2365 ff. BGB) teilnehmen spielt insoweit keine Rolle; dasselbe gilt, wenn die Voraussetzungen, unter denen der Nacherbfall eintritt, überhaupt nicht aufgeführt sind,[1209] obwohl eine Gefährdung Dritter nicht vorkommen kann.

1202 BayObLG NJW 1960, 775; KG Rpfleger 1984, 358.

1203 OLG Düsseldorf ZEV 2015, 169. Offengelassen BGH ZEV 2014, 500.

1204 BayObLG FamRZ 1993, 1370; KGJ 46, 141/2.

1205 OLG Frankfurt Rpfleger 1978, 310/311; OLG Schleswig SchlHA 1964, 259; BayObLG 1975, 62; a.A. Scheer S. 115, 182, weil es nicht Aufgabe der Einziehung sei, die Beeinträchtigung des Vorerben zu verhindern.

1206 BayObLG FamRZ 2001, 873; KGJ 31 A 124.

1207 KGJ 31 A 124/130; Scheer S. 119: a.A. BayObLG 8, 411; OLG Braunschweig OLG 16, 66.

1208 KG OLG 38, 1/2; LG Mannheim MDR 1961, 58; Saupe S. 90; Scheer S. 120.

1209 A.A. Scheer S. 122.

e) Im Nacherbenvermerk sind in Wirklichkeit nicht bestehende Befreiungen (§ 2136 BGB) angegeben.[1210] 489

f) Wenn die tatsächliche Befreiung eines Vorerben von den Verfügungsbeschränkungen des § 2136 nicht angegeben ist,[1211] weil der Erbschein eine notwendige Angabe dann nicht enthält.

g) Wenn dem Vorerben noch ein Erbschein erteilt wird, obwohl die Nacherbfolge bereits eingetreten ist;[1212] über Ausnahmen vgl. Rz. 380.

h) Wenn dem Nacherben der Erbschein *vor* Eintritt der Nacherbfolge erteilt worden ist;[1213]

i) Wenn zu Unrecht die Unvererblichkeit des Nacherbenrechts angegeben ist oder umgekehrt die bestehende Unvererblichkeit nicht angegeben ist (Rz. 361).

j) Wenn Ersatznacherbfolge zu Unrecht angegeben ist oder eine bestehende Ersatznacherbfolge zu Unrecht nicht angegeben ist.

k) Wenn der Erbschein zu Unrecht ein Vorausvermächtnis zugunsten des Vorerben ausweist;[1214] wenn ein tatsächlich zugunsten des Vorerben angeordnetes Vorausvermächtnis zu Unrecht nicht angeben ist,[1215] weil der Vorerbe dadurch im Rechtsverkehr behindert ist.

l) Wenn im Erbschein für den Nacherben der Beginn seines Erbrechts unrichtig (oder nicht) angegeben ist;[1216] denn der Tag des Anfalls der Nacherbschaft ist im Erbschein anzugeben („Erbe seit dem …")[1217] und nimmt am öffentlichen Glauben teil, er gehört zum Erbscheinsinhalt.

m) Der Tod des Nacherben vor dem Nacherbfall bei Vererblichkeit des Nacherbenrechts macht den Erbschein des Vorerben nicht unrichtig.[1218] Wenn der im Erbschein (mit Vermerk der Abkömmlinge als Ersatznacherben) bezeichnete Nacherbe im Zeitpunkt der Erteilung bereits verstorben ist, ist der Erbschein dagegen unrichtig gewesen,[1219] denn im Erbschein ist (nach Möglichkeit namentlich) anzugeben, wer Nacherbe ist. Durch einen Wechsel in der Person des Nacherben wird der Erbschein unrichtig und ist einzuziehen.

1210 BayObLGZ 1960, 407/410; unbestritten.

1211 KGJ 44, 77; KG JFG 5, 157/160; LG Berlin DFG 1942, 148: a. A. Scheer S. 117, weil § 2361 BGB insoweit nicht schützen wolle. Zur Eintragung bei unklaren Befristungen vgl. OLG Schleswig FamRZ 2015, 958.

1212 OLG Frankfurt FamRZ 1998, 1394.

1213 BayObLGZ 1951, 561/566.

1214 MünchKomm/Grziwotz § 2361 Rz. 3; Scheer S. 117.

1215 BayObLGZ 1960, 407/410; KGJ JFG 21, 122/126; a. A. Scheer S. 118.

1216 OLG Hamm JMBlNRW 1962, 63; Köster Rpfleger 2000, 133/141; Scheer S. 106; offen gelassen vom BayObLG MittBayNot 1997, 44.

1217 BayObLG NJW-RR 1990, 199; KGJ 50, 86; Köster Rpfleger 2000, 133/141.

1218 Vgl. KGJ 24 A 185, 189; Scheer S. 146.

1219 BayObLG FamRZ 1999, 816; BayObLG FamRZ 1988, 542 für den Fall, dass der ausgewiesene Nacherbe stirbt und das Nacherbenrecht gemäß § 2108 II BGB auf dessen Erben übergeht.

n) Ein Rücktrittsvorbehalt hinsichtlich des Erbverzichts (§ 2346 BGB) führt, wenn er nach dem Erbfall ausgeübt wird, zur Erbfolge; das muss im Erbschein als Vor- und Nacherbfolge vermerkt werden.

o) Nach h.M.[1220] wird ein den Vorerben ausweisender Erbschein unrichtig, wenn der **Nacherbfall eingetreten** ist; zweifelhaft, weil der Vorerben-Erbschein nur noch eine historische Rechtslage betrifft. Vgl. Rz. 480.

p) Der Wegfall der Beschränkung durch Nacherbfolge gemäß § 2306 BGB ist eine gesetzliche Rechtsfolge, die keiner Aufnahme in den Erbschein bedarf; ein nachträglicher Eintritt dieser Voraussetzung macht den Erbschein jedoch unrichtig.[1221] Ein Erbschein wird auch dadurch unrichtig, dass die Nacherbschaft aufgrund Rechtsgeschäfts wegfällt, z.B. wenn der Nacherbe seine Anwartschaft auf den Vorerben überträgt.[1222]

2.1.6.3 Fallgruppe Testamentsvollstreckung (§ 2368 BGB; § 354 II FamFG)

490 a) Fehlen des Testamentsvollstreckungsvermerks.[1223]

b) Unrichtigkeit des Testamentsvollstreckungsvermerks.[1224]

c) Wenn er eine Testamentsvollstreckung ausweist, obwohl sie den Erben in seiner Verfügungsmacht nicht beschränkt, z.B. im Fall des § 2208 I BGB oder im Fall des § 2223 BGB.[1225]

d) Wenn eine Nacherbenvollstreckung (§ 2222 BGB) im Erbschein nicht erwähnt ist (er übt die Rechte des Nacherben vor Eintritt der Nacherbfolge aus).

e) Wenn eine Beschränkung der Testamentsvollstreckung auf einzelne Nachlassgegenstände im Erbschein nicht vermerkt ist.[1226]

f) Wenn eine gegenständliche Beschränkung zu Unrecht angegeben ist.[1227]

g) Wenn der Erbschein zu Unrecht ein Vorausvermächtnis angibt; wenn ein bestehendes Vorausvermächtnis nicht angegeben ist, weil der Vermächtnisnehmer dann nicht uneingeschränkt verfügen kann.[1228]

h) Nach h.M.[1229] wird ein Erbschein mit Testamentsvollstreckervermerk unrichtig, wenn die Testamentsvollstreckung wegfällt (gegenstandslos wird, überholt ist), weshalb er einzuziehen ist. Vgl. Rz. 480.

1220 OLG Köln Rpfleger 2003, 193; BayObLG Rpfleger 2002, 28/29; OLG Hamm NJW 1974, 1827/8; OLG Jena FamRZ 1994, 1208; LG Bonn MittRhNotK 1984, 123; KGJ 48, 112.

1221 OLG Schleswig NJW 1961, 1929 (Lange).

1222 LG Berlin DNotZ 1976, 569.

1223 BayObLGZ 1981, 236, 245; OLG Frankfurt Rpfleger 1978, 310.

1224 OLG Zweibrücken FamRZ 2000, 323 (Berichtigung unzulässig); OLG Frankfurt Rpfleger 1978, 310/311; OLG Hamburg OLG 32, 81; a.A. Scheer S. 126, 182.

1225 Vgl. KGJ 43, 92, 95; a.A. Scheer S. 128.

1226 LG Mönchengladbach Rpfleger 1982, 382 m. Anm. Heinen/Sigloch S. 426.

1227 A.A. Scheer S. 130; Bartholomeyczik, Erbeinsetzung, S. 320: die Beschränkung gehört nicht in den Erbschein, sondern ins Testamentsvollstreckerzeugnis.

1228 KG JFG 21, 122, 126 = HRR 1940 Nr 539.

1229 OLG Köln FamRZ 1993, 1124; OLG Jena FamRZ 1994, 1208; OLG Hamm OLGZ 1983, 59.

2.1.6.4 Fallgruppe Fremdrechtserbschein

Der Fremdrechtserbschein ist unrichtig, wenn das Nachlassgericht international 491
nicht zuständig war; nach h. M. weiterhin, wenn er das vom deutschen Nachlassgericht angewandte ausländische Erbrecht nicht oder falsch nennt;[1230] der BGH[1231] begründet dies damit, dass sonst die erbrechtliche Stellung unzutreffend beschrieben werde, weil je nach Sachrecht z. B. das Pflichtteilsrecht und die Erbenhaftung unterschiedlich seien. Das ist zweifelhaft, denn die Angabe ist nicht vorgeschrieben und auch ohne Gutglaubensfunktion,[1232] der Erbschein hat nicht die Aufgabe, dem Nichterben Hinweise auf seine Rechtslage zu geben. Wenn ein deutsches Nachlassgericht in Anwendung moslemischen Erbrechts (Iran, Dt.-Persisches Niederlassungsabk.) 1970 bei Inlandsbezogenheit einen Erbschein erteilte, wonach die Söhne 14/40 und die Töchter 7/14, also immer die Hälfte laut Koran, kraft Gesetzes erben, dann kann dieser Erbschein 2020 wegen Verstoß gegen den ordre publik (Art. 6 EGBGB) eingezogen werden.[1233]

2.1.6.5 Sonstige Fälle

Wenn der Nachweis für die gesetzliche Lebensvermutung eines Verschollenen 492
zur Zeit des Erbfalles fehlt, so ist der Erbschein unrichtig.[1234] Ebenso, wenn zum Nachlass ein Hof im Sinne der HöfeO gehört und entgegen § 18 II HöfeO der Hoferbe im Erbschein nicht genannt ist.[1235] Ist ein gegenständlich beschränkter Erbschein (§ 352c FamFG) erteilt worden, obwohl kein Auslandsvermögen vorhanden ist, liegt Unrichtigkeit vor.[1236] Ist bei Erbfällen bis 16. 8. 2015 ein vorläufiger gemeinschaftlicher Erbschein mit unbestimmten Quoten erteilt worden (Rz. 341), ist er nach h. M. (dazu Rz. 505) einzuziehen, wenn die Quoten später feststehen und dann ein endgültiger Erbschein erteilt wird.[1237] Ist bei unbestimmten Miterben ein Erbschein erteilt worden (Rz. 342) und sodann ein Pfleger für diese Personen bestellt worden, dann ist der Erbschein nach deren Geburt einzuziehen.[1238]

1230 BGH FamRZ 1995, 1567; auch für den Fall, dass im Erbschein Anwendung von DDR-ZGB bezeugt wird, während richtig das BGB anzuwenden war, obwohl nach beiden Regelungen Alleinerbschaft vorlag; BayObLGZ 1961, 4/22; OLG Düsseldorf NJW 1963, 2227/2230; KG Rpfleger 1977, 307; vgl. ferner BGH WM 1976, 1137, 1139; KGJ 36 A 109/113. A. A. LG Frankfurt MDR 1976, 668 (keine Einziehung); Griem S. 191 (Einziehung nur bei unterschiedlicher Rechtsstellung des Erben).

1231 BGHZ 131, 22.

1232 LG Frankfurt MDR 1976, 668.

1233 OLG München NJW-RR 2021, 138.

1234 OLG Frankfurt Rpfleger 1953, 36.

1235 KG JW 1936, 3403.

1236 OLG Karlsruhe ZEV 2015, 306; OLG Brandenburg NJW-RR 2012, 10 (keinerlei Anhaltspunkte für Auslandsvermögen).

1237 KGJ 42 A 128; Lange/Kuchinke § 39 IV 2.

1238 OLG Hamm Rpfleger 1969, 299; Lange/Kuchinke § 39 IV 2.

2.2 Formelle Unrichtigkeit

493 Hier sind im Erbscheinserteilungsverfahren Verfahrensfehler unterlaufen, der Erbschein ist aber inhaltlich richtig. Auf diesen Fall ist § 2361 BGB nicht zugeschnitten; die h. M.[1239] wendet gleichwohl aus praktischen Erwägungen § 2361 BGB analog an, obwohl eine „Lücke" nicht vorhanden ist. Die Rechtsprechung sagt, dass solche Fehler „nur in schwerwiegenden Fällen" eine Einziehung begründen können;[1240] eine brauchbare Abgrenzung, wann ein Fehler „schwerwiegend" ist und wann nicht, ist bisher nicht gelungen. Bezüglich der Kosten ist zu beachten, dass bei Einziehung eine Nichterhebung wegen unrichtiger Sachbehandlung in Frage kommt (§ 21 GNotKG);[1241] vgl. Rz. 319.

2.2.1 Erteilung durch ein örtlich unzuständiges Nachlassgericht

494 Solche Fälle können (bei Erbfällen bis 16.8.2015) vorkommen, wenn z. B. der Ort, an dem der Erblasser gelebt hat, als Wohnort aufgefasst wurde, obwohl es sich in Wirklichkeit nur um einen Aufenthaltsort handelte. Die Erteilungsanordnung eines örtlich unzuständigen Gerichts ist nicht nichtig (§ 2 III FamFG). Auch der von ihm erteilte Erbschein ist nicht nichtig; nach h. M. hat er aber keinen Bestand: analog § 2361 I BGB wird ein Erbschein (ohne Rücksicht auf seine sachliche Richtigkeit) nach h. M.[1242] als unrichtig und einziehungsbedürftig behandelt, wenn er von einem **international**[1243] **oder örtlich**[1244] **unzuständigen Nachlassgericht** erteilt worden ist; Grund soll sein, dass die Vorschriften über die örtliche Zuständigkeit zwingend sind und außerdem sonst die Gefahr der Erteilung zweier einander widersprechender Erbscheine besteht. Andere sehen dies zu Recht weniger streng;[1245] das neuere Verfahrensrecht misst der Zuständigkeitsfrage zu Recht immer weniger Bedeutung zu (vgl. § 513 II ZPO). Wenn der Erbschein inhaltlich richtig ist, hat die Einziehung keinen Sinn und ist vom Text des § 2361 BGB nicht erfasst.

2.2.2 Erteilung durch ein sachlich unzuständiges Gericht

495 Hat das Nachlassgericht anstelle des Landwirtschaftsgerichts (oder umgekehrt) den Erbschein erteilt (Rz. 128), ist er wirksam, aber wegen Unzuständigkeit (§ 18 II HöfeO; § 12 II LwVG) einzuziehen; das überzeugt nicht, weil es sich lediglich um verschiedene Abteilungen des Amtsgerichts handelt (wenngleich mit ver-

1239 MünchKomm/Grziwotz § 2361 Rz. 9.

1240 BayObLG FGPrax 2003, 130.

1241 BayObLG FamRZ 1997, 126.

1242 BayObLG Rpfleger 1975, 304; BayObLG Rpfleger 1981, 112/3; BayObLGZ 1977, 59, 61; OLG Hamm OLGZ 1972, 352.

1243 OLG Düsseldorf ErbR 2021, 241; OLG Zweibrücken FamRZ 2002, 1146. Ebenso bei interlokaler Unzuständigkeit (betraf Zuständigkeitsverhältnis Bundesrepublik – DDR; aus politischen Gründen wurde teils die DDR nicht als Ausland angesehen, das Wort „interlokal" daher erfunden).

1244 BayObLG Rpfleger 1977, 61; OLG Hamm OLGZ 1972, 352; Weiß Rpfleger 1984, 389.

1245 BGH Rpfleger 1976, 174; dazu Weiß Rpfleger 1984, 389/392; OLG Köln FGPrax 2015, 129.

schiedener Besetzung und Verfahrensweise). Das kommt vor, wenn ein Erbschein über das hoffreie Vermögen vom Nachlassgericht erteilt wird.

2.2.3 Erteilung durch eine unzuständige Person

Hat ein **Justizbeamter** (Justizinspektor anstelle eines Richters oder Rechtspflegers) den Erbschein erteilt, ist er unwirksam und eine Einziehung ist erforderlich.[1246] Nimmt ein **Rechtspfleger** ein ihm nach dem Gesetz nicht übertragenes und auch nicht übertragbares Geschäft wahr (z.B. Erbscheinserteilung), so ist seine Entscheidung nach § 8 IV 1 RPflG unwirksam und im Rechtsmittelverfahren aufzuheben, auch wenn sie inhaltlich richtig ist.[1247] Hat ein Rechtspfleger einen Erbschein aufgrund gesetzlicher Erbfolge nach deutschem Recht erteilt, obwohl wegen eines (angeblich) vorliegenden Testaments der Richter zuständig gewesen wäre (§ 16 I Nr. 6, § 16 II RPflG), ist, da eine Übertragung möglich gewesen wäre (§ 16 II RPflG), keine Einziehung erforderlich;[1248] vgl. § 8 II RPflG. Der Erbschein ist aber einzuziehen, wenn er vom Rechtspfleger statt vom Richter erteilt ist *und* wenn die Sache nicht auf den Rechtspfleger übertragen werden konnte (§ 8 IV RPflG).[1249] In beiden Fällen ist der Erbschein bis zur Einziehung wirksam, nicht etwa nichtig. Der Richter ist anstelle des Rechtspflegers funktional zuständig, wenn die Anwendung ausländischen Rechts, wenn auch nur bezüglich der Vorfragen (z.B. eheliches Güterrecht), in Betracht kommt.[1250] Immer ist jedoch § 19 RPflG (**Landesrecht**) zu beachten, wonach das (unterschiedliche) Landesrecht Richteraufgaben auf den Rechtspfleger übertragen kann, aber nicht bei Einwänden gegen die beantragte Entscheidung. **Einwände** gegen eine beantragte Entscheidung im Sinne des § 19 II RPflG sind nicht nur solche, die von Verfahrensbeteiligten oder Dritten erhoben werden, sondern auch solche, die der Rechtspfleger des Nachlassgerichts erhebt. Soweit sich der Rechtspfleger aufgrund eigener Einwände an einer antragsgemäßen Entscheidung gehindert sieht, hat er das Verfahren dem Nachlassrichter zur weiteren Bearbeitung vorzulegen.[1251] Es kommt nicht darauf an, ob der Rechtspfleger die Einwände eines Beteiligten für stichhaltig hält oder nicht.[1252] 496

Erteilt der **Richter** anstelle des Rechtspflegers den Erbschein: keine Einziehung, 497 vgl. § 8 I RPflG.[1253] Erteilt der **Beschwerdesenat** des OLG anstelle des Nachlassgerichts den Erbschein, ist die Rechtslage streitig; § 2 III FamFG spricht für Wirksamkeit, aber Einziehung auf Anregung oder Beschwerde hin (wenig überzeugend, weil die zweite Instanz grds. dieselbe Kompetenz wie die erste hat). Ebenso ist es, wenn das Nachlassgericht anstelle des Landwirtschaftsgerichts

1246 OLG Frankfurt NJW 1968, 1289.
1247 BGH NJW-RR 2005, 1299.
1248 BayObLG FamRZ 1997, 1370; BayObLGZ 1977, 59/63; Weiß Rpfleger 1984, 389, 393.
1249 BayObLG Rpfleger 1977, 210; LG Koblenz DNotZ 1969, 431.
1250 OLG Hamm FGPrax 2024, 232.
1251 OLG Oldenburg NJW-RR 2024, 1202.
1252 OLG Hamm BeckRS 2024, 22943.
1253 MünchKomm/Grziwotz § 2361 Rz. 13.

einen inhaltlich richtigen Erbschein erteilt hat;[1254] vgl. Rz. 495. Nicht unrichtig geworden ist ein Erbschein über das hoffreie Vermögen, der bisher vom Nachlassgericht statt vom Landwirtschaftsgericht erteilt ist; denn welches Gericht zuständig ist, war Jahrzehnte umstritten; es geht nicht an, nach der klarstellenden Entscheidung des BGH[1255] eine Einziehung der alten Erbscheine zu betreiben; das hat der BGH für einen vergleichbaren Fall entschieden[1256] und wurde auch in den Wiedervereinigungsfällen so gehandhabt (vgl. Rz. 481 ff.).

2.2.4 Erbscheinserteilung ohne Antrag

498 Ein Erbschein wird nach § 2353 BGB nur auf Antrag erteilt. Er muss von einem Antragsberechtigten herrühren. Der Antrag muss sich auf einen bestimmten dem Erbschein zu gebenden Inhalt richten.[1257] Das Nachlassgericht ist an den Antrag gebunden (Rz. 271). Es darf bei Erteilung des Erbscheins vom Antrag nicht inhaltlich abweichen, es darf z. B. keinen allgemeinen Erbschein statt eines beantragten gegenständlich beschränkten Erbscheins erteilen,[1258] keinen Erbschein mit Nacherbenvermerk oder Testamentsvollstreckervermerk, wenn der Vermerk nicht beantragt wurde; oder einen Miterben-Erbschein mit ¾ zu ¼, wenn 3/5 zu 2/5 beantragt wurden

499 Weicht der Inhalt des Erbscheins vom Inhalt des gestellten Antrags ab (Rz. 271) oder ist er ohne Antrag oder auf Antrag eines Nichtberechtigten erteilt, ist der Erbschein wegen formeller Unrichtigkeit von Amts wegen einzuziehen, auch wenn er inhaltlich richtig sein sollte. Die Einziehung entfällt aber, wenn der antragslos erteilte Erbschein nachträglich – auch schlüssig – vom Berechtigten genehmigt wird.[1259] Bei Miterben genügt die **Genehmigung** eines von ihnen,[1260] da auch ein Miterbe allein einen Antrag stellen kann (§ 352a FamFG). Die Genehmigung liegt z. B. im Gebrauchmachen durch Vorlage bei Banken, Grundbuchamt; auch darin, dass der Erbscheinsinhaber einem Einziehungsantrag ausdrücklich entgegentritt;[1261] unter Umständen auch in der Zahlung der Gerichtsgebühren für den Erbschein. Wenn ein Beteiligter kein Rechtsmittel gegen den Feststellungsbeschluss eingelegt hat, kann dies noch nicht als schlüssige Genehmigung des später erteilten Erbscheins verstanden werden.[1262] Wenn bei einem quotenlosen Erbschein (§ 352a II 2 FamFG) die Verzichtserklärungen der Miterben von Anfang an fehlten, ist er einzuziehen.[1263]

1254 Für grundsätzliche Einziehung MünchKomm/Grziwotz § 2361 Rz. 12.
1255 BGH NJW 1988, 2739.
1256 BGH Rpfleger 1976, 174 (obiter dictum).
1257 BayObLGZ 1957, 1/8 f.; BayObLG FamRZ 1995, 1028.
1258 RGZ 156, 172/180; BayObLGZ 1967, 1; BayObLG FamRZ 2001, 1181; OLG Hamm NJW 1968, 1682.
1259 BayObLG FamRZ 2001, 1181; FamRZ 1996, 1438; BayObLGZ 1959, 390/400; OLG Hamm, OLGZ 1972, 352/357.
1260 BayObLGZ 1971, 34/45.
1261 BayObLG FamRZ 2003, 1595/1601 (Erbschein mit Testamentsvollstreckervermerk, Vermerk war nicht beantragt worden).
1262 BayObLG FamRZ 2001, 1181.
1263 OLG Frankfurt ErbR 2022, 632 mAnm. Lamberz.

Der Grund für die Einziehung ist letztlich, dass auch der nicht gewünschte Erbschein erhebliche Kosten verursacht; er darf daher den Beteiligten, die ihn in dieser Form gar nicht wollten, nicht aufgedrängt werden. Wird er eingezogen, können die Gerichtskosten niedergeschlagen werden (§ 21 GNotKG); Rz. 319. 500

2.2.5 Unrichtiger Berufungsgrund

Ist ein Erbschein beantragt, der die Erben aufgrund gewillkürter Erbfolge ausweisen soll, so kann aufgrund dieses Antrages kein Erbschein gemäß gesetzlicher Erbfolge erteilt werden, auch wenn sich die Erben und die Erbquoten decken; ein gleichwohl erteilter Erbschein ist unrichtig.[1264] Er kann aber von den betroffenen Erben nachträglich genehmigt werden (Rz. 499). 501

2.2.6 Fehlendes Rechtsschutzbedürfnis

Ein Erbscheinantrag kann nicht deshalb abgelehnt werden, weil der Auftragsteller ihn wegen Vollmacht über den Todesfall nicht benötige; oder weil der Nachlass geringwertig sei; oder weil der Nachlass überschuldet sei. Das BayObLG[1265] hat die Auffassung vertreten, ein gegenständlich auf das DDR-Vermögen beschränkter Erbschein dürfe wegen fehlenden Rechtsschutzbedürfnisses nicht erteilt werden, wenn keine Anhaltspunkte dafür bestehen, dass im Zeitpunkt des Erbfalls weiteres der Nachlassspaltung unterliegendes Vermögen in der ehemaligen DDR vorhanden war. Ein gleichwohl erteilter Erbschein sei wegen dieses Verfahrensmangels einzuziehen; das verdient keine Zustimmung. Ein Verstoß gegen Treu und Glauben, wenn die Einziehung des Erbscheins von demjenigen betrieben wird, der den Erbschein vor 30 Jahren selbst beantragt hat, wurde bejaht.[1266] 502

2.2.7 Erbschein ohne erforderlichen Geltungsvermerk

Erbscheine nach § 2353 BGB müssen nach h. M. in bestimmten Fällen einen Geltungsvermerk enthalten („ Gilt nicht für das in Österreich belegene unbewegliche Vermögen"; vgl. Rz. 495). Zumindest seit 17. 8. 2015 (Aufhebung des § 2369 BGB) ist das nicht mehr zutreffend. Fehlte dieser Vermerk, soll die Einziehung erforderlich sein.[1267] 503

2.2.8 Sonstige Verfahrensfehler

Verfahrensfehler können nur in schwerwiegenden Fällen die Einziehung eines Erbscheins begründen.[1268] Eine mangelhafte oder fehlende Erteilungsanordnung oder deren unterbliebene Bekanntmachung sind unschädlich,[1269] weil der Erbschein als Zeugnis auch ohne eine solche Anordnung erteilt werden kann. 504

1264 BayObLG FamRZ 1996, 1438 = NJW-RR 1996, 1160 = ZEV 1996, 390 (Jerschke).
1265 BayObLG ZEV 1998, 475 = Rpfleger 1999, 76.
1266 OLG Hamm BeckRS 2024, 22938 (LS). Kaum vertretbar.
1267 Vgl. MünchKomm/Grziwotz § 2353 Rz. 17.
1268 BayObLG FamRZ 1997, 126.
1269 Weiß Rpfleger 1984, 389/90.

Wird der Erbschein erteilt, obwohl der Antragsteller die nach § 352 I, II FamFG geforderten Angaben nicht machte, ist er gleichwohl nicht einzuziehen, wenn er inhaltlich richtig ist. Die Verletzung des rechtlichen Gehörs allein rechtfertigt noch nicht die Einziehung;[1270] ebenso Mängel bei der Zeugenvernehmung (z. B. Öffentlichkeit). Die unterlassene Eröffnung und Verkündung des Testaments (§ 348 FamFG) führt nicht zur Einziehung des Erbscheins; ebenso ist das Fehlen eines Feststellungsbeschlusses (§ 352e I FamFG) unschädlich; desgleichen, wenn die zugrunde liegende eidesstattliche Versicherung (§ 352 III FamFG) falsch ist oder nicht ordnungsgemäß abgegeben wurde,[1271] der Erbschein aber inhaltlich richtig ist. Wird auf Antrag *eines* Miterben ein gemeinschaftlicher Erbschein erteilt und stellt sich später heraus, dass ein anderer Miterbe die Erbschaft in Wirklichkeit nicht angenommen hatte, ist der Erbschein deswegen nicht unrichtig; er ist erst einzuziehen, wenn die form- und fristgerechte Ausschlagung nachgewiesen ist.[1272]

2.3 Trotz Unrichtigkeit keine Einziehung

505 Hier hat der Erbschein Mängel, die weder den öffentlichen Glauben beeinträchtigen, noch im Rechtsverkehr zu Problemen führen können, noch gesetzliche Vorschriften (§§ 352b I, II FamFG) verletzen: in Frage kommt dann eine Berichtigung (Rz. 455), manchmal ist auch nichts veranlasst (Rz. 455). Auch überflüssige und unzulässige Zusätze im Erbschein machen die Einziehung nicht erforderlich.[1273] Das sind insbesondere Angaben, auf die sich die Vermutung des § 2365 BGB und der öffentliche Glaube nach §§ 2366, 2367 BGB nicht erstrecken.

Beispiele:

Ist der Erbe beim Erbfall minderjährig und enthält der Erbschein daher einen Hinweis auf die damals bestehende gesetzliche Vertretung, ist dieser Hinweis zwar mit Eintritt der Volljährigkeit überflüssig geworden; dies veranlasst aber keine Einziehung.[1274] Ist im Erbschein für den Vorerben zwar die Nacherbfolge angeben, nicht aber der Name des Nacherben, wird überwiegend die Ansicht vertreten, der Erbschein sei nicht unrichtig, nur unvollständig und klarstellungsbedürftig.[1275]

Einen „vorläufigen gemeinschaftlichen Erbschein" (Rz. 341), in dem alle Miterben angeben sind, aber noch nicht die Erbquoten, hält die Rechtsprechung[1276] und ein Teil der Literatur[1277] bei Erbfällen bis 16. 8. 2015 für zulässig, weil ein Bedürfnis dafür besteht. Wird später die Quote bekannt, fragt sich, ob der quo-

1270 BGH NJW 1963, 1972.
1271 BayObLGZ 1961, 4/10.
1272 OLG Stuttgart RJA 12, 203.
1273 Vgl. KG OLG 40, 155 Fn 1 f: Name des Testamentsvollstreckers auf dem Erbschein.
1274 BayObLG FamRZ 1997, 126.
1275 Weißler S. 378; Scheer S. 119; a. A. Saupe S. 90.
1276 KGJ 42 A 128; a. A. KGJ 22 A 61; offengelassen BayObLG 1962, 47/54.
1277 Lange/Kuchinke § 39 IV 2.

tenlose Erbschein einzuziehen ist;[1278] da keine Gefährdung eintreten kann, sollte man das verneinen. Für Erbfälle ab 17.8.2015 regelt § 352a II 2 FamFG die Frage.

Durch die Veräußerung oder Verpfändung eines Erbteils durch den Miterben wird der Erbschein nicht unrichtig;[1279] vgl. Rz. 260.

Der an Miterben erteilte Erbschein ist nicht deswegen einzuziehen, weil ein anderer Miterbe die Erbschaft noch nicht angenommen, aber auch noch nicht ausgeschlagen hat.[1280]

3. Einziehungsverfahren

3.1 Zuständiges Gericht

Zuständig für die Einziehung des Erbscheins ist das **Nachlassgericht** (in Baden-Württemberg früher: unter Umständen Notariat; Rz. 127), das den Erbschein erteilt hat;[1281] das folgt aus dem Wortlaut des § 2361 I 1 BGB („so hat ihn … "). Dies gilt selbst dann, wenn dieses Nachlassgericht für die Erteilung seinerzeit international oder örtlich unzuständig war[1282] oder wenn der Wohnsitz des Verstorbenen später infolge Gebietsreform einem anderen AG-Bezirk zugewiesen wird.[1283] Es darf also nicht ein anderes an sich für die Erteilung des Erbscheins allein oder zugleich zuständiges Nachlassgericht (z. B. bei doppeltem Wohnsitz des Erblassers) die Einziehung vornehmen. Hat das **Landwirtschaftsgericht** (Rz. 128) einen unrichtigen Erbschein erteilt, ist es für die Einziehung zuständig. Hat das Nachlassgericht einen Erbschein erteilt, obwohl dafür das Landwirtschaftsgericht zuständig gewesen wäre, soll das örtlich (§ 10 LwVG) zuständige Landwirtschaftsgericht (und nicht das Nachlassgericht) zur Einziehung und Kraftloserklärung zuständig sein; zweifelhaft. Werden gegen das Einziehungsverfahren von Beteiligten *Einwendungen* erhoben, ist nicht der Rechtspfleger, sondern der Richter zuständig.[1284] Für die Einziehung eines in **Baden-Württemberg** vor dem 1. 1. 2018 von einem Notar als Nachlassrichter erlassenen Erbscheins (damals nach dem BadWüLGG zuständig) ist der Rechtspfleger funktionell zuständig.[1285] 506

Wenn ein Erblasser vor dem 3. 10. 1990 mit letztem Wohnsitz im Gebiet der ehemaligen DDR verstarb, ist für die Einziehung des vom **Staatlichen Notariat** erteilten Erbscheins das Wohnsitz – Nachlassgericht nach § 343 I FamFG zustän- 507

1278 Bejahend KGJ 42 A 128; Lange/Kuchinke § 39 IV 2.
1279 Vgl. RGZ 64, 173; a. M. Endemann JW 1910, 89.
1280 OLG München DFG 1937, 21 (LS).
1281 BayObLGZ 1964, 291/292; BayObLG Rpfleger 1975, 304; 1981, 112; OLG Hamm OLGZ 1972, 352/353; KGJ 44, 104.
1282 BayObLGZ 1977, 59.
1283 OLG Frankfurt Rpfleger 1981, 21.
1284 OLG Köln ErbR 2023, 156.
1285 OLG Karlsruhe FGPrax 2023, 131.

dig,[1286] da die Staatlichen DDR-Notariate aufgelöst sind. Ist damals ein Nachlassgericht der Bundesrepublik tätig geworden (z. B. für Erbscheine zu Lastenausgleichszwecken, für gegenständlich beschränkte Erbscheine), obwohl der Erblasser mit letztem Wohnsitz in der DDR verstarb, ist für die Einziehung nicht das westdeutsche Nachlassgericht (unter dem Gesichtspunkt der Kontinuität) weiterhin zuständig, sondern die Notzuständigkeit ist erloschen, das nach § 343 I FamFG allgemein zuständige Nachlassgericht ist für die Einziehung zuständig.[1287]

Für die Einziehung eines Erbscheins, den ein Staatliches Notariat der ehemaligen DDR in Bezug auf dort belegenes Vermögen nach einem mit letztem Wohnsitz im Gebiet der *alten* Bundesländer verstorbenen Erblasser erteilt hat, ist seit dem 3. 10. 1990 das gemäß § 343 I FamFG örtlich zuständige Nachlassgericht zuständig.[1288]

Beispiel:

E verstarb 1974 mit letztem Wohnsitz in München und hinterließ ein Haus in Ost-Berlin; das Staatliche Notariat Ost-Berlin erteilte 1981 einen Erbschein, der die DDR (!) als Erbin auswies. Das AG München ist für die Einziehung des unrichtigen DDR-Erbscheins zuständig.

508 Wurde ein einzuziehender Erbschein von einem Nachlassgericht in einem Gebiet erteilt, an dem deutsche Gerichtsbarkeit nicht mehr ausgeübt wird (**Böhmen und Mähren** usw.), richtet sich die Zuständigkeit für die Einziehung nach dem Zuständigkeitsergänzungsgesetz (Rz. 140): Das AG Berlin-Schöneberg ist befugt, die Entscheidung über die Einziehung eines von ihm erteilten Erbscheins auf ein anderes Gericht zu übertragen, wenn es ihn als zentrales Nachlassgericht erteilt hat;[1289] die Abgabe hat bindende Wirkung.[1290]

509 Das **Beschwerdegericht** (OLG) kann einen Erbschein nicht selbst einziehen, sondern nur das Nachlassgericht dazu anweisen.[1291] Eine derartige Entscheidung des OLG wäre aber nicht nichtig, nur anfechtbar.[1292] Hat ein OLG als Beschwerdegericht einen Erbschein zu Unrecht selbst erteilt, ist dieser vom untergeordneten Nachlassgericht einzuziehen.[1293]

Die Anordnung der Einziehung ist dem **Richter** vorbehalten, wenn ein Erbschein vom Richter erteilt oder er wegen einer Verfügung von Todes wegen

1286 MünchKomm/Grziwotz § 2361 Rz. 36, 37.
1287 KG Rpfleger 1992, 487; OLG Bremen Rpfleger 1994, 113; OLG Köln FGPrax 1996, 226.
1288 KG FGPrax 2000, 120 = Rpfleger 2000, 275.
1289 KG OLGZ 1966, 127 = Rpfleger 1966, 208.
1290 KG NJW 1960, 538; OLG Hamm Rpfleger 1962, 277 (Keidel).
1291 OLG Köln Rpfleger 2003, 193/5; BayObLG FamRZ 1991, 618; FamRZ 2001, 873; OLG Celle NdsRpfl 1955, 189.
1292 BayObLG FamRZ 1991, 618.
1293 KG RJA 16, 40.

einzuziehen ist (§ 16 I Nr. 7 RPflG); sonst ist der **Rechtspfleger** zuständig. Zum Landesrecht vgl. § 19 RPflG.

Die Kraftloserklärung ist, wenn sie Annexhandlung der Einziehung ist (z.B. Erbschein aufgrund Gesetzes, der wegen falscher Erbquotenberechnung unrichtig war), immer ein Rechtspflegergeschäft,[1294] andernfalls besteht Richterzuständigkeit.

3.2 Einziehung von Amts wegen oder auf Antrag

Die Einziehung des Erbscheins erfolgt von Amts wegen oder auf „Antrag"; aus § 2361 I BGB (der im Gegensatz zu § 2353 BGB keinen Antrag erwähnt) ergibt sich, dass solche „Anträge" nur die Bedeutung von Anregungen haben, von Amts wegen tätig zu werden.[1295] Der Einziehungsantrag muss deshalb keinen bestimmten Inhalt haben;[1296] es gibt keine „Antragsberechtigten". Jedermann kann die Einziehung anregen. Das Verfahren ist also von einer Antragstellung unabhängig.[1297] Anlass zur Einleitung eines Einziehungsverfahrens besteht immer dann, wenn sich irgendwie ergibt, dass der erteilte Erbschein möglicherweise unrichtig ist. Wenn das Grundbuchamt bei der Bearbeitung einer Grundbuchsache feststellt, dass ein Erbschein unrichtig ist, hat es das Nachlassgericht zu benachrichtigen.[1298] Ist ein Erbschein aufgrund eines Testaments erteilt worden und geht eine Anfechtungserklärung bezüglich dieses Testaments ein (§§ 2078, 2081 BGB), ist daher zu prüfen, ob die Anfechtung Anlass gibt, ein Verfahren nach § 2361 BGB einzuleiten.[1299] Anträge auf Ergänzung oder Berichtigung des Erbscheins sind, falls nicht zulässig (Rz. 455), als Anträge auf Einziehung und Neuerteilung aufzufassen, wenn dies dem Willen des Antragstellers entspricht. Die Einziehung setzt eine wirksame Erteilung voraus.[1300] 510

Für unrichtige Erbscheine für vor dem 1. 7. 1949 geborene und daher bisher nicht erbberechtigte Kinder gelten Sonderregelungen.[1301]

Differenzierung. Die Unrichtigkeit des Erbscheins führt nach dem Wortlaut der Vorschrift, auf den sich die h. M.[1302] stützt, *immer* zur Einziehung von Amts wegen. Nimmt man § 26 FamFG wörtlich, könnte das Nachlassgericht sogar ins Blaue hinein und ohne konkreten Verdacht von Amts wegen ermitteln, ob längst erteilte Erbscheine noch richtig sind. Die Einziehung löst Gerichtskosten aus (KV 12215 GNotKG); sie führt beim Erbscheinsbesitzer zu erheblichen Belastungen (der vor vielen Jahren erteilte Erbschein muss zeitaufwendig gesucht werden, sonst drohen die Kosten der Kraftloserklärung), beim Nachlassgericht 511

1294 Meyer-Stolte Rpfleger 1982, 204; Dallmayer/Eickmann RPflG § 16 Rz. 46.
1295 Das wird oft verkannt; vgl. OLG Köln NJW-RR 1994, 1421.
1296 RGZ 61, 274/7.
1297 BayObLGZ 1952, 291/3.
1298 Vgl. BGH NJW 1992, 1884.
1299 BayObLG NJW-RR 2002, 726.
1300 BayObLGZ 1960, 267/271; BayObLG Rpfleger 1961, 437.
1301 Grüneberg/Weidlich EGBGB Art. 227 Rz. 5.
1302 Grüneberg/Weidlich § 2361 Rz. 2.

ebenfalls. Man sollte deshalb § 2361 BGB **restriktiv auslegen** und differenzieren:

- Fälle, in denen eine Berichtigung oder Ergänzung des Erbscheins möglich ist (oder überhaupt nichts veranlasst ist), eine Einziehung daher ausscheidet (Rz. 455);
- Fälle, in denen der Erbschein zwar unrichtig ist, bei denen aber aus dem Umlauf des Erbscheins keine Gefahren mehr drohen können, weshalb eine Einziehung nur auf Anregung/Antrag/Beschwerde eines Beteiligten erfolgen soll (Rz. 480);
- Fälle, in denen von Amts wegen einzuziehen ist, unabhängig vom Willen der Beteiligten.

512 Eine **Anregung zur Einziehung** ist meines Erachtens in zwei Fällen erforderlich:

a) Bei der durch spätere tatsächliche Entwicklungen entstandenen Unrichtigkeit, z. B. Eintritt des **Nacherbfalls**. Denn hier war der Erbschein für den Vorerben bei Erteilung objektiv richtig. Der Fall ist nicht anders als jener zu bewerten, in dem A stirbt und von B beerbt wird; dann stirbt B und wird von C beerbt: hier kommt niemand auf die Idee, den Erbschein A/B einzuziehen, obwohl er nicht mehr „richtig" ist; denn er kann keinen Schaden mehr anrichten. Deshalb ist kein ausreichender Grund vorhanden, in beruhigte Verhältnisse einzugreifen, einen dem Vorerben erteilten Erbschein *von Amts wegen* deshalb einzuziehen, weil inzwischen der Nacherbfall eingetreten ist;[1303] anders ist es nur, wenn die Einziehung angeregt wird.[1304]

b) Auch wenn ein **Testamentsvollstrecker** seine Aufgaben erfüllt hat, besteht kein Anlass, den Erbschein mit Testamentsvollstreckervermerk einzuziehen, wenn es von niemand angeregt wird.[1305]

3.3 Verhältnis Einziehungsantrag – Beschwerde

513 Gegen die erfolgte Erteilung des Erbscheins ist der Einziehungsantrag nach § 2361 BGB statthaft; die Rechtsprechung gibt dem Betroffenen *wahlweise*[1306] daneben die Beschwerde an das OLG mit dem Antrag, das OLG möge das Nachlassgericht zur Einziehung anweisen (§ 352e FamFG). Hat das Nachlassgericht nach Beschwerde entsprechend der Rechtsauffassung des OLG einen Erbschein erteilt, so (bei Zulassung) kann im Wege der Rechtsbeschwerde dessen Einziehung beantragt werden.[1307]

Die Besonderheit ist, dass hier ein anzufechtender Beschluss des Nachlassgerichts (vgl. § 58 FamFG) fehlt, weil das Nachlassgericht den Einziehungsantrag

1303 A. A. die h. M., z. B. OLG Jena FamRZ 1994, 1208 (Einziehungsantrag lag jedoch vor); OLG Köln Rpfleger 2003, 193.

1304 Offengelassen vom BayObLG FamRZ 1999, 816.

1305 A. A. die h. M., z. B. OLG Hamm OLGZ 1983, 59.

1306 BayObLG FamRZ 1996, 1113; FamRZ 1990, 301.

1307 BayObLG FamRZ 1996, 1304 = NJW-RR 1997, 389.

noch nicht abgelehnt hat, mit ihm überhaupt noch nicht befasst war. Vgl. Rz. 546.

3.4 Verzicht auf das „Antragsrecht"

Ein Antragsberechtigter kann einseitig oder durch Vereinbarung auf sein Antragsrecht verzichten. Bei § 2361 BGB ist aber ein „Antrag" nicht Verfahrensvoraussetzung. Wird deshalb zwischen streitenden Erben vereinbart, dass nur A einen Erbscheinsantrag stellt und B auf einen Einziehungsantrag gegen den zu erteilenden Erbschein verzichtet, ist letzteres ohne Bedeutung; niemand kann B hindern, später eine Einziehung beim Nachlassgericht anzuregen. Vgl. Rz. 255. 514

3.5 Umfang der Ermittlungen

Ein Erbschein kann auch dann eingezogen werden, wenn seit seiner Erteilung ein langer Zeitraum verstrichen ist.[1308] Eine **zeitliche Grenze** besteht nicht.[1309] Freilich können Verfügung des bisherigen Scheinerben u. U. nicht mehr rückgängig gemacht werden z. B. wegen Verjährung. **Verwirkung** oder **Treu und Glauben** stehen der Einziehung nicht entgegen; wenn die dem Erbschein zugrunde gelegte Testamentsauslegung von den Beteiligten lange Zeit nicht in Frage gestellt wurde, ist das aber von Bedeutung;[1310] anders das OLG München[1311] bei einem 50 Jahre alten Erbschein wegen anderer rechtlicher Bewertung. Beruhigte Rechtsverhältnisse sollte das Nachlassgericht nicht von sich aus aufwühlen. Das OLG Hamm[1312] bejaht einen Verstoß gegen Treu und Glauben, wenn die Einziehung des Erbscheins von demjenigen betrieben wird, der den Erbschein vor 30 Jahren selbst beantragt hat; wenn der Erbschein unrichtig ist, ist das nicht vertretbar. 515

Ermittlungen müssen vorgenommen werden, wenn ein „Antrag" auf Einziehung hierzu Veranlassung bietet.[1313] Im Übrigen kann das Nachlassgericht jederzeit von Amts wegen ermitteln (§ 26 FamFG), wenn nach der Erteilung des Erbscheins Zweifel an der Richtigkeit auftreten. Vor der Einziehungsanordnung muss dem im Erbschein genannten „Erben" rechtliches Gehör gewährt werden.

Nachträglich aufgetauchte **Zweifel an dem bezeugten Erbrecht** berechtigen nicht schon zur Einziehung des Erbscheins vor Erschöpfung der vorhandenen Beweismittel; vielmehr ist über die Einziehung *erst nach abschließender Aufklä-*

1308 BGHZ 47, 58 = NJW 1967, 1126; BayObLGZ 1966, 233; BayObLGZ 1963, 19/26.

1309 OLG München NJW-RR 2021, 138: Einziehung nach 50 Jahren; BayObLG Rpfleger 1989, 22: Einziehung nach 28 Jahren; BayObLG FamRZ 1997, 1365: Einziehung nach 52 Jahren; BayObLG FGPrax 2003, 130: 45 Jahre; OLG Köln Rpfleger 2003, 193: nach 27 Jahren.

1310 BayObLG NJW-RR 1997, 836.

1311 OLG München NJW-RR 2021, 138: Fremdrechtserbschein nach iranischem Recht, wonach die Töchter 1 Anteil, die Söhne 2 Anteile erben; Verstoß gegen den ordre public.

1312 OLG Hamm BeckRS 2024, 22938 (LS).

1313 KGJ 36 A 114, 166.

rung zu entscheiden.[1314] Auch die Eröffnung eines nachträglich zur Kenntnis des Nachlassgerichts gekommenen, mit dem erteilten Erbschein nicht in Einklang stehenden Testaments führt daher nicht zur *sofortigen* Einziehung des widersprechenden Erbscheins, sondern rechtfertigt die Einziehung des Erbscheins erst nach Feststellung der Gültigkeit des Testaments (z.B. durch Anhörung der Beteiligten, Erholung eines Gutachtens zur Echtheit).[1315] Ebenso ist es, wenn ein Testament angefochten wird, auf dessen Grundlage ein Erbschein erteilt worden ist.

Der Grundsatz der Ermittlung von Amts wegen verpflichtet das Gericht, alle zur Aufklärung des Sachverhalts dienlichen Beweise zu erheben, soweit das Vorbringen der Beteiligten und der festgestellte Sachverhalt hierzu Anlass geben. Es darf die Ermittlungen erst abschließen und über die Einziehung des Erbscheins entscheiden, wenn von weiteren Ermittlungen ein sachdienliches, die Entscheidung beeinflussendes Ergebnis nicht mehr zu erwarten ist.[1316] Ist nach Erschöpfung der Beweismittel die Überzeugung des Nachlassgerichts von dem bezeugten Erbrecht über den bloßen Zweifel hinaus so erschüttert, dass er jetzt nicht mehr erteilt würde, so ist der Erbschein einzuziehen; die Unrichtigkeit des Erbscheins muss nicht nachgewiesen sein oder werden.[1317]

Versäumt ein Beteiligter die ihm obliegende Verfahrensförderungspflicht, indem er z.B. nur eine Kopie und (obwohl er dazu in der Lage wäre) trotz Aufforderung kein Original des Testaments vorlegt, kann es sein, dass trotz §26 FamFG eine weitere Amtsermittlungspflicht des Nachlassgerichts entfällt.[1318] Die rechtswirksame Ernennung eines Testamentsvollstreckers nach §2200 ist im Einziehungsverfahren nicht zu prüfen, da die Anordnung der Testamentsvollstreckung selbst davon unberührt bleibt und nur diese, nicht aber der Name des Vollstreckers, im Erbschein anzugeben ist.[1319]

3.6 Zeuge – Beteiligter

516 Derjenige, welcher im einzuziehenden Erbschein als Erbe bezeichnet ist, ist nicht Zeuge im Einziehungsverfahren. Im Verfahren über die Einziehung des dem Nacherben nach dem Tod des Vorerben erteilten Erbscheins darf daher der Nacherbe nicht als Zeuge vernommen werden.[1320]

1314 BGHZ 40, 54 = NJW 1963, 1972; BayObLGZ 1966, 233; BayObLG FamRZ 1997, 1370; OLG Köln Rpfleger 2003, 193; a.M. noch BayObLG NJW 1963, 158.

1315 KG OLG 42, 147 Fn 1.

1316 BayObLG FamRZ 1997, 1370.

1317 BGHZ 40, 54 = NJW 1963, 1972; OLG Köln NJW 1962, 1727/8; BayObLGZ 1966, 233, 236; OLG Düsseldorf MDR 1978, 142; OLG Zweibrücken OLGZ 1984, 3/10.

1318 BayObLG NJW-RR 2002, 726.

1319 OLG Hamburg NJW 1965, 1968.

1320 BayObLG FamRZ 1997, 772.

3.7 Vorläufige Einziehung, einstweilige Rückgabe; Sicherungsmaßnahmen

Während der Dauer der Ermittlungen des Nachlassgerichts bleibt der Erbschein weiterhin existent; er wird nicht (vorläufig) eingezogen. Einstweilige sichernde Maßnahmen für den Fall, dass die aufgetauchten Zweifel sich als begründet erweisen, sind nur eingeschränkt möglich. 517

Eine **vorläufige Einziehung des Erbscheins** durch das Nachlassgericht bis zum Abschluss weiterer Ermittlungen ist unzulässig, weil eine entsprechende Regelung (vgl. den Widerspruch im Grundbuchrecht, § 899 BGB; § 53 GBO) fehlt.[1321] Es wird aber auch das Gegenteil vertreten.[1322] 518

Das Nachlassgericht kann (von Amts wegen oder auf Antrag) eine **einstweilige Anordnung** erlassen,[1323] d. h. die einstweilige Rückgabe der Erbscheinsausfertigungen an das Nachlassgericht anordnen (das ist aber keine „Einziehung“,[1324] führt aber dazu. dass der Besitzer dem Grundbuchamt oder der Bank keinen Erbschein mehr vorlegen kann). Ein Verbot an den „Erben“, sich jeglicher Verfügung über Nachlassgegenstände zu enthalten, kann dagegen nur vom Prozessgericht (z. B. durch einstweilige Verfügung) ausgesprochen werden.[1325] Denn nach § 49 I FamFG kann das Gericht durch einstweilige Anordnung eine vorläufige Maßnahme treffen, soweit dies nach den für das Rechtsverhältnis maßgebenden Vorschriften gerechtfertigt ist und ein dringendes Bedürfnis für ein sofortiges Tätigwerden besteht. Die Maßnahme kann einen bestehenden Zustand sichern oder vorläufig regeln. Deshalb kann durch Beschluss angeordnet werden, dass der Erbscheinsbesitzer den Erbschein bis zum Abschluss der Ermittlungen zu den Akten gibt. Die (erlaubte) Aufforderung zur Rückgabe unterscheidet sich von der (unerlaubten) vorläufigen Einziehung nur dadurch, dass erstere nicht zur Kraftlosigkeit führte, letztere aber ein Kraftloswerden zumindest suggeriert. 519

Ab 17. 8. 2015 wurden § 2361 II, III BGB aufgehoben.[1326] Zuvor: „Kann der Erbschein nicht sofort erlangt werden, so hat ihn das Nachlassgericht durch Beschluss für kraftlos zu erklären“. Das setzte ein vollständig durchgeführtes Einziehungsverfahren voraus, bloße Zweifel an der Richtigkeit des Erbscheins genügen nicht. Jetzt lautet § 353 I FamFG: „Kann der Erbschein *im Verfahren über die Einziehung* nicht sofort erlangt werden …“. Daraus kann man den Schluss

---

1321 BGHZ 40, 54, 59 = NJW 1963, 1972; Schopp Rpfleger 1983, 264/5. Das FamFG hat daran nichts geändert, vgl. aber § 49 FamFG.

1322 Lange/Kuchinke § 39 VI 2 „Einziehung im Wege einstweiliger Anordnung“.

1323 OLG München FGPrax 2023, 260 und FamRZ 2021, 62 = ZEV 2020, 246 (LS); OLG Saarbrücken NJW-RR 2012, 588; OLG Naumburg FGPrax 2012, 118; Klumpp BWNotZ 2014, 145; Sternal/Giers FamFG § 49 Rz. 10; Zimmermann FGPrax 2006, 189; Lindacher NJW 1974, 20; Lange/Kuchinke § 39 VI 2; a. A. Schopp Rpfleger 1983, 264.

1324 OLG München ZEV 2024, 58.

1325 OLG München FamRZ 2021, 62 = NJW-RR 2020, 463 = ZEV 2020, 246 (LS).

1326 IntErbRVG u. a., G.v.29. 6. 2015, BGBl 2015, 1042.

ziehen, dass nun schon bei Einleitung eines Einziehungsverfahrens der Erbschein „zurückgefordert“ werden kann (was keine Einziehung im Sinne von § 2361 BGB ist) und, wenn sich der Erbscheinsbesitzer weigert, eine Kraftloserklärung möglich ist. Durch die Kraftloserklärung wird dann der Erbschein (auf Verdacht !) unwirksam gemacht und wenn es dann nicht zur Einziehung kommt, muss der Berechtigte einen neuen Erbschein (kostenpflichtig) beantragen.

520 Ist **Beschwerde** eingelegt, kann das OLG nach § 64 III FamFG vor der Entscheidung eine einstweilige Anordnung erlassen. gerichtet auf *einstweilige Rückgabe* des Erbscheins zu den Akten.[1327] Eine solche einstweilige Anordnung würde allerdings nur beschränkt nützen, weil nur die endgültige Einziehung das gewünschte Ergebnis, nämlich das Kraftloswerden des Erbscheins, hat,[1328] wie der Wortlaut des § 2361 I 2 BGB zeigt; die Rückgabe des Erbscheins an das Nachlassgericht (freiwillig oder) aufgrund einer einstweiligen Anordnung des OLG hat nicht die Wirkung einer Einziehung.[1329] Die Gutglaubenswirkung setzt nicht voraus, dass der Erbschein vorgezeigt wird; die Anordnung vorläufiger Rückgabe hindert den Erbscheinsbesitzer faktisch dann an Verfügungen über den Nachlass, wenn der Geschäftspartner (z. B. das Grundbuchamt, die Bank) die Vorlage eines Erbscheins verlangt; sie hätte im Übrigen auch abschreckende Bedeutung.

521 Denkbar wäre auch eine **einstweilige Verfügung** des Prozessgerichts (Antragsteller: der wahre Erbe) gegen den Erbscheinsbesitzer (gestützt auf § 2362 BGB; §§ 935 ff. ZPO) auf Verwahrung des Erbscheins durch das Nachlassgericht.[1330] Streitwert: ca. 1/3 des Nettonachlasses (§ 3 ZPO). Da der an die Erteilung des Erbscheins geknüpfte öffentliche Glaube (§§ 2366, 2367 BGB) nicht den Besitz des Erbscheins voraussetzt, schließen auch diese Maßnahmen die Gefahr gutgläubigen Dritterwerbs und befreiender Leistung an den Erbscheins-Erben nicht völlig aus. Zulässig wären weiter einstweilige Verfügungen des Prozessgerichts, wonach dem vermeintlichen Erben Verfügungen hinsichtlich bestimmter Nachlassgegenstände verboten werden. Das Nachlassgericht könnte solche „einstweilige Verfügungen“ nicht erlassen.

3.8 Die Rückgabe des Erbscheins ohne Einziehung

522 Befindet sich der Erbschein bzw. alle von ihm erteilten Ausfertigungen bereits wieder beim Nachlassgericht, z. B. weil der darin aufgeführte Erbe nach Auffinden eines anderslautenden Testaments dieses Testament und den Erbschein von sich aus freiwillig beim Nachlassgericht abgibt, dann fragt sich, ob zusätzlich noch eine (gebührenpflichtige) Einziehungsanordnung erforderlich ist. Aus

1327 BGH NJW 1963, 1972; OLG Köln OLGZ 1990, 303 (einstweilige Anordnung auf Rückgabe zu den Akten); BayObLG FamRZ 1990, 1162 und FamRZ 1993, 116.

1328 BGH NJW 1963, 1972; a. A. Lindacher NJW 1974, 20 (Suspendierung des öffentlichen Glaubens während der Dauer der Verwahrung).

1329 OLG München FGPrax 2023, 260; BayObLG FamRZ 1990, 1162.

1330 BGH NJW 1963, 1972.

§ 2361 I BGB ergibt sich, dass ein Erbschein erst mit Einziehung kraftlos ist. Deshalb muss die Einziehung noch durch die nachfolgende Einziehungsanordnung und deren Bekanntgabe vollendet werden.[1331] Eine bloße „aktenmäßige Aufhebung" des Erbscheins ist nicht möglich.

Ebenso dürfte es sein, wenn der Erbschein vom Besitzer nach einem rechtskräftigen Urteil gemäß § 2362 BGB zurückgeben wird.[1332]

Die Erteilung kann nicht durch Handeln des Beteiligten allein rückgängig gemacht werden.

Gibt der Erbe während eines Einziehungsverfahrens den Erbschein beim Nachlassgericht freiwillig oder aufgrund einstweiliger Anordnung ab, ist der Erbschein damit noch nicht eingezogen; er kann also, wenn die Einziehung abgelehnt wird, einfach wieder ausgehändigt werden.

3.9 Bindung an frühere Entscheidungen

Formell rechtskräftige Entscheidungen in Erbscheinssachen gibt es z. B. in Form 523
des Feststellungsbeschlusses (§ 352e FamFG). Liegt ausnahmsweise formelle Rechtskraft vor, erwächst die Entscheidung nicht in materielle Rechtskraft.[1333] Denn nach § 2361 BGB sind unrichtige Erbscheine einzuziehen; auch wenn früher ein Einziehungsantrag, der ein Amtsverfahren auslöste, zurückgewiesen wurde und die Einziehungsanregung wiederholt wird; es besteht keine Bindung an die frühere Entscheidung, z. B. des OLG. Es entfällt daher auch nicht die Auseinandersetzung mit neuen Argumenten (bei den alten Argumenten genügt Bezugnahme). Denn andernfalls könnte ein nun als unrichtig erkannter Erbschein entgegen § 2361 BGB nicht eingezogen werden, wenn früher die Einziehung bereits einmal formell abgelehnt wurde.

3.10 Entscheidung des Nachlassgerichts

Beschluss: „Der Erbschein des Nachlassgerichts ... vom ... wird nicht eingezo- 524
gen." Gründe ...

Keine Kostenentscheidung, aber eventuell Entscheidung nach § 81 ff. FamFG. Man sollte nicht schreiben: „Der Antrag ... wird zurückgewiesen", weil § 2361 BGB ein Amtsverfahren statuiert, ein „Antrag" im Rechtssinne daher nur eine Anregung ist. Man sollte auch nicht formulieren: „Die Anfechtung des Testaments wird zurückgewiesen;" einen solchen Tenor gibt es nicht; gemeint ist eine Ablehnung der Einziehung des Erbscheins.[1334] Der Beschluss wird formlos mitgeteilt.

Oder:

I. Der Erbschein des Nachlassgerichts ... vom ... wird eingezogen.

1331 BayObLG FamRZ 2001, 1181; BayObLGZ 1960, 501/504 = Rpfleger 1961, 437.
1332 Vgl. BayObLG FamRZ 2001, 1181.
1333 BayObLG FGPrax 2003, 130; BGH 47, 59.
1334 BayObLG FamRZ 1997, 1179; FamRZ 1990, 1037; OLG Köln FamRZ 1993, 1124.

II. Der Beteiligte X hat die ihm erteilte Ausfertigung des Erbscheins binnen einer Woche dem Nachlassgericht zurückzugeben; die gewaltsame Wegnahme des Erbscheins wird angedroht. Kann der Erbschein nicht sofort erlangt werden, wird der Erbschein für kraftlos erklärt werden.

Gründe ... Die Herausgabe wird nach §§ 86 ff. FamFG vollstreckt,[1335] nicht nach § 35 FamFG.[1336] Ggf. ist auf die Folgen der Nichtablieferung (Zwangsmittel: Wegnahme, Zwangsgeld) hinzuweisen; Kraftloserklärung nach § 353 I FamFG. Eine Kostenentscheidung ist vorgeschrieben (§ 353 II FamFG), sie ergeht nach §§ 81 ff. FamFG. Wird sie vergessen, kann sie ohne Frist nachgeholt werden,[1337] nach a. A.[1338] nur im Verfahren nach § 43 FamFG (also befristet).

Verfügung: Beschluss zustellen an X ... (bzw. an alle, die laut Akteninhalt ein Original oder eine Ausfertigung erhalten haben).

Der Einziehungsbeschluss kann mit der Erteilung eines neuen Erbscheins verbunden werden.[1339]

525 **Kosten** für die Einziehung oder Kraftloserklärung eines Erbscheins: KV 12215 Nr. 1, 31000 ff. GNotKG. Wenn das Gericht nichts entschieden hat, gibt es keinen Gebührenschuldner, denn § 22 I GNotKG ist bei einem Amtsverfahren nicht einschlägig. Die Niederschlagung von Kosten wegen unrichtiger Sachbehandlung regelt § 21 GNotKG.

526 **Rechtsmittel.** Die verfügte, aber noch nicht vollzogene Einziehung ist mit Beschwerde anfechtbar (§ 58 FamFG). Die vollzogene Einziehung des Erbscheins kann nicht wieder rückgängig gemacht werden; die Anordnung kann jedoch im Wege der Beschwerde mit dem Ziel der Erteilung eines neuen gleichlautenden Erbscheins angefochten werden.[1340] In diesem Falle kann ein Erbscheinsantrag, der eigentlich an das Nachlassgericht zu stellen ist, auch im Beschwerdeverfahren beim Beschwerdegericht gestellt werden; § 352e III FamFG.

527 **Steuerliche Folgen:** Die Einziehung des Erbscheines führt nicht zur Nichtigkeit der Steuerbescheide, die an die im aufgehobenen Erbschein als Erben bezeichneten Personen bekannt gegeben worden sind.[1341]

1335 Grüneberg/Weidlich § 2361 Rz. 9.
1336 So aber Staudinger/Herzog § 2361 Rz. 33.
1337 BeckOKFamFG/Schlögel § 353 Rz. 5.
1338 OLG Jena FamRZ 2014, 1732.
1339 BayObLG FamRZ 2001, 873.
1340 BayObLG FamRZ 2001, 1181; KG OLGZ 1971, 215/6.
1341 BFH NV 2001, 1522.

4. Durchführung der Einziehung

Der Einziehungstatbestand besteht aus zwei Phasen: 528

- Einziehungsbeschluss des Nachlassgerichts. Er geht meist der tatsächlichen Rückgabe voraus, kann aber auch nachfolgen.[1342] Vgl. Rz. 522.
- tatsächliche Durchführung: das ist die tatsächliche Rücknahme aller erteilten Ausfertigungen.

Vollstreckung: gemäß § 86 ff. FamFG (streitig, vgl. Rz. 524). Statt Kraftloserklä- 529 rung, oder neben ihr, etwa wenn der Beteiligte einräumt, den Erbschein in Besitz zu haben, ihn aber trotz des Einziehungsbeschlusses nicht herausgeben will. Die Vollstreckung erfolgt durch den Gerichtsvollzieher im Auftrag des Nachlassgerichts. Dieser Beschluss muss dem Beteiligten nicht *vorher* mitgeteilt werden, aber jedenfalls gleichzeitig (§ 87 II FamFG).

Da jede Ausfertigung im Rechtsverkehr die Urschrift vertritt, ist erst mit der Ablieferung sämtlicher Ausfertigungen des Erbscheins die Einziehung durchgeführt. Ist noch eine Ausfertigung der Urschrift des Erbscheins im Verkehr, so ist das Erbscheinsverfahren noch nicht abgeschlossen und der Erbschein noch nicht kraftlos.[1343] Fotokopien und Abschriften des Erbscheins, auch beglaubigte, müssen nicht eingezogen werden.[1344] Ist von mehreren in einer Urkunde zusammen gefassten Erbscheinen (Sammelerbschein; A ist von B, B ist von C beerbt worden) nur einer einzuziehen, so ist das auf den Bestand der anderen ohne Einfluss. Es wird ein neuer Erbschein mit dem Inhalt der alten unter Weglassung des unrichtigen oder unzulässigen Erbscheins erteilt und die Kraftloserklärung auf letzteren beschränkt.[1345]

Der zu den Akten in Vollzug einer Einziehung zurückgekommene Erbschein 530 darf nicht weggeworfen werden, sondern wird nur **unbrauchbar** gemacht (Durchstreichen mit Rotstift, Lochungen, Querschrift „Ungültig"); dies gehört aber nicht mehr zum Einziehungstatbestand. Die Einziehung kann nicht mehr dadurch rückgängig gemacht werden, dass der eingezogene Erbschein erneut in Verkehr gebracht wird;[1346] eine Neuerteilung wäre notwendig.

5. Kraftloserklärung

a) Kann der Erbschein nicht sofort erlangt werden und ist die Vollstreckung 531 voraussichtlich aussichtslos, so hat ihn das Nachlassgericht durch Beschluss für kraftlos zu erklären (§ 353 I 1 FamFG). Steht (ausnahmsweise) fest, dass

---

1342 BayObLG FamRZ 2001, 1181.

1343 BayObLGZ 1966, 233, 235; OLG Oldenburg DNotZ 1958, 263 (Keidel) = NdsRpfl 1958, 154.

1344 OLG München DFG 1937, 21.

1345 KGJ 50, 96; KG OLG 37, 261.

1346 OLG Köln NJW 1962, 1727; KG JFG 10, 79, 80 = HRR 1933 Nr 732.

eine Einziehungsanordnung keinen Erfolg haben wird, so kann auch sogleich die Kraftloserklärung erfolgen.[1347]

Beschluss:

Der Erbschein des Nachlassgerichts ... vom ... in der Nachlasssache XY, gestorben am ..., zuletzt wohnhaft gewesen in ..., Aktenzeichen VI ..., wird für kraftlos erklärt.

Verfügung: Anordnung der öffentlichen Bekanntmachung nach §§ 353 I 4, 435 FamFG.

b) Die Aufhebbarkeit der Kraftloserklärung wird teils verneint;[1348] die Abänderung ist aber sinnvoll und möglich, solange die Veröffentlichung der Kraftloserklärung noch nicht erfolgt ist.

c) Ist der Erbschein durch vollzogene Kraftloserklärung unwirksam geworden und taucht er dann auf, ist eine anschließende Einziehung unnötig; es genügt, wenn der Erbschein, falls freiwillig abgegeben, zu den Akten genommen wird.

6. Der Anspruch des wirklichen Erben auf Herausgabe des unrichtigen Erbscheins

6.1 Klage im Zivilprozess

532 Der Gesetzgeber hält unrichtige Erbscheine für so gefährlich, dass er mehrere Möglichkeiten eröffnet:

- Anregung nach § 2361 BGB (FamFG-Verfahren; Amtsermittlung; kein Kostenrisiko für den „Antragsteller"; Auswirkung auf den guten Glauben, § 2366 BGB).
- Der wirkliche Erbe kann von dem Besitzer eines unrichtigen Erbscheins die Herausgabe an das Nachlassgericht verlangen, § 2362 I BGB (ZPO-Verfahren, Parteidisposition; Kostenrisiko des Klägers; Auswirkung auf den guten Glauben, § 2366 BGB). Wegen dieser Unzweckmäßigkeit kommen Klagen nach § 2362 BGB in der Praxis nicht vor.
- Der wirkliche Erbe kann auch eine endgültige Klärung des Erbrechts, z. B. durch eine Feststellungsklage,[1349] betreiben.

533 Sind in einem gemeinschaftlichen Erbschein die Erbteile unrichtig angegeben, so kann die Klage des § 2362 BGB gegen einen oder mehrere Miterben gerichtet werden. Desgleichen kann (muss) die Klage gegen alle Besitzer (unrichtiger) Ausfertigungen des Erbscheins gerichtet werden, nicht aber gegen den Besitzer von Abschriften oder Photokopien.

1347 BayObLG OLG 40, 155.
1348 Jansen FGG 2. Aufl § 18 Rz. 10 und § 84 Rz. 21.
1349 OLG München BeckRS 2021, 17097; OLG Kiel SchlHA 1912, 84/85; BayObLGZ 20, 125.

Der Anspruch ist durch Klage im Zivilprozess zu verfolgen. Der Gerichtsstand der Erbschaft (§27 ZPO) ist nicht gegeben; es bleibt bei §§12, 13ff. ZPO. Der Streitwert bestimmt sich nicht nach dem Wert des Nachlasses oder der Beteiligung daran, sondern nach dem (geringeren) Interesse an der Beseitigung des unrichtigen Erbscheins, aber nicht nur unter dem Aspekt des §2366 BGB; es erfolgt eine Schätzung nach §3 ZPO.[1350] Der Kläger muss beweisen, dass *er* der berechtigte Erbe, der erteilte Erbschein unrichtig und der Beklagte Besitzer des unrichtigen Erbscheins ist. Die Vermutung des §2365 BGB steht dem Beklagten nicht zur Seite.[1351] Versäumnisurteil und Anerkenntnisurteil sind möglich.[1352] An eine rechtskräftige Entscheidung ist das Nachlassgericht unter Umständen gebunden (Rz. 168). Die Zwangsvollstreckung findet nach §883 ZPO statt. Mit der Herausgabe sämtlicher Originale und Ausfertigungen an das Gericht wird der Erbschein kraftlos, ein besonderer Einziehungsbeschluss sollte aber noch ergehen.[1353]

Auch der für tot Erklärte hat, wenn er wieder auftaucht, gegen den Besitzer des unrichtigen Erbscheins einen Anspruch auf Herausgabe des Erbscheins und Auskunftserteilung (§2370 II BGB).

Der Nacherbe kann den Herausgabeanspruch bereits vor Eintritt der Nacherbfolge geltend machen, und zwar gegen jeden Besitzer des unrichtigen Erbscheins einschließlich des Vorerben (§2363 BGB).

6.2 Auskunftsanspruch

Derjenige, welchem ein unrichtiger Erbschein erteilt worden ist, hat dem wirklichen Erben über den Bestand der Erbschaft und über den Verbleib der Erbschaftsgegenstände Auskunft zu erteilen (§2362 II BGB). 534

Der Auskunftsanspruch, zu verfolgen durch Klage im Zivilprozess, ist dem gegen den Erbschaftsbesitzer (§2027 I BGB) nachgebildet. Der besondere Gerichtsstand der Erbschaft (§27 ZPO) besteht dafür nicht, es bleibt bei §§12, 13ff. ZPO. Anspruchsinhaber ist der wahre Erbe. Anspruchsgegner ist der Besitzer des unrichtigen Erbscheins; nicht erforderlich ist, dass dieser den Nachlass in Besitz gehabt hätte; der Erbscheinsbesitzer soll sein Wissen über den Nachlass oder über Nachlassgegenstände dem wahren Erben zur Verfügung stellen. Zweifelhaft ist die Anwendbarkeit der Vorschrift bei Miterben untereinander, wenn die Erbquoten unrichtig angegeben sind; sie ist zu verneinen.[1354]

Der Anspruch ist gemäß §§260, 261 BGB zu erfüllen. Der Anspruch besteht auch nach Rückgabe des Erbscheins an das Nachlassgericht fort.

1350 RG JW 1911, 813 = Recht 1911 Nr 3204.

1351 BayObLGZ 1966, 233/240.

1352 A. A. Eisele S. 108 mit Nachweisen zur Streitfrage: ein Anerkenntnisurteil sei nicht möglich.

1353 Vgl. BayObLG FamRZ 2001, 1181; Josef Jherings Jahrbuch 61, 197; a. A. Lange/Kuchinke §39 IV 2; noch Soergel/Zimmermann §2362 Rz. 1.

1354 A. A. MünchKomm/Grziwotz §2362 Rz. 14.

6.3 Anspruch des Nacherben

535 Der Herausgabeanspruch nach § 2362 I BGB steht dem Nacherben bereits vor Eintritt der Nacherbfolge zu, und zwar gegen jeden Besitzer eines unrichtigen Erbscheins einschließlich des Vorerben;[1355] das stellt § 2363 n. F. BGB klar. Voraussetzung ist, dass die Unrichtigkeit das Anwartschaftsrecht des Nacherben berührt, sei es, dass die Nacherbschaft unrichtig angegeben ist, sei es z. B., dass die Vorerbschaft fälschlich als befreite bezeichnet ist. Daneben bleibt die Möglichkeit, eine Einziehung nach § 2361 BGB anzuregen. Auskunftsberechtigt (§ 2362 II BGB) ist der Nacherbe erst vom Eintritt des Nacherbfalls an.

6.4 Anspruch des Testamentsvollstreckers

536 Den Anspruch aus § 2362 BGB kann auch der Testamentsvollstrecker geltend machen (§ 2363 BGB).

1355 OLG Braunschweig OLG 16, 66.

L. Rechtsmittel gegen die Entscheidung des Nachlassgerichts

1. Allgemeines

Mit der Beschwerde (§§ 58 ff. FamFG) kann eine bestimmte Person die Überprüfung einer bestimmten Entscheidung des Nachlassgerichts durch das im Instanzenzug übergeordnete **Oberlandesgericht** erreichen. Vor dem 1. 9. 2009 (Aufhebung des FGG, Inkrafttreten des FamFG) war das Landgericht Beschwerdeinstanz. In Erbscheinssachen kann Beschwerdeziel sein: 537

- Aufhebung der angefochtenen Entscheidung des Nachlassgerichts;
- Anweisung des OLG an das Nachlassgericht, einen erteilten Erbschein einzuziehen;
- Feststellung und Anweisung des OLG an das Nachlassgericht, einen bestimmten Erbschein zu erteilen.

1.1 Teilanfechtung

Denkbar ist, dass jemand nur gegen einen Teil der Entscheidung des Nachlassgerichts Beschwerde einlegt; dies ist nur möglich, wenn der Verfahrensgegenstand teilbar ist. Erbscheinsanträge verschiedener Beteiligter sind trennbar. Hat A einen Haupt- und einen Hilfsantrag gestellt und werden beide Anträge abgelehnt, kann A seine Anfechtung in der Regel auf die Zurückweisung eines der beiden Anträge beschränken. Bei Unzulässigkeit der Beschränkung wegen denkgesetzlicher Verknüpfung gilt die Beschränkung nicht, bis der nächstzulässige Beschränkungskreis erreicht ist.[1356] 538

1.2 Mehrere Beschwerden

Legen verschiedene Personen gegen dieselbe Entscheidung Beschwerde ein, liegen in der Regel mehrere Beschwerden vor, die aber zur Entscheidung miteinander verbunden werden können. Auch wenn eine Person *eine* „Beschwerde" einlegt, können in Wirklichkeit mehrere Beschwerden bzw. Rechtsbehelfe vorliegen (Beispiel: E beschwert sich gegen die Zurückweisung seines Erbscheinsantrags und gegen die Kosten*rechnung*; anders, wenn er sich gegen die Zurückweisung einschließlich Kostenentscheidung wenden würde). 539

1.3 Auslegung, Umdeutung

Wer eine Überprüfung durch die höhere Instanz möchte, will eine „Beschwerde" im Sinne der §§ 58 ff. FamFG. Es spielt keine Rolle, wie der Schriftsatz des Beteiligten bezeichnet ist. Andererseits ist nicht jede als „Beschwerde" bezeichnete Eingabe tatsächlich eine Beschwerde im Sinne der §§ 58 ff. FamFG. Es kann sich beispielsweise in Wirklichkeit um eine Gegenvorstellung oder um einen 540

1356 Vgl. dazu BayObLGZ 1983, 153.

Erstantrag handeln, der vom Nachlassgericht als solcher und nicht vom OLG als Beschwerde zu behandeln ist.

Beispiel:

Der Alleinerbschein wird abgelehnt, mit der „Beschwerde" wird ein Alleinerbschein mit Nacherbenvermerk verlangt: verschiedene Verfahrensgegenstände, neuer Erstantrag.

Andererseits kann eine Veränderung der Lage nach Einlegung der Beschwerde zu einer Änderung (Umdeutung) des Beschwerdeziels veranlassen, weil die ursprünglich angegriffene Entscheidung weggefallen ist.[1357] Diese Umdeutung anhand des mutmaßlichen Willens des Beschwerdeführers hat das Beschwerdegericht[1358] vorzunehmen.

Beispiele:

(1) Der Erbschein wird an A erteilt. B legt dagegen „Beschwerde" ein und bittet um Einziehung. Der Erbschein ist nicht beschwerdefähig; es ist umzudeuten in eine Beschwerde mit dem Ziel, dass das OLG das Nachlassgericht zur Einziehung des Erbscheins anweist (vgl. § 352e III FamFG).[1359]

(2) B legt Beschwerde gegen den noch nicht vollzogenen Erbscheinserteilungsbeschluss ein, der ihm irrig bekannt gegeben wurde; anschließend wird der Beschluss durch Hinausgabe des Erbscheins vollzogen (dieser Ablauf ist nur möglich, wenn § 352e I 3 FamFG nicht beachtet wurde). Ursprünglich wurde die Aufhebung des Erteilungsbeschlusses begehrt, jetzt soll das OLG das Nachlassgericht zur Einziehung des angeblich unrichtigen Erbscheins anweisen.[1360]

(3) B legt Beschwerde gegen den Feststellungsbeschluss (§ 352e II FamFG) ein; anschließend erteilt das Nachlassgericht den Erbschein (ohne die Rechtskraft des Feststellungsbeschlusses abzuwarten). Ursprünglich wurde die Aufhebung des Feststellungsbeschlusses begehrt, jetzt ist die Beschwerde darauf gerichtet, dass das OLG das Nachlassgericht zur Einziehung des angeblich unrichtigen Erbscheins anweist (§ 352e III FamFG).

(4) B legt Beschwerde gegen den noch nicht vollzogenen Erbscheinseinziehungsbeschluss und gibt anschließend den Erbschein beim Nachlassgericht ab. Ursprünglich wurde die Aufhebung des Einziehungsbeschlusses begehrt, jetzt ist die Beschwerde darauf gerichtet, dass das OLG das Nachlassgericht zur Wiedererteilung des eingezogenen Erbscheins anweist.

1.4 Erinnerung

541 Hat beim Nachlassgericht der Richter entschieden, ist immer die Beschwerde (§ 58 FamFG) das eventuell statthafte Rechtsmittel. Hat der Rechtspfleger ent-

---

1357 Vgl. Kammerlohr JA 2003, 580/583.

1358 BayObLGZ 1954, 71/74; BayObLG FamRZ 1996, 1113; Sprau ZAP 1997, 1105.

1359 BayObLG FamRZ 1996, 1113.

1360 BayObLG FamRZ 1996, 1113 = ZEV 1996, 271 (Hohmann). Missverständlich OLG Zweibrücken OLGZ 1984, 3.

schieden, ist ebenfalls die Beschwerde statthaft (§ 11 I RPflG); jedoch ist nur die Erinnerung statthaft, wenn die Richterentscheidung unanfechtbar wäre (§ 11 II RPflG). Da der erteilte Erbschein (des Richters oder Rechtspflegers) unanfechtbar ist, ebenso die vollzogene Einziehung und Kraftloserklärung, könnte man wegen § 11 II RPflG auf die Idee kommen, dass gleichwohl die Erinnerung statthaft ist, wenn der *Rechtspfleger* den Erbschein erteilt bzw. die Einziehung angeordnet hat. § 11 III RPflG stellt klar, dass es in diesen Fällen keine Erinnerung gibt.

1.5 Abhilfe

Das Nachlassgericht kann der Beschwerde abhelfen (§ 68 FamFG). Vgl. Rz. 547. 542

1.6 Rechtsmittelverzicht

Ein Verzicht auf die Beschwerde ist grundsätzlich zulässig (§ 67 FamFG). 543
Voraussetzung ist, dass der Verzicht nach Bekanntgabe des erstinstanzlichen Beschlusses und gegenüber dem Gericht erfolgt. Gemeint ist das Nachlassgericht bis zur Entscheidung über die Abhilfe (§ 68 FamFG), dann das OLG.[1361] Da aber der Betroffene nicht wissen kann, wann die Akten dem OLG vorgelegt werden, kann er den Verzicht immer gegenüber dem Nachlassgericht erklären. Anwaltszwang besteht nicht (§ 10 FamFG). Zu unterscheiden ist der Verzicht *nach* Erlass der Entscheidung durch Erklärung gegenüber dem Gericht (§ 67 I FamFG) bzw gegenüber einem Gegner (§ 67 III FamFG) vom Verzicht *vor* Erlass der Entscheidung (er ist nach h. M.[1362] unzulässig). Im Erbscheinserteilungsverfahren können die Beteiligten beschränkt über den Verfahrensgegenstand verfügen (Rz. 245 ff.); insoweit können sie auch einen vertraglichen Rechtsmittelverzicht vor Erlass der Entscheidung (z. B. Erbscheinserteilungsbeschluss) schließen. Ein Rechtsmittel, das trotz Verzicht eingelegt wird, ist unzulässig. Bei einem dem Gegner außergerichtlich erklärten Verzicht tritt die Wirkung nur ein, wenn sich der Gegner im gerichtlichen Verfahren darauf beruft (§ 67 III FamFG); das praktische Problem ist aber, ob eine bestimmte Erklärung tatsächlich abgeben wurde und ob eine beiläufige Äußerung (angetrunken? im Wirtshaus?) als „Beschwerdeverzicht“ gewollt war.

1.7 Keine aufschiebende Wirkung der Beschwerde

Die Einlegung der Beschwerde hat keine aufschiebende Wirkung (vgl. § 93 I 544
FamFG).

1.8 Rechtsmittelbelehrung

Jeder Beschluss hat eine Rechtsmittelbelehrung zu enthalten (§ 39 FamFG). Ist 544a
sie falsch oder fehlt sie und wird deshalb eine Frist versäumt, kommt eine Wiedereinsetzung in Frage (§ 17 II FamFG). Vgl. Rz. 559.

1361 Sternal/Sternal FamFG § 67 Rz. 7.
1362 Sternal/Sternal FamFG § 67 Rz. 9.

2. Statthaftigkeit der Beschwerde

2.1 Vorliegen einer Endentscheidung erster Instanz

545 Die Beschwerde ist statthaft gegen Endentscheidungen des Gerichts erster Instanz (§ 58 FamFG). Das sind Beschlüsse im Sinne von § 38 I 1 FamFG, also schriftliche Entscheidungen des Gerichts erster Instanz mit Außenwirkung,[1363] die ein Verfahren insgesamt (oder bezüglich eines abtrennbaren Teils) erledigen. Grundsätzlich darf somit die zweite Instanz (OLG) nicht tätig werden, wenn nicht die erste Instanz (Nachlassgericht) zuvor über denselben Verfahrensgegenstand entschieden hat und ein Überprüfungsantrag (= Beschwerde) vorliegt.

Die Entscheidung muss schon **erlassen** sein, d.h. mit Willen des Gerichts aus seiner Verfügungsgewalt entlassen worden sein (§ 38 III FamFG), z.B.,indem eine Ausfertigung der Geschäftsstelle zur Weiterleitung übergeben wird. Sie muss noch nicht beim Beteiligten angekommen sein. In der Regel wird die Entscheidung schriftlich niedergelegt und ist im Tenor ausformuliert; sie kann aber auch in den Gründen ausgesprochen sein. Ferner ist denkbar, dass eine Entscheidung des Nachlassgerichts eine andere, nach Sachlage erforderliche Entscheidung beinhaltet; wurde die Einziehung eines bestimmten Erbscheins sowie die Erteilung eines anders lautenden Erbscheins beantragt und wird „der Einziehungsantrag zurückgewiesen“, dann nahm das BayObLG[1364] an, dass der Erbscheinsantrag stillschweigend mitabgewiesen worden war und machte ihn zum Gegenstand des Beschwerdeverfahrens.

Eventualbeschwerde: Die Einlegung einer Beschwerde im Voraus, „falls mein Antrag abgelehnt werden sollte“, ist unzulässig.[1365]

Hoffolgezeugnis: Wenn ein solches Zeugnis beantragt wird und das Gericht einen Feststellungsbeschluss nach § 352e FamFG erlässt, dann ist streitig, ob dieser Beschluss mit Beschwerde anfechtbar ist. nach einer Meinung[1366] ist der Beschluss wegen § 72 I Landes-NJG nicht anfechtbar, nach der richtigen Gegenansicht[1367] selbstverständlich anfechtbar.

545a **Zwischenentscheidungen** sind in der Regel nicht anfechtbar (§ 58 FamFG: Endentscheidung). Nur Endentscheidungen sind nach § 58 FamFG mit Beschwerde anfechtbar, außer es ist gesetzlich anders geregelt. Eine solche Anfechtbarkeit bestimmt z.B. § 7 V 2 FamFG: Wenn ein Kann-Beteiligter (§ 345 FamFG) seine Hinzuziehung zum Erbscheinsverfahren beantragt und dies vom Nachlassgericht abgelehnt wird, ist nach § 7 V 2 FamFG die Beschwerde gegeben (allerdings nicht nach §§ 58 ff. FamFG, sondern nach ZPO). Unanfechtbar sind dagegen z.B. Beweisbeschlüsse, Gutachtenserholung. Unanfechtbar sind ferner

1363 Sternal/Meyer-Holz FamFG § 58 Rz. 16.
1364 BayObLG NJW-RR 1990, 199; BayObLGZ 1962, 47/49.
1365 BayObLG FamRZ 1999, 100.
1366 OLG Oldenburg BeckRS 2019, 10804.
1367 OLG Celle BeckRS 2020, 36256 = ZEV 2021, 1124 (LS).

Zwischenverfügungen,[1368] mit denen das Nachlassgericht den Antragsteller eines Erbscheins auf Mängel hinweist und ihn mit Fristsetzung zur Behebung auffordert. So können z. B. weitere Personenstandsurkunden (Großeltern usw.) angefordert werden, die teuer zu beschaffen, aber nach Ansicht des Antragstellers unnötig sind; der Antragsteller kann sich entweder beugen oder gegen die Zurückweisung seines Erbscheinsantrags Beschwerde einlegen. Ebenso ist es, wenn der Antragsteller beantragt, im Erbscheinsverfahren die **eidesstattliche Versicherung** zu erlassen (§ 352 III 4 FamFG); nach h. M.[1369] ist die Ablehnung des Antrags als Zwischenentscheidung nicht anfechtbar. Der Feststellungsbeschluss nach § 352e II FamFG ist dagegen anfechtbar.

2.2 Entbehrlichkeit einer Endentscheidung erster Instanz

Vom Grundsatz (Rz. 545) gibt es im Erbscheinsverfahren aus verfahrensökonomischen Gründen Ausnahmen: Nach der Erteilung eines Erbscheins durch Hinausgabe einer Ausfertigung ist die Beschwerde mit dem Ziel statthaft, dass das OLG das Nachlassgericht zur Einziehung des Erbscheins anweist (§ 352e III FamFG). Ein Rechtsmittel gegen den Erteilungsbeschluss ist entsprechend umzudeuten.[1370] § 352e III FamFG verzichtet auf den Umweg, dass der Antragsteller zunächst die Einziehung beim Nachlassgericht anregt, dort die Zurückweisung seines Antrags abwartet („Beharrungsbeschluss") und dann erst Beschwerde einlegen kann; denn wenn das Nachlassgericht zuvor einen Erbschein erteilt hat wird es ihn nicht einige Tage später einziehen, wenn nicht neue Tatsachen oder Argumente gebracht werden; der Umweg wäre formalistisch und zeitraubend. Ebenso ist nach Vollzug der Erbscheinseinziehung sogleich die Beschwerde mit dem Ziel statthaft, dass das OLG das Nachlassgericht zur Erteilung eines neuen inhaltsgleichen Erbscheins anweist (§ 353 III 1 FamFG); allerdings enthält § 353 III 2 FamFG die Auslegungsregel, dass die „Beschwerde" im Zweifel (also wenn unklar ist, ob der Verfasser sogleich eine OLG-Entscheidung anstrebt, oder es vorerst nochmals beim AG versuchen will) als neuer Erbscheinsantrag, zu stellen beim Nachlassgericht, gilt. 546

2.3 Abhilfe oder Nichtabhilfebeschluss als Erstentscheidung

Der Beschwerde kann durch das Nachlassgericht abgeholfen werden (§ 68 FamFG).[1371] Vor der Vorlage an das OLG ist eine Abhilfeentscheidung erforderlich. Die Nichtabhilfe nebst Vorlageverfügung ist nicht isoliert anfechtbar.[1372] 547

Die Abhilfeentscheidung kann sich als Erstentscheidung darstellen, die anfechtbar ist.

1368 Sternal/Meyer-Holz FamFG § 58 Rz. 43.
1369 Sternal/Meyer-Holz FamFG § 58 Rz. 47.
1370 BayObLG FamRZ 1996, 1113 = ZEV 1996, 271 (Hohmann); BayObLG FamRZ 1990, 301.
1371 LG Leipzig JurBüro 2002, 213.
1372 OLG Köln FGPrax 2010, 229 (zur GBO); OLG Brandenburg FGPrax 2000, 256.

Beispiel:
Das Nachlassgericht hat über den Erbscheinsantrag des B noch nicht entschieden, den Antrag des A zurückgewiesen; auf Beschwerde des A hilft es ab und erlässt einen Feststellungsbeschluss (§ 352e FamFG) zugunsten des A. B kann dagegen Beschwerde einlegen.

Hat das Nachlassgericht einen Erbscheinsantrag zurückgewiesen und erkennt es dann, dass dies irrig war, kann es nicht einfach den Erbschein erteilen; die Änderung darf nur auf Antrag erfolgen (§ 48 I 1 FamFG). In einer Beschwerde liegt regelmäßig ein solcher Änderungsantrag.

In Erbscheinssachen kommt es vor, dass mit der „Beschwerde" ein **neuer Antrag** gestellt wird.

Beispiel:
A hat einen Alleinerbschein beantragt. Das Nachlassgericht lehnt den Antrag ab. A legt „Beschwerde" ein mit dem Antrag, einen Alleinerbschein *mit Testamentsvollstreckervermerk* zu erteilen. Der Nachlassrichter vermerkt: Der Beschwerde wird nicht abgeholfen; an das OLG zur Entscheidung über die Beschwerde. Da ein Alleinerbschein und ein Alleinerbschein mit Testamentsvollstreckervermerk verschiedene Verfahrensgegenstände sind, liegt in Wirklichkeit kein Beschwerde vor, sondern ein neuer Antrag an das Nachlassgericht.

548 Die „**Nichtabhilfe**" ist, berücksichtigt man die Willensrichtung des Nachlassgerichts, in der Regel nicht als Ablehnung des Erstantrags auszulegen.[1373] Das OLG wird die „Beschwerde" an das Nachlassgericht zurückleiten mit dem Hinweis, sie als Erstantrag zu behandeln. Ist die Nichtabhilfe ausführlicher formuliert und zeigt sich, dass das Nachlassgericht erkannte, dass ein neuer Antrag vorlag, für den es zuständig war, und dass nur der Tenor falsch war (statt „Nichtabhilfe": „Der neue Antrag ... wird zurückgewiesen"), dann kann das OLG gleichwohl noch nicht über die Beschwerde entscheiden. Denn es lag zwar ein (neuer) Erstantrag vor und eine äußerlich missglückte Erstentscheidung des Nachlassgerichts, doch fehlt eine Beschwerde hiergegen. Derselbe Schriftsatz kann nicht Erstantrag und *zugleich* Beschwerde für den Fall der Ablehnung des Erstantrags sein (Rz. 545). Das ist aber umstritten.[1374]

1373 Vgl. BayObLG Rpfleger 1982, 292; OLG Hamburg Rpfleger 1982, 293.

1374 BayObLG FamRZ 1999, 64 hält es für möglich, in bestimmten Fällen gleichwohl den Antrag zum Gegenstand eines Beschwerdeverfahrens zu machen. Ebenso OLG Düsseldorf FG Prax 2007, 232: „Hat allerdings dem AG der neue Antrag vor der Entscheidung zur Stellungnahme vorgelegen (Nichtabhilfe), so ist das Beschwerdegericht nicht gehindert, über diesen Antrag zu entscheiden". Ähnlich BayObLGZ 1981, 69; OLG Hamm OLGZ 1970, 117.

2.4 Beispiele für anfechtbare Entscheidungen[1375]

- Zurückweisung eines Erbscheinsantrags. 549
- Feststellungsbeschluss nach § 352e FamFG.
- Kostenentscheidung, isoliert oder wenn zugleich in der Hauptsache entschieden wurde.
- Anordnung der Erbscheinserteilung,[1376] solange der Erbschein noch nicht erteilt ist (faktisch nicht denkbar, weil die Anordnung einem anderen Beteiligten nicht mitgeteilt wird, § 352e I 3 FamFG).
- Anordnung der Erbscheinseinziehung, solange der Erbschein noch nicht eingezogen ist.
- Ablehnung der Einziehung.
- Kraftloserklärung, solange sie noch nicht wirksam geworden ist, vgl. Rz. 531.
- Ablehnung der Kraftloserklärung.
- Berichtigung und Ablehnung der Berichtigung oder Ergänzung des Erbscheins.
- Ablehnung der Fortsetzung eines Erbscheinsverfahrens nach einem angefochtenen Vergleich über das Antragsrecht.[1377]
- Aussetzung des Erbscheinsverfahrens[1378] wegen eines schon anhängigen Zivilprozesses über das Erbrecht oder aus sonstigen Gründen, § 21 II FamFG.

Der Erbschein selbst ist kein Beschluss, keine Endentscheidung, sondern ein Zeugnis; ein Erbschein ist nicht anfechtbar, stattdessen kann die Einziehung angeregt werden.

2.5 Beispiele für nicht anfechtbare Entscheidungen

- Ablehnung des *Erlasses* der eidesstattlichen Versicherung (§ 352 III 4 FamFG).[1379] 550
- Nichtabhilfeverfügung.[1380]
- Rechtliche Hinweise.
- Sachverständigengutachten (ist sowieso keine „Gerichtsentscheidung").
- Beweis- und Ladungsanordnungen, wenn sie nicht in subjektive Rechte eingreifen. Lädt das Nachlassgericht den Zeugen A, ist das genauso wenig anfechtbar, wie wenn die Ladung des Zeugen „abgelehnt" wird.
- Der bloße Nichterlass einer Entscheidung wegen noch notwendiger Überprüfung der Rechtslage; richterliches Nichtstun kann aber die Folgen nach § 26 II DRiG haben. Anders, wenn das Gericht die Behandlung einer Angelegenheit

1375 Vgl. Kammerlohr JA 2003, 580.
1376 H.M., RGZ 137, 222; BayObLG Rpfleger 1996, 248/9; OLG Zweibrücken OLGZ 1984, 3; a. A. Lange/Kuchinke § 39 II 7,
1377 OLG Stuttgart OLGZ 1984, 131.
1378 Dazu Damrau ZEV 2023, 794.
1379 Anders OLG München NJW-RR 2007, 665 zum FGG.
1380 OLG Brandenburg FGPrax 2000, 256.

nachhaltig ablehnt,[1381] also konkludent einen Antrag ablehnt. Vgl. ferner §§ 198 ff. GVG.

- Vorbescheid (im FGG anerkannt, im FamFG unzulässig).
- Aushändigung des Erbscheins.
- Ablehnung der Aktenübersendung in die Kanzlei, § 13 IV 3 FamFG (Einsicht bei Gericht ist möglich, § 13 FamFG).
- Ablehnung des Erlasses eines Erbenaufgebots nach § 352d FamFG, weil dies nur eine Zwischenentscheidung ist.[1382]
- Zwischenverfügungen, wenn sie die Erteilung des Erbscheins von der Vorlage von Unterlagen usw. abhängig machen (Rz. 295, 545a).

2.5.1 Vollzug des Erbscheins-Erteilungsbeschlusses

551 Der Aktenvorgang, der vor Aushändigung des Erbscheins abläuft, ist seit Inkrafttreten des FamFG geändert. In *unstreitigen* Fällen muss zunächst ein Feststellungsbeschluss ergeben (§ 352e I 1 FamFG), der aber dem Antragsteller oder den sonstigen Beteiligten nicht mitgeteilt wird. Dieser Beschluss ist natürlich noch kein Erbschein. Ob das nächste Blatt in der Nachlassakte das Original des Erbscheins (von dem der Antragsteller dann eine Ausfertigung erhält) oder ein Erteilungsbeschluss (als Anweisung an die Geschäftsstelle, den Erbschein zu erstellen und das Original auszuhändigen) ist, ist unklar und umstritten.[1383] Meines Erachtens muss ein Erteilungsbeschluss ergehen, damit Aktenklarheit herrscht. Man kann natürlich (in den unstreitigen Fällen, § 352 I FamFG) beide Beschlüsse zusammenfassen:[1384] „Die Tatsachen …, werden für festgestellt erachtet. Folgender Erbschein ist zu erteilen: Es wird bezeugt …". Der Vollzug des Erteilungsbeschlusses ist kein anfechtbarer Beschluss. Der zugrundeliegende Erteilungsbeschluss kann nicht mehr angegriffen werden, weil er verfahrensrechtlich durch Vollzug überholt ist.

2.5.2 Erteilter Erbschein

552 Der *erteilte* Erbschein ist als Zeugnis mit Gutglaubenswirkungen nicht (rückwirkend) anfechtbar (ähnlich wie im Grundbuchrecht die vollzogene Eintragung im Grundbuch nicht mehr mit Beschwerde beseitigt werden kann, § 71 GBO; nur noch die Eintragung eines Widerspruchs im Grundbuch kann begehrt werden, § 71 II GBO). Gegen den (durch Hinausgabe einer Ausfertigung oder des Originals) erteilten Erbschein ist die Einziehungsanregung (§ 2361 BGB) beim Nachlassgericht möglich. Deren Ablehnung (Beschluss) ist wiederum anfechtbar mit Beschwerde; sie hat zum Ziel, dass das Nachlassgericht vom OLG angewiesen wird, den angeblich unrichtigen Erbschein einzuziehen. – Es kann aber auch sogleich (ohne den Umweg über das Nachlassgericht) Beschwerde „gegen

1381 OLG Köln FamRZ 2002, 1125.
1382 LG Frankfurt Rpfleger 1984, 191.
1383 Prütting/Helms/Fröhler FamFG § 352 Rz. 42, 48 spricht von einem „feststellenden Anordnungsbeschluss".
1384 Gietl/Längsfeld JA 2013, 854.

die Erteilung des Erbscheins" mit dem Ziele der Einziehungsanweisung an das Nachlassgericht erhoben werden (§ 352e III FamFG). Vgl. Rz. 540.

2.5.3 Hoffolgezeugnis

Auch gegen das erteilte Hoffolgezeugnis ist die Beschwerde (zum OLG) mit dem Ziele der Einziehung durch das Landwirtschaftsgericht statthaft.[1385] 553

2.5.4 Vollzug des Einziehungsbeschlusses

Ist der Beschluss vollzogen, der Erbschein also beim Nachlassgericht zurückgegeben worden, ist nur noch der Antrag auf Neuerteilung eines inhaltsgleichen (oder anderen) Erbscheins möglich; wird dieser Antrag zurückgewiesen, ist dieser Beschluss mit Beschwerde anfechtbar.[1386] Es kann aber stattdessen sogleich (ohne den Umweg über das Nachlassgericht) Beschwerde „gegen die Einziehung des Erbscheins" mit dem Ziel erhoben werden, dass das OLG das Nachlassgericht zur Neuerteilung eines gleichlautenden Erbscheins anweist (§ 353 III 1 FamFG).[1387] § 353 III 2 FamFG stellt insoweit klar, dass „im Zweifel" (also wenn der Schriftsatz unklar ist) die Beschwerde als Antrag an das Nachlassgericht zu behandeln ist. Vgl. Rz. 540. 554

2.5.5 Vollzogene Kraftloserklärung

Siehe § 353 I 4 FamFG; vgl. Rz. 531. 555

3. Zulässigkeit der Beschwerde

3.1 Einlegung der Beschwerde

Die Beschwerde kann **nur beim Nachlassgericht** eingelegt werden (§ 68 FamFG), nicht beim OLG, und erst recht nicht beim Landgericht. Geht sie an einer falschen Stelle ein, wird sie an das Nachlassgericht weitergeleitet, „im gewöhnlichen Geschäftsgang",[1388] also nicht beschleunigt. 556

3.2 Form der Beschwerde; kein Anwaltszwang

Einzureichen ist eine Beschwerdeschrift (§ 64 II FamFG); die Beschwerde kann auch zu Protokoll des Geschäftsstelle des zuständigen Nachlassgerichts eingelegt werden. Wird die Beschwerde zu Protokoll eines anderen Nachlassgerichts eingelegt, erfolgt eine Weiterleitung an das zuständige Nachlassgericht (§ 25 III FamFG). Telefonisch oder mit EMail kann man keine Beschwerde einlegen; mit Fax geht es. Von **Rechtsanwälten, Notaren etc.** muss seit 2022 das **beA** (besonderes elektronisches Anwaltspostfach) benutzt werden; § 14b FamFG. Unterschrift des Beschwerdeführers (die in Österreich übliche Rubrumsunterschrift 557

1385 KG DFG 1936, 195 = HRR 1936 Nr 1444.
1386 OLG Köln NJW-RR 1994, 1421 = ZEV 1994, 376 (Zimmermann).
1387 BGH 40, 54/56 = NJW 1963, 1972; OLG Köln NJW-RR 1994, 1421.
1388 BGH NJW 2023, 1668 Tz. 37.

genügt nicht[1389]) und genaue Angabe der angefochtenen Entscheidung sind notwendig. Beschwerdeantrag und Beschwerdebegründung sind nicht zwingend erforderlich (§ 65 I FamFG), aber zweckmäßig. Zur Begründung kann das OLG eine Frist setzen (§ 65 II FamFG). Die Beschwerde kann auf neue Tatsachen und Beweismittel gestützt werden (§ 65 III FamFG), im Gegensatz zu einer ZPO-Berufung. Anwaltszwang besteht nicht (§ 10 FamFG), auch nicht für die Verhandlung, wenn das OLG mündlich über die Beschwerde verhandelt und Zeugen vernimmt.

3.3 Beschwerde von Vertretern, Vollmacht

558 Rechtsanwälte oder Notare dürfen immer als Vertreter auftreten. Der **Testamentsvollstrecker** ist kein Vertreter, sondern kann selbst Beteiligter eines Erbscheinsverfahrens sein, etwa wenn es um den TV-Vermerk im Erbschein geht. Ein **Nachlasspfleger** ist gesetzlicher Vertreter eines unbekannten Erben; wenn A gestorben ist und von B beerbt wurde, B dann stirbt und von Unbekannt beerbt wurde, kann der **für den Nachlass des B** bestellte Nachlasspfleger nicht für *diesen* Erbfall einen Erbschein beantragen,[1390] weil dies nicht zu seinem Wirkungskreis gehört. Es geht ihn nichts an, wem der Erbschein nach B erteilt wird. Ob er für **den Nachlass des A** einen Erbschein beantragen kann, ist streitig, weil ein Erbscheinsantrag die Annahme der Erbschaft beinhaltet, die Erbschaft aber nur die Erben der A persönlich annehmen oder ausschlagen können.[1391]. – Andere Bevollmächtigte (z. B. Verwandte) dürfen nur im Rahmen von § 10 II FamFG auftreten, sie werden andernfalls zurückgewiesen. Deshalb kann ein **Erbenermittler** weder einen Erbscheinsantrag stellen noch in Vertretung des Erben Beschwerde einlegen.[1392] Ohne Auftrag eines Berechtigten, z. B. eines Nachlasspflegers, darf er keine Nachlassakten einsehen.[1393] Auch ein Inkassounternehmen darf nicht für einen Gläubiger einen Erbschein beantragen und Beschwerde einlegen.[1394] Legen Rechtsanwälte oder Notare als Bevollmächtigte die Beschwerde ein, müssen sie keine Vollmacht vorgelegen (§ 11 S. 4 FamFG); bei Zweifeln kann das Gericht aber die Vorlage einer Vollmacht fordern. Hat ein Rechtsanwalt oder Notar den Erbscheinsantrag in Vertretung des Erbenprätendenten gestellt und wird der Antrag abgelehnt, braucht der Rechtsanwalt bzw. Notar im Innenverhältnis die Weisung des Mandanten, um Beschwerde einzulegen.

3.4 Frist der Beschwerde, Wiedereinsetzung bei Fristversäumung

559 Die Beschwerde ist nach § 63 I FamFG binnen einer Frist von **einem Monat** einzulegen. Die Frist beginnt mit der schriftlichen Bekanntgabe des Beschlusses

1389 OLG Braunschweig ZErb 2022, 30; str.
1390 OLG Braunschweig ZEV 2020, 565; BayObLG BeckRS 2010, 27258.
1391 BGH NJW 2022, 1748 mablAnm Siebert.
1392 BVerfG NJW 2010, 3291.
1393 KG ZEV 2019, 598.
1394 AG Meldorf BeckRS 2010, 27845.

an die Beteiligten (§ 63 III FamFG) und läuft für jeden Beteiligten gesondert. Zur Fristkontrolle wird der Beschluss in der Regel förmlich zugestellt, bei Anwälten/Notaren auch elektronisch. Geschieht das nicht, sondern kommt der Beschluss mit gewöhnlicher Briefpost, wird fingert, dass das Schriftstück vier Tage (früher: drei Tage) nach Aufgabe zur Post zugegangen ist (§ 15 II 2 FamFG), wenn der Empfänger nicht den Gegenbeweis führt (z. B. durch Vorlage des Kuverts mit Datumstempel).

Die Beschwerdefrist beträgt nur **zwei Wochen** (§ 63 II FamFG), wenn sie sich gegen folgende Entscheidungen richtet: (1) Endentscheidungen im Verfahren der einstweiligen Anordnung (z. B. sichernde Maßnahmen bei Erbscheinseinziehung, Rz. 517) oder (2) Entscheidungen über Anträge auf Genehmigung eines Rechtsgeschäfts (z. B. bei Tätigkeit von Nachlasspflegern).

Im Falle der Ablehnung der Einräumung der Beteiligtenstellung (§ 7 V FamFG) beträgt die Beschwerdefrist ebenfalls zwei Wochen (§ 7 V 2 FamFG), doch richtet sich diese Beschwerde nach der ZPO, nicht dem FamFG.

Jeder Beschluss hat eine Rechtsmittelbelehrung zu enthalten (§ 39 FamFG). Ist sie falsch oder fehlt sie und wird deshalb eine Frist versäumt, kommt eine **Wiedereinsetzung** in Frage (§ 17 II FamFG; Rz. 544a). Die h. M. schützt allerdings nur Laien; bei Rechtsanwälten nimmt der BGH[1395] an, sie müssten gerichtliche Rechtsmittelbelehrungen selbst überprüfen (!) und daher erkennen, wenn sie falsch sind (z. B. die Frist unrichtig ist). Da sich auch ein Rechtsanwalt auf richterliche Hinweise verlassen kann, ist diese Rechtsprechung nicht zu billigen.

3.5 Verwirkung

Die Befugnis zur Einlegung der Beschwerde kann im Erbscheinsverfahren nicht 560
durch bloßen Zeitablauf verwirkt werden.[1396] das war unter Geltung des FGG, als die Beschwerde unbefristet war, wichtig; jetzt kaum mehr, weil eine Frist besteht (Rz. 559). Es müssen weitere Umstände hinzutreten, die die Beschwerde als Rechtsmissbrauch erscheinen lassen. Es kann nicht entgegengehalten werden, dass die Ausübung des Beschwerderechts im Widerspruch zum früheren Verhalten des Beschwerdeführers bei Wahrnehmung seiner Rechte am Nachlass stehe.[1397] Zum **Verzicht auf die Beschwerde** vgl. Rz. 245.

3.6 Wertgrenzen

Das FamFG hat einen Beschwerdewert eingeführt: In *vermögensrechtlichen* An- 561
gelegenheiten ist die Beschwerde nur zulässig, wenn der Wert des Beschwerdegegenstandes 1000 Euro übersteigt (§ 61 I FamFG). Ist dieser Wert nicht erreicht, kann das Nachlassgericht die Beschwerde zulassen, wenn es um Grundsatzfra-

1395 BGH FamRZ 2021, 444; NJW 2011, 386; FamRZ 2010, 1425; OLG Karlsruhe NJW 2010, 2594.

1396 OLG Brandenburg FamRZ 1997, 1023; BayObLG FamRZ 1999, 103; BayObLG FamRZ 1996, 1304; OLG Düsseldorf FGPrax 1998, 20.

1397 BayObLGZ 1963, 19.

gen oder Rechtsfortbildung geht (§ 61 II FamFG). Bei einer Erbschaft im Netto-Wert von z. B. 500 Euro kann somit gegen die Ablehnung des Erbscheins keine Beschwerde eingelegt werden. Der Beschwerdewert muss auch erreicht werden, wenn *nur* die Kostenentscheidung oder eine isolierte Kostenentscheidung angefochten werden. Wird ein **gemeinschaftlicher Erbschein** beantragt und abgelehnt, ist Beschwerdewert nur der vom Beschwerdeführer angestrebte **Anteil** (z. B. 1/5) am Nachlass.[1398] Die Berechnung des Nettowerts erfolgt dabei nach den Regeln des § 40 II 1 GNotKG.[1399] – Zur Wertfestsetzung für die Zulässigkeit der Beschwerde vgl. § 78 GNotKG. – **Anfechtung der Kostenfestsetzung** (z. B. der zu ersetzenden Anwaltskosten): 300 Euro (§ 85 FamFG mit § 104 III 1 ZPO, 567 II ZPO).

3.7 Zulassung der Beschwerde

562 Die Beschwerde ist in Erbscheinsachen statthaft, ohne dass eine Zulassung erforderlich wäre. Anders ist es in Kleinfällen (Beschwer bis 1 000,00 Euro) und bei der Rechtsbeschwerde (§ 70 FamFG).

3.8 Rechtsschutzbedürfnis

563 Aus dem Vorliegen der Beschwerdeberechtigung ergibt sich i. d. R. bereits ein Rechtsschutzbedürfnis. Es kann jedoch entfallen, wenn die angegriffene Entscheidung inzwischen verfahrensrechtlich überholt ist.[1400]

Beispiele:

(1) B legt Beschwerde gegen den Feststellungsbeschluss (§ 352e II FamFG) ein; ohne die Rechtskraft abzuwarten erteilt das Nachlassgericht den Erbschein. (2) B legt Beschwerde gegen den noch nicht vollzogenen Erbscheinseinziehungsbeschluss ein und gibt anschließend den Erbschein beim Nachlassgericht ab. – In diesen Fällen ist die Beschwerde umzudeuten. Vgl. Rz. 540.

3.9 Entgegenstehender Erbschein; ausländisches Nachlassverfahren; ENZ

564 Der Beteiligte, dessen Erbscheinantrag im angefochtenen Beschluss abgelehnt wurde, kann seine Beschwerde mit dem Ziel einlegen, das Nachlassgericht zur Erteilung des beantragten Erbscheins anzuweisen, auch wenn auf Grund eines anderen Beschlusses vom Nachlassgericht bereits ein Erbschein mit anderem Inhalt erteilt worden ist.[1401] Es ist dann gegebenenfalls Sache des Nachlassgerichts, von Amts wegen die Einziehung jenes unrichtigen Erbscheins zu betreiben (§ 2361 BGB).

1398 BayObLG FamRZ 2005, 822.
1399 Sternal/Meyer-Holz FamFG § 61 Rz. 12.
1400 Vgl. Kammerlohr JA 2003, 580/583.
1401 BayObLG NJW-RR 1990, 1481.

Ein anhängiges ausländisches Nachlassverfahren steht nicht entgegen.[1402] Auch ein bereits erteiltes Europäisches Nachlasszeugnis oder ein diesbezügliches Erteilungsverfahren stehen nicht entgegen.

3.10 Wiederholung der Beschwerde

Eine Wiederholung der Beschwerde unzulässig, sobald darüber eine Sachentscheidung ergangen ist. Im Übrigen scheitert die Wiederholung meist schon daran, dass die Beschwerdefrist abgelaufen ist. Innerhalb der Frist kann nach Rücknahme die Beschwerde erneut eingelegt werden. 565

3.11 Beschwerdeberechtigung

3.11.1 Allgemeines

Die Beschwerde steht demjenigen zu, der durch den Beschluss in seinen „Rechten" beeinträchtigt ist **(§ 59 I FamFG)**, also nicht nur den Beteiligten erster Instanz, aber auch nicht jedermann. Eine unmittelbare Beeinträchtigung eines eigenen materiellen Rechts ist schlüssig vorzutragen.[1403] Wer sich selbst nicht als Erbe ansieht, sondern z. B. als Vermächtnisnehmer, ist nicht beschwerdeberechtigt.[1404] Fehlt die Beschwerdeberechtigung, ist die Beschwerde unzulässig. Im Erbscheinsverfahren ist jeder beeinträchtigt, der geltend macht, dass seine *erbrechtliche* Stellung im Erbschein nicht oder nicht richtig ausgewiesen werde, also z. B. der wirkliche Erbe gegen die Ankündigung der Erteilung eines Erbscheins an den Nichterben (Feststellungsbeschluss, § 352e FamFG). Beeinträchtigt kann auch jemand sein, der selbst im Erbschein nicht aufzuführen ist, wie z. B. der Erwerber des Nacherbenanwartschaftsrechts.[1405] Eine nur mittelbare Beeinträchtigung genügt nicht.[1406] Die bloße Behauptung von Verfahrensfehlern, die keine Auswirkung auf die erbrechtliche Stellung haben, genügt ebenfalls nicht.[1407] Wird ausländisches Erbrecht angewandt, ist ebenfalls § 59 FamFG heranzuziehen; ob tatsächlich ein Recht des Beschwerdeführers beeinträchtigt ist, richtet sich nach dem Erbstatut (d. h. dem ausländischen Erbrecht; Art. 25 EGBGB; ab 17. 8. 2015: EuErbVO).[1408] Legt ein nichteheliches Kind Beschwerde ein, genügt es, wenn die die Beschwerdeberechtigung schaffende Abstammung noch während des Beschwerdeverfahrens festgestellt wird (§ 169 ff. FamFG).[1409] 566

Prüfungsumfang bei der Zulässigkeitsprüfung. Das beeinträchtigte Recht muss dem Beschwerdeführer tatsächlich zustehen, es muss wirklich gegeben sein, wobei für die Prüfung der Rechtsbeeinträchtigung die Unrichtigkeit der 567

1402 Vgl. BayObLG FamRZ 2003, 1595.
1403 KG ErbR 2025, 138.
1404 OLG Hamm ZEV 2017, 519; OLG Köln FamRZ 2017, 332; OLG Saarbrücken ZEV 2021, 793 (LS).
1405 OLG Schleswig ZEV 2010, 574.
1406 OLG Saarbrücken ZEV 2020, 793 (LS).
1407 OLG Köln FGPrax 2010, 194.
1408 BayObLG NJW 1988, 2745; Lange/Kuchinke § 39 II 8.
1409 BayObLG FamRZ 2003, 1595.

angefochtenen Entscheidung im Sinne des Beschwerdeführers zu unterstellen ist. Für die Zulässigkeit der Beschwerde genügt in der Regel die **schlüssige Behauptung**, Erbe zu sein; ob der Erbscheinsantragsteller tatsächlich Erbe ist, wird erst bei der Begründetheit der Beschwerde geprüft. Im Einzelnen kommt es auf den Verfahrensgegenstand an:

(1) Wenn die Tatsachen, welche die Beschwerdeberechtigung ergeben, mit den Tatsachen zusammenfallen, von denen die Begründetheit des Rechtsmittels abhängt, gilt der allgemeine Grundsatz, dass verfahrensrechtliche Voraussetzungen keines Nachweises bedürfen, soweit sie mit den Voraussetzungen der Sachprüfung identisch sind (doppelrelevante Tatsachen).[1410]

Beispiel:

A beantragt einen Alleinerbschein aufgrund eines unklaren Testaments. Der Antrag wird abgelehnt. A legt Beschwerde ein. Ist A Erbe, ist er beschwerdeberechtigt (Beschwerde zulässig) und zugleich ist seine Beschwerde begründet. Für die Zulässigkeit der Beschwerde genügt die schlüssige Behauptung, Erbe zu sein.

(2) Soweit keine Überschneidung der Sachprüfung mit der Prüfung der Rechtsbeeinträchtigung nach § 58 I FamFG besteht, ist die Rechtsbeeinträchtigung dagegen schon im Stadium der Zulässigkeit der Beschwerde abschließend zu prüfen.[1411]

Beispiel:

Vom Nachlassgericht wird die Erteilung eines Erbscheins an den im Testament von 2005 genannten Erben A durch Feststellungsbeschluss (§ 352e FamFG) angekündigt. Der gesetzliche Erbe B legt dagegen Beschwerde ein, da das Testament von 2005 nichtig sei. B ist nur dann beschwerdeberechtigt, wenn feststeht, dass er bei Nichtigkeit des Testaments von 2005 den Erblasser als gesetzlicher Erbe beerben würde. Diese für die Beschwerdeberechtigung erhebliche Frage ist unabhängig von der Prüfung der Erbberechtigung des im Testament benannten Erben. Sie fällt nicht mit Fragen der Sachprüfung zusammen. (a) Würde bei Nichtigkeit des Testaments von 2005 das Testament von 2006 zum Zuge kommen, das C als Erben nennt, ist B nicht beschwerdeberechtigt. (b) Wäre gesetzlicher Erbe der noch lebende Sohn des Erblassers, ist der Enkel nicht beschwerdeberechtigt.

Die Beschwerdeberechtigung des Erbprätendenten gegen die Ankündigung der Erteilung eines Erbscheins, der das gesetzliche Erbrecht einer ferneren Ordnung geltend macht als der im Erbschein ausgewiesene gesetzliche Erbe, ist nur dann gegeben, wenn das behauptete fernere Erbrecht des Beschwerdeführers erwiesen ist.[1412]

1410 KG FamRZ 1995, 837.

1411 KG FamRZ 1995, 837; OLG Zweibrücken Rpfleger 1977, 305 (zur Grundbuchbeschwerde).

1412 KG FamRZ 1995, 837 = FGPrax 1995, 120.

Beispiele für die Beschwerdeberechtigung: Beschwerdeberechtigt gegen den Feststellungsbeschluss nach § 352e FamG bzw. gegen die Zurückweisung des Erbscheinsantrags sind: wer behauptet, Erbe zu sein (§ 59 II FamFG), aber nicht im Erbschein vermerkt zu sein; wer im Erbschein zu Unrecht als Erbe ausgewiesen ist, hat ein Beschwerderecht, auch wenn der Erbschein seinem ursprünglichen Antrag entsprach (obwohl eine „Beschwer" scheinbar fehlt! mit der Behauptung, der ursprünglich gewünschte Erbschein sei unrichtig);[1413] der richtige Miterbe, wenn falsche Personen als Miterben ausgewiesen sind;[1414] der Erbe des Erben;[1415] Erwerber und Pfandgläubiger des Erben;[1416] Ersatzerben;[1417] Nachlassgläubiger, wenn sie einen Vollstreckungstitel haben;[1418] Testamentsvollstrecker sowie Nacherben, wenn ihre Rechtsstellung nicht oder unrichtig genannt ist;[1419] der Vermächtnisnehmer nach deutschem Recht, der im Erbschein *als Erbe* ausgewiesen ist; ebenso der Pflichtteilsberechtigte, der im Erbschein genannt ist; der Insolvenzverwalter des „Erben", dessen Stellung im Erbschein nicht richtig ausgewiesen ist. Bei Zurückweisung des Antrags eines Miterben A auf einen gemeinschaftlichen Erbschein, steht das Beschwerderecht auch dem Miterben B zu, der selbst keinen Antrag gestellt hat, aber den Erbscheinsantrag hätte stellen können.[1420] 568

Beschwerdeberechtigung bei **Einziehung** eines Erbscheins Rz. 615; bei Ablehnung der Einziehung eines Erbscheins Rz. 612.

3.11.2 Zusätzliche Voraussetzungen im Antragsverfahren

Bei Antragsverfahren (Erbscheinsantrag; § 2353 BGB; nicht bei Erbscheinseinziehung, auch wenn sie „beantragt" wurde, weil dort der Antrag keine Verfahrensvoraussetzung ist; § 2361 BGB) schränkt § 59 II FamFG den Kreis der nach § 59 I FamFG Antragsberechtigten zusätzlich ein: 569

a) bei Zurückweisung des Antrags ist nur der tatsächliche Antragsteller beschwerdeberechtigt; er muss ferner in einem Recht im Sinne des § 59 I FamFG verletzt sein. Die Ablehnung des Antrags allein gibt keine Beschwerdeberechtigung, wenn kein Antragsrecht bestand (z. B. beim Erbscheinsantrag des Vermächtnisnehmers), selbst wenn eine Rechtsbeeinträchtigung vorliegen sollte.
b) Beschwerdeberechtigt ist ferner, wer einen gleichgelagerten Erbscheinsantrag beim Nachlassgericht hätte stellen können, antragsberechtigt gewesen

1413 BayObLG FamRZ 2003, 777 (Erbschein mit Testamentsvollstreckervermerk beantragt, dann Einziehungsantrag, da keine Testamentsvollstreckung bestehe); BayObLGZ 1984, 194/5; KG NJW 1960, 1158. Oder § 2361 BGB.

1414 BayObLGZ 1974, 401.

1415 BayObLG FamRZ 1992, 728.

1416 BayObLGZ 1973, 224/6.

1417 BayObLG ZEV 1995, 256.

1418 BayObLG FamRZ 1999, 817.

1419 BayObLG FamRZ 1996, 1304.

1420 OLG Naumburg FGPrax 2025, 85.

wäre;[1421] diese Ausdehnung des § 59 II FamFG durch die Rechtsprechung hat prozessökonomische Gründe (es ist unnötig, nochmals ein Antragsverfahren ablaufen zu lassen, wenn dessen Misserfolg schon feststeht).

Beispiel:
A beantragt einen gemeinschaftlichen Erbschein, dass er mit B und C Miterbe zu je ⅓ ist. Der Antrag des A wird abgelehnt. A, aber auch B und/oder C, sind beschwerdeberechtigt.[1422]

4. Das Verfahren des Beschwerdegerichts

4.1 Gerichtsbesetzung

570 Grundsätzlich entscheidet der nach dem Geschäftsverteilungsplan des OLG zuständige Zivilsenat in der Besetzung mit drei Richtern über die Beschwerde, § 119 GVG. Der Zivilsenat kann die Sache aber auch einem seiner Mitglieder als Einzelrichter übertragen (§ 68 IV FamFG); eine Zuweisung an den Einzelrichter nur zur Vorbereitung der Sache gibt es nicht.

4.2 Beteiligte des Beschwerdeverfahrens

571 Beteiligt ist der Beschwerdeführer (vgl. § 7 I FamFG), im Antragsverfahren ferner der Antragsteller, weiter alle materiell Beteiligten im Sinne des § 345 FamFG. Hat das Nachlassgericht den Erbscheinsantrag des testamentarischen Erben abgelehnt und will das OLG auf dessen Beschwerde das Nachlassgericht anweisen, den beantragten Erbschein zu erteilen, so hat es die gesetzlichen Erben, die in erster Instanz diesem Erbscheinsantrag widersprochen hatten, am Beschwerdeverfahren zu beteiligen.[1423] Beteiligte, die in erster Instanz übersehen wurden, sind zu informieren (§ 7 IV FamFG), sie können nun einen Antrag auf Beteiligung stellen. Wer in erster Instanz als Beteiligter hinzugezogen wurde, ist auch in der Beschwerdeinstanz Beteiligter und muss keinen neuen Beteiligungsantrag stellen.

4.3 Einstweilige Anordnungen des OLG

572 Die Beschwerde hat keine aufschiebende Wirkung. Das OLG kann aber einstweilige Anordnungen erlassen (§ 64 III FamFG), z. B. – wenn die Einziehung eines Erbscheins mit der Beschwerde angestrebt wird – durch Beschluss die einstweilige Rückgabe des Erbscheins zu den Akten des Beschwerdegerichts anordnen;[1424] vgl. Rz. 519 ff. Das hat allerdings noch nicht die Wirkungen einer

---

1421 BGH NJW 1993, 662; BGHZ 30, 220; KG NJW-RR 1998, 1021; BayObLG FamRZ 1996, 186; OLG Schleswig FGPrax 2010, 253; OLG München FGPrax 2012, 24; Keidel/Meyer-Holz FamFG § 59 Rz. 41.

1422 BGH NJW 1993, 662; 1959, 1729; BayObLG NJW-RR 1988, 87; FamRZ 2004, 1673; KG NJW-RR 1990, 1292; Jansen/Briesemeister FGG 3. Aufl. § 20 Rz. 36.

1423 BayObLG FamRZ 1997, 218 = NJWE-FER 1997, 19.

1424 OLG Saarbrücken NJW-RR 2012, 588.

Einziehung (§ 2361 BGB),[1425] sondern nur faktische und psychologische Bedeutung.

4.4 Neue Beweismittel, verspätetes Vorbringen, Verschlechterung

Neue Tatsachen und Beweismittel sind zu berücksichtigen (§ 65 III FamFG); sie 573 müssen nicht erst nach der Entscheidung des Nachlassgerichts entstanden oder bekannt geworden sein. „Verspätetes Vorbringen" wie im Zivilprozess gibt es im FamFG-Verfahren nicht; das verbietet § 26 FamFG. Auch in der Beschwerdeinstanz gilt der Amtsermittlungsgrundsatz. Das Verbot der Verschlechterung (reformatio in peius) gilt auch im Erbscheinsverfahren.[1426]

4.5 Aktenverfahren, mündliche Verhandlung

Es liegt im Ermessen des Beschwerdegerichts, ob es mündlich verhandelt.[1427] 574
Auch in der mündlichen Verhandlung vor dem OLG besteht kein Anwaltszwang (§ 10 FamFG). Erscheint ein Beteiligter nicht, kann gegen ihn keine „Versäumnisentscheidung" ergehen, weil §§ 330 ff. ZPO im FGG-Verfahren nicht anwendbar sind.

4.6 Bindung des Beschwerdegerichts

a) Das Beschwerdegericht (OLG) bewegt sich innerhalb des Verfahrensgegen- 575 standes, der vorliegenden Erstentscheidung und des Rahmens, den der Beschwerdeführer mit der Anfechtung und seinem Beschwerdeziel steckt. Es darf deshalb nicht die Erteilung eines Erbscheins anordnen, für den bisher kein Erbscheinsantrag gestellt wurde.[1428] Beim OLG kann ausnahmsweise erstmals ein Erbscheins-Hilfsantrag gestellt werden, wenn dieser auf einen Lebenssachverhalt gestützt wird, der bereits Gegenstand des Verfahrens vor dem Nachlassgericht war und in der Sache der Anpassung des Antrags an Erkenntnisse des Beschwerdeverfahrens, insbesondere der Berücksichtigung eines gerichtlichen Hinweises, dient.[1429] Von diesem verfahrensökonomischen Sonderfall abgesehen kann beim OLG kein Erbscheinsantrag, auch nicht als Hilfsantrag, gestellt werden, weil dafür das Nachlassgericht zuständig ist und das OLG nur zweite Instanz ist.

b) Während im Allgemeinen die Kompetenz der zweiten Instanz sich mit der der ersten Instanz deckt, ist das bei Erbscheinssachen aus historischen Gründen (vermutlich zwecks Ersparnis von Formularen) nicht der Fall: das OLG kann selbst keine Erbscheine erteilen oder einziehen (§ 2353 BGB und § 2361 I BGB nennen nur „das Nachlassgericht"); hier kann das OLG nur das Nachlassgericht entsprechend anweisen. Beim ENZ ist es übrigens anders, den kann das OLG erteilen.

1425 BGH 40, 54/59; BayObLG FamRZ 1994, 1554.
1426 OLG Hamm OLGZ 1967, 71/73.
1427 OLG Düsseldorf FamRZ 2011, 1980.
1428 BayObLG NJW-RR 1994, 1032; Sternal/Sternal FamFG § 68 Rz. 88.
1429 OLG Hamm FGPrax 2012, 23.

c) Umstritten ist, in welchem Umfang das OLG einen Erbschein, dessen Einziehung angeregt wird, auf seine Unrichtigkeit überprüfen darf: Vgl. Rz. 576.

d) Das Beschwerdegericht ist bei der Entscheidung über eine Beschwerde in einem Erbscheinsverfahren nicht an seine Rechtsauffassung in *anderen* Beschwerdeverfahren gebunden; es kann also seine Rechtsmeinung ändern (auch ändert sich durch Richterwechsel laufend die Besetzung des Zivilsenats). Es ist aber an die Rechtsauffassung gebunden, die es in Bezug auf *diesen* Erbscheinsantrag bei einer Zurückverweisung zugrunde legte; ebenso an die Rechtsauffassung des BGH, wenn dieses die Sache an das OLG zurückverwies. Es ist nicht an die Rechtsauffassung gebunden, die es selbst oder der BGH in einem Verfahren vertreten haben, das zwar denselben Nachlass, aber einen *anderen* Erbscheinsantrag betraf.[1430]

Ist der Erbschein auf Grund einer Entscheidung des OLG erteilt, so ist das Nachlassgericht an seine frühere Entscheidung nicht gebunden, wenn es im Verfahren auf Einziehung des Erbscheins erneut mit der Sache befasst wird, da es sich um ein neues Verfahren handelt.[1431]

4.7 Umfang der Prüfung durch das Beschwerdegericht

576 Umstritten ist, ob das OLG einen beanstandeten Erbschein auch insoweit auf seine Unrichtigkeit überprüfen darf, als die Rechtsstellung des Beschwerdeführers von einer solchen Unrichtigkeit unberührt bleibt.

Beispiele:

(1) Das Nachlassgericht erteilt einen Erbschein, wonach A, B und C Erben zu je 1/3 sind. B strebt die Einziehung an, weil er sich für den Alleinerben hält. Das hält das OLG für unzutreffend. Darf das OLG prüfen, ob anstelle von C der D Miterbe zu 1/3 ist? (2) Die Vorerbin strebt mit Beschwerde die Einziehung des Erbscheins an, da zwar Nacherbschaft bestehe, ihre Befreiung (§ 2136 BGB) aber zu Unrecht nicht angegeben sei. Darf das OLG den Erbschein einziehen lassen, weil überhaupt keine Nacherbschaft besteht?[1432]

577 **Die h. M.[1433] bejaht die Prüfungspflicht**: alle Gesichtspunkte, die geeignet sind, die Unrichtigkeit des Erbscheins zu begründen, hat das OLG auch dann zu prüfen, wenn der Beschwerdeführer selbst durch eine Unrichtigkeit des Erbscheins insoweit nicht beschwert sein kann. Die Dispositionsmaxime des Beschwerdeführers, die vorgetragenen Beschwerdegründe oder der Grundsatz der *reformatio in peius* (Verschlechterungsverbot) beschränken den Prüfungsum-

1430 BayObLG FamRZ 1998, 1198 = NJW-RR 1998, 798 = ZEV 1998, 472 (Lorenz).

1431 KG JW 1936, 3486; KG JW 1938, 2821; vgl. aber BGH NJW 1955, 21 über die Bindung des LG und OLG an die Rechtsauffassung bei zurückweisendem Beschluss, gegen den keiner der Beteiligten Beschwerde eingelegt hat.

1432 BayObLG Rpfleger 2001, 494.

1433 BayObLG ZEV 2007, 33; FamRZ 2000, 1610; BayObLG FamRZ 1996, 1304; BayObLG FamRZ 1985, 312; NJW 1970, 1424; LG Stuttgart Rpfleger 1996, 159.

fang nicht. Dies folgt aus § 2361 BGB, wonach das Nachlassgericht immer (und das Beschwerdegericht während des Anfalls der Sache dort) grundsätzlich verpflichtet sind, die Richtigkeit des Erbscheins von Amts wegen zu prüfen. Allerdings kann der Beschwerdeführer dies verhindern, wenn er auf den Hinweis, ein anderer Einziehungsgesichtspunkt als der vorgetragene werde ebenfalls geprüft, seine Beschwerde zurücknimmt; dann bleibt dem OLG nur ein das Nachlassgericht nicht bindender Hinweis in der Aktenrückleitungsverfügung. Während das Nachlassgericht in Hinblick auf § 2361 BGB eine Dauerzuständigkeit für das Nachlassverfahren hat, ist die Zuständigkeit des Beschwerdegerichts zeitlich begrenzt durch die Anfallwirkung von der Einlegung der Beschwerde bis zu deren Verbescheidung, Erledigung oder Rücknahme.

Die a. A.[1434] **verneint die Prüfungspflicht.** Wenn feststehe, dass dem Beschwerdeführer das von ihm in Anspruch genommene Erbrecht nicht zusteht, sei die Beschwerde abweisungsreif. Soweit sich Anhaltspunkte für eine anderweitige Unrichtigkeit des Erbscheins ergeben, könne das Beschwerdegericht das Nachlassgericht darauf hinweisen, damit dieses prüfen kann, ob weitere Ermittlungen gemäß § 26 FamFG erforderlich sind. Im Beschwerdeverfahren sei hierfür kein Raum. Unter Umständen liege es gerade nicht im Interesse des Beschwerdeführers, wenn die Richtigkeit des Erbscheins unabhängig von seiner eigenen Betroffenheit in alle Richtungen überprüft wird. Denn wird die Einziehung des Erbscheins aus einem anderen, ihn nicht berührenden Grund angeordnet, sein eigentlicher Anfechtungsgrund aber verneint, so wird ihm dadurch zur Klärung der ihn allein interessierenden Frage die Anrufung des Gerichts der weiteren Beschwerde verwehrt, weil er nach Anordnung der Einziehung des Erbscheins nicht mehr beschwert ist. Das sind gewichtige Argumente. 578

4.8 Nachprüfung der Kostenentscheidung des Nachlassgerichts

Die Kostenentscheidung des Nachlassgerichts (§ 81 FamFG) ist isoliert anfechtbar (§§ 58 ff. FamFG), wird aber nach h. M. nur auf Ermessensfehler, Ermessenfehlgebrauch oder Ermessensüberschreitung überprüft,[1435] weil § 81 GNotKG auf das billige Ermessen des Nachlassgerichts abstelle. Richtig dagegen das OLG Stuttgart,[1436] wonach die Kostenentscheidung der vollen Nachprüfung unterliegt. 578a

Angriffe gegen den **Geschäftswert** richten sich nach § 83 I GNotKG.

1434 OLG Brandenburg FamRZ 1999, 1619; OLG Hamm FamRZ 2000, 487 und FamRZ 2003, 1503; Jansen NJW 1970, 1424 (Anm).

1435 OLG München ZEV 2024, 58; OLG Düsseldorf ErbR 2019, 374.

1436 OLG Stuttgart FGPrax 2019, 239 = ErbR 2019, 657.

5. Die Entscheidung des Beschwerdegerichts

5.1 Die Entscheidung

5.1.1 Entscheidung in der Hauptsache

579 Die **unzulässige Beschwerde** wird vom OLG durch Beschluss verworfen (vgl. § 68 II 2 FamFG).

580 Die **zulässige, aber unbegründete Beschwerde** wird durch Beschluss zurückgewiesen.

581 Die **zulässige und begründete Beschwerde** besteht im Tenor aus der aufhebenden und ersetzenden Entscheidung; denkbar ist auch eine Aufhebung und Zurückverweisung an das Nachlassgericht.

Beschluss

Beschwerdeführer: A ...

Weitere Beteiligte: ... (z. B. eventuelle Beschwerdegegner)

Wenn das AG einen Erbscheinsantrag des A zu Unrecht ablehnte und A Beschwerde einlegte:

I. Auf die Beschwerde wird der Beschluss des Amtsgerichts (Nachlassgerichts) Adorf vom ... aufgehoben.

II. Die zur Erteilung des Erbscheins gemäß Antrag vom ... erforderlichen Tatsachen werden für festgestellt erachtet. Das Amtsgericht (Nachlassgericht)... wird angewiesen,[1437] dem Beschwerdeführer A folgenden Erbschein zu erteilen:

Erbschein: Es wird bezeugt, dass der am ... in ... verstorbene E von A ... allein beerbt worden ist.

III. Eventuell: Anordnung der Kostenerstattung (§§ 81, 84 FamFG).

IV. Der Geschäftswert des Beschwerdeverfahrens wird auf ... Euro festgesetzt.

V. Die Rechtsbeschwerde wird nicht zugelassen.

Gründe ...

Der Feststellungsbeschluss hat hier zwar keinen Sinn, doch folgt die Notwendigkeit aus § 352e FamFG.[1438] Das Beschwerdegericht kann das Nachlassgericht nicht zur Erteilung eines Erbscheins anweisen, für den ein Erbscheinsantrag bisher nicht in erster Instanz gestellt ist.[1439] Der (geänderte) Erbscheinsantrag muss dem Nachlassgericht spätestens im Zeitpunkt der Entscheidung über die

1437 An die Anweisung ist das Nachlassgericht gebunden, es sei denn, es sind inzwischen neue Tatsachen aufgetreten (OLG Karlsruhe Rpfleger 1988, 315), so dass der Erbschein sofort wieder einzuziehen wäre (§ 2361 BGB).

1438 Gietl/Längsfeld JA 2013, 854; a. A. Kroiß/Neurauter, Formularsammlung, Muster 27.

1439 BayObLG FamRZ 2000, 1231.

Abhilfe gegen die Beschwerde vorgelegen haben.[1440] Auch sonst müssen alle Voraussetzungen der Erbscheinserteilung vorliegen. Die Anweisung enthält keine Angaben darüber, wie *das Nachlassgericht* über die Kosten (§ 81 FamFG) zu entscheiden hat. Eine Rechtsmittelbelehrung (§ 39 FamFG) entfällt nach[1441] h. M., da es bei Nichtzulassung der Rechtsbeschwerde kein Rechtsmittel gegen den OLG-Beschluss gibt (zweckmäßig ist der Hinweis aber schon). Wenn die Rechtsbeschwerde nicht ausdrücklich zugelassen wird (§ 70 FamFG), gilt das als Nichtzulassung; auch hier ist eine Klarstellung im Tenor zweckmäßig. Geschäftswert: § 79 GNotKG.

Wenn das AG eine Erbscheinseinziehung zu Unrecht ablehnte: 582

I. Auf die Beschwerde wird der Beschluss des Amtsgerichts (Nachlassgerichts) Adorf vom … aufgehoben.

II. Das Amtsgericht (Nachlassgericht) wird angewiesen, den Erbschein vom … einzuziehen.

Wenn das AG einen Feststellungsbeschluss mit Aussetzung des Vollzugs zugunsten des A erlies, der auf Beschwerde des Beteiligten B aufgehoben wird; B hatte keinen Erbscheinsantrag gestellt 583

I. Auf die Beschwerde wird der Beschluss des Amtsgerichts (Nachlassgerichts) Adorf vom … aufgehoben.

II. Der Erbscheinsantrag des Antragstellers A … wird zurückgewiesen.

Wenn das AG einen Feststellungsbeschluss mit Aussetzung des Vollzugs zugunsten des A erlies (§ 352e II FamFG) und den Erbscheinsantrag des B zurückwies, wogegen B mit Erfolg Beschwerde einlegte 584

I. Auf die Beschwerde wird der Feststellungsbeschluss des Amtsgerichts (Nachlassgerichts) Adorf vom … zugunsten A aufgehoben.

II. Ferner wird der Beschluss des Amtsgerichts (Nachlassgerichts) Adorf vom … betreffend die Zurückweisung des Erbscheinsantrags von B aufgehoben.

III. Die zur Erteilung des Erbscheins an B gemäß Antrag vom … erforderlichen Tatsachen werden für festgestellt erachtet. Das Amtsgericht (Nachlassgericht)… wird angewiesen, dem Beschwerdeführer B folgenden Erbschein zu erteilen:

Erbschein: Es wird bezeugt, dass der am … in … verstorbene E von B … allein beerbt worden ist.

III. Eventuell: Anordnung der Kostenerstattung (§§ 81, 84 FamFG).

IV. Der Geschäftswert des Beschwerdeverfahrens wird auf … Euro festgesetzt.

V. Die Rechtsbeschwerde wird nicht zugelassen.

1440 BayObLG NJW-RR 1991, 968; OLG Düsseldorf FGPrax 2007, 232; siehe hierunter Rz. 548.

1441 Sternal/Jokisch FamFG § 39 Rz. 6.

Gründe: ...

Im vorliegenden Fall lagen **widersprechende Erbscheinsanträge** von A und B vor. Über den Antrag des A hat das AG einen Feststellungsbeschluss erlassen, aber dessen Wirksamkeit ausgesetzt (§ 352e II 2 FamFG). Ferner hat das AG den Antrag des B zurückgewiesen, was unzweckmäßig war (besser wäre gewesen, die Rechtskraft des Feststellungsbeschlusses abzuwarten). Nun muss das OLG einen Feststellungsbeschluss zugunsten B erlassen, weil § 352e I FamFG das vorsieht (zum Sinn vgl. Rz. 581). Fraglich ist, ob hierbei das OLG die Aussetzung des Vollzugs anordnen muss. Da das OLG gegen den Beschluss keine Rechtsbeschwerde zugelassen hat (§ 70 I FamFG) und es kein Nichtzulassungsbeschwerde gibt, ist die Rechtsbeschwerde nicht statthaft, der OLG-Beschluss ist mit Erlass formell rechtskräftig geworden (§ 45 FamFG). Die Aussetzung des Vollzugs unterbleibt daher.[1442]

585 *Wenn der Einziehungsbeschluss zu Unrecht erlassen wurde und die Einziehung erfolgt ist:*

I. Auf die Beschwerde wird der Beschluss des Amtsgerichts (Nachlassgerichts) Adorf vom ... aufgehoben.[1443]

II. Die zur Erteilung des Erbscheins an B gemäß Antrag vom ... erforderlichen Tatsachen werden für festgestellt erachtet. Das Amtsgericht (Nachlassgericht)... wird angewiesen, dem Beschwerdeführer B folgenden Erbschein zu erteilen (es folgt der Text).

Vgl. § 353 II FamFG. Kosten, Geschäftswert, keine Zulassung der Rechtsbeschwerde wie bei Rz. 581.

586 *Wenn dem A ein Erbschein erteilt wurde, B dann dessen Einziehung begehrt sowie selbst einen Erbscheinsantrag zu seinen Gunsten beantragt; Ablehnung durch das AG; Beschwerde des B ist erfolgreich*

I. Das Nachlassgericht wird angewiesen, den Erbschein zugunsten A vom ... einzuziehen (vgl. § 352 III FamFG).

II. Die zur Erteilung des Erbscheins an B gemäß Antrag vom ... erforderlichen Tatsachen werden für festgestellt erachtet. Das Amtsgericht (Nachlassgericht)... wird angewiesen, dem Beschwerdeführer B folgenden Erbschein zu erteilen: (folgt Erbscheinstext)

III. Eventuell: Anordnung der Kostenerstattung (§§ 81, 84 FamFG).

IV. Der Geschäftswert des Beschwerdeverfahrens wird auf ... Euro festgesetzt.

V. Die Rechtsbeschwerde wird nicht zugelassen.

1442 A. A. Gietl/Längsfeld JA 2013, 854.

1443 Obwohl der Beschluss inzwischen durch die Einziehung verfahrensrechtlich überholt ist; so BayObLG FamRZ 1990, 1162.

Bei Zurückverweisung: 587

I. Auf die Beschwerde wird der Beschluss des Amtsgerichts (Nachlassgerichts) Adorf vom … aufgehoben.

II. Die Sache wird an das Amtsgericht[1444] … zurückverwiesen.

Eine Zurückverweisung ist nur ausnahmsweise zulässig, wenn die erstinstanzliche Entscheidung ohne die erforderliche Sachprüfung ergangen ist oder sonst an so schwerwiegenden Verfahrensmängeln leidet, dass das ganze Verfahren erneut durchgeführt werden muss (§ 69 I 2, 3 FamFG).[1445] Eine Kostenentscheidung entfällt.

5.1.2 Kostenentscheidung des Beschwerdegerichts

a) Unzulässige oder zulässige, aber **unbegründete Beschwerde**: das Beschwerdegericht *soll* die Kosten einer völlig ohne Erfolg eingelegten Beschwerde dem Beschwerdeführer auferlegen (§ 84 FamFG); das ist aber nicht zwangsläufig so.[1446] Gemeint sind die außergerichtlichen Kosten. Tenor: „Der Beschwerdeführer hat die dem Beteiligten X im Beschwerdeverfahren entstandenen außergerichtlichen Kosten zu erstatten. “ Unzweckmäßig ist der Satz: „Dem Beschwerdeführer werden die Kosten auferlegt“, weil offenbleibt, ob auch die Kosten erster Instanz gemeint sind und weil die Gerichtskosten für den Erbschein immer vom Erben zu tragen sind, nicht vom Beschwerdeführer. Wenn das OLG unter Anwendung von § 84 FamFG die Kosten eines erfolglosen Rechtsmittels insgesamt dem Beteiligten auferlegt, der es eingelegt hat, erfasst die Kostengrundentscheidung regelmäßig die zur Durchführung des Verfahrens notwendigen Aufwendungen weiterer Beteiligter (z. B. Anwaltskosten) i. S. d. § 80 S. 1 FamFG.[1447] **Außergerichtliche Kosten** sind die eigenen Kosten des Beteiligten (Porto, Fahrt zum Anwalt) und die Anwaltskosten. Es gibt Fälle, in denen dem Beschwerdegegner auch erstattungspflichtige gerichtliche Auslagen (z. B. für Sachverständige) entstanden sind; dann darf man statt „außergerichtliche Kosten“ auch „Auslagen“ schreiben. Nur in besonders gelagerten Ausnahmefällen kann es angemessen sein, diese Kosten nicht dem Beschwerdeführer aufzuerlegen (oder zu quoteln), so dass der (erfolgreiche) Gegner seine außergerichtlichen Kosten selbst zu tragen hat. 588

b) Zulässige und **begründete Beschwerde**: es gilt § 81 FamFG (Ermessensentscheidung), ebenso bei Teil-Begründetheit. Das OLG hat eine Kostenent- 589

1444 Aber nicht an den Rechtspfleger, so jedoch OLG Hamm FamRZ 2015, 525.
1445 BayObLGZ 1962, 47/53.
1446 OLG Hamm ZEV 2020, 558.
1447 BGH ZEV 2025, 118.

scheidung über die Kosten beider Instanzen zu treffen; fehlt ein Ausspruch, hat jeder Beteiligte seine außergerichtlichen Kosten selbst zu tragen.

590 c) **Zurückverweisung**: eine Entscheidung über die Kosten des Beschwerdeverfahrens unterbleibt.[1448] das Nachlassgericht hat dann über die Kostenerstattung beider Instanzen zu entscheiden.

591 d) **Rücknahme der Beschwerde**: Es entspricht regelmäßig der Billigkeit, dass derjenige, der das Beschwerdeverfahren in Gang gebracht hat, dem Gegner dessen Kosten erstattet.[1449]

5.1.3 Gründe

592 Jeder Beschluss ist zu begründen (§ 38 III FamFG). Die Begründung kann entfallen, wenn gleichgerichteten Anträgen der Beteiligten (§ 345 FamFG) stattgegeben wird (§ 38 IV Nr. 2 FamFG), also beim Feststellungsbeschluss (§ 352e I FamFG), der einer Erbscheinserteilung vorausgeht, *wenn niemand widersprochen hat.* Die Begründung wird üblicherweise in zwei Abschnitte gegliedert (§ 38 II FamFG):

I. Sachverhalt
   (Todesfall, verwandtschaftliche Verhältnisse, Inhalt der Testamente, Erbscheinsanträge; Datum und Inhalt der Entscheidung des Nachlassgerichts; Datum der Beschwerde, deren Antrag und Begründung; wesentlicher Inhalt der Auffassung des Beschwerdegegners; Bericht über durchgeführte Beweisaufnahmen durch Bezugnahme)

II. Rechtausführungen
   1. Die Beschwerde ist zulässig …
   2. Die Beschwerde ist begründet/unbegründet …
   3. evtl. Kostenentscheidung
   4. Geschäftswert des Beschwerdeverfahrens
   5. Zulassung der Rechtsbeschwerde?
   6. Rechtsmittelbelehrung (§ 39 FamFG): entfällt.

5.2 Sonstige Erledigung des Beschwerdeverfahrens

593 Das Beschwerdeverfahren kann auch durch **Rücknahme der Beschwerde** oder durch Ereignisse enden, die zur **Erledigung der Hauptsache** führen; Folge: nur noch eine Kostenentscheidung ist zu treffen (81 FamFG).

Kasuistik: (1) Ist der Testamentsvollstrecker, der gegen die Ankündigung der Erteilung eines Erbscheins Beschwerde eingelegt hat, im Laufe des Beschwerdeverfahrens verstorben und hatte der Erblasser Ersatztestamentsvollstreckung angeordnet, so führt der Tod des Testamentsvollstreckers nicht zur Erledigung des Beschwerdeverfahrens. Dieses ist vielmehr mit dem

1448 Prütting/Helms/Feskorn FamFG § 84 Rz. 4a, 7.
1449 Prütting/Helms/Feskorn FamFG § 84 Rz. 3.

Amtsnachfolger des Verstorbenen fortzusetzen, der gegebenenfalls von Amts wegen zu ermitteln ist.[1450] (2) Ist der Erbscheinsantrag eines Vorerben in erster und zweiter Instanz abgewiesen worden und wird dieser Antrag zurückgenommen, weil der Vorerbe nach Einlegung seiner zugelassenen Rechtsbeschwerde verstorben ist, so endet damit das Erbscheinsverfahren (Erledigung der Hauptsache).[1451]

5.3 Geschäftswert des Beschwerdeverfahrens

5.3.1 Allgemeines

Für das Beschwerdeverfahren werden bei Verwerfung und Zurückweisung der Beschwerde Gerichtsgebühren erhoben (KV 12220 bis KV 12222 GNotKG; Rz. 609). Die erfolgreiche Beschwerde ist dagegen gerichtsgebührenfrei (§§ 22, 25 GNotKG). Bei Verwerfung und Zurückweisung der Beschwerde sollte deshalb der Geschäftswert des Beschwerdeverfahrens festgesetzt werden, bei Erfolg ebenfalls (damit der Anwalt abrechnen kann). Der Geschäftswert ist nach **§ 61 GNotKG** zu bestimmen. Der Wert des Beschwerdegegenstands ist regelmäßig nach den Anträgen des Beschwerdeführers zu bestimmen, wobei der Wert durch den Geschäftswert der ersten Instanz begrenzt wird, wenn der Gegenstand nicht erweitert wird (§ 61 I, II GNotKG). Maßgebend ist, wenn besondere Umstände nicht vorliegen, die Bedeutung des Rechtsmittels für den Rechtsmittelführer, insbesondere das damit verfolgte **wirtschaftliche Interesse.**[1452] Beispiel: wenn sich der Beschwerdeführer Y gegen einen Alleinerbschein für X wehrt, weil er (Y) sich für einen Miterben zu 1/3 hält. Beschwerdewert ist dann 1/3 des Nachlasswertes. Das ist umstritten, die a. A.[1453] nimmt den vollen Nachlasswert. Die im GNotKG enthaltenen besonderen Vorschriften für die Festsetzung des Geschäftswerts im ersten Rechtszug (Erbschein: § 40 GNotKG) können als Anhaltspunkte herangezogen werden. 594

Allerdings hat das GNotKG die Bewertungen erhöht, weil **Pflichtteilsansprüche, Vermächtnisse, Beerdigungskosten**[1454] **und Auflagen** *nicht* mehr vom Nachlass abgezogen werden dürfen. Das wirtschaftliche Interesse des Beschwerdeführers kann also geringer sein als der Geschäftswert des Beschwerdeverfahrens. So ist es z. B., wenn jemand 600.000 Euro erbt, aber dann 300.000 Euro Pflichtteil zu zahlen hat. Anders war es unter Geltung der KostO.

Der Wert des Beschwerdeverfahrens kann mit dem Wert des erstinstanzlichen Verfahrens übereinstimmen, aber auch davon abweichen. Ist der Gegenstand beider Instanzen derselbe (Beispiel: Allein-Erbschein wird beantragt und abgelehnt; die Beschwerde strebt die Erteilung des Erbscheins an), ist der Beschwer-

1450 OLG Zweibrücken NJW-RR 2000, 815 = FGPrax 2000, 66.
1451 BayObLG FamRZ 2000, 991 = NJWE-FER 2000, 242.
1452 OLG München ZEV 2017, 634; OLG Hamm FGPrax 2015, 277; OLG Düsseldorf ZEV 2016, 387.
1453 KG ZEV 2020, 698; OLG Schleswig ZEV 2015, 65; OLG Köln FGPrax 2017, 40; OLG Frankfurt ZEV 2017, 649.
1454 OLG Köln FGPrax 2014, 180.

dewert und der erstinstanzliche Geschäftswert derselbe, im Beispiel also der Nachlasswert im Sinne des § 40 GNotKG).

5.3.2 Mehrere Beschwerden

595 Mehrere Beschwerden haben gesonderte Geschäftswerte. Wenn die Beteiligten mit ihren Rechtsmitteln einander widersprechende Ziele verfolgen, können die Geschäftswerte verschieden hoch sein.[1455] Jedoch ist ein einheitlicher Geschäftswert festzusetzen, *wenn* die Rechtsmittel dasselbe Ziel verfolgen und ihr Gegenstand identisch ist.[1456] Das gilt auch dann, wenn das Interesse der Beschwerdeführer auf verschiedene, einander ergänzende Erbteile gerichtet ist; in diesem Fall sind die Interessen zusammenzuzählen.[1457]

5.3.3 Einzelfälle zum Geschäftswert

596 **Anwaltliche Tätigkeit.** Der Wert richtet sich nicht zwingend nach dem Wert des Erbscheinsverfahrens, sondern nach dem wirtschaftlichen Interesse des Mandanten an der Beschwerde, kann also geringer sein.[1458]

Auslandsvermögen. Wenn zum Nachlass neben Inlandsvermögen auch Vermögen in der Schweiz gehört: das Schweizer Vermögen zählt beim Nachlasswert nicht mit, wenn der mit der Beschwerde erstrebte Erbschein nach dem Schweizer Internationalen Privatrecht in der Schweiz nicht anerkannt würde,[1459] weshalb der Erbprätendent mit der Beschwerde nur einen auf das deutsche Vermögen bezogenen Erbschein (§ 352c FamFG) anstrebt (§ 40 III GNotKG: kein Schuldenabzug!)

597 **Billigkeitserwägungen.** Der ermittelte Geschäftswert (z. B. Wert des Nachlasses) kann, auch wenn er sehr hoch ist, nicht aus Billigkeitsgründen im Hinblick auf die „Gewährleistung des Zugangs zu den Gerichten" herabgesetzt werden.[1460]

598 **DDR-Grundstücke.** Gehört zum Nachlass ein in der ehemaligen DDR gelegenes Grundstück, das im Zeitpunkt des Erbfalls zwar unter vorläufiger Verwaltung gemäß § 6 der DDR-Verordnung vom 17. 7. 1952, aber noch im Eigentum des Erblassers stand, so ist für den Geschäftswert des Rechtsbeschwerdeverfahrens der Wert des Grundstücks am 3. 10. 1990 maßgebend.[1461]

599 **Erbscheins-Einziehungsverfahren.** Für die Bewertung kommt es auch im Einziehungsverfahren auf den Zeitpunkt des Todes des Erblassers an (§ 40 I 1 Nr. 3 GNotKG), jedoch sind die im Zeitpunkt der Entscheidung geltenden Bewer-

---

1455 BayObLG FamRZ 1994, 587.
1456 BayObLG JurBüro 1978, 1372; FamRZ 1994, 587.
1457 BayObLG FamRZ 1999, 1439; BayObLG FamRZ 1994, 1354; FamRZ 1995, 1370.
1458 OLG Bamberg ZEV 2021, 647.
1459 BayObLG FamRZ 1998, 514 = ZEV 1997, 510.
1460 BayObLG FamRZ 1996, 1560 (das Nachlassgericht hatte den Geschäftswert auf nur 5,5 Millionen DM festgesetzt, obwohl der Nachlasswert netto ca 22 Millionen betrug).
1461 BayObLG JurBüro 1997, 436 =MittBayNot 1997, 383.

tungsvorschriften heranzuziehen.[1462] Wurde der Erbschein damals ausschließlich zwecks Grundbuchberichtigung erteilt, richtet sich der Wert des Einziehungsverfahrens nicht nach dem Wert des Grundstücks, sondern ist wesentlich geringer.[1463] Unter Geltung des GNotKG (1.8.2013) gibt es den gebührenermäßigten Erbschein nur für Grundbuchzwecke nicht mehr.

Ersatznacherbe. Wenn sich der Ersatznacherbe gegen die Einziehung eines 600 Erbscheins wendet, liegt das Interesse am Erfolg des Rechtsmittels in der durch den Erbschein dokumentierten Stellung des (Ersatz-)Nacherben. Für die Bewertung ist nicht der Wert des der Nacherbschaft unterliegenden Vermögens maßgebend, sondern der **wirtschaftliche Wert des Nacherbenrechts.**[1464] Er ist, wenn sich das Nacherbenrecht nur auf einen Teil des Nachlasses bezieht, mit einem Prozentsatz des Wertes dieses Nachlassteils zu schätzen, wobei auch die voraussichtliche Zeitdauer bis zum Eintritt des Nacherbfalls (hier: Tod des Beteiligten A) zu berücksichtigen ist. Maßgebend ist somit ein Bruchteil des Wertes, den der dem Beteiligten angefallene Erbteil im Jahr des Todes des Erblassers gehabt hat.[1465]

Lebensversicherung. Die Versicherungssumme aus einer Kapital-Lebensversi- 601 cherung fällt nicht in den Nachlass, wenn der Versicherungsgesellschaft ein Bezugsberechtigter benannt ist.[1466] Die Rückkaufwerte fallen auch dann nicht in den Nachlass, wenn gegenüber der Versicherungsgesellschaft jeweils „die Erben laut Testament" als Bezugsberechtigte bestimmt waren (§§ 328 I, 330 S. 1 BGB).[1467]

Nacherbe. Beantragt der Nacherbe nach Eintritt des Nacherbfalls einen (neuen) 602 Erbschein, so ist für die Festsetzung des Geschäftswerts im Beschwerdeverfahren der Nachlasswert im Zeitpunkt des Nacherbfalles maßgebend,[1468] denn mehr hat der Nacherbe nicht erlangt.

Nacherbenvermerk im Erbschein. Wird darüber gestritten, ist in erster Linie 603 das wirtschaftliche Interesse maßgebend, das der Beschwerdeführer verfolgt, d. h. sein Interesse am Erfolg des Rechtsmittels. Geht es um das Interesse des *Erben,* nicht durch einen Nacherbenvermerk an der freien Verfügung über den ihm angefallenen Nachlass gehindert zu sein, ist es mit einem Prozentsatz des Reinnachlasswertes anzusetzen. Für die Höhe dieses Prozentsatzes kommt es auf die Umstände des Einzelfalls an, insbesondere auf den Wert der Nachlassbestandteile, die der Verfügungsbeschränkung unterliegen sollen, und die voraussichtliche Dauer der Vorerbschaft.[1469] Geht es um das Interesse des *Nacherben* daran, dass seine Stellung im Erbschein ausgewiesen ist, ist der wirtschaftliche

1462 BayObLGZ 1975, 288, 290.
1463 OLG Köln FG Prax 2006, 85.
1464 BayObLG FamRZ 1990, 1164.
1465 BayObLG FamRZ 1999, 816.
1466 BayObLG FamRZ 1995, 685; vgl. BayObLG FamRZ 1994, 587.
1467 BayObLG FamRZ 1994, 587.
1468 BayObLG FamRZ 1997, 316 = ZEV 1996, 473 (L).
1469 BayObLG FamRZ 1996, 1502; FamRZ 2000, 970.

Wert des Nacherbenrechts maßgebend; auch er ist mit einem Prozentsatz des reinen Nachlasswerts oder des Werts des Nachlassteils zu schätzen, welcher der Nacherbfolge unterliegt.[1470]

Beispiel:[1471]

Wert des Grundstücks, dessen hälftiger Miteigentumsanteil in den Nachlass fällt, 120.000 Euro. Der Aktivnachlass war daher mit 60.000 Euro anzusetzen. Davon waren die Darlehensverbindlichkeiten des Erblassers abzusetzen, so dass ein Reinnachlasswert von 4.700 Euro verblieb. Dieser war nach dem GNotKG nicht um den Pflichtteil der Tochter (ca. 600 Euro) zu kürzen. Angesichts der voraussichtlichen Dauer der Vorerbschaft hielt das BayObLG einen Geschäftswert von 2.000 Euro für angemessen (damals erfolgte noch der Abzug des Pflichtteils nach § 107 KostO).

604 Wenn *ein* **Miterbe** einen Teil-Erbschein beantragt, bemisst sich der Geschäftswert nach dem Anteil des Miterben am Nachlass. Anders beim Antrag auf gemeinschaftlichen Erbschein.[1472]

605 **Miterbe oder Pflichtteilsberechtigter.** Strebt ein Beteiligter im Beschwerdeverfahren auf der Grundlage eines Testaments eine Miterbenstellung zu 1/8 an, obwohl ihm 1/8 auch als Pflichtteil zusteht, kann dieser Bruchteil des Reinnachlasses nicht dem wirtschaftlichen Interesse des Beschwerdeführers gleichgesetzt werden. Maßgebend ist vielmehr, welcher wirtschaftliche Wert den rechtlichen Befugnissen zukommt, die zwar einem Miterben, nicht aber einem Pflichtteilsberechtigten zustehen. Der Pflichtteilsberechtigte hat nur einen schuldrechtlichen Anspruch; der Miterbe dagegen ist an der Verwaltung und Verwertung des Nachlasses im Rahmen seiner Befugnisse innerhalb der Erbengemeinschaft beteiligt und kann hierauf maßgeblichen Einfluss nehmen. Dies kann erhebliche wirtschaftliche Auswirkungen haben, insbesondere wenn es um die Verwaltung und Verwertung von Grundbesitz oder gesellschaftsrechtlicher Beteiligungen geht. Es ist zu schätzen. Besteht der Nachlass im Wesentlichen aus Grundbesitz, dessen Wert umstritten ist, will sich der Miterbe Einfluss auf die Verwertung sichern, dem er einen wesentlich höheren Wert zuschreibt als die anderen Beteiligten. Das BayObLG schätzte den Wert dieser Mitbestimmung bei der Verwertung des Gesamtnachlasses auf 1/10 des Anteils der Beteiligten, also auf 1/80 des Nachlasswertes.[1473]

606 **Nachlasspfleger.** Die Angaben des Nachlasspflegers können zu einer geringeren Bewertung eines Gebäudes und damit zum geringeren Geschäftswert des Erbscheins-Beschwerdeverfahrens führen.[1474]

1470 BayObLG FamRZ 2000, 970; MittBayNot 2004, 212 (L); FamRZ 1993, 458; FamRZ 1990, 1164.
1471 BayObLG FamRZ 2000, 970 = ZEV 1999, 397.
1472 Vgl. BayObLG FamRZ 2005, 822; FamRZ 2004, 1309.
1473 BayObLG FamRZ 2001, 696.
1474 BayObLG FamRZ 2002, 41 = ZEV 2001, 404.

Restitutionsansprüche nach dem Vermögensgesetz.[1475] Falls sie zum Nachlass gehören: Der Wert ist nach § 36 GNotKG zu ermitteln. Bezugspunkt ist der Wert des enteigneten Grundstücks. Wenn die Begründetheit des Anspruchs selbst aber noch nicht feststeht, ist bei der Geschäftswertfestsetzung vom Grundstückswert ein Abschlag von ca. einem Drittel vorzunehmen.[1476] 607

Testamentsvollstreckervermerk im Erbschein. Meint der Erbe, dass keine Testamentsvollstreckung besteht, während das Nachlassgericht anderer Ansicht ist (die Erbfolge selbst ist also unstreitig), richtet sich der Geschäftswert des Beschwerdeverfahrens nach dem Interesse des Beschwerdeführers, ungehindert über den Nachlass verfügen zu können, also nach der Höhe des Reinnachlasses und der künftigen Dauer der Testamentsvollstreckung;[1477] etwa 10 % des Aktivnachlasses dürften im gewöhnlichen Durchschnittsfall angemessen sein.[1478] Geringere Werte ergeben sich, wenn die Testamentsvollstreckung allenfalls für die Verwaltung des Hälfteanteils an einem Grundstück angeordnet war.[1479] Beim Streit um ein **Testamentsvollstreckerzeugnis** dagegen beträgt der Geschäftswert 20 % des Nachlasswerts im Zeitpunkt des Erbfalls, wobei Nachlassverbindlichkeiten überhaupt *nicht* abgezogen werden (§ 40 V GNotKG), anders als beim Erbschein. 608

5.4 Gerichtsgebühren

Höhe: Die Gerichtsgebühr für das **Beschwerdeverfahren** im Allgemeinen (gegen **Endentscheidungen**) beträgt 1,0, höchstens 872 Euro (2025), nach dem Geschäftswert (Tabelle B); KV 12220 GNotKG. Wird die Beschwerde zurückgenommen, bevor sie vom Beschwerdeführer begründet wurde, ermäßigt sich diese Gerichtsgebühr auf 0,3, höchstens 218 Euro (KV 12221 GNotKG). Wird die Beschwerde nach Eingang der Begründung (beim AG bzw. OLG) zurückgenommen, ist die Ermäßigung geringer, die Gebühr ermäßigt sich dann nur noch von 1,0 auf 0,5, höchstens 436 Euro (KV 12222 GNotKG). Eine Entscheidung über die Kosten steht der Ermäßigung auf 0,5 nicht entgegen, wenn die Entscheidung einer zuvor mitgeteilten Einigung über die Kostentragung oder einer Kostenübernahmeerklärung folgt. Mehrere Beschwerden werden getrennt abgerechnet. 609

Zulässig ist die Beschwerde nur gegen *End*entscheidungen. Wird gegen eine **Zwischenentscheidung** (z. B. Zwischenverfügung, Beweisbeschluss) Beschwerde eingelegt, ist sie unzulässig; die Gerichtsgebühr beim OLG beträgt dann 72 Euro (KV 19116 GNotKG).

1475 Grüneberg/Weidlich § 1922 Rz. 41.
1476 BayObLG JurBüro 1996, 40; FamRZ 1999, 1439.
1477 BayObLG NJW-RR 2002, 367; BayObLG FamRZ 2000, 970 zum Nacherbenvermerk.
1478 BayObLG NJW-RR 2002, 367 = ZEV 2002, 190.
1479 BayObLG JurBüro 1993, 111/112.

610 **Erfolgreiche Beschwerde.** Die Haftung des Beschwerdeführers für die Kosten eines Rechtsmittelverfahrens erlischt, wenn das Rechtsmittel ganz oder teilweise mit Erfolg eingelegt worden ist und das Gericht nicht über die Kosten entschieden hat oder die Kosten nicht von einem anderen Beteiligten übernommen worden sind (§ 25 I GNotKG); mit anderen Worten: Ist die Beschwerde erfolgreich, hat der Beschwerdeführer grundsätzlich keine Gerichtsgebühren zu tragen, außer sie wurden ihm auferlegt.

611 **Erfolgslose Beschwerde.** In diesem Fall hat der Beschwerdeführer die Gerichtskosten zu tragen (§ 22 I GNotKG).

6. Besonderheiten bei Ablehnung der Einziehung des Erbscheins

612 Gegen den Beschluss, der den „Antrag" auf Einziehung ablehnt, ist die Beschwerde nach §§ 58 ff. FamFG statthaft, obgleich das Nachlassgericht von Amts wegen zu handeln hat (§ 2361 I BGB).[1480] Gegen den Beschwerdebeschluss des OLG (§ 119 GVG) ist die Rechtsbeschwerde zum BGH nur bei Zulassung durch das OLG statthaft (§ 70 FamFG).

Die Beschwerdeberechtigung (§ 59 FamFG) hat nur, wer in seinen Rechten beeinträchtigt ist; das ist jedenfalls jeder, der für einen richtigen Erbschein antragsberechtigt wäre,[1481] allgemein gesagt jeder, dessen Rechte infolge des öffentlichen Glaubens des Erbscheins im Falle seiner Unrichtigkeit gefährdet sind.[1482] Gegen die Zurückweisung des Antrages auf Einziehung des Erbscheins hat der Antragsteller ein Beschwerderecht, auch wenn der **Erbschein seinem früheren Antrag entsprach**, er sich aber jetzt nicht mehr für den Erben hält;[1483] der Nacherbe und der Ersatznacherbe, wenn die Anordnung der Nacherbschaft nicht erwähnt ist oder unrichtige Angaben über die Nacherbfolge im Erbschein enthalten sind (vgl. § 352b I FamFG);[1484] der zu Unrecht als Nacherbe Bezeichnete;[1485] der Vorerbe und sein Rechtsnachfolger, wenn der Antrag auf Einziehung des dem Nacherben erteilten Erbscheins abgelehnt wird;[1486] der Nachlassgläubiger, wenn er einen Vollstreckungstitel besitzt, da sein Recht auf Zwangsvollstreckung durch einen unrichtigen Erbschein beeinträchtigt wird;[1487] der Testamentsvollstrecker (§ 352b II FamFG).[1488]

1480 RGZ 61, 273/276; KG OLG 21, 352.
1481 MünchKomm/Grziwotz § 2361 Rz. 50.
1482 BayObLG NJWE-FER 2000, 93.
1483 BGH NJW 1959, 1730; OLG München JW 1936, 2483; KG NJW 1960, 1158.
1484 BayObLGZ 1960, 407/410; FamRZ 1996, 1577.
1485 BayObLGZ 8, 411 = OLG 16, 66 Fn 1.
1486 OLG Hamm JMBlNRW 1962, 63.
1487 BayObLGZ 1957, 360; BayObLGZ 1973, 224.
1488 BayObLGZ 19, 192 = RJA 16, 242 = OLG 40, 101.

7. Besonderheiten bei der Anordnung der Einziehung eines Erbscheins

7.1 Einziehung des Erbscheins ist noch nicht erfolgt

Gegen den Beschluss, der die Einziehung anordnet, ist Beschwerde (§§ 58 ff. FamFG) statthaft, und gegen den Beschwerdebeschluss des OLG eine Rechtsbeschwerde zum BGH nur bei Zulassung durch das OLG. Die Beschwerde ist nur zulässig, solange die Einziehung noch nicht erfolgt ist (§ 353 II FamFG).[1489] Die Einziehung ist erfolgt, sobald der Erbschein aufgrund des Einziehungsbeschlusses (§ 2361 BGB) an das Nachlassgericht zurückgekommen ist, sei es freiwillig, sei es erzwungen infolge Zwangsvollstreckung. Die Beschwerde hat keine aufschiebende Wirkung (vgl. § 93 FamFG). 613

7.2 Einziehung des Erbscheins ist bereits erfolgt

Eine Beschwerde gegen die vollzogene Einziehung mit dem Zweck, diese wieder rückgängig zu machen, ist nicht zulässig, da der eingezogene Erbschein nicht wieder herausgegeben werden kann, weil er mit Einziehung wirkungslos geworden ist, auch wenn er noch nicht gelocht oder mit Farbstift durchstrichen oder sonst entwertet ist. Auch nach erfolgter Einziehung des Erbscheins und sogar nach Erteilung eines anderweitigen Erbscheins kann aber Beschwerde gegen den die Einziehung anordnenden Beschluss mit dem Ziel erhoben werden, dass das OLG das Nachlassgericht anweist, einen neuen, dem eingezogenen gleichlautenden Erbschein zu erteilen (§ 353 III FamFG);[1490] bei unklaren Schriftsätzen schreibt § 353 III 2 FamFG allerdings vor, dass eine „Beschwerde" als an das Nachlassgericht gerichteter neuer Erteilungsantrag zu behandeln ist. Falls das OLG die Rechtsbeschwerde zugelassen haben sollte, ist sie auch nicht dadurch ausgeschlossen, dass der Erbschein auf Grund der Anordnung des OLG vom Nachlassgericht für kraftlos erklärt worden ist.[1491] 614

7.3 Beschwerdeberechtigung

Die Anregung, den Erbschein *von Amts wegen* wegen Unrichtigkeit einzuziehen (§ 2361 BGB), kann zwar jedermann geben. Beschwerdeberechtigt gegen die Ablehnung ist aber nur derjenige, dessen Recht infolge des öffentlichen Glaubens des Erbscheins durch dessen Unrichtigkeit oder Unvollständigkeit beeinträchtigt wird (vgl. § 59 I FamFG).[1492] Es sind also am Einziehungsverfahren nicht nur diejenigen beteiligt, die ihre Rechte aus einer Erbenstellung herleiten, sondern auch solche Personen, in deren Rechtskreis durch die Erbscheinserteilung unmittelbar eingegriffen wird; einschlägig ist § 7 FamFG, nicht § 345 FamFG. Gegen die Anordnung der Einziehung eines Erbscheins ohne Nacherbenvermerk ist derjenige beschwerdeberechtigt, auf dessen Antrag der einzu- 615

1489 Aus der früheren Rechtsprechung: OLG Hamm DNotZ 1951, 41.
1490 Grundlegend BGHZ 40, 54/55 = NJW 1963, 1972.
1491 KG JFG 10, 73 = HRR 1933 Nr 732.
1492 Vgl. BGH NJW 1952, 112 (LS).

ziehende Erbschein erteilt worden war, nach seinem Tod sein Erbe.[1493] Alle Antragsberechtigten, auch wenn sie die Erteilung des Erbscheins nicht beantragt haben und die Erteilung von verschiedenen Erbscheinen erstreben,[1494] haben das Beschwerderecht. Gegen die Ablehnung der Einziehung wird § 59 II FamFG also nicht entsprechend angewandt. Auch eine andere Person als der wirkliche Erbe kann an der Einziehung des unrichtigen Erbscheins ein rechtliches Interesse haben, z. B. ein Testamentsvollstrecker (Rz. 616) oder ein Nachlassschuldner;[1495] oder der nicht erwähnte Nacherbe. Der Beschwerde des wirklichen Erben fehlt die Beschwerdeberechtigung oder das Rechtsschutzbedürfnis nicht deshalb, weil er auch die Klage aus § 2362 BGB hätte.[1496] Für einen Minderjährigen üben dessen Eltern das Antragsrecht aus, ohne durch § 1789 II 2 i. V. m. § 1824 BGB behindert zu sein, da das Erbscheinseinziehungsverfahren einem Rechtsstreit nicht gleichsteht.

Hat ein Beteiligter seine Beschwerde gegen einen Feststellungsbeschluss (§ 352e FamFG) zurückgenommen, weil er sich mit anderen Beteiligten durch Vergleich über eine bestimmte Auslegung eines Testaments geeinigt hat, so ist er dadurch nicht gehindert, die Unrichtigkeit eines dem Feststellungsbeschluss entsprechenden Erbscheins geltend zu machen und gegen die Ablehnung der Einziehung Rechtsmittel einzulegen.[1497] Der Vorerbe, der behauptet, im Erbschein sei seine Befreiung zu Unrecht nicht angegeben (§ 352b FamFG), kann gegen die Ablehnung der Einziehung Beschwerde einlegen.[1498] Das Beschwerderecht geht nicht dadurch verloren, dass ein Miterbe nachträglich aus der Erbengemeinschaft ausscheidet.[1499]

616 Der **Testamentsvollstrecker**, dem auf seinen Antrag ein Erbschein erteilt worden ist, ist zur Einlegung der Beschwerde gegen die Anordnung der Einziehung dieses Erbscheins befugt; das Rechtsschutzinteresse des Testamentsvollstreckers für die Anfechtung des Einziehungsbeschlusses kann auch dann nicht verneint werden, wenn er die Erbauseinandersetzung bereits durchgeführt hat.[1500] Der Testamentsvollstrecker muss, wenn zweifelhaft, seine wirksame Ernennung nachweisen; andernfalls ist seine Beschwerde gegen die Einziehung wegen fehlender Rechtsbeeinträchtigung unzulässig.[1501]

617 Dagegen ist **nicht beschwerdeberechtigt**, wer nur ein tatsächliches oder wirtschaftliches Interesse hat;[1502] der Vermächtnisnehmer,[1503] der Erbschaftsbesit-

---

1493 BayObLG FamRZ 1996, 1577.

1494 BGH NJW 1959, 1729; KG DNotZ 1955, 156; a. M. OLG Bremen Rpfleger 1956, 195 und die frühere Rechtsprechung.

1495 BayObLGZ 1966, 233/239; OLG Oldenburg Rpfleger 1965, 305.

1496 RGZ 61, 273.

1497 BayObLG NJW-RR 1991, 587.

1498 BayObLG Rpfleger 2001, 494.

1499 BayObLG Rpfleger 2001, 494.

1500 OLG Hamm FamRZ 1993, 825 = NJW-RR 193, 461.

1501 OLG Düsseldorf FamRZ 2001, 123 = FGPrax 2000, 205.

1502 BayObLGZ 34, 406 = JW 1935, 1189.

1503 BayObLG NJW-FER 2001, 183.

zer;[1504] der Nacherbe gegen die Einziehung des dem Vorerben erteilten Erbscheins, in dem die Anordnung der Nacherbfolge angegeben ist, solange die Nacherbfolge nicht eingetreten ist,[1505] weil er keinen entsprechenden Erbschein beantragen könnte; der Nacherbe gegen die Einziehung des dem Vorerben erteilten Erbscheins nach Eintritt des Nacherbfalls; der Nachlasspfleger,[1506] weil er nur Vertreter der unbekannten Erben ist (Ausnahmen Rz. 44); der Sonderrechtsnachfolger, z. B. derjenige, der von einer durch Erbschein ausgewiesenen Person Nachlassgegenstände erworben hat, da seine Rechtsstellung durch die Einziehung nicht berührt wird;[1507] das gilt auch dann, wenn die Einziehung mit der Begründung verlangt wird, dass die bezeichnete Person nicht Vollerbe, sondern nur Vorerbe sei.[1508] Ferner sind Nachlassgläubiger, die keinen Vollstreckungstitel besitzen, nicht beschwerdeberechtigt,[1509] auch nicht die Erbschaftsteuerbehörde.[1510] Während der Erwerber von Nachlassgegenständen durch den guten Glauben (§§ 892, 932, 2366 BGB) geschützt wird, steht dem Erbschaftskäufer, der vom Nichterben oder Scheinerben erwirbt, dieser Schutz nicht zur Seite (vgl. § 2371 BGB); er wird daher durch eine Einziehung des den Nichterben als Erben ausweisenden Erbscheins in seinen Rechtsinteressen berührt. Der Erbe hoffreien Vermögens hat kein Beschwerderecht gegen die Einziehung des Hoffolgezeugnisses;[1511] ebenso nicht derjenige, welcher nur möglicherweise als weiterer Hoferbe nach dem Hofvorerben in Betracht kommt und damit keine feste Anwartschaft auf die Hofnachfolge hat.[1512]

Bestritten ist, wann die Beschwerde beim **Fehlen des Beschwerderechts** als 618
unzulässig zu verwerfen und wann sie als unbegründet zurückzuweisen ist (vgl. Rz. 567). Die Beschwerde ist nach h. M. unzulässig, wenn sich ergibt, dass ein Recht des Beschwerdeführers nicht beeinträchtigt sein kann.[1513] Etwas anderes gilt nur dann, wenn die Darstellung des Beschwerdeführers nach dem festgestellten Sachverhalt möglich ist, wenn also die Nachprüfung der Beschwerdeberechtigung ein Eintreten in die Sachprüfung erforderlich macht, das Beschwerdegericht aber nicht dem Beschwerdeführer beipflichtet; in diesem Fall ist die Beschwerde unbegründet (vgl. Rz. 567).[1514]

1504 Vgl. OLG Hamm JMBlNRW 1960, 143.
1505 BayObLGZ 1975, 62; OLG Oldenburg DNotZ 1958, 263 (Anm Keidel); BayObLGZ 1961, 200 = JR 1962, 61.
1506 OLG Celle JR 1950, 58.
1507 BayObLGZ 1966, 49.
1508 BayObLGZ 1966, 49.
1509 KGJ 49, 83.
1510 BayObLG NJW-RR 2002, 440 = FamRZ 2001, 1737 (Steuerfiskus als Vollstreckungsbehörde bei Ungewissheit, ob er noch einen Erbschein benötigt).
1511 OLG Hamm MDR 1949, 107.
1512 BGH LM Nr 7 zu § 23 LVO = RdL 1952, 26 = NJW 1952, 1112 (LS).
1513 Vgl. BGH NJW 1953, 1666; BGHZ 31, 92/97; BGH NJW 1956, 1755; BayObLGZ 1961, 201/203; BayObLGZ 1968, 327/331; KG FamRZ 1977, 467/469; OLG Köln OLGZ 1971, 94.
1514 BGH MDR 1963, 39 = LM Nr 6 zu § 18 HöfeO; BayObLG FamRZ 1988, 1321; BayObLG FamRZ 1964, 306.

Das Beschwerderecht kann nur aus dem Inhalt der Entscheidungsformel, nicht aus der Begründung der angefochtenen Entscheidung hergeleitet werden.[1515]

8. Besonderheiten bei der Beschwerde gegen die Kraftloserklärung

8.1 Bereits öffentlich bekannt gemachte Kraftloserklärung

619 Gegen die vollzogene Kraftloserklärung ist keine Beschwerde statthaft (§ 353 I FamFG). Der einmal kraftlos gewordene Erbschein kann seine Wirksamkeit nicht wieder erlangen; hierzu wäre eine Neuerteilung erforderlich. Eine hiernach unzulässige Beschwerde ist regelmäßig in einen Antrag auf Erteilung eines neuen Erbscheins, der inhaltlich dem für kraftlos erklärten Erbschein entspricht, umzudeuten[1516] bzw. in eine Beschwerde, mit der erreicht werden soll, dass das OLG das Nachlassgericht zur Erteilung eines solchen neuen Erbscheins anweist.

8.2 Noch nicht öffentlich bekannt gemachte Kraftloserklärung

620 Aus § 353 I 4 FamFG ergibt sich, dass die Kraftloserklärung des Erbscheins der Beschwerde unterliegt, wenn und solange sie nicht öffentlich bekannt gemacht, also nicht wirksam geworden ist.[1517]

9. Beschwerde gegen die Kostenentscheidung des Nachlassgerichts

621 Die Kostenentscheidung des Nachlassgerichts im Feststellungsbeschluss (beruhend auf § 81 FamFG) kann *isoliert* mit der befristeten Beschwerde zum OLG angefochten werden (§ 58 ff. FamFG).[1518] Unklar ist in der Entscheidung der Satz: die „kostenpflichtige Zurückweisung des Antrags.“ Sind da auch die Anwaltskosten des Gegners vom Antragsteller zu ersetzen?[1519] Das ist eine Auslegungsfrage. Auch wenn eine Entscheidung in der Hauptsache nicht ergangen ist (z. B. wegen Antragsrücknahme, Erledigung der Hauptsache usw., §§ 83 II, 81 FamFG), kann die isolierte Kostenentscheidung mit befristeter Beschwerde zum OLG angefochten werden (§§ 58 ff. FamFG).[1520] In beiden Fällen muss der Wert des Beschwerdegegenstandes (d. h. der Kostenlast, die vermieden werden soll) 600 Euro übersteigen (§ 61 I FamFG) oder das Nachlassgericht muss die Beschwerde wegen Grundsatzbedeutung oder Rechtsfortbildung zugelassen haben (§ 61 II FamFG). Eine Rechtsbeschwerde gegen den OLG-Beschluss ist nur bei Zulassung statthaft (§ 70 FamFG).

1515 KG OLGZ 1966, 74; KG RJA 11, 269 = OLG 26, 287.
1516 KG JFG 10, 79, 80 = HRR 1933 Nr 732; a. A. KG DRiZ 1930 Nr 324; OLG Oldenburg DNotZ 1955, 158 (Anm Keidel).
1517 BayObLGZ 1958, 364 = MDR 1959, 400.
1518 Sternal/Göbel FamFG § 58 Rz. 48.
1519 So OLG Hamm BeckRS 2019, 17371.
1520 Keidel/Meyer-Holz FamFG § 58 Rz. 97.

10. Beschwerde gegen die Versagung von Verfahrenskostenhilfe

Infolge der Verweisung in § 76 FamFG ist § 127 II, III, IV ZPO entsprechend anzuwenden. Das bedeutet: **Für den Antragsteller:** Gegen die Ablehnung ist die sofortige Beschwerde statthaft, wobei die Frist (abweichend von § 567 ZPO) ein Monat ab Zustellung beträgt. **Für die Staatskasse** (d. h. den Bezirksrevisor) ist die sofortige Beschwerde nur im Rahmen von § 127 III ZPO zulässig: Gegen die VKH – Bewilligung gibt es also keine Beschwerde der Staatskasse mit dem Ziel der VKH – Versagung. **Für den Gegner im Verfahren** besteht kein eigenes Beschwerderecht, für den **VKH-Rechtsanwalt** mangels Recht auf Beiordnung ebenfalls nicht. Wird gegen eine VKH-Ablehnung erfolglos Beschwerde eingelegt, beträgt – bei Misserfolg – die Gerichtsgebühr beim OLG pauschal 72 Euro (KV 19116 GNotKG). 622

M. Rechtsmittel gegen die Entscheidung des OLG

1. Rechtsbeschwerde gegen die Hauptsacheentscheidung des OLG

Rechtslage nach dem FGG. Unter Geltung des FGG konnte gegen die Entscheidung des Nachlassgerichts Beschwerde zum Landgericht einlegt werden. Gegen die Entscheidung des Landgerichts (als Beschwerdegericht) in Erbscheinssachen konnte der betroffene Beteiligte *ohne Zulassung* weitere Beschwerde zum OLG einlegen (§ 28 I FGG). In den Fällen des § 28 II FGG war ferner eine Entscheidung des BGH möglich. 623

Rechtslage nach dem FamFG. Seit Inkrafttreten des FamFG (1. 9. 2009) ist der Instanzenzug schwerwiegend geändert worden. Gegen die Entscheidung des Nachlassgerichts kann zwar Beschwerde einlegt werden (§§ 58 ff. FamFG), doch entscheidet darüber das OLG (§ 119 GVG), das LG ist also in Nachlasssachen nicht mehr als Beschwerdegericht zuständig. Gegen die Entscheidung des OLG als Beschwerdegericht ist die Rechtsbeschwerde zum BGH statthaft, aber ***nur*, wenn die Rechtsbeschwerde vom OLG zugelassen wurde**. 624

Zulassung der Rechtsbeschwerde. Die Rechtsbeschwerde eines Beteiligten ist statthaft, wenn sie das Beschwerdegericht in dem Beschluss zugelassen hat (§ 70 I FamFG). Die Zulassung erfolgt von Amts wegen, ein Antrag ist nicht erforderlich. Nachlasssachen gehören nicht zu den Verfahren, in denen keine Zulassung erforderlich ist (vgl. § 70 III FamFG). Die Zulassung kann nicht nachgeholt werden, wenn sie vom OLG übersehen wurde. Enthält der Tenor des OLG-Beschlusses keine Aussage zur Zulassung, gilt das als Nichtzulassung der Rechtsbeschwerde. 625

Die Rechtsbeschwerde ist zuzulassen (§ 70 II FamFG), wenn

1. die Rechtssache grundsätzliche Bedeutung hat oder
2. die Fortbildung des Rechts oder die Sicherung einer einheitlichen Rechtsprechung eine Entscheidung des Rechtsbeschwerdegerichts erfordert.

Grundsatzfragen sind im FamFG-Verfahrensrecht selten; wann eine Fortbildung des Rechts erforderlich ist, ist unklar. Letztlich steht es also im Belieben des OLG, ob es eine Rechtsbeschwerde zulässt; das ist selten, weil das OLG selbst bestimmen kann, ob es sei Entscheidung überprüfen lässt, was dann eine aufwendige Begründung der OLG-Entscheidung notwendig machen würde, die man sich gerne spart.

Nichtzulassungsbeschwerde. Wird die Rechtsbeschwerde (ausdrücklich oder stillschweigend) nicht zugelassen, gibt es dagegen **keine Nichtzulassungsbeschwerde.**[1521] Im Zivilprozess dagegen kann gegen die Nichtzulassung der Revision Nichtzulassungsbeschwerde eingelegt werden (§ 544 ZPO). Deshalb kann 626

1521 Keidel/Meyer-Holz FamFG § 70 Rz. 4 und 41; unstreitig.

eine Erbrechtsfrage vom BGH nur über einen Zivilprozess, der vom LG über das OLG und mittels Nichtzulassungsbeschwerde schließlich eventuell zum BGH führt, geklärt werden.

627 **Entscheidung des BGH.** Das Vorliegen der Verfahrensvoraussetzungen für die Erteilung eines Erbscheins ist auch durch das Rechtsbeschwerdegericht eigenständig zu prüfen.[1522] Das Verfahren gelangt nur in dem Umfang in die Rechtsbeschwerde, der durch die Beschwerdeentscheidung des OLG und die Anfechtung gesteckt wird.

628 Ferner ist zu beachten, dass nach § 2353 BGB Erbscheinsanträge immer nur beim Nachlassgericht, nie beim Rechtsbeschwerdegericht gestellt werden können; der beim BGH erstmals gestellte Erbscheinsantrag ist daher dort grundsätzlich unbeachtlich. Auch kann nur das Nachlassgericht Erbscheine erteilen (§ 2353 BGB) oder einziehen (§ 2361 BGB); der BGH kann daher allenfalls das Nachlassgericht zur Erteilung oder Einziehung anweisen, nie selbst erteilen oder selbst einziehen. Kommt der BGH zur Auffassung, dass statt des beantragten Erbscheins ein anderer bisher nicht ausdrücklich beantragter Erbschein zu erteilen ist, verweist es die Sache an das Nachlassgericht zur Entgegennahme des Antrags zurück, wenn damit zu rechnen ist, dass ein solcher Antrag gestellt werden wird.[1523]

2. Rechtsmittel gegen die Kostenentscheidung des OLG

629 Die Kostenentscheidung als Teil der Hauptsacheentscheidung des OLG wie auch eine isolierte Kostenentscheidung des OLG ist zwar mit Rechtsbeschwerde anfechtbar, aber nur, wenn die Rechtsbeschwerde vom OLG zugelassen wurde. Die Zulassung kann insoweit beschränkt werden.

3. Rechtsmittel gegen die Zurückweisung der Geschäftswert-Beschwerde

630 Hat das Nachlassgericht den Geschäftswert des Erbscheinsverfahrens durch Beschluss festgesetzt (§ 79 GNotKG) und wurde die Beschwerde hiergegen vom OLG zurückgewiesen (§ 83 GNotKG), ist die weitere Beschwerde gegen den OLG-Beschluss zum BGH nicht statthaft (§ 83 I 5, 81 IV GNotKG). Eine Zulassung durch das OLG wäre gesetzwidrig und unbeachtlich.

4. Rechtsmittel gegen die Festsetzung des Geschäftswerts des Beschwerdeverfahrens

631 Das OLG kann den Geschäftswert für das Beschwerdeverfahren festsetzen (§ 79 GNotKG), was zu unterscheiden ist von dem Fall, in dem das OLG über eine Beschwerde gegen den Geschäftswertbeschluss des Nachlassgerichts entschei-

1522 OLG Köln NJWE-FER 2000, 187 = MittRhNotK 2000, 120.
1523 BayObLG 1965, 166.

det. Das OLG handelt hier als erste Instanz. § 83 I 5 GNotKG verweist für die grundsätzlich mögliche Beschwerde gegen einen Geschäftswertbeschluss auf die § 81 III, IV, V 1 und V 4, VI GNotKG. Nach § 81 III 3 GNotKG findet eine Beschwerde zum BGH somit nicht statt, der OLG-Beschluss ist unanfechtbar.

5. Rechtsmittel gegen eine Entscheidung des OLG als Gericht erster Instanz

Wenn das Nachlassgericht die beantragte Verfahrenskostenhilfe ablehnte und 632
dagegen Beschwerde eingelegt wird, dann entscheidet das OLG *als Beschwerdeinstanz*. Hat das OLG dagegen im Rahmen des Beschwerdeverfahrens **Verfahrenskostenhilfe** für das Beschwerdeverfahren abgelehnt, hat das OLG als *Gericht erster Instanz* entschieden, weil eine angefochtene Entscheidung des Nachlassgerichts fehlt. Die Beschwerde hiergegen ist nur als Rechtsbeschwerde zum BGH statthaft (§ 70 I FamFG: OLG „im ersten Rechtszug"), aber nur, wenn sie vom OLG zugelassen wird (§ 70 II FamFG; s. Rz. 625).

Ebenso ist es, wenn ein Mitglied des OLG-Senats wegen **Befangenheit abgelehnt** wird und der OLG-Senat diesen Antrag zurückweist.[1524]

Vor dem BGH muss sich ein Beteiligter durch einen BGH-Anwalt vertreten lassen (§ 10 IV FamFG); dies gilt nicht, wenn für ein Verfahren vor dem BGH Verfahrenskostenhilfe beantragt wird oder wenn ein BGH-Richter wegen Befangenheit abgelehnt wird (§ 10 IV 1 FamFG). Für ein Rechtsbeschwerdeverfahren in Verfahrenskostenhilfesachen oder Ablehnungssachen ist dagegen ein BGH-Anwalt erforderlich.[1525]

6. Festsetzung des Geschäftswerts der Rechtsbeschwerde

Sie erfolgt durch den BGH gemäß § 79 GNotKG und ist nicht anfechtbar. 633

7. Gerichtsgebühren der Rechtsbeschwerde

Es gilt KV 12230 bis 12240 GNotKG. Das Rechtsbeschwerdeverfahren kostet 634
somit an Gerichtsgebühren höchstens 1308 Euro (2025) (+ Anwaltsgebühren). Ist die Rechtsbeschwerde ganz oder teilweise *erfolgreich* und hat der BGH nicht anderweit über die Kosten entschieden (§§ 81 ff. FamFG), dann haftet der Beschwerdeführer für die Gerichtskosten nicht. Ist die Rechtsbeschwerde erfolglos, dann hat der Beschwerdeführer die Gerichtskosten zu tragen (§ 22 I FamFG). Ob ein Beteiligter des Rechtsbeschwerdeverfahrens einem anderen Beteiligten Kosten (z. B. Anwaltskosten) zu erstatten hat, entscheidet der BGH nach § 84 FamFG.

1524 BGH NJW-RR 2005, 294.
1525 BGH NJW-RR 2010, 1297.

8. Verfassungsbeschwerde; Erbenfeststellungsklage

634a Hat das OLG die Erbscheinssache entschieden und keine Rechtsbeschwerde zum BGH zugelassen, fragt sich, was noch getan werden kann. Die Verfassungsbeschwerde gegen eine letztinstanzliche Entscheidung im Erbscheinsverfahren ist im Hinblick auf den Grundsatz der Subsidiarität **unzulässig**,[1526] auch wenn evtl. Verfahrensfehler im Erbscheinsverfahren vorlagen,[1527] wenn die Möglichkeit besteht, zu klagen und das Erbrecht im streitigen Verfahren durch Urteil[1528] feststellen zu lassen; gemeint ist die **Erbenfeststellungsklage**. Es bleibt also eine Klage vor dem Prozessgericht, wenn z. B. geltend gemacht werden soll, dass das Nachlassgericht und das OLG das Testament unrichtig ausgelegt haben, das OLG Beweisanträge übergangen oder das Sachverständigengutachten falsch gewürdigt hat. Die Klage beim LG geht in der Berufung allerdings meist zum selben OLG-Senat wie die Beschwerde in der Erbscheinssache.

Hält sich der Kläger für den Alleinerben, die Beklagte (seine Schwester) aber meint, die Erfolge sei jeweils ½, ist Streitwert ½ abzüglich 20 % wegen der Feststellungsklage.[1529]

1526 BVerfG ZEV 2020, 371 = ErbR 2021, 254; ZEV 2020, 489; ZEV 2017, 48; NJW-RR 2005, 1600; HessStGH NJW 2020, 3436; BayVerfGH ZEV 2021, 668.

1527 BVerfG ZEV 2024, 695.

1528 Zur Erbenfeststellungsklage, vgl. Zimmermann ZEV 2010, 457; Adam ZEV 2016, 233; OLG München ErbR 2021, 961 (Klage auch während des Erbscheinsverfahrens zulässig); OLG Karlsruhe ZEV 2021, 256 (Pflicht des RA, darüber zu belehren); Giehring ZEV 2014, 282 (Streitwert).

1529 BGH ErbR 2023, 453. Das wirtschaftliche Interesse ist wesentlich, auch für die Beschwer.

N. Kosten im Erbscheinsverfahren[1530]

1. Gerichtskosten

In Frage kommen folgende Kosten: 635

- Gebühr für die Eröffnung des Testaments bzw Erbvertrags
- Gebühr für die eidesstattliche Versicherung für den Erbscheinsantrag
- Gebühr für das Erbscheinsverfahren und den Erbschein
- Auslagen des Gerichts

1.1 Die Gebühr für die Eröffnung des Testaments

Das Nachlassgericht hat letztwillige Verfügungen zu eröffnen (§ 348 I FamFG). 636 Die Gebühr für die Eröffnung der Verfügung von Todes wegen (Testament, Erbvertrag) als Rechtshandlung (also nicht als tatsächliches Aufschneiden des Kuverts) fällt zusätzlich zur Erbscheinsgebühr an. Fehlt ein Testament und damit eine Eröffnung, wird die Gebühr natürlich nicht erhoben. Kostenschuldner sind die Erben (§ 24 Nr. 1 GNotKG). Bei mehreren Schuldnern sendet der Kostenbeamte die Kostenrechnung nach Gutdünken an *einen* Erben, wovon er nur auf vorherigen Antrag abweichen wird (Ziffer 8 der Kostenverfügung), und z.B. bei 3000 Euro und drei Miterben jedem Miterben eine Rechnung über 1000 Euro sendet. Es wird eine Gebühr von pauschal 109 Euro (bis 31. 5. 2025: 100 Euro) erhoben (KV 12101 GNotKG), gleichgültig wieviel der Nachlass wert ist (anders unter Geltung der KostO).

Mehrfache Eröffnungsgebühr: werden mehrere Testamente/Erbverträge des- 637 selben Erblassers bei demselben Gericht *gleichzeitig* eröffnet (d.h. drei Voraussetzungen), fällt die Eröffnungsgebühr nur einmal an (KV 12101 GNotKG amtliche Anmerkung). Dagegen wird die Gebühr mehrfach erhoben, wenn zeitlich gestreckt mehrere Testamente/Erbverträge eröffnet werden. Wer im Januar ein Testament abliefert, welches eröffnet wird, hat, wenn er im Februar ein weiteres (aber ungültiges) Testament findet, dieses abzuliefern, es wird ebenfalls eröffnet, die Gebühr fällt nochmals an.

1.2 Die Gebühr für die eidesstattliche Versicherung

Der Antragsteller eines Erbscheins hat dem Nachlassgericht bestimmte Urkun- 638 den vorzulegen (§ 352 I, II FamFG BGB).

Er hat zum Nachweis,

- des gewöhnlichen Aufenthalts und der Staatsangehörigkeit des Erblassers
- dass der Erblasser zur Zeit seines Todes im Güterstand der Zugewinngemeinschaft gelebt hat,

1530 Dazu Horn, NJW 2016, 3350; Kroiß ZEV 2016, 619; N. Schneider ErbR 2017, 134 sowie ErbR 2024, 848.

- ob und welche Personen vorhanden sind oder vorhanden waren, durch die der Antragsteller von der Erbfolge ausgeschlossen oder sein Erbteil gemindert würde; in welcher Weise gegebenenfalls eine solche Person weggefallen ist,
- ob und welche Verfügungen des Erblassers von Todes wegen vorhanden sind;
- ob ein Rechtsstreit über sein Erbrecht anhängig ist

vor dem Nachlassgericht oder vor einem Notar eidesstattlich zu versichern, dass *ihm nichts bekannt sei*, was der Richtigkeit seiner Angaben entgegensteht (§ 352 III FamFG). *Suchen* nach einem weiteten Testament muss der Antragsteller also nicht.

1.2.1 Gebühr bei Abgabe der Versicherung bei Gericht

639 Für die Beurkundung der eidesstattlichen Versicherung wird eine 1,0 Gebühr nach Tabelle B aus dem Wert erhoben (KV 23300 GNotKG). Wird beim Nachlassgericht der Erbscheinsantrag entgegengenommen (KV 12210 GNotKG: 1,0 Tabelle B) und zugleich die eidesstattliche Versicherung beurkundet, fallen also insgesamt 2,0 Gebühren an. Der Geschäftswert wird errechnet wie beim Erbschein (Rz. 658 ff.). Wenn Miterben die eidesstattliche Versicherung gemeinsam abgeben, fällt nur die Gebühr aus dem Gesamtwert an.[1531] Gibt nur ein Miterbe die eidesstattliche Versicherung ab, bezieht sie sich nur auf seinen Anteil am Nachlass und dementsprechend fällt die Gebühr auch nur aus diesem Teil an (§ 40 II 1 GNotKG); treten spätere weitere Miterben der eidesstattlichen Versicherung bei, bestimmt sich der Geschäftswert nach ihrem Anteil am Nachlass (§ 40 II 2 GNotKG).

1.2.2 Erlass der eidesstattliche Versicherung

640 Das Nachlassgericht kann die eidesstattliche Versicherung erlassen, wenn es sie für nicht erforderlich erachtet (§ 352 III 4 FamFG). Da die Beurkundung der eidesstattlichen Versicherung eine zusätzliche Gebühr von 1,0 verursacht, die Gesamtkosten „des Erbscheins" also faktisch verdoppelt, ist die Frage des Absehens bei größeren Nachlässen für den Antragsteller von erheblicher finanzieller Bedeutung.

Verfahrensrechtlicher Ablauf: der Antragsteller beantragt einen Erbschein, weigert sich aber aus Kostengründen, die Angaben eidesstattlich zu versichern. (1) Wenn das Nachlassgericht durch Beschluss den Antrag, die Versicherung zu erlassen, zurückweist, ist dagegen *keine* Beschwerde statthaft, da nur eine Zwischenentscheidung vorliegt (§ 58 FamFG).[1532] (2) Wenn das Nachlassgericht ohne einen solchen Beschluss den Erbscheinsantrag ablehnt, kann der Antragsteller dagegen Beschwerde einlegen (§ 58 FamFG). Das OLG entscheidet darüber (Zurückweisung oder Anweisung, einen Erbschein zu erteilen). Rechtsbeschwerde zum BGH ist bei Zulassung möglich, § 70 FamFG. (3) Unrichtig ist dagegen, die eidesstattliche Versicherung abzu-

1531 Renner/Otto/Heinze/Klingsch GNotKG Nr. 23300 Rz. 6.
1532 Sternal/Göbel FamFG § 58 Rz. 47; anders nach der KostO.

geben und durch Erinnerungen gegen die Kostenrechnung geltend zu machen, sie sei überflüssig gewesen oder jetzt die Niederschlagung nach § 21 GNotKG zu verlangen.

Einzelfälle, in denen der Erlass gerechtfertigt ist, vgl. Rz. 118. Das Nachlassgericht und das aufgrund einer Beschwerde an seine Stelle tretende OLG entscheiden über den Erlass nach pflichtgemäßem **Ermessen.**[1533] Das Rechtsbeschwerdegericht (BGH) dagegen kann nach h. M.[1534] sein Ermessen nicht an die Stelle eines rechtsfehlerfrei ausgeübten Ermessens des OLG setzen, es kann also die Ermessensausübung nur beschränkt nachprüfen. Es hat die Ausübung des Ermessens durch das OLG nur darauf nachzuprüfen, ob es sich des ihm zustehenden Ermessens und des ihm eingeräumten Spielraums bewusst war sowie alle wesentlichen Umstände nach verfahrensgemäßer Feststellung berücksichtigt und sein Ermessen dem Zweck der Ermächtigung entsprechend ausgeübt hat.[1535] 641

Die eidesstattliche Versicherung entfällt ferner bei **Offenkundigkeit** (§ 30 FamFG, § 291 ZPO).

Als offenkundig sind nur Tatsachen anzusehen, von denen das Nachlassgericht überzeugt ist. Ein hoher Grad von Wahrscheinlichkeit ist noch keine Offenkundigkeit. Offenkundigkeit umfasst neben den allgemeinkundigen Tatsachen, die der Öffentlichkeit bekannt sind, z. B. wann der 2. Weltkrieg war, solche Tatsachen, von denen das Gericht aus seiner sonstigen amtlichen Tätigkeit Kenntnisse hat (sog. Gerichtskundigkeit; nicht aber bloß aktenkundige Tatsachen aus beigezogenen Akten eines anderen Verfahrens).

1.2.3 Beurkundung der eidesstattlichen Versicherung durch den Notar

Die eidesstattliche Versicherung kann auch von einem Notar beurkundet werden[1536] (§ 352 III 3 FamFG; § 22 I BNotO). Dann fällt ebenfalls die Gebühr nach KV 23300 GNotKG an, allerdings beim Notar und **zuzüglich 19 % Umsatzsteuer.** Wenn in der Niederschrift über die Abnahme der eidesstattlichen Versicherung zugleich der Antrag auf Erteilung eines Erbscheins an das Nachlassgericht enthalten ist, erhöht es die notarielle Gebühr nicht (Vorbem. 2.3.3 (2) vor KV 23300 GNotKG). Die Beteiligten bitten den Notar oft, beim Standesamt die für den Erbnachweis erforderlichen Personenstandsurkunden zu besorgen; das hat mit der Beurkundung der eidesstattlichen Versicherung nichts zu tun, gehört nicht dazu. Fordert ein Notar vom Standesbeamten unter Vorlage einer schriftlichen Vollmacht eine näher bezeichnete Personenstandsurkunde mit der Behauptung an, er sei vom Vollmachtgeber beauftragt, einen Erbscheinsantrag zu beurkun- 642

1533 Nach der aA ist das OLG in der Nachprüfung des Ermessens beschränkt, so OLG Düsseldorf FGPrax 2014, 44; OLG München 2024, 58.

1534 OLG Hamburg FGPrax 2014, 138 m. Anm. Demharter; a. A. OLG Stuttgart FGPrax 2019, 239.

1535 OLG Schleswig FamRZ 2001, 583.

1536 Dazu Bormann ZEV 2013, 425.

den, so ist damit in der Regel ein rechtliches Interesse des Auftraggebers an der Erlangung der Urkunde glaubhaft gemacht.[1537] Für das Besorgen erhält der Notar Ersatz der Auslagen (Porto; verauslagte Gebühren des Standesamts) und die Vollzugsgebühr KV 22112 GNotKG „für jede Tätigkeit" höchstens 50 Euro;[1538] billiger ist, die Urkunden selbst beim Standsamt zu besorgen.

Bei **vorzeitiger Beendigung** des Verfahrens der Abnahme der eidesstattlichen Versicherung wird die Gebühr von 1,0 auf 0,3 reduziert (KV 23301 GNotKG); so ist es z. B., wenn der Antragsteller nach Eintritt in die Verhandlung die eidesstattliche Versicherung nicht mehr abgeben will oder den Beurkundungsantrag zurücknimmt.

1.3 Die Kosten des Erbscheins

1.3.1 Die Gebühr für das Erbscheinsverfahren

643 Für das Verfahren vom **Eingang des Antrags** bis einschließlich der **Erbscheinserteilung** wird eine 1,0 Gebühr nach Tabelle B aus dem Geschäftswert erhoben (KV 12210 GNotKG); eine gesonderte „Beweisgebühr" gibt es also nicht. Fast immer fällt zusätzlich die Gebühr von 1,0 nach Tabelle B für die **eidesstattliche Versicherung** an (KV 23300 GNotKG; Rz. 638), so dass also im Regelfall ein Erbschein 2,0 Gerichtsgebühr kostet. Die Gebühr ist auch zu bezahlen, wenn der Antragsteller – für das Gericht *nicht* erkennbar – geschäftsunfähig ist.[1539] Weiterhin kann die Gebühr für die **Eröffnung der letztwilligen Verfügung** (KV 12101 GNotKG) zu erheben sein (wenn keine letztwilligen Verfügungen vorliegen und gesetzliche Erbfolge eintritt, entfällt diese Gebühr); wenn mehrere Testamente vorliegen und zu verschiedenen Zeitpunkten eröffnet werden, fällt die Eröffnungsgebühr mehrfach an. Für bestimmte Erklärungen wie Ausschlagung wird nochmals kassiert.

Wenn von **zwei Miterben** nur einer einen gemeinschaftlichen Erbschein beantragt (der auch erteilt wird), ohne dass der andere Miterbe damit *einverstanden* war, dann hat der Antragsteller nach Meinung des BGH[1540] keinen Anspruch auf anteilige Kostenerstattung, trotz § 2038 BGB, und obwohl zur Grundbuchberichtigung ein Erschein erforderlich ist. Bei Zustimmung des Miterben dagegen oder beim Erbscheinsantrag beider Miterben wird die Gebühr im Innenverhältnis nach dem Verhältnis der Erbteile aufgeteilt (denn der Kostenbeamte verschickt i. d. R. nur *eine* Rechnung an *einen* Miterben); vgl. § 8 KostVfg.

644 Der **Nacherbenvermerk** im Erbschein (§ 352b I FamFG) verteuert den Erbschein nicht; ebenso ist es mit dem **Testamentsvollstrecker-Vermerk** (§ 352b II FamFG). Diese Vermerke lösen keine besondere Gebühr aus. Die Gebühr für das Testamentsvollstrecker-Zeugnis kann zusätzlich anfallen.

1537 OLG Frankfurt FamRZ 1996, 112.
1538 Bormann/Diehn/Sommerfeldt GNotKG Nr. 23300 Rz. 5.
1539 Vgl. BGH BeckRS 2025, 5223 zu Notargebühren.
1540 BGH NJW 2021, 157; dazu Frieser/Potthast NJW 2021, 124.

Ist aber der Testamentsvollstrecker-Vermerk im Erbschein so formuliert, dass er in Wirklichkeit ein (beantragtes) Testamentsvollstrecker-Zeugnis (§ 2368 BGB) darstellt, wird die Gebühr nach KV 12210 GNotKG (mit Vorbemerkung 1.2.2 Nr. 4) für ein Testamentsvollstrecker-Zeugnis zusätzlich erhoben.[1541]

Der Erlass eines **Erbscheinsfeststellungsbeschlusses** (§ 352e I, II FamFG) ist in der Erbscheinsverfahrensgebühr inbegriffen, kostet also nichts zusätzlich.

1.3.2 Die Höhe der Gerichtsgebühr

Sie ergibt sich aus der Tabelle zu § 34 GNotKG, die im Anhang abgedruckt ist. Es ist zu beachten, dass das GNotKG eine Tabelle A und eine Tabelle B enthält; im Kostenverzeichnis (KV) ist jeweils in der rechten Spalte angegeben, welche Tabelle zur Anwendung kommt. Für Erbscheinsverfahren gilt **Tabelle B**. 645

Beispiel:

Erbscheinsverfahren Geschäftswert 100.000: Tabelle B 1,0 Gebühr sind 273 Euro, + 273 Euro für die eV.

Der **Geschäftswert** richtet sich nach § 40 GNotKG, also nach dem Wert des Nachlasses (Rz. 207, 594). Bei vorhandenen Grundstücken ist deren Verkehrswert grds. nach den Angaben des Antragstellers anzusetzen.[1542] Andere[1543] verlangen eine genaue Überprüfung, notfalls eine Anfrage bei der Erbschaftsteuerstelle, Der Verwendungszweck des Antragstellers (z. B. nur für Grundbuchzwecke) spielt keine Rolle mehr.[1544]

1.3.3 Die Auslagen des Gerichts für den Erbschein, für Sachverständige

646 Als Auslagen können anfallen: **Zeugenauslagen** nach dem JVEG, **Sachverständigenhonorar** nach dem JVEG, wenn z. B. die Frage der Testierfähigkeit zweifelhaft ist, wenn die Fälschung des Testaments untersucht wird; Kosten eines Gutachtens über ausländisches Recht.[1545] Zur Zahlung der Auslagen (§ 1 GNotKG) ist der Erbscheinsantragsteller verpflichtet (§ 22 I GNotKG), trotz § 26 FamFG. Dem Antragsteller können keine Sachverständigenkosten auferlegt werden, die in einem früheren (abgeschlossenen) Erbscheinsverfahren (betr. denselben Erbfall) angefallen sind.[1546] Das Geschäft, das nur auf Antrag (§ 2353 BGB) vorgenommen wird, ist die Erbscheinserteilung. Die Vernehmung von Zeugen und Sachverständigen mag zwar von einem Beteiligten „beantragt" worden sein, doch ist das Erbscheinsverfahren ab Antragseingang ein Amtsermittlungsverfahren (§ 26 FamFG), die Zeugenvernehmung erfolgt also nicht auf Antrag (im Sinne des GNotKG).

1541 KGJ 23 B 8; KG JW 1937, 580.
1542 OLG Jena BeckRS 2020, 46420.
1543 OLG München FGPrax 2019, 236.
1544 OLG München ZEV 2020, 585 (LS).
1545 LG Frankenthal Rpfleger 1981, 324.
1546 OLG München FGPrax 2017, 282.

Mehrere Antragsteller sind Gesamtschuldner bezüglich der Auslagen (vgl. § 32 I GNotKG); wenn durch besondere Anträge eines Beteiligten Mehrkosten entstanden sind, fallen ihm diese allein zur Last (§ 32 II FamFG).

(1) Stellt **nur A einen Erbscheinsantrag** und werden dann Zeugen vernommen und Gutachten erholt, werden die Auslagen dem A in Rechnung gestellt, gleichgültig ob dem A ein Erbschein erteilt wird oder sein Antrag zurückgewiesen wird. Es spielt in der Regel keine Rolle, ob Zeugen und Sachverständige auf „Antrag" des A oder infolge von Einwendungen anderer Personen oder von Amts wegen vernommen werden. Im Feststellungsbeschluss könnte das Gericht aber z. B. die **Sachverständigenauslagen** einem Beteiligten, der vergeblich Fälschung des Testaments einwandte, auferlegen (§ 81 FamFG), aber nicht, wenn das Gutachten sowieso von Amts wegen hätte erholt werden müssen.[1547]

(2) Stellen **A und B gegensätzliche Erbscheinsanträge** (jeder hält sich für den Alleinerben) und „beantragen" A und B Zeugenvernehmung und Gutachtenserholung zur Testierfähigkeit, und wird dann dem A ein Erbschein erteilt, während der Antrag des B zurückgewiesen wird, sind an sich A und B Gesamtschuldner bezüglich der Auslagen (§ 32 I GNotKG). Der Kostenbeamte bestimmt nach pflichtgemäßem Ermessen, ob er die Auslagen dem A, oder dem B, oder beiden nach Kopfteilen in Rechnung stellt (§ 8 IV Kostenverfügung). Regelmäßig sind die Kosten von A zunächst in voller Höhe einzufordern (§ 8 IV S. 2 Nr. 2 Kostenverfügung). Denn dem A wurde der Erbschein erteilt. Daraus folgt, dass letztlich A allein die Auslagen zu tragen hat (soweit nicht das Gericht eine abweichende Kostenentscheidung trifft).

(3) Auch wenn auf den Erbscheinsantrag des A **nur B** ein Gutachten „beantragte" hat A diese Auslagen zu zahlen (kein Fall des § 32 II GNotKG). Die Vernehmung von Zeugen und die Erholung von Gutachten ist Teil des Amtsermittlungsverfahrens (§ 26 FamFG); unabhängig von „Anträgen" der Beteiligten hätte das Nachlassgericht in der Regel von sich aus diese Beweisaufnahmen durchführen müssen, selbst wenn B keinen Beweisantrag oder gegensätzlichen Erbscheinsantrag gestellt hätte. Das Gericht könnte aber eine **abweichende Kostenentscheidung** treffen (§ 81 FamFG); vgl. Rz. 320 ff.

Durch Erinnerung (§ 81 GNotKG) ist die Kostenrechnung der Gerichtskasse („der Kostenansatz", § 18 GNotKG) nachprüfbar (nicht die Kostenentscheidung des Gerichts, dafür ist die befristete Beschwerde nach § 58 FamFG gegeben).

1.3.4 Anwaltsgebühren

646a Enthält der Feststellungsbeschluss **keine Entscheidung über die Erstattung der außergerichtlichen Kosten** eines Beteiligten B, z. B. über seine Anwaltskosten, dann bedeutet das, dass B seinen Anwalt selbst zahlen muss, diese Kosten ihm also vom Gegner nicht erstattet werden. Eine Kostenentscheidung kann nicht einfach **nachgeholt** werden; der Beteiligte kann die Ergänzung um den

1547 Vgl. OLG Bamberg ZEV 2022, 153; Krätzschel ZEV 2023, 731.

Kostenausspruch nur mit Beschwerde erreichen;[1548] nach der a.A. gemäß § 43 FamFG.

1.4 Der Gebührentatbestand

1.4.1 Gebührentatbestand bei der Eröffnung der letztwilligen Verfügung

Der Gebührentatbestand (KV 12101 GNotKG; § 348 FamFG) ist erfüllt, wenn zumindest der Eröffnungsvermerk auf der Urschrift von Testament bzw. Erbvertrag angebracht wurde oder eine Niederschrift über die Eröffnung angefertigt wurde. Ob das Testament in einem *verschlossenen* Umschlag enthalten war, spielt keine Rolle; auch nicht, ob das Testament wirksam war. Wenn ein Erblasser mehrere Testamente gemacht ist, fällt nur *eine* Eröffnungsgebühr an, falls die Eröffnung gleichzeitig stattfindet (KV 12101 GNotKG amtl. Anmerkung). Kostenschuldner sind die Erben (§ 24 Nr. 1 GNotKG). 647

1.4.2 Gebührentatbestand bei der Beurkundung von Antrag und eidesstattlicher Versicherung

Die Beurkundung des Erbscheinsantrags löst die Verfahrensgebühr KV 12210 GNotKG aus. Die Gebühr für die Beurkundung der eidesstattlichen Versicherung (KV 23300 GNotKG) fällt an, sobald diese abgeben ist, d.h., sobald die Urkundsperson unterschrieben hat. Über Ermäßigungen bei Rücknahme etc. Rz. 651. 648

1.4.3 Gebührentatbestand beim Erbscheinsverfahren

Die Gebühr KV 12210 GNotKG ist eine **Verfahrensgebühr**, keine „Aktgebühr". Sie fällt mit Eingang des Antrags beim Nachlassgericht an (anders als nach der KostO), der Feststellungsbeschluss (§ 352e FamFG) und die Erteilung des Erbscheins (das ist die Hinausgabe, vgl. Rz. 288) lösen keine weitere Gebühr aus. 649

1.5 Kostenschuldner

Die Gebühr für das Erbscheinsverfahren schuldet der **Antragsteller** (§ 22 I GNotKG), also in der Regel der Erbe. Beantragen mehrere Miterben einen gemeinschaftlichen Erbschein, sind zwar alle **Miterben** für den Gesamtbetrag Schuldner (§ 22 I Nr. 1 GNotKG), doch *haftet* wegen § 30 II GNotKG jeder Miterbe nur für die Gebühr, die fiktiv auf seinen Anteil entfiele (der Miterbe zu 1/10 haftet also nur mit dem Betrag, den ein 1/10 Erbscheinsverfahren gekostet hätte). Bei einem gemeinschaftlichen Erbschein oder einem Teilerbschein können nur die Miterben, die einen *Antrag* gestellt haben, als Kostenschuldner herangezogen werden; 22 I GNotKG.[1549] Beantragt von mehreren Miterben nur ein Miterbe einen gemeinschaftlichen Erbschein, *ohne* das Einverständnis des anderen Miterben zu erholen und gegen ihren Willen, dann erhält er keine anteiligen Kostenersatz vom unwilligen Miterben;[1550] weder Gesamtschuldner- 650

1548 OLG Braunschweig BeckRS 2025, 2341.
1549 OLG München ZEV 2023, 755.
1550 BGH NJW 2021, 157 = ZEV 2021, 25 = ZErb 2020, 454: Anm. Wendt ErbR 2021, 103.

schaft noch GoA liegen vor. Der Miterbe hätte einen Teil-Erbschein beantragen sollen.

Beantragt der **Gläubiger** mit vollstreckbarem Titel den Erbschein (§ 792 ZPO); ist er (und nicht der Erbe) Gebührenschuldner (§ 22 I GNotKG), kann allerdings diese Kosten später als Kosten der Zwangsvollstreckung vom Schuldner ersetzt verlangen (§ 788 ZPO). Anders ist es, wenn der Erbschein schon erteilt ist und der Gläubiger nur eine Ausfertigung begehrt (§ 357 II FamFG). Beantragt der **Testamentsvollstrecker** einen Erbschein betreffend die Erben, ist *er* Kostenschuldner und entnimmt den Betrag dem Nachlass, falls der Erbschein notwendig war. Andernfalls, wenn der Erbschein unnötig war und der Erbe ihn nicht wollte, muss der Testamentsvollstrecker die Gebühr selbst bezahlen.[1551] Ist Testamentsvollstreckung angeordnet und beantragt dann ein Erbe einen Erbschein, ist der Testamentsvollstrecker nicht Haftungsschuldner nach § 27 GNotKG,[1552] weil die Erbscheinsgebühren keine Nachlassverbindlichkeiten im Sinne von § 1967 BGB sind, der Testamentsvollstrecker also dafür nicht nach § 2213 BGB in Anspruch genommen werden kann; die Zahlung der Gebühr ist Privatsache des Erben.

Zum **Schuldner der Auslagen** vgl. Rz. 646.

1.6 Kosten bei Antragsrücknahme

651 Bei Rücknahme eines Erbscheinsantrags **vor Entscheidung** muss unterschieden werden, wann die Rücknahme erfolgt:

a) Bei Rücknahme des Antrags *bevor* eine Endentscheidung (oder ein Beschluss nach § 352e I FamFG) ergeht: Die Gebühr von 1,0 nach KV 12210 GNotKG ermäßigt sich auf **0,3**, höchstens 218 Euro (bis 31. 5. 2025: 200 Euro) (KV 12211 Nr. 1 GNotKG).

b) Bei Rücknahme des Antrags vor Ablauf des Tages, an dem der Beschluss nach § 352e I FamFG (oder der Ablehungsbeschluss) der Geschäftsstelle übermittelt wird (außer die Entscheidung ist bereits vorher durch Verlesen der Entscheidungsformel bekannt gemacht worden): Die Gebühr von 1,0 nach KV 12210 GNotKG ermäßigt sich auf **0,3**, höchstens 218 Euro (KV 12211 Nr. 2 GNotKG ab 1. 6. 2025).

In beiden Fällen muss das *gesamte* Verfahren ohne Endentscheidung beendet werden, also auch Hilfsanträge. Wenn A einen Alleinerbschein beantragt und B ebenfalls, hat jeder Antrag sein eigenes Schicksal; die Rücknahme durch A stellt eine gesamte Erledigung seines Antrags dar. Eine Kostenentscheidung darf nicht mehr getroffen werden; dass die begehrte Kostenentscheidung einer dem Gericht mitgeteilten Einigung entspricht, ist unschädlich.

1551 BGH ErbR 2021, 127.

1552 A.A. LG München I ZEV 2002, 197 (zur KostO): der Testamentsvollstrecker sei Haftungsschuldner, Erbe und Testamentsvollstrecker also Gesamtschuldner.

c) Wenn alle Beteiligten dem Gericht mitteilen, das **Verfahren ohne Endentscheidung beenden** zu wollen (§ 22 III FamFG), aber ohne Antragsrücknahme, dann fällt das unter KV 12211 Nr. 1 FamFG (Ermäßigung auf 0,3)
d) Bei Rücknahme des Erbscheinsantrags *nach* Erlass eines Beschlusses nach § 352e I oder II FamFG: Die Gebühr von 1,0 nach KV 12210 GNotKG ermäßigt sich auf **0,5**, höchstens 436 Euro (KV 12212 GNotKG ab 1. 6. 2025).

Der Geschäftswert ist in allen Fällen derselbe, wie wenn der beantragte Erbschein erteilt worden wäre. **Kostenschuldner** ist der Antragsteller (§ 22 I GNotKG). Er ist auch zur Zahlung der Auslagen verpflichtet (§ 1 GNotKG). Die Zurücknahme des Erbscheinsantrages *nach* Verwendung der Urschrift durch das Grundbuchamt berührt die Entstehung der Gebühr nicht.[1553] Eine Nichterhebung der Kosten nach § 21 GNotKG ist denkbar.

1.7 Kosten bei Antragszurückweisung

652 Vor einer Antragszurückweisung ergeht kein Feststellungsbeschluss im Sinne von § 352e FamFG. Eine Verbilligung kann es deshalb nur durch Antragsrücknahme geben. Bei Antragszurückweisung ermäßigt sich die Gebühr von 1,0 nach KV 12210 GNotKG auf **0,5**, höchstens 436 Euro (KV 12212 GNotKG seit 1. 6. 2025). Der Geschäftswert ist derselbe, wie wenn der beantragte Erbschein erteilt worden wäre. **Kostenschuldner** ist der Antragsteller (§ 22 I GNotKG). Er ist auch zur Zahlung der Auslagen verpflichtet (§ 1 GNotKG). Wenn das Nachlassgericht einen Erbscheinsantrag „kostenpflichtig" zurückweist, bedeutet das nicht, dass die außergerichtlichen Kosten (d. h. Anwaltskosten) der anderen Beteiligten zu erstatten sind.[1554] Gemeint sind nur die Gerichtkosten, der Satz ist also überflüssig.

Beantragt A einen Alleinerbschein und B ebenfalls, kann zwangsläufig nur einer der beiden Anträge Erfolg haben, der andere wird zurückgewiesen. Der Gewinner A hat die 1,0 Gebühr der KV 12210 GNotKG zu zahlen, der Verlierer B die Gebühr von 0,5, maximal 436 Euro, nach KV 12212. Werden die Anträge von A und B zurückgewiesen, fällt für jeden die Zurückweisungsgebühr nach KV 12212 GNotKG an.

Eine Nichterhebung der Kosten nach § 21 GNotKG oder § 81 FamFG ist denkbar.

1.8 Kosten bei Hilfsanträgen

653 Beantragen drei Antragsteller einen gemeinschaftlichen Erbschein zu je 1/3, hilfsweise mit anderen Quoten, fällt die Erbscheinsverfahrensgebühr von 1,0 an, wenn dem Hilfsantrag entsprochen wird; die gleichzeitige Zurückweisung des Hauptantrags löst keine Zurückweisungsgebühr aus.[1555] Wenn dem Hauptantrag entsprochen wird, ist es genauso (hier entfällt ohnehin eine Zurückweisung des Hilfsantrags, weil die Bedingung nicht eingetreten ist). Die Zurückwei-

1553 KG Rpfleger 1981, 497 zur KostO.
1554 OLG Düsseldorf ZEV 2021, 263.
1555 Korintenberg/Lappe KostO § 130 Rz. 14 a.

sung von Haupt- und Hilfsantrag desselben Antragstellers löst nur eine (und nicht zwei) Zurückweisungsgebühr nach KV 12212 GNotKG aus.

1.9 Kosten bei Erbscheinseinziehung

654 Für die Einziehung eines Erbscheins, die von Amts wegen erfolgt (§ 2361 BGB), wird eine 0,5-Gebühr nach Tabelle B aus dem Wert erhoben, höchstens 436 Euro (KV 12215 Nr. 1 GNotKG), ferner Auslagen. Die Einziehungsgebühr wird auch erhoben, wenn im selben Verfahren ein neuer Erbschein erteilt wird (anders früher § 108 S. 2 KostO). Einziehungs*anträge* sind in Wirklichkeit nur Anregungen. Darüber, wer die Kosten zu tragen hat, *muss* das Gericht zugleich im Einziehungsbeschluss entscheiden (§ 353 II FamFG), also sowohl dann, wenn der Erbschein eingezogen wird wie auch, wenn eine angeregte Einziehung abgelehnt[1556] wird, weil im Gesetzestext „im Verfahren" steht. Sie ergeht nach § 81 FamFG und lautet z. B.: „Von der Erhebung von Gerichtskosten wird abgesehen" oder „Die Gerichtskosten werden dem Beteiligten X auferlegt. X hat ferner die dem Beteiligten Y entstandenen außergerichtlichen Kosten zu erstatten". Ergeht keine Kostenentscheidung haftet niemand für die Gerichtsgebühr und die Auslagen, es werden dann auch keine außergerichtlichen Kosten erstattet. Die Kostenentscheidung kann nachgeholt werden, obgleich im Gesetz „zugleich" steht.[1557]

1.10 Gebühr für den zweiten Erbschein nach Einziehung des ersten

655 Wenn nach Einziehung des Erbscheins für den Vorerben dem Nacherben ein Erbschein erteilt wird; oder wenn nach Einziehung des Erbscheins mit Testamentsvollstreckervermerk ein inhaltsgleicher Erbschein, aber nun wegen Erledigung der Vollstreckung ohne Testamentsvollstreckervermerk, erteilt wird, dann stellt sich die Frage nach einer Gebührenermäßigung, weil es sich um zwangsläufige Vorgänge handelt. Es bleibt aber für den neuen Erbschein bei KV 12210 GNotKG, allenfalls zwei Punkte sind diskutabel:

a) Für den zweiten Erbschein wird die Gebühr für die eidesstattliche Versicherung (KV 23300 GNotKG) in der Regel entfallen.

b) Aus welchem Geschäftswert ist die Gebühr für den zweiten Erbschein zu berechnen? Die Rechtsprechung[1558] nimmt die Gebühr grundsätzlich aus dem vollen *ursprünglichen* Nachlass (Rz. 660), weil der Wortlaut des § 40 I 1 GNotKG eindeutig ist (Ausnahme: Erbschein des Nacherben, Rz. 660).

1556 Sternal/Zimmermann FamFG § 353 Rz. 14.

1557 MünchKomm/Grziwotz FamFG 353 Rz. 27; BeckOKFamFG/Schlögel § 353 Rz. 5; a. A. OLG Jena FamRZ 2014, 1732 (nur befristet nach § 43 FamFG).

1558 OLG München JFG-Erg. 18, 123; KG Rpfleger 1993, 42 (Hansens); OLG Celle NdsRpfl 1965, 16; OLG Braunschweig NdSRpfl 1985, 83; BayObLG FamRZ 1997, 646 beim Wegfall des Testamentsvollstreckervermerks.

1.11 Kosten bei Kraftloserklärung

Für die Kraftloserklärung eines Erbscheins (§ 2361 BGB) wird eine 0,5-Gebühr nach Tabelle B aus dem Wert erhoben, höchstens 436 Euro (KV 12215 Nr. 1 GNotKG). Darüber, wer die Kosten zu tragen hat, muss das Gericht zugleich im Einziehungsbeschluss entscheiden (§ 353 I FamFG), notfalls ergänzend, und zwar nach den Regeln des § 81 FamFG (u. U. auch Absehen von einer Kostenentscheidung). Vgl. Rz. 654. 656

Wird der Erbschein eingezogen (§ 2361 BGB) und dann, weil das Original nicht zurückgegeben werden kann, für kraftlos erklärt (§ 353 I FamFG), fällt die Gebühr KV 12215 GNotKG nur einmal an (weil es „oder Kraftloserklärung" heißt); doch werden für das Inserat im Bundesanzeiger usw. Veröffentlichungskosten fällig, die der Antragsteller nach KV 31004 GNotKG zu zahlen hat.

1.12 Nichterhebung der Kosten wegen unrichtiger Sachbehandlung

Fraglich ist in Fällen der Einziehung, ob die Gebühr (1,0 nach KV 12210 GNotKG) für den ersten später wieder eingezogenen Erbschein nach § 21 GNotKG vom Gericht durch Beschluss niedergeschlagen werden kann; dasselbe gilt bei Antragsrücknahme oder Antragszurückweisung. Voraussetzung ist eine unrichtige Sachbehandlung. Sie könnte „jedoch nur dann angenommen werden, wenn dem Gericht ein offen zutage tretender Verstoß gegen eindeutige gesetzliche Normen oder ein offensichtliches Versehen unterlaufen wäre; dagegen rechtfertigt nicht jede irrtümliche Beurteilung die Anwendung jener Vorschrift."[1559] Im entschiedenen Fall war die Auslegung eines Ehevertrags durch den Rechtspfleger nicht so unvertretbar gewesen, dass von einem eindeutigen Verstoß gegen gesetzliche Normen gesprochen werden musste, insbesondere auch im Hinblick auf die Formulierung des Ehevertrags. Ein – für den Notar nicht erkennbar – geschäftsunfähiger Auftraggeber ist unabhängig von der Art der notariellen Tätigkeit zur Zahlung der Notarkosten verpflichtet, § 104 BGB ist auf das öffentlich-rechtliche Gebührenverhältnis nicht anwendbar.[1560] Eine Nichterhebung gibt es auch nach § 81 FamFG. 657

2. Der Geschäftswert[1561]

658

Eröffnung der Verfügung von Todes wegen	Pauschal 109 Euro
Beurkundung der eidesstattlichen Versicherung Erteilung des Erbscheins	1,0 Gebühr nach dem Wert des Nachlasses im Zeitpunkt des Erbfalls

1559 BayObLG FamRZ 2000, 174; BayObLG FGPrax 1998, 240; BGH NJW 1962, 2107.
1560 BGH BeckRS 2025, 5223.
1561 Dazu Ostermeier JurBüro 2018, 59.

2.1 Maßgeblicher Zeitpunkt für die Bewertung

659 Maßgebend ist der Wert im Zeitpunkt des Erbfalls (§ 40 I Nr. 2 GNotKG), auch im Beschwerdeverfahren. Wertveränderungen (z. B. Kursänderungen bei Wertpapieren, bei Immobilien) nach diesem Zeitpunkt bleiben also außer Betracht. Derselbe Zeitpunkt gilt für die Erbschaftsteuer (§§ 9, 11 ErbStG). Nur in Extremfällen mag eine Billigkeitslösung angebracht sein (wobei die Rechtsgrundlage unklar ist); hier ist z. B. an Fälle zu denken, in denen der Erbe mangels Erbschein nicht an die Aktien heran kann, also bei drohendem Kursverfall nicht verkaufen kann, und sich die Erbscheinserteilung verzögert.[1562]

660 Der Geschäftswert für das **Erbschein-Einziehungsverfahren** bestimmt sich ebenfalls nach dem Wert des gesamten Nachlasses *zur Zeit des Erbfalls*.[1563] Vgl. Rz. 654, 655.

Als Geschäftswert für die **Neuerteilung eines Erbscheins** nach Erbscheinseinziehung ist auch dann der volle ursprüngliche Nachlasswert maßgebend, wenn der frühere Erbschein lediglich teilweise unrichtig war und der neue Erbschein die übrigen Bezeugungen nur erneuert.[1564] Vgl. Rz. 655.

Wird ein Erbschein mit **Testamentvollstreckervermerk** eingezogen und ein neuer Erbschein ohne einen solchen Vermerk erteilt, so bestimmt sich der Geschäftswert nach dem vollen *ursprünglichen* Nachlasswert.[1565]

Wird dem **Nacherben** nach Eintritt des Nacherbfalls ein Erbschein erteilt, wird nicht auf den Zeitpunkt des Todes des ursprünglichen Erblassers abgestellt, sondern der Zeitpunkt des Anfalls der Nacherbschaft (§§ 1942, 2106 I BGB) für maßgebend angesehen,[1566] weil nur dies eine wirtschaftlich vernünftige Betrachtungsweise ist.

661 **DDR – Grundstücke.** Für die Bestimmung des Werts eines in der früheren DDR gelegenen Nachlassgrundstücks ist nach einer Meinung[1567] in Erbscheinsverfahren regelmäßig auf den Zeitpunkt der Wiedervereinigung (3. 10. 1990) abzustellen, nicht auf den des Erbfalls, weil erst ab diesem Tag der Erbe rechtlich und wirtschaftlich die volle Verfügungsmacht über das Grundstück erhalten hat. Den Vorzug verdient die Gegenansicht, die auf den (viel geringeren) Wert zur Zeit des Erbfalls abstellt,[1568] weil auch sonst (z. B. bei Testamentsvollstreckung) nicht auf den Zeitpunkt abgestellt wird, zu dem der Erbe die Verfügungsgewalt über den Nachlass erlangt und nicht auf Wertpapierkurs-Änderungen; demzufolge bleiben bei Erteilung eines ge-

---

1562 Dasselbe Problem stellt sich bei der Erbschaftsteuer; vgl. § 227 Abgabenordnung.
1563 OLG Düsseldorf FamRZ 1995, 102; BayObLG Rpfleger 1975, 410.
1564 KG, 28.07.1992, 1 W 1868/92; Hansens Rpfleger 1993, 42.
1565 BayObLG NJW-RR 1997, 583 = FamRZ 1997, 646.
1566 BayObLG FamRZ 1997, 316; 1995, 1370; Bormann/Diehn/Sommerfeldt/Pfeifer GNotKG § 40 Rz. 3.
1567 BayObLG FamRZ 1995, 1370 = ZEV 1995, 231.
1568 OLG Schleswig JurBüro 1994, 284; KG ZEV 1994, 315; OLG Düsseldorf FamRZ 1995, 102.

genständlich beschränkten Erbscheins für in der früheren DDR belegene Grundstücke Wertsteigerungen nach dem Erbfall aufgrund der Wiedervereinigung für die Geschäftswertermittlung außer Betracht.[1569] Natürlich kann das nur gelten, wenn im Zeitpunkt des Erbfalls der Erblasser im Grundbuch als Eigentümer eingetragen war; war das „Volk" eingetragen (sog. Volkseigentum), war im Zeitpunkt des Erbfalls das Grundstück (sowie der spätere Restitutionsanspruch) nicht Nachlassbestandteil, sodass nur die (damals fast wertlose) Chance, dass sich die politischen Verhältnisse völlig ändern, zu bewerten ist.[1570]

2.2 Allgemeiner Bewertungsgrundsatz

Maßgebend ist der Wert des nach Abzug der *vom Erblasser herrührenden* Verbindlichkeiten verbleibenden Nachlasses (§ 40 I GNotKG; Rn 207); auf den Verwendungszweck kommt es nicht an.[1571] Der so ermittelte Geschäftswert kann nicht im Hinblick auf die Gewährleistung des Zugangs zu den Gerichten nach Ermessen herabgesetzt werden.[1572] Obwohl eine **Testamentsvollstreckung** oder ein **Nacherbenvermerk** den Wert des Nachlasses für den Erben faktisch verringert, führt sie nicht zu einer Verringerung der Gerichtsgebühr. 662

Teilerbschein für einen Miterben: Wird der Erbschein nur über das Erbrecht eines Miterben erteilt, so bestimmt sich der Wert nach dessen Erbteil (§ 40 II 1 GNotKG).

Gemeinschaftlicher Erbschein für Miterben: Wird ein gemeinschaftlicher Erbschein (§ 352a FamFG) erteilt, fällt die Gebühr nur einmal aus dem Gesamtwert des Nachlasses an.

Beispiele:

Nachlass 600.000 Euro; A, B, C sind Miterben, A und B zu je 1/6, C zu 2/3. A und B schulden jeweils 1/6, C 2/3, der Gebühr aus dem Geschäftswert 600.000 Euro. Wenn A einen Antrag auf *Teilerbschein* über sein Sechstel stellt, beträgt der Wert nur 100.000 Euro und nur A hat die Kosten zu zahlen (§ 22 I GNotKG). Wenn nur A einen *gemeinschaftlichen Erbschein* beantragt, beträgt der Wert 600.000 Euro; nur der antragstellende Erbe hat die Kosten zu zahlen,[1573] die Miterben gleichen unter sich aus (§ 426 BGB). Wenn alle Miterben den Antrag auf einen gemeinschaftlichen Erbschein stellen: zwar sind alle Erben Kostenschuldner, aber die Gerichtskasse wird nur *einem* die Rechnung schicken (§ 32 I GNotKG); er muss dann im Innenverhältnis von den anderen Miterben ihre Kostenanteile verlangen (§ 426 BGB). Die Gerichtskasse könnte aber auch nach § 8 KostVfg an jeden der drei Antragsteller eine Teil-Rechnung senden.

1569 OLG Schleswig JurBüro 1994, 284 = DNotZ 1994, 137.
1570 A. A. Lappe ZEV 1994, 315 zu KG ZEV 1994, 315.
1571 OLG München ZEV 2020, 585.
1572 BayObLG FamRZ 1996, 1560.
1573 KGJ 34 B 3; OLG Stuttgart JurBüro 1978, 407.

2.2.1 Aktiva

663 Die einzelnen Aktivposten sind **nach §§ 46 ff. GNotKG zu bewerten**, landwirtschaftliche Betriebe aber nur mit *höchstens* 50 % des Grundsteuerwertes des Betriebs (§ 48 GNotKG 2025). Im Einzelfall kann also ein geringerer Satz vom Nachlassgericht angesetzt werden.

Auslandsvermögen. Zum Nachlass gehören das Inlands- und das Auslandsvermögen des Erblassers. Stirbt ein Deutscher in der Schweiz und hinterlässt er Vermögen in Deutschland und in der Schweiz, dann kann der Erbe einen das gesamte Vermögen umfassenden Erbschein nach § 2353 BGB erhalten. Er kann stattdessen auch einen auf die in Deutschland befindlichen Vermögensgegenstände **beschränkten Erbschein** (§ 352c FamFG) beantragen. Das in der Schweiz befindliche Vermögen darf dann bei der Errechnung des Geschäftswerts nicht berücksichtigt werden (§ 40 III 1 GNotKG), wobei aber dann die Schulden in Deutschland und in der Schweiz nicht abgezogen werden dürfen.[1574] Zum **Europäischen Nachlasszeugnis** (ENZ) siehe Rz. 786 ff.

Ausländer. Wird ihnen ein gegenständlich (auf das in Deutschland befindliche Vermögen) beschränkter Erbschein erteilt (§ 352c FamFG), kommt es nur auf den Wert der im Inland befindlichen Gegenstände an (§ 40 III GNotKG); Schulden werden nicht abgezogen. Vgl. Rz. 687.

664 **Bauerwartungsland:** vgl. § 46 III GNotKG. Es kommt auf das Stadium der Planung an. Sieht der Flächennutzungsplan ein allgemeines Wohngebiet vor und ist die Aufstellung eines Bebauungsplans bereits beschlossen, sollen 50 % des Wertes von Bauland angemessen sein.[1575]

Forderungen: Kapitalforderungen werden mit dem Nominalwert bewertet, geringer aber, wenn die Forderung rechtlich zweifelhaft oder die Zahlungsfähigkeit des Schuldners unsicher ist.

Grundstücke (unbebaut). Es kommt auf den Verkehrswert[1576] an (§ 46 I, III GNotKG). Zugrunde zu legen, aber nicht bindend, sind die Angaben des Antragstellers.[1577] Manchmal ist der Wert bekannt, etwa wenn das Grundstück erst vor kurzem gekauft wurde. Macht der Erbe über den Verkehrswert keine näheren Angaben, ist es zulässig, den Wert nach Erfahrungssätzen zu schätzen. Es ist zweckmäßig, durch Anfrage bei der Gemeinde den Bodenrichtwert festzustellen und davon 25 % als Sicherheitsabschlag abzuziehen.[1578] Über DDR-Grundstücke vgl. Rz. 661; > Bauerwartungsland.

665 **Grundstücke (bebaut).** Es kommt auf den Verkehrswert an (§ 46 I, III GNotKG), falls dieser über dem Einheitswert liegt. Nach welcher Methode der Verkehrswert (der sog. gemeine Wert) festzustellen ist, regelt das GNotKG nicht. § 46 III

1574 BayObLG FamRZ 1998, 514 zur KostO.
1575 BayObLG MittBayNot 2002, 207.
1576 Allgemein zum Verkehrswert von Grundstücken Tremel ZEV 2007, 365.
1577 OLG Jena NotBZ 2021, 182.
1578 KG Rpfleger 1974, 36; BayObLG Rpfleger 1971, 309.

GNotKG zählt Anhaltspunkte auf, lässt aber auch andere zu. Das OLG Brandenburg berechnete den Verkehrswert aus dem Bodenrichtwert, dem Gebäudesachwert und dem Ertragswert.[1579]

(1) Vereinfachte Sachwertmethode. Sie ist in Bayern und Hessen[1580] verbreitet und gestattet in vielen Fällen eine brauchbare und mit dem GNotKG zu vereinbarende Art der Wertermittlung.[1581] Dabei wird der Bodenwert aus den bei den Gemeinden vorliegenden Bodenrichtwerten entnommen und hiervon ein Abschlag von 25 %[1582] (u. U. auch nur 10 %[1583]) gemacht. Der Wert des Gebäudes wird aus dem Brandversicherungswert (1914) entnommen, hochgerechnet mit dem für das Erbfalljahr geltenden Multiplikator (z. B. 12,4), verringert um die Wertminderung – Gesamtlebensdauer des Gebäudes 100 Jahre[1584] – (bei einem 52 Jahre alten Gebäude also 52 %); es darf auf maximal 30 % verringert werden (bei einem Gebäude aus dem Jahr 1685 schrumpft der Wert also nicht auf Null).

Beispiel:

Haus mit 1100 qm Grund, 30 Jahre alt.

Bodenwert:	
Quadratmeterpreis sei 30 Euro. 1100 × 30 × 0,75 =	24.750 Euro
Gebäude:	
Brandversicherungswert (fiktiv von 1914)	
13.000 Euro. 13.000 × 16,7[1585] × 0,70 =	181.090 Euro
Wert des Grundbesitzes insgesamt:	205.840 Euro.

Von diesem Wert können Abschläge gemacht werden, z. B. wegen des schlechten Zustandes,[1586] übermäßiger Lärmbelästigung, Feuchtigkeitsschäden, fehlende Wärmedämmung, Hochwasserlage, schlechte Verkehrsanbindung, Reparaturstau. Auch Zuschläge sind denkbar.

(2) Ertragswert. Mietwohngrundstücke (Mietshaus mit mehreren Wohnungen) 666
werden in der Praxis nicht nach einem vermeintlichen Sachwert bewertet, sondern nach dem nachhaltig erzielbaren Ertrag, d. h. der Miete. Das Bewertungsgesetz (§ 146 a. F. BewG) nahm die 12,5-fache Jahresnettomiete als Verkehrswert. Jetzt regelt § 185 n. F. BewG mit Anlage 21 auf komplizierte Weise die Berechnung des Ertragswertes.

1579 OLG Brandenburg ErbR 2022, 422.

1580 OLG Frankfurt DNotZ 1978, 117M; Korintenberg/Tiedtke GNotKG § 46 Rz. 59 ff.

1581 OLG München FGPrax 2019, 236; BayObLG 1972, 279/300; 2000, 189; FamRZ 2002, 41.

1582 OLG Nürnberg ZEV 2024, 622; BayObLG 1972, 297; OLG Düsseldorf JurBüro 1985, 435.

1583 OLG Frankfurt ErbR 2015, 461 = BeckRS 2015, 11021.

1584 OLG Frankfurt ErbR 2015, 461 = BeckRS 2015, 11021; BayObLG Rpfleger 1972, 464.

1585 Jährliche Richtzahl der Bayerischen Brandversicherungsanstalt, steht auf der Beitragsrechnung. Wert 2025: 21,9.

1586 BayObLG FamRZ 2000, 41; OLG Frankfurt ErbR 2015, 461.

Nach Auffassung des BayObLG kann die Ertragswertmethode zugrunde gelegt werden, wenn sich der Kostenschuldner darauf beruft, eine Ertragswertberechnung vorlegt und etwa erforderliche Unterlagen zur Verfügung stellt;[1587] ebenso das OLG Köln.[1588] Das OLG Düsseldorf[1589] hält eine Bewertung anhand des Ertragswerts für zulässig, verlangt aber, dass der Betroffene eine den Bewertungskriterien der §§ 15 bis 20 der Wertermittlungsverordnung entsprechende Ertragswertberechnung vorlegt und die erforderlichen Unterlagen überreicht; in der Regel sei insoweit ein Sachverständigengutachten erforderlich. Nach § 46 IV GNotKG soll aber von einer Beweisaufnahme abgesehen werden.

667 *(3) Angaben der Beteiligten.* Der Verkehrswert kann sich auch aus den Angaben der Beteiligten ergeben, z. B. dem Kaufpreis, wenn das Gebäude einige Jahre vor dem Erbfall gekauft oder kurze Zeit nach dem Erbfall verkauft wurde.

(4) Weitere Gesichtspunkte. Dazu nennt § 46 III GNotKG die im Grundbuch eingetragenen Belastungen, aus den Grundakten des Grundbuchamts ersichtliche Tatsachen (z. B. der frühere Kaufpreis) oder Vergleichswerte sowie Steuerwerte (z. B. Grundsteuer, Grunderwerbsteuer). Das Nachlassgericht kann das Finanzamt um Auskunft bitten, das Steuergeheimnis steht nicht entgegen (§ 46 III 2 GNotKG).

668 **Guthaben bei Banken, Sparkassen:** Nominalwert (§ 46 I GNotKG). Was aufgrund Vertrages zugunsten Dritter (§§ 328, 331 BGB) auf den Erben übergeht fällt nicht in den Nachlass, ist also nicht zu berücksichtigen. Guthaben und Wertpapiere, über die der Erbe ohnehin aufgrund Vollmacht über den Tod hinaus verfügen kann, fallen in den Nachlass; besteht das gesamte Vermögen nur aus solchen Werten, ist allerdings kein Erbschein erforderlich. Kapitalvermögen in der ehemaligen DDR ist nach dem Wechselstubenkurs zur Zeit des Erbfalls umzurechnen,[1590] ebenso Guthaben bei ausländischen Banken.

Hoffolgezeugnis: Wert des Hofes, §§ 40 I 3, 48 III n. F. GNotKG.

Landwirtschaftliche Betriebe, Forstwirtschaftliche Betriebe, soweit § 48 GNotKG gegeben ist: Bewertung mit maximal 50 % des Grundsteuerwertes (Rz. 678).

669 **Lebensversicherung.** Wenn sie an Dritte fallen, gehören sie ohnehin nicht in den Nachlass. Wenn der Erbe als Bezugsberechtigter ausdrücklich namentlich genannt ist, ist es ebenso. Wenn kein Bezugsberechtigter im Versicherungsvertrag genannt ist oder „die Erben" als berechtigt angegeben werden, fällt die Forderung in den Nachlass.[1591] Noch nicht fällige Ansprüche aus Kapitalversicherungen werden mit dem Rückkaufwert, hilfsweise mit 2/3 der Einzahlungen, bewertet.

1587 BayObLG NJW-RR 2001, 1582.
1588 OLG Köln JurBüro 1990, 1016.
1589 OLG Düsseldorf FGPrax 2001, 259 = Rpfleger 2002, 47.
1590 OLG Düsseldorf FamRZ 1995, 102.
1591 A. A. Korintenberg/Lappe KostO § 107 Rz. 13a, wenn „die Erben" als bezugsberechtigt genannt sind.

Nutzungsrechte: § 52 GNotKG.

Personengesellschaftsanteile (OHG, KG). a) Die Gesellschafter einer Personengesellschaft können im Gesellschaftsvertrag regeln, ob ein Gesellschaftsanteil vererblich sein soll, und näher bestimmen, wie der einzelne Gesellschafter seinen Anteil *vererben* kann (sog. **erbrechtliche Nachfolgeklausel**). Ist der potentielle Nachfolger nicht Erbe, geht die Nachfolgeklausel ins Leere. Wird der Gesellschaftsanteil den Vorgaben dieser Klausel entsprechend vererbt, fällt er in den Nachlass.[1592] Die Bewertung des Anteils erfolgt nach § 46 I GNotKG, also nach freiem Ermessen;[1593] dabei ist vom Substanzwert auszugehen. Für die Bewertung ist nicht auf die Höhe des Abfindungsanspruchs des Gesellschafters im Falle seines vorzeitigen Ausscheidens abzustellen.[1594] 670

b) Die Gesellschafter haben aber auch die Möglichkeit, im Gesellschaftsvertrag durch Rechtsgeschäft unter Lebenden die Übertragung so zu regeln, dass mit dem Erbfall der Anteil auf den Begünstigten übergeht, insbesondere falls dieser bereits Mitgesellschafter ist (sog. **rechtsgeschäftliche Nachfolgeklausel**[1595]); in diesem Fall fällt der Anteil nicht in den Nachlass und ist bei der Bewertung nach § 40 GNotKG nicht zu berücksichtigen.[1596] Bindet sich der Erblasser bereits im Gesellschaftsvertrag endgültig, so dass er keine anderweitige Nachfolgeregelung mehr treffen kann, und erwächst dem Nachfolger daraus ein „unentziehbares Recht", dann liegt eine rechtsgeschäftliche Nachfolgeregelung vor.[1597]

Restitutionsanspruch. Wenn der angestrebte Erbschein ausschließlich der Geltendmachung eines Restitutionsanspruchs nach dem Vermögensgesetz hinsichtlich eines ursprünglich zum Nachlass gehörenden Grundstücks in der früheren DDR dienen soll, ist nicht der Gesamtwert des Nachlasses wesentlich, sondern welcher wirtschaftliche Wert dem Antragsteller bei Erteilung des Erbscheins durch die Bestätigung seiner Erbenstellung im Verfahren nach dem Vermögensgesetz zufließen wird.[1598] Ist der Erblasser z.B. 1985 in der DDR gestorben, hat er keinen Restitutionsanspruch hinterlassen, der entstand erst nach 1990 durch das entsprechende Gesetz in der Person des Erben. 671

Wertpapiere: Kurswert (§ 46 GNotKG); Kursänderungen seit dem Todestag bleiben außer Betracht.

1592 BayObLG ZEV 2001, 74 = FamRZ 2001, 300; Rpfleger 1987, 458.

1593 BayObLG JurBüro 1990, 896.

1594 BayObLG ZEV 2002, 286.

1595 BGH 68, 225/234.

1596 BayObLG FamRZ 2001, 300.

1597 BGHZ 68, 225/34; BayObLG ZEV 2001, 74 = FamRZ 2001, 300; BayObLG DB 1980, 2028/9.

1598 BayObLG 1994, 41/56; BayObLG FamRZ 1995, 1370. Zur Frage, wann ein Restitutionsanspruch überhaupt dem Nachlass zuzuordnen ist vgl. BVerwG FamRZ 2003, 1554.

2.2.2 Passiva

672 Unter Geltung der KostO (Stichtag 1.8.2013) wurden alle Nachlassverbindlichkeiten (§§ 1967 ff. BGB) abgezogen. Das GNotKG hat dies beseitigt (um höhere Gebühren erheben zu können); jetzt können nur noch die **„vom Erblasser herrührenden" Verbindlichkeiten** abgezogen werden (§ 40 I 2 GNotKG). Der Schuldenabzug ist aber der Höhe nach nicht begrenzt (anders als nach § 102 GNotKG: Begrenzung auf die Hälfte). Bei einem **überschuldeten Nachlass** fällt daher für den Erbschein nur die Mindestgebühr von 15 Euro (§ 34 V GNotKG) an, ebenso viel für die eidesstattliche Versicherung.

Auflagen im Testament: Kosten nicht abziehbar.

673 **Auslandsschulden.** Wird ein gegenständlich (auf das in Deutschland befindliche Vermögen) beschränkter Erbschein erteilt (§ 352c FamFG), kommt es nur auf den Wert der im Inland befindlichen Gegenstände an (§ 40 III 1 GNotKG); in- oder ausländische Schulden werden *nicht* abgezogen (§ 40 III 1 Halbs. 2 GNotKG), weil sie nicht zweifelsfrei dem einen oder anderen Vermögen zuzuordnen sind. Vgl. Rz. 687. Bei Erbscheinen für Deutsche nach § 2353 BGB dagegen hat ein Schuldenabzug, auch bei ausländischen Gläubigern, zu erfolgen. Hat der Erblasser 500.000 Euro Aktivvermögen hinterlassen, wovon 250.000 Euro in der Schweiz liegen, und betragen seine gesamten Schulden ebenfalls 500.000 Euro, dann müsste der Erbe wegen des Verbots des Schuldenabzugs aus 500.000 die Erbscheinsgebühren zahlen, obwohl er faktisch null geerbt hat; das verhindert § 40 III 2 GNotKG.

Beerdigungskosten (§ 1968 BGB) sind keine *vom Erblasser herrührenden Schulden*; nicht abziehbar.[1599]

674 **Erbschaftsteuer.** § 40 GNotKG stellt klar, dass die vom Erben zu tragende Erbschaftsteuer nicht abziehbar ist.[1600] Unter Geltung der KostO war das umstritten.[1601]

Hoffolgezeugnis: Schuldenabzug nur nach § 40 I 4 GNotKG.

Hypotheken, Grund- und Rentenschulden in Höhe ihrer Valutierung abziehbar.[1602]

675 **Landwirtschaftliche Betriebe.** Werden sie nach § 48 GNotKG nur ermäßigt bewertet, fragt sich, wie beim Schuldenabzug vorzugehen ist. Schulden sind nach früherer Rechtslage nur mit dem Anteil zu berücksichtigen, der dem Verhältnis des vierfachen Einheitswerts zum Verkehrswert entspricht.[1603]

Wird neben dem Hoffolgezeugnis ein Erbschein über den hoffreien Nachlass erteilt, sind bei der Wertberechnung nicht nur die privaten Verbindlichkeiten

1599 OLG Köln FGPrax 2014, 180; Renner/Otto/Heinze/Zimmer GNotKG § 40 Rz. 8.
1600 BT-Drucks. 17/11471 S. 253.
1601 OLG Köln FGPrax 2001, 169/257; dazu Lappe ZEV 2001, 406; Bader RNotZ 2001, 465. Andererseits BayObLG FamRZ 2003, 966; OLG Hamm OLGZ 1990, 393.
1602 OLG Düsseldorf FamRZ 1995, 102.
1603 Bormann/Diehn/Sommerfeldt GNotKG § 48 Rz. 30.

des Erblassers, sondern auch die nach § 15 II HöfeO vorrangig aus dem hoffreien Vermögen zu berichtigenden Belastungen des Hofes als Abzugsposten zu berücksichtigen.[1604]

Pflichtteilsansprüche. Inwieweit Pflichtteilsverbindlichkeiten (§§ 2303 ff. 676
BGB), auch Pflichtteilsergänzungsansprüche (§ 2325 BGB), bei der Errechnung des Geschäftswerts abzuziehen sind, war früher umstritten. Für Erbfälle ab 1.8.2013 stellt § 40 I GNotKG klar, dass sie nicht abziehbar sind.[1605] Bei hohen Pflichtteilslasten kann das dazu führen, dass die Relation zwischen Vermögenszuwachs durch den Erbfall und Erbscheinskosten sich zu Gunsten der Staatskasse ungünstig verschiebt.

Schulden des Erblassers: Erblasserschulden (auch solche gegenüber dem 677
Erben, die durch Konfusion erlöschen): abziehbar. Erbfallschulden dagegen sind nicht abziehbar. Zur Unterscheidung der beiden Arten von Schulden vgl. die Kommentierungen zu § 1967 II BGB.

Steuerschulden des Erblassers: abziehbar.

Unterhaltsrückstände, z. B. nach § 1586b BGB: abziehbar.

Vermächtnisse, auch Vorausvermächtnisse, sind nicht abziehbar.[1606]

Zugewinnausgleichsanspruch (§§ 1371 II, III, 1378 BGB): nicht abziehbar.

2.3 Besonderheiten bei land- und forstwirtschaftlichen Betrieben

Bei einem zum Nachlass gehörenden land- oder forstwirtschaftlichen Betrieb 678
mit Hofstelle ist bezüglich der Bewertung des Nachlasses § 48 GNotKG anzuwenden, sowohl bei Erbfolge aufgrund Testaments/Erbvertrags wie bei gesetzlicher Erbfolge.[1607] Das bedeutet, dass das land- und forstwirtschaftliche Vermögen des Nachlasses idR mit höchstens **50 % des letzten Grundsteuerwertes des Betriebs**, der zur Zeit der Fälligkeit der Gebühr bereits festgestellt ist, zu bewerten ist,[1608] maximal mit dem Verkehrswert. Das Nachlassgericht kann diese Werte beim Finanzamt erfragen (§ 46 III Nr. 3 GNotKG), wenn der Erbe (oder sonstige Erbscheins-Antragsteller) keinen Bescheid des Finanzamts vorlegt.

(1) Sinn der Regelung. Dem öffentlichen Interesse an der Erhaltung und Fortführung leistungsfähiger landwirtschaftlicher Betriebe im Familienbesitz soll Rechnung getragen werden.[1609] Der steuerliche Einheitswert landwirtschaftlicher Betriebe beträgt oft nur 1 % bis 10 % des Verkehrswerts; die Gebührenentlastung ist daher erheblich.

1604 OLG Oldenburg NdsRPfl 1997, 262.
1605 BT-Drucks. 17/11471 S, 253.
1606 BT-Drucks. 17/11471 S. 253.
1607 BayObLG FamRZ 1997, 831; Bormann/Diehn/Sommerfeldt GNotKG § 48 Rz. 7.
1608 Vgl. Kroiß ErbR 2025, 273.
1609 BayObLG MittBayNot 1992, 416.

(2) Die **Verfassungsmäßigkeit** der Regelung, die die Landwirte privilegiert, ist bezweifelt worden (Art. 3, 12 GG); das BVerfG meint aber, die Regelung sei verfassungsgemäß.[1610]

679 **(3) Betrieb.** Ob es sich bei land- und forstwirtschaftlichen Grundstücken um einen „Betrieb" im Sinne von § 48 GNotKG handelt, richtet sich nach den Bestimmungen des Bewertungsgesetzes.[1611] Ein landwirtschaftlicher Betrieb ist – zumindest – dann gegeben, wenn die Voraussetzungen des § 1 des Gesetzes über die Altershilfe für Landwirte (GAL) erfüllt sind.[1612] Es darf sich aber um keinen „Gewerbebetrieb, Industriebetrieb" handeln.

680 **(4) Hofstelle.** Zum land- und forstwirtschaftlichen Betrieb muss eine Hofstelle gehören, sonst kann das Gebührenprivileg nicht eingreifen (§ 48 I GNotKG). Von der Hofstelle aus muss eine einheitliche Bewirtschaftung des Betriebs erfolgen. Eine Hofstelle setzt eine für die bäuerliche Familie geeignete Wohnung voraus.[1613] Die Hofstelle kann auch ein Neubau (z. B. ein „moderner" Bungalow) sein, der nach seiner baulichen Gestaltung die Zugehörigkeit zum landwirtschaftlichen Betrieb äußerlich nicht erkennen lässt.[1614] Altenteilshäuser zahlen zur Hofstelle.[1615] Wenn die Wohngebäude nicht mitvererbt werden, auch nicht später, fehlt die Hofstelle und das Gebührenprivileg ist ausgeschlossen.[1616] Bei einem rein forstwirtschaftlichen Betrieb ist meines Erachtens eine Hofstelle in diesem Sinne nicht erforderlich, da der Forstwirt keine Hofstelle braucht, weil er keine Kühe oder Schweine füttert.

Das Gebührenprivileg kann auch dann eingreifen, wenn ein landwirtschaftlicher Betrieb als Wirtschaftseinheit übertragen wird, die zu der Hofstelle gehörenden Wohnräume aber in einem zu einem anderen Betrieb (Gastwirtschaft) gehörenden Gebäude liegen, das vorab übertragen wurde, sofern die Beteiligten von vornherein die Absicht hatten, beide Betriebe, wenn auch zeitlich (im Falle: 6 Jahre) versetzt, auf denselben Erwerber zu übertragen und die Landwirtschaft durch ihn fortführen zu lassen.[1617]

681 **(5) Bewirtschaftung.** Ein Betrieb liegt nur vor, wenn eine Bewirtschaftung erfolgt. Auf das Vorhandensein von Personal kommt es nicht an. Bei einer Landwirtschaft ist offensichtlich, wenn sie nicht mehr „bewirtschaftet" wird, nämlich wenn nichts mehr gesät oder geerntet wird, wenn keine Tiere mehr gehalten werden. Bei einer Forstwirtschaft (Wald) ist des weniger eindeutig. Ein Wald kann durchaus Jahrzehnte vor sich hinwachsen, ohne dass etwas geschieht, ohne dass regelmäßig Holz geschlagen und nachgepflanzt wird; trotz-

1610 BVerfG NJW 1996, 1463 zu § 19 IV KostO, der § 48 GNotKG entspricht.
1611 OLG Stuttgart Justiz 1994, 444 = DNotZ 1995, 786.
1612 LG Bad Kreuznach JurBüro 1996, 484.
1613 OLG München ZEV 2014, 220; BayObLG MittBayNot 2002, 127.
1614 Korintenberg/Tiedtke GNotKG § 48 Rz. 28.
1615 LG Traunstein MittBayNot 1992, 420.
1616 BayObLG MittBayNot 2002, 127 = RdL 2001, 327.
1617 BayObLG MittBayNot 2000, 470 = FGPrax 2000, 201.

dem wird er „bewirtschaftet“; es kommt also nicht darauf an, dass der Besitzer regelmäßig Holz „erntet“. Das Gebührenprivileg kommt nicht in Betracht, wenn der zum Nachlass gehörende landwirtschaftliche Betrieb bereits vor Eintritt des Erbfalls nicht mehr bewirtschaftet wurde und nur noch aus einer Ansammlung von landwirtschaftlich genutzten Flächen ohne Hofstelle bestand.[1618] Wird ein stillgelegter landwirtschaftlicher Betrieb mit Hofstelle an einen Landwirt vererbt, der den landwirtschaftlichen Betrieb wieder aufnehmen bzw. fortführen will, dann gilt das Gebührenprivileg.[1619]

(6) Person des Erben. Weil § 48 I GNotKG von der Abfindung weichender Erben 682
spricht, könnte man meinen, dass nur die Erbfolge *innerhalb der Familie* am Gebührenprivileg teilnehmen kann. Der Zweck des Gesetzes verlangt das aber nicht, auch die Vererbung an Familienfremde kann unter das Privileg fallen.[1620] Ebenso ist es unschädlich, wenn der Betrieb an eine Erbengemeinschaft vererbt wird;[1621] oder von einer Einzelperson fortgeführt wird. Der Erbe muss auch nichts von der Landwirtschaft verstehen; ein landwirtschaftlicher Betrieb kann vom Inhaber auch unter Zuhilfenahme eines Verwalters oder in Arbeitsteilung mit diesem betrieben werden, sofern der Inhaber nur die Entscheidungsverantwortung oder die fachliche Oberaufsicht hat; eine landwirtschaftliche Berufsbildung des Inhabers ist hierzu nicht unbedingt erforderlich.[1622] Wenn der Erbe Betrieb und Grundstück sofort in eine GmbH & Co KG einbringt, fehlt die bäuerliche Fortführung und das Gebührenprivileg entfällt.[1623] **Fortführungstendenz.** Das Gebührenprivileg steht nur dem Erben zu, der den landwirtschaftlichen Betrieb weiterführen will.[1624] Die Übergabe eines landwirtschaftlichen Betriebs fällt auch dann unter das Gebührenprivileg, wenn der Erbe den Betrieb zwar fortführen will, aber zunächst nicht fortführen kann, weil anderen Personen vorübergehend ein Nießbrauch vorbehalten ist.[1625] Setzt der Erblasser einen Großgrundbesitzer zum Erben ein, ist dieser daher ebenfalls privilegiert.

(7) Existenzgrundlage. Unter das Gebührenprivileg fallen nur solche landwirt- 683
schaftliche Betriebe, die den Unterhalt einer bäuerlichen Familie ganz oder teilweise sichern können,[1626] die der bäuerlichen Familie als Existenzgrundlage dienen.[1627] Denn durch die Einführung der Privilegierung (1989, 2025) wollte der Gesetzgeber der Erhaltung *leistungsfähiger* landwirtschaftlicher Betriebe dienen, die vielfach seit Generationen in der Hand bäuerlicher Familien geführt wurden.[1628] Der Erbe muss zumindest einen nicht unerheblichen Teil seines

1618 LG Ingolstadt JurBüro 1990, 493 (Mümmler).
1619 LG Münster FamRZ 2001, 1472.
1620 Reimann MittBayNot 1987, 120.
1621 Korintenberg/Tiedtke GNotKG § 48 Rz. 29.
1622 BayObLG JurBüro 1993, 6.
1623 BayObLG FGPrax 2001, 171 = MittBayNot 2001, 496.
1624 OLG München MittBayNot 2006, 353 = ZEV 2006, 416 (L).
1625 Zur Übergabe: BayObLGZ 1997, 240; BayObLG NJW-RR 1999, 224.
1626 BayObLG NJW-RR 2003, 1295 („Durchschnittsfamilie“); BayObLG FamRZ 1997, 831.
1627 BayObLG NJW-RR 1992, 1416.
1628 BT-Drucks. 11/2343 S. 6.

Familieneinkommens aus dem Betrieb erzielen können.[1629] Das Gebührenprivileg kann auch für **Nebenerwerbsbetriebe** eingreifen.[1630] Doch wird vertreten, dass das nur dann gilt, wenn wenigstens der überwiegende Teil des Familienunterhalts erwirtschaftet werden kann.[1631] Die Überlassung eines landwirtschaftlichen Betriebs, der auch nicht teilweise aus eigener Kraft lebt, sondern in ein staatliches Förderungsprogramm mit anderer Zielsetzung (**Kulturlandschaftspflege**) eingebunden ist, fällt nicht unter die Kostenprivilegierung.[1632]

684 **(8) Mindestgröße.** Die Wertprivilegierung bei der Übergabe von landwirtschaftlichen Betrieben ist nicht auf Betriebe bestimmter Größe beschränkt.[1633]

Soll das Landwirtschaftsprivileg auf die Übertragung eines landwirtschaftlichen Betriebs angewendet werden, der so klein ist, dass nach objektiven Kriterien ein Grenzfall vorliegt, so ist zu ermitteln, ob der Erwerber zumindest einen nicht unerheblichen Teil seines Familieneinkommens aus dem Betrieb erzielen kann.[1634] Von der zur Privilegierung nach § 48 I GNotKG führenden hinreichenden Leistungsfähigkeit eines landwirtschaftlichen Betriebs ist zumindest dann auszugehen, wenn nach den für die Alterssicherung der Landwirte geltenden Bewertungsgrundsätzen die erforderliche Mindestgröße für die Beitragspflicht überschritten wird, also die Voraussetzungen des § 1 II und V des Gesetzes über die Alterssicherung von Landwirten vorliegen.[1635]

Ein leistungsfähiger Hof liegt nur bei einer gewissen Mindestgröße vor; zu ihrer Ermittlung können landwirtschaftliche Gesetze gleicher Zielsetzung (z. B. Gesetz zur Förderung der bäuerlichen Landwirtschaft (LaFG) v. 12. 7. 1989, BGBl I 1435: mindestens 5 ha landwirtschaftlich genutzte Fläche; Gesetz über die Altershilfe für Landwirte (ALG) v. 29. 7. 1994, BGBl I 1994, 1890) herangezogen werden; die in diesen Gesetzen vorgesehenen Mindestgrößen geben nur Anhaltspunkte für die Anwendung des § 48 I GNotKG, bewirken aber keine strikte Bindung.[1636]

Einen Hof mit 4,6 ha Fläche (ohne Pachtgrund) hat das BayObLG daher für ausreichend groß angesehen.[1637] Denn der Betrieb erzielte insbesondere aus Viehhaltung einen jährlichen Überschuss von ca. 8. 600 DM, zu dem noch Förderungen von 4.000 bis 4.500 DM/Jahr nach dem LaFG und dem Landwirtschafts-Gasölverwendungsgesetz sowie der EU kamen, die für die landwirtschaftliche Bewirtschaftung des Betriebs gewährt wurden. Auch ein im Verhältnis zur landwirtschaftlichen Fläche überhöhter Viehbestand, der in

1629 BayObLG NJW-RR 2001, 1366.
1630 BT-Drucks. 11/2343 S. 7.
1631 OLG Stuttgart Justiz 1998, 33.
1632 BayObLG NJWE-FER 1997, 1.
1633 BT-Drucks. 11/2343 S. 7; OLG Oldenburg JurBüro 1994, 359.
1634 BayObLG NJW-RR 2001, 1366.
1635 OLG München ZEV 2006, 416; OLG Hamm NJW-RR 2001, 1367 = FGPrax 2001, 218.
1636 BayObLG FamRZ 1997, 831.
1637 BayObLG FamRZ 1997, 831.

gewissem Umfang den Zukauf von Futtermitteln erforderlich macht, kann den Charakter des Betriebs als Landwirtschaft (im Gegensatz zum Gewerbebetrieb) nicht ändern.

Auch 4,5 ha Größe können ausreichen.[1638]

(9) Höchstgröße. Die Wertprivilegierung bei der Übergabe von landwirtschaftlichen Betrieben ist nicht auf Betriebe bestimmter Größe, auf eine Obergrenze in der Fläche, beschränkt;[1639] das ergibt sich aus dem Gesetzestext. Nach anderer Ansicht entsprechen Großbetriebe nicht dem Leitbild des bäuerlichen Familienbetriebs, für den das Gebührenprivileg geschaffen worden sei. Die Privilegierung nach § 48 I GNotKG finde bei Betrieben mit einer Betriebsgröße über 88,9 ha daher keine Anwendung mehr.[1640] 685

(10) Kein landwirtschaftliches Vermögen. Nur das land- und forstwirtschaftliche Vermögen ist mit maximal 50 % des Grundsteuerwerts zu bewerten, also die wirtschaftliche Einheit bestehend aus Grund, Wohn- und Wirtschaftsgebäuden sowie Betriebsmitteln.. Das sonstige Vermögen wird nach § 46 GNotKG bewertet, z. B. private Bankguthaben des Erblassers, Wertpapierdepots. Die h. M. will auch landwirtschaftliche Grundstücke, die zum **Bauland** oder Bauerwartungsland geworden sind, vom Gebührenprivileg ausnehmen; ferner Grundstücke, bei denen aus sonstigen Gründen anzunehmen ist, dass sie in absehbarer Zeit anderen als landwirtschaftlichen Zwecken (Gewerbegebiet, Verkehrsfläche) dienen werden.[1641] 686

2.4 Gegenständlicher beschränkter Erbschein (§ 352c FamFG)

Ein solcher Erbschein (früher: § 2369 BGB) lautet z. B.: „Unter Beschränkung auf den im Inland befindlichen Nachlass wird bezeugt, dass A von B allein beerbt worden ist." Hier ist für den Geschäftswert der Wert der im Inland (Deutschland) befindlichen Gegenstände maßgebend (§ 40 III 1 GNotKG); die Schulden, die auf dem im Inland oder Ausland befindlichen Vermögensteil lasten, dürfen nicht abgezogen werden (§ 40 III 1 GNotKG)). Das BVerfG[1642] hält dies nicht für verfassungswidrig. Doch kann der Wert nicht höher sein als der Wert des Welt-Netto-Nachlasses nach § 40 I GNotKG (§ 40 III 2 GNotKG). 687

Allgemeiner Erbschein ohne Geltung im Ausland. Der einem deutschen Staatsangehörigen von einem deutschen Nachlassgericht erteilte Erbschein (§ 2353 BGB) beansprucht zwar für sich Weltgeltung; faktisch aber wird er nicht überall im Ausland anerkannt. Für die Erbscheinsgebühren jedenfalls ist entsprechend § 40 III GNotKG der Gegenstandswert, um den Verkehrswert des 688

1638 BayObLG NJW-RR 2001, 1366.
1639 LG Oldenburg JurBüro 1994, 359; BayObLG JurBüro 1993, 611.
1640 LG Ingolstadt Rpfleger 1993, 215.
1641 Vgl. BayObLG MittBayNot 1997, 312.
1642 BVerfG Rpfleger 1997, 320 = ZEV 1997, 250 m. Anm. Lappe.

ausländischen Grundstücks zu kürzen,[1643] wobei die Behandlung der Schulden unklar ist. Anders ist es beim ENZ bezüglich der EU-Staaten, die Mitgliedstaaten der EuErbVO sind.

2.5 Kein Erbschein nur für Grundbuchzwecke oder nur für Schiffe

689 Erklärt der Antragsteller, dass er den Erbschein nur zur Grundbuchberichtigung (§ 35 GBO) braucht und macht dies glaubhaft, erhielt er *früher* einen gewöhnlichen Erbschein mit dem Vermerk „Nur gültig für Grundbuchzwecke“, der unmittelbar an das Grundbuchamt gesandt wird. Dafür wurden ermäßigte Gebühren berechnet. Das GNotKG hat diese Art von Erbscheinen zwecks Gebühreneinnahmen **abgeschafft**.[1644] Keine Privilegierung haben **Unternehmen** (auch wenn der Erbschein *nur* für das Handelsregister benötigt wird[1645]) oder Eigentümer von Wertpapierdepots.

2.6 Erbscheine für bestimmte Zwecke oder Personen

690 **Erbschein für Sozialleistungen**, für Beantragung, Erbringung oder Erstattung einer Sozialleistung. Er ist gebührenfrei.[1646]

Erbschein für einen Nachlassgläubiger: Wenn ein Nachlassgläubiger mit Titel einen Erbschein beantragt, damit er gegen den Erben vollstrecken kann, ist die Gebühr aus dem Wert seiner Forderung zu errechnen (§ 40 III GNotKG analog), nicht aus dem Nachlass. Vgl. Rz. 650.

Erbscheine für den Fiskus: Für den Erbschein besteht Befreiung von Gerichtskosten, § 2 GNotKG.

Landwirtschaftsgericht: erteilt es den Erbschein, gelten dieselben Gebühren (Vorbemerkung 1.2 (1)).

Erbschein für Entschädigungszwecke (Vertreibungs- und Kriegssachschäden). Nach § 181 III 1 BEG ist die Erteilung des Erbscheins für den Entschädigungsanspruch einschließlich des vorausgegangenen Verfahrens kostenfrei. Die Gebühr für die Beurkundung der eidesstattlichen Versicherung ist jedoch zu erheben (§ 181 III 3 BEG). Diese Gebühr dürfte sich nach dem Wert der im Inland befindlichen Gegenstände richten (analog § 40 III GNotKG), nicht nach dem Wert des gesamten Nachlasses (str.). Die Testamentseröffnung gehört nicht zum gebührenfreien vorausgegangenen Verfahren.[1647] § 31 I c VermG verweist auf § 181 BEG für solche Erbscheine, mit denen

1643 Vgl. BayObLG FamRZ 2001, 300; BayObLG FamRZ 1998, 514 (keine Geltung in der Schweiz).
1644 BT-Drucks. 17/11471 S. 254; Kroiß ZEV 2013, 413.
1645 OLG Köln Rpfleger 2003, 540; OLG Stuttgart ZEV 2004, 381 mit Nachweisen.
1646 OLG Hamburg NJW-RR 2024, 339.
1647 LG Berlin Rpfleger 1961, 371; LG Hildesheim JVBl 1965, 67; str.

Ansprüche nach § 1 VI VermG geltend gemacht werden. Erbscheine, die in anderen Verfahren nach dem Vermögensgesetz benötigt werden, sind daher nicht gebührenermäßigt oder gebührenfrei.[1648]

Erbschein für Rückerstattungszwecke. Nach § 7a III BundesrückerstattungsG gilt für die Erteilung eines Erbscheins das gleiche wie bei der Entschädigung.

Erbschein zur Geltendmachung von Reparationsschäden. Nach § 49 des RepG v. 12. 2. 1969 (BGBl 1969, 105) ist § 317 LAG entsprechend anzuwenden.

Erbschein für Lastenausgleichszwecke. Nach § 317 V LAG wird für die Erteilung eines Erbscheins, einschließlich des vorausgegangenen Verfahrens, eine Gebühr nicht erhoben, wenn der Erbschein nur für Zwecke des Lastenausgleichs verwendet werden soll. Die Gebühr für die Beurkundung der eidesstattlichen Versicherung ist jedoch zu erheben.[1649] Die Todeserklärung, die unter Umständen zur Erbscheinserteilung notwendig ist, ist nicht gebührenfrei.

Erbschein für Häftlingshilfe. Ansprüche könne nach § 9a des Häftlingshilfegesetzes (HHG) bestehen (DDR-Häftlinge). Ist zur Geltendmachung ein Erbschein notwendig, kann die Gebühr (auch für die eidesstattliche Versicherung) in Hessen unter Umständen erlassen werden.[1650]

Erbschein für Kirchen: In mehreren Bundesländern sind die Kirchen nach Landesrecht von Erbscheinskosten befreit (§ 2 II GNotKG; div. Landesjustizkostengesetze).

Sonstige Gebührenbefreite: § 2 GNotKG und vielfältiges Landesrecht. In Hessen sind als gemeinnützig anerkannte Stiftungen (§ 51 AO) nach § 7 JKostG He von den Erbscheinsgebühren befreit.[1651]

2.7 Gebührennacherhebung bei überschießender Verwendung

Wer für den Erbschein nur eine geringere oder gar keine Gebühr bezahlt hat, 691
weil er den Erbschein (angeblich) nur für einen bestimmten privilegierten Zweck benötigte, hat gleichwohl einen *vollwertigen* Erbschein erhalten. Wer einen solchen Erbschein „für einen bestimmten Zweck" benötigt, bekommt ihn in der Regel, um Missbrauch für andere Zwecke zu verhindern, nicht ausgehändigt; das Nachlassgericht schickt diesen Erbschein vielmehr zu den dortigen Gerichts- und Behördenakten (z. B. zu den Lastenausgleichsakten). Verwendet

1648 LG Koblenz FamRZ 2001, 700.
1649 Hessen hat die Amtsgerichte ermächtigt, diese Gebühr zu erlassen (JMBl 1991, 430). In Nordrhein-Westfalen darf die Gebühr für die Beurkundung der eidesstattlichen Versicherung nach dem Wert des Ausgleichsanspruchs berechnet werden (§ 4 IV der VO v. 6. 12. 1982 GVBl 1983, 2).
1650 JMBl 1991, 430.
1651 OLG Frankfurt ErbR 2019, 261 (LS).

der Antragsteller den Erbschein für andere Zwecke,[1652] fehlt im GNotKG eine Nachzahlungsregelung; vgl. Rz. 689.

3. Die Festsetzung des Geschäftswerts

692 Die Gerichtsgebühren werden nach dem Geschäftswert berechnet (§§ 40, 48 GNotKG). Beim Kostenansatz (der „Rechnung") geht das Gericht von einem bestimmten Wert aus, den es aufgrund der Angaben im Nachlassverzeichnis für zutreffend erachtet, also **ohne förmlichen Festsetzungsbeschluss**. Das Nachlassgericht (Rechtspfleger) kann aber auch den Geschäftswert durch Beschluss zuvor gebührenfrei festsetzen, nämlich, wenn dies von einem Zahlungspflichtigen (z. B. dem Erben) oder der Staatskasse beantragt wird oder es sonst angemessen erscheint (§ 79 I 3 GNotKG). Eine Beweisaufnahme zur Feststellung des Verkehrswerts findet zwar „nicht statt" (§ 46 IV GNotKG),[1653] eine Schätzung durch Sachverständige ist aber nicht verboten, wie § 80 S. 1 GNotKG zeigt. Macht der Antragsteller keine ausreichenden Angaben, ist der Wert von Amts wegen zu ermitteln, der Wert darf nicht einfach willkürlich auf 2 Millionen Euro (!) festgesetzt werden, wenn ersichtlich kaum wertvoller Nachlass vorhanden ist.[1654] Die Festsetzung des Geschäftswerts kann vom Gericht in bestimmten Fällen von Amts wegen geändert werden (§ 79 II GNotKG).

3.1 Beschwerde gegen die Festsetzung des Geschäftswerts

693 Der Zahlungspflichtige oder die Staatskasse können gegen den **Geschäftswert – Festsetzungsbeschluss** des Nachlassgerichts Beschwerde einlegen (§ 83 GNotKG). Fehlt ein solcher Beschluss, weil das Nachlassgericht schlicht eine **Kostenrechnung** gesandt hat, die von einem bestimmten Nachlasswert ausgeht, muss der Zahlungspflichtige zunächst einen Geschäftswertbeschluss beantragen; die Erinnerung gegen den Kostenansatz genügt nicht, weil sie andere Angriffsrichtung hat[1655] (vgl. §§ 79, 81 GNotKG); die Erinnerung ist u. U. in einen Antrag auf Festsetzung des Geschäftswerts umzudeuten. Der Beschluss muss eine Rechtsmittelbelehrung enthalten.

Einlegung: beim Nachlassgericht (§§ 83 I 5, 81 V 4 GNotKG); kein Anwaltszwang (§§ 83 I 5, 81 V 1 GNotKG; vgl. § 64 FamFG); kein Begründungszwang.

Frist: Frist von 6 Monaten ab Rechtskraft der Hauptsacheentscheidung (§§ 83 I 3, 79 II 2 GNotKG), u. U. Monatsfrist (§ 83 I 2 GNotKG).[1656] Bei Fristversäumung kommt eine Wiedereinsetzung in Betracht (§ 83 II GNotKG).

1652 Zu Mitteilungspflichten vgl. Ziffer XVII/7 der Anordnung über Mitteilungen in Zivilsachen (MiZi).
1653 BayObLGZ 1979, 69.
1654 OLG Hamm ZErb 2021, 412 (Nachlass 1/4 an Immobilie; unbekanntes Geldvermögen).
1655 OLG München BeckRS 2018, 30971.
1656 Beispiel: OLG Hamm ZErb 2021, 448; OLG Frankfurt NJW-RR 2020, 511.

Beispiel:
Der Erbschein wird am 1. 2. erteilt. Erst am 1. 11. wird der Geschäftswert festgesetzt, die Festsetzung geht dem Erben am 10. 11. formlos zu. Noch bis einschließlich 10. 12. kann hier Beschwerde eingelegt werden.

Beschwer. Der Anwalt des Beteiligten kann die Festsetzung im eigenen Namen (§ 32 II RVG) oder im Namen des Mandanten beantragen. Beantragt er die Festsetzung im eigenen Namen, dann deshalb, damit er anschließend aus diesem Wert seine Anwaltsgebühren berechnen kann. Deshalb kann der Anwalt in diesem Falle Beschwerde (§ 32 II RVG) nur mit dem Ziel einlegen, dass ein *höherer* Geschäftswert festgesetzt wird (an geringeren Gebühren kann er kein Interesse haben). Handelt der Anwalt im Namen des Mandanten, kann die Beschwerde nur mit dem Ziel eingelegt werden, dass der Mandant weniger zahlen muss, das heißt in der Regel, dass Beschwer nur besteht, wenn mit Hilfe der Beschwerde der Geschäftswert sinken soll.

Beschwerdewert: mindestens 300,01 Euro (§ 83 I 1 GNotKG) oder wenn (bei einer geringeren Beschwer) das Nachlassgericht die Beschwerde wegen Grundsätzlichkeit zugelassen hat (§ 83 I 2 GNotKG). Hier kommt es auf die Differenz der Gebührenbelastung des Beschwerdeführers an, also auf den Betrag, um den er sich verbessern will.

3.2 Verfahrensfragen, Entscheidung, Rechtsmittel

Das Nachlassgericht kann **der Beschwerde abhelfen** (§§ 83 I 5, 81 III 1 GNotKG). 694

Über die Beschwerde entscheidet andernfalls das übergeordnete **OLG** (§§ 83 I 5, 81 III 2, 119 GVG), dort eventuell ein Einzelrichter (§ 68 IV FamFG).

Der **Beschwerdebeschluss** des OLG enthält weder einen Ausspruch über die Gerichtskosten, weil Gebührenfreiheit besteht (§ 83 III 1 GNotKG), noch eine Entscheidung, dass ein Beteiligter einem anderen Kosten (z. B. Anwaltskosten) zu erstatten habe, weil keine Kostenerstattung stattfindet (§ 83 III 2 GNotKG). Wer einen Anwalt für die Beschwerde (oder die Beschwerdeentgegnung) beauftragte muss also die Anwaltskosten selbst zahlen.

Die **weitere Beschwerde** gegen den Beschwerdebeschluss des OLG betreffend den Geschäftswert zum BGH ist nicht zulässig (§§ 83 I 5, 81 III 3, 81 IV GNotKG). Eine **Rechtsbeschwerde** wie nach § 70 FamFG gibt es hier nicht.

Hat das OLG den **Geschäftswert für das Beschwerdeverfahren** festgesetzt, findet hiergegen keine Beschwerde statt, §§ 83, I 5, 81 III 2 GNotKG.[1657] Der Geschäftswert für das Beschwerdeverfahren bestimmt sich gemäß § 36 I GNotKG (freies Ermessen). Dabei kommt es vor allem auf das mit der Beschwerde verfolgte wirtschaftliche Interesse, die Bedeutung der Beschwerde für

1657 BayObLGZ 1986, 489; a. A. OLG Köln ZMR 1995, 326.

die Beteiligten sowie auf die sonstigen Umstände des Einzelfalles an. Die für den ersten Rechtszug maßgeblichen Vorschriften können als Anhaltspunkt für die vorzunehmende Schätzung herangezogen werden;[1658] der Wert des Reinnachlasses im Zeitpunkt des Erbfalls kann deshalb als Anhaltspunkt dienen.

4. Einzelfragen zu den Gerichtskosten

4.1 Erbscheinserteilung nur nach Vorschusszahlung?

695 Der Erbschein wird nur auf Antrag erteilt (§ 2353 BGB), lediglich für das Verfahren ab Antragseingang gilt der Amtsermittlungsgrundsatz (§ 26 FamFG). Deshalb kann in Erbscheinssachen von der Gerichtskasse ein Vorschuss auf die Gebühr (also 1,0 nach Tabelle B, KV 12210 GNotKG) und die Auslagen verlangt werden (§§ 13, 14 GNotKG); Rz. 165. Die Erteilung des Erbscheins darf nur dann von dem Eingang des Gebühren-Vorschusses abhängig gemacht werden, wenn „dies im Einzelfall zur Sicherung des Eingangs der Gebühr erforderlich erscheint" (§ 13 S. 2 GNotKG), also im konkreten Fall aufgrund konkreter Anhaltspunkte die spätere Bezahlung gefährdet erscheint, d. h. nur in Ausnahmefällen. Das kann z. B. der Fall sein, wenn ein im Ausland lebender Deutscher oder Ausländer[1659] Antragsteller ist. Die „allgemein schlechte Zahlungsmoral" genügt nicht.

Nur das Geschäft insgesamt (also die Erbscheinserteilung), nicht nur ein Teil davon, wie z. B. das Erbenaufgebot zwecks anschließender Erbscheinserteilung, darf von einem Vorschuss abhängig gemacht werden.[1660] Die Zurückweisung des Erbscheinsantrags kann nicht von einer Vorschusszahlung abhängig gemacht werden. Folge der Nichtzahlung ist, dass das Verfahren ruht; es wird nicht weiterbetrieben, der Antrag wird nicht etwa zurückgewiesen, die Zurücknahme des Antrags darf nicht fingiert werden. Bei mehreren Antragstellern (gemeinschaftlicher Erbschein) darf die Wirkung des Ruhens erst eintreten, wenn alle Antragsteller zur Zahlung aufgefordert wurden.[1661]

Die Vorschussanforderung hinsichtlich der **Gebühr** (§ 13 GNotKG) erfolgt durch Beschluss (!) mit Rechtsmittelbelehrung (§ 7a GNotKG); er muss eine Abhängigmachung enthalten. Zuständig ist der Richter oder Rechtspfleger, nicht die Geschäftsstelle. Sie ist Kostenansatz und wird nach § 82 I GNotKG angefochten. Die **Beschwerde** kann sowohl darüber, ob überhaupt ein Vorschuss gefordert werden darf, wie auch gegen dessen Höhe eingelegt werden. Darüber entscheidet das OLG (§§ 82 I 2, 81 III 2 GNotKG). Ein bestimmter Beschwerdewert muss nicht erreicht sein (denn auf § 81 II GNotKG wird nicht verwiesen). Abhilfe ist zulässig. Das Verfahren ist gerichtsgebührenfrei, eine Kostenerstattung erfolgt nicht (§§ 82 I 2, 81 VIII GNotKG), also enthält der OLG-Beschluss auch keine Kostenentscheidung. Eine **weitere Beschwerde** (bzw. **Rechtsbeschwerde**)

1658 BayObLGZ 1966, 489/91.
1659 Vgl. Moschinski NotBZ 1997, 96.
1660 LG Berlin Rpfleger 1982, 487.
1661 BGH DNotZ 1982, 238.

gegen den Beschwerdebeschluss des OLG zum BGH ist unzulässig (§§ 82 I 2, 81 III 3, IV GNotKG),[1662] auch wenn sie vom OLG (gesetzwidrig) zugelassen wurde.[1663]

696 Die Beweisaufnahme im Erbscheinsverfahren (z. B. Zeugen, Gutachten) erfolgt von Amts wegen (§ 26 FamFG), nicht auf „Antrag" (Anträge sind nur Anregungen). Die Kosten hierfür sind **Auslagen** (Höhe: JVEG); nach KV 31000 GNotKG sind sie in der Regel dem Antragsteller in Rechnung zu stellen. Dafür kann das Gericht einen Vorschuss verlangen (§ 14 III 2 GNotKG) und zwar nicht nur dann, wenn die spätere Bezahlung nicht gesichert ist (anders als bei den Gerichtsgebühren).

Die **Auslegung der Beschwerde** gegen die Höhe der angeforderten Kosten (also die Kostenrechnung, den Kostenansatz) kann ergeben, dass in Wirklichkeit eine Beschwerde gegen die Wertfestsetzung vorliegt; dann kommt § 83 GNotKG zum Zug.[1664]

Dagegen, dass das Nachlassgericht keine Abhängigmachung vornimmt, kann die Staatskasse keine Beschwerde einlegen, weil keine anfechtbare Entscheidung vorliegt.

Wurde zu viel Vorschuss gefordert, erfolgt später eine Rückzahlung der Überzahlung (vgl. § 6 IV GNotKG).

Unzulässig ist eine Vorschussanforderung in den Fällen des § 16 GNotKG, z. B. bei VKH.

4.2 Zinsen

697 **Bei verspäteter Kostenberechnung.** Erteilt das Nachlassgericht den Erbschein; setzt es aber erst nach längerer Zeit den Geschäftswert fest und erteilt die Kostenrechnung, können keine Zinsen verlangt werden. Das GNotKG kennt keine Verzinsungspflicht für den Kostenschuldner (§ 6 IV GNotKG).

698 **Bei Rückzahlung von zu viel bezahlten Gebühren.** Hat das Nachlassgericht aus einem überhöhten Geschäftswert Gebühren in Rechnung gestellt, die der Antragsteller zahlte und setzt auf Beschwerde hin das OLG den Geschäftswert herab, so dass eine neue Gebührenberechnung ergeht und die Überzahlung rückerstattet wird, fragt sich, ob die Staatskasse die Überzahlung (die teils erhebliche Beträge ausmacht) verzinsen muss. Mehrere Gerichte[1665] hatten dies früher aus § 812 BGB bejaht. Durch § 6 IV KostO ist geklärt, dass der Staat **keine Zinsen** zahlt.

1662 BayObLG JurBüro 2001, 489 = MittBayNot 2001, 494.
1663 BayObLG JurBüro 1994, 166; OLG Celle JurBüro 1968, 725.
1664 BayObLG Rpfleger 1970, 254.
1665 BayObLG NJW 1999, 1194 (8200 DM über mehrere Jahre hinweg); BayObLG FGPrax 2001, 90; OLG Köln Rpfleger 2001, 203; OLG Zweibrücken Rpfleger 2000, 128; OLG Hamm Rpfleger 2001, 99; a. A. OLG Celle NJW 2002, 1133; LG Hannover Rpfleger 2002, 332.

4.3 Europarechtliche Bedenken gegen die Höhe der Gebühren?

699 Der EuGH[1666] hatte zur Gesellschaftssteuerrichtlinie (69/335 EWG) entschieden, dass Handelsregistergebühren bei Kapitalgesellschaften nicht proportional zum gezeichneten Kapital berechnet werden dürfen, weil sonst eine unzulässige Steuer vorliege. Die Frage, ob diese Entscheidung des EuGH Auswirkungen auf die Nachlassgebühren hat, verneint die Rechtsprechung. Die Wertgebühren in Nachlasssachen seien mit der Verfassung vereinbar. Gebühren in Nachlasssachen fallen auch dann nicht in den Geltungsbereich der EG-Gesellschaftssteuerrichtlinie, wenn der Erbschein ausschließlich für die Anmeldung zum Handelsregister benötigt wird (der Erbe hatte einen kleinen KG-Anteil geerbt und den Erbschein für die Umschreibung im Handelsregister beantragt).[1667]

4.4 Erbschein und Grundbuchgebührenermäßigung

700 Gehören Grundstücke zum Nachlass, muss nach dem Erbfall das Grundbuch berichtigt werden (vgl. § 1922 BGB; §§ 22, 35 GBO). Die Gebühr für die Grundbucheintragung wird nicht erhoben bei Eintragung von Erben des eingetragenen Eigentümers, wenn der Eintragungsantrag **binnen zwei Jahren** seit dem Erbfall bei dem Grundbuchamt eingereicht wird (KV 14110 Anmerkung (1) GNotKG). Wenn der Antrag auf Berichtigung des Grundbuchs unverschuldet nur deshalb verspätet gestellt worden ist, weil der Erbschein wegen eines Beschwerdeverfahrens erst nach Fristablauf erteilt worden war, verweigert die Rechtsprechung die Gebührenfreiheit.[1668]

4.5 Angriff gegen die Kostenrechnung

701 Gegen die Kostenrechnung des Kostenbeamten kann der Schuldner **Erinnerung** einlegen (z. B. wenn versehentlich eine doppelte Eröffnungsgebühr angesetzt wurde; die Erinnerung hat aber keinen Sinn, wenn nur die Höhe des Geschäftswerts strittig ist, das wird oft übersehen). Gibt das Amtsgericht der Erinnerung nicht statt, ist gegen diesen Beschluss die Beschwerde zulässig (§ 81 II GNotKG), falls der Beschwerdewert von 300,01 Euro erreicht oder die Beschwerde zugelassen wurde. Hierüber entscheidet das OLG. Gegen dessen Beschluss ist die weitere Beschwerde (bzw. Rechtsbeschwerde) zum BGH nicht statthaft (§ 81 IV GNotKG).

4.6 Verjährung der Gerichtskosten

701a Die Ansprüche verjähren vier Jahre nach Ablauf des Kalenderjahres, in dem das Verfahren durch rechtskräftige Entscheidung beendet ist (§ 6 GNotKG).

1666 EuGH ZIP 1998, 206 = WM 1998, 2193.

1667 BayObLG FGPrax 2002, 42 = FamRZ 2002, 421; OLG Köln Rpfleger 2003, 540 (LS); OLG Stuttgart ZEV 2004, 381.

1668 BayObLG FamRZ 2000, 175 = Rpfleger 1999, 509.

5. Anwaltskosten

5.1 Vertretung vor dem Nachlassgericht

Anfallende Tätigkeiten. Der Anwalt kann den Mandanten (nur) **beraten**; dafür kann er die vereinbarte Gebühr berechnen, hilfsweise die „übliche Gebühr" (§ 34 RVG); unklar ist, was üblich ist. Sonst fällt i.d.R. eine **Geschäftsgebühr** (RVG VV 2300; Faktor i.d.R. 1,3) an, etwa wenn korrespondiert wird. Denkbar ist auch eine Einigungsgebühr (RVG VV 1000 Nr. 1). 702

Der Anwalt kann in Vertretung des Mandanten einen Erbscheinsantrag stellen (ist er Anwaltsnotar, kann er zugleich die eidesstattliche Versicherung beurkunden, § 352 III FamFG), ihn im Verfahren vertreten; die Einziehung eines Erbscheins anregen. Dafür fällt i.d.R. die **Verfahrensgebühr** an (RVG VV 3100; Faktor i.d.R. 1,3), u.U. mit Anrechnung der Geschäftsgebühr. Gibt es beim Nachlassgericht einen Termin, fällt die **Terminsgebühr** an (RVG VV 3104; Faktor 1,2). Wird der Erbschein ohne Termin erteilt, fällt **keine fiktive Terminsgebühr** an[1669] (Nr. 3104 Abs. 1 Nr. 1), da im Erbscheinsverfahren eine mündliche Verhandlung nicht vorgeschrieben ist.

Gegenstandswert. Er richtet sich nach dem wirtschaftlichen Interesse des Antragstellers, beim Erbschein des Alleinerben also nach dem Verkehrswert des Nachlasses, wobei die Schulden abzuziehen sind (§ 40 GNotKG). Bei Vertretung eines Miterben ist nicht die ganze Erbschaft Streitwert, sondern der auf den Miterben entfallende Teil.[1670]

Betreibt ein Beteiligter die Einziehung eines Erbscheins, um dann selbst einen Erbschein zu erlangen, der ihn zu 3/5 als Erbe ausweist, ist Gegenstandswert nur 3/5 des Nachlasses, nicht der ganze Nachlass, obwohl die Einziehung des Erbscheins den ganzen Nachlass betrifft.[1671]

Der Wert wird auf Antrag des Anwalts vom Nachlassgericht festgesetzt (§ 32 II RVG). In gerichtlichen Verfahren bestimmt sich der Wert, der für die Anwaltsgebühren maßgebend ist, grundsätzlich nach den für die Gerichtsgebühren geltenden Wertvorschriften (§ 23 RVG). Wird der Wert für die Gerichtsgebühren gerichtlich festgesetzt, so ist die Festsetzung auch für die Gebühren des Rechtsanwalts maßgebend (§ 32 I RVG); eine zusätzliche Festsetzung für die Anwaltsgebühr wird daher abgelehnt. Der Grundsatz gilt jedoch nur insoweit, als die gerichtliche Tätigkeit, für welche die Gebühren festgesetzt worden sind, in Bezug auf den Verfahrensgegenstand mit derjenigen des Rechtsanwalts übereinstimmt. Ist dies nicht der Fall, kann das Nachlassgericht den Gegenstandswert der anwaltlichen Tätigkeit auf Antrag durch Beschluss selbständig festsetzen (§ 33 I RVG). Das ist der Fall, wenn die Erbschaft nicht insgesamt, sondern

1669 N.Schneider ErbR 2024, 591,
1670 BayObLG JurBüro 1992, 166; N.Schneider ErbR 2024, 677.
1671 BayObLG FamRZ 2002, 1203.

nur zu einem bestimmten Anteil (z. B. 3/5 Miterbenanteil) in Anspruch genommen wurde.[1672]

Gegen den Beschluss nach § 33 I RVG ist die **Beschwerde** zum OLG nach §§ 33 III, IV 2, 119 GVG RVG zulässig, falls der Beschwerdewert (200,01 Euro oder Zulassung der Beschwerde) erreicht ist. Der Beschwerdewert ergibt sich aus der Differenz der Anwaltsgebühren aus dem festgesetzten und dem erstrebten Geschäftswert. Der Anwalt ist selbst beschwerdeberechtigt, wenn er einen höheren Geschäftswert geltend macht.

Gegen den Beschwerdebeschluss des OLG ist eine weitere Beschwerde (Rechtsbeschwerde) zum BGH nicht statthaft (vgl. § 33 VI RVG).

703 **Höhe der Gebühr.** Es kann beim Rechtsanwalt neben der Geschäftsgebühr die Verfahrensgebühr (1,3) und evtl. die Terminsgebühr (1,2) anfallen, RVG VV Nr. 3100, 3104 (mit Anrechnung der Geschäftsgebühr, Vorbem. 3 Abs. (4)). Bei Vertretung mehrerer Mandanten (z. B. Miterben) erfolgt eine Gebührenzuschlag nach RVG VV 1008.[1673] Auch eine Einigungsgebühr nach RVG VV 1003 kann anfallen, obwohl das „Erbrecht" als solches einer Einigung nicht zugänglich ist. Problematisch ist RVG VV 3101: Wird beim Nachlassgericht *lediglich* ein Antrag gestellt, fällt nur die Gebühr nach RVG VV 3101 Nr. 3 zweite Alt. (also 0,8) an. Jedoch ist diese Ziffer nicht einschlägig, weil es sich beim Erbscheinsverfahren um **ein „streitiges" Verfahren** der freiwilligen Gerichtsbarkeit handelt (VV 3101 Anm. Abs. 2);[1674] dass ein Antrag vorausgesetzt ist, ändert daran nichts. Nach anderer Auffassung[1675] ist das Erbscheinsverfahren nicht „streitig", dann wäre VV 3101 einschlägig, wenn lediglich ein Erbscheinsantrag (ohne Begründung) gestellt wird; VV 3100 wäre nur anzuwenden, wenn zum Antrag eine Begründung geliefert wird.[1676]

5.2 Vertretung vor dem OLG

704 **Gegenstandswert.** Der Wert, der für die Anwaltsgebühren maßgebend ist, bestimmt sich grundsätzlich nach den für die Gerichtsgebühren geltenden Wertvorschriften (§ 32 RVG); die Festsetzung ist auch für die Gebühren des Rechtsanwalts maßgebend, eine gesonderte Festsetzung ist abzulehnen. Wird der Wert, z. B. des Beschwerdeverfahrens, auf Antrag des Anwalts vom OLG festgesetzt (§ 33 RVG), ist dagegen kein Rechtsmittel statthaft.

Höhe der Gebühr: Im Beschwerdeverfahren kann die Verfahrensgebühr (1,6[1677]) und die Terminsgebühr (1,2) anfallen, RVG VV Nr. 3200, 3202, jeweils

1672 BGH NJW 1968, 2334; BayObLG FamRZ 2002, 1203; Rpfleger 1979, 434; JurBüro 1982, 1510/1511.

1673 OLG Köln Rpfleger 2015, 51; OLG München ZEV 2006, 366.

1674 Gerold/Schmidt/Müller-Rabe RVG, 2021, VV 3101 Rz. 132: „streitig" nur bei gegensätzlichen Erbscheinsanträgen.

1675 Bartsch ZErb 2012, 123: nicht streitiges Verfahren.

1676 A. A. Gerold/Schmidt/Müller-Rabe RVG, 2021, VV 3101 Rn 132: es sei unerheblich, ob dem Antrag eine Begründung beigefügt werde).

1677 OLG Braunschweig ErbR 2022, 637 (auch zur 1,1 Gebühr nach VV 3201.

mit Vorbemerkung 3.2.1 Nr. 2b.[1678] Problematisch ist RVG VV 3201 Anm. (2) Nr. 2, wonach bei „eingeschränkter Tätigkeit" des Anwalts die Gebühr (statt 1,6) nur 1,1 beträgt, nämlich wenn sich die anwaltliche Tätigkeit auf die Einlegung und Begründung der Beschwerde sowie auf die Entgegennahme der OLG-Entscheidung beschränkt. Die bloße Beschwerdeeinlegung und Begründung wäre also mit 1,1 abgegolten. Wenn zur Beschwerdeerwiderung eine Äußerung erforderlich ist, oder wenn das OLG Rückfragen stellt, die vom Anwalt beantwortet werden, oder eine Stellungnahme zum ergänzenden Gutachten des Sachverständigen erforderlich ist, bleibt es bei VV 3200. Nach dem reinen Gesetzestext würde der Anwalt, der in seiner Beschwerdebegründung so unklar vorträgt, dass eine Rückfrage des Gerichts provoziert wird, mehr verdienen als der Anwalt, der eine sorgfältige Begründung liefert; so kann VV 3201 nicht zu verstehen sein.

5.3 Vertretung vor dem BGH

Gegenstandswert vgl. Rz. 704. **Höhe der Gebühr**: Im Rechtsbeschwerdeverfah- 705
ren kann die Verfahrensgebühr anfallen; sie beträgt 2,3 nach RVG VV 3208 (mit Vorbemerkung 3.2.2 Nr. 1a), weil beim BGH in Sachen der freiwilligen Gerichtsbarkeit ein BGH-Anwalt eingeschaltet werden muss (§ 10 IV FamFG). Bei vorzeitiger Beendigung des Auftrags: RVG VV 3209 (Gebühr 1,8).

5.4 Festsetzung der Anwaltskosten gegen den eigenen Mandanten

Wird der Anwalt nur beratend tätig, ohne dem Nachlassgericht gegenüber auf- 706
zutreten, muss er sein Honorar, wenn nicht freiwillig bezahlt wird, beim Prozessgericht einklagen. Ist er als Vertreter des Mandanten gegenüber dem Nachlassgericht tätig geworden, fragt sich, ob der Anwalt seine gesetzliche Vergütung durch das Nachlassgericht (Rechtspfleger) mit Beschluss festsetzen lassen kann (§ 11 RVG); dies verursacht keine weiteren Kosten und geht schneller. Die Vertretung gegenüber dem Nachlassgericht ist eine Vertretung in einem gerichtlichen Verfahren. Seit 1.7.2004 ist die Gebühr keine Rahmengebühr mehr, sondern eine Festgebühr (VV 3100, 3104 usw.), so dass eine Festsetzung gegen den eigenen Mandanten durch das Nachlassgericht zulässig ist (§ 11 RVG).[1679] Ist der Gegenstandswert umstritten: Aussetzung des Verfahrens (§ 11 IV RVG).

5.5 Kostenerstattung durch den Gegner: außergerichtliche Kosten

Hat das Gericht (Nachlassgericht, OLG als Beschwerdegericht, BGH als Rechtsbe- 707
schwerdegericht) nach § 81 FamFG entschieden, dass ein Beteiligter A einem anderen Beteiligten B dessen außergerichtliche Kosten zu erstatten hat, dann wird die Höhe der demnach zu erstattenden Kosten im Kostenfestsetzungsver-

1678 Vor dem 1.8.2013 betrug die Verfahrensgebühr nur 0,5 und die Terminsgebühr ebenfalls 0,5, damals RVG VV Nr. 3500, 3513. Vgl. OLG München ZEV 2006, 366; OLG Schleswig ZEV 2006, 366.

1679 Gerold/Schmidt/Müller-Rabe, RVG, § 11 Rz. 9; Schneider/Wolf, RVG, § 11 Rz. 60.

fahren durch Beschluss des Rechtspflegers festgesetzt (§ 85 FamFG); das Verfahren richtet sich nach §§ 103 ff. ZPO. **Höhe:** die **Anwaltskosten** des B sind **nicht unbedingt zu erstatten, der Rechtspfleger kann daher die Festsetzung ablehnen.** Denn nach § 81 FamFG ist § 91 II ZPO nicht entsprechend anzuwenden. Daraus folgt, dass die gesetzlichen Gebühren und Auslagen des Rechtsanwalts der obsiegenden Partei im Erbscheinsverfahren nicht zwingend (wie im Zivilprozess) zu erstatten sind,[1680] sondern nur, wenn die Sache eine gewisse Schwierigkeit aufwies;[1681] in Erbscheinssachen ist das i.d.R. der Fall.[1682] Eine abweichende Meinung differenziert: in den echten Streitsachen der freiwilligen Gerichtsbarkeit, zu denen das Erbscheinsverfahren zählt, seien analog § 91 II ZPO die Anwaltskosten immer ohne Prüfung der Notwendigkeit zu erstatten.[1683]

Für den Anwalt ist es günstiger, wenn das Nachlassgericht entschieden hat: „Der A hat die dem Beteiligten B entstandenen Anwaltskosten zu erstatten“: denn daran ist der Rechtspfleger gebunden.

Fehlt eine Entscheidung über die Kostenerstattung kann Ergänzung beantragt werden (§ 43 FamFG) Lehnt das AG die Kostenerstattung ab (was auch in der Nichtentscheidung liegen kann), kann dagegen isoliert Beschwerde eingelegt werden. Vgl. Rz. 325.

5.6 Rechtsmittel gegen den Kostenfestsetzungsbeschluss

708 Statthaft ist die befristete Erinnerung bzw die sofortige Beschwerde (§ 11 RPflG; § 104 III 1 ZPO; § 85 FamFG).

5.7 Beispiel

709 A beantragt einen Alleinerbschein als Erbe des E aufgrund Testaments; die Nichte des N wendet Testierunfähigkeit des E bei Errichtung des Testaments ein; sie sei daher kraft Gesetzes Alleinerbin. A und N beauftragen Rechtsanwälte. Das AG erlässt nach Termin und Beweisaufnahme (Zeugen, Gutachten) einen Feststellungsbeschluss (§ 352e FamFG) ohne Anordnung der Kostenerstattung. Die Beschwerde der N gegen den Feststellungsbeschluss weist das OLG ohne mündliche Verhandlung zurück; das OLG ordnet Kostenerstattung an.

Vertretung vor dem AG: Bei A: 1,3 + 1,2 = 2,5 Gebühren (RVG Nr. 3100, 3104; eventuell ferner Geschäftsgebühr) verdient der Anwalt des A. Der Betrag ist von A zu zahlen; eine Anordnung der Kostenerstattung erfolgt nicht. Bei N: wie bei A.

1680 BayObLG FGPrax 1999, 77; OLG Stuttgart NJW 1962, 1403.
1681 OLG Karlsruhe JurBüro 1997, 598; OLG München MDR 1996, 861.
1682 OLG Nürnberg ZEV 2012, 161.
1683 OLG München MDR 1996, 861 = Rpfleger 1996, 215.

Vertretung vor dem OLG: Bei A: 1,6 Gebühr (RVG Nr. 3200). Diesen Betrag schuldet der Mandant A, wegen der Erstattungsanordnung des OLG (§ 84 FamFG) hat N diesen Betrag an A zu erstatten. Bei N: es fallen dieselben Anwaltsgebühren an, sie werden ihr nicht erstattet.

6. Notarkosten

Der Antragsteller kann entweder (1) den **Antrag beim Nachlassgericht** persön- 710
lich zu Protokoll stellen und dabei gleichzeitig die eidesstattliche Versicherung des § 352 III FamFG (Rz. 111 ff.) abgeben, oder (2) er kann schriftlich den Antrag beim Nachlassgericht stellen und die von einem Notar (im Ausland: Konsulat) beglaubigte eidesstattliche Versicherung beifügen; das ist kostenmäßig nicht sinnvoll, weil die Protokollierung des Antrags durch den Notar keine zusätzliche Gebühr auslöst (Vorbemerkung 2.3.3 Abs. (2) vor KV 23300 GNotKG); oder (3) er kann einen **Notar beauftragen**, der den Antrag beurkundet und gleichzeitig die eidesstattliche Versicherung entgegennimmt sowie beurkundet und die Urkunde beim Nachlassgericht einreicht.

Für die Aufnahme des Antrags, die Darlegung der Erbrechtsverhältnisse und die Beurkundung der eidesstattlichen Versicherung erhält der Notar eine Gebühr von 1,0 nach aus dem Geschäftswert, der sich nach § 40 GNotKG bestimmt (zuzüglich Auslagen und Umsatzsteuer). Stellen Miterben den Antrag gleichzeitig und geben sie beim Notar auch gleichzeitig die eidesstattliche Versicherung bezüglich desselben Erbfalls ab, wird nur *eine* Gebühr erhoben.[1684] Der Notar hat den Antragsteller darüber zu belehren, welche Personenstandsurkunden beizufügen sind; es ist Sache der Beteiligten, diese Urkunden beim Standesamt zu besorgen. Sie können den Notar damit beauftragen, das Standesamt anzuschreiben; dann erhält der Notar hierfür die Auslagen (Porto; verauslagte Gebühren des Standesamts) und die Vollzugsgebühr KV 22112 GNotKG „für jede Tätigkeit" höchstens 50 Euro;[1685] billiger ist, die Urkunden selbst beim Standsamt zu besorgen. Vgl. Rz. 642.

Das Standesamt ist verpflichtet, dem Notar die Personenstandsurkunden zu erteilen, auch ohne, dass er eine ausdrückliche Vollmacht des Beteiligten vorlegt (§§ 15 GBO; 61 PStG). Mit der Vorlage eines beurkundeten Erbscheinsantrags und der Erklärung des Notars, die Urkunde werde zur Erlangung eines bestimmten Erbscheins benötigt, macht ein Notar sein Interesse an der Erteilung einer Sterbeurkunde hinreichend glaubhaft. Das rechtliche Interesse des Notars selbst ergibt sich aus dem Antrag seines Mandanten, den Erbschein zu Händen des Notars zu erteilen.[1686]

Sind die im Antrag begehrten Erbquoten unrichtig, liegt jedenfalls dann keine unrichtige Sachbehandlung durch den Notar (Folge: § 21 GNotKG) vor, wenn

1684 Korintenberg/Gläser GNotKG KV 23300 Rz. 11.
1685 Bormann/Diehn/Sommerfeldt GNotKG KV 23300 Rz. 5.
1686 OLG Rostock DNotZ 2000, 312.

ein Miterbe die Erbquote durch einen sog. Genealogen errechnen hat lassen.[1687] Aber auch in den anderen Fällen (testamentarische Erbfolge) kann das Nachlassgericht das Testament anders als der Notar auslegen, ohne dass der Notar einen „Fehler" macht.

711 **Hinweis auf billigere Möglichkeiten:** Beruht die testamentarische Erbfolge auf einer letztwilligen Verfügung, die in einer öffentlichen Urkunde enthalten ist, so hat der Notar die Amtspflicht (§ 19 I BNotO), einen Beteiligten, der ohne nähere Angaben bei ihm einen Erbscheinsantrag beurkunden lassen will, darüber zu befragen, weshalb ein Erbschein benötigt werde und gegebenenfalls darüber zu belehren, dass zum Nachweis der Erbfolge die Testamentsurkunde und die Niederschrift über deren Eröffnung genügen kann.[1688] Andernfalls haftet er, d. h. der Mandant muss die Mehrkosten nicht zahlen (§ 21 GNotKG).

Der Geschäftswert der Urkunde richtet sich nach §§ 40 ff. GNotKG, also wie bei der Gerichtsgebühr (Rz. 658 ff.). Der Wert einer Urkunde, durch die ein Erbscheinsantrag geändert wird, bestimmt sich auch dann nach dem Wert des Gesamtnachlasses, wenn nur die Erbquoten einiger Miterben von der Änderung betroffen sind.[1689]

7. Verfahrenskostenhilfe

712 Manchmal hat der Antragsteller nicht die finanziellen Mittel, um einen verlangten Vorschuss für den Erbschein zu zahlen; ohne Erbschein aber gestattet ihm die Bank nicht den Zugriff auf die Nachlasskonten. In solchen Fällen muss dem Antragsteller entweder Verfahrenskostenhilfe (§ 76 FamFG mit Nachzahlungsanordnung) gewährt werden (dann ist er vorschussfrei, § 16 GNotKG) oder es muss vom Vorschuss abgesehen werden (§ 16 GNotKG). Kein Vorschuss darf ferner in den sonstigen Fällen des § 16 GNotKG gefordert werden. Wird die eidesstattliche Versicherung beim Notar abgegeben, kann der Notar für die Gebühr (KV 23300 GNotKG) vorläufige Gebührenfreiheit gewähren (§ 17 II BNotO).

8. Erbschaftsteuer

713 Die Kosten des Erbscheins sind Nachlassregelungskosten und daher bei Errechnung der Erbschaftsteuer vom Nachlass abzuziehen (§ 10 I Nr. 5 Satz 3 ErbStG).

1687 LG München I MittBayNot 2003, 72.
1688 KG NJW-RR 1999, 861.
1689 LG Hannover JurBüro 1996, 652 = NdsRpfl 1996, 122 = NJWE-FER 1997, 68.

O. Ausländische Erbnachweise

1. Verwendung deutscher Erbscheine im Ausland

In den Mitgliedstaaten der EuErbVO ist die Verwendung eines ENZ zweckmäßiger als die Verwendung eines deutschen Erbscheins, z. B. in Frankreich, löst aber Kosten aus, wenn das ENZ zusätzlich zum Erbschein beantragt und erteilt wird. In den anderen Staaten hängt es vom nationalen Recht oder der Praxis der Banken ab, ob der deutsche Erbschein akzeptiert wird oder dort ein nationales Nachlassverfahren betrieben werden muss, was umständlich ist (fremde Sprache, Aufwand an Zeit für Reisen, u. U. Kosten für ausländische Rechtsanwälte). Auch die Regelungen bezüglich der Vollmachten mit Wirkung über den Tod hinaus sind unterschiedlich. 714a

1.1 Grundstücke

Erbfälle bis 16.8.2015: Hinterlässt ein deutscher Staatsangehöriger ein Grundstück im Ausland, ist neben Art. 25 a. F. EGBGB auch Art. 3a a. F. EGBGB zu beachten, wonach sich das Erbstatut (deutsches Erbrecht) nicht auf im Ausland belegene Vermögensstücke bezieht, die **im ausländischen Staat besonderen Regeln** unterliegen. Im deutschen Erbschein werden dann einschränkende Geltungsvermerke angebracht (nämlich, dass sich der Erbschein nur auf die in Deutschland befindlichen Gegenstände bezieht). Solche Regelungen gibt es in vielen Staaten; dann müssen im Ausland die entsprechenden Nachlassverfahren betrieben werden, um ins Grundbuch eingetragen zu werden, z. B. in Österreich ein Verlassenschaftsverfahren nach dem österreichischen ABGB. 714b

Bei **Erbfällen ab 17.8.2015** ist die EuErbVO zu beachten; das Europäische Nachlasszeugnis (ENZ) entfaltet seine Wirkungen in allen Mitgliedstaaten der EuErbVO (Rz. 788), ohne dass ein besonderes Anerkennungsverfahren notwendig oder möglich ist. § 2369 BGB ist aufgehoben. Ob **deutsche Erbscheine** in den anderen EU-Staaten dieselbe Beweiskraft haben wie in Deutschland (vgl. **Art. 59 EuErbVO**) ist umstritten.[1690] Nach **Art. 39 EuErbVO** werden deutsche „Entscheidungen" in den anderen EU-Staaten ohne besonderes Verfahren anerkannt; aber ob deutsche Erbscheine darunterfallen, ist ebenfalls umstritten.[1691] Wer einen deutschen Erbschein hat, kann vom Gericht keine Bescheinigung nach **Art. 46 IIIb EuErbVO** erhalten, um den Erbschein z B. in Polen verwenden zu können, weil ein Erbschein nicht in Rechtskraft erwächst.[1692]

1.2 Bankguthaben, Wertpapierdepots

Falls kein ENZ vorgelegt werden kann, gilt: Bei Wertpapieren (eines deutschen Erblassers), die in einem ausländischen Bankdepot liegen, und bei Guthaben, 715

1690 MünchKommFamFG/Rauscher Art. 59 Rz. 8 mit Nachweisen.
1691 MünchKommFamFG/Rauscher Art. 39 Rz. 4.
1692 BGH NJW-RR 2025, 522 = ErbR 2025, 563.

besteht meist keine Vorbehaltsnorm im Sinne von Art. 3a EGBGB, so dass sich die Rechtsnachfolge meist nach deutschem Recht richtet. Es ist eine Frage des jeweiligen Internationalen Privatrechts des fremden Staates, ob ausländische Stellen (Banken, Grundbuchämter usw.) unseren Erbschein anerkennen müssen. Eine andere Frage ist die Bankpraxis; denn so wie in Deutschland Banken und Sparkassen aufgrund ihrer Geschäftsbedingungen einem Erben den Nachlass auch ohne Erbschein aushändigen können (nicht: müssen), z. B. bei Vorlage eines Testaments mit Eröffnungsprotokoll, ist es auch im Ausland. Vom Recht des jeweiligen Ortes und von den Geschäftsbedingungen und internen Dienstanweisungen der jeweiligen Bank (Höhe des Depotwerts, Bekanntheit und Vertrauenswürdigkeit des Erben) hängt es ab, was die ausländische Bank an Nachweisen fordert. Immer muss sich der deutsche Erbe selbst legitimieren, also mit Personalausweis oder Pass. Das Einschalten eines deutschen Rechtsanwalts hilft nur bedingt; zweckmäßiger ist, einen ausländischen Anwalt mit deutschen Sprachkenntnissen zu beauftragen (solchen Adressen findet man im Internet „Rechtsanwalt Prag" usw. oder durch Anfrage bei der deutschen Botschaft im Ausland).

716 In **Österreich**[1693] ist es ausreichend, wenn der deutsche Erbe beim örtlich zuständigen österreichischen Bezirksgericht (Verlassenschaftsgericht) den deutschen Erbschein und die Sterbeurkunde vorlegt und unter Zahlung der Gerichtskosten den Erlass eines Ausfolgungsbeschlusses beantragt (§ 150 AußStrG). Das Gericht hebt die Sperre über das Depot auf und erlässt den Ausfolgungsbeschluss, mit dem man zur Bank geht. In **Frankreich**, den **Niederlanden** und in **Luxemburg**[1694] scheinen sich die Banken mit der Vorlage des deutschen Erbscheins und einer Sterbeurkunde zu begnügen. In **Italien**[1695] lassen es Banken oftmals genügen, wenn der deutsche Erbschein, versehen mit einem Legalisationsvermerk eines italienischen Konsulats in Deutschland, vorgelegt wird. In der **Schweiz**[1696] reicht es in vielen Fällen aus, wenn der deutsche Erbe mit Wohnsitz in Deutschland der Bank (oder dem Grundbuchamt) eine Ausfertigung des deutschen Erbscheins vorlegt. In **England**[1697] ist die Rechtslage kompliziert; der deutsche Erbe sollte einen englischen Anwalt beauftragen, der beantragt, zum „personal representative" ernannt zu werden und das weitere erledigt.

1693 Süß/Haunschmidt, Erbrecht in Europa, Österreich Rz. 98.
1694 Gottwald/Stangl ZEV 1997, 217/9.
1695 Süß/Cubeddu Wiedemann, Erbrecht in Europa, Italien Rz. 267; Gottwald/Stangl ZEV 1997, 217/221.
1696 Gottwald/Stangl ZEV 1997, 217/9. Dazu Becker (Bankkonten in der Schweiz) ZEV 2007, 208; Schneider, Die Nachlassabwicklung deutsch – schweizerischer Erbfälle, 1997.
1697 Gottwald/Stangl ZEV 1997, 217/222.

2. Ausländische Erbnachweise: Länderübersicht

Australien 717

Es gibt keinen Erbschein. Ein vom Erblasser in der letztwilligen Verfügung ernannter *executor* erhält eine amtliche Bestätigung; er händigt nach Regulierung den Nachlass an den Erben aus. Dieselben Rechte hat ein vom Gericht ernannter *administrator*.[1698]

Belgien

Es gibt keinen Erbschein.

Dänemark

Es gibt keinen Erbschein.[1699]

Frankreich 718

Es gibt keinen Erbschein[1700] und kein Nachlassgericht. Der Nachweis der Erbfolge geschieht in der Regel durch eine notarielle Bescheinigung (acte de notorieté); der Notar stellt die Erbeneigenschaft fest.[1701] Sie ist in Deutschland nicht anerkennungsfähig. Ausnahme: Elsass, Lothringen (Departements Haus Rhin, Bas Rhin, Moselle), welche die noch als Artikel des Code Civil Local fortgeltenden §§ 2353 bis 2368 BGB (also das Verfahren) als französisches Recht, anwenden.[1702]

Griechenland

Griechenland kennt ein dem deutschen Erbschein vergleichbares Zeugnis.[1703]

Großbritannien 719

Es gibt keinen Erbschein.[1704] Es erfolgt immer eine Art Testamentsvollstreckung, entweder durch eine vom Erblasser eingesetzte Person (executor) oder einen vom Gericht bestellten Verwalter (administrator).[1705]

1698 Flick/Piltz Rz. 410.

1699 Bauer/v.Oefele/Schaub, GBO, 1999, F Rz. 565.

1700 Vgl. Dallafior, Legitimation des Erben, 1990; Lange/Kuchinke § 39 I 2.

1701 Flick/Piltz Rz. 541; Gottwald/Stangl ZEV 1997, 217/9; Ekkernkamp, Die Abwicklung deutsch-französischer Erbfälle in der Bundesrepublik, BWNotZ 1988, 158; Gotthardt ZfRV 1991, 2. Nach Kipp/Coing 10. Aufl § 82 I handelt sich um eine Urkunde, in der Bekannte und Nachbarn des Erblassers bekunden, dass sie den Ausgewiesenen für den Erben halten.

1702 Ferid/Firsching Frankreich Grundzüge 22; OLG Zweibrücken OLGZ 1985, 413/5; MüKo/Grziwotz vor § 2353 Fn 18; Gergen ZErb 2024, 49; Witz/Bopp IPRax 1987, 83; Gotthardt ZfRV 1991, 2. Über deutsch-französische Erbfälle (EuErbVO) vgl. Stade ZErb 2015, 69.

1703 Süß/Tsantinis, Erbrecht in Europa, Griechenland Rz. 70; Ferid/Firsching Griechenland Grundzüge 274 ff.

1704 Bauer/v.Oefele/Schaub, GBO, F Rz. 574.

1705 Einzelheiten Claudi MittRhNotK 1981, 79.

Israel

Ein dem deutschen Erbschein vergleichbares Zeugnis kennt Israel (§ 66 Erbgesetz von 1965).[1706]

Italien[1707]

In Italien gibt es keinen Erbschein, sondern Notorietätsbescheinigungen;[1708] sie sind in Deutschland nicht anerkennungsfähig. Ausnahme: In den ehemaligen österreichischen Gebieten wie Südtirol, Venetien, wird die Erbfolge durch „certificato di ereditá" (eine Art Erbschein) nachgewiesen.[1709]

720 **Kanada**

Es gibt keinen Erbschein. Das Nachlassverfahren in den common-law-Provinzen ist nach englischem Recht ausgestaltet, in Quebec vom französischen Recht geprägt.[1710]

Luxemburg

Es gibt keinen Erbschein.

Niederlande

Es gibt keinen Erbschein.[1711] Der Nachweis der Erbenstellung wird durch eine von einem Notar ausgestellte und aufgrund von Angaben der Erben und eigenen Ermittlungen erstellte Erbbescheinigung (verklaring van erfrecht, Art. 4:188 NBW) geführt.[1712]

721 **Österreich**

Vom örtlich zuständigen Bezirksgericht muss ein Verlassenschaftsverfahren durchgeführt werden.[1713] Am Ende steht die Einantwortung,[1714] also die Einsetzung des Erben in den Besitz. Darüber wird eine Urkunde ausgestellt (Einantwortungsurkunde, § 824 österr. ABGB).[1715] Das deutsche Registergericht kann trotzdem einen deutschen Erbschein oder ein ENZ verlangen.[1716]

1706 Dazu Ferid/Firsching Israel Grundzüge 117 ff. Über deutsch/israelische Erbfälle nach EuErbVO vgl. Reich/Assan ZEV 2015, 145.

1707 Schömmer/Reiß, Internationales Erbrecht Italien, 2. Aufl. 2005.

1708 Bauer/v.Oefele/Schaub, GBO, F Rz. 576.

1709 Flick/Piltz Rz. 632; Dallafior, Legitimation des Erben, 1990.

1710 Flick/Piltz Rz. 690; vgl. den Fall BayObLG FamRZ 2003, 1595.

1711 Schimansky, Reform des niederländischen Erbrechts, ZEV 2003, 149. Über deutsch/niederländische Erbfälle vgl. OLG Düsseldorf ZEV 2015, 167.

1712 Flick/Piltz Rz. 782.

1713 Vgl. Schömmer/Faßold/Bauer, Internationales Erbrecht Österreich, 2. Aufl. 2003.

1714 Zur Frage, ob das *deutsche* Nachlassgericht die Einantwortung vornehmen kann, vgl. Tersteegen ZErb 2007, 339.

1715 Flick/Piltz Rz. 822; Bungert, Rechtskrafterstreckung eines österreichischen Einantwortungsbeschlusses, IPrax 1992, 225; Firsching DNotZ 1963, 329; Hoyer IPRax 1986, 345; Meyer ZEV 1995, 8; Scheichenbauer ZfRV 1985, 106; v. Oertzen/Mondl ZEV 1997, 240.

1716 OLG Bremen FGPrax 2025, 114.

Einantwortungsurkunde

Der Nachlass des am ... ohne Hinterlassung einer letztwilligen Anordnung verstorbenen, in ... wohnhaft gewesenen Pensionisten XY ... wird auf Grund Gesetzes der erbl. Witwe A ... nebst dem gesetzlichen Vorausvermächtnis zu 1/3 des Nachlasses und den erbl. Kindern B, C und D zu 2/9 des Nachlasses, deren unbedingte Erbserklärungen hg. angenommen wurden, eingeantwortet und die Verlassenschaftsabhandlung für beendet erklärt.

Die Anerkennungsfähigkeit ist umstritten: teils wird behauptet, Einantwortungsurkunden österreichischer Gerichte seien aufgrund des deutsch-österreichischen Staatsvertrages vom 6.6.1959 (Rz. 733)[1717] oder jedenfalls nach § 108 FamFG anzuerkennen;[1718] andere lehnen dies ab.[1719]

Schweiz

Den Erben wird auf Antrag von der zuständigen Behörde eine Erbbescheinigung ausgestellt (Art. 559 ZGB). Ob sie nach § 108 FamFG bei uns anerkannt werden kann, ist umstritten, aber abzulehnen.[1720]

Spanien[1721]

Es gelten verschiedene Teilrechtsordnungen (sog. Foralrechte: Balearen, Katalonien, Aragonien, Navarra, Teile des Baskenlandes; in Asturien und Murcia nur Gewohnheitsrecht); vgl. Art. 4 III EGBGB. In Madrid gibt es ein zentrales Nachlassregister. Erbscheine gibt es.[1722]

Tschechien

Erbscheine gibt es nicht.

Türkei 722

Die letztwillige Verfügung ist abzuliefern und vom Friedensgericht (entspricht dem Amtsgericht) zu eröffnen; örtlich zuständig ist das Gericht des letzten Wohnsitzes. Eine Abschrift der Verfügung wird allen Beteiligten zugestellt. Nach Ablauf eines Monats erteilt das Friedensgericht dem Erben und dem Vermächtnisnehmer eine öffentliche Urkunde über die Erbberechtigung (Art. 598

1717 BGBl II 1960, 1225; BGBl I 1960, 169.

1718 LG Hamburg IPRax 1992, 253; Birk IPrax 1992, 225.

1719 OLG Zweibrücken Rpfleger 1990, 121; Lange/Kuchinke § 39 I 2.

1720 BayObLG NJW-RR 1991, 1098 (keine Bindung an schweizerische Erbbescheinigung); Ferid/Firsching/Lorenz „Schweiz" Rz. 152; Lange/Kuchinke § 39 I 2. Anders Kaufhold ZEV 1997, 399; Gottwald/Stangl ZEV 1997, 217/9.

1721 Lopez/Artz ZErb 2002, 278; dazu ZEV 2003, 24; Flick/Piltz Rz. 882 ff.; Schömmer/Göbel, Internationales Erbrecht Spanien, 2003; Börner ZEV 2007, 223; Brandt/Palanco Bührlen, Erbrechtsbrevier für Spanienfreunde, 1998; Jayme IPrax 1989, 19; Löber, Erben und Vererben in Spanien, 1998.

1722 Lopez/Arzt ZErb 2002, 278; declaracion de herederos, Art 958 C.c., Arts 998 – 1000 LEC de 1881.

ZGB).[1723] Nach § 17 der Anlage (Nachlassabkommen) zu § 20 des **Deutsch-Türkischen Konsularvertrages** vom 28.5.1929[1724] werden türkische Erbscheine bei uns anerkannt, soweit sie *beweglichen* Nachlass betreffen. Ein danach anzuerkennender türkischer Erbschein ist auch von einer deutschen Bank zu akzeptieren,[1725] sie kann nicht zusätzlich einen deutschen Erbschein verlangen.

USA

Das Erbrecht ist nicht bundeseinheitlich geregelt.[1726] Auf Antrag findet ein Nachlassverfahren vor dem „probate court" statt. Es wird ein „personal representative" (executor oder administrator) ernannt. Schließlich erlässt das Gericht eine Art Verteilungsbeschluss (decree of distribution), der in den meisten Bundesstaaten nur den beweglichen Nachlass erfasst. Gilt er für unbeweglichen Nachlass nicht, wird zusätzlich ein „proof of heirship" ausgestellt, der in den verschiedenen Staaten unterschiedliche Wirkungen hat.[1727]

3. Die Anerkennung ausländischer Erbnachweise in Deutschland

3.1 Grundlagen

723 **Bei Erbfällen ab 17.8.2015** wird ein **Europäisches Nachlasszeugnis in den Mitgliedstaaten der EuErbVO** ohne weiteres anerkannt (Rz. 786ff). Über sonstige ausländische „Erbbestätigungen" vgl. Rz. 736.

Im Übrigen (also für Altfälle und alle Fälle bezüglich anderer Staaten) gilt: Ausländische „Entscheidungen" in Angelegenheiten der Freiwilligen Gerichtsbarkeit sind grundsätzlich anzuerkennen;[1728] davon geht **§ 108 FamFG** aus. Anerkennung im Sinne von § 108 FamFG bedeutet, dass die Entscheidung grundsätzlich im Inland die Wirkung entfaltet, die ihr der Entscheidungsstaat beilegt.[1729] Es können aber nur solche Entscheidungswirkungen im Inland anerkannt werden, die als solche dem deutschen Recht bekannt sind.[1730]

Über die Anerkennung ausländischer Entscheidungen kann als **Vorfrage** im jeweiligen FG-Verfahren oder sonstigen Erkenntnisverfahren entschieden werden.[1731] Ein besonderes Anerkennungsverfahren (wie z B. bei bestimmten aus-

1723 Schömmer/Kesen, Internationales Erbrecht Türkei, 2004; Kesen, Erbfall in der Türkei, ZEV 2003, 152.
1724 RGBl 1930 II 748.
1725 LG München I FamRZ 2012, 585.
1726 Zum Nachlassverfahren in Kalifornien vgl. Pfaller, Das Nachlassverfahren, 2002.
1727 Flick/Piltz Rz. 1011.
1728 BGH NJW 1989, 2197; BayObLG 1966, 425; Bengel/Reimann/Holtz/Röhl, Testamentsvollstreckung, 8. Aufl. 2023, § 10 Rn. 137 ff (Sieghörtner).
1729 BT-Drucks. 10/504; zum Begriff Müller ZZP 79, 199.
1730 Differenzierend MünchKomm ZPO/Gottwald § 328 Rz. 4.
1731 BGHZ 64, 22; OLG Hamm FamRZ 1976, 529; KG FamRZ 1974, 146; BayObLG FamRZ 1977, 139.

ländischen Scheidungen) wird nicht durchgeführt.[1732] Ist eine Entscheidung hier anzuerkennen, ist sie grundsätzlich durch die deutschen Gerichte abänderbar; die **Abänderung** erfolgt nach dem von unserem Internationalen Privatrecht berufenen Sachstatut (nicht zwingend also nach dem Recht des Entscheidungsstaats, nicht unbedingt nach deutschem Recht als lex fori).[1733]

3.1.1 Gerichtliche Entscheidungen

724 Erfasst sind von § 108 FamFG alle *gerichtlichen* Entscheidungen, die bestimmt und geeignet sind, eine rechtliche Wirkung für die Beteiligten zu äußern und die nicht dem streitigen Verfahren zuzurechnen sind. Dasselbe gilt für Entscheidungen über eine Kostenerstattungspflicht.

3.1.2 Keine Entscheidungen

725 Keine Bindung besteht an tatsächliche Feststellungen ausländischer Gerichte (Rz. 739); hier liegt keine „Entscheidung" vor.[1734] Auch die Berichtigung eines Geburtseintrags im türkischen Familienregister durch ein türkisches Gericht (der Betroffene wurde vier Jahre „älter" gemacht) hat keinen anerkennungsfähigen Inhalt.[1735]

3.1.3 Keine zivilprozessualen Entscheidungen

726 **§ 108 FamFG** setzt voraus, dass es sich (in Abgrenzung zum Anwendungsbereich des § 328 ZPO, der für zivilprozessuale Entscheidungen gilt) um Entscheidungen auf dem Gebiet der Freiwilligen Gerichtsbarkeit handelt; die Unterscheidung freiwillige – streitige Gerichtsbarkeit ist den meisten ausländischen Rechtsordnungen unbekannt. Streitig ist, nach welchen Kriterien abzugrenzen ist; die Frage hat allerdings kaum Bedeutung, weil beide Vorschriften weitgehend identisch sind (nur das Gegenseitigkeitserfordernis des § 328 Abs. 1 Nr. 5 ZPO fehlt bei § 108 FamFG). Vereinzelt[1736] wird darauf abgestellt, ob der Entscheidung ein streitiges Verfahren zugrunde lag (dann § 328 ZPO) oder ein nichtstreitiges Verfahren (dann § 108 FamFG), also auf die ausländische Einordnung; die h. M.[1737] sagt indes zu Recht, dass § 108 FamFG anzuwenden ist, wenn die ausländische Entscheidung, wäre sie von einem deutschen Gericht gefällt worden, der Freiwilligen Gerichtsbarkeit zuzuordnen wäre, und § 328 ZPO in den anderen Fällen. Ein ausländisches Pflichtteilsurteil wird daher nach § 328 ZPO anerkannt, ein Erbschein u. U. nach § 108 FamFG, ein ENZ nach Art. 69 I EuErbVO.

1732 BGH FamRZ 1989, 378 = NJW 1989, 2197.
1733 BGH FamRZ 1983, 806/807 mit Nachweisen.
1734 BayObLG FamRZ 1991, 1237 (Schweiz).
1735 OLG Düsseldorf FamRZ 1997, 1480; dazu Hepting FamRZ 1997, 1480.
1736 Z. B. Ferid/Firsching, Internationales Erbrecht/Großbritannien Rz. 87 f.
1737 BGH NJW 1975, 1072; BayObLG 1973, 345/350; LG München IPRax 1998, 117, 118.

3.1.4 Wirksamkeit ist Voraussetzung

727 Die ausländischen Entscheidungen müssen nach dem ausländischen Recht wirksam sein;[1738] formelle Rechtskraft und Unabänderlichkeit werden in § 108 FamFG nicht vorausgesetzt. Es genügt, wenn die Entscheidung „bestimmt und geeignet ist, eine rechtliche Wirkung für die Beteiligten zu äußern";[1739] nach anderer Ansicht[1740] sind nur solche Entscheidungen anerkennungsfähig, die rechtskraftfähig sind.

3.2 Ausschluss der Anerkennung

727a Diese Fälle regelt § 109 FamFG; die Bestimmung entspricht (mit Abweichungen) § 328 ZPO. Ein ENZ wird nach Art. 69 I EuErbVO „anerkannt".

3.2.1 Zuständigkeit

728 Keine Anerkennung erfolgt, wenn das ausländische Nachlassgericht nach deutschem Recht nicht zuständig war. Zweck der Regelung des **§ 109 I Nr. 1 FamFG** ist der Beklagtenschutz. Irgendein Gericht des ausländischen Staats muss nach deutschem Recht (d. h., wenn dort deutsches Recht gegolten hätte) im Zeitpunkt des Erlasses der ausländischen Entscheidung, zumindest des Verfahrensbeginns (im Einzelnen streitig), wenigstens konkurrierend international zuständig gewesen sein.[1741] Die Vorschrift geht vom sog. *Spiegelbildprinzip*[1742] aus.

3.2.2 Fehlende Einlassungsmöglichkeit für einen Beteiligten

729 Keine Anerkennung erfolgt, wenn der Beteiligte seine Rechte nicht wahrnehmen konnte (**§ 109 I Nr. 2 FamFG**); es ist sicherzustellen, dass die Beteiligten vom Ausgangsverfahren Kenntnis erhalten haben, damit sie ihre Rechte im ausländischen Staat wahrnehmen konnten,[1743] das rechtliche Gehör also insoweit gewahrt wurde. § 108 I Nr. 2 FamFG steht einer Anerkennung auch dann entgegen, wenn der Beteiligte zwar später von der Entscheidung Kenntnis erlangte und dagegen Rechtsmittel hätte einlegen können, dies aber unterlassen hat. **Voraussetzungen:** (1) Abgestellt wird darauf, ob sich der Beteiligte zur Hauptsache (nicht: zu Verfahrensfragen, Zuständigkeit, zur Prozesskostenhilfe usw.) äußern konnte. Es kommt nicht darauf an, in welchem Land der Beteiligte wohnt oder sich aufhält. (2) Die Nichtäußerung wird nur berücksichtigt, wenn sich der Betroffene darauf beruft („und sich hierauf beruft"); jedoch kann an-

1738 BayObLG 1959, 9/25.
1739 BT-Drucks. 10/504 S. 93; vgl. Gotthardt ZfRV 1991, 2.
1740 Geimer in Festschrift für Ferid S. 117.
1741 Dazu BayObLG FamRZ 1979, 1015; BGH NJW 1977, 150; NJW 1983, 2275. Dabei kommt es nicht auf den Zeitpunkt der Entscheidung des ausländischen Gerichts an, weil es in Ziffer 1 „sind" (statt „waren") heißt. Eine konkurrierende Zuständigkeit des deutschen und des ausländischen Gerichts steht der Anerkennung nicht entgegen, vgl. BayObLGZ 1966, 425; 1981, 246/251; OLG Köln JZ 1961, 327; OLG Hamm FamRZ 1976, 529.
1742 Dazu BayObLG NJW 1976, 1037; OLG Bamberg FamRZ 2000, 1098 (US-Regelung).
1743 BT-Drucks. 10/504.

dernfalls Nr. 4 in Frage kommen. (3) Beteiligter: hier wird man von den Beteiligtenbegriffen des FGG ausgehen müssen. (4) Verfahrenseinleitendes Dokument:[1744] das ist entweder ein amtliches, gerichtliches Schriftstück oder der Antrag eines Beteiligten, die Anregung einer beliebigen Person oder Stelle. Inhaltlich muss es so viel enthalten, dass der Beteiligte weiß, worum es geht und zweckentsprechend vortragen und sich verteidigen kann; gegebenenfalls müssen ihm auch Anlagen mitgeteilt werden. Der Beteiligte muss seine finanzielle Inanspruchnahme einigermaßen abschätzen können.[1745] Nur das „verfahrenseinleitende" Schriftstück muss mitgeteilt werden, nicht die erst im Laufe des Verfahrens an sich (wenn sich der Betroffene beteiligt hätte) mitzuteilenden weiteren Schriftstücke. Bei Antragserweiterung oder Ausdehnung des Verfahrensgegenstandes von Amts wegen ist hingegen auch das entsprechende spätere Schriftstück ein weiteres verfahrenseinleitendes Schriftstück, also mitzuteilen. (5) Nicht ordnungsmäßig mitgeteilt: rechtzeitige Mitteilung allein genügt nicht. Förmliche Zustellung ist nicht erforderlich, nur Mitteilung. Für die Ordnungsmäßigkeit kommt es auf das ausländische Recht (oder ein für den Ursprungsstaat geltendes Abkommen) an. Auch öffentliche Zustellungen oder sonstige fiktive Zugangsannahmen können „ordnungsmäßig" sein. Entspricht z. B. eine bedenkliche Ersatzzustellung oder öffentliche Zustellung ausländischem Recht, kann gleichwohl Nr. 4 in Frage kommen. (6) Nicht rechtzeitig mitgeteilt: hier kommt es darauf an, dass selbst bei ordnungsgemäßer Mitteilung die Frist so lange ist, dass eine Äußerung möglich und zumutbar ist. Bei arglistigem Vorgehen eines anderen Beteiligten kann ergänzend Nr. 4 herangezogen werden.[1746]

3.2.3 Kollision mehrerer Entscheidungen

Die Kollision steht der Anerkennung entgegen; die Beteiligten der jeweiligen 730
Verfahren müssen nicht identisch sein. Drei Fallgruppen gibt es **(§ 109 Nr. 3 FGG)**: (1) Die ausländische Entscheidung ist mit einer in Deutschland erlassenen Entscheidung unvereinbar. Die (hier erlassene) deutsche Entscheidung braucht nicht *vor* der Entscheidung erlassen worden zu sein, um deren Anerkennung es geht.[1747] Eine inländische Entscheidung über Verfahrenskostenhilfe steht der Anerkennung der ausländischen Hauptsacheentscheidung nicht entgegen;[1748] wohl aber eine inländische einstweilige Anordnung.[1749] (2) Die ausländische Entscheidung ist mit einer anderen früheren anzuerkennenden ausländischen Entscheidung unvereinbar. Eine ausländische Entscheidung kann also der Anerkennung einer anderen ausländischen Entscheidung nur entge-

1744 Vgl. Frank, Das verfahrenseinleitende Schriftstück in Art 27 Nr. 2 EuGVÜ und in Art 6 UVÜ, 1998.

1745 Vgl. Kropholler, Europäisches Zivilprozessrecht, 5. Aufl. 1996, Art. 27 EuGVÜ Rz. 25.

1746 Durch die Ausgestaltung als Einrede soll vermieden werden, dass in jedem Fall die Prüfung der Ordnungsmäßigkeit einer Zustellung (die häufig schwierig ist) vorgenommen werden muss (BT-Drucks. 10/504 S. 88). Nur „Mitteilung" ist erforderlich.

1747 OLG Hamburg FamRZ 1988, 425.

1748 BGH NJW 1984, 568.

1749 BGH NJW 1992, 3108.

genstehen, wenn sie früher gefällt ist.[1750] (3) Das der ausländischen Entscheidung zugrunde liegende Verfahren ist mit einem früher in Deutschland rechtshängig gewordenen Verfahren unvereinbar. Die frühere Rechtshängigkeit eines deutschen Verfahrens führt zur Versagung der Anerkennung.[1751]

3.2.4 Ordre public[1752]

731 Keine Anerkennung erfolgt, wenn die Anerkennung zu einem Ergebnis führt, das mit wesentlichen Grundsätzen des deutschen Rechts offensichtlich unvereinbar ist (**§ 109 I Nr. 4 FamFG).** Es wird nicht nur auf die „guten Sitten" oder den „Zweck eines deutschen Gesetzes" abgestellt wird. Doch kommt es auf *unsere* Wertvorstellungen an, jedenfalls wenn eine Inlandsbeziehung vorliegt.[1753] Die unverzichtbaren Erfordernisse der materiell-verfahrensrechtlichen und materiell-privatrechtlichen Gerechtigkeit müssen gewahrt sein.[1754] Dies kann fehlen, wenn rechtliches Gehör versagt wurde;[1755] oder wenn iranisches Recht zur Anwendung kommt (wonach die Erbquote der Söhne doppelt so hoch ist wie die der Töchter).[1756] Weitere (erbrechtliche) Beispiele Rz. 441. Eine Vaterschaftsfeststellung durch ein türkisches Gericht allein aufgrund von Zeugenaussagen und Parteiangaben soll nicht gegen Nr. 4 verstoßen;[1757] nicht haltbar.

3.2.5 Gegenseitigkeit

732 Verbürgung der Gegenseitigkeit ist bei § 109 FamFG nicht erforderlich. Die entsprechende Regelung in § 328 Abs. 1 Nr. 5 ZPO wurde nicht übernommen.

3.3 Nachlassgerichtliche Entscheidungen im Allgemeinen

733 Für **Erbfälle ab 17.8.2015** ist die EuErbVO einschlägig, soweit Mitgliedstaaten betroffen sind. Für Erbfälle vorher und für Drittstaaten (vorher und nachher) bleibt es bei den bisherigen Regelungen, vorbehaltlich Art. 20 EuErbVO.

Multilaterale Abkommen wie EuGVÜ, LugVÜ, VO (EG) Nr. 44/2001 erfassen die nachlassgerichtlichen Entscheidungen nicht; dasselbe gilt für die zahlreichen bilateralen Abkommen (ausgenommen sind Staatsverträge mit der **Türkei**, **Iran und einigen Sowjetnachfolgestaaten**; Rz. 150, 155). Unter den Deutsch-Österreichischen Vertrag von 1959 fallen österreichische Einantwortungsbeschlüsse, da sie der Rechtskraft fähig sind.[1758] Das Haager Übereinkommen über die

---

1750 BT-Drucks. 10/504 S. 88; vgl. OLG Hamm NJW 1976, 2081.
1751 Vgl. OLG Frankfurt FamRZ 1992, 463.
1752 Dazu allgemein BGHZ 88, 24; BGH NJW 1980, 531; NJW 1984, 2766; Habscheid FamRZ 1981, 1144.
1753 Deshalb nicht, wenn z. B. nur iranische Staatsbürger beteiligt sind, OLG Celle IPrax 1989, 390.
1754 Vgl. BGH NJW 1977, 150; NJW 1983, 2775; OLG Düsseldorf FamRZ 1982, 534.
1755 BGH NJW 1977, 150; BayObLG NJW 1974, 418; KG NJW 1977, 1017; OLG Frankfurt OLGZ 1985, 257.
1756 OLG München NJW-RR 2021, 738.
1757 BSG FamRZ 1997, 638.
1758 Krzywon BWNotZ 1989, 133; Hoyer IPRax 1986, 345; LG Hamburg IPRax 1992, 251.

internationale Abwicklung von Nachlässen vom 2.10.1973,[1759] welches einen anzuerkennenden internationalen formblattmäßigen Erbnachweis vorsieht, ist für die Bundesrepublik Deutschland noch nicht in Kraft. Die Anerkennung nachlassgerichtlicher Entscheidungen richtet sich daher im Wesentlichen nach **§ 108 FamFG**[1760] (Rz. 723) bzw.. nach § 328 ZPO, wobei es auf die Einordnung nach unserem Verständnis ankommt. Deshalb gilt für Erbscheine, Testamentsvollstreckerzeugnisse, Nachlasspflegerbestellungen § 108 FamFG, ebenso für die Anerkennung der Bestellung von (dem deutschen Recht unbekannten) „Nachlassverwaltern, Nachlassabwicklern", falls sich ihre Befugnisse nach ihrem Recht auch auf den in Deutschland belegenen Nachlass beziehen;[1761] für das ausländische Urteil, das einer Pflichtteilsklage stattgibt oder in einem Zivilprozess zwischen Erbanwärtern in einem Feststellungsurteil ein Testament für wirksam oder nichtig erklärt, gilt hingegen § 328 ZPO.

3.4 Erbscheine; ENZ

Europäische Nachlasszeugnisse,[1762] erteilt für Erbfälle ab 17.8.2015, werden 734
in den Mitgliedstaaten ohne weiteres anerkannt (Art. 69 I EuErbVO). Für Erbfälle vorher und für Drittstaaten (vorher und nachher) bleibt es bei den bisherigen Regelungen.

Deutsche Erbscheine sind nur Zeugnisse über bestimmte erbrechtliche Verhältnisse (§ 2353 BGB), sie stellen das Erbrecht nicht rechtskräftig oder sonst verbindlich fest und können ohne zeitliche Begrenzung bei Unrichtigkeit eingezogen werden (§ 2361 BGB); es besteht Gutglaubensschutz (§§ 2365, 2366 BGB). Das deutsche Erbrecht geht davon aus, dass mit dem Tod des Erblassers die Erbschaft automatisch auf den Erben übergeht (§ 1922 BGB). Im Ausland erfolgt der Erbanfall teils erst durch Annahme der Erbschaft, teils sind Nachlassabwickler eingeschaltet (wie meist im angloamerikanischen Rechtskreis). Dem deutschen Erbschein vergleichbare Zeugnisse kennen nur Griechenland (Art. 1956 ZGB),[1763] Israel (§ 66 Erbgesetz)[1764] und Landesteile von Frankreich (Rz. 718) und Italien (Rz. 719). In der Schweiz gibt es eine ähnliche Erbbescheinigung (Art. 559 ZGB).[1765] Das italienische, österreichische, französische Erbrecht kennt im Übrigen keine Erbscheine in unserem Sinne.[1766] Die Anerkennungsfähigkeit

1759 Abgedruckt bei Staudinger/Dörner (2007) Rz. 121 ff. vor Art. 25 EGBGB.
1760 OLG Düsseldorf FamRZ 1996, 699: Anerkennung eines „Dekrets" eines US-Nachlassgerichts.
1761 Gruber Rpfleger 2000, 250; Pinckernelle/Spreen DNotZ 1967, 195; Bengel/Reimann/Haas Kap. 9 Rz. 459.
1762 Vgl. Kousoula, Europäischer Erbschein, 2009; Schroer, Europäischer Erbschein, 2010.
1763 Vgl. Ferid/Firsching, Griechenland Grundzüge Rz. 244.
1764 Vgl. Ferid/Firsching, Israel Grundzüge Rz. 200.
1765 Vgl. Ferid/Firsching, Schweiz Grundzüge Rz. 113.
1766 Staudinger/Herzog Rz. 54ff vor § 2353; Griem S. 24 ff.

ausländischer „Erbscheine" ist in der Literatur umstritten.[1767] Staatsverträge kommen nur hinsichtlich Österreich, Türkei, Iran, Sowjetnachfolgestaaten in Frage (Rz. 155); entscheidend ist somit § 108 FamFG. Von Bedeutung ist die Frage der Anerkennung vor allem, wenn aufgrund des ausländischen Erb-Papiers hier eine **Grundbuchberichtigung** erfolgen soll (§ 35 GBO;[1768] dazu Rz. 736).

735 **Abgrenzung zu § 2369 a. F. BGB:** Anerkennung des ausländischen „Erbnachweises" bedeutet, dass der ausländische Nachweis grundsätzlich in Deutschland nur die Wirkung entfaltet, die ihm der Entscheidungsstaat beilegt (das muss kein Gutglaubensschutz sein); der Erbschein nach § 2369 a. F. BGB dagegen hat die Wirkungen der §§ 2365 ff. BGB.

3.4.1 Rechtsprechung

736 Die Rechtsprechung lehnt die Anerkennung ausländischer „deklaratorischer" Erbscheine bei § 35 GBO zu Recht ab;[1769] diese Auffassung hatte sich schon vor Schaffung von § 108 FamFG bzw. § 16a FGG durchgesetzt und hat sich durch diese Vorschrift, die nur den alten gewohnheitsrechtlichen Rechtszustand normieren wollte, nicht geändert.[1770] Dafür sprechen mehrere Gründe: (1) Deutsche Erbscheine können jederzeit eingezogen werden (§ 2361 BGB); ausländische Erb-Bescheinigungen können bei Unrichtigkeit nicht von deutschen Gerichten eingezogen werden. (2) Praktische Erwägungen: denn es wird im Ausland meist kein Amtsermittlungsverfahren durchgeführt. In Frankreich beispielsweise werden zum Teil von einem Notar errichtete Urkunden auf der Grundlage von Zeugenaussagen als Erbnachweis verwendet und erzeugen keinen öffentlichen Glauben; in Italien können zum Teil unter Eid abgegebene Erklärungen genügen. (3) Auch können die Ergebnisse divergieren.

Beispiele:

(1) Ein Deutscher mit letztem Wohnsitz in der Schweiz stirbt nach dem 17. 8. 2015. Aus unserer Sicht kommt es auf den letzten gewöhnlichen Aufenthalt an, obwohl die Schweiz kein Mitgliedstaat ist, Art. 20, 21 EuErbVO. (2) Ein Deutscher mit letztem Wohnsitz (=Aufenthalt) in Kanada/Ontario stirbt 2014 und hinterlässt Bankguthaben in Deutschland und in Kanada. Aus deutscher Sicht gilt deutsches Recht, aus kanadischer Sicht das dortige Recht.[1771] Stirbt er ab dem

1767 Vgl. Kaufhold ZEV 1997, 401; Krzywon BWNotZ 1989, 133; Bungert IPrax 1992, 225; OLG Zweibrücken Rpfleger 1990, 121 (österr. Einantwortung); LG Köln MittRhNotK 1990, 285.

1768 Vgl. Gronle, Nachweis nach § 35 GBO durch ausländische Erbzeugnisse, 2001.

1769 KG NJW-RR 2013, 79 (Ungarn); OLG Bremen NJW-RR 2011, 1099 (englisches Dokument); BayObLG NJW-RR 1991, 1089 (schweizer Erbbescheinigung); BayObLG 1965, 377; KG NJW-RR 1997, 1094 = FamRZ 1998, 308; KG JFG 17, 342 (polnischer Erbschein); LG Verden Rpfleger 1952, 184 (niederländischer Erbschein eines Notars).

1770 BR-Drucks 222/83 S. 92; BT-Drucks 10/504 S. 92.

1771 BayObLG FamRZ 2003, 1595.

17.8.2015, gilt das Recht des letzten gewöhnlichen Aufenthalts (=Ontario), über die IPR-Rückverweisung (Art. 36 II, 34 I EuErbVO), aber bezüglich der deutschen Immobilie deutsches Recht.[1772]

Bei einem Widerspruch zwischen dem deutschen Erbschein und der ausländischen Erb-Bescheinigung geht in Deutschland der deutsche Erbschein vor, im jeweiligen Ausland die dortige Erb-Bescheinigung. Durch die Nichtanerkennung wird der Betroffene nicht unbillig belastet: er kann für den in Deutschland belegenen Nachlass einen deutschen Erbschein beantragen (§ 352c FamFG) und hat deshalb allenfalls Kostennachteile.

Erbscheine der Staatlichen Notariate der DDR wurden bis 3.10.1990 (Wieder- 737
vereinigung) grundsätzlich bei uns anerkannt.[1773] Westdeutsche Erbscheine dagegen wurden bis zur Wiedervereinigung von den DDR-Justizbehörden nicht anerkannt.[1774] Seit dem 3.10.1990 gilt: die früher in der ehemaligen DDR erteilten Erbscheine bleiben wirksam und gelten im gesamten Bundesgebiet (Einigungsvertrag Kapitel III Art. 18, 19); die früher in Westdeutschland erteilten Erbscheine wirken auch im Gebiet der ehemaligen DDR.

3.4.2 Meinungen in der Literatur

In der Literatur wollen einige Autoren ausländische Erb-Zeugnisse anerken- 738
nen.[1775] Das würde aber nur bedeuten, dass die Wirkungen, die der Ursprungstaat seiner Bescheinigung beimisst, nach Deutschland übertragen werden;[1776] diese Bescheinigungen hätten demnach nicht die Wirkungen eines deutschen Erbscheins nach § 2365 ff. BGB, sondern je nach Ursprungstaat verschiedene Wirkungen bei uns. Konsequenterweise wäre dann eine Kraftloserklärung des ausländischen Erb-Zeugnisse möglich (§ 2361 BGB). Auch nach diesen Meinungen wird über die Anerkennung ausländischer Erb-Bescheinigungen nur als Vorfrage im jeweiligen Verfahren der freiwilligen Gerichtsbarkeit (z. B. Grundbucheintragung) oder sonstigen Erkenntnisverfahren entschieden (Rz. 723); es gibt kein besonderes Anerkennungsverfahren, keinen Beschluss des Nachlassgerichts „Der schweizerische Erbschein des … vom … wird in Deutschland anerkannt". Erkennt das deutsche Grundbuchamt den schweizerischen Erbschein an, wird es den Erben eintragen; erkennt es ihn nicht an, wird es den Eintragungsantrag zurückweisen, da die Erbfolge nicht nachgewiesen sei; hiergegen ist die Beschwerde nach § 71 GBO gegeben.

1772 Hauschild ErbR 2015, 130.

1773 OLG Karlsruhe OLGZ 1981, 399; KG OLGZ 1985, 179.

1774 Schotten/Johnen DtZ 1991, 257; Herrmann, Erbrecht und Nachlassverfahren in der DDR (1989) S. 88; Krause, Erbrecht und Erbscheinsverfahren der früheren deutschen Teilstaaten (1992) S. 40.

1775 Beitzke MDR 1954, 321; Dölle RabelsZ 1962/3, 236; Gotthardt ZfRV 1991, 2; Griem S. 50.

1776 BayObLG MDR 1976, 923.

3.5 Bindung an ausländische Verfahrensergebnisse

739 Es besteht im deutschen Nachlassverfahren keine Bindung an einen bereits im Ausland erteilten Erbschein.[1777] An Feststellungen ausländischer Behörden, Nachlassbehörden (z.B. zur Testierfähigkeit) oder an eine „Erbbescheinigung“ sind unsere Gerichte nicht gebunden.[1778]

1777 BayObLG NJW-RR 1991, 1099; BayObLG 1965, 377. Faktisch hat er aber eine große Bedeutung.
1778 BayObLG FamRZ 1991, 1237 (Schweiz).

P. Die Wirkungen des Erbscheins im Rechtsverkehr

1. Legitimation des Erben

Die zentrale Wirkung des Erbscheins besteht darin, dass er die Erbfolge bezeugt. 740
Durch den Erbschein kann der darin als Erbe *bezeichnete* die Bankguthaben und Wertpapierdepots des Erblassers auf sich umschreiben lassen und abheben, ebenso Versicherungsleistungen, er kann Vollstreckungstitel des Erblassers auf sich umschreiben lassen (§ 727 I ZPO); er wird ins Grundbuch eingetragen. Der Gläubiger des Erblassers, dem die Erbfolge im Einzelnen meist unbekannt ist, weiß (durch Auskunft des Nachlassgerichts; § 13 FamFG) nun, wen er verklagen kann und gegen wen er einen gegen den Erblasser bereits vorhandenen Vollstreckungstitel umschreiben lassen kann (§ 727 I ZPO).

Zieht sich die Erteilung des Erbscheins hin, kann der Gläubiger des Erblassers dies u. U. überbrücken, indem er die Bestellung eines Nachlasspflegers beantragt (§ 1961 BGB) und gegen die **unbekannten Erben**, vertreten durch den Nachlasspfleger, vorgeht. Der Erbe selbst hat keine Möglichkeit, „vorläufig" an die Erbschaft heranzukommen.

Der allgemeine Geschäftsverkehr weiß nicht, dass das Erbrecht durch den Erbschein nicht *rechtskräftig* nachgewiesen wird, eine Einziehung bei Unrichtigkeit möglich ist, dass aber der gutgläubige Gegner durch §§ 2365–2367 BGB geschützt wird, wenn der Erbschein unrichtig war.

2. Die Vermutung der Richtigkeit des Erbscheins

Es wird vermutet, dass demjenigen, welcher in dem Erbschein als Erbe bezeich- 741
net ist, das in dem Erbschein angegebene Erbrecht zustehe und dass er nicht durch andere als die angegebenen Anordnungen beschränkt sei (§ 2365 BGB). Die Vermutung im Sinne des § 2365 BGB gilt seit dem 3. 10. 1990 auch für vorher in der ehemaligen DDR (nach dem ZGB) erteilte Erbscheine; vor diesem Tag leitete sie sich aus § 413 DDR-ZGB ab. Auch ein **beschränkter Erbschein** (z. B. ein nur für Rückerstattungszwecke erteilter Erbschein) hat trotz des kostenrechtlichen Vermerks volle Beweiskraft,[1779] z. B. beim Registergericht zum Nachweis der Rechtsnachfolge nach einem verstorbenen Kommanditisten. Der „Erbschein" nach § 86 II BEG dagegen entfaltet keine Vermutungswirkungen.[1780]

Ein Erbschein ist keine Urkunde im Sinne von § 580 Nr. 7b ZPO, ermöglicht also in der Regel keine Restitutionsklage (Rz. 3). Der Erbschaft beweist nicht mit Rechtskraft, dass jemand der Erbe ist; das ist nur durch ein **Erbenfeststellungsurteil** möglich (Rz. 8).

1779 OLG Frankfurt NJW-RR 1994, 10.
1780 Henrichs NJW 1954, 1715.

2.1 Bedeutung der Vermutung

742 Die Bedeutung der Rechtsvermutung des § 2365 BGB besteht darin, dass der im Erbschein als Erbe Bezeichnete allen Dritten gegenüber als Erbe gilt und dass der Erbschein seine Aktivlegitimation zur Verfolgung von Erbansprüchen und seine Passivlegitimation, z. B. bei Nachlassschulden, bestätigt;[1781] es handelt sich um eine Beweiserleichterung,[1782] nicht um eine Tatsachenvermutung.[1783] Eine ähnliche Vermutung besteht bei Grundbucheintragungen (§ 891 BGB). § 2365 BGB begründet keine Pflicht, sich gerade durch Vorlage eines Erbscheins auszuweisen, wenn nicht kraft Gesetzes oder aufgrund Vertrages, z. B. AGB der Banken,[1784] die Vorlage des Erbscheins verlangt werden kann. Der Erbnachweis kann deshalb auch auf andere Weise geführt werden (vgl. Rz. 9 ff.). Ein Schuldner kann seine Leistung an den Erben des Gläubigers nicht von der **Vorlage eines Erbscheins** abhängig machen.[1785] Erst, wenn auch kein anderer überzeugender Nachweis des Erbrechts erbracht wird, ist der Schuldner zur **Hinterlegung** berechtigt (vgl. § 372 BGB). Klagt der Erbe einen geerbten Anspruch ein, ohne dass er zuvor dem Beklagten die Nachfolge durch Erbschaft „nachgewiesen" hat, fallen ihm unter Umständen die **Prozesskosten** zur Last (§ 94 ZPO). Auch hier ist der Nachweis der Erbfolge auch auf andere Weise als durch Erbschein möglich,[1786] aber der Kläger trägt das Risiko, dass das Gericht den vorgerichtlichen anderweitigen Nachweis nicht für ausreichend erachtet, weil die Vorlage eines Testaments usw. den Gegner nicht so schützt wie ein Erbschein (vgl. §§ 2366, 2367 BGB). **Einseitige Rechtsgeschäfte des Erben** (z. B. eine Kündigung durch den Erben) können nicht analog §§ 111, 174, 182, 1831 BGB deshalb vom Gegner zurückgewiesen werden, weil der Nachweis der Erbfolge durch Erbschein fehle.[1787]

Der im Erbschein genannte Erbe wird zwar allein dadurch noch nicht **Erbschaftsbesitzer** (§ 2018 BGB), doch verschafft ihm die Erteilung des Erbscheins eine „Art von Besitz" (vgl. § 857 BGB) an der Erbschaft.[1788]

2.2 Voraussetzungen der Vermutung

743 Die Vermutung beginnt mit der Erteilung des Erbscheins im Rechtssinn (vgl. Rz. 288), sie erlischt mit der Einziehung, Kraftloserklärung (§ 2361 BGB; Rz. 528 bis 531) oder Herausgabe an das Nachlassgericht (§ 2362 I BGB).[1789] Die Vermutung, dass der im Erbschein als Erbe Bezeichnete auch Erbe ist, besteht auch

1781 RG Gruchot 1913, 1021/2 = WarnR 1913 Nr 300.
1782 Staudinger/Herzog § 2365 Rz. 8.
1783 RG Gruchot 1913, 1021.
1784 Dazu aber BGH NJW 2013, 3716.
1785 RGZ 54, 343.
1786 BGH NJW 2005, 2779; NJW-RR 2005, 599; KG NJW-RR 2007, 692.
1787 KG LZ 1918, 653.
1788 Motive V S. 567; RG Gruchot 1913, 1021 = WarnR 1913 Nr 300.
1789 Vgl. MünchKomm/Grziwotz § 2365 Rz. 8; nach der a. A. von Lindacher DNotZ 1979, 93 soll die Vermutung schon mit der Bekanntmachung der Einziehungsverfügung enden.

dann, wenn der **Erbschein nicht vorgelegt** wird (§ 2365 BGB spricht nicht von Vorlage, nur von „in dem Erbschein als Erbe bezeichnet"; Rz. 758) und wenn dem Dritten von einem Erbschein oder Nachlassverfahren nichts bekannt ist.[1790]
Die Identität der Person muss bestehen.

Die Wirkung der Vermutung der Richtigkeit des Erbscheins tritt auch ein, wenn das Nachlassgericht örtlich unzuständig war, wenn der Erbschein fälschlich vom Rechtspfleger statt vom Richter erteilt wurde, vom Landwirtschaftsgericht statt vom Nachlassgericht (und umgekehrt),[1791] wenn Verfahrensmängel vorlagen usw.; erst ab Einziehung entfällt die Vermutung.

Man muss zwischen dem für die Wirksamkeit oder Richtigkeit (belanglosen) Feststellungs- bzw. Erteilungsbeschluss, der mit Erteilung beginnenden Wirksamkeit und der Bestandskraft des Erbscheins unterscheiden. Der Erbschein ist nicht bestandskräftig, weil er bei Unrichtigkeit eingezogen werden kann; erst dann endet die Wirksamkeit.

2.3 Umfang der Vermutung

Gegenstand der Vermutung ist 744

- das im Erbschein angegebene Erbrecht (positiv), d. h. das Einrücken in die Rechtstellung des Erblassers im Sinne des § 1922 BGB (was er nur geliehen hatte, wird nicht durch den Erbgang Eigentum des Erben; die Vermutungen der §§ 1006, 891 BGB werden aber „vererbt"), das gilt auch hinsichtlich der Größe des Erbteils, also beim Alleinerben der Quote von 100 %, bei Miterben der angegebenen Erbquoten; ferner,
- dass keine anderen als die angegebenen Beschränkungen bestehen (negativ); das heißt: wenn nichts im Erbschein angegeben ist, wird vermutet, dass weder Testamentsvollstreckung noch Nacherbschaft bestehen.

Andere Angaben oder Beschränkungen gehören ohnehin nicht in den Erbschein (Rz. 329); auf sie kann sich keine Vermutung erstrecken, wenn sie unerlaubt im Erbschein aufgeführt sind. Im Übrigen sind die Sondererbfolgen nach Höferecht (Rz. 448 ff.) und bei Vererbung von Gesellschaftsanteilen (KG; OHG) zu beachten; weiterhin Eintrittsrechte beim Tod eines Mieters (§§ 563 ff. BGB), Übergang von Ansprüchen aus Lebensversicherungen durch Nennung von Bezugsberechtigten und Übergang vor allem von Bankguthaben durch Vertrag zugunsten Dritter; die bezeugte Erbfolge besagt also wirtschaftlich möglicherweise wenig.

1790 BGH NJW 1963, 1972; BGH NJW 1961, 606; a. A. Parodi AcP 185 (1985), 362.
1791 Vgl. BGH RdL 1951, 129; OLG Stuttgart RdL 1953, 79; OLG Celle NdsRpfl 1963, 274.

2.4 Keine Vermutung

745 Die Vermutung erstreckt sich nicht auf Angaben, die nicht in den Erbschein gehören, auch nicht auf die Angabe eines Berufungsgrundes;[1792] nicht auf **Vermächtnisse und Auflagen** (sollten sie ordnungswidrig im Erbschein genannt sein); nicht auf den Wert oder die Zugehörigkeit von Gegenständen zum Nachlass;[1793] auf die Personengleichheit von Besitzer des Erbscheins und im Erbschein angegebenen Erben und auf die dem Erbrecht zugrundeliegenden Tatsachen; nicht darauf, dass die dem Nachlassgericht vorgelegten Urkunden und Unterlagen richtig sind;[1794] nicht auf die Echtheit des Testaments, auf dem das Erbrecht beruht,[1795] nicht auf die Testierfähigkeit des Erblassers, nicht auf die Geschäftsfähigkeit des Erben. Ist einem Vorerben ein Erbschein erteilt, mit Nacherbenvermerk und Angabe des Namens des Nacherben (§ 352b FamFG), besteht keine Vermutung, dass **der Nacherbe ein Erbrecht** hat;[1796] dasselbe gilt für die im Erbschein genannten Ersatznacherben sowie für das Fortbestehen der Vorerbschaft. Die Vermutung des Erbscheins erstreckt sich nicht auf die (unerlaubte Angabe der) Person des Testamentsvollstreckers[1797] (anders dagegen die Vermutung des Testamentsvollstreckerzeugnisses nach § 2368 BGB). Diese Regeln gelten auch, wenn bei Fremdrechtserbscheinen (§ 2369 a.F. BGB) Beschränkungen des Erbrechts, die nach ausländischem Recht einer deutschen Testamentsvollstreckung bzw. Nacherbschaft entsprechen (Gefahr der Falschbewertung!), nicht in den Erbschein aufgenommen wurden.

746 In der Literatur wurde teils vertreten, dass § 2365 BGB auch die Vermutung ausspricht, dass die unrichtig angegebenen **Beschränkungen (positiv) bestehen**;[1798] das gibt der Wortlaut des § 2365 BGB nicht her, im Gegenteil; es besteht auch kein praktisches Bedürfnis dafür. Es gibt deshalb keine Vermutung, wonach die im Erbschein vermerkte (aber in Wahrheit fehlende) Beschränkung durch Testamentsvollstreckung auch tatsächlich besteht.[1799] Steht im (ansonsten richtigen) Erbschein „Testamentsvollstreckung ist angeordnet", obwohl letzteres nicht zutrifft, kann der Testamentsvollstrecker nicht, gestützt darauf, Nachlassforderungen einklagen; anders ist es, wenn er ein Testamentsvollstreckerzeugnis erlangt hat, mag dieses auch falsch sein (§§ 2368, 2366 BGB).

1792 MünchKomm/Grziwotz § 2365 Rz. 19; heute unstreitig.
1793 Staudinger/Herzog § 2365 Rz. 16.
1794 KG OLGE 42, 145.
1795 RG Gruchot 1913, 1021, 1023; früher streitig.
1796 OLG München HRR 1938 Nr 315; Staudinger/Herzog § 2365 Rz. 19.
1797 KG OLGE 12, 399; Staudinger/Herzog § 2365 Rz. 20.
1798 So etwa RGRK-Kregel Rz. 6; Weissler I 343; Lange/Kuchinke § 39 VII 2 c (für Nacherben).
1799 OLG Frankfurt WM 1993, 803; BayObLG JFG 6, 135; Lange/Kuchinke § 39 VII 2c, 3c.

2.5 Bindung des Grundbuchamts

Zweifelhaft ist, inwieweit das Grundbuchamt, wenn ein **Erbschein vorgelegt** wird (vgl. § 35 GBO; Rz. 9 ff.), die Erbfolge nachprüfen darf oder muss, also das Recht hat, die Entscheidung des Nachlassgerichts zu überprüfen. 747

Die Aufteilung der Rechtspflegeaufgaben in FamFG und GBO auf Nachlassgericht, Grundbuchamt usw. zeigt, dass das Nachlassgericht die vorrangige Kompetenz in der Beurteilung der Frage hat, wer Erbe ist; diese Entscheidung des Nachlassgerichts darf nur das OLG (bzw. der BGH) überprüfen (und selbst dieses nur auf Beschwerde), nicht das auf derselben Ebene befindliche Grundbuchamt.

An einen vorliegenden Erbschein ist das Grundbuchamt daher gebunden, darf dann ein Testament nicht mehr abweichend selbst auslegen,[1800] solange dieser Erbschein weder eingezogen noch für kraftlos erklärt ist. Auch die Formgültigkeit des Testaments, die Testierfähigkeit usw. darf nicht abweichend anders beurteilt werden. Die Prüfung des Grundbuchamts erstreckt sich nur darauf, ob ein äußerlich ordnungsmäßiger Erbschein eines deutschen Nachlassgerichts erteilt ist,[1801] ob der Inhalt des Erbscheins zulässig ist,[1802] sowie auf die Verständlichkeit des Inhalts des Erbscheins.[1803]

Nur wenn **dem Grundbuchamt Tatsachen bekannt geworden** sind, die vom Nachlassgericht bei Erteilung des Erbscheins nicht berücksichtigt worden sind und die die Unrichtigkeit des Erbscheins ergeben würden, so dass angenommen werden muss, dass das Nachlassgericht nunmehr den Erbschein einziehen oder für kraftlos erklären werde, ist das Grundbuchamt an den Erbschein nicht unbedingt gebunden.[1804] So ist es etwa, wenn dem GBA bekannt ist, dass der Erblasser bei Testamentserrichtung wegen Geistesschwäche unter **Betreuung** stand.[1805] In diesem Fall wird das Grundbuchamt dem Nachlassgericht informieren und die Einziehung anregen. Lehnt das Nachlassgericht eine Einziehung ab, so darf das Grundbuchamt nunmehr die Eintragung nicht verweigern.[1806] Ein dem Grundbuchamt bekannter Antrag auf Einziehung des Erbscheins reicht nicht dazu aus, die Bindung des Grundbuchamts an den Erbschein zu verneinen,[1807] weil solche Anträge auch substanzlos sein können. 748

2.6 Sonstige Bindungswirkungen

§ 2365 BGB betrifft privatrechtliche Beziehungen. Der Erbschein bindet daher das **Familien-/Betreuungsgericht** nicht unmittelbar.[1808] Für das **Registerge-** 749

1800 BayObLG FamRZ 1997, 710; KG JW 1938, 2408; OLG Celle NdsRpfl 1958, 140; a. A. Kipp/Coing § 103 I.
1801 Vgl. MünchKomm/Grziwotz § 2353 Rz. 195 ff.
1802 Vgl. BayObLGZ 14, 558; KG OLG 18, 214.
1803 KGJ 34 A 227; KG OLG 21, 346; KG OLG 43, 185.
1804 OLG Frankfurt Rpfleger 1979, 106/107.
1805 OLG Hamm ZEV 2015, 64 (LS).
1806 OLG Celle NdsRpfl 1958, 140; Staudinger/Herzog § 2365 Rz. 30.
1807 KG OLG 40, 156 Fn 1.
1808 KG HRR 1937 Nr 1088.

richt gilt dasselbe wie für das Grundbuchamt.[1809] Im **öffentlichen Recht**, insbesondere gegenüber Behörden, ist § 2365 BGB ebenfalls nicht *unmittelbar* anwendbar.[1810] Von der Berechtigung des durch Erbschein als Erben Ausgewiesenen darf im Falle § 2 VermögensG ausgegangen werden, solange dieser Erbschein nicht eingezogen worden ist.[1811] Im **Steuerrecht** ist grundsätzlich von der Vermutung der Richtigkeit des Erbscheins auszugehen;[1812] an die im Erbschein angegebenen Erbquoten ist das Finanzamt bei der Festsetzung der Erbschaftsteuer also grundsätzlich gebunden. Lediglich wenn gewichtige Gründe erkennbar gegen die Richtigkeit des Erbscheins sprechen, sind die Finanzbehörden und -gerichte berechtigt und verpflichtet, Erbanteile selbst zu ermitteln, ohne dass es einer Aufhebung des Erbscheins durch das Nachlassgericht oder der Erteilung eines neuen Erbscheins bedarf.[1813] Letzteres ist z. B. denkbar, wenn die Beteiligten durch einen Auslegungsvertrag das Nachlassgericht zu einem Erbschein veranlassen konnten, der nicht der wahren Erbrechtslage entsprach; ferner beim Miterbenerbschein ohne Quoten (§ 352a II 2 FamFG).

2.7 Widerlegung der Vermutung

2.7.1 Zivilprozess des im Erbschein genannten Erben gegen Dritte

750 Der Erbe kann Nachlassforderungen einklagen; Nachlassgläubiger können den Erben auf Zahlung verklagen. Zur Schlüssigkeit der Klage muss der Erbschein nicht vorgelegt werden. Klagt K eine vom Erblasser geerbte Forderung gegen den Schuldner B ein, kann B bestreiten, dass K aktivlegitimiert ist, weil er nicht Erbe des Erblassers sei.

(1) K kann dann den Erbschein vorlegen. B kann nun behaupten, dass es an einer „Erteilung" des Erbscheins im Rechtssinne (Rz. 285) fehle; dies muss K beweisen, was in der Regel durch Bezugnahme auf die Nachlassakte leicht möglich ist. B kann weiter behaupten, dass z. B. das Testament, auf das K sein Erbrecht stützt, gefälscht sei. Wenn K das bestreitet, dann muss B den Beweis des Gegenteils (entsprechend § 292 ZPO) erbringen,[1814] also die Fälschung beweisen (Beweismittel: Sachverständigengutachten); er trägt die Beweislast. Da es sich bei § 2365 BGB nicht um eine Tatsachenvermutung, sondern um eine Rechtsvermutung handelt, ist diese aber auch dann widerlegt, wenn das Prozessgericht sich einer anderen Rechtsansicht anschließt,[1815] etwa ein Testament anders auslegt als das Nachlassgericht (hier ist nichts zu beweisen, weil es nicht um Tatsachen geht). Im letztgenannten Fall kann die Widerlegung der Vermutung demselben Beweis- und Tatsachenmaterial entnommen werden, das bereits bei

1809 MünchKomm/Grziwotz § 2365 Rz. 28.
1810 Staudinger/Herzog § 2365 Rz. 37.
1811 BVerwG VIZ 2001, 367; BVerwG ZOV 2006, 177.
1812 BFH BStBl III 1962, 444.
1813 BFH/NV 2005, 557; BFH NJW 1996, 2119 (Wefers) = ZEV 1996, 198 (Barfuss); FG München ZEV 2001, 415.
1814 Motive V S. 567.
1815 RG DR 1942, 977/9 = WarnR 1942 Nr 25; RGZ 92, 68/71.

der Erteilung des Erbscheins vorgelegen hat.[1816] Der Beweis des Gegenteils ist dann geführt, wenn jede Möglichkeit, dass das bezeugte Recht zur Entstehung gelangt ist, ausgeschlossen ist.[1817] Beim Streit um Tatsachen (Fälschung des Testaments, das dem Erbschein zugrunde lag; bestrittene Testierfähigkeit) wird das Prozessgericht in der Regel das Verfahren entsprechend § 148 ZPO aussetzen und die Akten dem Nachlassgericht zuleiten zur Prüfung, ob eine Einziehung des Erbscheins (§ 2361 BGB) veranlasst ist. Solange der Beweis des Gegenteils nicht geführt ist, ist auch der Prozessrichter an die gesetzliche Vermutung gebunden.[1818]

(2) K kann auch auf die gesetzliche Erbfolge verweisen („ich bin der einzige Sohn ...") oder Testamente vorlegen. Das Prozessgericht kann dadurch die Erbfolge für erwiesen ansehen; ein Zwang, einen Erbschein vorzulegen, besteht nicht. Kostenprobleme: § 94 ZPO.

2.7.2 Zivilprozess des Erbprätendenten gegen den im Erbschein genannten Erben

Klagt K, der sich für den Erben hält, gegen B (der durch Erbschein ausgewiesen 751
ist) auf Feststellung, er (K) sei Erbe, so ist bestritten, ob B sich auf die widerlegbare Rechtsvermutung des § 2365 BGB berufen kann; die Diskussion ist allerdings wenig praxisnah. (1) Die eine Ansicht wendet § 2365 BGB grundsätzlich an;[1819] das bedeutet, dass der Erbprätendent K die *volle* Beweislast dafür trägt, dass der Erbschein unrichtig ist. (2) Eine Gegenmeinung gibt dem Erbscheinsinhaber in der Position des Klägers die Möglichkeit, sich auf die Vermutung des § 2365 BGB zu berufen; der Beklagte muss dann ebenso wie nach § 2362 BGB die Voraussetzungen des von ihm behaupteten Erbrechts dartun; ist dies gelungen, muss der Kläger sein besseres Recht beweisen. Wird gegen den Erbscheinsinhaber geklagt (auf Feststellung des Erbrechts; auf Herausgabe des Nachlasses), obliegt es auch dem klagenden Erbprätendenten, die Voraussetzungen seines Erbrechts zu beweisen, er braucht nicht auch zu beweisen, dass der Beklagte als Inhaber des Erbscheins ihm gegenüber kein besseres Recht hat, z. B. dass das Testament, auf das sich der Beklagte beruft, unecht ist.[1820]

(3) Zutreffend ist, **§ 2365 BGB im Erbprätendentenstreit nicht anzuwen- 752
den.**[1821] Denn von der zufälligen Parteirolle kann die Beweislastverteilung nicht abhängen. Der Beweis des Gegenteils kann nicht gefordert werden, weil nach § 2361 BGB zur Einziehung des Erbscheins schon die Erschütterung der Überzeugung von dessen Richtigkeit genügt (es kann nicht sein, dass das Prozessge-

---

1816 RGZ 92, 68/71; OLG Nürnberg WM 1962, 1200/01.

1817 RGZ 92, 68/72.

1818 RGZ 92, 68/72.

1819 MünchKomm/Grziwotz § 2365 Rz. 22; für das Testamentsvollstreckerzeugnis RGZ 92, 68/71.

1820 RG DR 1944, 339; LG Hagen NJW 1966, 1660; von Lübtow ErbR II S. 1024; offen gelassen von BGH NJW 1967, 1126.

1821 BGH NJW-RR 1987, 1090; 1993, 2171; Lange/Kuchinke § 41 VII 2 d.

richt stärker an den Erbschein gebunden ist als das Nachlassgericht; vgl. § 2362 BGB). Es bleibt also bei den allgemeinen Beweisregeln: Hält sich K für den gesetzlichen Erben, weil das Testament (aufgrund dessen B einen Erbschein erhielt) angeblich gefälscht ist, wird Beweis durch Sachverständigengutachten erhoben; ist nicht aufklärbar, ob das Testament von der Hand des Erblassers stammt, geht das zu Lasten des B,[1822] K gewinnt den Prozess. Das Ergebnis wäre dasselbe, wenn K beim Nachlassgericht die Einziehung anregen würde. Streiten mehrere Erbprätendenten miteinander um das Erbrecht und kommt es dabei auf eine Testamentsauslegung an, hat der Erbschein ebenfalls keine bindende Wirkung.[1823]

2.8 Einander widersprechende Erbscheine

753 Es ist möglich, dass zwei oder mehrere Erbscheine in derselben Nachlasssache „erteilt" sind, z. B. weil ein neuer Erbschein erteilt wird, obwohl der alte (falsche) noch nicht eingezogen ist. Werden einander widersprechende Erbscheine bzw. ein Testamentsvollstreckerzeugnis und ein Erbschein ohne Testamentsvollstreckervermerk erteilt, steht keinem der Zeugnisse die Vermutung des § 2365 BGB zur Seite und entfällt die Schutzwirkung des § 2366 BGB jeweils aber *nur in dem Umfang,* in dem sich die Zeugnisse inhaltlich widersprechen.[1824]

Auch die Vermutung des § 2365 BGB entfällt für jeden Erbschein, wenn mehrere einander widersprechende Erbscheine erteilt sind, *soweit* der Widerspruch reicht.[1825] Weist der eine Erbschein den B als Erben des A aus (ohne weitere Vermerke), während der andere Erbschein zusätzlich den Testamentsvollstreckervermerk enthält, dann ist die Erbfolge von der Vermutung und vom öffentlichen Glauben erfasst; bezüglich des Vermerks besteht dagegen keine Vermutung, kein öffentlicher Glaube, es ist von fehlender Testamentsvollstreckung auszugehen. Wenn ein Erbschein keinen Testamentsvollstreckervermerk enthält, andererseits ein Testamentsvollstreckerzeugnis erteilt wurde, gilt dasselbe (§ 2368 BGB).[1826]

3. Der öffentliche Glaube des Erbscheins bei Leistungen des Erben

3.1 Regelung

754 Erwirbt jemand von demjenigen, welcher in einem Erbschein als Erbe bezeichnet ist, durch Rechtsgeschäft einen Erbschaftsgegenstand, ein Recht an einem solchen Gegenstand oder die Befreiung von einem zur Erbschaft gehörenden Rechte, so gilt zu seinen Gunsten der Inhalt des Erbscheins, soweit die Vermu-

1822 Zur Beweislast vgl. KG OLGZ 1991, 144; Grüneberg/Weidlich § 2247 Rz. 17.
1823 BGH NJW-RR 1987, 1090.
1824 BGH FamRZ 1990, 1111 = NJW-RR 1990, 1159.
1825 BGH NJW-RR 1990, 1159; NJW 1972, 585; NJW 1961, 605; a.M. Lange/Kuchinke § 41 II 5 b Fn 69; Lindacher DNotZ 1973, 93/95.
1826 BGH NJW 1972, 582; MünchKomm/Grziwotz § 2365 Rz. 15.

tung des § 2365 reicht, als richtig, es sei denn, dass er die Unrichtigkeit kennt oder weiß, dass das Nachlassgericht die Rückgabe des Erbscheins wegen Unrichtigkeit verlangt hat (§ 2366 BGB).

3.2 Zweck der Regelung

Die §§ 2366, 2367 BGB dienen dem Schutz des gutgläubigen Dritten. Damit der Vertragspartner sich auf die Richtigkeit des Erbscheins verlassen kann, wird diese nicht nur wie in § 2365 BGB stets widerlegbar vermutet, sondern fingiert („gilt als richtig"); die in § 2365 BGB aufgestellte Vermutung der Richtigkeit des Erbscheins hinsichtlich des darin angegebenen Erbrechts wird dahin erweitert, dass der Inhalt des Erbscheins in bestimmten Fällen als richtig gilt. Der gutgläubige Dritte, der mit dem Erbscheinserben (das ist die Person, die im Erbschein als Erbe bezeichnet ist, in Wirklichkeit aber nicht Erbe ist) in der in § 2366 bezeichneten Weise in rechtsgeschäftliche Beziehungen tritt, wird also bei Unrichtigkeit des Erbscheins so behandelt, als wenn er vom richtigen Erben erworben hätte. 755

Verhältnis zu anderen Schutzvorschriften. Die Bestimmungen über den **Erwerb vom Nichtberechtigten** (§§ 892, 893, 932–935, 1032 Satz 2, 1207 BGB) gelten neben den §§ 2366, 2367 BGB, da der Erbschein nur Gewähr für das Erbrecht bietet, das fehlende Erbrecht überwindet, nicht aber Schutz dafür gibt, dass der Gegenstand zur Erbschaft gehört oder dass ein Miterbe seinen Anteil veräußert hat.[1827] 756

Der Umfang des Schutzes in § 2366 BGB geht weiter als in §§ 932 ff. BGB, aber nicht weiter als die Vermutung des § 2365 BGB, an den er anknüpft. Der gute Glaube wird in § 2366 BGB nur ausgeschlossen, wenn der Erwerber die Unrichtigkeit positiv kennt, während nach § 932 II BGB bereits grobfahrlässige Unkenntnis genügt, um die Schutzwirkung aufzuheben. § 2366 BGB überwindet nur das fehlende Erbrecht, nicht die fehlende sonstige Verfügungsberechtigung. Wenn K vom durch Erbschein ausgewiesenen Nichterben des E ein Nachlass – Buch erwirbt, erlangt K Eigentum. Hatte der Erblasser E das Buch gestohlen, erlangt K kein Eigentum (§ 935 BGB), wenn er vom durch Erbschein ausgewiesenen Nichterben des E erwirbt. Wenn E selbst das gestohlene Buch veräußert, erlangt K kein Eigentum; wenn E stirbt und der wahre Erbe das Buch an K veräußert, erlangt K ebenfalls kein Eigentum.

3.3 Voraussetzungen des Schutzes des Erwerbers

3.3.1 Im Erbschein bezeichnete Person als Veräußerer

Der Veräußerer (Scheinerbe) muss in einem Erbschein als Erbe bezeichnet sein. Unwesentlich ist, ob der Erbschein von einem zuständigen Gericht oder in einem ordnungsgemäßen Verfahren erteilt wurde. 757

1827 BGH WM 1963, 219.

758 **Vorzeigen des Erbscheins.** Es ist unerheblich, ob der Erbschein bei dem Rechtsgeschäft erwähnt, ob er ihn in Besitz hat oder vorgelegt wird oder ob sein Vorhandensein dem Erwerber auch nur bekannt war;[1828] der Erwerber kann sich auf den öffentlichen Glauben des Erbscheins auch dann berufen, wenn er vom Vorhandensein und Inhalt beim Abschluss des Rechtsgeschäfts keine Kenntnis hatte.[1829] Das ergibt sich aus dem Wortlaut des § 2366 BGB („welcher in einem Erbschein als Erbe *bezeichnet* ist") und dem Vergleich mit § 891 BGB, wo ebenfalls keine Einsicht ins Grundbuch verlangt wird, damit der Erwerber geschützt wird.

759 Bei einander **widersprechenden Erbscheinen** (vgl. Rz. 753) war früher sehr umstritten, ob auch die Wirkung des öffentlichen Glaubens wegfällt. Nach heute h. M. reicht der Schutz des § 2366 BGB nicht weiter als die Vermutung des § 2365 BGB;[1830] die Gegenmeinung,[1831] die das Vertrauen des Dritten schützen will (und bei widersprechenden Rechtsgeschäften das zeitlich frühere bevorzugen will), ist schon deshalb unzutreffend, weil es auf die Kenntnis vom Inhalt des Erbscheins, auf das Vorzeigen usw. nicht ankommt (Rz. 758), sondern auf die objektive, sich aus Kenntnis aller Erbscheinsakten der deutschen Nachlassgerichte ergebende Rechtslage. Freilich hat dadurch nicht einmal derjenige, der sich vorsichtshalber beim zuständigen Nachlassgericht nach dem Erbschein erkundigt, eine Chance, diese verborgene Lage zu erkunden, weil in seltenen Fällen nicht ausgeschlossen ist, dass von einem anderen Nachlassgericht ein anderer Erbschein erteilt wurde; hier kann nur die Staathaftung (Art. 34 GG; § 839 BGB) helfen. Somit entfällt nach der h. M. bei widersprechenden Erbscheinen, soweit ein Widerspruch besteht, nicht nur die Vermutung für seine Richtigkeit, sondern auch die Wirkung des öffentlichen Glaubens.[1832] Fällt einer der sich widersprechenden Erbscheine später durch Einziehung etc. weg, so kann sich an den verbleibenden Erbschein nicht nur ab Wegfall, sondern rückwirkend, gutgläubiger Erwerb anknüpfen.[1833]

3.3.2 Geschützte Zeitspanne

760 Der Schutz des § 2365 BGB beginnt mit der Erteilung des Erbscheins (zum Begriff vgl. Rz. 288), d. h. z. B. mit der Aushändigung (Übersendung) an den Antragsteller. Nicht genügt: dass die Erbscheinserteilung lediglich in den Akten des Nachlassgerichts angeordnet ist; dass ein Feststellungsbeschluss (§ 352e I FamFG) existiert oder dass eine Ausfertigung eines Beschlusses, der die Erteilung eines Erbscheins anordnet, hinausgegeben wurde, selbst wenn in ihr der Inhalt des Erbscheins vollständig wiedergegeben ist. Die Gutglaubensfunktion

---

1828 Motive V S. 572; MünchKomm/Grziwotz § 2365 Rz. 3.

1829 BGHZ 40, 54/60 = NJW 1963, 1972; BGH NJW 1961, 605; BGH FamRZ 1971, 641/642; Hager, Verkehrsschutz durch redlichen Erwerb, 1990, S. 450.

1830 BGHZ 58, 105/108 = NJW 1972, 582; BGH NJW 1961, 605.

1831 Canaris, Vertrauenshaftung, 1971, S 508; Parodi AcP 185 (1985), 362/374; Wiegand JuS 1978, 145/9; Herminghausen NJW 1986, 571.

1832 BGH FamRZ 1990, 1111 = NJW-RR 1990, 1159.

1833 MünchKomm/Grziwotz § 2366 Rz. 7; RGRK-Kregel § 2366 Rz. 9.

endet mit dem Außerkrafttreten infolge vollzogener Einziehung[1834] bzw. Kraftloserklärung (§ 2361 BGB) bzw. Herausgabe an das Nachlassgericht aufgrund Urteils (§ 2362 BGB); eine vorläufige Ablieferung des Erbscheins zu den Nachlassakten beeinträchtigt die Gutglaubensfunktion nicht. Beim Erwerb eines Grundstücks genügt es, wenn der Erbschein zur Zeit der Umschreibung im Grundbuch, die den Eigentumswechsel bewirkt, erteilt ist.[1835]

3.3.3 Erwerb eines Erbschaftsgegenstandes

§ 2366 BGB spricht vom Erwerb eines „Erbschaftsgegenstandes"; § 2366 BGB ist also auf andere Gegenstände nicht anwendbar. 761

Beispiel:
V veräußert ein Buch, das er objektiv nicht geerbt hat, sondern irgendwann einmal gekauft, entliehen oder gestohlen hat, an K; K weiß das. Kein Fall des § 2366 BGB; hier kann aber ein gutgläubiger Erwerb nach §§ 932 ff. BGB in Frage kommen (bei Diebstahl nicht, § 935 BGB).

Fraglich ist, ob § 2366 BGB nur auf die *objektive* Zugehörigkeit zum Nachlass abstellt, was nach dem Sinn der Regelung und dem Wortlaut nahe liegt; danach würde § 2366 BGB nur die Selbstverständlichkeit aussprechen, dass eine Vorschrift im Abschnitt „Erbschein" mit nichtgeerbten Gegenständen nichts zu tun hat. Die Motive[1836] haben indes die Frage aufgeworfen, auf wessen Sicht es ankommt: auf den Veräußerer (1), den Erwerber (2) oder bei Diskrepanz: auf wen? (3)

(1) Nach den Motiven ist § 2366 BGB nicht anwendbar, wenn der Veräußerer (positiv) davon ausgeht, die Sache habe ihm schon vor dem Erbfall gehört, er habe sie nicht erst durch Erbschaft erlangt.[1837] Der Verfügende müsse davon ausgehen, dass ein Erbschaftsgegenstand vorliege, damit § 2366 BGB zum Zuge kommt. Macht sich der Veräußerer keine Gedanken über die Herkunft der Sache, z. B. weil seit dem Erbfall schon lange Zeit vergangen ist, so ist § 2366 BGB wegen des Verkehrsschutzes ebenfalls anzuwenden. 762

(2) Wenn *nur* der Erwerber der Ansicht ist, das Recht des Verfügenden beruhe auf erbrechtlichem Erwerb, ist § 2366 BGB ebenfalls anwendbar;[1838] denn der Grundgedanke des Verkehrsschutzes ist, wenn überhaupt, von der Vorstellung des zu Schützenden auszugehen. Was gilt, wenn der Erwerber nicht das Be-

1834 Allgemeine Meinung, vgl. MünchKomm/Grziwotz § 2365 Rz. 8; a. A. Lindacher DNotZ 1970, 93; NJW 1974, 20: Ende der Vermutung mit Bekanntmachung der Einziehungsverfügung bzw. vorläufiger Einziehungsanordnung.

1835 BGH FamRZ 1971, 641/2.

1836 Motive V S. 572.

1837 Motive V S. 572.

1838 Staudinger/Herzog § 2366 Rz. 7; von Lübtow, ErbR II, S. 1021; Wiegand JuS 1972, 336 und JuS 1975, 283/6. Manche stellen überhaupt nur auf den Erwerber ab, er müsse das Bewusstsein haben, einen Nachlassgegenstand zu erwerben, z. B. Michalski ErbR Rz. 985.

wusstsein hat, einen Nachlassgegenstand zu erwerben? Es wird vertreten, dass § 2366 BGB dann nicht anwendbar sei,[1839] weil der Erwerber nicht schutzwürdig sei. Zutreffend erscheint, § 2366 BGB anzuwenden; der Verkehrsschutz würde andernfalls weitgehend versagen, weil sich der Erwerber häufig über die Herkunft des Gegenstandes keine Vorstellungen macht. Es ist dem Erwerber in aller Regel gleichgültig, woher der Veräußerer seine Ware hat; eventuelle Fragen an den Veräußerer „Woher haben Sie das?" werden nicht unbedingt wahrheitsgemäß beantwortet; ein Anspruch auf Auskunft besteht ohnehin nicht.

(3) Was ist dann, wenn *nur* der Verfügende von seinem Erbrecht als Grundlage seines Rechts ausgeht, der Erwerber aber nicht (weil er zwar den Veräußerer für den Eigentümer hält, aber sich keine Gedanken darüber macht, ob der Veräußerer sein Eigentum durch Erbgang oder wie auch immer erworben hat)? Auch hier ist die Anwendung von § 2366 BGB sachgerecht.[1840]

§ 2366 ist somit meines Erachtens immer anwendbar, wenn objektiv ein Gegenstand zum Nachlass gehört, ohne dass es auf die Vorstellungen des Veräußerers oder des Erwerbers ankäme;[1841] das *ungeschriebene* Tatbestandsmerkmal des Wissens oder des Bewusstseins eines Beteiligten sollte man beiseitelassen, denn die Motive sind nicht Gesetz geworden.

Erwerbsobjekte sind

763 - Erbschaftsgegenstände, auch eine Vielzahl davon (obwohl es in § 2366 BGB heißt „einen"), aber nicht nur Sachen (bewegliche Sachen, Grundstücke, grundstücksgleiche Rechte), sondern auch die Abtretung von Forderungen des Erblassers und die Übertragung sonstiger Rechte, bei denen sonst gutgläubiger Erwerb im Grundsatz ausgeschlossen ist, wie von GmbH-Anteilen des Erblassers.
- Erwerb von dinglichen Rechten an einem Nachlassgegenstand: z. B. Grundschuld, Hypothek, Reallast, Nießbrauch, Dienstbarkeit, dingliches Vorkaufsrecht.
- Befreiung von einem zum Nachlass gehörenden Rechte dinglicher oder schuldrechtlicher Natur, durch einseitiges oder zweiseitiges Rechtsgeschäft: z. B. Erlass einer Schuld (§ 397 BGB), Entlassung aus einer Bürgschaft, Aufhebung dinglicher Rechte, Aufhebung eines Pfandrechts, Mitwirkung an befreiender Schuldübernahme.
- Fälle des § 2367 BGB; vgl. Rz. 778.

764 **Erwerbsvorgänge:** Der Schutz umfasst nur Verfügungsgeschäfte, und zwar Einzelerwerb durch dingliches Rechtsgeschäft. Unentgeltlicher Erwerb steht dem entgeltlichen gleich. **Nicht erfasst sind** Verpflichtungsgeschäfte (wie Kaufvertrag, Mietvertrag); diese verpflichten den Scheinerben, nicht den Nachlass (den

1839 Staudinger/Herzog § 2366 Rz. 8; Brox ErbR Rz. 590; Wiegand JuS 1975, 283/5.
1840 Anders diejenigen, die immer auf den Erwerber abstellen.
1841 Ähnlich: Hager, Verkehrsschutz durch redlichen Erwerb, 1990, S 445 ff.: auf die Vorstellungen der Beteiligten komme es nicht an; Leipold ErbR Rz. 656 (jedenfalls sollte sowohl die Vorstellung des Erwerbers wie des Veräußerers ausreichen).

wirklichen Erben). Gutgläubiger Erwerb eines Erbteils (§ 2033 BGB) ist nicht von § 2366 BGB geschützt, ebenso nicht Erwerb der ganzen Erbschaft als solcher, weil es sich um keinen Erbschaftsgegenstand handelt (§§ 2030, 2371 BGB).

Beispiel:

Der Scheinerbe E verkauft und überträgt mit notarieller Urkunde unter Vorlage eines Erbscheins seinen ½ Anteil an K (§§ 2033, 2371 BGB). Dann wird der Erbschein eingezogen, weil ein Testament auftaucht. K hat nichts erlangt; er ist auf Schadensersatz gegen E angewiesen (§ 2376 BGB).

Erwerb durch Rechtsgeschäft (Übereignung z. B. auf Grund Kauf, Schenkung 765
usw.) ist geschützt, ebenso der Erwerb aufgrund eines Urteils nach §§ 894, 897 ZPO.[1842] Erwerb kraft Gesetzes (Verbindung, Vermischung, Verarbeitung, Ersitzung, Vereinbarung von Gütergemeinschaft, Erbgang usw.), im Wege der Zwangsvollstreckung oder Arrestvollziehung ist kein Erwerb durch Rechtsgeschäft, so dass § 2366 BGB dafür nicht eingreift. War A gestorben und ist B durch unrichtigen Erbschein als dessen Erbe ausgewiesen, erlangt C Eigentum, wenn B dem C eine Nachlass-Vase schenkt; aber kein Eigentum an der Vase, wenn B stirbt und von C aufgrund Gesetzes beerbt wird (und die Vase noch im Nachlass ist); bei Erbgang aufgrund Testaments kommt § 2366 BGB schon deswegen nicht zum Zug, weil der Nachlass als solcher und nicht einzelne Erbschaftsgegenstände übergehen. C erwirbt auch kein Eigentum, wenn B dem C die Vase als Vermächtnis zugewiesen hat, weil eine Gleichbehandlung angebracht ist.

Darüber hinaus muss es sich um ein sog. **Verkehrsgeschäft**[1843] handeln, auf der Erwerberseite muss also mindestens eine Person beteiligt sein, die nicht auch auf der Veräußererseite beteiligt ist. Hieran fehlt es, wenn ein Miterbe von der Erbengemeinschaft, deren Mitglieder durch Erbscheine ausgewiesen sind und der er selbst angehört, erwirbt,[1844] etwa bei einer Erbauseinandersetzung; oder wenn ein Miterbe gegenüber einem anderen Miterben ein Darlehen kündigt.[1845]

3.3.4 Redlichkeit des Erwerbers

Nur der redliche Erwerber wird geschützt; wenn der Erwerber die Unrichtigkeit 766
des Erbscheins „kennt“ oder weiß, dass das Nachlassgericht die Rückgabe des Erbscheins wegen Unrichtigkeit verlangt hat, wird der Erwerber nicht mehr geschützt. Bei Vertretern gilt § 166 BGB. Von wem der Erwerber die Kenntnis erlangt, ist belanglos. Wird ein Erwerber von einem Rechtsanwalt darauf hingewiesen, dass der Erbschein unrichtig sei, begründet das noch kein Wissen, weil solche Rechtsmeinungen nicht selten falsch sind. Unter Unrichtigkeit muss man sowohl die verfahrensrechtliche wie die materiell-rechtliche Unrichtigkeit verstehen, aber nicht berichtigungsfähige oder belanglose Unrichtigkeiten

1842 Staudinger/Herzog § 2366 Rz. 28.
1843 BGH ZEV 2015, 339; BGH NJW 2007, 3204; BGH NJW 1635.
1844 OLG Hamm FamRZ 1975, 510/3; Staudinger/Herzog § 2366 Rz. 25.
1845 BGH ZEV 2015, 339.

(Rz. 455 ff.); es zählt nur, was zur Einziehung nach § 2361 BGB führen würde (Rz. 474 ff.). Der Erwerber muss sich nicht auf seinen guten Glauben berufen, er kann andererseits nicht auf § 2366 BGB verzichten (mittelbar freilich schon, indem er wahrheitswidrig Kenntnis von der Unrichtigkeit des Erbscheins vorträgt).

767 **Kenntnis:** Wann „kennt" ein Nichtjurist die Unrichtigkeit eines Erbscheins? Das ist ein weites Feld. Kennen müssen der Unrichtigkeit des Erbscheins steht der Kenntnis nicht gleich. Kenntnis der Tatsachen, aus denen sich die Unrichtigkeit des Erbscheins ergibt, genügt bei Rechtsirrtum über die Folgen der Tatsachen nicht.[1846] Weiß der Erwerber, dass das Testament gefälscht war, kann er allerdings die Parallelwertung vornehmen, dass der andere (der Scheinerbe) nicht Erbe ist; das sind Fragen der richterlichen Beweiswürdigung. Eine Pflicht, den Erbschein auf seine Richtigkeit zu prüfen, besteht nicht. Kenntnis von einem Rechtsstreit über die Feststellung des Erbrechts oder von einer Herausgabeklage nach § 2362 BGB schaden also nicht, weil es viele substanzlose Klagen gibt; anders aber im Regelfall die Kenntnis von einem Urteil (bei Rechtskraft des Urteils kann sich der Gegner nicht darauf berufen, er habe das Urteil für falsch gehalten). Positive Kenntnis der Anfechtungsmöglichkeit (§ 2078 BGB) steht der Kenntnis von der Anfechtung gleich (analog § 142 II BGB). Kenntnis von der Unrichtigkeit schadet aber nur insoweit, als diese für die Verfügung relevant ist.

768 **Rückgabeverlangen des Nachlassgerichts**: hier ist § 2361 BGB gemeint. Es genügt die Kenntnis vom Beschluss (Wortlaut: „Der ... Erbschein wird eingezogen"). Gleich steht die Kenntnis von einem rechtskräftigen Herausgabeurteil des Prozessgerichts nach § 2362 BGB.[1847]

769 **Maßgebender Zeitpunkt** für die Kenntnis der Unrichtigkeit ist die Vollendung des Erwerbs, also z. B. die Übergabe, bei Grundstücken die Eintragung im Grundbuch (anders bei § 892 II BGB, wo zum zusätzlichen Schutz des Gutgläubigen eine Vorverlegung auf den Zeitpunkt des Eingangs des Eintragungsantrags stattfindet), der gute Glaube muss also bis dahin andauern;[1848] die a. A. will § 892 II BGB analog anwenden.[1849]

770 **Beweislast:** wer behauptet, der andere habe die Unrichtigkeit des Erbscheins gekannt, muss dies beweisen.[1850]

3.4 Umfang des Schutzes

771 Die Gutglaubensfunktion gilt nur, soweit die Vermutung des § 2365 reicht: nur wer Erbe ist und dass, wenn weder Nacherbschaft noch Testamentsvollstreckung im Erbschein vermerkt sind, diese auch nicht bestehen. Vom Scheiner-

1846 Protokolle V 685; VI 222; Staudinger/Herzog § 2366 Rz. 11.

1847 Staudinger/Herzog § 2366 Rz. 14.

1848 BGH FamRZ 1971, 641/2; RGZ 128, 276/8; RGZ 123, 19/21; OLG Stettin LZ 1932, 123.

1849 BGHZ 57, 341/3 = NJW 1972, 434 (obiter dictum); Leipold ErbR Rz. 659; Tiedtke, Gutgläubiger Erwerb, 1985, S 202; Hager, Verkehrsschutz durch redlichen Erwerb, 1990, S. 452.

1850 Staudinger/Herzog § 2366 Rz. 16.

ben kann man also wirksam einen Nachlassgegenstand erwerben; vom wirklichen Erben ebenfalls, wenn die tatsächlich bestehende Testamentsvollstreckung nicht im Erbschein vermerkt ist. Geschützt wird nur der zulässige Inhalt eines Erbscheins. Deswegen kann sich der Erwerber nicht darauf verlassen, dass z.B. keine Verpfändung, kein Nachlassinsolvenzverfahren vorliegt, wie der Name des Testamentsvollstreckers lautet (falls er unzulässigerweise im Erbschein genannt wurde), dass Vermächtnisse nicht bestehen, dass der Vorerbe noch Erbe ist.

Der Schutz tritt nur zugunsten der Dritten ein, nicht zu ihren Lasten.

Der wahre Erbe erlangt nach § 857 BGB eine Art **Rechtsbesitz**, der Scheinerbe 772
erlangt den Besitz im Sinne des § 857 BGB nicht, er hat aber meist den tatsächlichen unmittelbaren Besitz ergriffen. Auf diese Situation sollte man § 935 BGB meines Erachtens nicht anwenden, es liegt kein „Abhandenkommen" vor,[1851] § 935 BGB findet keine Anwendung (jedenfalls ist der Erwerber durch § 2366 BGB geschützt; das Ergebnis ist unstreitig).

3.5 Grundstücke

Veräußert der nicht im Grundbuch eingetragene Scheinerbe, der im Erbschein 773
aber als Erbe bezeichnet ist, das Eigentum an einem Nachlass-Grundstück (vgl. § 40 GBO), so richtet sich der Erwerb nach § 2366 BGB, soweit es um das fehlende Erbrecht geht. War der im Grundbuch noch als Eigentümer eingetragene Erblasser in Wirklichkeit nicht Eigentümer, kann sich der Erwerber hinsichtlich des Eigentums auf § 892 BGB berufen, sein Erwerb richtet sich danach. War der Erblasser zwar im Grundbuch eingetragen, aber in Wirklichkeit nicht Eigentümer, und verfügt der nicht im Grundbuch eingetragene Erbscheinsinhaber, der in Wirklichkeit nicht Erbe ist, so greifen sowohl § 2366 BGB wie § 892 BGB ein.

Erblasser	Erbe	Erbe veräußert Nachlass-Grundstück
Grundbuch richtig	Erbschein unrichtig	§ 2366
Grundbuch unrichtig	Erbschein richtig	§ 892
Grundbuch unrichtig	Erbschein unrichtig	§ 892 + § 2366

Verfügt der im Grundbuch eingetragene Erbscheinserbe über ein Grundstücksrecht, so greift nur § 892 BGB als lex specialis ein; § 2366 BGB ist dann unanwendbar gegenüber der speziellen Norm des § 892 BGB.[1852] Wusste der Erwerber also z. B. vom Erbscheinseinziehungsverfahren, so schließt dieser Umstand einen gutgläubigen Erwerb gemäß § 892 BGB nicht aus (anders als nach § 2366 BGB), solange der Erwerber daraus nicht der Schluss zog, dass der Veräußerer nicht Eigentümer ist. Ist zunächst für den Erwerber eines Grundstücks eine Auflassungsvormerkung eingetragen worden, die derjenige bewilligt hat, der im Erbschein als Erbe des im Grundbuch eingetragenen Eigentümers ausgewiesen

1851 A. A. h. M., Wilhelm Sachenrecht Rz. 450.
1852 Staudinger/Herzog § 2366 Rz. 44.

ist, dann hat derjenige, für den die Vormerkung eingetragen ist, eine Rechtsposition erlangt, der zufolge er später das Eigentum an dem Grundstück auch dann gutgläubig erwirbt, wenn im Zeitpunkt seiner Eintragung als Eigentümer der Erbschein bereits wieder als unrichtig eingezogen war.[1853]

3.6 Erbe des Erbscheinserben

774 Bei Erbfolge nach dem im Erbschein bezeichneten Erben bleibt die Funktion des § 2366 BGB erhalten, so dass z. B. die Miterbengemeinschaft nach dem Erblasser, der seinerseits durch einen (unrichtigen) Erbschein ausgewiesen war, an einen Gutgläubigen Eigentum übertragen kann. Handelt es sich bei der genannten Miterbengemeinschaft nicht um die wahren Erben des Erbscheinserben, sondern sind diese „Miterben" auch nur durch einen unrichtigen Erbschein ausgewiesen, so ist § 2366 BGB zweifach anwendbar, so dass Gutglaubenserwerb stattfinden kann.

3.7 Testamentsvollstreckung, Nacherbschaft

775 (1) Wahrer Erbe, Beschränkung im Erbschein: Ist der wahre Erbe durch Testamentsvollstreckung und/oder Nacherbschaft beschwert, so wird ein *gutgläubiger* Dritter, der diese nicht kennt, beim Erwerb beweglicher Sachen gemäß §§ 2113 III (Nacherbschaft), 2211 II BGB (Testamentsvollstreckung) in Verbindung mit § 932 BGB geschützt, auch wenn der Erbschein die Beschränkung angibt. Die Gegenansicht,[1854] die gutgläubigen Erwerb bei Existenz eines Erbscheins, der die Verfügungsbeschränkung angibt, ausschließt, kehrt den Zweck des § 2366 BGB (Schutz des Verkehrs) ins Gegenteil um. (2) Erbscheinserbe, Beschränkung im Erbschein: § 2366 BGB, sonst wie vor. (3) Erbscheinserbe, Beschränkung fehlt im Erbschein, er ist also doppelt falsch: Gibt der Erbschein die Beschränkungen nicht an, so greift § 2366 BGB ein, d. h. dem Erwerber schadet grobfahrlässige Unkenntnis nicht, nur Kenntnis schließt gutgläubigen Erwerb aus.

776 Bei Grundstücken und Grundstücksrechten ist zu unterscheiden, ob und wie der Erbe im **Grundbuch** eingetragen ist. Ist er eingetragen und die Beschränkung nicht angegeben, kommt gutgläubiger Erwerb vom Erben gemäß §§ 2113 III, 2211 II BGB in Verbindung mit §§ 892, 893 BGB in Betracht. Ist der Erbe nicht als Rechtsnachfolger im Grundbuch eingetragen und verfügt er ohne Voreintragung (§ 40 GBO), so erfordert der Rechtserwerb durch den gutgläubigen Erwerber dessen Eintragung im Grundbuch (§ 873 BGB), der aber nur erfolgt, wenn die Rechtsnachfolge nachgewiesen ist. Geschieht dies durch einen Erbschein, so kommt gutgläubiger Erwerb gemäß § 2366 BGB in Betracht, wenn die Beschränkung im Erbschein nicht angegeben ist. Liegt kein Erbschein vor, erfolgt die Umschreibung aufgrund öffentlicher Verfügung von Todes wegen nebst Eröffnungsniederschrift (§ 35 I 2 GBO), so fehlt es für einen gutgläubigen Erwerb an

1853 BGHZ 57, 341 = NJW 1972, 434 = JR 1972, 201 (Kuntze).
1854 RGRK-Kregel § 2211 Rz. 8; wohl auch Kipp/Coing § 70 II 3.

einer Grundlage: Die öffentliche Verfügung von Todes wegen wird in § 2366 BGB dem Erbschein nicht gleichgestellt; § 892 BGB greift nicht ein, weil der verfügende Erbe nicht frei von Beschränkungen im Grundbuch eingetragen ist.[1855]

3.8 Ausgleichsansprüche

Der wirkliche Erbe ist geschädigt, wenn der Scheinerbe verfügt und der wirkliche Erbe dies als wirksam hinnehmen muss. Der Erlös aus einer *entgeltlichen* aber gemäß § 2366 BGB wirksamen Verfügung fällt in den Nachlass (§ 2019 BGB) und ist vom Scheinerben an den wahren Erben gemäß § 2018 BGB herauszugeben. Bei *unentgeltlichen* Verfügungen greifen §§ 816 I 2, 822 BGB ein. Darüber hinaus können sich Ausgleichsansprüche des geschädigten wirklichen Erben aus §§ 823 ff., 826 BGB ergeben. Staatshaftung wegen der Erteilung eines unrichtigen Erbscheins kommt in Frage (Art. 34 GG; § 839 BGB).[1856] 777

4. Der öffentliche Glaube des Erbscheins bei Leistungen an den Erben

Der Schutz des § 2366 BGB gilt nach § 2367 BGB auch, wenn an denjenigen, welcher in einem Erbschein als Erbe bezeichnet ist, 778

- auf Grund eines zur Erbschaft gehörenden Rechtes eine Leistung bewirkt oder
- wenn zwischen ihm und einem anderen (in Ansehung eines solchen Rechtes[1857]) ein nicht unter die Vorschrift des § 2366 fallendes Rechtsgeschäft vorgenommen wird, das eine Verfügung über das Recht enthält.

Die Regelung ähnelt § 893 BGB.

Es muss sich jeweils um sog. Verkehrsgeschäfte handeln (Rz. 765).
Zu den Ausgleichsansprüchen des geschädigten wirklichen Erben (§§ 816 II BGB; §§ 2018, 2019 BGB) vgl. Rz. 777.

4.1 Leistung an den Scheinerben

§ 2366 Halbs. 1 BGB dehnt den Schutz auf die Bewirkung einer Leistung auf Grund eines zur Erbschaft gehörenden Rechts an den im Erbschein als Erben Bezeichneten aus, der nicht wirklicher Erbe ist. Leistet also der redliche Schuldner, der den Empfänger für den Erben hält (mag ihm dabei auch grobe Fahrlässigkeit zur Last fallen), an einen Nicht-Erben, der als Erbe im Erbschein genannt ist, so wird er von seiner Verbindlichkeit frei. 779

1855 Vgl. BGH NJW 1970, 943 (m. Anm. Batsch S. 1314).
1856 Vgl. Tamoj/Rott ErbR 2019, 70.
1857 Also nicht bei Leistungen aufgrund eines nicht zur Erbschaft gehörenden Rechts.

Beispiele:
(1) Der Schuldner S des Erblassers E zahlt das Darlehen an A zurück, der im Erbschein als Erbe des E bezeichnet ist; in Wirklichkeit ist B Erbe des E, was S aber nicht positiv weiß. S muss nicht nochmals an B zahlen, wenn der Erbschein eingezogen wird und B als wahrer Erbe ausgewiesen ist. B kann den Betrag von A herausverlangen; § 2018 BGB. (2) Zum Nachlass gehört eine Forderung gegen S. Scheinerbe A tritt die Forderung an Z ab und kassiert dann selbst bei S. Die Zahlung befreit S wegen §§ 2367, 407 BGB.

Dasselbe gilt, wenn fälschlich eine Beschränkung (Testamentsvollstreckung, Nacherbschaft) im Erbschein nicht angegeben ist. Auf die Rechtsnatur des Rechtes, aufgrund dessen die Leistung bewirkt wird, kommt es nicht an, so dass auch Ansprüche, die durch Surrogation zum Nachlass gehören (§ 2019 BGB), dem Erbscheinserben gegenüber mit Wirkung gegenüber dem wahren Erben erfüllt werden können (Beispiel: Schadensersatzansprüche des Erben wegen Beschädigung von Nachlasssachen; der Schädiger zahlt an den Scheinerben).

780 **Leistet ein Dritter** (§ 267 BGB) an den Erbscheinserben, so befreit er mit Rücksicht auf § 2367 BGB den wahren Schuldner von der Verbindlichkeit; zahlt also z. B. der Bürge an den vermeintlichen Erben des Gläubigers, so kann der wahre Erbe den Hauptschuldner nicht mehr in Anspruch nehmen und gemäß § 774 BGB in Verbindung mit § 2367 BGB geht die Forderung auf den Bürgen über.[1858] Die Leistung an den Erbscheinserben hat also die gleiche Rechtsfolge wie die an den wahren Erben, nicht nur was die Erlöschenswirkung des Forderungsrechts, sondern auch was die weiteren Rechtsfolgen angeht. Enthält der Erbschein einen **Testamentsvollstreckervermerk** und ist er richtig (sowohl bezüglich Erbfolge wie bezüglich Vermerk), hat der Schuldner an sich an den Testamentsvollstrecker zu leisten. Dennoch schützt den Schuldner sein guter Glaube an die Nichtexistenz einer Testamentsvollstreckung: er leistet mit befreiender Wirkung an den Erben (vgl. § 2211 BGB). § 407 BGB ist über § 2211 II BGB entsprechend anwendbar, allerdings schadet bereits Fahrlässigkeit entsprechend § 2140 S. 2 BGB. War der Erbschein insofern falsch, als die Testamentsvollstreckung darin nicht vermerkt war, kann der Schuldner ohnehin nach § 2367 BGB befreiend an den Erben leisten.

Der Nachlassschuldner darf die Leistung nicht bis zur **Vorlegung eines Erbscheins** verweigern, falls ihm das Erbrecht sonst genügend nachgewiesen wird.[1859] Bei der Bewertung dieser Frage im Zivilprozess muss allerdings bedacht werden, dass die „sonstigen Nachweise" wie z. B. vorgelegte Testamente nicht nach § 2367 BGB schützen.

1858 RGRK-Kregel § 2367 Rz. 3.
1859 Protokolle V S. 686, 687; RGZ 54, 343.

4.2 Verfügungen über Rechte

Bei einer Verfügung über ein zum Nachlass gehörendes (obligatorisches oder 781
dingliches) Recht wird entsprechend § 2366 BGB der Gutgläubige geschützt. Das ein- oder zweiseitige Rechtsgeschäft spielt sich ab zwischen der im Erbschein bezeichneten Person und einem anderen, der eine muss es nicht gegenüber dem anderen vornehmen.

4.2.1 Verfügung

Eine Verfügung ist jede unmittelbare Einwirkung auf ein bestehendes Recht,[1860] 782
also seine Übertragung, Belastung, Aufgabe oder Inhaltsänderung, wobei § 2367 BGB nur diejenigen Verfügungen erfassen will, die nicht ohnehin (weil erwerbsvermittelnd) dem § 2366 BGB unterfallen. Dabei macht es keinen Unterschied, ob der verfügende Teil der Erbscheinserbe oder der gutgläubige andere Teil ist.

Beispiele:

die Kündigung, z. B. einer zum Nachlass gehörenden Mietwohnung, sei es durch Erbscheinserben als vermeintlicher Vermieter, sei es durch den Dritten als Mieter; die Aufrechnung, sei sie vom Erbscheinserben, sei sie vom anderen Teil erklärt; ein Aufrechnungsvertrag; Stundung; Anfechtung; Angebot, das Annahmeverzug begründet;[1861] Einwilligung; Genehmigung; die Zustimmung (§ 182 BGB) zu einer Verfügung, die ihrerseits nur durch Zustimmung wirksam wird, wenn z. B. ein Dritter als Nichtberechtigter eine Sache veräußert und der Erbscheinserbe gemäß § 185 BGB zustimmt; Bewilligung einer Auflassungsvormerkung.[1862] Die heutige Ansicht sieht in der Erteilung einer Vollmacht, die zur Verfügung über ein Grundstück berechtigt, nicht mehr eine Verfügung im Sinne von §§ 893, 2367 BGB.[1863]

4.2.2 Verpflichtungen

Der Schutz gilt nur bei Verfügungsgeschäften, nicht bei Verpflichtungsgeschäf- 783
ten bezüglich von Nachlassgegenständen (Vermietung, Verpachtung, Verkauf von beweglichen Sachen, von Nachlassgrundstücken usw.) und natürlich auch nicht bezüglich der Erbschaft oder des Erbteils (Verkauf des Erbteils). Aus diesen Geschäften wird nicht der wahre Erbe, sondern nur der im Erbschein Bezeichnete verpflichtet, so dass gegebenenfalls der Scheinerbe auf Schadensersatz haftet. Bei der Erfüllung eines Kaufvertrags (§ 433 BGB) durch Übertragung von Nachlassgegenständen (§ 929 BGB) greift hinsichtlich der Übereignung § 2366 BGB ein. Hat der gutgläubige Käufer den Scheinerben (Verkäufer) auf Erfüllung des Kaufvertrags durch Übereignung erfolgreich verklagt und wird dann der Erbschein eingezogen, muss der wahre Erbe nicht erfüllen, gegen ihn kann nicht vollstreckt werden.

1860 BGHZ 1, 294/304.
1861 Staudinger/Herzog § 2367 Rz. 8.
1862 BGHZ 57, 348; Kuntze JR 1972, 201.
1863 Vgl. Grüneberg/Ellenberger Rz. 16 vor § 104; a. A. noch RGZ 90, 395.

Beispiele:
der Scheinerbe S hat einen Nachlassgegentand an K verkauft, aber noch nicht übereignet; dann wird der Erbschein eingezogen; der wahre Erbe muss den Anspruch nicht erfüllen. Hat S gleichzeitig mit dem Kaufvertrag das Eigentum übertragen und wird erst dann der Erbschein eingezogen, hat K nach § 2366 BGB Eigentum erlangt.

784 Die **Prozessführung** wird nicht durch § 2367 BGB erfasst.[1864] Verklagt der Scheinerbe K den Schuldner auf Rückzahlung einer Nachlass-Forderung und wird der Erbschein während des Prozesses eingezogen, dann hat sich gezeigt, dass K nie aktivlegitimiert war; die Klage ist abzuweisen, K hat alle Kosten zu tragen (§ 91 ZPO).

4.2.3 Entsprechende Anwendung

785 § 2367 BGB ist entsprechend anzuwenden, wenn der durch Erbschein ausgewiesene Scheinerbe eines Geschäftsanteils einer GmbH an den Beschlüssen einer Gesellschafterversammlung mitwirkt.[1865] Wird der durch einen Erbschein legitimierte vermeintliche Erbe aufgrund der sog. Eintrittsklausel in die OHG aufgenommen, deren Mitglied der Erblasser bis zu seinem Tode war, so sind §§ 2366, 2367 BGB insoweit analog anwendbar, als dies der Schutz der Mitgesellschafter fordert. Bei der sog. Nachfolgeklausel sind §§ 2366, 2367 BGB insoweit direkt anwendbar. In beiden Fällen handelt es sich bei der mit dem vermeintlichen Erben fortgesetzten Gesellschaft um eine fehlerhafte Gesellschaft, so dass der wahre Erbe seinen Eintritt in die Gesellschaft durchzusetzen vermag; zwischenzeitliche Beschlüsse richten sich nach den Regeln der fehlerhaften Gesellschaft.[1866]

1864 Staudinger/Herzog § 2367 Rz. 11.
1865 Däubler GmbHRdsch 1963, 181; Staudinger/Herzog § 2367 Rz. 9; streitig.
1866 Eingehend Konzen ZHR 145 (1981), 29 ff.

Q. Das Europäische Nachlasszeugnis[1867]

1. Anwendungsbereich; EuErbVO

Für Erbfälle **bis 16.8.2015** verbleibt es bei der bisherigen Rechtslage (Art. 25 EGBGB). Es gibt dafür kein Europäisches Nachlasszeugnis (ENZ). Art. 25 EGBGB wurde durch das IntErbRVG ab 17.8.2015 geändert. 786

Für Erbfälle ab dem **17.8.2015** ist in ihrem räumlichen Anwendungsbereich die EuErbVO anzuwenden (Verordnung (EU) Nr. 650/2012 des europäischen Parlaments und des Rates vom 4. Juli 2012 über die Zuständigkeit, das anzuwendende Recht, die Anerkennung und Vollstreckung von Entscheidungen und die Annahme und Vollstreckung öffentlicher Urkunden in Erbsachen sowie zur Einführung eines Europäischen Nachlasszeugnisses); vgl. Art. 84 II EuErbVO. Das **Internationale Erbrechtsverfahrensgesetz**[1868] (IntErbRVG) trat am 17.8.2015 in Kraft. Es regelt die Durchführung der EuErbVO in Deutschland; gleichzeitig wurden zum 17.8.2015 noch weitere 20 Gesetze an die EuErbVO angepasst. 787

Mitgliedstaaten sind die Staaten der Europäischen Union, aber **ohne Dänemark, Irland und Vereinigtes Königreich (Großbritannien).** Die Schweiz ist kein Mitgliedstaat. Beispiele: (1) Tod eines Bürgers 2016 aus Dänemark, Irland und Vereinigtem Königreich (Großbritannien) mit (letztem) gewöhnlichem Aufenthalt *in Deutschland*: Aus unserer Sicht wird die EuErbVO auch dann angewandt, wenn ein Angehöriger eines Drittstaats als Erblasser betroffen ist; denn in Art. 20 EuErbVO ist eine universelle Geltung der EuErbVO vorgeschrieben. (2) Tod sonstiger Ausländer mit letztem gewöhnlichem Aufenthalt *in Deutschland*: Stirbt ein US-Amerikaner, Kanadier, Israeli usw. mit letztem gewöhnlichem Aufenthalt in Deutschland wenden die deutschen Nachlassgerichte die EuErbVO an (sowohl hinsichtlich der internationalen Zuständigkeit wie des anzuwendenden Rechts); ob unsere Entscheidung in den USA usw. anerkannt wird, interessiert uns nicht. 788

Ein **europäisches Register** der ausgestellten ENZ gibt es nicht.

2. Zweck des ENZ

Art. 63 EuErbVO: (1) Das Zeugnis ist zur Verwendung durch Erben, durch Vermächtnisnehmer mit unmittelbarer Berechtigung am Nachlass und durch Testamentsvollstrecker oder Nachlassverwalter bestimmt, die sich in einem anderen Mitgliedstaat auf ihre Rechtsstellung berufen oder ihre Rechte als Erben oder Vermächtnisnehmer oder ihre Befugnisse als Testamentsvollstrecker oder Nachlassverwalter ausüben müssen. 789

1867 Körner, Das Europäische Nachlasszeugnis, 2020; Schmitz RNotZ 2017, 269.
1868 G.v.29.6.2015, BGBl 2015, 1042.

(2) Das Zeugnis kann insbesondere als Nachweis für einen oder mehrere der folgenden speziellen Aspekte verwendet werden:

a) die Rechtsstellung und/oder die Rechte jedes Erben oder gegebenenfalls Vermächtnisnehmers, der im Zeugnis genannt wird, und seinen jeweiligen Anteil am Nachlass;

b) die Zuweisung eines bestimmten Vermögenswerts oder bestimmter Vermögenswerte des Nachlasses an die in dem Zeugnis als Erbe(n) oder gegebenenfalls als Vermächtnisnehmer genannte(n) Person(en);

c) die Befugnisse der in dem Zeugnis genannten Person zur Vollstreckung des Testaments oder Verwaltung des Nachlasses.

3. Rechtsnatur des ENZ

790 Die EuErbVO regelt die Rechtsnatur des ENZ nicht. Es wird als „Rechtstitel sui generis" bezeichnet. Es ist jedenfalls kein Vollstreckungstitel (Erwägungsgrund 71), kein Beschluss, sondern ein „Zeugnis". Es ist nicht anerkennungsfähig; in den Mitgliedsstaaten bedarf es keiner „Anerkennung" durch weitere gerichtliche Akte, es gilt dort unmittelbar (Art. 69 I EuErbVO). In den anderen Staaten gilt es nicht unmittelbar.

4. Wann ist ein ENZ sinnvoll?

791 Das Europäische Nachlasszeugnis (ENZ)[1869] hat einen Sinn nur im **grenzüberschreitenden Rechtsverkehr der Mitgliedstaaten**, z. B. Deutschland/Frankreich. Wenn der Erblasser mit letztem gewöhnlichem Aufenthalt in Deutschland stirbt und kein Vermögen im Ausland hinterlässt, hat das ENZ keinen Sinn; dann genügt der deutsche Erbschein. Zweckmäßig ist das ENZ dann, wenn der Antragsteller zwar einen deutschen Erbschein erlangen kann, dieser *Erbschein* aber in dem EuErbVO-Mitgliedstaat, z. B. Frankreich, wo er vom Erbschein Gebrauch machen will, nicht anerkannt wird. Für die Verwendung in Drittstaaten, wie USA, Dänemark, Schweiz, nützt das ENZ nichts.

5. Verhältnis des ENZ zum Erbschein

792 a) Das ENZ tritt neben den deutschen Erbschein (Art. 62 II EuErbVO). Der deutsche Staatsangehörige mit ständigem Aufenthalt hier hat die **Wahl**, ob er beim Nachlassgericht einen deutschen Erbschein beantragt oder – bei grenzüberschreitenden Erbfällen – ein ENZ oder beides,[1870] gleichzeitig oder nacheinander. Vgl. Art. 62 EuErbVO. Ein erteilter Erbschein könnte aber die Ausstellung eines ENZ im Falle des Art. 67 I S. 3 Nr. b EuErbVO (Unvereinbarkeit) sperren. Das deutsche GBA kann keinen Erbschein des örtlichen Nachlassge-

1869 Buschbaum/Simon ZEV 2012, 525.

1870 Dorsel ZErb 2014, 212; Lange DNotZ 2012, 168; a. A. Kleinschmidt RabelsZ 2013, 723, wonach nach Ausstellung des ENZ ein Erbschein nur erteilt werden könne, wenn das ENZ wieder aufgehoben werde.

richts verlangen, wenn ein wirksames ENZ der international zuständigen Stelle (hier. Spanien) vorgelegt wird, auch wenn das ENZ-Formular nicht vollständig ausgefüllt ist.[1871] Zweckmäßig ist es, beide Dokumente zu beantragen,[1872] so etwa, wenn ein Nachlass in Deutschland, EuErbVO-Mitgliedstaaten und Drittstaaten (z. B. Schweiz) abzuwickeln ist. Die Mehrkosten für das zweite Dokument sind gering (Rz. 883). Der nationale Erbschein kann aber auch wie bisher eventuell im EU-Ausland und sonstigem Ausland akzeptiert werden. Weder der Erbschein noch das ENZ erwachsen in Rechtskraft. Im Zivilprozess der Erbanwärter bindet keines der beiden Dokumente das Gericht.

b) **Existiert neben dem ENZ ein Erbschein**, dann stehen unterschiedliche **Gutglaubenswirkungen** (einerseits Art. 69 EuErbVO, andererseits §§ 2366, 2367 BGB) nebeneinander. Das ENZ ist nicht „höherrangig". Das (deutsche) ENZ und der deutsche Erbschein können (theoretisch) nicht unterschiedliche Inhalte haben, weil sie vom selben Nachlassgericht und derselben Gerichtsperson ausgestellt werden. Das (ausländische) ENZ und der deutsche Erbschein können sich dagegen faktisch durchaus widersprechen, etwa wegen unterschiedlicher Auffassungen von zwei Antragstellern (Geschwister) zum „gewöhnlichen Aufenthalt des Erblassers", unterschiedlicher Testamentsauslegung (im ENZ ist A der Erbe, im Erbschein der B); die Rechtsfolgen sind umstritten.[1873] Vieles spricht für die Auffassung, dass sich die Vermutungswirkungen aufheben, soweit sie sich widersprechen.[1874] Über widersprechende ENZ vgl. Rz. 866. 793

6. Beim ENZ anzuwendendes Recht

a) Staatsverträge sind vorrangig (Rz. 150). Andernfalls: 794

b) Zum Zeitpunkt seines Todes hatte der Erblasser seinen letzten gewöhnlichen Aufenthalt in Deutschland (Art. 21 I EuErbVO): deutsches Recht. Stirbt ein Franzose mit letztem gewöhnlichem Aufenthalt *in Deutschland* wenden wir deutsches Recht an; unsere Entscheidung wird in Deutschland, in Frankreich und den anderen Ländern des Geltungsbereichs anerkannt.

c) Der Erblasser hatte ein zulässige Rechtswahl vorgenommen (Art. 22 I EuErbVO), z. B. deutsches Recht, österreichisches Recht.

d) Der Erblasser hatte zu einem anderen Staat als dem Staat seines gewöhnlichen Aufenthalts eine enge Verbindung (Art. 21 II EuErbVO).

e) Das nach Art. 21 I EuErbVO an sich anzuwendende Recht verweist (z. B.) auf deutsches Recht (Art. 34 I EuErbVO). Beispiel: Tod sonstiger Ausländer *ohne Aufenthalt* in Deutschland: Stirbt ein Israeli mit (letztem) gewöhnlichem

1871 OLG Bremen ErbR 2024, 714. Nicht überzeugend, es fehlten ua. Datum und Aussteller beim ENZ.

1872 Schmidt ZEV 2014, 389.

1873 Dazu Dorsel ZErb 2014, 212.

1874 Vgl. BGH NJW-RR 1990, 1159; MünchKomm/Dutta EuErbVO Art. 62 Rz. 8 ff.

Aufenthalt in Israel, hinterlässt er aber Grundbesitz bzw. sonstiges Vermögen in Deutschland, sind wir örtlich zuständig (§ 343 III FamFG) und wenden israelisches Recht (als Recht seines Aufenthalts) an; da nach dem israelischen Erbkollisionsrecht keine Rückverweisung auf deutsches Recht (als Ort der Lage des Grundbesitzes) erfolgt, bleibt es dabei.[1875]

f) Anzuwenden ist das Recht eines Staates mit mehr als einem Rechtssystem (z. B. Spanien); angewandt wird das Recht der betreffenden Gebietseinheit (Art. 36, 37 EuErbVO).

g) Es gelten besondere Regelungen mit Beschränkungen in Bezug auf bestimmte Vermögensstücke, z. B. Grundstücke (Art. 30 EuErbVO).

7. Zuständiges Gericht

7.1 Internationale Zuständigkeit

795 Das ENZ wird in dem Mitgliedsstaat ausgestellt, dessen Gerichte nach Art. 4, 7, 10 oder 11 EuErbVO international zuständig sind (Art. 64 S. 1 EuErbVO).

796 **(1) Art. 4 EuErbVO**: der Staat, in dessen Hoheitsgebiet der Erblasser im Zeitpunkt seines Todes seinen **„gewöhnlichen Aufenthalt"** hatte. Das ist die Grundregel. Wenn ein Deutscher mit letztem gewöhnlichem Aufenthalt in Deutschland stirbt, sind deutsche Nachlassgerichte für das ENZ international zuständig; stirbt er mit gewöhnlichem Aufenthalt in Frankreich die französischen Stellen. Das deckt sich mit der Zuständigkeit für den Erbschein (§§ 105, 343 FamFG). Art. 4 EuErbVO enthält keine dem Art. 21 II EuErbVO entsprechende Ausweichregel. Zum Begriff des gewöhnlichen Aufenthalts vgl. Rz. 132, 159.

Die **Nachlassbeteiligten** (Erben usw.) können keine andere internationale Zuständigkeit begründen, weder durch Vereinbarung noch rügelose Einlassung (vgl. Art. 9 EuErbVO); anders bei Rechtswahl des Erblassers (Rz. 797). Sie können nur darüber streiten und sich evtl. „einigen", wo der gewöhnliche Aufenthalt („Lebensmittelpunkt") des Erblassers war.

797 **(2) Art. 7 EuErbVO**: Besonderheiten, wenn der Erblasser eine **zulässige Rechtswahl** (Art. 22 EuErbVO; Rz. 162) getroffen hatte.

Die Gerichte eines Mitgliedstaats, dessen Recht der Erblasser nach Artikel 22 gewählt hat, sind für die Entscheidungen in einer Erbsache zuständig, wenn

a) sich ein zuvor angerufenes Gericht nach Artikel 6 in derselben Sache für unzuständig erklärt hat,

b) die Verfahrensparteien nach Artikel 5 die **Zuständigkeit** eines Gerichts oder der Gerichte dieses Mitgliedstaats **vereinbart** haben oder

c) die Verfahrensparteien die Zuständigkeit des angerufenen Gerichts **ausdrücklich anerkannt** haben.

1875 Reich/Assan ZEV 2015, 145.

Die Frage, ob der Erblasser eine konkludente Rechtswahl im Sinne von Art. 22 II getroffen hat, ist unionsautonom zu beurteilen.[1876]

Zu a) Vorherige Unzuständigkeitserklärung. 798

Zu b) Daraus folgt, dass der deutsche Erblasser, der mit letztem gewöhnlichem Aufenthalt (z. B.) in Frankreich stirbt, zwar in seinem Testament bestimmen kann, dass er z. B. für seinen Erbfall deutsches Recht wählt, aber die internationale Zuständigkeit kann der *Erblasser* nicht bestimmen. Die *Erben* etc. müssen nach Frankreich fahren (wo deutsches Recht angewandt wird!) und bei der dortigen Nachlassbehörde das ENZ beantragen, was Sprach-, Zeit- und Kostenprobleme aufwirft. 799

Alle (!) „**Verfahrensparteien**" (das sind die Erben und sonstige Beteiligte, § 345 FamFG) können aber die **Zuständigkeit vereinbaren** (was in der deutschen freiwilligen Gerichtsbarkeit systemfremd und unbekannt ist), z. B., dass deutsche Nachlassgerichte zuständig sein sollen (dann gilt § 343 FamFG) oder z. B. das Nachlassgericht Köln. Für die Vereinbarung gibt es keine Fristregelung, sie kann also bis zu Entscheidung getroffen werden. Schriftform ist notwendig, ebenso Datum und Unterschriften aller „Verfahrensparteien" (die EuErbVO kennt keine „Beteiligten" wie das deutsche FamFG), Art. 5 II EuErbVO. Der Vorteil ist, dass dann das deutsche Nachlassgericht deutsches Erbrecht anwendet und Sprach-, Zeit- und Kostenprobleme entfallen. 800

Zeigt sich später, dass **nicht alle Parteien** die Gerichtsstandsvereinbarung geschlossen haben, dann kommt Art. 9 EuErbVO zur Anwendung: das Gericht ist weiterhin zuständig, wenn sich die Verfahrensparteien, die der Vereinbarung nicht angehören, auf das Verfahren einlassen, ohne den Mangel der Zuständigkeit des Gerichts zu rügen. Wird der Mangel der Zuständigkeit von Verfahrensparteien gerügt, die der Vereinbarung nicht angehören, so erklärt sich das Gericht für unzuständig. In diesem Fall sind die nach Art. 4 oder Art. 10 EuErbVO zuständigen Gerichte für die Entscheidung in der Erbsache zuständig. 801

Zu c) Daraus folgt, dass der Antragsteller bei einem Gericht, das nicht zuständig ist, einen ENZ-Antrag stellen kann, dieses Gericht aber dann international zuständig wird, wenn *alle* **Verfahrensparteien** die Zuständigkeit ausdrücklich anerkennen. Sie muss sich auf die konkrete Rechtssache beziehen und kann nur bis zur erstmaligen Zuständigkeitsprüfung durch das Gericht erfolgen (vgl. Art. 9 EuErbVO). Da von „ausdrücklich" die Rede ist genügt einen rügelose Einlassung nicht.[1877] Verfahrensparteien: Rz. 800. Gibt es nur *eine* Verfahrenspartei (z. B. den Alleinerben) kann sie als Antragstellerin nichts anerkennen. 802

Art. 10 EuErbVO: Besonderheiten, wenn der Erblasser im Zeitpunkt seines Todes seinen „gewöhnlichen Aufenthalt" nicht in einem Mitgliedstaat hatte, aber Vermögen in einem Mitgliedsstaat (Beispiel: US-Amerikaner besitzt eine 803

1876 BGH NJW 2021, 1159 m. Anm. Zimmermann.
1877 MünchKommBGB/Dutta EuErbVO Art. 7 Rz. 14.

Eigentumswohnung in Berlin; ein Schweizer hat ein Haus in Konstanz/Deutschland).

Art. 10 bestimmt: (1) Hatte der Erblasser seinen gewöhnlichen Aufenthalt im Zeitpunkt seines Todes nicht in einem Mitgliedstaat, so sind die Gerichte eines Mitgliedstaats, in dem sich Nachlassvermögen befindet, für Entscheidungen in Erbsachen *für den gesamten Nachlass* zuständig, wenn a) der Erblasser die Staatsangehörigkeit dieses Mitgliedstaats im Zeitpunkt seines Todes besaß, oder, wenn dies nicht der Fall ist, b) der Erblasser seinen vorhergehenden gewöhnlichen Aufenthalt in dem betreffenden Mitgliedstaat hatte, sofern die Änderung dieses gewöhnlichen Aufenthalts zum Zeitpunkt der Anrufung des Gerichts nicht länger als fünf Jahre zurückliegt.

(2) Ist kein Gericht in einem Mitgliedstaat nach Absatz 1 zuständig, so sind dennoch die Gerichte des Mitgliedstaats, in dem sich Nachlassvermögen befindet, für Entscheidungen über dieses Nachlassvermögen zuständig.

804 Bei Art. 10 I EuErbVO besteht eine Zuständigkeit für den gesamten Nachlass, bei Art. 10 II nur für das konkrete Nachlassvermögen, das im Mitgliedstaat liegt.

Beispiele: (1) Der Erblasser ist deutscher Staatsangehöriger, hatte seinen letzten gewöhnlichen Aufenthalt in Kolumbien, Nachlassvermögen u. a. in Deutschland; er wohnte vor Jahrzehnten in Deutschland. – Ein deutsches Nachlassgericht ist für den Erbschein international zuständig (Art. 10 I a EuErbVO), örtlich das Gericht des letzten Aufenthalts (§ 74 Nr. 2 IntErbRVG mit § 343 III FamFG), auch wenn dieser Aufenthalt lange zurückliegt.[1878]

(2) Besaß der Erblasser nicht die deutsche Staatsangehörigkeit und hatte er in den letzten 5 Jahren vor der Beantragung des Erbscheins seinen gewöhnlichen Aufenthalt nicht im Inland, bestimmt sich die internationale Zuständigkeit hinsichtlich des in Deutschland belegenen Nachlassvermögens – und damit auch für die Erteilung des nur auf dieses Vermögen beschränkten Erbscheins – nach Art. 10 II EuErbVO. Zuständig sind die (Nachlass-)Gerichte des Mitgliedstaats, in dem sich Nachlassvermögen befindet.[1879]

805 **Art. 11 EuErbVO: Notzuständigkeit**, wenn keiner der vorgenannten Fälle eingreift. Art. 11 bestimmt: Ist kein Gericht eines Mitgliedstaats aufgrund anderer Vorschriften dieser Verordnung zuständig, so können die Gerichte eines Mitgliedstaats in Ausnahmefällen in einer Erbsache entscheiden, wenn es nicht zumutbar ist oder es sich als unmöglich erweist, ein Verfahren in einem Drittstaat, zu dem die Sache einen engen Bezug aufweist, einzuleiten oder zu führen. Die Sache muss einen ausreichenden Bezug zu dem Mitgliedstaat des angerufenen Gerichts aufweisen.

1878 OLG Karlsruhe ZEV 2024, 534.
1879 OLG Düsseldorf ZEV 2024, 549.

7.2 Örtliche Zuständigkeit

a) Ist nach obigen Regeln ein deutsches Nachlassgericht international zuständig, dann bestimmt § 34 III IntErbRVG **für die Fälle Art. 4, 10 und 11 EuErbVO** (oben Rz. 796ff), dass das Gericht örtlich ausschließlich zuständig ist, in dessen Bezirk der Erblasser im Zeitpunkt seines Todes seinen gewöhnlichen Aufenthalt hatte. Hatte der Erblasser im Zeitpunkt seines Todes seinen gewöhnlichen Aufenthalt nicht *im Inland*, ist das Gericht örtlich ausschließlich zuständig, in dessen Bezirk der Erblasser seinen letzten gewöhnlichen Aufenthalt *im Inland* hatte. Hatte der Erblasser keinen gewöhnlichen Aufenthalt im Inland, ist das Amtsgericht Schöneberg in Berlin ausschließlich zuständig. Das Amtsgericht Schöneberg in Berlin kann die Sache aus wichtigem Grund an ein anderes Nachlassgericht verweisen. 806

b) Ist nach **Art. 7 EuErbVO** (d. h. nach wirksamer Rechtswahl des Erblassers erfolgte eine **Vereinbarung der Verfahrensparteien**, also der Erben, usw.) ein deutsches Nachlassgericht international zuständig, dann regelt § 34 I, II IntErbRVG die innerdeutsche örtliche Zuständigkeit: 807
   - aa) wenn die Verfahrensparteien die Zuständigkeit des angerufenen Gerichts **ausdrücklich anerkannt** haben (Art. 7c EuErbVO) ist dieses Nachlassgericht örtlich ausschließlich zuständig (§ 34 II IntErbRVG).
   - bb) im Fall Art. 7b EuErbVO ist das von den Verfahrensparteien vereinbarte Nachlassgericht örtlich ausschließlich zuständig (§ 34 I Nr. 2 EuErbVO).
   - cc) im Fall Art. 7a EuErbVO, wenn sich ein vorher angerufenes Gericht für unzuständig erklärte (§ 34 I Nr. 1 IntErbRVG).

7.3 Sachliche Zuständigkeit

Sie liegt bei deutscher Zuständigkeit immer beim Amtsgericht (Nachlassgericht), egal wie hoch der Nachlasswert ist (§ 34 IV IntErbRVG); in Baden-Württemberg war bis 31. 12. 2017 das staatliche Notariat zuständig. Im Ausland sind teils Behörden zuständig. 808

7.4 Funktionelle Zuständigkeit

Dem **Richter** sind vorbehalten: Ausstellung, Berichtigung, Änderung, Widerruf eines ENZ, Aussetzung der Wirkungen eines ENZ, *sofern* eine Verfügung von Todes wegen vorliegt oder die Anwendung ausländischen Rechts in Betracht kommt (§ 16 II n. F. RPflG). 809

Dem **Rechtspfleger** bleibt die Zuständigkeit in allen sonstigen Fällen, also wenn deutsche gesetzliche Erbfolge zur Anwendung kommt, ferner die Erteilung einer beglaubigten Abschrift des ENZ, die Verlängerung der Gültigkeit einer beglaubigten Abschrift des ENZ.

Wenn trotz Vorliegens einer Verfügung von Todes wegen die gesetzliche Erbfolge maßgebend ist und deutsches Erbrecht anzuwenden ist, kann der Richter dem Rechtspfleger die Ausstellung eines ENZ übertragen (§ 16 III S. 1 Nr. 2 RPflG).

Durch **Landesrecht** kann die Verteilung Richter/Rechtspfleger zugunsten des Rechtspflegers verschoben werden (§ 19 RPFlG).

8. Der Antrag auf Ausstellung des ENZ

8.1 Antrag, Sprache, kein Anwaltszwang

810 Das ENZ wird nur auf Antrag erteilt. Hilfsanträge sind nicht geregelt, aber meines Erachtens wie bei Erbscheinen zulässig. Der Antrag ist schriftlich zu stellen oder beim Nachlassgericht zu Niederschrift der Geschäftsstelle (§ 35 I IntErbRVG; § 25 FamFG), sonst bestehen keine Formerfordernisse. Rechtsanwälte und Notare müssen seit 2022 das beA benutzen (14 b FamFG), also elektronisch einreichen. Die Länder können durch Gesetz bestimmen, dass der *Erbscheinsantrag* der notariellen Beurkundung bedarf (Art. 239 EGBGB); für den Antrag auf ein ENZ gilt das entsprechend.

a) Der Antrag an das deutsche Nachlassgericht ist in deutscher Sprache zu stellen (§§ 35 II IntErbRVG; 184 S. 1 GVG); bei fremdsprachigen Anträgen *kann* das Nachlassgericht dem Antragsteller aufgeben, eine Übersetzung des Antrags beizubringen, deren Richtigkeit von einer hierzu befugten Person bestätigt ist (§ 35 II IntErbRVG). Die Regelung gilt auch für die Anlagen zum Antrag (z. B. Personenstandsurkunden).
Als Zwischenentscheidung ist die Anforderung von Übersetzungen nicht mit Beschwerde anfechtbar (§ 58 FamFG); die Kosten der Übersetzung hat der Antragsteller selbst zu tragen.

b) Es besteht in erster und zweiter Instanz kein Anwaltszwang (§ 35 I IntErbRVG § 10 FamFG).

8.2 Antragsberechtigung

811 Nach Art. 65 I, 63 I EuErbVO sind antragsberechtigt:

- Alleinerben; Miterben; Vorerben; Nacherben ab Eintritt des Nacherbfalles;
  Ob jemand „Erbe" usw. ist, ist nach dem anzuwendenden Recht (Art. 20 ff. EuErbVO) zu bestimmen.
  Wenn das anzuwendende ausländische Erbrecht einen Zwischenerwerb z. B. durch *legal representatives* vorsieht, dann hat der Erbe vorerst keine unmittelbare Beteiligung am Nachlass, kann also kein ENZ erhalten.[1880] Ebenso ist es, wenn das ausländische Erbrecht weitere Akte fordert, bis der „Erbe" unmittelbar berechtigt ist, wie bei der österreichischen Einantwortung (Rz. 412). Auch Pflichtteilsberechtigte sind keine „Erben", anders beim sog. Noterbrecht Rz. 435).

812 – bestimmte Vermächtnisnehmer, nämlich solche mit „unmittelbarer" Berechtigung am Nachlass; solche gibt es nach deutschem Recht nicht, weil hier das

1880 MünchKomm/Dutta EuErbVO Art. 63 Rz. 6.

Vermächtnis nur einen schuldrechtlichen Anspruch geben den Erben gibt (§ 2147 BGB). Anders ist es zum Teil im Ausland, wo ein Vermächtnis eine unmittelbare Nachlassbeteiligung geben kann (wie z.B. nach polnischem Recht);

- Testamentsvollstrecker, Mittestamentsvollstrecker; 813
- Nachlassverwalter: das sind in Deutschland z.B. Nachlasspfleger[1881] (§§ 1960, 814
  1961 BGB) und gerichtlich bestellte Nachlassverwalter (§ 1975 BGB). Nachlassinsolvenzverwalter sind ebenfalls antragsberechtigt,[1882] nach der aA fallen sie nicht darunter (vgl. Art. 76 EuErbVO). Eine postmortal geltende Vollmacht des Erblassers kann den Bevollmächtigten zum Nachlassverwalter machen, soweit die vollmacht durch die Erben unwiderruflich ist.

Nachlassgläubiger sind nach deutschem Erbscheinsrecht antragsberechtigt 815
(§ 792 ZPO; Rz. 42); in Art. 63 EuErbVO sind sie nicht als Berechtigte aufgeführt, also nicht antragsberechtigt.[1883]

8.3 Antragsinhalt

Art. 65 III EuErbVO regelt den Antragsinhalt, der viel umfassender als der Erb- 816
scheinsantrag ist. Vor allem unterscheidet die Regelung nicht zwischen gewillkürter und gesetzlicher Erbfolge. Es wird ein **Antragsformblatt** (abgedruckt als Anhang 2) zur Verfügung gestellt, dessen Ausfüllen aber **nicht zwingend**[1884] ist (Art. 65 II EuErbVO).[1885]

a) **Angaben zum Erblasser**: Name (gegebenenfalls Geburtsname), Vor- 817
name(n), Geschlecht, Geburtsdatum und -ort, Personenstand, Staatsangehörigkeit, Identifikationsnummer (gibt es in Deutschland nicht, die Steueridentifikationsnummer des Finanzamts ist nicht gemeint; wenn aber ein Ausländer hier gestorben ist und eine Identifikationsnummer besitzt, ist sie anzugeben), Anschrift im Zeitpunkt seines Todes, Todesdatum und -ort;

b) **Angaben zum Antragsteller**: Name (gegebenenfalls Geburtsname), Vor- 818
name(n), Geschlecht, Geburtsdatum und -ort, Personenstand, Staatsangehörigkeit, Identifikationsnummer (gibt es in Deutschland nur für die Steuer, sonst nicht), Anschrift und etwaiges Verwandtschafts- oder Schwägerschaftsverhältnis zum Erblasser. Das muss dahin berichtigt werden, dass die Verwandtschaft keine Rolle spielt, wenn jemand durch Testament oder ggf. Erbvertrag als Erbe eingesetzt wurde. Der Antragsteller muss beteiligtenfähig (§ 8 FamFG) und verfahrensfähig (§ 9 FamFG) sein.

c) **Angaben zum etwaigen Vertreter** des Antragstellers: Name (gegebenenfalls 819
Geburtsname), Vorname(n), Anschrift und Nachweis der Vertretungsmacht.

1881 OLG Schleswig ZEV 2018, 340; Zimmermann Rpfleger 2017, 2.
1882 OLG Frankfurt ZEV 2021, 322.
1883 Süß ZEuP 2013, 725; Dorsel ZErb 2014, 212; a. A. Buschbaum/Simon ZEV 2012, 525.
1884 EuGH ZEV 2019, 350.
1885 Durchführungsverordnung (EU) Nr. 1329/2014 vom 9. 12. 2014.

Es ist somit eine Vollmacht vorzulegen (§ 11 FamFG); davon könnte abgesehen werden, wenn als Vertreter ein Rechtsanwalt oder Notar auftritt (§ 11 S. 4 FamFG).

820 d) **Angaben zum Ehegatten** oder Partner des Erblassers und gegebenenfalls zu(m) ehemaligen Ehegatten oder Partner(n): Name (gegebenenfalls Geburtsname), Vorname(n), Geschlecht, Geburtsdatum und -ort, Personenstand, Staatsangehörigkeit, Identifikationsnummer (sofern vorhanden) und Anschrift. Wenn die Erbfolge auf Testament oder ggf. Erbvertrag beruht, sind diese Angaben meines Erachtens nicht notwendig, weil ein eventuelles Pflichtteilsrecht (ausgenommen ein sog. Noterbrecht) im ENZ nicht vermerkt wird.

821 e) Angaben zu sonstigen **möglichen Berechtigten** aufgrund einer Verfügung von Todes wegen und/oder nach gesetzlicher Erbfolge: Name und Vorname(n) oder Name der Körperschaft, Identifikationsnummer (sofern vorhanden) und Anschrift. Hier wird offenbar an die Beteiligten gedacht (§ 345 FamFG). Da bei Erbfolge aufgrund Testaments/Erbvertrags sowieso (grundsätzlich) die Urkunde vorzulegen ist, hat die Regelung in diesem Fall keinen Sinn. Bei der „Körperschaft" ist anscheinend an Fälle gedacht, in denen eine Stiftung Erbe ist.

822 f) den beabsichtigten **Zweck** des Zeugnisses nach Artikel 63; z. B. „Nachweis der Erbfolge".

823 g) Kontaktangaben des Gerichts (d. h. die **Adresse, EMail**) oder der sonstigen zuständigen Behörde, das oder die mit der Erbsache als solcher befasst ist oder war, sofern zutreffend.

824 h) den **Sachverhalt**, auf den der Antragsteller gegebenenfalls die von ihm geltend gemachte Berechtigung am Nachlass und/oder sein Recht zur Vollstreckung des Testaments des Erblassers und/oder das Recht zur Verwaltung von dessen Nachlass gründet.

825 i) eine Angabe darüber, ob der Erblasser eine **Verfügung von Todes wegen** errichtet hatte; falls weder die Urschrift noch eine Abschrift beigefügt ist, eine Angabe darüber, wo sich die Urschrift befindet.

826 j) eine Angabe darüber, ob der Erblasser einen **Ehevertrag** oder einen Vertrag in Bezug auf ein Verhältnis, das mit der Ehe vergleichbare Wirkungen entfal-

tet, geschlossen hatte; falls weder die Urschrift noch eine Abschrift des Vertrags beigefügt ist, eine Angabe darüber, wo sich die Urschrift befindet.

k) eine Angabe darüber, ob einer der Berechtigten eine Erklärung über die **Annahme** oder die **Ausschlagung** der Erbschaft abgegeben hat. Der Erbverzicht ist nicht erwähnt.[1886] 827

l) eine Erklärung des Inhalts, dass nach bestem Wissen des Antragstellers **kein Rechtsstreit** in Bezug auf den zu bescheinigenden Sachverhalt anhängig ist. 828

m) sonstige vom Antragsteller für die Ausstellung des Zeugnisses für nützlich erachtete Angaben. 829

Das in Anspruch genommene materielle Erbrecht (deutsch, französisch?) muss der Antragsteller (anders als bisher bei §2369 a.F. BGB) nicht angeben. Merkwürdigerweise muss er auch keinen konkreten Antrag stellen („Alleinerbe, Miterbe zu 1/3"), anders als bei §2353 BGB. 830

8.4 Rechtsschutzbedürfnis

Es besteht nur, wenn das ENZ einen Zweck erfüllen soll. Wenn keinerlei Rechtshandlungen in einem anderen Mitgliedstaat der EuErbVO denkbar sind, weil z.B. kein Vermögen im EU-Ausland vorhanden ist oder ermittelt werden soll, ist der Antrag unzulässig.[1887] So ist es in der Regel, wenn ein deutscher Erblasser mit letztem Aufenthalt in Deutschland stirbt und kein Anhaltspunkt für notwendige Tätigkeiten der Erben in einem anderen Mitgliedstaat der EuErbVO ersichtlich sind. So ist es aber auch, wenn solche Rechtshandlungen in Drittstaaten (z.B. USA, Irland, Schweiz) notwendig sind, denn dort wird das ENZ nicht akzeptiert. 831

8.5 Eidesstattliche Versicherung

Der Antragsteller hat vor dem Nachlassgericht oder vor einem Notar an Eides statt zu versichern, dass ihm nichts bekannt ist, was der Richtigkeit seiner Angaben zur Ausstellung des ENZ entgegensteht (§36 II 1 IntErbRVG). Das Nachlassgericht kann dem Antragsteller die Versicherung erlassen,[1888] wenn es sie für nicht erforderlich hält (§36 II 2 IntErbRVG). Durch den Erlass spart der Antragsteller Gerichtsgebühren. Der Hauptfall ist, dass der Antragsteller zuvor oder gleichzeitig einen Erbschein beantragt hat und im Erbscheinsverfahren bereits die Versicherung abgeben hat (§352 III FamFG). 832

9. Verfahren des Nachlassgerichts

9.1 Allgemeines

Soweit die EuErbVO und das IntErbRVG nichts anderes bestimmen, ist das FamFG anzuwenden (§35 I IntRVG). Verfahrenskostenhilfe ist zulässig; bei 833

1886 Dorsel ZErb 2014, 212.
1887 Wall ZErb 2015, 9.
1888 Dazu Zimmermann ZErb 2008, 151.

Bewilligung von VKH ist meines Erachtens angesichts der Kompliziertheit die Beiordnung eines Anwalts notwendig (§ 78 FamFG).[1889]

9.2 Prüfung des Antrags

834 Art. 66 EuErbVO sagt dazu: (1) [1]Nach Eingang des Antrags überprüft die Ausstellungsbehörde (= Nachlassgericht) die vom Antragsteller übermittelten Angaben, Erklärungen, Schriftstücke und sonstigen Nachweise. [2]Sie führt von Amts wegen die für diese Überprüfung erforderlichen Nachforschungen durch, soweit ihr eigenes Recht dies vorsieht oder zulässt, oder fordert den Antragsteller auf, weitere Nachweise vorzulegen, die sie für erforderlich erachtet.

(2) Konnte der Antragsteller keine Abschriften der einschlägigen Schriftstücke vorlegen, die die für ihre Beweiskraft erforderlichen Voraussetzungen erfüllen, so kann die Ausstellungsbehörde entscheiden, dass sie Nachweise in anderer Form akzeptiert.

(3) Die Ausstellungsbehörde kann ... verlangen, dass Erklärungen unter Eid oder durch eidesstattliche Versicherung abgegeben werden (vgl. § 31 FamFG).

(5) Für die Zwecke dieses Artikels stellt die zuständige Behörde eines Mitgliedstaats der Ausstellungsbehörde eines anderen Mitgliedstaats auf Ersuchen die Angaben zur Verfügung, die insbesondere im Grundbuch, in Personenstandsregistern und in Registern enthalten sind, in denen Urkunden oder Tatsachen erfasst werden, die für die Rechtsnachfolge von Todes wegen oder den ehelichen Güterstand oder einen vergleichbaren Güterstand des Erblassers erheblich sind, sofern die zuständige Behörde nach innerstaatlichem Recht befugt wäre, diese Angaben einer anderen inländischen Behörde zur Verfügung zu stellen.

835 Es ist selbstverständlich, dass das Nachlassgericht auch die **Rechtsfragen** zu prüfen hat: Zuständigkeit, Auslegungen des Testaments, Testierfähigkeit usw.

9.3 Beteiligte

836 a) § 37 I IntErbRVG nennt die Beteiligten des Verfahrens auf Erteilung eines ENZ:

Zwingend Beteiligter ist nur der Antragsteller (§ 37 Abs. 1 S. 1 IntErbRVG), das ist selbstverständlich. *Kann-Beteiligte* sind:

- die gesetzlichen Erben;
- diejenigen, die nach dem Inhalt einer vorliegenden Verfügung von Todes wegen als Erben in Betracht kommen;
- diejenigen, die im Fall der Unwirksamkeit der Verfügung von Todes wegen Erben sein würden;
- die Vermächtnisnehmer mit unmittelbarer Berechtigung am Nachlass;
- der Testamentsvollstrecker oder der Nachlassverwalter;

sonstige Personen mit einem berechtigten Interesse.

1889 Vgl. OLG Naumburg ErbR 2019, 658 (LS).

Diese Personen sind zu unterrichten (vgl. § 7 IV FamFG). Auf ihren Antrag sind diese Kann – Beteiligten zu beteiligen (§ 36 I 3 IntErbRVG). Wird der Beteiligungsantrag abgelehnt kann dagegen sofortige Beschwerde nach ZPO-Regeln eingelegt werden (§ 7 V FamFG).

b) Die Frage ist, wie die Kann-Beteiligten zu ermitteln sind, wenn der Antragsteller unzureichende Angaben macht. Art. 66 IV EuErbVO sagt dazu: 837
[1]Die Ausstellungsbehörde unternimmt alle erforderlichen Schritte, um die Berechtigten von der Beantragung eines Zeugnisses zu unterrichten. [2]Sie hört, **falls** dies für die Feststellung des zu bescheinigenden Sachverhalts erforderlich ist, jeden Beteiligten, Testamentsvollstrecker oder Nachlassverwalter und gibt durch **öffentliche Bekanntmachung** *anderen möglichen* Berechtigten Gelegenheit, ihre Rechte geltend zu machen. Wegen dem „falls" in S. 2 wird häufig nichts öffentlich bekanntgemacht.

Art. 66 IV EuErbVO verweist somit über § 352d IntErbRVG auf die öffentliche Bekanntmachung nach §§ 435 bis 437 FamFG. Die Bekanntmachungsdauer beträgt mindestens sechs Wochen (§ 437 FamFG). Die Idee, dass der „Aushang" (d. h. die Internet-Veröffentlichung) zusätzlich in englischer Sprache erfolgen müsse, ist nicht Gesetz geworden. Im Ausland muss nicht öffentlich bekannt gemacht werden. 838

Die „Berechtigten" sind bei gesetzlicher Erbfolge die gesetzlichen Erben, bei letztwilliger Verfügung sind es wohl die in § 37 I IntErbRVG genannten Personen. 839

9.4 Verhältnis zum Erbscheinsverfahren

Erbschein und ENZ sind zwei verschiedene Verfahrensgegenstände, auch gebührenmäßig. Ein wesentlicher Unterschied ist, dass der Erbschein einen **Feststellungsbeschluss** voraussetzt (§ 352e FamFG), dessen Wirkungen bei Streit ausgesetzt werden, während es beim ENZ kein solches Verfahren gibt. 840

a) Beide Anträge gleichzeitig. Das Erbscheinsverfahren (mit eidesstattlicher Versicherung) sollte vorgezogen werden. Widerspricht der Erbscheinsantrag dem erklärten Willen eines Beteiligten, ergeht ein Feststellungsbeschluss (§ 352e FamFG), es ist dann abzuwarten, ob Beschwerde eingelegt wird. Wird keine Beschwerde eingelegt oder wird sie zurückgewiesen kann der Erbschein erteilt werden. Vor Erteilung des ENZ sind die Beteiligten gesondert zum neuen Verfahrensgegenstand „ENZ" anzuhören, dann kann das ENZ (ohne eidesstattliche Versicherung, die erlassen wird) inhaltsgleich erteilt werden. Wird gegen das ENZ anschließend erfolgreich Beschwerde eingelegt, hat dies nicht zwingend die Einziehung des Erbscheins nach § 2361 BGB zur 841

Folge, weil es sich um verschiedene Verfahrensgegenstände handelt, es kommt darauf an, *weshalb* das ENZ aufgehoben wurde.

842 b) Zuerst Erbschein, dann ENZ-Antrag. Hier schließt sich ein neues Verfahren an, eine neue eidesstattliche Versicherung ist in der Regel entbehrlich; zur Ablehnung der Ausstellung vgl. Art. 67 EuErbVO (Rz. 845).

843 c) Zuerst ENZ, dann Erbscheinsantrag. Beide Dokumente können nebeneinander bestehen, eine neue eidesstattliche Versicherung ist in der Regel entbehrlich.

10. Erteilung des ENZ

844 a) Kein vorheriger Feststellungsbeschluss
Wird ein Erbschein beantragt, hat das Gericht vor Erteilung einen Feststellungsbeschluss zu erlassen (Rz. 276), der in unstreitigen Fällen in den Akten bleibt, in den streitigen Fällen aber den widersprechenden Beteiligten zugestellt wird, so dass sie Beschwerde zum OLG einlegen können (§ 352e FamFG). Wird ein ENZ beantragt, sieht weder Art. 67 EuErbVO noch § 39 IntErbRVG einen solchen Feststellungsbeschluss vor. Im europäischen Recht wird also zur deutschen Gesetzeslage vor dem 1. 9. 2009 zurückgekehrt, aber ohne Vorbescheid.

845 b) **Ausstellung der Urschrift des ENZ.** Art. 67 I EuErbVO: Das Nachlassgericht stellt das ENZ *unverzüglich* aus, „wenn der zu bescheinigende Sachverhalt nach dem auf die Rechtsnachfolge von Todes wegen anzuwendenden Recht oder jedem anderen auf einen spezifischen Sachverhalt anzuwendenden Recht feststeht." Dabei wird allerdings übersehen, dass ein ENZ keinen historischen Sachverhalt bestätigt, sondern dessen rechtliche Folgen bezeugt. Entschieden wird nicht (wie beim Erbschein) durch einen Beschluss, sondern durch Ausstellung der Urschrift des ENZ. Zur Ausstellung muss vom Nachlassgericht zwingend ein bestimmtes Formblatt[1890] verwendet werden (Art. 67 EuErbVO; § 39 II IntErbRVG). Auch das Beschwerdegericht (OLG) kann das ENZ ausstellen (§ 43 V 2 IntErbRVG), anders als beim Erbschein, wo das OLG nur das Nachlassgericht zur Erteilung anweisen kann.

846 c) **Widersprechende Anträge.** Ungeregelt ist, wie zu verfahren ist, wenn auf den Antrag des A ein ENZ ausgestellt wird, der gegensätzliche Antrag des B (eigener Gebührentatbestand), der sich ebenfalls für den Alleinerben hält, aber keinen Erfolg hat. Es handelt sich also um zwei verschiedene Verfahren. Das IntErbRVG tut so, wie wenn die Anträge, falls schlüssig, postwendend durch Formular positiv entschieden würden. Tatsächlich ist ein anderer Antrag (zu unterscheiden von Einwendungen gegen einen Antrag) durch Beschluss (§ 39 I 3 IntErbRVG) mit Begründung, evtl. Kostenentscheidung (§§ 81 ff. FamFG) und Rechtsmittelbelehrung zurückzuweisen, die bloße Zustellung einer unbeglaubigten Abschrift des ENZ genügt nicht. Es ist nicht

1890 DurchführungsVO (EU) Nr. 1329/2014.

zweckmäßig bei gegensätzlichen Anträgen gleichzeitig zu entscheiden. Man sollte nach Erteilung des ENZ die Rechtskraft abwarten und erst nach deren Eintritt den anderen ENZ-Antrag zurückweisen.

d) **Einwendungen des Antragsgegners.** Umstritten ist, wie zu verfahren ist, 847
wenn der Antragsgegner Einwendungen vorbringt (kein eigener Gebührentatbestand), etwa zur Zuständigkeit (wo war der letzte gewöhnliche Aufenthalt?, stillschweigende Rechtswahl?), zum anwendbaren Recht (z. B. Art. 21 II EuErbVO: sprechen die Umstände für ein anderes Recht als das Aufenthaltsrecht?), zur **Testamentsauslegung**, zur **Testierfähigkeit** usw., die Antragszurückweisung also beantragt, aber keinen eigenen Antrag auf ein ENZ stellt.

- Das Nachlassgericht hat wie im Erbscheinsverfahren zu ermitteln,[1891] z. B. ob Testierunfähigkeit vorlag, und wenn es die Einwendungen für nicht durchgreifend hält, sind meines Erachtens die Gründe hierfür im ENZ in Formblatt V Anlage IV unter 11 („Weitere Erläuterungen") darzulegen, so wie im deutschen Erbscheinsverfahren und entsprechend § 38 FamFG. Jedenfalls können sie nicht stillschweigend übergangen werden.
- Nach Auffassung des **EuGH**[1892] und eines Teils der Literatur[1893] kann das Nachlassgericht ein ENZ nur dann ausstellen, wenn sich kein anderer Beteiligter „mit widersprechender Rechtsstellung" meldet, wenn also ein **einvernehmliches Verfahren** vorliegt. Schon der bloße Einwand, „der Erblasser war testierunfähig", blockiert. Einwände stehen auch dann der Erteilung des ENZ entgegen, wenn sie unbegründet oder unsubstantiiert erscheinen. In solchen Fällen sei das ENZ vom Nachlassgericht abzulehnen, was aus dem Wortlaut von Art. 67 I UAbs. 2a EuErbVO sowie aus Art. 66 IV EuErbVO und dem ENZ-Formblatt folge. Nur Einwände, die in einem anderen Verfahren rechtskräftig zurückgewiesen worden sind, dürfen beachtet werden; also muss ein Erbscheinsverfahren vorausgehen, dessen Feststellungsbeschluss rechtskräftig wird.
- Oder, wenn man kein Erbscheinsverfahren einleiten will: Dann entscheidet **erst das OLG**[1894] auf die Beschwerde (Art. 72 EuErbVO) gegen den ENZ-Ablehnungsbeschluss die streitige Frage, wie z. B. das Testament auslegen sei, ob der Erblasser testierfähig war usw. und stellt dann ggf. das ENZ selbst aus oder weist das Nachlassgericht zur Ausstellung an. Der EuGH hat in Tz 65 der obigen Entscheidung darauf hingewiesen, dass das OLG in der Beschwerde „ggf die Begründetheit der Einwände prüfen" könne. Nach Art. 69 I EuErbVO überprüft das Nachlassgericht (somit auch

1891 OLG Stuttgart ErbR 2021, 353; Herzog ErbR 2013, 2.

1892 EuGH ZEV 2025, 189 mAnm Jessica Schmidt; dem EuGH folgend OLG Köln FGPrax 2025, 134; OLG Nürnberg B.v. 21. 3. 2025, 15 Wx 1493/23.

1893 Z. B. MünchKommFamFG/Grziwotz Art 67 EuErbVO Rz. 6; Lamberz ErbR 2021, 356; Marx ErbR 2021, 491.

1894 OLG Saarbrücken ZEV 2025, 258; MünchKommBGB/Dutta EuErbVO Art. 67 Rz. 6.

das OLG) die Angaben des Antragstellers von Amts wegen und kann selbst Nachforschungen durchführen.

11. Inhalt des ENZ

848 Den Inhalt des ENZ regelt Art. 68 EuErbVO in 15 Punkten, teils in merkwürdiger Sprache, die sich dann im amtlichen Formular (Umfang 15 Seiten) wiederfinden. Das ENZ ist nach Meinung des OLG Bremen auch dann als Nachweis gem. Art. 69 Abs. 5 EuErbVO geeignet, wenn das Formblatt nicht vollständig ausgefüllt ist, die fehlenden Angaben sich aber aus einer mit dem Formblatt verbundenen Erklärung des ausstellenden Notars ergeben.[1895] Ein ENZ, bei dem das ENZ-Formular nicht verwendet wurde, ist zwar nicht nichtig,[1896] wird aber in dem Ausland, das die deutsche Sprache nicht kennt, auf Akzeptanzprobleme stoßen. Da das Zeugnis im Schablonensystem erstellt wird, kann es grundsätzlich auch im Ausland, wo Deutsch nicht verstanden wird, optisch verstanden und verwendet werden. Eine „Anerkennung" gibt es nicht.

Im ENZ, das nach deutschem Recht erteilt wird, dürfen **einzelne Nachlassgegenstände** nicht genannt werden,[1897] z. B. nicht eine Eigentumswohnung in Polen oder Österreich; eine Ausnahme gilt im Höferecht. Das Problem ist nicht nur die starre deutsche Universalsukzession (§ 1922 BGB), sondern auch faktisch, wie das deutsche Nachlassgericht z. B. feststellen soll, dass ein Grundstück oder ein Gemälde in Lettland tatsächlich dem Antragsteller gehört (dazu ErwG 71 S. 3 EuErbVO), der das im ENZ zu vermerken beantragt. Die Frage ist zweifelhaft und hängt von der Auslegung des Art. 68 EuErbVO ab. Der EuGH[1898] hat sich dazu bisher nicht abschließend geäußert. Vielleicht handelt es sich nur um ein Problem des jeweiligen ausländischen Registerrechts.[1899] Die österreichischen Grundbuchämter verlangen solche Angaben im Erbschein bzw. ENZ. Der österr. OGH[1900] hat entschieden, dass in Deutschland ausgestellte ENZ auch ohne genaue Bezeichnung des in Österreich belegenen Grundstücks eine Eintragungsunterlage für das österreichische Grundbuch sind. – Wenn im ENZ, das von einer italienischen Behörde ausgestellt ist, unter Anlage IV (Stellung des Erben) Unklares steht, kann dies zu Schwierigkeiten führen, wenn im deutschen Grundbuch der Erbe als Eigentümer eingetragen werden soll.[1901] Die Streitfrage wurde vom BGH dem EuGH vorgelegt.[1902]

1895 OLG Bremen ZEV 2024, 548 = ErbR 2024, 714 (nicht überzeugend).
1896 Süß ZEuP 2013, 725; MünchKomm/Dutta EuErbVO Art. 67 Rz. 14.
1897 OLG Düsseldorf ZEV 2021, 62 + 156; OLG München ZEV 2017, 580; OLG Nürnberg ZEV 2017, 579. Daher nützt das ENZ in bestimmen Ländern wie zB Litauen nicht bei der Grundbuchumschreibung, EuGH ErbR 2023, 683.
1898 EuGH ZEV 2023, 532.
1899 Grziwotz ZEV 2025, 117 in Anm. zu BGH.
1900 OGH ZEV 2019, 353.
1901 OLG München ZErb 2021, 35.
1902 BGH ZEV 2025, 113 = FamRZ 2025, 300.

Das **Grund-Formular** (Formblatt V) hat **5 Anlagen:** 849

Anlage I (juristische Person als Antragsteller, z. B. eine Stiftung)

Anlage II Angaben zum Vertreter des Antragstellers (z. B. Rechtsanwalt)

Anlage III Angaben zum ehelichen Güterstand des Erblassers

Anlage IV: Stellung und Rechte des/der Erben; bei mehr als einem Erben ist die Anlage mehrfach auszufüllen; **zu Ziffer 8: hier wird der Erbe mit seinem Anteil an der Erbschaft genannt (Alleinerbe, Miterbe zu 1/2)**; zu Ziffer 10: Beschränkungen, denen die Erben unterliegen: das sind Nacherbfolge, Testamentsvollstreckung.

Anlage V: Stellung und Rechte des/der Vermächtnisnehmer mit dinglicher Berechtigung

Anlage VI: Befugnis zur Testamentsvollstreckung oder Nachlassverwaltung. In 22 Ziffern enthält die Anlage VI unzureichende Schilderungen der deutschen Rechtslage (z. B. kann ein Testamentsvollstrecker nach deutschem Recht keine Spenden/Schenkungen vergeben). Man wird entweder nach Ziffer 4, 23 oder bei Ziffer 8 ergänzend auf §§ 2197 bis 2227 BGB hinweisen müssen. Damit entfallen die Probleme bei stichwortartiger Angabe, z. B. „Der Testamentsvollstrecker ist verfügungsbefugt".

Umstritten war, wie **§ 1371 BGB** im ENZ zu behandeln ist. Stirbt E und hinterlässt er seine Frau und zwei Kinder, dann lautet der Erbschein auf 1/2 (1/4 + 1/4) für die Frau (§ 1931 BGB) und je 1/4 für die beiden Kinder. Wenn das ENZ im Ausland zu verwenden ist, wo es kein güterrechtliches Viertel nach § 1371 BGB gibt, ist nach Auffassung des EuGH[1903] gleichwohl ein mit dem Erbschein gleichlautendes ENZ zu erteilen, weil § 1371 BGB *erbrechtlich* zu qualifizieren ist (und nicht *güterrechtlich,* wie der BGH[1904] meinte). Die deutschen Nachlassgerichte waren vor dem 17. 8. 2015 meist anderer Meinung; solche Erbscheine sind aber nicht als unrichtig (§ 2361 BGB) einzuziehen.[1905]

12. Wirksamwerden der Entscheidung des Nachlassgerichts

Die Entscheidung des Nachlassgerichts wird wirksam mit Übergabe an die Geschäftsstelle zwecks Bekanntgabe (§ 40 IntErbRVG; Abweichung von § 40 I FamFG), während ein Erbschein erst mit Bekanntgabe an den Antragsteller wirksam wird. Der Zeitpunkt der Übergabe an die Geschäftsstelle ist auf der Entscheidung zu vermerken. 850

13. Erteilung von beglaubigten Abschriften des ENZ

Die **Urschrift** des ENZ bleibt beim Nachlassgericht (bzw. OLG, wenn dieses das ENZ ausgestellt hat). Der Antragsteller bzw. die Antragsteller (z. B. Miterben) 851

1903 EuGH ZEV 2018, 205 (Mahnkopf).
1904 BGH ZEV 2015, 409.
1905 OLG München ZErb 2020, 17.

erhält eine oder mehrere **beglaubigte Abschriften** (Art. 70 I EuErbVO; § 40 IntErbRVG); das sind Ausfertigungen im Sinne des deutschen Rechts. Die weiteren Beteiligten (§ 37 I 2 IntErbRVG) erhalten zur Information formlos einfache Abschriften des ENZ (§ 15 FamFG). Wenn das ENZ ihrem erklärten Willen widersprach (z. B. beim Antragsgegner) erfolgt Zustellung (§ 41 FamFG). Wenn andere Antragsteller (z. B. der Testamentsvollstrecker) ebenfalls eine *beglaubigte* Abschrift verlangen, muss für sie ein Verfahren nach § 33 Nr. 2 IntErbRVG durchgeführt werden.[1906] Das Nachlassgericht führt ein Verzeichnis der Personen, denen beglaubigte Abschriften des ENZ ausgestellt wurden (Art. 70 II EuErbVO).

Wurden die Wirkungen vom Nachlassgericht bzw. OLG nach Art. 73 EuErbVO ausgesetzt, benachrichtigt das Nachlassgericht bzw. OLG alle Inhaber von beglaubigten Abschriften des ENZ über eine Aussetzung der Wirkungen des Zeugnisses (Art. 73 II 1 EuErbVO). Auf diese Weise werden sie bösgläubig, können nicht mehr darauf vertrauen, wenn ihnen ein ENZ vorgelegt wird.

14. Erteilung weiterer beglaubigter Abschriften des ENZ

852 Damit ist nicht die Erteilung einer beglaubigten Abschrift bei Ausstellung des ENZ gemeint (denn die Urschrift bleibt beim Gericht), sondern eine weitere Erteilung einer beglaubigten Abschrift des ENZ an sonstige Berechtigte (vgl. § 33 Nr. 2 IntErbRVG), z. B. dingliche Vermächtnisnehmer, Testamentsvollstrecker, Nachlassverwalter. Beteiligter des Verfahrens ist nur der Antragsteller (§ 37 III IntErbRVG); die anderen Beteiligten werden nicht mehr einbezogen. Der Antragsteller muss ein berechtigtes Interesse nachweisen (Art. 70 I EuErbVO), das kann z. B. auch ein Nachlassschuldner sein. Entschieden wird durch Erteilung einer beglaubigten Abschrift des ENZ (§ 39 I 2 FamFG), bei Ablehnung durch Beschluss. Die Ablehnung ist unanfechtbar (§ 43 IntErbRVG), in diesem Fall kann der Antragsteller aber selbst einen ENZ-Antrag stellen.

15. Gültigkeitsdauer der beglaubigten Abschrift des ENZ

853 a) **Regelfrist.** Die Gültigkeit der beglaubigten Abschrift des ENZ beträgt sechs Monate (Art. 70 III EuErbVO; Fristberechnung vgl. § 42 IntErbRVG), während der deutsche Erbschein ewig gilt. Das Ablaufdatum ist im ENZ angegeben. Die Urschrift bleibt in den Akten des Nachlassgerichts und wird nicht ausgehändigt. Zeigt sich *nach* Fristablauf, dass das ENZ noch benötigt wird, muss kostenpflichtig eine neue beglaubigte Abschrift beantragt werden, vgl. § 33 Nr. 2 IntErbRVG.[1907] Denn Art. 70 III 3 EuErbVO besagt: Nach Ablauf dieses Zeitraums muss jede Person, die sich im Besitz einer beglaubigten Abschrift befindet, beim Nachlassgericht eine Verlängerung der Gültigkeitsfrist der beglaubigten Abschrift oder eine neue beglaubigte Abschrift beantragen, um das Zeugnis zu den in Art. 63 angegebenen Zwecken verwenden zu können. Das Grundbuchamt darf eine Eintragung vornehmen, wenn zum *Zeitpunkt*

1906 BR-Drucks. 644/14 S. 60.
1907 Kritisch dazu Vollmer ZErb 2012, 227.

des Eingangs des Antrages die Gültigkeitsfrist noch nicht abgelaufen ist, selbst wenn das ENZ beim Vollzug einer Eintragung schon abgelaufen ist.[1908] Es kommt auf den Zeitpunkt des Eingangs an, vgl. § 878 BGB; denn der Einreicher hat keinen Einfluss auf die Bearbeitungszeit.[1909]

b) **Längere Gültigkeit.** Das ENZ kann „in ordnungsgemäß begründeten Ausnahmefällen" eine längere Ablaufzeit als sechs Monate angeben (Art. 70 III 2 EuErbVO). So ist es z. B., wenn in anderen EuErbVO-Mitgliedstaaten Rechtshandlungen (z. B. Grundstücksverkäufe) vorzunehmen sind, die länger als sechs Monate dauern werden; oder wenn eine Dauertestamentsvollstreckung angeordnet wurde. Eine Höchstfrist besteht nicht. Steht im ENZ fälschlich „unbefristet" gilt es sechs Monate.[1910] 854

16. Verlängerung der Gültigkeitsfrist eines ENZ

Eine Verlängerung der sechsmonatigen Gültigkeitsfrist eines ENZ kann nicht 855 nur innerhalb der laufenden Frist, sondern (nach Art. 70 III 3 EuErbVO) noch nach Fristablauf erfolgen (dann gab es also unter Umständen eine Zeitspanne lang kein gültiges ENZ, außer man hält eine rückwirkende Verlängerung für möglich). Beteiligter ist nur der Antragsteller (§ 37 III IntErbRVG). Weitere Voraussetzungen bestehen nicht. Entschieden wird durch ein neues ENZ mit neuem Gültigkeitsende (vgl. § 39 I FamFG), Gebühr: 20 Euro; bei Ablehnung durch Beschluss. Eine Beschwerde ist nicht statthaft (§§ 33 Nr. 2, 43 IntErbRVG).

17. Ablehnung der Erteilung eines ENZ

Dazu enthält das IntErbRVG allenfalls in § 39 I 3 IntErbRVG eine Regelung. Die 856 Ablehnung des Antrags erfolgt durch Beschluss (§ 38 FamFG), mit Rechtsmittelbelehrung und gegebenenfalls Kostenentscheidung (§ 81 FamFG). Die Ablehnung hat aus denselben Gründen zu erfolgen wie die Ablehnung eines Erbscheinsantrags.

Art. 67 I 3 EuErbVO besagt: Das Nachlassgericht stellt das ENZ „insbesondere" nicht aus, wenn

a) Einwände gegen den zu bescheinigenden Sachverhalt anhängig sind oder
b) wenn das ENZ mit einer Entscheidung zum selben Sachverhalt nicht vereinbar wäre.

Mit der ersten Fallgruppe (a) ist gemeint, dass die festgestellten Tatsachen nach 857 Auffassung des Nachlassgerichts den Antrag nicht rechtfertigen (streitig ist, wie „anhängig" auszulegen ist); nach Auffassung des EuGH (oben Rz. 847) ist das ENZ-Verfahren ein „einvernehmliches Verfahren", bei Widerspruch eines anderen Beteiligten sei der Antrag immer abzulehnen (dann kann durch Einwände

1908 EuGH NJW 2021, 2421; a. A. KG FamRZ 2020, 53 = ZEV 2019, 643; Böhringer NotBZ 2015, 281.
1909 Vgl. EuGH NJW 2021, 2421; MünchKommBGB/Dutta Art. 69 EuErbVO Rn. 4.
1910 EuGH NJW 2021, 2421.

„ins Blaue hinein" jedes ENZ blockiert werden). Nach der zweiten Fallgruppe (b) können (theoretisch) nicht zwei sich widersprechende ENZ existieren,[1911] zuerst ist das eine ENZ zu widerrufen.

18. Wirkungen des ENZ

858 a) Das Zeugnis entfaltet seine Wirkungen **in allen Mitgliedstaaten**, ohne dass es eines besonderen Verfahrens bedarf (Art. 69 I EuErbVO). In Drittstaaten (z. B. Großbritannien, Irland, Dänemark, Schweiz) entfaltet es keine *rechtlichen* Wirkungen. Eine „Anerkennung" gibt es nicht.
Unklar ist, welche Folgen es hat, wenn **widersprüchliche ENZ,** d. h. beglaubigte Abschriften (z. B. aus verschiedenen Mitgliedstaaten) existieren. Zwei widersprüchliche Erbscheine heben sich in ihrer Wirkung gegenseitig auf, soweit sie im Widerspruch stehen, weil es beim Erbschein nur auf die Existenz in der Nachlassakte ankommt. Beim ENZ dagegen ist das Vorlegen wesentlich, wer vorlegt, hat den Vertrauensschutz.[1912]

859 b) Es wird vermutet, dass das Zeugnis die Sachverhalte, die nach dem auf die Rechtsnachfolge von Todes wegen anzuwendendem Recht oder einem anderen auf spezifische Sachverhalte anzuwendenden Recht festgestellt wurden, zutreffend ausweist. Es wird vermutet, dass die Person, die im Zeugnis als Erbe, Vermächtnisnehmer, Testamentsvollstrecker oder Nachlassverwalter genannt ist, die in dem Zeugnis genannte Rechtsstellung und/oder die in dem Zeugnis aufgeführten Rechte oder Befugnisse hat und dass diese Rechte oder Befugnisse keinen anderen als den im Zeugnis aufgeführten Bedingungen und/oder Beschränkungen unterliegen (Art. 69 II EuErbVO).

860 Wer auf der Grundlage der in dem Zeugnis enthaltenen Angaben einer Person **Zahlungen leistet** oder **Vermögenswerte übergibt**, die in dem Zeugnis als zur Entgegennahme derselben berechtigt bezeichnet wird, gilt als Person, die an einen zur Entgegennahme der Zahlungen oder Vermögenswerte Berechtigten geleistet hat, es sei denn, er wusste, dass das Zeugnis inhaltlich unrichtig ist, oder ihm war dies infolge grober Fahrlässigkeit nicht bekannt (Art. 69 III EuErbVO).

861 **Existiert neben dem ENZ ein Erbschein**, dann stehen unterschiedliche Gutglaubenswirkungen (§§ 2366, 2367 BGB) nebeneinander (Rz. 864).

862 **Verfügt** eine Person, die in dem Zeugnis als zur Verfügung über Nachlassvermögen berechtigt bezeichnet wird, über Nachlassvermögen zugunsten eines anderen, so gilt dieser andere, falls er auf der Grundlage der in dem Zeugnis enthaltenen Angaben handelt, als Person, die von einem zur Verfügung über das betreffende Vermögen Berechtigten erworben hat, es sei denn, er wusste, dass das Zeugnis inhaltlich unrichtig ist, oder ihm war dies infolge grober Fahrlässigkeit nicht bekannt (Art. 69 IV EuErbVO).

1911 A. A. Burandt/Rojahn, ErbR, 2. Aufl., Art. 71 EuErbVO Rn. 3.
1912 Ähnlich MünchKommBGB/Dutta EuErbVO Art. 69 Rz. 25. Umstritten.

Art. 69 IV EuErbVO zeigt, dass es darauf ankommt, dass eine zeitlich gültige beglaubigte **Abschrift des ENZ vorgelegt** wird (während nach §§ 2366, 2367 BGB die Existenz eines Erbscheins genügt, der dem Geschäftspartner nicht vorgelegt werden muss).[1913] 863

Die **Gutglaubenswirkung** des ENZ ist anders als beim Erbschein: Nach § 2366 BGB schadet nur positive Kenntnis der Unrichtigkeit des Erbscheins, bei Art. 69 IV EuErbVO genügt bereits die grob fahrlässige Unkenntnis des Erwerbers von der Unrichtigkeit des ENZ. Das Testamentsvollsteckerzeugnis wird mit der Beendigung des Amts automatisch kraftlos (§ 2368 BGB), das einem Testamentsvollstrecker erteilte ENZ dagegen wird erst mit Ablauf der Gültigkeitsfrist wirkungslos. 864

Zur Aussetzung der Wirkungen des ENZ vgl. Art. 73 EuErbVO (Rz. 867).

c) **Grundbuch.**[1914] Das Zeugnis stellt ein wirksames Schriftstück für die Eintragung des Nachlassvermögens in das einschlägige Register eines Mitgliedstaats dar, unbeschadet des Artikels 1 II k und l (Art. 69 V EuErbVO). Mehrere ENZ müssen nicht „urkundlich" verbunden werden.[1915] In § 35 GBO wird dem Erbschein das Europäische Nachlasszeugnis gleichgestellt und genügt also zur Eintragung des Erben. Jedoch können ins deutsche Grundbuch keine dinglichen Rechte eingetragen werden, die dem deutschen Recht fremd sind. Hier wird man anpassen müssen (vgl. Art. 31 EuErbVO). Steht einer Person somit nach ausländischem Recht ein Vindikationslegat[1916] zu (Vermächtnis mit unmittelbarer Beteiligung am Nachlass), dann ist es in Deutschland in ein Vermächtnis nach § 2174 BGB umzudeuten,[1917] so dass eine Eigentumsübertragung nach §§ 929 ff. BGB bzw. § 873 BGB notwendig ist.[1918] Die Anpassung erfolgt nicht im ENZ, sondern erst im Rahmen der Verwendung des ENZ.[1919] Ergibt sich aus dem (italienischen) ENZ, dass kein dinglicher Übergang des Eigentums erfolgte, sondern erst eine Auseinandersetzung notwendig ist, ist die Richtigkeit des ENZ widerlegt.[1920] Richtet sich die Erbfolge nach italienischem Recht und hat das ital. ENZ (in Anlage IV Ziffer 9) eine bestimmte Eigentumswohnung in Deutschland einem bestimmten Miterben zugewiesen, dann kann dieser Miterbe im deutschen Grundbuch als Alleineigentümer der ETW eingetragen werden.[1921] 865

d) **Widersprechende ENZ.** Theoretisch verhindert Art. 17 EuErbVO, dass in derselben Nachlasssache zwei Nachlassgerichte z.B. aus verschiedenen Mit- 866

1913 MünchKommBGB/Dutta EuErbVO Art. 69 Rz. 22, 25; Volmer Rpfleger 2013, 421; Omlor ErbR 2015, 286; a. A. Buschbaum/Simon NJW 2012, 2393. Umstritten.

1914 Wilsch ZEV 2012, 530.

1915 KG ErbR 2023, 944. ENZ Vater-Mutter, dann ENZ Mutter-Tochter.

1916 Hierzu Jan Peter Schmidt ZEV 2014, 133.

1917 BGH NJW 1995, 58.

1918 Dörner ZEV 2012, 505; Burandt/Rojahn ErbR EuErbVO Art. 3 Rz. 3.

1919 Buschbaum/Simon ZEV 2012, 525.

1920 OLG München FGPrax 2020, 265.

1921 KG ErbR 2023, 304.

gliedstaaten verschiedene ENZ erteilen. Doch hat das zweite „Nachlassgericht" Kenntnis vom ersten ENZ-Verfahren nur, wenn es davon informiert wird. Die Lösung ist umstritten. Nachdem es auf das Vorzeigen des ENZ ankommt, erscheint es besser, anzunehmen, dass jedes ENZ Grundlage eines gutgläubigen Erwerbs sein kann.[1922] Ein zentrales Verzeichnis aller ENZ gibt es in Deutschland nicht (aber z. B. in Polen[1923]); es würde das Problem lösen.

19. Aussetzung der Wirkungen des ENZ

867 Art. 73 EuErbVO besagt: (1) Die Wirkungen des Zeugnisses können ausgesetzt werden

a) vom Nachlassgericht (bzw OLG) auf Verlangen einer Person, die ein berechtigtes Interesse nachweist, bis zur Änderung oder zum Widerruf des Zeugnisses nach Art. 71 oder

b) vom OLG auf Antrag einer Person, die berechtigt ist, eine vom Nachlassgericht nach Art. 72 getroffene Entscheidung anzufechten, während der Anhängigkeit des Rechtsbehelfs.

(2) Das Nachlassgericht oder gegebenenfalls das OLG unterrichtet unverzüglich alle Personen, denen beglaubigte Abschriften des Zeugnisses nach Art. 70 I ausgestellt worden sind, über eine Aussetzung der Wirkungen des Zeugnisses.

Während der Aussetzung der Wirkungen des Zeugnisses dürfen keine weiteren beglaubigten Abschriften des Zeugnisses ausgestellt werden.

868 Dieses Verfahren soll die Gefahren, die von unrichtigen ENZ ausgehen, verringern. Entschieden wird durch Beschluss (§ 39 I 3 IntErbRVG).

20. Berichtigung eines ENZ

869 Eine Berichtigung des ENZ kann von Amts wegen oder auf Verlangen bei Schreibfehlern erfolgen (Art. 71 I EuErbVO), aber auch bei Rechenfehlern und sonstigen offenbaren Unrichtigkeiten (§ 42 FamFG). Beteiligte sind die hiervon Betroffenen (§ 37 II IntErbRVG). Unklar ist, wie entschieden wird. Vermutlich ist unter Widerruf des alten ENZ ein neues auszustellen, also nicht nur ein Berichtigungsbeschluss zu erlassen. Das Nachlassgericht unterrichtet alle Inhaber von beglaubigten Abschriften des ENZ über eine Berichtigung des ENZ (Art. 71 III EuErbVO). Das alte ENZ muss anscheinend nicht zurückgegeben werden.

21. Widerruf eines ENZ

870 Ergibt sich, dass das ENZ unrichtig bist, ist es von Amts wegen oder auf Antrag zu widerrufen (§ 38 IntErbRVG); vorher können die Wirkungen ausgesetzt werden (Art. 73 Ia EuErbVO).[1924] Antragsberechtigt ist jeder, der ein berechtigtes

---

1922 Omlor ErbR 2015, 286; a. A. Buschbaum/Simon ZEV 2012, 525.
1923 Reimann/Margonski ZEV 2022, 636.
1924 OLG Karlsruhe ErbR 2025, 589 (Testierunfähigkeit).

Interesse nachweist (Art. 71 II EuErbVO). So ist es z. B., wenn ein neues Testament oder ein Erbverzicht auftaucht oder eine andere Testamentsauslegung erfolgt. Beteiligte sind diejenigen, die am Ausstellungsverfahren beteiligt waren (§ 37 III IntErbRVG). Entschieden wird durch Beschluss (§ 39 I 3 IntErbRVG; § 38 FamFG). Eine Kostenentscheidung ist notwendig (§ 38 S. 3 IntErbRVG; entspricht § 353 II 1 FamFG). Eine **Einziehung und Kraftloserklärung eines ENZ** (wie beim Erbschein, § 2361 BGB) gibt es nicht. Das Nachlassgericht unterrichtet alle Inhaber von beglaubigten Abschriften des ENZ über einen Widerruf des ENZ (Art. 71 III EuErbVO). Zurückgegeben werden muss es nicht, weil es ohnehin befristet ist.

22. Änderung eines ENZ

Ergibt sich, dass das ENZ unrichtig bist, ist es auf Antrag zu ändern (§ 38 IntErbRVG); da in diesem Fall auch der Widerruf möglich ist, wird man zur Abgrenzung sagen können, dass der vollständige Widerruf nur in Frage kommt, wenn eine teilweise Änderung nicht ausreicht. Antragsberechtigt ist jeder, der ein berechtigtes Interesse nachweist (Art. 71 Abs. 2 EuErbVO). Beteiligte sind die hiervon Betroffenen (§ 37 Abs. 2 IntErbRVG). Entschieden wird durch Neuerteilung des geänderten ENZ unter Widerruf des alten. Eine Kostenentscheidung ist notwendig (§ 38 S. 3 IntErbRVG; entspricht § 353 Abs. 2 S. 1 FamFG). Das Nachlassgericht unterrichtet alle Inhaber von beglaubigten Abschriften des ENZ über eine Änderung des ENZ (Art. 71 III EuErbVO). 871

23. Rechtsmittel

a) Beschwerde zum OLG

Gegen Entscheidungen betreffend die Ausstellung, Berichtigung, Änderung, Widerruf des ENZ sowie die Aussetzung der Wirkungen ist die **Beschwerde zum OLG** statthaft (§ 43 IntErbRVG). Die (spätere) Erteilung einer beglaubigten Abschrift des ENZ sowie die Verlängerung der Geltungsdauer (das sind die Fälle des § 33 Nr. 2 IntErbRVG) sind unanfechtbar. Das gilt für stattgebende wie ablehnende Entscheidungen. Die Beschwerde ist beim Nachlassgericht einzulegen. Es besteht kein Anwaltszwang. 872

Die **Beschwerdefrist** beträgt ein Monat. Wenn der Beschwerdeführer seinen gewöhnlichen Aufenthalt im Ausland hat: zwei Monate). Gemeint ist wohl der Aufenthalt bei Bekanntgabe der Entscheidung. 873

Ein **Beschwerdewert** muss nicht erreicht sein (§ 43 I IntErbRVG; anders § 61 FamFG). 874

Die **Beschwerdeberechtigung** ist in § 43 II IntErbRVG geregelt: 875

aa) In einem Teil der Fälle des § 33 Nr. 1 IntErbRVG, nämlich Ausstellung eines ENZ: beschwerdeberechtigt sind die Erben, Vermächtnisnehmer mit unmittelbarer Berechtigung am Nachlass, Testamentsvollstrecker, Nachlassverwalter. sind i. d. R. die Antragsberechtigten).

bb) Bei Berichtigung, Änderung, Widerruf sowie (§ 33 Nr. 3 IntErbRVG) Aussetzung der Wirkungen: beschwerdeberechtigt sind diejenigen Personen, die ein *berechtigtes* Interesse nachweisen. Das ist weniger als ein rechtliches Interesse. der Begriff ist unscharf (vgl. § 59 I FamFG).

cc) Unanfechtbar ist (§ 33 Nr. 2 IntErbRVG) die Erteilung einer beglaubigten Abschrift des ENZ sowie die Verlängerung der Gültigkeitsfrist einer beglaubigten Abschrift.

b) Die Entscheidungsmöglichkeiten des OLG

876 Sie sind in § 43 V IntErbRVG beschrieben:

aa) Bei Beschwerde gegen die Erteilung des ENZ: das OLG ändert oder widerruft das ENZ selbst oder weist das Nachlassgericht an, das ENZ zu berichtigen, zu ändern oder zu widerrufen.

bb) Bei Beschwerde gegen die Ablehnung der Erteilung eines ENZ: das OLG kann das ENZ selbst ausstellen (§ 43 V 2 IntErbRVG) oder an das Nachlassgericht zurückverweisen oder zur Ausstellung anweisen. Im Erbscheinsverfahren kann das OLG immer nur das Nachlassgericht anweisen, einen Erbschein selbst zu erteilen. Lässt das OLG die Rechtsbeschwerde zum BGH nicht zu, stellt das OLG die Urschrift des ENZ selbst aus (das Nachlassgericht versendet dann die beglaubigten Abschriften).

cc) Im Übrigen gilt § 69 FamFG (§ 43 V 4 IntErbRVG).

c) Rechtsbeschwerde

877 Die Rechtsbeschwerde zum BGH ist nur bei Zulassung durch das OLG statthaft (§ 44 IntErbRVG). Zulassungsgründe: § 70 II FamFG. Einlegung und Fristen: § 43 III FamFG. Beim BGH kann nur ein BGH-Anwalt tätig werden (§ 10 IV FamFG).

24. Kosten

a) Gebührenregelungen

878 Für die in § 33 IntErbRVG genannten sieben Vorgänge in Zusammenhang mit einem ENZ gibt es folgende Gerichtsgebührenregelungen:

aa) Verfahren über den Antrag auf Ausstellung des ENZ: KV 12210 ff. und 23300 GNotKG: Gebühren wie beim Erbschein (Rz. 643ff), also 1,0.

bb) Ablehnung/Rücknahme des Antrags: KV 12211, 12212 GNotKG (0,3 bzw 0,5, höchstens 218 bzw 436 Euro, ab 1. 6. 2025).

cc) Berichtigung eines ENZ: gebührenfrei.

dd) Widerruf eines ENZ: Vorbemerkung 1.1.2 (2), KV 12216 GNotKG: 0,5 nach Tabelle B, höchstens 436 Euro.

ee) Änderung eines ENZ: Vorbemerkung 1.1.2 (2), KV 12217 GNotKG: 1,0 nach Tabelle B.

ff) Aussetzung der Wirkungen des ENZ: KV 16210 GNotKG (mit § 62 GNotKG): 0,3 nach Tabelle B.

gg) Erteilung einer beglaubigten Abschrift des ENZ nach Beendigung des Ausstellungsverfahrens: 22 Euro (KV 12218 GNotKG); die erstmalige Ausstellung eines oder mehrerer beglaubigten Abschriften löst diese Gebühr nicht aus, sondern ist mit KV 12210 GNotKG abgegolten. Eine zusätzliche Dokumentenpauschale (KV 31000 GNotKG) wird nicht erhoben.

hh) Verlängerung der Gültigkeitsfrist eines ENZ: 22 Euro (KV 12218 GNotKG).

ii) Einziehung eines ENZ: gibt es nicht (anders als beim Erbschein, §2361 BGB).

jj) Kraftloserklärung eines ENZ: gibt es nicht (anders als beim Erbschein).

Die Kosten werden durch den Eingang des Antrags ausgelöst, nicht erst durch 879
die Ausstellung des ENZ. Wenn es aber nicht zur Ausstellung des ENZ kommt (z. B. wegen Antragsrücknahme) ermäßigt sich die Gebühr der K 12210 (1,0) auf 0,3 bis 0,5 (KV 12211, 12212).

Der Antragsteller ist **Kostenschuldner** (§ 22 I GNotKG). Ob ein Vorschuss verlangt werden kann, richtet sich nach § 13 GNotKG („wenn dies im Einzelfall zur Sicherung des Eingangs der Gebühr erforderlich erscheint", was bei ausländischem Wohnsitz des Antragstellers in Frage kommt).

b) Geschäftswert

Der Geschäftswert des Verfahrens über die Erteilung eines ENZ (für Erben oder 880
dingliche Vermächtnisnehmer), den Widerruf oder die Änderung ist ebenso hoch wie der Geschäftswert des Erbscheinsverfahrens (§40 Abs. 1 GNotKG); ebenso ist es bei der eidesstattlichen Versicherung. Erstrecken sich die Wirkungen des ENZ nur auf einen **Teil des Nachlasses**, bleiben die anderen Teile außer Betracht; ebenso bei Widerruf oder Änderung des ENZ. Soweit von „Vermächtnisnehmern mit unmittelbarer Berechtigung am Nachlass" die Rede ist, sind Vindikationslegate gemeint, die im BGB unbekannt sind (vgl. §2174 BGB), im Ausland (z. B. Polen) aber vorkommen.

Der Geschäftswert der Aussetzung der Wirkungen des ENZ beträgt in der Regel 881
50 % des Wertes der Hauptsache (d. h. des ENZ); § 62 GNotKG.

Die Angabe der Befugnisse des Testamentsvollstreckers ist ein eigener Gebüh- 882
rengegenstand; nach §40 Abs. 5 GNotKG richtet sich der Wert dafür nach der eines Testamentsvollstreckerzeugnisses (20 % des Nachlasswerts); denn das ENZ fasst insoweit den Erbschein mit Testamentsvollstreckervermerk und das Testamentsvollstreckerzeugnis zusammen (§352b Abs. 2 FamFG; §2368 BGB) und der Staat will keine Gebühren verlieren. Ebenso ist es, wenn das ENZ für Nachlassverwalter (z. B. Nachlasspfleger) ausgestellt wird (§ 40 V GNotKG).

c) Anrechnung der Gebühren bei Erbschein/ENZ

Im Ergebnis kostete das Verfahren auf Erteilung eines ENZ so viel wie das 883
Erbscheinsverfahren, nämlich 2,0 nach Tabelle B. **Wer beide Zeugnisse beantragt**, muss aber nicht das Doppelte (also 4,0) bezahlen, sondern wegen der Anrechnungsbestimmung in KV 12210 (2) GNotKG wird die Erbscheinsgebühr

mit 75 % auf die folgende Gebühr für das ENZ angerechnet (und umgekehrt). Das gilt nur, wenn sich Erbschein und ENZ nicht widersprechen. Die Anrechnung erfolgt nicht, wenn ein Antrag abgelehnt wurde (BR-Drs. 644/14, 75). Mit Gebühr ist nur die Gebühr 12210 gemeint, nicht nach KV 23300 GNotKG für die eidesstattliche Versicherung. Sie ist aber für das zweite Verfahren im Regelfall zu erlassen, wenn sie im ersten Verfahren schon abgegeben wurde. In diesem Fall kosten Erbschein und ENZ zusammen 2,25 Gebühr.

Anhänge

Anhang 1
Gebührentabelle GNotKG

(Anlage 2 zu § 34 III GNotKG)

Gesetz über Kosten der freiwilligen Gerichtsbarkeit für Gerichte und Notare (Gerichts- und Notarkostengesetz), gültig ab 1. 6. 2025

(Fundstelle: BGBl. I 2025 Nr. 109)

Geschäftswert bis … €	Gebühr Tabelle A … €	Gebühr Tabelle B … €	Geschäftswert bis … €	Gebühr Tabelle A … €	Gebühr Tabelle B … €	Geschäftswert bis … €	Gebühr Tabelle A … €	Gebühr Tabelle B … €
500	40,00	15,00	**200 000**	2038,00	435,00	**1 550 000**	8 548,00	2 615,00
1 000	61,00	19,00	**230 000**	2 248,00	485,00	**1 600 000**	8 758,00	2 695,00
1 500	82,00	23,00	**260 000**	2 458,00	535,00	**1 650 000**	8 968,00	2 775,00
2 000	103,00	27,00	**290 000**	2668,00	585,00	**1 700 000**	9 178,00	2 855,00
3 000	125,50	33,00	**320 000**	2 878,00	635,00	**1 750 000**	9 388,00	2 935,00
4 000	148,00	39,00	**350 000**	3 088,00	685,00	**1 800 000**	9 598,00	3 015,00
5 000	170,50	45,00	**380 000**	3 298,00	735,00	**1 850 000**	9 808,00	3 095,00
6 000	193,00	51,00	**410 000**	3 508,00	785,00	**1 900 000**	10018,00	3 175,00
7 000	215,50	57,00	**440 000**	3 718,00	835,00	**1 950 000**	10228,00	3 255,00
8 000	238,00	63,00	**470 000**	3 928,00	885,00	**2 000 000**	10438,00	3 335,00
9 000	260,50	69,00	**500 000**	4 138,00	935,00	**2 050 000**	10 648,00	3 415,00
10 000	283,00	75,00	**550 000**	4 348,00	1 015,00	**2 100 000**	10 858,00	3 495,00
13 000	313,50	83,00	**600 000**	4 558,00	1 095,00	**2 150 000**	11 068,00	3 575,00
16 000	344,00	91,00	**650 000**	4 768,00	1 175,00	**2 200 000**	11 278,00	3 655,00
19 000	374,50	99,00	**700 000**	4 978,00	1 255,00	**2 250 000**	11 488,00	3 735,00
22 000	405,00	107,00	**750 000**	5 188,00	1 335,00	**2 300 000**	11 698,00	3 815,00
25 000	435,50	115,00	**800 000**	5 398,00	1 415,00	**2 350 000**	11 908,00	3 895,00
30 000	476,00	125,00	**850 000**	5 608,00	1 495,00	**2 400 000**	12 118,00	3 975,00
35 000	516,50	135,00	**900 000**	5 818,00	1 575,00	**2 450 000**	12 328,00	4 055,00
40 000	557,00	145,00	**950 000**	6 028,00	1 655,00	**2 500 000**	12 538,00	4 135,00
45 000	597,50	155,00	**1 000 000**	6 238,00	1 735,00	**2 550 000**	12 748,00	4 215,00
50 000	638,00	165,00	**1 050 000**	6 448,00	1 815,00	**2 600 000**	12 958,00	4 295,00
65 000	778,00	192,00	**1 100 000**	6 658,00	1 895,00	**2 650 000**	13 168,00	4 375,00
80 000	918,00	219,00	**1 150 000**	6 868,00	1 975,00	**2 700 000**	13 378,00	4 455,00
95 000	1058,00	246,00	**1 200 000**	7 078,00	2 055,00	**2 750 000**	13 588,00	4 535,00
110 000	1198,00	273,00	**1 250 000**	7 288,00	2 135,00	**2 800 000**	13 798,00	4 615,00
125 000	1 338,00	300,00	**1 300 000**	7 498,00	2 215,00	**2 850 000**	14 008,00	4 695,00
140 000	1 478,00	327,00	**1 350 000**	7 708,00	2 295,00	**2 900 000**	14 218,00	4 775,00
155 000	1 618,00	354,00	**1 400 000**	7 918,00	2 375,00	**2 950 000**	14 428,00	4 855,00
170 000	1 758,00	381,00	**1 450 000**	8 128,00	2 455,00	**3 000 000**	14 638,00	4 935,00
185 000	1 898,00	408,00	**1 500 000**	8 338,00	2 535,00			

Anhang 2
DurchführungsVO (EU) Nr. 1329/2014 Formblatt IV
Anhang 4
Antrag auf Ausstellung eines Europäischen Nachlasszeugnisses

Inhaltsübersicht

FORMBLATT IV

Antrag auf Ausstellung eines Europäischen Nachlasszeugnisses (Artikel 65 der Verordnung (EU) Nr. 650/2012 des Europäischen Parlaments und des Rates über die Zuständigkeit, das anzuwendende Recht, die Anerkennung und Vollstreckung von Entscheidungen und die Annahme und Vollstreckung öffentlicher Urkunden in Erbsachen sowie zur Einführung eines Europäischen Nachlasszeugnisses[1925])
MITTEILUNG AN DEN ANTRAGSTELLER **Dieses nicht verbindliche Formblatt soll Ihnen die Zusammenstellung der für die Ausstellung eines Europäischen Nachlasszeugnisses erforderlichen Angaben erleichtern. In den Anlagen zu diesem Formblatt können Sie gegebenenfalls zusätzliche relevante Informationen angeben.** **Bitte prüfen Sie im Voraus, welche Angaben für die Ausstellung des Zeugnisses benötigt werden.**
Dem Antragsformblatt beigefügte Anlagen[1926] ☐ Anlage I – Angaben zum Gericht oder zur sonstigen zuständigen Behörde, das bzw. die mit der Erbsache als solcher befasst ist oder war (OBLIGATORISCH, falls abweichend von der unter 2. des Antragsformblatts genannten Behörde) ☐ Anlage II – Angaben zum/zu den Antragsteller(n) (OBLIGATORISCH, falls es sich um (eine) juristische Person(en) handelt) ☐ Anlage III – Angaben zum Vertreter des/der Antragsteller(s) (OBLIGATORISCH, falls der/die Antragsteller vertreten wird/werden) ☐ Anlage IV – Angaben zum/zu den (ehemaligen) Ehegatten oder (ehemaligen) Lebenspartner(n) des Erblassers (OBLIGATORISCH, falls es einen oder mehrere (ehemalige) Ehegatten oder (ehemalige) Lebenspartner gibt) ☐ Anlage V – Angaben zu möglichen Berechtigten (OBLIGATORISCH, falls abweichend von dem Antragsteller oder dem/den (ehemaligen) Ehegatten oder (ehemaligen) Lebenspartner(n)) ☐ Keine Anlage beigefügt

1925 ABl. L 201 vom 27. 7. 2012, S. 107.
1926 Bitte kreuzen Sie die zutreffenden Kästchen an.

1.	**Mitgliedstaat der Behörde, an die der Antrag gerichtet** ist[1927, 1928]
	☐ Belgien ☐ Bulgarien ☐ Tschechische Republik ☐ Deutschland ☐ Estland ☐ Griechenland ☐ Spanien ☐ Frankreich ☐ Kroatien ☐ Italien ☐ Zypern ☐ Lettland ☐ Litauen ☐ Luxemburg ☐ Ungarn ☐ Malta ☐ Niederlande ☐ Österreich ☐ Polen ☐ Portugal ☐ Rumänien ☐ Slowenien ☐ Slowakei ☐ Finnland ☐ Schweden
2.	**Behörde, an die der Antrag gerichtet ist**[1929]
2.1.	Bezeichnung[1930]: ....
2.2.	Anschrift
2.2.1.	Straße und Hausnummer/Postfach[1931]: ....
2.2.2.	Ort und Postleitzahl[1932]: ....
2.3.	Sonstige relevante Informationen (bitte angeben): ....
3.	**Angaben zum Antragsteller (natürliche Person)**
3.1.	Name und Vorname(n)[1933]: ....
3.2.	Geburtsname (falls abweichend von 3.1): ....
3.3.	Geschlecht[1934]
3.3.1.	☐ M
3.3.2.	☐ F
3.4.	Geburtsdatum (TT.MM.JJJJ) und -ort[1935]: ....
3.5.	Familienstand
3.5.1.	☐ Ledig
3.5.2.	☐ Verheiratet
3.5.3.	☐ Eingetragener Partner
3.5.4.	☐ Geschieden
3.5.5.	☐ Verwitwet
3.5.6.	☐ Sonstiges (bitte angeben): ....
3.6.	Staatsangehörigkeit[1936]
	☐ Belgien ☐ Bulgarien ☐ Tschechische Republik ☐ Deutschland ☐ Estland ☐ Griechenland ☐ Spanien ☐ Frankreich ☐ Kroatien ☐ Italien ☐ Zypern ☐ Lettland ☐ Litauen ☐ Luxemburg ☐ Ungarn ☐ Malta ☐ Niederlande ☐ Österreich ☐ Polen ☐ Portugal ☐ Rumänien ☐ Slowenien ☐ Slowakei ☐ Finnland ☐ Schweden ☐ Sonstige (bitte ISO-Code angeben): ....

1927 Dies sollte der Mitgliedstaat sein, dessen Gerichte gemäß der Verordnung (EU) Nr. 650/2012 zuständig sind.
1928 Obligatorische Angaben.
1929 Falls eine andere Behörde mit der Erbsache befasst ist/war, fügen Sie bitte Anlage I ausgefüllt bei.
1930 Obligatorische Angaben.
1931 Obligatorische Angaben.
1932 Obligatorische Angaben.
1933 Obligatorische Angaben.
1934 Obligatorische Angaben.
1935 Obligatorische Angaben.
1936 Obligatorische Angaben.

3.7. Identifikationsnummer[1937]: ....

3.7.1. Nationale Identitätsnummer: ....

3.7.2. Sozialversicherungsnummer: ....

3.7.3. Steuernummer: ....

3.7.4. Sonstige (bitte angeben): ....

3.8. Anschrift

3.8.1. Straße und Hausnummer/Postfach[1938]: ....
....
....

3.8.2. Ort und Postleitzahl[1939]: ....

3.8.3. Land[1940]
☐ Belgien ☐ Bulgarien ☐ Tschechische Republik ☐ Deutschland ☐ Estland ☐ Griechenland ☐ Spanien ☐ Frankreich ☐ Kroatien ☐ Italien ☐ Zypern ☐ Lettland ☐ Litauen ☐ Luxemburg ☐ Ungarn ☐ Malta ☐ Niederlande ☐ Österreich ☐ Polen ☐ Portugal ☐ Rumänien ☐ Slowenien ☐ Slowakei ☐ Finnland ☐ Schweden
☐ Sonstiges (bitte ISO-Code angeben): ....

3.9. Telefon: ....

3.10. Fax ....

3.11. E-Mail: ....

3.12. Verhältnis zum Erblasser[1941]:
☐ Sohn ☐ Tochter ☐ Vater ☐ Mutter ☐ Enkelsohn ☐ Enkeltochter ☐ Großvater ☐ Großmutter ☐ Ehegatte[1942] ☐ eingetragener Partner[1943] ☐ De-*facto*-Partner[1944, 1945] ☐ Bruder ☐ Schwester ☐ Neffe ☐ Nichte ☐ Onkel ☐ Tante ☐ Cousin/Cousine ☐ Sonstiges (bitte angeben): ....

4. Zweck des Zeugnisses[1946]

4.1. ☐ ***Erbe***
Das Zeugnis wird in einem anderen Mitgliedstaat als Nachweis der Rechtsstellung und/oder der Rechte des Erben benötigt (bitte ausführen): ....
....
....
....
....

4.2. ☐ ***Vermächtnisnehmer***

1937 Bitte geben Sie gegebenenfalls die relevanteste Nummer an.
1938 Obligatorische Angaben.
1939 Obligatorische Angaben.
1940 Obligatorische Angaben.
1941 Obligatorische Angaben.
1942 Bitte Anlage IV ausgefüllt beifügen.
1943 Bitte Anlage IV ausgefüllt beifügen.
1944 Der Begriff des De-facto-Partners schließt die in einigen Mitgliedstaaten für Lebensgemeinschaften bestehenden Rechtsinstitute ein wie „sambo" (Schweden) oder „avopuoliso" (Finnland).
1945 Sie können gegebenenfalls mehr als ein Kästchen ankreuzen.
1946 Der Begriff des De-facto-Partners schließt die in einigen Mitgliedstaaten für Lebensgemeinschaften bestehenden Rechtsinstitute ein wie „sambo" (Schweden) oder „avopuoliso" (Finnland).

Das Zeugnis wird in einem anderen Mitgliedstaat als Nachweis der Rechtsstellung und/oder der Rechte des Vermächtnisnehmers, der unmittelbare Ansprüche aus dem Nachlass hat, benötigt (bitte ausführen): ……………………

……………………………………………………

……………………………………………………

……………………………………………………

……………………………………………………

……………………………………………………

……………………………………………………

4.3. ☐ ***Befugnisse des Testamentsvollstreckers***

Das Zeugnis wird in einem anderen Mitgliedstaat für die Ausübung der Befugnisse des Testamentsvollstreckers benötigt (bitte die Befugnisse und gegebenenfalls die Vermögenswerte, auf die sie sich beziehen, angeben): ……………………

……………………………………………………

……………………………………………………

……………………………………………………

……………………………………………………

……………………………………………………

……………………………………………………

……………………………………………………

……………………………………………………

……………………………………………………

……………………………………………………

……………………………………………………

……………………………………………………

4.4. ☐ ***Befugnisse des Nachlassverwalters***

Das Zeugnis wird in einem anderen Mitgliedstaat für die Ausübung der Befugnisse des Nachlassverwalters benötigt (bitte die Befugnisse und gegebenenfalls die Vermögenswerte, auf die sie sich beziehen, angeben):

……………………………………………………

……………………………………………………

……………………………………………………

……………………………………………………

……………………………………………………

……………………………………………………

……………………………………………………

……………………………………………………

……………………………………………………

……………………………………………………

……………………………………………………

……………………………………………………

5. Angaben zum Erblasser

5.1. Name und Vorname(n)[1947]: ……………………

……………………………………………………

5.2. Geburtsname (falls abweichend von 5.1): ……………………

……………………………………………………

1947 Obligatorische Angaben.

5.3.	Geschlecht[1948]
5.3.1.	☐ M
5.3.2.	☐ F
5.4.	Geburtsdatum (TT.MM.JJJJ) und -ort (Stadt/Land (ISO-Code))[1949]: . . . .
5.5.	Todesdatum (TT.MM.JJJJ) und -ort (Stadt/Land (ISO-Code))[1950]: . . . .
5.6.	Familienstand zum Zeitpunkt des Todes[1951, 1952]
5.6.1.	☐ Ledig
5.6.2.	☐ Verheiratet
5.6.3.	☐ Eingetragener Partner
5.6.4.	☐ Geschieden
5.6.5.	☐ Verwitwet
5.6.6.	☐ Sonstiges (bitte ausführen): . . . .
5.7.	Staatsangehörigkeit[1953] ☐ Belgien ☐ Bulgarien ☐ Tschechische Republik ☐ Deutschland ☐ Estland ☐ Griechenland ☐ Spanien ☐ Frankreich ☐ Kroatien ☐ Italien ☐ Zypern ☐ Lettland ☐ Litauen ☐ Luxemburg ☐ Ungarn ☐ Malta ☐ Niederlande ☐ Österreich ☐ Polen ☐ Portugal ☐ Rumänien ☐ Slowenien ☐ Slowakei ☐ Finnland ☐ Schweden ☐ Sonstige (bitte ISO-Code angeben): . . . .
5.8.	Identifikationsnummer[1954]
5.8.1.	Nationale Identitätsnummer: . . . .
5.8.2.	Nummer der Geburtsurkunde: . . . .
5.8.3.	Nummer der Sterbeurkunde: . . . .
5.8.4.	Sozialversicherungsnummer: . . . .
5.8.5.	Steuernummer: . . . .
5.8.6.	Sonstige (bitte angeben): . . . .
5.9.	Anschrift zum Zeitpunkt des Todes[1955]
5.9.1.	Straße und Hausnummer/Postfach[1956]: . . . .
5.9.2.	Ort und Postleitzahl[1957]: . . . .
5.9.3.	Land[1958]

1948 Obligatorische Angaben.
1949 Obligatorische Angaben.
1950 Obligatorische Angaben.
1951 Wenn der Erblasser verheiratet war oder in einem Verhältnis gelebt hat, das mit der Ehe vergleichbare Wirkungen entfaltet, fügen Sie bitte Anlage IV ausgefüllt bei.
1952 Obligatorische Angaben.
1953 Obligatorische Angaben.
1954 Bitte geben Sie gegebenenfalls die relevanteste Nummer an.
1955 Wenn der Erblasser zum Zeitpunkt seines Todes mehrere private Anschriften hatte, geben Sie bitte die relevanteste an.
1956 Obligatorische Angaben.
1957 Obligatorische Angaben.
1958 Obligatorische Angaben.

	☐ Belgien ☐ Bulgarien ☐ Tschechische Republik ☐ Deutschland ☐ Estland ☐ Griechenland ☐ Spanien ☐ Frankreich ☐ Kroatien ☐ Italien ☐ Zypern ☐ Lettland ☐ Litauen ☐ Luxemburg ☐ Ungarn ☐ Malta ☐ Niederlande ☐ Österreich ☐ Polen ☐ Portugal ☐ Rumänien ☐ Slowenien ☐ Slowakei ☐ Finnland ☐ Schweden ☐ Sonstiges (bitte ISO-Code angeben): ....

6.	**Weitere Angaben**
6.1.	Grundlage für Ihren Anspruch am Nachlass[1959]
6.1.1.	☐ Ich bin ein Berechtigter aufgrund einer Verfügung von Todes wegen
6.1.2.	☐ Ich bin ein Berechtigter nach der gesetzlichen Erbfolge
6.2.	Grundlage für Ihre Befugnis zur Testamentsvollstreckung[1960]
6.2.1.	☐ Ich wurde durch eine Verfügung von Todes wegen als Testamentsvollstrecker benannt
6.2.2.	☐ Ich wurde gerichtlich als Testamentsvollstrecker bestellt
6.2.3.	☐ Sonstiges (bitte ausführen): ....
6.3.	Grundlage für Ihre Befugnis zur Nachlassverwaltung[1961]
6.3.1.	☐ Ich wurde durch eine Verfügung von Todes wegen als Nachlassverwalter benannt
6.3.2.	☐ Ich wurde gerichtlich als Nachlassverwalter bestellt
6.3.3.	☐ Ich wurde in einer außergerichtlichen Einigung zwischen den Berechtigten als Nachlassverwalter benannt.
6.3.4.	☐ Ich habe von Gesetzes wegen die Befugnis zur Nachlassverwaltung
6.4.	Hat der Erblasser eine oder mehrere Verfügungen von Todes wegen hinterlassen?[1962]
6.4.1.	☐ Ja
6.4.2.	☐ Nein
6.4.3.	☐ Nicht bekannt
6.5.	Hat der Erblasser Anordnungen bezüglich des Rechts, dem der Nachlass unterliegen soll, getroffen (Rechtswahl)?[1963]
6.5.1.	☐ Ja
6.5.2.	☐ Nein
6.5.3.	☐ Nicht bekannt
6.6.	War der Erblasser zum Zeitpunkt seines Todes zusammen mit einer anderen Person außer dem in Anlage IV genannten (ehemaligen) Ehegatten oder (ehemaligen) Lebenspartner gemeinsamer Eigentümer von Vermögenswerten, die Teil des Nachlasses sind?[1964]

1959 Obligatorische Angabe, falls mit dem Zeugnis Ansprüche am Nachlass bescheinigt werden sollen.

1960 Obligatorische Angaben, falls mit dem Zeugnis die Befugnis zur Testamentsvollstreckung oder zur Nachlassverwaltung bescheinigt werden soll.

1961 Obligatorische Angaben, falls mit dem Zeugnis die Befugnis zur Testamentsvollstreckung oder zur Nachlassverwaltung bescheinigt werden soll.

1962 Obligatorische Angaben.

1963 Obligatorische Angaben.

1964 Obligatorische Angaben.

6.6.1. ☐ Ja (geben Sie bitte die betroffene(n) Person(en) und Vermögenswerte an): ....
....
....
....
....
....
....
....

6.6.2. ☐ Nein

6.6.3. ☐ Nicht bekannt

6.7. Gibt es (weitere) mögliche Berechtigte?[1965]

6.7.1. ☐ Ja[1966]

6.7.2. ☐ Nein

6.7.3. ☐ Nicht bekannt

6.8. Hat einer der Berechtigten die Erbschaft ausdrücklich angenommen?[1967]

6.8.1. ☐ Ja (bitte ausführen): ....
....
....

6.8.2. ☐ Nein

6.8.3. ☐ Nicht bekannt

6.9. Hat einer der Berechtigten die Erbschaft ausdrücklich ausgeschlagen?[1968]

6.9.1. ☐ Ja (bitte ausführen): ....
....
....

6.9.2. ☐ Nein

6.9.3. ☐ Nicht bekannt

6.10. Weitere Angaben, die Sie für die Ausstellung des Zeugnisses für nützlich erachten (zusätzlich zu den Angaben unter Punkt 4. des Antragsformblatts oder in den Anlagen):
....
....
....
....
....
....
....

7. Dem Antragsformblatt beigefügte Schriftstücke

Der Antragsteller hat alle einschlägigen Schriftstücke beizufügen, die die Angaben in diesem Formblatt belegen. Fügen Sie daher bitte – wenn möglich und sofern die unter 2. genannte Behörde noch nicht in deren Besitz ist– die Urschrift oder eine Abschrift des Schriftstücks bei, welches die für ihre Beweiskraft erforderlichen Voraussetzungen erfüllt.

1965 Obligatorische Angaben.

1966 Für Berechtigte, die weder Antragsteller noch ein (ehemaliger) Ehegatte oder (ehemaliger) Lebenspartner sind, ist Anlage V ausgefüllt beizufügen.

1967 Obligatorische Angaben.

1968 Obligatorische Angaben.

☐ Sterbeurkunde oder Bescheinigung der Todeserklärung ☐ Gerichtsentscheidung ☐ Gerichtsstandsvereinbarung ☐ (gemeinschaftliches) Testament[1969]: .... ☐ Bescheinigung des Testamentsregisters ☐ Erbvertrag[1970]: .... ☐ Erklärung bezüglich der Rechtswahl[1971]: .... ☐ Ehevertrag oder Vertrag in Bezug auf ein Verhältnis, das mit der Ehe vergleichbare Wirkungen entfaltet[1972]: .... ☐ Erklärung über die Annahme der Erbschaft ☐ Erklärung über die Ausschlagung der Erbschaft ☐ Schriftstück in Bezug auf die Benennung eines Nachlassverwalters ☐ Schriftstück in Bezug auf das Nachlassinventar ☐ Schriftstück in Bezug auf die Nachlassverteilung ☐ Vollmacht ☐ Sonstiges (bitte angeben): ....
Falls weitere Blätter und Anlagen beigefügt wurden, Gesamtzahl der Blätter[1973]: ...... **Gesamtzahl der dem Antragsformblatt beigefügten Schriftstücke[1974]:** .... **Ort[1975]:** .... **Datum[1976]** .... **(TT.MM.JJJJ)** **Unterschrift[1977]:** ....
Hiermit erkläre ich, dass nach meinem besten Wissen kein Rechtsstreit in Bezug auf einen der durch dieses Zeugnis zu beurkundenden Sachverhalte anhängig ist. **Ort[1978]:** .... **Datum[1979]** .... **(TT.MM.JJJJ)** **Unterschrift[1980]:** ....

1969 Falls weder die Urschrift noch eine Abschrift beigefügt ist, geben Sie bitte an, wo sich die Urschrift befinden könnte.
1970 Falls weder die Urschrift noch eine Abschrift beigefügt ist, geben Sie bitte an, wo sich die Urschrift befinden könnte.
1971 Falls weder die Urschrift noch eine Abschrift beigefügt ist, geben Sie bitte an, wo sich die Urschrift befinden könnte.
1972 Falls weder die Urschrift noch eine Abschrift beigefügt ist, geben Sie bitte an, wo sich die Urschrift befinden könnte.
1973 Obligatorische Angaben.
1974 Obligatorische Angaben.
1975 Obligatorische Angaben.
1976 Obligatorische Angaben.
1977 Obligatorische Angaben.
1978 Obligatorische Angaben.
1979 Obligatorische Angaben.
1980 Obligatorische Angaben.

FORMBLATT IV – ANLAGE I

Gericht oder sonstige zuständige Behörde, das bzw. die mit der Erbsache als solcher befasst ist oder war (NUR auszufüllen, falls abweichend von Punkt 2 des Antragsformblatts)	
1.	Name und Bezeichnung des Gerichts bzw. der zuständigen Behörde[1981]: ....
2.	Anschrift
2.1.	Straße und Hausnummer/Postfach[1982]: ....
2.2.	Ort und Postleitzahl[1983]: ....
2.3.	Land[1984] ☐ Belgien ☐ Bulgarien ☐ Tschechische Republik ☐ Deutschland ☐ Estland ☐ Griechenland ☐ Spanien ☐ Frankreich ☐ Kroatien ☐ Italien ☐ Zypern ☐ Lettland ☐ Litauen ☐ Luxemburg ☐ Ungarn ☐ Malta ☐ Niederlande ☐ Österreich ☐ Polen ☐ Portugal ☐ Rumänien ☐ Slowenien ☐ Slowakei ☐ Finnland ☐ Schweden ☐ Sonstiges (bitte ISO-Code angeben): ....
3.	Telefon[1985]: ....
4.	Fax ....
5.	E-Mail: ....
6.	Aktenzeichen: ....
7.	Sonstige relevante Informationen (bitte ausführen): ....

FORMBLATT IV – ANLAGE II

Angaben zum/zu den Antragsteller(n) (NUR auszufüllen, falls es sich bei dem/den Antragsteller(n) um (eine) juristische Person(en) handelt)[1986]	
1.	Name der Organisation[1987]: ....
2.	Eintragung der Organisation
2.1.	Registriernummer: ....

1981 Obligatorische Angaben.
1982 Obligatorische Angaben.
1983 Obligatorische Angaben.
1984 Obligatorische Angaben.
1985 Obligatorische Angaben.
1986 Wenn der Antrag von mehr als einer juristischen Person gestellt wird, fügen Sie bitte ein weiteres Blatt bei.
1987 Obligatorische Angaben.

2.2. Bezeichnung des Registers/der Registerbehörde[1988]: ....
2.3. Datum (TT.MM.JJJJ) und Ort der Eintragung: ....
3. Anschrift der Organisation
3.1. Straße und Hausnummer/Postfach[1989]: ....
....
....
3.2. Ort und Postleitzahl[1990]: ....
3.3. Land[1991]
☐ Belgien ☐ Bulgarien ☐ Tschechische Republik ☐ Deutschland ☐ Estland ☐ Griechenland ☐ Spanien ☐ Frankreich ☐ Kroatien ☐ Italien ☐ Zypern ☐ Lettland ☐ Litauen ☐ Luxemburg ☐ Ungarn ☐ Malta ☐ Niederlande ☐ Österreich ☐ Polen ☐ Portugal ☐ Rumänien ☐ Slowenien ☐ Slowakei ☐ Finnland ☐ Schweden
☐ Sonstiges (bitte ISO-Code angeben): ....
4. Telefon[1992]: ....
5. Fax ....
6. E-Mail: ....
7. Name und Vorname(n) der für die Organisation zeichnungsberechtigten Person[1993]: ..
8. Sonstige relevante Informationen (bitte ausführen): ....
....
....
....
....

FORMBLATT IV – ANLAGE III

Angaben zum/zu den Vertreter(n) des/der Antragsteller(s)[1994]
(NUR auszufüllen, falls der/die Antragsteller vertreten wird/werden)

1. Name und Vorname(n) oder Name der Organisation[1995]: ....
....
....
2. Eintragung der Organisation
2.1. Registriernummer: ....
2.2. Bezeichnung des Registers/der Registerbehörde[1996]: ....
2.3. Datum (TT.MM.JJJJ) und Ort der Eintragung: ....
3. Anschrift
3.1. Straße und Hausnummer/Postfach[1997]: ....
....

1988 Obligatorische Angaben.
1989 Obligatorische Angaben.
1990 Obligatorische Angaben.
1991 Obligatorische Angaben.
1992 Obligatorische Angaben.
1993 Obligatorische Angaben.
1994 Wenn es mehr als einen Vertreter gibt, fügen Sie bitte ein weiteres Blatt bei.
1995 Obligatorische Angaben.
1996 Obligatorische Angaben.
1997 Obligatorische Angaben.

3.2.	Ort und Postleitzahl[1998]: ....
3.3.	Land[1999] ☐ Belgien ☐ Bulgarien ☐ Tschechische Republik ☐ Deutschland ☐ Estland ☐ Griechenland ☐ Spanien ☐ Frankreich ☐ Kroatien ☐ Italien ☐ Zypern ☐ Lettland ☐ Litauen ☐ Luxemburg ☐ Ungarn ☐ Malta ☐ Niederlande ☐ Österreich ☐ Polen ☐ Portugal ☐ Rumänien ☐ Slowenien ☐ Slowakei ☐ Finnland ☐ Schweden ☐ Sonstiges (bitte ISO-Code angeben): ....
4.	Telefon: ....
5.	Fax ....
6.	E-Mail: ....
7.	Vertretungsmacht aufgrund der Eigenschaft als[2000] ☐ Vormund ☐ Elternteil ☐ Für eine juristische Person zeichnungsberechtigte Person ☐ Bevollmächtigte Person ☐ Sonstiges (bitte ausführen): ....

FORMBLATT IV – ANLAGE IV

Angaben zum/zu den (ehemaligen) Ehegatten oder (ehemaligen) Lebenspartner(n) des Erblassers[2001] **(NUR auszufüllen, falls es einen oder mehrere (ehemalige(n)) Ehegatten oder (ehemalige(n)) Lebenspartner des Erblassers gibt)**	
1.	Ist der (ehemalige) Ehegatte oder (ehemalige) Lebenspartner der Antragsteller?[2002]
1.1.	☐ Ja (siehe Angaben unter Punkt 3 des Antragsformblatts – geben Sie gegebenenfalls an, um welchen Antragsteller es sich handelt): ....
1.2.	☐ Nein
1.2.1.	Name und Vorname(n)[2003]: ....
1.2.2.	Geburtsname (falls abweichend von 1.2.1): ....
1.2.3.	Geschlecht[2004]
1.2.3.1.	☐ M
1.2.3.2.	☐ F
1.2.4.	Geburtsdatum (TT.MM.JJJJ) und -ort[2005]: ....
1.2.5.	Familienstand
1.2.5.1.	☐ Ledig
1.2.5.2.	☐ Verheiratet
1.2.5.3.	☐ Eingetragener Partner
1.2.5.4.	☐ Geschieden
1.2.5.5.	☐ Verwitwet

1998 Obligatorische Angaben.
1999 Obligatorische Angaben.
2000 Obligatorische Angaben.
2001 Bei mehr als einer Person fügen Sie bitte ein weiteres Blatt bei.
2002 Obligatorische Angaben.
2003 Obligatorische Angaben.
2004 Obligatorische Angaben.
2005 Obligatorische Angaben.

1.2.5.6.	☐ Sonstiges (bitte angeben): ....
1.2.6.	Staatsangehörigkeit[2006] ☐ Belgien ☐ Bulgarien ☐ Tschechische Republik ☐ Deutschland ☐ Estland ☐ Griechenland ☐ Spanien ☐ Frankreich ☐ Kroatien ☐ Italien ☐ Zypern ☐ Lettland ☐ Litauen ☐ Luxemburg ☐ Ungarn ☐ Malta ☐ Niederlande ☐ Österreich ☐ Polen ☐ Portugal ☐ Rumänien ☐ Slowenien ☐ Slowakei ☐ Finnland ☐ Schweden ☐ Sonstige (bitte ISO-Code angeben): ....
1.2.7.	Identifikationsnummer6[2007]
1.2.7.1.	Nationale Identitätsnummer: ....
1.2.7.2.	Sozialversicherungsnummer: ....
1.2.7.3.	Steuernummer: ....
1.2.7.4.	Sonstige (bitte angeben): ....
1.2.8.	Anschrift
1.2.8.1.	Straße und Hausnummer/Postfach[2008]: ....
1.2.8.2.	Ort und Postleitzahl[2009]: ....
1.2.8.3.	Land[2010] ☐ Belgien ☐ Bulgarien ☐ Tschechische Republik ☐ Deutschland ☐ Estland ☐ Griechenland ☐ Spanien ☐ Frankreich ☐ Kroatien ☐ Italien ☐ Zypern ☐ Lettland ☐ Litauen ☐ Luxemburg ☐ Ungarn ☐ Malta ☐ Niederlande ☐ Österreich ☐ Polen ☐ Portugal ☐ Rumänien ☐ Slowenien ☐ Slowakei ☐ Finnland ☐ Schweden ☐ Sonstige (bitte ISO-Code angeben): ....
1.2.9.	Telefon: ....
1.2.10.	E-Mail: ....
1.2.11.	Verhältnis zum Erblasser zum Zeitpunkt des Todes[2011]
1.2.11.1.	☐ Mit dem Erblasser verheiratet
1.2.11.2.	☐ Eingetragener Partner des Erblassers
1.2.11.3.	☐ Vom Erblasser geschieden
1.2.11.4.	☐ Vom Erblasser rechtlich getrennt
1.2.11.5.	☐ Sonstiges (bitte angeben): ....
2.	Anschrift des Paares zum Zeitpunkt der Eheschließung oder Eintragung der Partnerschaft
2.1.	Straße und Hausnummer/Postfach: ....
2.2.	Ort und Postleitzahl: ....

2006 Obligatorische Angaben.
2007 Bitte geben Sie gegebenenfalls die relevanteste Nummer an.
2008 Obligatorische Angaben.
2009 Obligatorische Angaben.
2010 Obligatorische Angaben.
2011 Obligatorische Angaben.

2.3.	Land ☐ Belgien ☐ Bulgarien ☐ Tschechische Republik ☐ Deutschland ☐ Estland ☐ Griechenland ☐ Spanien ☐ Frankreich ☐ Kroatien ☐ Italien ☐ Zypern ☐ Lettland ☐ Litauen ☐ Luxemburg ☐ Ungarn ☐ Malta ☐ Niederlande ☐ Österreich ☐ Polen ☐ Portugal ☐ Rumänien ☐ Slowenien ☐ Slowakei ☐ Finnland ☐ Schweden ☐ Sonstiges (bitte ISO-Code angeben): ....
3.	Anschrift des Ehegatten oder Lebenspartners zum Zeitpunkt des Todes des Erblassers (falls abweichend von 5.9 des Antragsformblatts)
3.1.	Straße und Hausnummer/Postfach: ....
3.2.	Ort und Postleitzahl: ....
3.3.	Land ☐ Belgien ☐ Bulgarien ☐ Tschechische Republik ☐ Deutschland ☐ Estland ☐ Griechenland ☐ Spanien ☐ Frankreich ☐ Kroatien ☐ Italien ☐ Zypern ☐ Lettland ☐ Litauen ☐ Luxemburg ☐ Ungarn ☐ Malta ☐ Niederlande ☐ Österreich ☐ Polen ☐ Portugal ☐ Rumänien ☐ Slowenien ☐ Slowakei ☐ Finnland ☐ Schweden ☐ Sonstiges (bitte ISO-Code angeben): ....
4.	Staatsangehörigkeit des Erblassers zum Zeitpunkt der Eheschließung oder Eintragung der Partnerschaft: ☐ Belgien ☐ Bulgarien ☐ Tschechische Republik ☐ Deutschland ☐ Estland ☐ Griechenland ☐ Spanien ☐ Frankreich ☐ Kroatien ☐ Italien ☐ Zypern ☐ Lettland ☐ Litauen ☐ Luxemburg ☐ Ungarn ☐ Malta ☐ Niederlande ☐ Österreich ☐ Polen ☐ Portugal ☐ Rumänien ☐ Slowenien ☐ Slowakei ☐ Finnland ☐ Schweden ☐ Sonstiges (bitte ISO-Code angeben): ....
5.	Staatsangehörigkeit des Ehegatten oder Lebenspartners zum Zeitpunkt der Eheschließung/Eintragung der Partnerschaft mit dem Erblasser: ☐ Belgien ☐ Bulgarien ☐ Tschechische Republik ☐ Deutschland ☐ Estland ☐ Griechenland ☐ Spanien ☐ Frankreich ☐ Kroatien ☐ Italien ☐ Zypern ☐ Lettland ☐ Litauen ☐ Luxemburg ☐ Ungarn ☐ Malta ☐ Niederlande ☐ Österreich ☐ Polen ☐ Portugal ☐ Rumänien ☐ Slowenien ☐ Slowakei ☐ Finnland ☐ Schweden ☐ Sonstiges (bitte ISO-Code angeben): ....
6.	Datum (TT.MM.JJJJ) und Ort der Eheschließung/Eintragung der Partnerschaft mit dem Erblasser: ....
7.	Behörde, die die Ehe geschlossen/die Partnerschaft eingetragen hat: ....
8.	Hatten der Ehegatte/Lebenspartner und der Erblasser festgelegt, welches Güterrecht für ihre Ehe/eingetragene Partnerschaft maßgebend ist (Rechtswahl)?[2012]
8.1.	☐ Ja
8.2.	☐ Nein
8.3.	☐ Nicht bekannt

2012 Obligatorische Angaben.

9.	Hatten der Ehegatte/Lebenspartner und der Erblasser einen Ehevertrag oder einen Vertrag in Bezug auf ein Verhältnis, das mit der Ehe vergleichbare Wirkungen entfaltet, geschlossen?[2013]
9.1.1.	□ Ja
9.1.2.	□ Nein
9.1.3.	□ Nicht bekannt
10.	Falls bekannt, Angaben zum ehelichen Güterstand oder zu einem anderen gleichwertigen Güterstand des Erblassers (geben Sie insbesondere an, ob der Güterstand aufgelöst und auseinandergesetzt wurde): ....

FORMBLATT IV – ANLAGE V

Angaben zu möglichen Berechtigten (ohne den Antragsteller, (ehemaligen) Ehegatten oder (ehemaligen) Lebenspartner)[2014]	
1.	**Berechtigte Person A**
1.1.	Name und Vorname(n) oder Name der Organisation[2015]: ....
1.2.	Geburtsname (falls abweichend von 1.1): ....
1.3.	Identifikationsnummer[2016]
1.3.1.	Nationale Identitätsnummer: ....
1.3.2.	Sozialversicherungsnummer: ....
1.3.3.	Steuernummer: ....
1.3.4.	Registriernummer: ....
1.3.5.	Sonstige (bitte angeben): ....
1.4.	Anschrift

2013 Obligatorische Angaben.
2014 Vgl. Punkt 3 des Antragsformblatts, Anlagen II oder IV.
Geben Sie insbesondere alle Verwandten des Erblassers in gerader absteigender Linie an, von denen Sie Kenntnis haben.
Haben Sie von mehr als zwei möglichen Berechtigten Kenntnis, fügen Sie bitte ein weiteres Blatt bei.
2015 Obligatorische Angaben.
2016 Bitte geben Sie gegebenenfalls die relevanteste Nummer an.

1.4.1.	Straße und Hausnummer/Postfach[2017]: ....
1.4.2.	Ort und Postleitzahl[2018]: ....
1.4.3.	Land[2019] ☐ Belgien ☐ Bulgarien ☐ Tschechische Republik ☐ Deutschland ☐ Estland ☐ Griechenland ☐ Spanien ☐ Frankreich ☐ Kroatien ☐ Italien ☐ Zypern ☐ Lettland ☐ Litauen ☐ Luxemburg ☐ Ungarn ☐ Malta ☐ Niederlande ☐ Österreich ☐ Polen ☐ Portugal ☐ Rumänien ☐ Slowenien ☐ Slowakei ☐ Finnland ☐ Schweden ☐ Sonstiges (bitte ISO-Code angeben): ....
1.5.	Telefon: ....
1.6.	E-Mail: ....
1.7.	Verhältnis zum Erblasser ☐ Sohn ☐ Tochter ☐ Vater ☐ Mutter ☐ Enkel ☐ Enkelin ☐ Großvater ☐ Großmutter ☐ Bruder ☐ Schwester ☐ Neffe ☐ Nichte ☐ Onkel ☐ Tante ☐ Cousin/Cousine ☐ Sonstiges (bitte angeben): ....
1.8.	Berechtigt kraft[2020]
1.8.1.	☐ Verfügung von Todes wegen
1.8.2.	☐ gesetzlicher Erbfolge
2.	**Berechtigte Person B**
2.1.	Name und Vorname(n) oder Name der Organisation[2021]: ....
2.2.	Geburtsname (falls abweichend von 2.1): ....
2.3.	Identifikationsnummer[2022]
2.3.1.	Nationale Identitätsnummer: ....
2.3.2.	Sozialversicherungsnummer: ....
2.3.3.	Steuernummer: ....
2.3.4.	Registriernummer: ....
2.3.5.	Sonstige (bitte angeben): ....
2.4.	Anschrift
2.4.1.	Straße und Hausnummer/Postfach[2023]: ....
2.4.2.	Ort und Postleitzahl[2024]: ....

2017 Obligatorische Angaben.
2018 Obligatorische Angaben.
2019 Obligatorische Angaben.
2020 Obligatorische Angaben.
2021 Obligatorische Angaben.
2022 Bitte geben Sie gegebenenfalls die relevanteste Nummer an.
2023 Obligatorische Angaben.
2024 Obligatorische Angaben.

2.4.3.	Land[2025] ☐ Belgien ☐ Bulgarien ☐ Tschechische Republik ☐ Deutschland ☐ Estland ☐ Griechenland ☐ Spanien ☐ Frankreich ☐ Kroatien ☐ Italien ☐ Zypern ☐ Lettland ☐ Litauen ☐ Luxemburg ☐ Ungarn ☐ Malta ☐ Niederlande ☐ Österreich ☐ Polen ☐ Portugal ☐ Rumänien ☐ Slowenien ☐ Slowakei ☐ Finnland ☐ Schweden ☐ Sonstiges (bitte ISO-Code angeben): ....
2.5.	Telefon: ....
2.6.	E-Mail: ....
2.7.	Verhältnis zum Erblasser ☐ Sohn ☐ Tochter ☐ Vater ☐ Mutter ☐ Enkel ☐ Enkelin ☐ Großvater ☐ Großmutter ☐ Bruder ☐ Schwester ☐ Neffe ☐ Nichte ☐ Onkel ☐ Tante ☐ Cousin/Cousine ☐ Sonstiges (bitte angeben): ....
2.8.	Berechtigt kraft[2026]
2.8.1.	☐ Verfügung von Todes wegen
2.8.2.	☐ gesetzlicher Erbfolge

2025 Obligatorische Angaben.
2026 Obligatorische Angaben.

Anhang 3
DurchführungsVO (EU) Nr. 1329/2014 Formblatt V
Anhang 5

Amtliches Formular für ein Europäisches Nachlasszeugnis

Inhaltsübersicht

FORMBLATT V

Europäisches Nachlasszeugnis (Artikel 67 der Verordnung (EU) Nr. 650/2012 des Europäischen Parlaments und des Rates über die Zuständigkeit, das anzuwendende Recht, die Anerkennung und Vollstreckung von Entscheidungen und die Annahme und Vollstreckung öffentlicher Urkunden in Erbsachen sowie zur Einführung eines Europäischen Nachlasszeugnisses[2027])
Das Original dieses Zeugnisses bleibt in Händen der Ausstellungsbehörde **Beglaubigte Abschriften dieses Zeugnisses sind bis zu dem im entsprechenden Feld angegebenen Datum am Ende dieses Formblatts gültig**
Dem Nachlasszeugnis beigefügte Anlagen[2028] ☐ Anlage I – Angaben zum/zu den Antragsteller(n) (OBLIGATORISCH, falls es sich um (eine) juristische Person(en) handelt) ☐ Anlage II – Angaben zum/zu den Vertreter(n) des/der Antragsteller(s) (OBLIGATORISCH, falls der/die Antragsteller vertreten wird/werden) ☐ Anlage III – Angaben zum ehelichen Güterstand oder zu einem anderen gleichwertigen Güterstand des Erblassers (OBLIGATORISCH, falls für den Erblasser zum Zeitpunkt seines Todes ein solcher Güterstand galt) ☐ Anlage IV – Stellung und Rechte des/der Erben (OBLIGATORISCH, falls diese durch das Zeugnis bestätigt werden sollen) ☐ Anlage V – Stellung und Rechte des/der Vermächtnisnehmer(s) mit unmittelbarer Berechtigung am Nachlass (OBLIGATORISCH, falls diese durch das Zeugnis bestätigt werden sollen) ☐ Anlage VI – Befugnis zur Testamentsvollstreckung oder Nachlassverwaltung (OBLIGATORISCH, falls diese durch das Zeugnis bestätigt werden soll) ☐ Keine Anlage beigefügt

2027 ABl. L 201 vom 27.7.2012, S. 107.
2028 Obligatorische Angabe.

1. Mitgliedstaat der Ausstellungsbehörde[2029]
☐ Belgien ☐ Bulgarien ☐ Tschechische Republik ☐ Deutschland ☐ Estland ☐ Griechenland ☐ Spanien ☐ Frankreich ☐ Kroatien ☐ Italien ☐ Italien ☐ Lettland ☐ Litauen ☐ Luxemburg ☐ Ungarn ☐ Malta ☐ Niederlande ☐ Österreich ☐ Polen ☐ Portugal ☐ Rumänien ☐ Slowenien ☐ Slowakei ☐ Finnland ☐ Schweden

2. Ausstellungsbehörde

2.1. Name und Bezeichnung der Behörde[2030]: ....

2.2. Anschrift

2.2.1. Straße und Hausnummer/Postfach[2031]: ....

2.2.2. Ort und Postleitzahl[2032]: ....
....
....

2.3. Telefon: ....

2.4. Fax ....

2.5. E-Mail: ....

3. Angaben zur Akte

3.1. Aktenzeichen[2033]: ....

3.2. Datum (TT.MM.JJJJ) des Zeugnisses[2034]: ....

4. Zuständigkeit der Ausstellungsbehörde (Artikel 64 der Verordnung (EU) Nr. 650/2012)

4.1. Die Ausstellungsbehörde befindet sich in dem Mitgliedstaat, dessen Gerichte für die Entscheidung über die Erbsache zuständig sind gemäß[2035]
☐ Artikel 4 der Verordnung (EU) Nr. 650/2012 (Allgemeine Zuständigkeit)
☐ Artikel 7 Buchstabe a der Verordnung (EU) Nr. 650/2012 (Zuständigkeit bei Rechtswahl)
☐ Artikel 7 Buchstabe b der Verordnung (EU) Nr. 650/2012 (Zuständigkeit bei Rechtswahl)
☐ Artikel 7 Buchstabe c der Verordnung (EU) Nr. 650/2012 (Zuständigkeit bei Rechtswahl)
☐ Artikel 10 der Verordnung (EU) Nr. 650/2012 (Subsidiäre Zuständigkeit)
☐ Artikel 11 der Verordnung (EU) Nr. 650/2012 (Notzuständigkeit – *forum necessitatis*)

4.2. Zusätzliche Umstände, aus denen die Ausstellungsbehörde ihre Zuständigkeit für die Ausstellung des Zeugnisses herleitet[2036]: ....
....
....
....
....
....

2029 Obligatorische Angabe.
2030 Obligatorische Angabe.
2031 Obligatorische Angabe.
2032 Obligatorische Angabe.
2033 Obligatorische Angabe.
2034 Obligatorische Angabe.
2035 Obligatorische Angabe.
2036 Hierzu zählen unter anderem der letzte gewöhnliche Aufenthalt des Erblassers oder eine Gerichtsstandsvereinbarung.

5.	**Angaben zum Antragsteller (natürliche Person[2037])**
5.1.	Name und Vorname(n)[2038]: ……
5.2.	Geburtsname (falls abweichend von 5.1): ……
5.3.	Geschlecht[2039]
5.3.1.	☐ M
5.3.2.	☐ F
5.4.	Geburtsdatum (TT.MM.JJJJ) und -ort (Stadt/Land (ISO-Code))[2040]: ……
5.5.	Familienstand[2041]
5.5.1.	☐ Ledig
5.5.2.	☐ Verheiratet
5.5.3.	☐ Eingetragener Partner
5.5.4.	☐ Geschieden
5.5.5.	☐ Verwitwet
5.5.6.	☐ Sonstiges (bitte angeben): ……
5.6.	Staatsangehörigkeit[2042]
	☐ Belgien ☐ Bulgarien ☐ Tschechische Republik ☐ Deutschland ☐ Estland ☐ Griechenland ☐ Spanien ☐ Frankreich ☐ Kroatien ☐ Italien ☐ Zypern ☐ Lettland ☐ Litauen ☐ Luxemburg ☐ Ungarn ☐ Malta ☐ Niederlande ☐ Österreich ☐ Polen ☐ Portugal ☐ Rumänien ☐ Slowenien ☐ Slowakei ☐ Finnland ☐ Schweden
	☐ Sonstige (bitte ISO-Code angeben): ……
5.7.	Identifikationsnummer[2043]
5.7.1.	Nationale Identitätsnummer: ……
5.7.2.	Sozialversicherungsnummer: ……
5.7.3.	Steuernummer: ……
5.7.4.	Sonstige (bitte angeben): ……
5.8.	Anschrift
5.8.1.	Straße und Hausnummer/Postfach[2044]: ……
5.8.2.	Ort und Postleitzahl[2045]: ……

2037 Bei juristischen Personen ist Anlage I ausgefüllt beizufügen.
Bei mehreren Antragstellern fügen Sie bitte ein weiteres Blatt bei.
Bei Vertretern fügen Sie bitte Anlage II ausgefüllt bei.
2038 Obligatorische Angabe.
2039 Obligatorische Angabe.
2040 Obligatorische Angabe.
2041 Obligatorische Angabe.
2042 Obligatorische Angabe.
2043 Geben Sie bitte gegebenenfalls die relevanteste Nummer an.
2044 Obligatorische Angabe.
2045 Obligatorische Angabe.

5.8.3.	Land[2046] ☐ Belgien ☐ Bulgarien ☐ Tschechische Republik ☐ Deutschland ☐ Estland ☐ Griechenland ☐ Spanien ☐ Frankreich ☐ Kroatien ☐ Italien ☐ Zypern ☐ Lettland ☐ Litauen ☐ Luxemburg ☐ Ungarn ☐ Malta ☐ Niederlande ☐ Österreich ☐ Polen ☐ Portugal ☐ Rumänien ☐ Slowenien ☐ Slowakei ☐ Finnland ☐ Schweden ☐ Sonstige (bitte ISO-Code angeben): ....
5.9.	Telefon: ....
5.10.	Fax ....
5.11.	E-Mail: ....
5.12.	Verhältnis zum Erblasser ☐ Sohn ☐ Tochter ☐ Vater ☐ Mutter ☐ Enkel ☐ Enkelin ☐ Großvater ☐ Großmutter ☐ Ehegatte ☐ Eingetragener Partner ☐ De-facto-Partner[2047] ☐ Bruder ☐ Schwester ☐ Neffe ☐ Nichte ☐ Onkel ☐ Tante ☐ Cousin/Cousine ☐ Sonstiges (bitte angeben): ....
6.	**Angaben zum Erblasser**
6.1.	Name und Vorname(n)[2048]: ....
6.2.	Geburtsname (falls abweichend von 6.1): ....
6.3.	Geschlecht[2049]
6.3.1.	☐ M
6.3.2.	☐ F
6.4.	Geburtsdatum (TT.MM.JJJJ) und -ort (Stadt/Land (ISO-Code))[2050]: ....
6.5.	Familienstand zum Zeitpunkt des Todes[2051]
6.5.1.	☐ Ledig
6.5.2.	☐ Verheiratet
6.5.3.	☐ Eingetragener Partner
6.5.4.	☐ Geschieden
6.5.5.	☐ Verwitwet
6.5.6.	☐ Sonstiges (bitte angeben): ....
6.6.	Staatsangehörigkeit[2052] ☐ Belgien ☐ Bulgarien ☐ Tschechische Republik ☐ Deutschland ☐ Estland ☐ Griechenland ☐ Spanien ☐ Frankreich ☐ Kroatien ☐ Italien ☐ Zypern ☐ Lettland ☐ Litauen ☐ Luxemburg ☐ Ungarn ☐ Malta ☐ Niederlande ☐ Österreich ☐ Polen ☐ Portugal ☐ Rumänien ☐ Slowenien ☐ Slowakei ☐ Finnland ☐ Schweden ☐ Sonstige (bitte ISO-Code angeben): ....

2046 Obligatorische Angabe.
2047 Der Begriff des De-facto-Partners schließt die in einigen Mitgliedstaaten für Lebensgemeinschaften bestehenden Rechtsinstitute ein wie „sambo“ (Schweden) oder „avopuoliso“ (Finnland).
2048 Obligatorische Angabe.
2049 Obligatorische Angabe.
2050 Obligatorische Angabe.
2051 Obligatorische Angabe.
2052 Obligatorische Angabe.

6.7.	Identifikationsnummer[2053]
6.7.1.	Nationale Identitätsnummer: ....
6.7.2.	Sozialversicherungsnummer: ....
6.7.3.	Steuernummer: ....
6.7.4.	Nummer der Geburtsurkunde: ....
6.7.5.	Sonstige (bitte angeben): ....
6.8.	Anschrift zum Zeitpunkt des Todes
6.8.1.	Straße und Hausnummer/Postfach[2054]: ....
6.8.2.	Ort und Postleitzahl[2055]: ....
6.8.3.	Land[2056] ☐ Belgien ☐ Bulgarien ☐ Tschechische Republik ☐ Deutschland ☐ Estland ☐ Griechenland ☐ Spanien ☐ Frankreich ☐ Kroatien ☐ Italien ☐ Zypern ☐ Lettland ☐ Litauen ☐ Luxemburg ☐ Ungarn ☐ Malta ☐ Niederlande ☐ Österreich ☐ Polen ☐ Portugal ☐ Rumänien ☐ Slowenien ☐ Slowakei ☐ Finnland ☐ Schweden ☐ Sonstige (bitte ISO-Code angeben): ....
6.9.	Datum (TT.MM.JJJJ) und Ort des Todes[2057]: ....
6.9.1.	Nummer, Datum und Ort der Ausstellung der Sterbeurkunde: ....
7.	**Gewillkürte/gesetzliche Erbfolge**
7.1.	Für die Rechtsnachfolge von Todes wegen gilt[2058]:
7.1.1.	☐ die gewillkürte Erbfolge
7.1.2.	☐ die gesetzliche Erbfolge
7.1.3.	☐ zum Teil die gewillkürte und zum Teil die gesetzliche Erbfolge
7.2.	Im Fall einer gewillkürten oder teilweise gewillkürten Erbfolge stützt sich das Zeugnis auf die folgende(n) gültige(n) Verfügung(en) von Todes wegen[2059]
7.2.1.	Art: ☐ Testament ☐ Gemeinschaftliches Testament ☐ Erbvertrag
7.2.2.	Datum (TT.MM.JJJJ) der Errichtung der letztwilligen Verfügung[2060]: ....
7.2.3.	Ort der Errichtung (Stadt/Land (ISO-Code)): ....
7.2.4.	Name und Bezeichnung der Behörde, vor der die letztwillige Verfügung errichtet wurde: ....
7.2.5.	Datum (TT.MM.JJJJ) der Eintragung oder Hinterlegung der letztwilligen Verfügung: ...

2053 Geben Sie bitte gegebenenfalls die relevanteste Nummer an.
2054 Obligatorische Angabe.
2055 Obligatorische Angabe.
2056 Obligatorische Angabe.
2057 Obligatorische Angabe.
2058 Obligatorische Angabe.
2059 Bei mehreren Verfügungen von Todes wegen fügen Sie bitte ein weiteres Blatt bei.
2060 Obligatorische Angabe.

7.2.6.	Bezeichnung des Registers oder der Verwahrstelle[2061]:	
	....	
7.2.7.	Aktenzeichen der letztwilligen Verfügung im Register oder bei der Verwahrstelle:	
7.2.8.	Sonstiges Aktenzeichen:	
7.3.	Nach Kenntnis der Ausstellungsbehörde hat der Erblasser folgende weitere Verfügungen von Todes wegen errichtet, die widerrufen oder für nichtig erklärt wurden[2062]	
7.3.1.	Art: ☐ Testament ☐ Gemeinschaftliches Testament ☐ Erbvertrag	
7.3.2.	Datum (TT.MM.JJJJ) der Errichtung der letztwilligen Verfügung[2063]:	
7.3.3.	Ort der Errichtung (Stadt/Land (ISO-Code)):	
7.3.4.	Name und Bezeichnung der Behörde, vor der die letztwillige Verfügung errichtet wurde:	
	....	
	....	
7.3.5.	Datum (TT.MM.JJJJ) der Eintragung oder Hinterlegung der letztwilligen Verfügung: ...	
7.3.6.	Bezeichnung des Registers oder der Verwahrstelle:	
	....	
7.3.7.	Aktenzeichen der letztwilligen Verfügung im Register oder bei der Verwahrstelle:	
7.3.8.	Sonstiges Aktenzeichen:	
7.4.	Sonstige relevante Angaben zu Artikel 68 Buchstabe j der Verordnung (EU) Nr. 605/2012 (bitte ausführen):	
	....	
	....	
	....	
	....	
	....	
	....	
8.	**Auf die Rechtsnachfolge von Todes wegen anzuwendendes Recht**	
8.1.	Auf die Rechtsnachfolge von Todes wegen ist das Recht des folgenden Staates anzuwenden[2064] ☐ Belgien ☐ Bulgarien ☐ Tschechische Republik ☐ Deutschland ☐ Estland ☐ Griechenland ☐ Spanien ☐ Frankreich ☐ Kroatien ☐ Italien ☐ Zypern ☐ Lettland ☐ Litauen ☐ Luxemburg ☐ Ungarn ☐ Malta ☐ Niederlande ☐ Österreich ☐ Polen ☐ Portugal ☐ Rumänien ☐ Slowenien ☐ Slowenien ☐ Finnland ☐ Schweden ☐ Sonstiges (bitte ISO-Code angeben):	
8.2.	Das anzuwendende Recht wurde auf der Grundlage folgender Umstände bestimmt[2065]	
8.2.1.	☐ Zum Zeitpunkt seines Todes hatte der Erblasser seinen gewöhnlichen Aufenthalt in diesem Staat (Artikel 21 Absatz 1 der Verordnung (EU) Nr. 650/2012).	
8.2.2.	☐ Der Erblasser hatte das Recht des Staates gewählt, dessen Staatsangehörigkeit er besaß (Artikel 22 Absatz 1 der Verordnung (EU) Nr. 650/2012) (siehe 7.2).	

2061 Obligatorische Angabe.
2062 Bei mehreren Verfügungen von Todes wegen fügen Sie bitte ein weiteres Blatt bei.
2063 Obligatorische Angabe.
2064 Obligatorische Angabe.
2065 Obligatorische Angabe.

8.2.3. ☐ Der Erblasser hatte eine offensichtlich engere Verbindung zu diesem Staat als zu dem Staat seines gewöhnlichen Aufenthalts (Artikel 21 Absatz 2 der Verordnung (EU) Nr. 650/2012). Bitte ausführen: ....

....

....

....

....

....

....

8.2.4. ☐ Das nach Artikel 21 Absatz 1 der Verordnung (EU) Nr. 650/2012 anzuwendende Recht verweist auf das Recht dieses Staates (Artikel 34 Absatz 1 der Verordnung (EU) Nr. 650/2012). Bitte ausführen: ....

....

....

....

....

....

8.3. ☐ Anzuwendendes Recht ist das Recht eines Staates mit mehr als einem Rechtssystem (Artikel 36 und 37 der Verordnung (EU) Nr. 650/2012). Es gelten folgende Rechtsvorschriften (geben Sie bitte gegebenenfalls die Gebietseinheit an): ....

....

....

8.4. ☐ Es gelten besondere Regelungen mit Beschränkungen, die die Rechtsnachfolge von Todes wegen in Bezug auf bestimmte Vermögenswerte des Erblassers betreffen oder Auswirkungen auf sie haben (Artikel 30 der Verordnung (EU) Nr. 650/2012). Geben Sie bitte die betreffenden Regelungen und Vermögenswerte an): ....

....

....

....

....

Die Behörde bestätigt, dass sie alle erforderlichen Schritte unternommen hat, um die Berechtigten von der Beantragung eines Zeugnisses zu unterrichten, und dass zum Zeitpunkt der Erstellung des Zeugnisses keine der darin enthaltenen Angaben von den Berechtigten bestritten worden ist.

Die nachstehenden Punkte wurden nicht ausgefüllt, weil sie für den Zweck, für den das Zeugnis ausgestellt wurde, nicht als relevant angesehen wurden[2066]**:** ....

....

....

Gesamtzahl der Seiten, falls weitere Blätter beigefügt wurden[2067]**:** ....

....

Ort[2068] .... **Datum**[2069] .... **(TT.MM.JJJJ)**

2066 Obligatorische Angabe.
2067 Obligatorische Angabe.
2068 Obligatorische Angabe.
2069 Obligatorische Angabe.

Unterschrift und/oder Stempel der Ausstellungsbehörde[2070]: ....

....

BEGLAUBIGTE ABSCHRIFT

Diese beglaubigte Abschrift des Europäischen Nachlasszeugnisses wurde ausgestellt für[2071]: ....

....

....

(Name des/der Antragsteller(s) oder der Person(en), die ein berechtigtes Interesse nachgewiesen hat/haben (Artikel 70 der Verordnung (EU) Nr. 650/2012)

Gültig bis[2072]: .... **(TT.MM.JJJJ)**

Ausstellungsdatum[2073]: .... **(TT.MM.JJJJ)**

Unterschrift und/oder Stempel der Ausstellungsbehörde[2074]: ....

....

FORMBLATT V – ANLAGE I

Angaben zum/zu den Antragsteller(n) (juristische Person(en)[2075]	
1.	Name der Organisation[2076]: ....
	....
	....
2.	Eintragung der Organisation[2077]
2.1.	Registriernummer[2078]: ....
	....
	....
2.2.	Bezeichnung des Registers/der Registerbehörde[2079]: ....
	....
2.3.	Bezeichnung des Registers/der Registerbehörde[2080]: ....
	....
3.	Anschrift der Organisation
3.1.	Straße und Hausnummer/Postfach[2081]: ....
	....
	....
3.2.	Ort und Postleitzahl[2082]:

2070 Obligatorische Angabe.
2071 Obligatorische Angabe.
2072 Obligatorische Angabe.
2073 Obligatorische Angabe.
2074 Obligatorische Angabe.
2075 Wenn der Antrag von mehr als einer juristischen Person gestellt wird, fügen Sie bitte ein weiteres Blatt bei.
2076 Obligatorische Angabe.
2077 Obligatorische Angabe.
2078 Geben Sie bitte gegebenenfalls die relevanteste Nummer an.
2079 Obligatorische Angabe.
2080 Obligatorische Angabe.
2081 Obligatorische Angabe.
2082 Obligatorische Angabe.

3.3.	Land[2083] ☐ Belgien ☐ Bulgarien ☐ Tschechische Republik ☐ Deutschland ☐ Estland ☐ Griechenland ☐ Spanien ☐ Frankreich ☐ Kroatien ☐ Italien ☐ Zypern ☐ Lettland ☐ Litauen ☐ Luxemburg ☐ Ungarn ☐ Malta ☐ Niederlande ☐ Österreich ☐ Polen ☐ Portugal ☐ Rumänien ☐ Slowenien ☐ Slowakei ☐ Finnland ☐ Schweden ☐ Sonstiges (bitte ISO-Code angeben): ....
4.	Telefon[2084]: ....
5.	Fax ....
6.	E-Mail: ....
7.	Name und Vorname(n) der für die Organisation zeichnungsberechtigten Person[2085]: .. ..
8.	Sonstige relevante Informationen (bitte ausführen): ....

FORMBLATT V – ANLAGE II

Angaben zum/zu den Vertreter(n) des/der Antragsteller(s)[2086]	
1.	Name und Vorname(n) oder Name der Organisation[2087]: ....
2.	Eintragung der Organisation
2.1.	Registriernummer: ....
2.2.	Bezeichnung des Registers/der Registerbehörde[2088]: ....
2.3.	Datum (TT.MM.JJJJ) und Ort der Eintragung[2089]: ....
3.	Anschrift
3.1.	Straße und Hausnummer/Postfach[2090]: ....
3.2.	Ort und Postleitzahl[2091]:
3.3.	Land[2092] ☐ Belgien ☐ Bulgarien ☐ Tschechische Republik ☐ Deutschland ☐ Estland ☐ Griechenland ☐ Spanien ☐ Frankreich ☐ Kroatien ☐ Italien ☐ Zypern ☐ Lettland ☐ Litauen ☐ Luxemburg ☐ Ungarn ☐ Malta ☐ Niederlande ☐ Österreich ☐ Polen ☐ Portugal ☐ Rumänien ☐ Slowenien ☐ Slowakei ☐ Finnland ☐ Schweden ☐ Sonstiges (bitte ISO-Code angeben): ....

2083 Obligatorische Angabe.
2084 Obligatorische Angabe.
2085 Obligatorische Angabe.
2086 Wenn es mehr als einen Vertreter gibt, fügen Sie bitte ein weiteres Blatt bei.
2087 Obligatorische Angabe.
2088 Obligatorische Angabe.
2089 Obligatorische Angabe.
2090 Obligatorische Angabe.
2091 Obligatorische Angabe.
2092 Obligatorische Angabe.

4.	Telefon: ....
5.	Fax ....
6.	E-Mail: ....
7.	Vertretungsmacht aufgrund der Eigenschaft als[2093]: .... ☐ Vormund ☐ Elternteil ☐ Für eine juristische Person zeichnungsberechtigte Person ☐ Bevollmächtigte Person ☐ Sonstiges (bitte ausführen): ....

FORMBLATT V – ANLAGE III

Angaben zum ehelichen Güterstand oder zu einem anderen gleichwertigen Güterstand des Erblassers[2094]	
1.	Name und Vorname(n) des (ehemaligen) Ehegatten oder (ehemaligen) Lebenspartners[2095]: ....
2.	Geburtsname des (ehemaligen) Ehegatten oder (ehemaligen) Lebenspartners (falls abweichend von 1.): ....
3.	Datum und Ort der Eheschließung oder der Begründung eines anderen Verhältnisses, das mit der Ehe vergleichbare Wirkungen entfaltet: ....
4.	Hatte der Erblasser mit der unter 1. genannten Person einen Ehevertrag geschlossen?
4.1.	☐ Ja
4.1.1.	Datum (TT.MM.JJJJ) des Ehevertrags[2096]: ....
4.2.	☐ Nein
5.	Hatte der Erblasser mit der unter 1. genannten Person im Rahmen eines Verhältnisses, das mit der Ehe vergleichbare Wirkungen entfaltet, einen güterrechtlichen Vertrag geschlossen?
5.1.	☐ Ja
5.1.1.	Datum (TT.MM.JJJJ) des Vertrags: ....
5.2.	☐ Nein
6.	Für den Güterstand galt das Recht des folgenden Staates[2097]: ☐ Belgien ☐ Bulgarien ☐ Tschechische Republik ☐ Deutschland ☐ Estland ☐ Griechenland ☐ Spanien ☐ Frankreich ☐ Kroatien ☐ Italien ☐ Zypern ☐ Lettland ☐ Litauen ☐ Luxemburg ☐ Ungarn ☐ Malta ☐ Niederlande ☐ Österreich ☐ Polen ☐ Portugal ☐ Rumänien ☐ Slowenien ☐ Slowakei ☐ Finnland ☐ Schweden ☐ Sonstiges (bitte ISO-Code angeben): ....
6.1.	Dieses Recht basierte auf einer Rechtswahl[2098]:
6.1.1.	☐ Ja

2093 Obligatorische Angabe.
2094 Bei mehr als einem Güterstand fügen Sie bitte ein weiteres Blatt bei.
2095 Obligatorische Angabe.
2096 Obligatorische Angabe.
2097 Obligatorische Angabe.
2098 Obligatorische Angabe.

6.1.2.	☐ Nein
6.2.	Hat der Staat, dessen Recht maßgebend war, mehr als ein Rechtssystem, geben Sie bitte die Gebietseinheit an: ....
7.	Es galt folgender Güterstand:
7.1.	☐ Gütertrennung
7.2.	☐ Allgemeine Gütergemeinschaft
7.3.	☐ Gütergemeinschaft
7.4.	☐ Zugewinngemeinschaft
7.5.	☐ Aufgeschobene Gütergemeinschaft
7.6.	☐ Sonstiges (bitte ausführen): ....
8.	Geben Sie bitte die Bezeichnung des Güterstands in der Originalsprache an und die diesbezüglichen Rechtsvorschriften[2099]: ....
9.	Der zwischen dem Erblasser und der unter 1. genannten Person bestehende eheliche oder andere gleichwertige Güterstand wurde aufgelöst und auseinandergesetzt:
9.1.	☐ Ja
9.2.	☐ Nein

FORMBLATT V – ANLAGE IV

Stellung und Rechte des/der Erben[2100]	
1.	Ist der Erbe der Antragsteller?[2101]
1.1.	☐ Ja
1.1.1.	☐ Angegeben unter Punkt 5 des Zeugnisformblatts (geben Sie gegebenenfalls an, um welchen Antragsteller es sich handelt): ....
1.1.2.	☐ Angegeben in Anlage I (geben Sie gegebenenfalls an, um welchen Antragsteller es sich handelt): ....
1.2.	☐ Nein
1.2.1.	Name und Vorname(n) oder Name der Organisation[2102]: ....
1.2.2.	Geburtsname (falls abweichend von 1.2.1): ....
1.2.3.	Identifikationsnummer[2103]
1.2.3.1.	Nationale Identitätsnummer: ....

2099 Weitere Informationen zu den Auswirkungen nationaler Güterstandsregelungen auf die Ehe und die eingetragene Partnerschaft enthält das Europäische E-Justizportal (*https://e-justice.europa.eu*).

2100 Bei mehr als einem Erben fügen Sie bitte ein weiteres Blatt bei.

2101 Obligatorische Angabe.

2102 Obligatorische Angabe.

2103 Geben Sie bitte gegebenenfalls die relevanteste Nummer an.

1.2.3.2. Sozialversicherungsnummer: ....

1.2.3.3. Steuernummer: ....

1.2.3.4. Registriernummer: ....

1.2.3.5. Sonstige (bitte angeben): ....

1.2.4. Anschrift

1.2.4.1. Straße und Hausnummer/Postfach: ....
....
....

1.2.4.2. Ort und Postleitzahl: ....

1.2.4.3. Land
☐ Belgien ☐ Bulgarien ☐ Tschechische Republik ☐ Deutschland ☐ Estland ☐ Griechenland ☐ Spanien ☐ Frankreich ☐ Kroatien ☐ Italien ☐ Zypern ☐ Lettland ☐ Litauen ☐ Luxemburg ☐ Ungarn ☐ Malta ☐ Niederlande ☐ Österreich ☐ Polen ☐ Portugal ☐ Rumänien ☐ Slowenien ☐ Slowakei ☐ Finnland ☐ Schweden
☐ Sonstiges (bitte ISO-Code angeben): ....

1.2.5. Telefon: ....

1.2.6. Fax ....

1.2.7. E-Mail: ....

1.2.8. Geburtsdatum (TT.MM.JJJJ) und -ort – bzw. bei einer Organisation – Datum (TT.MM.JJJJ) und Ort der Eintragung sowie Bezeichnung des Registers/der Registerbehörde: .....
....

2. Der Erbe hat die Erbschaft angenommen.

2.1. ☐ Ja, ohne Vorbehalt

2.2. ☐ Ja, unter dem Vorbehalt der Inventarerrichtung (bitte führen Sie aus, welche Wirkungen damit verbunden sind): ....
....
....

2.3. ☐ Ja, mit anderen Vorbehalten (bitte führen Sie aus, welche Wirkungen damit verbunden sind): …
....
....

2.4. ☐ Eine Annahme ist nach dem auf die Rechtsnachfolge von Todes wegen anzuwendenden Recht nicht erforderlich

3. Die Erbenstellung ergibt sich aus[2104, 2105]:

3.1. ☐ einer Verfügung von Todes wegen

3.2. ☐ der gesetzlichen Erbfolge

4. ☐ Der Erbe hat die Erbschaft ausgeschlagen.

5. ☐ Der Erbe hat einen Pflichtteil akzeptiert.

6. ☐ der Erbe hat auf seinen Pflichtteil verzichtet.

7. ☐ Der Erbe wurde von der Erbschaft ausgeschlossen:

7.1. ☐ durch Verfügung von Todes wegen

7.2. ☐ aufgrund der gesetzlichen Erbfolge

7.3. ☐ durch gerichtliche Entscheidung

2104 Bitte kreuzen Sie gegebenenfalls mehr als ein Kästchen an.

2105 Obligatorische Angabe.

8. Der Erbe hat Anspruch auf folgenden Teil des Nachlasses (bitte angeben): ....
....
....

9. Dem Erben zugewiesene(r) Vermögenswert(e), für den/die eine Bescheinigung beantragt wurde (geben Sie bitte die betreffenden Werte und alle für deren Identifizierung relevanten Angaben an)[2106]: ....
....
....
....
....
....

10. Bedingungen und Beschränkungen in Bezug auf die Rechte des Erben (geben Sie bitte an, ob die Rechte des Erben nach dem auf die Rechtsnachfolge von Todes wegen anzuwendenden Recht und/oder nach Maßgabe der Verfügung von Todes wegen Beschränkungen unterliegen): ...
....
....
....
....

11. Sonstige relevante Informationen oder weitere Erläuterungen: ....
....
....
....
....

FORMBLATT V – ANLAGE V

Stellung und Rechte des/der Vermächtnisnehmer(s) mit unmittelbarer Berechtigung am Nachlass[2107]

1. Ist der Vermächtnisnehmer der Antragsteller?[2108]

1.1. ☐ Ja

1.1.1. ☐ Angegeben unter Punkt 5 des Zeugnisformblatts (geben Sie gegebenenfalls an, um welchen Antragsteller es sich handelt):
....
....

2106 Geben Sie an, ob der Erbe das Eigentum oder andere Rechte an den Vermögensgegenständen erworben hat (geben Sie bei letzteren die Art dieser Rechte und die Personen an, die ebenfalls Rechte an diesen Vermögensgegenständen besitzen). Im Falle eines eingetragenen Vermögensgegenstands teilen Sie bitte die Angaben mit, die nach dem Recht des Mitgliedstaats, in dem das Register geführt wird, zur Identifizierung des betreffenden Gegenstands erforderlich sind (z. B. bei Immobilien die genaue Anschrift der Immobilie, das Grundbuchamt, die Flurstücks- oder Katasternummer, eine Beschreibung der Immobilie (fügen Sie nötigenfalls die relevanten Dokumente bei)).

2107 Bei mehr als einem Vermächtnisnehmer fügen Sie bitte ein weiteres Blatt bei.

2108 Obligatorische Angabe.

1.1.2.	☐ Angegeben in Anlage I (geben Sie gegebenenfalls an, um welchen Antragsteller es sich handelt): ....
1.2.	☐ Nein
1.2.1.	Name und Vorname(n) oder Name der Organisation[2109]: ....
1.2.2.	Geburtsname (falls abweichend von 1.2.1): ....
1.2.3.	Identifikationsnummer[2110]: ....
1.2.3.1.	Nationale Identitätsnummer: ....
1.2.3.2.	Sozialversicherungsnummer: ....
1.2.3.3.	Steuernummer: ....
1.2.3.4.	Registriernummer: ....
1.2.3.5.	Sonstige (bitte angeben): ....
1.2.4.	Anschrift
1.2.4.1.	Straße und Hausnummer/Postfach: ....
1.2.4.2.	Ort und Postleitzahl: ....
1.2.4.3.	Land: ☐ Belgien ☐ Bulgarien ☐ Tschechische Republik ☐ Deutschland ☐ Estland ☐ Griechenland ☐ Spanien ☐ Frankreich ☐ Kroatien ☐ Italien ☐ Zypern ☐ Lettland ☐ Litauen ☐ Luxemburg ☐ Ungarn ☐ Malta ☐ Niederlande ☐ Österreich ☐ Polen ☐ Portugal ☐ Rumänien ☐ Slowenien ☐ Slowakei ☐ Finnland ☐ Schweden ☐ Sonstiges (bitte ISO-Code angeben): ....
1.2.5.	Telefon: ....
1.2.6.	Fax ....
1.2.7.	E-Mail: ....
1.2.8.	Geburtsdatum (TT.MM.JJJJ) und -ort – bzw. bei einer Organisation – Datum (TT.MM.JJJJ) und Ort der Eintragung sowie Bezeichnung des Registers/der Registerbehörde: ....
2.	Der Vermächtnisnehmer hat das Vermächtnis angenommen.
2.1.	☐ Ja, ohne Vorbehalt
2.2.	☐ Ja, mit Vorbehalt (bitte ausführen): ....
2.3.	☐ Eine Annahme ist nach dem auf die Rechtsnachfolge von Todes wegen anzuwendenden Recht nicht erforderlich
3.	☐ Der Vermächtnisnehmer hat das Vermächtnis ausgeschlagen.

2109 Obligatorische Angabe.
2110 Geben Sie bitte gegebenenfalls die relevanteste Nummer an.

4.	Der Vermächtnisnehmer hat Anspruch auf folgenden Teil des Nachlasses (bitte angeben): ....
5.	Dem Vermächtnisnehmer zugewiesene(r) Vermögenswert(e), für den/die eine Bescheinigung beantragt wurde (geben Sie bitte die betreffenden Werte und alle für deren Identifizierung relevanten Angaben an)[2111]: ....
6.	Bedingungen und Beschränkungen in Bezug auf die Rechte des Vermächtnisnehmers (geben Sie bitte an, ob die Rechte des Vermächtnisnehmers nach dem auf die Rechtsnachfolge von Todes wegen anzuwendenden Recht und/oder nach Maßgabe der Verfügung von Todes wegen Beschränkungen unterliegen)[2112]: ....
7.	Sonstige relevante Informationen oder weitere Erläuterungen: ....

FORMBLATT V – ANLAGE VI

	Befugnis zur Testamentsvollstreckung oder Nachlassverwaltung[2113]
1.	Befugnisse der nachstehenden Person[2114]:
1.1.	□ Antragsteller

2111 Geben Sie an, ob der Vermächtnisnehmer das Eigentum oder andere Rechte an den Vermögensgegenständen erworben hat (geben Sie bei letzteren die Art dieser Rechte und die Personen an, die ebenfalls Rechte an diesen Vermögensgegenständen besitzen). Im Falle eines eingetragenen Vermögensgegenstands machen Sie bitte die Angaben, die nach dem Recht des Mitgliedstaats, in dem das Register geführt wird, zur Identifizierung des betreffenden Gegenstands erforderlich sind (z. B. bei Immobilien die genaue Anschrift der Immobilie, das Grundbuchamt, die Flurstücks- oder Katasternummer, eine Beschreibung der Immobilie (fügen Sie nötigenfalls die relevanten Dokumente bei)).

2112 Obligatorische Angabe.

2113 Bei mehr als einer Person fügen Sie bitte ein weiteres Blatt bei.

2114 Obligatorische Angabe.

1.1.1.	☐ Angegeben unter Punkt 5 des Zeugnisformblatts (geben Sie gegebenenfalls an, um welchen Antragsteller es sich handelt):	
1.1.2.	☐ Angegeben in Anlage I (geben Sie gegebenenfalls an, um welchen Antragsteller es sich handelt):	
1.2.	☐ Der in Anlage IV genannte Erbe (geben Sie gegebenenfalls an, um welchen Erben es sich handelt):	
1.3.	☐ Der in Anlage V genannte Vermächtnisnehmer (geben Sie gegebenenfalls an, um welchen Vermächtnisnehmer es sich handelt):	
1.4.	☐ Sonstige Personen	
1.4.1.	Name und Vorname(n) oder Name der Organisation:	
1.4.2.	Geburtsname (falls abweichend von 1.4.1):	
1.4.3.	Identifikationsnummer[2115]:	
1.4.3.1.	Nationale Identitätsnummer:	
1.4.3.2.	Sozialversicherungsnummer:	
1.4.3.3.	Steuernummer:	
1.4.3.4.	Registriernummer:	
1.4.3.5.	Sonstige (bitte angeben):	
1.4.4.	Anschrift	
1.4.4.1.	Straße und Hausnummer/Postfach:	
1.4.4.2.	Ort und Postleitzahl:	
1.4.4.3.	Land: ☐ Belgien ☐ Bulgarien ☐ Tschechische Republik ☐ Deutschland ☐ Estland ☐ Griechenland ☐ Spanien ☐ Frankreich ☐ Kroatien ☐ Italien ☐ Zypern ☐ Lettland ☐ Litauen ☐ Luxemburg ☐ Ungarn ☐ Malta ☐ Niederlande ☐ Österreich ☐ Polen ☐ Portugal ☐ Rumänien ☐ Slowenien ☐ Slowakei ☐ Finnland ☐ Schweden ☐ Sonstiges (bitte ISO-Code angeben):	
1.4.5.	Telefon:	
1.4.6.	Fax	
1.4.7.	E-Mail:	
1.4.8.	Geburtsdatum (TT.MM.JJJJ) und -ort – bzw. bei einer Organisation – Datum (TT.MM.JJJJ) und Ort der Eintragung sowie Bezeichnung des Registers/der Registerbehörde:	
2.	Befugnis zur[2116]	

2115 Geben Sie bitte gegebenenfalls die relevanteste Nummer an.
2116 Obligatorische Angabe.

2.1.	☐ Testamentsvollstreckung
2.2.	☐ Verwaltung des Nachlasses oder eines Teils des Nachlasses
3.	Die Befugnis zur Testamentsvollstreckung oder Nachlassverwaltung erstreckt sich auf[2117]
3.1.	☐ den gesamten Nachlass
3.2.	☐ den gesamten Nachlass mit Ausnahme folgender Nachlassteile oder Vermögensgegenstände (bitte angeben): ....
3.3.	☐ die folgenden Teile oder Gegenstände des Nachlasses (bitte angeben): ....
4.	Die unter 1. genannte Person verfügt über folgende Befugnisse[2118, 2119]:
4.1.	☐ Erlangung aller Auskünfte über das Nachlassvermögen und die Nachlassverbindlichkeiten
4.2.	☐ Kenntnisnahme von allen mit dem Nachlass zusammenhängenden Testamenten und sonstigen Schriftstücken
4.3.	☐ Veranlassung oder Beantragung von Sicherungsmaßnahmen
4.4.	☐ Veranlassung von Sofortmaßnahmen
4.5.	☐ Entgegennahme der Vermögenswerte
4.6.	☐ Einziehung der Nachlassforderungen und Erteilung einer gültigen Quittung
4.7.	☐ Erfüllung und Auflösung von Verträgen
4.8.	☐ Eröffnung, Unterhaltung und Schließung eines Bankkontos
4.9.	☐ Aufnahme eines Darlehens
4.10.	☐ Vermögensbelastungen übertragen oder begründen
4.11.	☐ Begründung von dinglichen Rechten an den Vermögenswerten oder hypothekarische Belastung der Vermögenswerte
4.12.	☐ Veräußerung von ☐ unbeweglichem Vermögen ☐ sonstigem Vermögen
4.13.	☐ Vergabe eines Darlehens
4.14.	☐ Fortführung des Unternehmens
4.15.	☐ Ausübung der Rechte eines Anteileigners
4.16.	☐ Auftreten als Kläger oder Beklagter
4.17.	☐ Begleichung von Verbindlichkeiten
4.18.	☐ Verteilung der Vermächtnisse
4.19.	☐ Aufteilung des Nachlasses
4.20.	☐ Verteilung des Restnachlasses
4.21.	☐ Beantragung der Eintragung von Rechten an unbeweglichem oder beweglichem Vermögen in ein Register

2117 Obligatorische Angabe.
2118 Obligatorische Angabe.
2119 Bitte kreuzen Sie gegebenenfalls mehr als ein Kästchen an.

4.22.	☐ Vergabe von Spenden/Schenkungen
4.23.	☐ Sonstiges (bitte ausführen): ....
	....
	....

Falls die Befugnisse des Testamentsvollstreckers/Nachlassverwalters aus den vorstehenden Feldern nicht genau hervorgehen, fügen Sie bitte hier weitere Erläuterungen ein[2120]:

....
....
....
....
....
....

Geben Sie bitte an, ob und gegebenenfalls welche der unter 4. genannten Befugnisse gemäß Artikel 29 Absatz 2 Unterabsatz 2 oder Artikel 29 Absatz 3 Unterabsatz 1 der Verordnung (EU) Nr. 650/2012 als ergänzende Befugnisse ausgeübt werden[2121]: ....

....
....
....
....

5.	Die Bestellung des Testamentsvollstreckers/Nachlassverwalters ergibt sich aus[2122]:
5.1.	☐ einer Verfügung von Todes wegen (siehe 7.2 des Zeugnisformblatts)
5.2.	☐ einer gerichtlichen Entscheidung
5.3.	☐ einer Vereinbarung zwischen den Erben
5.4.	☐ dem Gesetz
6.	Die Befugnisse ergeben sich aus[2123]:
6.1.	☐ einer Verfügung von Todes wegen (siehe 7.2 des Zeugnisformblatts)
6.2.	☐ einer gerichtlichen Entscheidung
6.3.	☐ einer Vereinbarung zwischen den Erben
6.4.	☐ dem Gesetz
7.	Die Pflichten ergeben sich aus[2124]:
7.1.	☐ einer Verfügung von Todes wegen (siehe 7.2 des Zeugnisformblatts)
7.2.	☐ einer gerichtlichen Entscheidung
7.3.	☐ einer Vereinbarung zwischen den Erben

2120 Geben Sie z. B. an, ob der Testamentsvollstrecker/Nachlassverwalter die vorgenannten Befugnisse in eigenem Namen ausüben kann.
2121 Obligatorische Angabe.
2122 Bitte kreuzen Sie gegebenenfalls mehr als ein Kästchen an.
2123 Bitte kreuzen Sie gegebenenfalls mehr als ein Kästchen an.
2124 Bitte kreuzen Sie gegebenenfalls mehr als ein Kästchen an.

7.4.	☐ dem Gesetz
8.	Bedingungen oder Beschränkungen in Bezug auf die unter 4. genannten Befugnisse[2125, 2126]: ....

2125 Geben Sie z. B. an, ob der Testamentsvollstrecker/Nachlassverwalter die vorgenannten Befugnisse in eigenem Namen ausüben kann.

2126 Obligatorische Angabe.

Literaturverzeichnis

Adam, Erbschein, Erbenfeststellung, ZEV 2016, 233

Arnold, Kann im Erbscheinsverfahren von einem Todeserklärungs- oder Todeszeitfeststellungsbeschluß abgewichen werden?, MDR 1950, 331

Arnold, Entkräftung der Todeszeitpunktvermutung im Erbscheinsverfahren, MDR 1951, 278

Asbeck, Testamentseröffnung und Erbscheinserteilung beim „Berliner Testament" mit Wiederverheiratungsklausel, MDR 1959, 897

Bab, Erbschein nach dem erstverstorbenen zugunsten des überlebenden Ehegatten aufgrund eines gemeinschaftlichen Testaments, JR 1952, 468

Backs, Testamentarische Beschränkungen des Erben im Erbschein, DFG 1940, 49

Bäßler/Moritz-Knobloch, Der deutsch-japanische Erbfall – erbrechtliche und steuerliche Konsequenzen und Gestaltungsmöglichkeiten, ZErb 2014, 12

Bartholomeyczik, Erbeinsetzung, andere Zuwendungen und Erbschein (5. Denkschrift des Erbrechtsausschusses der Akademie für Deutsches Recht), 1942, S. 248 ff.

Bassenge, Der Vergleich im Verfahren der freiwilligen Gerichtsbarkeit, Rpfleger 1972, 237

Baumann, Das notarielle Erbscheinsverfahren nach dem FamFG, NotBZ 2011, 193

Becher, Zur Frage, ob beim Nacherbfall der dem Vorerben erteilte Erbschein i. S. d. § 2361 BGB unrichtig ist, Rpfleger 1978, 87

Beck Christina, Die Erbenermittlung in Deutschland, 2019.

Becker, Notarformulare Erbscheinsverfahren, 2021

Becker, Zur Versicherung an Eides statt eines Vorsorgebevollmächtigten im Erbscheinsverfahren, ZErb 2018, 332

Bender, Der Erbschein, sein Begriff, seine Voraussetzungen und seine Wirkungen, 1928

Benndorf, Der öffentliche Glaube des Erbscheins nach dem Rechte des deutschen Bürgerlichen Gesetzbuches, 1907

Bonefeld, Banken und Erbschein, ZErb 2014, 157

Bonnet, Zur Zulässigkeit und zum Gegenstand der auf Einziehung eines Erbscheins gerichteten Beschwerde, JR 1972, 229

Boeckh, Der Erbschein – Erteilung, Einziehung und Beschwerde nach der FG-Reform, NJ 2010, 403 und NJ 2011, 187

Böhringer, Erbscheinsverfahren nach dem Einigungsvertrag, Rpfleger 1991, 275

Böhringer, Erbschein trotz notarieller Verfügung von Todes wegen? ZEV 2017, 68

Boschan, Bedeutung und Umfang der dem Nachlassgericht im Erbscheinsverfahren obliegenden Ermittlungspflicht, Gruchot 1902, 294

Brand/Kleeff, Die Nachlaßsachen in der gerichtlichen Praxis, 2. Aufl. 1961

Bredemeyer, Erbrechtliche Legitimation durch Erbschein, Europäisches Nachlasszeugnis, Testament oder Vollmacht, ZEV 2016, 65

Bracken, Erbscheinsverfahren auf dem Rückzug? ErbR 2017, 378

Brockmann, Der Anspruch auf Erteilung des Erbscheins und der für den Erbscheinsinhalt maßgebende Zeitpunkt, 1963

Brose, Das erweiterte Hoffolgezeugnis, RdL 1952, 170

Bungert, Rechtskrafterstreckung eines österreichischen Einantwortungsbeschlusses, IPRax 1992, 225

Burdenski, Der Erbschein im Erbhofrecht, 1938

Buschbaum/Simon, Das Europäische Nachlasszeugnis, ZEV 2012, 525

Clausen, Zur Frage des öffentlichen Glaubens bei dem Erbschein, JW 1934, 1837

Cieplik, Der Erbschein nach geltendem und künftigem Recht, 1941

Cohn, Begriff und Rechtswirkungen des Erbscheins, 1933

Cording/Foerster, Psychopathologische Kurztests durch den Notar – ein im Grundsatz verfehlter Vorschlag, DNotZ 2006, 329

Czapski, Erbschein und Todeserklärungsbeschluß im Rückerstattungsverfahren, NJW 1952, 172

Däubler, Der Scheinerbe im Recht der GmbH, GmbHRdsch 1963, 181

Dallafior, Legitimation des Erben, 1990

Deubner, Erbscheinserteilungsverfahren, JuS 1961, 34 und 66

Dillberger/Fest, Effektiver Schutz von Grundstücken vor den Gefahren der §§ 2365ff BGB bereits vor Kraftlosigkeit des unrichtigen Erbscheins, ZEV 2009, 220 und JuS 2009, 1099

Dorth, Das Verhältnis von Erbschein zum Europäischen Nachlassverzeichnis, 2019

Döbereiner, Gesetz zum Internationalen Erbrecht und die Änderung der Vorschriften zum Erbschein, NJW 2015, 2449

Dörner, Zur Behandlung von deutschen Erbfällen mit interlokalem Bezug, DNotZ 1977, 324

Dörner, Interlokales Erb- und Erbscheinsrecht nach dem Einigungsvertrag, IPRax 1991, 392

Dörner, Fortsetzungszeugnis gem. § 1507 BGB und Erbschein, DNotZ 1980, 662

Dörner, Das deutsch-türkische Nachlassabkommen ZEV 1996, 90

Dörner, Probleme des neuen Internationalen Erbrechts, DNotZ 1988, 67

Dörner, Internationale Zuständigkeit zur Ausstellung eines deutschen Erbscheins, DNotZ 2017, 407

Dorsel, Europäische Erbrechtsverordnung und Europäisches Nachlasszeugnis, ZErb 2014, 212

Dressler, Der erbrechtliche Auslegungsvertrag – Gestaltungshilfe bei einvernehmlichen Nachlaßregelungen, ZEV 1999, 289

Drewes, Annahme und Ausschlagung der Erbschaft im Erbscheinsverfahren, DNotV 1926, 215

Drewes, Zeitliche Geltung und örtliche Zuständigkeit für Erbscheine und Testamentsvollstreckerzeugnisse, DNotV 1926, 450

Drewes, Anhörung der gesetzlichen Erben im Erbscheinsverfahren, § 2360 Abs 2 BGB, DNotV 1929, 8

Drewes, Beanstandungen von Erbscheinen, DNotV 1929, 97

Dutta, Das neue internationale Erbrecht der Europäischen Union, FamRZ 2013, 4

Edenfeld, Der deutsche Erbschein nach ausländischem Erblasser, ZEV 2000, 482

Eichhorn, Das Erbeslegitimationsverfahren nach dem BGB, Gruchot 45, 224

Eisele, Vertragliches Einvernehmen über die Auslegung unklarer letztwilliger Verfügungen, 2002

Ekkernkamp, Die Abwicklung deutsch-französischer Erbfälle in der Bundesrepublik, BWNotZ 1988, 158

Ember, Erbscheinserteilung bei Anordnung der Nacherbfolge hinsichtlich des unbeweglichen Vermögens, NJW 1982, 87

Eßlinger, Der Erbschein nach dem BGB, 1902

Faßbender, Die notwendigen Angaben im Hoffolgezeugnis, RdL 1968, 175

Feldhuss, Ist der Nachlassrichter bei Erteilung des Erbscheins an die Entscheidung des Prozessgerichts gebunden? 1929

Ferid/Firsching, Internationales Erbrecht (Quellensammlung), 2003 ff.

Fest/Dillberger, Vorgehen gegen einen unrichtigen Erbschein, JuS 2009, 1099

Firsching, Aktuelle Fragen des Erbscheinrechts, DNotZ 1960, 565, 640

Firsching, Die Behandlung der Nachlässe österreichischer Erblasser durch deutsche Gerichte, DNotZ 1963, 329

Firsching/Graf, Nachlassrecht, 11. Aufl. 2019

Fischer, Die Vermutung und der öffentliche Glaube des Erbscheins, 1907

Fraeb, Zur Nachlassbehandlung nach BGB, ZBlFG 1913, 273

Frank/Leithold, Die Ermittlung des anwendbaren Erbrechts im deutsch/US-amerikanischen Erbfall nach der EuErbVO, ZEV 2014, 462

Frost, Hoffolgezeugnis auch bei Vorliegen eines öffentlichen Testaments? RdL 1951, 32

Gassmann, Der gegenständlich beschränkte Erbschein, 1930

Gemein, Die Legitimation des Erbscheinserben im Rahmen von Vermutungswirkung und öffentlichem Glauben, 2007

Gerken, Erbschein ohne Quote, ZErb 2007, 38

Gerlitzky, Rechtswirkungen des Erbscheins und des Testamentsvollstrecker-Zeugnisses, 1938

Gienke, Zur Zulässigkeit der Erbscheinseinziehung bei Anhängigkeit eines für die Erbberechtigung vorgreiflichen Prozesses, Rpfleger 1973, 52

Gietl/Längsfeld, Grundfälle zur Tenorierung im Erbscheinsverfahren, JA 2013, 854

Gotthardt, Anerkennung und Rechtsscheinwirkungen von Erbfolgezeugnissen französischen Rechts in Deutschland, ZfRV 1991, 2

Graf, Probleme der nachlassgerichtlichen Praxis im Vollzug der Deutschen Einigung, DtZ 1991, 370

Gotthardt, Anerkennung und Rechtsscheinwirkungen von Erbfolgezeugnissen französischen Rechts in Deutschland, ZfRV 1991, 2

Gregor, Erbscheinsverfahren, 2007

Greiser, Der gemeinschaftliche Teilerbschein, DFG 1936, 190

Griem, Probleme des Fremdrechtserbscheins gemäß § 2369 BGB, 1990

Gronle, Nachweis nach § 35 GBO durch ausländische Erbzeugnisse, 2001

Grossfeld, Erwerb von Forderungen von einem durch Erbschein oder Schuldschein nach § 405 B.G.B Legitimierten, 1932

Guggumos, Ersatznacherbe und Erbschein, DFG 1937, 233

Guggumos, Einfluss der Spaltung eines Ausländernachlasses auf den deutschen Erbschein, DFG 1938, 28

Gutbrod, Rechtsfragen der Erbenermittlung, ZEV 1994, 337

Haberstumpf/Barthelmeß/Schäler/Firsching, Nachlaßwesen in Bayern, 4. Aufl. 1952

Haegele, Testamentsvollstreckerzeugnis und Erbschein, Justiz 1957, 99, 128

Hahn, Die Beweiskraft von Familienstammbüchern im Erbscheinsantragsverfahren, Rpfleger 1996, 228

Häußermann, Zuständigkeit für Erbscheine an Heimatvertriebene, BWNotZ 1959, 273

Hauschild, Das anwendbare Recht in deutsch-kanadischen Erbfällen nach Inkrafttreten der Verordnung (EU) 650/2012 am Beispiel der Provinz Ontario, ErbR 2015, 130

Hardt, Amtsermittlung, Parteiverhalten und Feststellungslast im Erbscheinsverfahren, 1999

Heinsheimer, Die Tragweite der Erbscheinsvermutung, LZ 1915, 1276

Henrichs, Der auf das Entschädigungsverfahren beschränkte Erbschein nach § 86 Abs 2 BEG, NJW 1954, 1715

Hense, Erbschein über hoffreies Vermögen, DNotZ 1955, 370

Hense, Teilerbschein, gegenständlich beschränkter Erbschein und Erbschein über nicht hofgebundenes Vermögen, DNotZ 1952, 205

Herminghausen, Zuständigkeit für Erbscheine über hoffreies Vermögen, AgrarR 1985, 225

Herminghausen, Auswirkung von einander inhaltlich widersprechenden Erbscheinen, NJW 1985, 571

Herrmann, Erbrecht und Nachlassverfahren in der DDR, 1989

Hertel, Nachweis der Erbfolge im Grundbuchverfahren – bisher und nach der EuErbVO, ZEV 2013, 539

Herzog, Die EU-Erbrechtsverordnung (EU-ErbVO), ErbR 2013, 2

Hilger, Das Bestimmtheitserfordernis des Erbscheinsantrags, BWNotZ 1992, 123

Hirsch, Von der Erbbescheinigung des Preussischen Rechts zum Erbschein des Bürgerlichen Gesetzbuchs, 2005

Hoffmann, Der unrichtige Erbschein, JuS 1968, 228

Hohloch, Gleichlaufzuständigkeit und Testamentsauslegung bei Nachlassspaltung, ZEV 1997, 469

Horn/Krätzschel, Kosten im Erbscheinsverfahren, NJW 2016, 3350

Horn/Kroiß/Seitz, Schriftgutachten im Erbscheinsverfahren, ZEV 2013, 24

Horn/Kroiß, Erbenlegitimation ohne Erbschein, NJW 2013, 516

Höver, Zum Erbscheinsverfahren, DFG 1936, 28; 1940, 81

Holl, Das Erbrecht des Staates, Rpfleger 2008, 285

Hoyer, Deutsch-österreichische Erbfälle, IPRax 1986, 345

Huynh, Internationale Nachlassabwicklung, 2021

Ivo, Die Legitimation des Erben ohne Erbschein, ZErb 2006, 7

Janberg, Der Erbschein zum beschränkten Gebrauch im Grundbuchverkehr, JW 1935, 681

Jayme, Verwertung eines gerichtlich eingeholten Sachverständigengutachtens zum ausländischen Recht in einem anderen Verfahren? Zur Verfassungswidrigkeit des §411a ZPO, IPRax 2006, 587

Johnen, Die Behandlung von Erbscheinsanträgen mit Auslandsberührung in der notariellen Praxis, MittRhNotK 1986, 57

Josef, Die Einwirkung des rechtskräftigen Urteils auf die Entscheidungen des Gerichts der freiwilligen Gerichtsbarkeit, namentlich bei Erteilung des Erbscheins, Jherings Jahrbuch 61 (1911), 197

Josef, Die Stellung des Prozeßrichters gegenüber dem Erbschein, Jherings Jahrbuch 65 (1915), 161

Jünemann, Antragsberechtigung im Erbscheinsverfahren für Nichterben nach Abschichtung, ZEV 2020, 76

Kammerlohr, Grundzüge der Freiw. Gerichtsbarkeit anhand des Erbscheinsverfahrens, JA 2003, 143

Kammerlohr, Das Rechtsmittel der Beschwerde im Erbscheinsverfahren, JA 2003, 580

Karle, Behandlung von Ausländernachlässen und Erteilung von Erbscheinen mit Auslandsberührung durch das Nachlassgericht, Justiz 1966, 107

Kaufhold, Zur Anerkennung ausländischer öffentlicher Testamente und Erbnachweise im Grundbuchverfahren, ZEV 1997, 399

Kaya, Der Nachlass eines deutsch-türkischen Doppelstaaters, ZEV 2015, 208

Kayser, Die Mitwirkung des Notars im Erbausweisverfahren, DNotZ 1939, 550, 584, 631

Keim, Erbnachweis gegenüber Banken ohne Erbschein?, WM 2006, 753

Keim, Der Erbnachweis gegenüber Banken nach dem BGH-Urteil vom 8.10.2013, ZEV 2014, 277

Keller/v. Schrenk, Prüfungsschwerpunkte im Erbscheinsverfahren, JA 2016, 51

Kesen, Erbfall in der Türkei, ZEV 2003, 152

Klaer, Die Erbscheinsvermutung, 1932

Klingelhöffer, Testierunfähigkeit und ihre Geltendmachung im Nachlaßverfahren, ZEV 1997, 92

Klüsener/Rausch/Walter, Richtervorbehalt in Nachlaßsachen noch sachgerecht?, Rpfleger 2001, 215/219

Klumpp, Die einstweilige Anordnung zur Sicherstellung von Ausfertigungen des Erbscheins, BWNotZ 2014, 145

v. **König**, Die Erteilung eines Erbscheins in kostenrechtlicher Hinsicht, RPflStud 1996, 44

Körner, Das Europäische Nachlasszeugnis, 2020

Köster, Vor- und Nacherbschaft im Erbscheinsverfahren, Rpfleger 2000, 90 und 133

Kousoula, Europäischer Erbschein, 2009

Kollmeyer, Antrag auf Erteilung eines quotenlosen Erbscheins durch einen Miterben, NJW 2021, 1136

Kollmeyer, Vermächtnisnehmer als Beteiligte an Erbscheinsverfahren, NJW 2019, 2140

Krafft, Über den Erbschein, Seufferts Blätter 1899, 269

Krause, Erbrecht und Erbscheinsverfahren der früheren deutschen Teilstaaten, 1992

Kremer, Die Bedeutung des deutsch-türkischen Konsularvertrags für Nachlaßverfahren in der Bundesrepublik Deutschland, IPRax 1981, 205

Kreß, Zur Lehre vom Erbscheine, BayZ 1905, 137

Kroiß, Die Gerichtskosten in Nachlasssachen nach dem neuen GNotKG, ZEV 2013, 413

Kroiß, Kosten und Gebühren im Erbscheinsverfahren, ZEV 2016, 619

Kroiß/Horn, Erbenlegitimation ohne Erbschein, NJW 2013, 516

Krug, Die Auswirkungen der ZPO-Reform 2002 auf den Erbprozess, ZEV 2002, 58

Krzywon, Ausländische Erbrechtszeugnisse im Grundbuchverfahren, BWNotZ 1989, 133

Kuchinke, Grundfragen des Erbscheinsverfahrens und des Verkehrsschutzes bei Verfügungen des Scheinerben über Erbschaftsgegenstände, Jura 1981, 281

Kumme, Der Erbersatzanspruch im Erbscheinsverfahren, ZBlJR 1972, 256

Kuttner, Das Verhältnis des Zivilprozesses zum Erbscheinsverfahren, FS für O. von Gierke, 1910, II S 163

Lange K. W., Das geplante Europäische Nachlasszeugnis, DNotZ 2012, 168

Lange W., Dürfen Grundbuchamt und/oder Handelsregister trotz Vorliegens einer notariellen Verfügung von Todes wegen einen Erbschein verlangen? ZEV 2009, 371

Lange/Wulff/Lüdtke-Handjery, Höfeordnung, 1991. Leibholz, Erbscheinserteilung und Grundbucheintragung bei Eintritt gesetzlicher polnischer Erbfolge, JW 1930, 783

Längsfeld/Gietl, Grundfälle zur Tenorierung im Erbscheinsverfahren, JA 2013, 854

Leitzen, Erbscheinsverfahren in grenzüberschreitenden Fällen in der Rechtspraxis, ZEV 2018, 630

Lemke, Der Erbschein im System der Gutglaubensvorschriften, 1981
Lichtenwimmer, Die Feststellung der Geschäfts- und Testierfähigkeit durch den Notar, MittBayNot 2002, 240
Lindacher, Vermutungswirkung und öffentlicher Glaube bei einander widersprechenden Erbscheinen, DNotZ 1970, 93
Lindacher, Die vorläufige Erbscheinseinziehung, NJW 1974, 20
Litzenburger, Ist die eidesstattliche Versicherung eines Vorsorgebevollmächtigten im Erbscheinsverfahren zulässig? ZEV 2004, 450
Löber, Erben und Vererben in Spanien, 1998
Lopez/Artz, Deutsch-spanische Erbrechtsfälle, ZErb 2002, 278
Lukoschek, Der Umgang mit dem Vorbescheid, ZEV 1999, 1
Maenner, Der beschränkte Erbschein, BayZ 1922, 143
Maercker/Köhne/Feist, Die Nachlaßbehandlung, 1912
Mankowski, Gelten die bilateralen Staatsverträge der Bundesrepublik Deutschland im Internationalen Erbrecht nach dem Wirksamwerden der EuErbVO weiter? ZEV 2013, 529
Mankowski, Erbrechtliche Schiedsgerichte in Fällen mit Auslandsbezug und die EuErbVO, ZEV 2014, 395
Marx, Die Grundregeln des amerikanischen Erbrechts und die Ausstellung eines Teilerbscheins nach § 2369 BGB
Marx, Das Erbscheinsverfahren vor dem Nachlassgericht, ErbR 2022, 456, 559, 689 und 1080.
Mensch, Der mehrfach mißglückte Erbschein, ZErb 2024, 89.
Meyer, Der öffentliche Glaube des Erbscheins, 1936
Meyer, Grundzüge und Besonderheiten des österreichischen Erbrechts, ZEV 1995, 8
Möller, Das Europäische Nachlasszeugnis, 2018
Müller, Erwiderung zum Beitrag von Stoppe/Lichtenwimmer, Die Feststellung der Geschäfts- und Testierfähigkeit beim alten Menschen durch den Notar – ein interdisziplinärer Vorschlag, DNotZ 2006, 325
Müller-Rottach, Erbscheinserteilung/Geltungsvermerke/Sondererbfolge, BWNotZ 1991, 119
Mümmler, Erbscheinserteilung im Höferecht, JurBüro 1984, 20
Münchmeyer, Der Deutsche Erbnachweis, 1904
Münzel, Heimbewohner und Testierfreiheit – Zur Anwendbarkeit des § 14 I HeimG auf letztwillige Verfügungen, NJW 1997, 112
Munding, Vergleiche im Verfahren der freiwilligen Gerichtsbarkeit, 1957
Muscheler, Der Erbschein, Jura 2009, 329 und 567
Neuschwander, Familienbuch und Familienregister als Grundlage für Grundbucheintragungen und für Erbscheinsverfahren, BWNotZ 1968, 24
Notthoff, Zur Frage der Erteilung eines gemeinschaftlichen Erbscheins bei nicht zahlenmäßig bestimmter Angabe der Erbquoten, ZEV 1996, 458
Nusser, Europäisches Nachlasszeugnis und Erbschein, 2020

Nußstein, Das Erbscheinsverfahren im Spiegel materiellen Erbrechts, JA 1995, 134

Nußstein, Die Entscheidungsmöglichkeiten des Nachlaßgerichts in Erbscheinssachen, JA 2000, 584

v. **Oertzen/Mondl**, Anwendbares Erbrecht in deutsch-österreichischen Erbfällen, ZEV 1997, 240

Omlor, Gutglaubensschutz durch das Europäische Nachlasszeugnis, ErbR 2015, 286

Ostermeier, Gegenstandswert im Erbscheinserteilungsverfahren, JurBüro 2018, 59

Parodi, Die Maßgeblichkeit der Kenntnis vom Erbschein für einen gutgläubigen Erwerb einer beweglichen Sache nach § 2366 BGB, AcP 1985, 362

Pehe, Über Urkunden im Erbscheinsverfahren, JR 1955, 134 (betr. Gebiete östlich von Oder und Neiße)

Pernutz, Das Erbscheinsverfahren im interlokalen Privatrecht, MDR 1963, 713

Pfaller, Das Nachlassverfahren (rechtsvergleichend, Kalifornien), 2002

Pinkernelle/Spreen, Das internationale Nachlassverfahrensrecht, DNotZ 1967, 195

Plottek, Vorsorgevollmacht contra Erbschein? ZErb 2021, 253

Pritsch, Bindung des Grundbuchamts an Hoferben-Feststellungsbeschlüsse, RdL 1955, 261

Rau, Erbnachweise für Vermögen im Bereich der ehemaligen DDR, DtZ 1991, 91

v. **Rechberg**, Beglaubigte Testamentskopie als Erbausweis im Rechtsverkehr, Rpfleger 1980, 458

Reibnitz, Der öffentliche Glaube des Erbscheins im Vergleich mit dem öffentlichen Glauben des Grundbuchs, 1902

Reich/Assan, Das anwendbare Erbrecht in deutsch-israelischen Erbfällen: Veränderungen durch die EU-Erbrechtsverordnung, ZEV 2015, 145

Reichard, Der Beweiswert der Geburts- und Abstammungsurkunde, DNotZ 1971, 85

Reinhardt, Erbnachweise für Vermögen im Bereich der ehemaligen DDR, DtZ 1991, 185

Rellermeyer, Rechtspflegergeschäfte nach Landesrecht, Rpfleger 1996, 317

Renner/Jaeger/Eberhardt, Zum Erbrecht in der ehemaligen DDR, DtZ 1991, 185

Richter, Die Mitwirkung des Standesbeamten und der Gemeinde im nachlaßgerichtlichen Verfahren, BWNotZ 1988, 153

Riering, Internationales Nachlassverfahrensrecht, MittBayNot 1999, 519

Riesner, Der Erbschein und seine rechtliche Bedeutung, 1929

Rotberg, Der Erbschein in deutsch-deutschen Erbfällen, 1990

Roth, Gegenständlich beschränkter Erbschein und Fremdrechts-Testamentsvollstreckerzeugnis im Grundbuchverfahren, IPrax 1991, 322

Rottmann, Der querstehende Beteiligte, 2023; ZEV 2024, 286.

Rottmann, Der unrichtige Erbschein, JuS 2023, 815.

Ruby, Das Landwirtschaftserbrecht: Ein Überblick, ZEV 2006, 351

Rupp, Erbschein für Grundbuchzwecke reloaded, notar 2014, 96

Ruscher, Die Bestimmung des Todeszeitpunkts aus erbrechtlicher Sicht, 1989

Sachse, Berichtigung von Sterbeeinträgen oder Todeszeitfeststellung in Erbscheinsverfahren?, StAZ 1980, 179

Saupe, Das Erbscheinsverfahren nach dem Bürgerlichen Gesetzbuche, 1908

Scheer, Der Erbschein – Erteilung, Einziehung und Änderung, 1988

Scheichenbauer, Erbschein, Einantwortungsurkunde und Nachlassspaltung im deutsch-österreichischen Verhältnis, ZfRV 1985, 106

Schäuble, Erbscheinsanträge bei sog. gegenständlich beschränkter Nacherbfolge, ZEV 2016, 675

Schilchegger/Brucker, Die Veredelung des beschränkten deutschen Erbscheins durch das österreichische Ausfolgungsverfahren, ZErb 2014, 153

Schimansky, Reform des niederländischen Erbrechts, ZEV 2003, 149

Schlüter, Die Wirkungen des Erbscheins nach dem bürgerlichen Recht, 1936

Schmidt, Wer erhält den Erbschein und wie wirkt seine Erteilung gegenüber dem Erbprätendenten?, 1955

Schmidt, Die Nachfolge in das Anwartschaftsrecht des Nacherben und die Erteilung des Erbscheins nach Eintritt des Nacherbfalls, BWNotZ 1966, 139

Schmidt, Der Erbnachweis in Deutschland ab 2015: Erbschein vs. Europäisches Nachlasszeugnis, ZEV 2014, 389

Schmidt, Ausländische Vindikationslegate über im Inland belegene Immobilien – zur Bedeutung des Art. 1 Abs. 2 lit. l EuErbVO, ZEV 2014, 133

Schmitz, Rechtsgeschäfte mit Scheinerben, ErbR 2017, 694

Schneider, Kosten im Erbscheinsverfahren, ErbR 2017, 134; ErbR 2024, 351 ff

Schöldgen, Der öffentliche Glaube des Erbscheins, 1908

Schömmer/Faßold/Bauer, Internationales Erbrecht Österreich, 2. Aufl. 2003

Schömmer/Kesen, Internationales Erbrecht Türkei, 2004

Schömmer/Reiß, Internationales Erbrecht Italien, 2. Aufl. 2005

Schönig, Zur Feststellung des Todeszeitpunktes, NJW 1968, 189

Scholz, Die Ausweisfunktion des Erbscheins, 1967

Schopp, Keine vorläufige Erbscheinseinziehung, Rpfleger 1983, 264

Schotten, Probleme des Internationalen Privatrechts im Erbscheinsverfahren, Rpfleger 1991, 181

Schotten/Johnen, Probleme hinsichtlich der Anerkennung, der Erteilung und des Inhalts von Erbscheinen im deutsch-deutschen Verhältnis, DtZ 1991, 257

Schotten/Schmellenkamp, Das Internationale Privatrecht in der notariellen Praxis, 2. Aufl. 2007

Schotten/Wittkowski, Das deutsch-iranische Niederlassungsabkommen im Familien- und Erbrecht, FamRZ 1995, 264

Schreiner, Die Mitwirkung erbscheinsberechtigter Scheinerben bei Gesellschafterbeschlüssen und Anteilsübertragung, NJW 1978, 921

Schröder/Meyer, Eröffnetes notarielles Testament versus Erbschein, NJW 2006, 3252
Schrödter, Erbschein und Hoferben-Feststellungsverfahren, SchlHA 1959, 201
Schroer, Europäischer Erbschein, 2010
Schwartze, Der Inhalt des Erbscheins nach dem BGB, 1911
Serozan, Das türkische Erbrecht verglichen mit dem deutschen Erbrecht: mehr Gemeinsamkeiten als Besonderheiten, ZEV 1997, 473
Siehr, Ausländischer Erbschein für Nachlass in Deutschland? IPRax 2013, 241
Singbartel/Zintl, Erbschein und Erbfolge, JA 2015, 654
Solms-Baruth, Der öffentliche Glaube des Erbscheins nach dem Rechte des Bürgerlichen Gesetzbuchs, 1916
Sprau, Das Erbscheinsverfahren, ZAP (Zeitschr. für Anwaltspraxis) Fach 12, 53
Sprau/Vill, Justizgesetze in Bayern, 1988
Stade, Die EU-Erbrechtsverordnung aus französischer Sicht, ZErb 2015, 69
Stählin, Vergleiche in Erbscheinsverfahren, DFG 1942, 71
Steffen, Erbscheine über hoffreien Nachlaß, RdL 1982, 144
Steffen, Erbfolge bei Osterbhöfen, RdL 1984, 88
Steffen, Erteilung von Hoffolgezeugnissen, RdL 1977, 113
Steiner, Einstweiliger Rechtsschutz gegen das Eröffnungsprotokoll, ZEV 2015, 319
Sticherling, Türkisches Erbrecht und deutscher Erbschein, IPrax 2010, 234
Süß, Das Europäische Nachlasszeugnis, ZEuP 2013, 725
Sütcü, Deutsch-türkische Erbrechtsfälle in der Anwaltspraxis, ZErb 2015, 43
Taupitz, Deutscher Fremdrechtserbschein und schweizerisches Pflichtteilsrecht, IPrax 1988, 207
Technau, Der Erbschein bei Vor- und Nacherbfolge, BWNotZ 1984, 63
Terner, Der missbräuchliche Widerspruch gegen die Erbscheinserteilung, ZEV 2014, 184
Tersteegen, Erbscheinserteilung nach österreichischem Erblasser mit Vermögen nur in Deutschland, ZErb 2007, 339
Trittel, Deutsch-deutsches Erbrecht nach dem Einigungsvertrag, DNotZ 1991, 237
Trittner, Redlichkeitsschutz im Erbrecht, 2018
Tröster, Eheliches Güterrecht und Erbscheinsverfahren, Rpfleger 1960, 38
Tröster, Das Güterrechtsstatut von Vertriebenen und Flüchtlingen und sein Nachweis im Erbscheinsverfahren, Rpfleger 1962, 253
Ultsch, Internationale Zuständigkeit in Nachlasssachen, MittBayNot 1995, 6
v. **Venrooy**, Die Testierfähigkeit im IPR, JR 1988, 485
Vollmer, Die neue europäische Erbrechtsverordnung – ein Überblick, ZErb 2012, 227
Volmer, Die EU-Erbrechtsverordnung, Rpfleger 2013, 421
Voß, Über den Erbschein nach dem Bürgerlichen Gesetzbuch, Gruchot 43, 665
Wähler, Erbrechtliche Probleme im innerdeutschen Rechtsverkehr, FS für Mampel, 1983, S. 191, 200

Wall, Richtet sich die internationale Zuständigkeit zur Erbscheinserteilung künftig ausschließlich nach Art. 4 ff. EU-ErbVO?, ZErb 2015, 9

Weimar, Fragen aus dem Recht des Erbscheins, MDR 1958, 832; MDR 1967, 556

Weiner, Der Erbschein, 1904

Weiß, Wirkungen erbrechtlicher Auslegungsverträge, Gedächtnisschrift für Küchenhoff, 1987, S. 389

Weiß, Zur Einziehung inkorrekt erteilter Erbscheine, Rpfleger 1984, 389

Weiß, Der unrichtige Erbschein, Jura 1985, 486

Weissler, Das Nachlassverfahren, 1920 (2 Bände)

Weithase, Geltungsvermerke im allgemeinen Erbschein, Rpfleger 1985, 267, 278

Weithase, Erbscheine in Lastenausgleichssachen, BWNotZ 1977, 40

Welskop, Das Erbscheinsverfahren, MittRheinNotK 1965, 262

Wendt, Erbscheinsantrag bei uneiniger Erbengemeinschaft, ErbR 2021, 103

Wengler, Fragen des deutschen Erbscheinsrechts für Nachlässe, auf die englisches Intestaterbrecht anwendbar ist, JR 1955, 41

Westphal, Rechtliches Gehör in Nachlaßsachen, Rpfleger 1983, 204, 211

Westphal, Die beglaubigte Testamentskopie als Erbausweis im Rechtsverkehr, Rpfleger 1980, 214

Weyland, Das Nebeneinander von Erbscheinsverfahren und streitigem Verfahren, 1989

Wiegand, Der öffentliche Glaube des Erbscheins, JuS 1975, 283

Wiegand, Rechtsableitung vom Nichtberechtigten, JuS 1978, 145

Wilsch, EuErbVO: Die Verordnung in der deutschen Grundbuchpraxis, ZEV 2012, 530

Winkler, Der Vorbescheid in der freiwilligen Gerichtsbarkeit, 2002

Witz/Bopp, Zur internationalen Zuständigkeit deutscher Nachlassgerichte im Erbscheinsverfahren, IPRax 1987, 83

Wulff, Zur Erteilung von Erbscheinen über landwirtschaftliche Besitzungen in der Ostzone und den Ostgebieten, RdL 1953, 173

Zimmermann, Das Erbscheinsverfahren und seine Ausgestaltung, ZEV 1995, 275

Zimmermann, Gerichts- und Anwaltskosten in Erbscheinsachen, ZAP 2007, 31

Zimmermann, Der Erlass der eidesstattlichen Versicherung im Erbscheinsverfahren, ZErb 2008, 151

Zimmermann, Das Erbscheinsverfahren im FamFG, JuS 2009, 817

Zimmermann, Das Verhältnis des Erbscheinsverfahrens zur Erbenfeststellungsklage, ZEV 2010, 457

Zimmermann, Der gemeinschaftliche Erbschein ohne Erbquoten, ZEV 2015, 520

Zimmermann, Hg., Erbrechtliche Nebengesetze – Kommentar, 2016

Zimmermann, Das Europäische Nachlasszeugnis für Nachlasspfleger, Rpfleger 2017, 2

Zimmermann, Die richtige Erbscheinsformulierung, RPflStud 2019, 1
Zimmermann, Die Nachlasssachen im elektronischen Bundesanzeiger, ZErb 2020, 41
Zimmermann, Die Nachlasspflegschaft, 6. Aufl. 2023
Zimmermann, Die Testamentsvollstreckung, 6. Aufl. 2023
Zimmermann, Kostentragung im Erbscheinserteilungsverfahren (Anm.) ZEV 2022, 156
Zimmermann, Prüfungsfragen zum Erbscheinsverfahren, RPflStud 2024,1
Zimmermann, Der kostenlose oder verbilligte Erbschein, ZEV 2025, 229

Stichwortverzeichnis

Die Zahlen verweisen auf Randnummern.

F

R

S

T

U

W

Z

Hinweise zur Aktivierung des Add-ons

Mit dem Erwerb des Buches erhalten Sie unter der Subdomain

https://Erbscheinrecht.ESV.info

Zugriff auf die in dem Werk abgedruckten Muster in editierbarer Form.

Für die Nutzung des Add-ons benötigen Sie einen myESV.info-Account. Sollten Sie noch kein Konto haben, registrieren Sie sich einfach unter

www.myESV.info

Dort finden Sie auch weitere Informationen zur Anmeldung. Tragen Sie bitte das folgende Ticket in Ihren Account ein:

623dpi-r35mci-8pa7z8-8rinpe

Nach der Registrierung loggen Sie sich bitte unter

https://Erbscheinrecht.ESV.info

ein. Es gelten die unter *http://AGB.ESV.info* veröffentlichten Geschäfts- und Nutzungsbedingungen.

Für technische Fragen steht Ihnen unter Tel.: 030/25 00 85-475 eine persönliche Hotline Montag bis Freitag 8:30–16:00 Uhr zur Verfügung. Alternativ können Sie sich auch gerne unter *Hotline@ESVmedien.de* an uns wenden.